Julius Königer

Der Krieg von 1815, und die Verträge von Wien und Paris

Julius Königer

Der Krieg von 1815, und die Verträge von Wien und Paris

ISBN/EAN: 9783742898968

Hergestellt in Europa, USA, Kanada, Australien, Japan

Cover: Foto ©ninafisch / pixelio.de

Manufactured and distributed by brebook publishing software
(www.brebook.com)

Julius Königer

Der Krieg von 1815, und die Verträge von Wien und Paris

Vorwort.

Es sind fünfzig Jahre verflossen, seit der große Krieg gefochten wurde, welcher die Kämpfe Deutschlands wider die Fremdherrschaft abschloß; wir stehen in den Tagen der Jubelfeier. In diese Tage tritt mit anderen auch diese Schrift ein, um an ihrem Theile beizutragen, daß die Erinnerung an die Thaten der Väter sich unter uns erneue und daß sich aus solcher Erinnerung der Wille und die Kraft zu ähnlichen Thaten erhebe, wenn die Zeit dazu kommen wird. Die Schrift möchte aber etwas mehr sein, als ein flüchtiger Umriß, der nur für die Tage der Feier die Gemüther bewegt, sie möchte eine Darstellung geben, welche den zusammenhängenden Lauf der Ereignisse am Leser vorüberführt und in der Fülle ihrer lebendigen Verknüpfung der Erinnerung den Stoff darbietet, sich mehr als einmal zu erneuern; die Schrift möchte mit einem Worte eine wirkliche Geschichte sein. Für ein solches Unternehmen bedarf es, zumal von Seiten eines wenig bekannten Verfassers, der Rechenschaft, bedarf es mindestens der Darlegung einer gültigen Veranlassung, wenn auch die Rechtfertigung dafür nur von einem höheren Urtheil als das des Verfassers, ausgehen kann.

Es scheint mir in der That, als habe es über den Krieg von 1815 und die damit zusammenhängenden Verträge an einer umfassenden, gleichmäßig durchgeführten Arbeit, die zugleich auf die neuesten Quellenforschungen gegründet wäre, bisher noch gefehlt. Wer sich im großen Kreise der deutschen Leser über diesen Krieg unterrichten will, wird immer, und mit Recht, zuerst nach Häussers deutscher Geschichte greifen, und der längst begründete Ruf des Buchs wird ihn auch in diesem Theile nicht täuschen. Allein Häussers Werk umfaßt den Zeitraum „vom Tode Friedrichs des Großen bis zur Gründung des deutschen Bundes", und damit war zunächst der zweite Pariser Friede sammt allem, was nach der Schlacht von Belle-Alliance noch geschah,

von den Grenzen des Werks ausgeschlossen, so daß es nur eine ganz
kurze Darstellung auf dem Raume weniger Seiten finden konnte.
Außerdem fiel selbst der Feldzug in Belgien nach der Stelle, die er
im Zusammenhang des ganzen Krieges einnimmt, nicht mehr in die
Grenzen der Aufgabe. Wir müssen es zwar dem Geschichtschreiber
danken, daß er sich des Stoffs dennoch bemächtigt hat, denn er hat
damit auch die letzten deutschen Waffenthaten jener Zeit in der meister-
haften Weise überliefert, wie sie vor ihm in unsren großen Geschichts-
werken unbekannt war. Allein es mußte nach der Stellung, welche
die Darstellung im Werke einnahm, doch manches Ereigniß und manche
Frage unberührt bleiben, die wesentlich beitragen, über die Entschlüsse
und Thaten der Feldherren und der Heere das volle Licht zu verbreiten, woran wir uns lernend erheben. Es erscheint hiernach neben
Häussers Darstellung der Versuch nicht überflüssig, die Geschichte des
Jahres 1815 in einem besondern Bilde zusammenzufassen: denn der
Feldzug von Belle-Alliance bis zu seinem Abschluß mit der Einnahme
von Paris bildet den Mittelpunkt dieser Geschichte, und der Friede
von Paris gehört zu dem Zusammenhang, woraus sich erst das volle
Verständniß der Kriegs- und Staatsereignisse dieses Jahres entwickelt.

Neben Häusser ist von neueren deutschen Werken nur noch Bernhardi zu nennen; denn Pertz im Leben Steins, Gervinus in der Geschichte des 19. Jahrhunderts und andere verfolgen andere Aufgaben,
wobei die Ereignisse von 1815 theilweise zwar eine sehr werthvolle,
doch im Ganzen nur eine ungleiche Behandlung finden konnten. Bernhardi dagegen hat im ersten Theil seiner „Geschichte Rußlands und
der europäischen Politik" [1]) allerdings das Jahr 1815 in demselben
Umfang behandelt, wie es in der vorliegenden Schrift versucht worden
ist. Dabei hat sich sein Werk sehr schnell den unbestrittenen Ruf erworben, für die Geschichte dieses Jahres unentbehrlich zu sein. Der
innere Zusammenhang in der Staats- und Kriegsbewegung ist hier
auf Grund eingehender Quellenarbeit mit einer Klarheit dargelegt,
die bestimmenden Einwirkungen, z. B. von Rußland und England,
sind so selbständig und zusammenhängend entwickelt, daß diese Darstellung auch neben derjenigen Häussers in jedem Sinne als eine neue
erschien. Allein Bernhardi hat weniger für den großen Kreis der gebildeten Leser als für solche geschrieben, welche diese Zeit zu ihrem
besonderen militärischen und politischen Studium machen wollen. Sein
Zweck ist weniger die gleichmäßig durchgeführte Geschichtserzählung

---

1) Staatengeschichte der neuesten Zeit. 7. Band. Leipzig, S. Hirzel. 1863.

als die kritische Untersuchung und Aufklärung. Ergeht über diejenigen Ereignisse, welche ihm einer solchen Untersuchung nicht zu bedürfen scheinen, flüchtig hinweg, er widmet z. B. dem Treffen von Quatrebras neben der Schlacht von Ligny nur wenige Zeilen; er setzt voraus, daß sich der Leser darüber an anderer Stelle unterrichten könne. Er hat darin für seinen Zweck ohne Zweifel Recht; allein es ist ebenso gewiß, daß damit dem Bedürfniß einer Geschichte, wie es gerade in diesen Tagen viele empfinden werden, nicht umfassend entsprochen ist.

Neueren ausländischen Darstellungen gegenüber, brauche ich wohl diesen Versuch nicht erst zu rechtfertigen. Sie haben zum Theil ein großes Verdienst, vor allen hat der französische Oberst Charras erst Wahrheit in die Welt der Dichtung gebracht, die auf dieser Seite die vorherrschende Ueberlieferung war; allein der Standpunkt aller dieser Werke ist selbstverständlich nicht der deutsche. Den deutschen Standpunkt dagegen darf man ohne Zweifel von der „Geschichte des Jahres 1815" von Beitzke erwarten, welche in den letzten Monaten erschienen ist. Ueber das Verhältniß meiner Arbeit zu dieser Schrift des verdienten Verfassers der „Freiheitskriege" vermag ich nichts zu sagen, da ich erst verhältnißmäßig spät von ihr Kenntniß erhielt und sie nicht mehr zu vergleichen vermochte. Der Gegenstand aber ist wohl groß genug, um auch zwei und mehr Arbeiten von besonderer Eigenthümlichkeit zuzulassen.

Ueber die Behandlung des Stoffes und die Forschung, welche dabei zu Grunde liegt, mag die Schrift selbst Zeugniß ablegen. Eine Quellenschrift kann ich sie nicht nennen, da ich nicht so umfassend auf die Urkunden zurückgehen konnte, um aus ihnen ein wesentlich neues Licht über die entscheidenden Ereignisse zu verbreiten. Auch wird darin nach den vorhin genannten Werken überhaupt nicht mehr viel zu leisten sein; höchstens läßt wohl noch eine umfassendere Benutzung der östreichischen Archive manche neue Aufklärung erwarten. Indessen wird man, wie ich glaube, den bisherigen Darstellungen gegenüber in der vorliegenden Schrift an mehr als einer Stelle erkennen, daß der Zusammenhang vollständiger als es bis jetzt geschehen, hergestellt und daß damit auch über manche Punkte mehr Licht verbreitet ist. Es liegen dabei theils gedruckte Quellen, namentlich regimentsgeschichtliche, zu Grunde, die bisher in diesem Umfang noch nicht benutzt worden sind, theils auch ursprüngliche Urkunden. Es war mir namentlich vergönnt, im Archiv des Großen Generalstabs in Berlin und im Kriegsarchiv meines engeren Vaterlandes die Akten einzusehen; und

ich fühle mich besonders verpflichtet, für die unbeschränkte und umfassende Erlaubniß, die mir mit bereitwilliger Güte gewährt wurde,
hier meinen Dank auszusprechen.

Die Schrift kann übrigens keinen Anspruch machen, von Irrthü-
mern und Lücken frei zu sein; es versteht sich das für jeden, der schon
eine ähnliche Arbeit versucht hat, von selbst. Für alle zuverlässigen
Berichtigungen und Ergänzungen werde ich darum dankbar sein; sie
scheinen mir namentlich bezüglich des Feldzugs von Werth, da so zahlreiche deutsche Heertheile ehrenvoll daran betheiligt waren, und da er
bereits, wie kaum ein zweiter, bis in viele Einzelheiten aufgeklärt ist.

Wie weit es mir gelungen ist, den Stoff in einer des großen
Gegenstandes würdigen Weise zu gestalten, darüber muß ich das Urtheil erwarten. Mein Wille war: etwas dazu beizutragen, daß die
denkwürdigen Ereignisse des letzten der großen Jahre von Deutschlands Erhebung, niederbeugend und erhebend wie sie sind, nicht umsonst wieder lebendiger in die Erinnerung unsres Volks getreten sein
möchten. Wenn auch heute die Gewaltherrschaft nicht in der nämlichen Gestalt vor uns steht, wie sie damals war, als sie durch die
einmüthige Anstrengung unsrer Väter niedergeworfen wurde, so ist
uns doch von Westen her nicht ohne Grund erst eben noch die welt-
beglückende Größe des Cäsar gepriesen worden. Es fehlt auch in
Deutschland nicht an Zeichen, die einem neuen Zeitalter der Cäsaren
günstig sind; es bedarf des Geistes aus der Zeit der Befreiungskriege, wenn wir ihrer mächtig bleiben wollen.

Darmstadt, am 22 Mai 1865.

Julius Königer.

Einleitung.

Ueber die Zeichen, unter welchen die Neugestaltung Deutschlands begonnen hat.

1. Als am Uebermaß von Napoleons verwegener Gewaltherrschaft im Jahre 1812 die Gerichte Gottes begonnen hatten, und als durch Deutschland mit zunehmender Gewißheit die Kunde von der Größe dieser Gerichte gedrungen war; da hatten unsre Väter zu den Waffen gegriffen, um das Joch der Fremdherrschaft zu zerbrechen und wieder ein freies und einiges deutsches Volk zu werden. Die Erhebung war nicht ungetheilt und der Krieg war schwer gewesen. Zuerst war Preußen und mit ihm das ganze Norddeutschland aufgestanden. Sie hatten es allein nicht vermocht, selbst mit der Hülfe von Rußland nicht; der blutige Feldzug im Frühjahr 1813 hatte ohne Entscheidung geendet. Dann war Oestreich hinzugetreten; der Spätsommer und Herbst von 1813 hatten einen langen verzweifelten Kampf gesehen; endlich am 18. Oktober war über den Feldern von Leipzig die Sonne der Befreiung blutig aufgestiegen, die Macht des Welteroberers lag zertrümmert. Von da an hatte sich ganz Deutschland zusammengefunden; bis zum Rhein und über den Rhein hinaus hatte die Bewegung das Volk mit Macht ergriffen, vor den siegreichen Waffen der Verbündeten und vor der hohen Fluth der Begeisterung hatten alle geheimen feindseligen Wünsche und Neigungen verstummen müssen; seit vielen Jahrhunderten zum erstenmal waren die deutschen Waffen in Eintracht über eine feindliche Grenze getragen worden. Dann war nach einem schwankenden blutigen Feldzug die letzte Gegenwehr der französischen Weltherrschaft gebrochen worden: wohl waren auch fremde Heere dabei, doch am meisten hatten es die Zahl und der Geist der deutschen Heere gethan, daß mit dem Frühjahr 1814 von Paris aus für Europa der Friede und der Anfang einer neuen Zeit verkündigt werden konnte.

Danach legten die Feldherrn und die Heere die Waffen nieder,
und es kamen die Staatsmänner und Diplomaten zusammen. Es
war ein großes Werk, das sie vollbringen sollten, für ganz Europa
und am meisten für Deutschland; es war das Werk der Neuge=
staltung. Wie ein längst vergessener Traum war über den Leiden
der Knechtschaft und den Siegen der Befreiung im Volke die Erinne=
rung an die Herrlichkeit des deutschen Reichs aufgegangen; und viele
hofften, es müsse jetzt wieder erstehen nach dem Bilde, wie doch die
Wirklichkeit niemals gewesen war. Die Männer freilich, welche in
der Nähe gesehen hatten, wie der Krieg und die Staatsverhandlungen
geleitet worden waren, fürchteten oftmals einen ungünstigen Ausgang
des Friedenswerks; doch erhoben sie sich dann wieder zu der Hoff=
nung, daß so viel Blut und so viele Opfer nicht umsonst dahingegeben
sein könnten. Sie hatten es mit erlebt, wie der Krieg trotz aller
Fehler und Versäumnisse seiner Lenker zum großen nothwendigen Ziel
gekommen war, ja wie gerade diese Fehler oft wunderbar hatten dienen
müssen, ihn zum letzten Ziel zu treiben; und sie durften sich sagen,
daß die Gründung der neuen Ordnung nach der Besiegung des Feindes
nicht weniger wie diese ein gutes und nothwendiges Werk war. Sie
konnten wohl wissen: daß es noch etwas anderes sei, die große Beute
an Land und Macht gerecht und weise vertheilen, als im gemeinsamen
Grimme den Feind niederwerfen; daß es noch etwas anderes sei, zum
neuen Staatenbau über den Trümmern des Alten den Grund zu legen,
als den Bau umzustürzen, der schwindelnd aus diesen Trümmern auf=
gestiegen war. Aber sollten sie nicht auf die Führung Gottes hoffen,
die mehr als einmal wunderbar geholfen hatte, wo alle menschliche
Arbeit umsonst schien und menschliche Weisheit keinen Weg mehr sah?

Die nachfolgende Geschichte wird uns zeigen, ob die Furcht mehr
gerechtfertigt worden ist, oder die Hoffnung. Ihr Gegenstand ist die
Neugestaltung Deutschlands, wie sie nach der Befreiung in den
Verhandlungen der großen Friedensversammlungen und in dem er=
neuten Klang der Waffen begonnen wurde. Es war nur ein Anfang,
nur ein Versuch. Wir werden sehen, wie der Congreß zu Wien, der
zum Friedenswerk zuerst berufen war, über der großen Aufgabe im
Streit fast auseinanderfiel, um dann eilfertig gerade über die schwersten
Fragen Vereinigungen zu beschließen, die nur neue Gefahren in sich
trugen. Wir werden sehen, wie sich mitten in der Arbeit des Con=
gresses noch einmal drohend der gefürchtete Mann erhob, in dessen
Erbschaft sie eben im Begriffe waren sich zu theilen. Wir werden
Europa wieder in Waffen und den ruhmvollen Krieg sehen, wo

Deutschlands und Englands Heere das erneute Kaiserreich in 14 Tagen zu Boden warfen. Wir werden den Frieden sehen, wo Deutschlands Hoffnungen zum zweitenmal betrogen wurden.

2. Was sollen wir dazu sagen? Sollen wir sagen, daß die große Zeit unter den Berufenen nur kleine Menschen fand? Die nachfolgende Geschichte wird darauf die Antwort geben, und ihr Amt ist die Wahrheit, soweit sie der menschliche Blick zu erkennen vermag. Aber es hieße für uns, die Sache gar leicht nehmen und sich im Urtheil überheben, dazu auch an unsrer eignen Aufgabe irren, wenn wir die ganze Schuld allein auf die Männer werfen wollten, denen das Werk vertraut war. Die Geschichte verlangt ein tieferes Verständniß. Ein solches Werk geschieht nicht allein von dem Geschlechte der lebenden Menschen, auch die vorangegangenen und die kommenden Geschlechter sind dafür verantwortlich. Ehe ich darum in die Geschichte selbst eintrete, bedarf es der kurzen Erinnerung, welche Ueberlieferungen die vergangenen Zeiten für das Werk der Neugestaltung hinterlassen hatten.

3. Da müssen wir uns zuerst unumwunden die allgemeine Erfahrung gestehen: wie tief und mächtig im deutschen Volke von Alters her der Kampf zwischen dem Recht und Willen der gemeinsamen, alles umfassenden Gewalt, durch die ein Volk die Macht hat zu bestehen, und zwischen dem Recht und Willen der besonderen Lebensordnungen war, durch die ein Volk ein reiches und tiefes Leben entwickelt. Ja wir müssen uns mehr gestehen, wir müssen sagen: daß dieser Kampf seit mehr als 8 Jahrhunderten unter vielen Schwankungen fortschreitend gegen die gemeinsame Gewalt entschieden hat. Es ist eine merkwürdige Erscheinung, daß gerade die drei Völker der Mitte von Europa, die Deutschen, die Italiener und die Polen, in verschiedner Weise die Wege der Auflösung der geschlossenen Gemeinschaft gingen, während zur nämlichen Zeit die anderen gebildeten Völker Europas aus vielgestaltiger Bewegung jedes nach seiner Eigenthümlichkeit die Einheit eines großen Staatswesens zu Stande brachten. Wir werden in der nachfolgenden Geschichte an die Verkettung unsrer Geschicke mit jenen zwei Völkern noch mehr als einmal erinnert werden; hier kommt es nur auf die genannte Erscheinung in unsrer eignen Geschichte an. Da ist es denn eine Thatsache, welche die neuere Geschichtsforschung zweifellos festgestellt hat, daß eigentlich nur unter den sächsischen und den ersten fränkischen Kaisern, d. h. noch nicht zwei Jahrhunderte lang, die starken Anfänge einer wirklichen Reichsgewalt zu finden sind. Zu dem Namen des „heiligen römischen Reichs deutscher Nation" lag ein Gedanke von wunderbarer Größe, und er trug auch das deutsche Volk

zur Zeit, als dieser heilige Staat gemeiner Christenheit die Sehnsucht und der Glaube der Völker war, schnell zum höchsten Ansehen in Europa. Doch in dem Maße, wie dieser Gedanke der Verwirklichung entgegenging, zeigte sich's, daß ein menschlicher Staat nicht heilig und ein deutscher Staat nicht römisch sein kann. Bis zu Kaiser Heinrich IV. und Papst Gregor VII. fanden sich noch die weltliche und die geist= liche Gewalt unter vielem Widerstreit in die Nothwendigkeit, den hei= ligen Staat, der werden sollte, gemeinsam zu verwalten; dann über= wog das Trachten, daß jede der beiden Gewalten den besten Theil des Gutes für sich wollte, und es ward die Feindschaft immer größer. Von da an weicht das Ziel der höchsten Macht und Herrschaft in der Christenheit vor den Händen der deutschen Kaiser immer weiter zurück, und während sie danach greifen, geht denselben Händen die Gewalt daheim mehr und mehr verloren. Noch einmal erscheint unter dem großen Hohenstaufen Friedrich Barbarossa die Herrlichkeit des Reichs: es war ein Bild, das mit dem Tode des Kaisers auf dem Zug nach dem heiligen Lande dahinsank; nur der Glaube des Volks hat ihm in der Sage noch eine Wirklichkeit, die Wirklichkeit der Verheißung be= wahrt. Die Wirklichkeit der Geschichte dagegen war das Abnehmen des Reichs und das Zunehmen seiner Glieder. Was seit jener Zeit für deutsche Macht und deutschen Namen geschah, kam fast alles ohne die Reichsgewalt auf; und selbst wo ihr Titel dabei gebraucht wurde, war es nur der Schein, unter dem andere Absichten walteten. So war es mit der Blüthe des Bürgerthums, mit der Hansa, wie mit den rheinischen, schwäbischen und fränkischen Bünden; so war es mit der letzten Blüthe des Ritterthums, der Eroberung des deutschen Ordens; so war es mit den Gründungen der Fürsten, den Anfängen des östreichischen und preußischen, der bairischen, schwäbischen, sächsischen, hessischen, rheinischen Staaten, so war es mit der beginnenden Los= reißung der Schweiz und der Niederlande. Zwar hörten unter der Verwirrung und dem Zerfall die Bestrebungen nicht auf, das Reich und seine Gewalt zu erneuern: viele machten es zu ihrem ernsten Lebensziele, viele glaubten noch, daß sie mit ihrem Vortheil auch die= sem Ziele dienten, alle hatten noch die Scheu, daß ihr Recht im Titel des Reichs beruhte. Allein die auflösenden Gedanken, ob auch nur wenige ihre ganze Bedeutung erkannten, waren mächtiger, als die zu= sammenhaltenden; das Reich und die Reichsgewalt schwebten über dem wirklichen Gang der Dinge, wie ein Glaube, dem die Menschen nicht mehr folgen, obwohl sie vor seiner Wahrheit noch Scheu em= pfinden.

Auch die tiefste That des deutschen Geistes, die Reformation, vermochte diesen Gang der Entwickelung nicht zu ändern. Sie war, gerade in dem Geiste und der Eigenthümlichkeit, wie sie Luther verkündet hatte, so überwiegend das Wort der inneren Reinigung, Befreiung und Erneuerung des Glaubens, daß ihr schon damals, und noch weit mehr in der Folgezeit zu ihrem eignen Schaden die Kraft versagte, die bewegenden Gedanken in selbständiger äußerer Lebensgestaltung zu verwirklichen[1]. So konnte sie auch den Gedanken einer zusammenfassenden Neugestaltung Deutschlands damals nicht weiter helfen, obwohl sie sich ihnen in der innersten Wurzel verwandt fühlte; sie hätte es nur gekonnt, wenn sie die Macht gehabt hätte, ganz Deutschland zu ergreifen und zu durchdringen. Statt dessen mußte sie die längst begonnene Zerstörung der überlieferten Gestalt des Reichs noch beschleunigen helfen, indem sie dem alten Irrthum im Gedanken des allgemeinen heiligen Staates die letzte Macht nahm. Es geschah im Verlauf der drei nächsten Jahrhunderte, daß Deutschland sich selbst befriegte, daß es darüber der Schauplatz fremder Waffen und fremden Ehrgeizes ward, daß es sich selbst zerstörte bis zur völligen Ohnmacht. Das Reich zerfiel; die Staatsgestaltungen zerfielen, die einst das Bürgerthum, der Adel, die geistliche Macht gegründet hatten; nur die Staaten der Fürsten und ihrer Häuser kamen auf. Es war ein wunderliches Schauspiel, wie diese aufwuchsen: nach allen Richtungen durchkreuzten sie die alten Quellen eigenthümlichen Lebens, die deutschen Stämme, und doch bewahrten die meisten einen starken Kern davon; nur nach dem Vortheil der Fürstengeschlechter schienen sie sich zu gestalten, und doch wurden viele der Boden und der Schutz eines neuen freieren Lebens. Aber Alle, große, mittlere und kleine, setzten ihr Dasein über das Dasein des Ganzen, und nicht wenige kehrten auch ihre Waffen dagegen, ohne zu sehen, daß sie damit das Recht und den Quell ihres eignen Lebens zerstörten. Als die französische Revolution hereinbrach, bestand zwar der Name des Reichs noch und hundertlei verschiedene Gemeinwesen hatten sich unter den Säulen und Bogen, in den Winkeln und Kreuzungen des alten Baues eingerichtet; aber im Glauben des Volks waren die Säulen und die Bogen untergraben und wo wirkliche Gestalt von deutschen Staatswesen war, da stand sie auf anderem Grunde.

---

1) Hundeshagen. Beiträge zur Kirchenverfassungsgeschichte und Kirchenpolitik. Wiesbaden. J. Niedner 1864. Das Werk enthält gerade in Bezug auf den hier berührten Punkt eine neue überzeugende Darlegung des Unterschieds zwischen der Sächsischen und der Schweizer Reformation.

4. Wenn uns schon dieser allgemeine Zug der deutschen Geschichte von so weiter Ferne her die Hauptursache erkennen läßt, welche sich in ihrer fortgehenden Wirkung der Neugestaltung Deutschlands entgegenstellte; so zeigt uns ein Blick in den Verlauf des Untergangs selbst, welche Menge besonderer Keime aus dem alten bösen Samen aufwachsen mußten, um gleich den ersten Versuch des Neubaues von allen Seiten zu hemmen.

Wie zuerst die geistlichen Staaten am Rhein vor der bloßen Erscheinung der noch ungeordneten französischen Banden zusammenstürzten und schnell ihr Dasein an die fremde Eroberung verloren, das war kein Zeichen, daß sich aus ihnen eine selbständige Kraft deutschen Lebens so bald entwickeln würde; doch hatte sich wenigstens nicht der selbstsüchtige Sinn einer kleinen Gemeinschaft dort entwickeln können. Viel schlimmer war es für das Ganze, wie sich die weltlichen Staaten nach einander aus seinem Verfalle retteten. Der Krieg an den Grenzen war im dritten Jahre; ohne Glück, doch nicht ohne die Möglichkeit einer Wendung: da trat Preußen durch den Frieden, den es mit der französischen Republik zu Basel schloß (5. April 1795), aus der Gemeinschaft zurück und nahm Norddeutschland mit. Es war ein böser, lange nachwirkender Riß. Was man auch zur Entschuldigung der Schuld von dem alten Fluch der polnischen Händel sagen mag, die Preußen eben damals lähmten: es war das erste Beispiel kleiner Selbstsucht, das nicht besser dadurch wird, daß die anderen, daß namentlich Oestreich dazu Anlaß gaben und nachher selbst gefolgt sind. Auch daß es eben in diesen polnischen Händeln das Vordringen Rußlands war, welches Deutschlands Macht gegen Frankreich zertheilte, steht weit mehr als eine Warnung, denn als eine Rechtfertigung in unsrer Geschichte. Nach drei weiteren Feldzügen machte auch Oestreich, bei dem freilich nur ein kleiner Theil der Reichsstände ausgehalten hatte, zu Leoben und Campo Formio (18. April und 17. Oktober 1797) auf Kosten Deutschlands seinen Frieden. Noch einmal, zu Ende des Jahrhunderts, schien es möglich, daß Frankreichs drohende Uebermacht durch die vereinigten Waffen Deutschlands niedergeworfen würde. Allein Preußen versagte sich zum zweitenmal dem gemeinsamen Bündniß, und es that sich schon jetzt vor den Augen von Rußland und England die ganze Kluft des Mißtrauens und fast des Hasses auf, der zwischen ihm und Oestreich bestand [1]).

---

1) Milutin. Geschichte des Krieges Rußlands mit Frankreich 1799. Aus dem Russischen von Chr. Schmitt. München 1856. Das Werk ist im Auftrag der russischen Regierung geschrieben und enthält eine Reihe hierher gehöriger offizieller Aktenstücke, die bis dahin nur wenig bekannt waren.

Der Krieg ging trotz seines siegreichen Anfangs an der Eifersucht der Verbündeten verloren. Der Friede von Lünneville (9. Februar 1801) nahm Deutschland nicht blos die Grenzen bis zum Rhein, er besiegelte zugleich die innere Auflösung. Wie es schon nach dem Frieden von Campo Formio auf dem Congreß zu Rastadt begonnen hatte, so setzte sich jetzt bei den Verhandlungen der Reichsdeputation zu Regensburg der schamlose Handel fort, womit sich deutsche Staaten bei Frankreich und Rußland gegenseitig den Rang abzulaufen und zu übervortheilen suchten. Die weltlichen Staaten, die geblieben waren, sollten für das Land, welches ihre Zwietracht und Schwäche an Frankreich verloren hatte, aus dem Raube der geistlichen entschädigt werden; und sie wurden entschädigt: jeder nahm seinen Theil; freilich nur nach seiner Macht, nicht nach seiner Habsucht. Bald kamen die letzten Zeichen des nahenden Untergangs. Preußen ließ es 1803 geschehen, daß ein französisches Heer, um England zu schädigen, plötzlich Hannover überzog, und wagte keine Waffe dagegen zu erheben; der Herzog von Enghien wurde mitten im Frieden (15. März 1804) mit Gewalt vom deutschen Boden weggeschleppt und der Reichstag in Regensburg machte Ferien, als Rußland verlangte, daß er gegen den Bruch des Völkerrechts auftrete. Deutsche Fürsten beraubten die Reichsritterschaft mit offener Gewalt ihrer Rechte (1803 und 1804), und es gab in Deutschland keine Macht und kein Gericht dagegen.

Jetzt erfüllte sich schnell, was in so viel Schuld und Verderben begonnen hatte. Preußen entzog sich 1805 zum drittenmal dem gemeinsamen Bunde gegen Frankreich; Baiern und Würtemberg waren die ersten deutschen Staaten, die für dieses die Waffen trugen; Oestreich erlag trotz Rußlands und Englands Hülfe. Es folgte die Stiftung des Rheinbunds (17. Juli 1806), und die Niederlegung der Kaiserkrone durch Franz II. von Oestreich (6. August 1806); das Reich war aufgelöst. Es folgte noch im nämlichen Jahre der Untergang Preußens; wie es die andern zuvor verlassen hatte, so war es jetzt von ihnen verlassen. Die Hülfe, die ihm Rußland im folgenden Jahre bot, war zu spät und zu selbstsüchtig; Rußland wußte im Frieden von Tilsit (9. Juli 1807) seinen Vortheil zu wahren, zwischen ihm und Frankreich schien jetzt die Herrschaft über das Festland Europas getheilt. Oestreich versuchte 1809 den Bann zu brechen: zum erstenmal erging im Namen eines mächtigen Herrschers der Aufruf an Deutschland und das deutsche Volk. Es war zu spät und zu früh: Preußen war im Unglück erneuert worden, es hätte gerne geholfen, doch es fand die Kraft und den Entschluß nicht, mit zum Kampfe aufzustehen, und

das übrige Deutschland focht gegen Oestreich. Dann geschah es 1812,
daß ganz Deutschland, auch Oestreich, auch Preußen, im Dienste Na=
poleons gegen Rußland auszog.

Konnte ein so großes inneres Verderben, konnten so viele Tha=
ten der Zwietracht und Untreue ohne nachwirkende Folgen bleiben?
Sie sollten es nicht; auch Ströme von Blut, in der besten Sache ver=
gossen, vermochten nicht, die Folgen auf einmal auszutilgen. Ich habe
schon oben gesagt, daß die Befreiung mit Rußlands Hülfe begann und
daß trotz der reinen und großen Erhebung Preußens die ersten Ver=
bündeten nicht mächtig genug waren, sie hinauszuführen. Als Oestreich
hinzutrat, geschah es nicht im Geiste von 1809, das Scheitern in je=
nem Jahre, das lange Unglück hatten dort den Gegnern der Volks=
bewegung, den Männern der Kälte, des Mißtrauens und des aus=
schließlichen Regiments von oben, die meiste Gewalt gegeben. Der
Krieg und seine Ziele veränderten sich; die Befreiung Deutschlands
war von den verbündeten Herrschern nicht mehr so groß gemeint, wie
sie in den ersten Aufrufen verkündigt war; die Selbstsucht, die vorher
das Verderben herbeigeführt hatte, durfte das Haupt wieder heben
und an der einen Selbstsucht konnte sich die andere entzünden. Das
wurde noch schlimmer als, meist unter Oestreichs Vermittelung, die
Staaten des Rheinbunds, einer nach dem anderen, von Frankreich auf
die Seite der Verbündeten hinübertraten; sie retteten damit ihr Da=
sein, sie warfen das Joch Napoleons ab, doch nicht um die Abhängig=
keit von ihm auf Deutschland zu übertragen, sondern um ihre Selb=
ständigkeit desto ungebundner zu gebrauchen. Und es half nichts, daß
es das Volk mit dem Kriege der Befreiung und der Vergeltung reiner
meinte, als die Regierungen; denn auch das Volk war tiefer in das
Leben der besonderen Staaten hineingewachsen, und es war selbst in
Eifersucht, Mißtrauen und gegenseitiger Abneigung tiefer gewurzelt,
als es unter dem geweihten Zug dieses Krieges selbst empfand. Darum
sahen die Männer, die das Letzte an diesen Krieg gesetzt hatten, den
Feldzug in Frankreich, noch mehr als den vorhergegangenen in Deutsch=
land, durch so viel widersprechenden Rath der Kabinette hindurchgehen;
und es trat ihnen die Führung Gottes sichtbar darin entgegen, wie
der Krieg am meisten durch die Verblendung des Feindes zum Ziele
kam. Darum fand beim Bündniß, womit sich die Mächte zu Chau=
mont (1. März 1814) noch einmal für alle Fälle fest zusammenschlos=
sen, über der getheilten Stellung der deutschen Staaten die Sache
Deutschlands nur eine kurze allgemeine Erwähnung. Darum fand sie
auch beim Frieden zu Paris (30. Mai) keine Fürsprache und keine

Zeit, daß etwas Bestimmtes darüber festgestellt worden wäre. Und das Alles sollte sich, wie wir sehen werden, auf dem Congreß zu Wien erst recht wiederholen und entwickeln.

5. Und noch einer anderen Erscheinung, als sie sich in den Staatsverhältnissen ausdrückt, müssen wir gedenken. Wir haben von Göthe, als er die Zeit der Befreiung anbrechen sah, das merkwürdige Wort: „Der Schlaf war zu tief." Das war ein ungläubiges Wort des Alten, das die Jugend, die den Muth zum Höchsten fühlte, wohl mit Unwillen hören durfte, und es ist auch durch den großen Sieg an seinem Theil gestraft worden. Aber es war auch das Wort eines Dichters und hat als solches seine Bekräftigung gefunden. Oder klingt es nicht, wie eine späte Klage des großen Mannes über einen gemeinsamen tiefen Mangel im deutschen Geistesleben, der in ihm vor vielen offenbar geworden ist? Der Dichter, der, wie kein zweiter, den ursprünglichen Quell eigenthümlichen deutschen Lebens in ungeahnten Worten ergossen hat, er kann nicht an die Erstehung eines deutschen Staates glauben, denn es ist das Einzige, das zu gestalten seiner Dichterkraft versagt blieb; selbst in seiner frischesten Jugend hat er nur mit einzelnen Bildern daran erinnert. Und war es nicht mit unsrer ganzen Dichtung ebenso, wie mit ihrem Meister? Hat nicht Göthe's Freund, des Volkes Liebling, hat nicht Schiller die Freiheit im Reich des Willens gesungen, ohne für ihre Erprobung im großen Leben des Volks eine wirkliche Stätte zu finden? So spiegelte sich in den Werken, worin der deutsche Geist jener Tage am ursprünglichsten seine Eigenthümlichkeit offenbaren sollte, die ganze innere Bewegung in allen ihren mannichfaltigen Strömungen ab: sie brach hervor wie ein neuer Strom, der alles Leben umgestalten sollte, sie verkündete eine Fülle befreiender Gedanken; allein sie mußte sich hinaus an die Welt, an die Menschheit wenden, denn sie hatte kein großes Vaterland und kein großes Volk, wo sich die Gedanken an Thaten prüfen konnten. Der Mann aber, der zu jener Zeit von Thaten sagen konnte, der große König Friedrich von Preußen, mußte an seinem Staat die letzte Kraft erschöpfen, um seine Schöpfung doch nicht mehr wachsen zu sehen, um nach so vielen Siegen einsam durchs Leben zu gehen. Es war, als wären die Männer des Wortes und die Männer des Staates und des Kriegs nicht an einem Werk zusammen gewesen. Der Schlaf war zu tief; er war von Jahrhunderten her. Nicht umsonst hat die Sage von der letzten Erinnerung eines wirklichen deutschen Reiches her vom Schlaf des Kaisers gedichtet. Die Befreiungskriege waren ein Erwachen, doch pflegt ein alter Zauber nicht bei der ersten Berührung zu weichen.

6. Also hat die Furcht der Besten jener Zeit Recht behalten und ihre Hoffnung ist zu Schanden geworden? Also war die Arbeit um die Neugestaltung Deutschlands, wie sie in Krieg und Frieden das Jahr 1815 erfüllt hat, nur an eine leere Täuschung gewendet? Wir hätten, dächte ich, doch heute nicht Ursache so zu fragen. Wie viele große Hoffnungen wir auch im Laufe jenes Werks von 1815 dahin sinken sahen, wie wenig aus dem Anfang der Neugestaltung geworden ist: es soll uns doch nicht dazu führen, zu verzweifeln, sondern dazu, das Werk tiefer zu verstehen und anzugreifen. Wenn wir eine ganze Welt von Menschen in echten und falschen, in hochherzigen und selbst= süchtigen Gedanken, in freiem und engem, in großem und kleinem Geiste um ein Werk in Bewegung sehen, das von vielen vergangenen Geschlechtern her fast nur als ein alter Traum vererbt ist, und das zugleich die wirkliche Bedeutung hat, daß es kommenden Geschlechtern die Stätte ihres Wirkens bereiten soll: so ist das doch nicht ein Schau= spiel, das zum Verzagen stimmen, sondern das zur Lust am Leben und seiner großen Arbeit aufrufen soll. Wir haben doch den neuen An= fang und wissen unsre Aufgabe, daß wir daran weiter bauen sollen. Das ist genug. Für das was kommen mag, haben wir das Gesetz, das vor vielen Jahren gerade das Jahr 1815 deutlich verkündigt: daß sich eines Volkes Geschichte im Aufgang und im Niedergang aus dem fortwirkenden Geist seiner sittlichen Arbeit webt.

Erstes Buch.

Der Wiener Congreß und die Wiederaufrichtung des
französischen Kaiserreichs.

Erstes Kapitel.

Die Versammlung zum Congreß und seine Aufgabe.

1. Es war im Monat September 1814, als die Fürsten und Staatsmänner Europas in Wien zusammenkamen, um nach 22 Jahren des Umsturzes und der Kriege eine neue, feste friedliche Ordnung der Dinge im Welttheil zu begründen. Sechs Monate vorher, am 31. März 1814, hatte mit dem Einzug der verbündeten Heerschaaren in Paris der deutsche Befreiungskrieg sein siegreiches Ende gefunden. Dieser Einzug bedeutete den Sturz der französischen Weltherrschaft: Kaiser Napoleon hatte abgedankt und war nach der Insel Elba verwiesen; die alte Königsfamilie der Bourbonen war durch die Sieger wieder auf den Thron von Frankreich gesetzt worden; mit dem Frieden zu Paris, am 30. Mai 1814, waren die neuen Grundlagen von Ordnung, Recht und Besitz verabredet, soweit es die Noth des Augenblicks und die Fähigkeit der Staatsmänner zuließ. Das Werk, das in diesem Frieden begonnen war, sollte jetzt hinausgeführt werden.

Noch niemals im Lauf der europäischen Geschichte hatte man solch einen Rath von Fürsten und Großen gesehen. Noch nie hatte sich zu den Staatsmännern und ihren ernsten Geschäften eine so glänzende, eitle, leichtbewegte Welt der großen Gesellschaft hinzugefunden. Noch nie war eine so zahlreiche und mannichfaltige Versammlung der Staaten zu einer so großen und schweren Aufgabe berufen worden.

2. Der Kaiser Franz von Oestrich, dessen Hauptstadt die Versammlung und den unzählbaren Schwarm der Fremden, den sie herbeizog, aufnehmen sollte, hatte die Minister und Generale um sich, welche mit im letzten Krieg gewesen waren; unter ihnen Metternich und Schwarzenberg im Glanz der neu erworbenen Ehren, die noch größer waren als ihre Thaten, und der Minister Stadion aus der Zeit des ruhmvollen Aufschwungs von 1809. An der Spitze der Geschäfte stand Fürst Metternich, schon jetzt durch die Kunst bekannt, im Streit der Verhandlungen sich und seine Worte zu verändern. Als zweiter Bevoll-

mächtigter war ihm Baron Wessenberg beigegeben, zuletzt östreichischer Gesandter in London, ein wohlgesinnter Mann, doch mehr gelehrt, als für die Geschäfte der großen Welt. Für die Arbeiten der Feder war Gentz bestimmt; durch seine langjährige Verwendung in jeder Art von politischen Händeln und zuletzt durch seine eignen Tagebücher der Welt bekannt, als ein Mann von klarem, scharfem und raschem Geist, doch ohne ein Ziel als seinen Genuß und ohne einen Grundsatz als seinen Vortheil.

Unter der Zahl der Fürsten, welche die Gastfreundschaft des Kaisers Franz in Anspruch nahmen, waren seine Verbündeten aus dem Kriege, der Kaiser Alexander von Rußland und der König Friedrich Wilhelm III. von Preußen, die Ersten. An einem Sonntag, den 25. September, zogen sie, durch ihren Wirth vom rechten Ufer der Donau herübergeleitet, in die Stadt ein: bei der Begrüßung reichten sich die drei Herrscher die Hand[1]); die Parade der Truppen, der Donner der Kanonen, das Läuten der Glocken, der Jubel des Volks verbreiteten den Schein der Einigkeit um sie. Der Kaiser von Rußland dachte die Geschäfte selbst zu leiten; seine Bevollmächtigten, die Grafen Rasumofsky, Stackelberg und Nesselrode und neben ihnen seinen Staatssecretär, den elsäßischen Baron Anstett, zog er weniger bei seinen Planen zu Rath, als er sie bei der Ausführung verwendete. Mehr Einfluß, doch nicht so im Sinne des Kaisers als dieser glaubte, war bei drei Ausländern, die ihm folgten: der Fürst Czartoryski, sein Jugendfreund, trug die Sache Polens im Sinne; der Grieche Capodistria, in Corfu von bürgerlichen Eltern geboren, hoffte die Ehren und Würden, die ihm der russische Dienst eingebracht hatte, einst für das Land verwerthen zu können, wo die Gräber seiner Väter standen; der Corse Pozzo di Borgo, ein Landsmann und Todfeind Napoleons, zu Anfang des Congresses noch als Gesandter in Paris, dachte noch einmal im Dienste Frankreichs seinem Lande und seinen Planen besser zu dienen, als in der hohen Stellung, die ihm seine Gaben und sein Eifer in Rußland erworben hatten. Auf die Einladung des russischen Kaisers kam auch der deutsche Freiherr und ehemalige preußische Minister von Stein nach Wien: die Centralverwaltung der eroberten Länder, an deren Spitze er noch stand, gab ihm doch keine Stimme bei den Entscheidungen des Congresses; was er galt, galt er durch seine Thaten, seinen starken Willen, seinen reinen und großen Geist.

---

1) A. de la Garde. Fêtes et souvenirs du Congrès de Vienne. Paris 1843. I. 17.

— Der König von Preußen war von seinen Brüdern, den Prinzen Wilhelm und August, begleitet. Seine Bevollmächtigten waren der Staatskanzler Fürst Hardenberg und der Minister Wilhelm von Humboldt, zugleich Gesandter in Wien. Der erstere hatte klug und wohlmeinend in den Zeiten der Noth und der Befreiung das Staatsruder gelenkt; doch war seine Kraft zu klein, sein Sinn zu leicht für die schwere Stellung Preußens unter so viel verworrenen und zum Theil feindlichen Wünschen und Bestrebungen; der letztere, ein Mann von ernstem und tiefem Geiste, war zu vornehm und gelehrt für das Volk, zu kalt und spröde für die Diplomaten. Von den Männern, denen der Sieg im schweren Kriege am meisten zu verdanken war, hatte der König keinen bei sich; für militärische Sachen begleitete ihn sein Adjutant, der Generallieutenant von Knesebeck, ein Mann von Verdienst, Urtheil und Bildung, doch mehr durch den Hof als durch die Waffen erzogen.

England, die vierte unter den großen verbündeten Mächten, war auf dem Congreß durch den Minister des Aeußeren, Lord Castlereagh, vertreten, einen Mann von mittelmäßigem Geist und schweren vornehmen Formen; kein Erbe des großen Pitt in der Lenkung der selbständigen Gewalten des englischen Staatswesens und wenig bekannt mit den Verhältnissen des Festlands. Ihm beigegeben waren die brittischen Gesandten am russischen, preußischen und niederländischen Hof, die Lords Cathcart, Stewart (Bruder Castlereaghs) und Clancarty, die es auch nicht verstanden, die Stellung Englands zu seinen Verbündeten in einem großen Sinne zu vermitteln. Für Hannover hatte der Prinz Regent von England als ersten Vertreter den Grafen Münster gesendet; an Geist und Thatkraft im Krieg gegen Napoleon erprobt; doch von adligen Vorurtheilen über Deutschland, von weitaussehenden Planen für die Vergrößerung Hannovers und von Abneigung gegen Preußen befangen. — Als die fünfte der Großmächte trat auf dem Congreß das eben erst besiegte Frankreich auf, das nicht umsonst seine Stütze am meisten in England suchte. Der Hauptvertreter dieses Staates war Fürst Talleyrand, jetzt dem erblichen Königthum mit demselben Eifer ergeben, den er vordem der Republik und dem Kaiserreich bewiesen hatte, in den Künsten seiner, doppelzüngiger, gewissenloser Diplomatie allen Staatsmännern Europas überlegen. Neben ihm hatten die beiden anderen Gesandten Frankreichs, Graf Latour du Pin und Alexis de Noailles, nur in der Einbildung der ehemaligen französischen Ausgewanderten und der kirchlichen Eiferer einige Bedeutung. Dagegen erschien im Gefolge Talleyrands, um die

Verbindungen in Deutschland zu vermitteln, auch ein ehemaliger deut=
scher Reichsfreiherr, dann Fürst Primas und nach dem Untergang
des Reichs Großherzog von Frankfurt, der Herzog von Dalberg,
welcher zur Zeit, als sich Deutschland gegen Napoleon erhob, völlig
auf Frankreichs Seite hinüber getreten war.

3. Unter den Staaten zweiter, dritter und vierter Ordnung war
natürlich Deutschland am zahlreichsten vertreten. Der König und der
Kronprinz von Baiern, der König und der Kronprinz von Wür=
temberg, der Großherzog von Baden, der Kurfürst von Hessen=
Kassel, der Erbgroßherzog von Hessen=Darmstadt, der Herzog
von Weimar und eine Menge kleinerer Fürsten waren persönlich an=
wesend; alle ohne Ausnahme, Braunschweig, Oldenburg, die Mecklen=
burgischen, Sächsischen, Anhaltischen, Lippischen Häuser, nicht minder
die freien Städte, hatten ihre Abgesandten beim Congresse. Der König
von Baiern, bei dem Volke beliebt, schien den wohlwollenden Verkehr
mit den Menschen für sich, die Staatsgeschäfte für seine Minister gewählt
zu haben; der Kronprinz führte lebhafte Reden von deutschem Patrio=
tismus. Der erste Bevollmächtigte Baierns, Fürst Wrede, war noch im
Gefühl der Verdienste, die er durch den Vertrag von Ried und während
des nachfolgenden Kriegs erworben hatte; er schraubte in seinem Auf=
treten und seinen Forderungen die Ansprüche seines Staats über das
Maß hinauf und scheute auch vor der Bundesgenossenschaft mit Frank=
reich nicht zurück. Der König von Würtemberg, der noch während
des Kriegs im geheimen Briefwechsel mit Napoleon die vorübergehen=
den Siege desselben im Februar mit Glückwünschen und mit der Hoff=
nung auf seine Rückkehr nach Deutschland begrüßt hatte, wußte
von nichts als seinen wilden Launen: noch im Sommer hatten ihm
seine Bauern mitten in der Erndte von meilenweit das Wild zu einer
Lustjagd zusammentreiben müssen, und in Wien erzählte man sich, daß
ein Theil seiner Umgebung Vorausbezahlung annehme für Ohrfeigen,
die dann der König austheilen dürfe [1]). Der Kurfürst von Hessen=
Kassel dachte seit seiner wenig verdienten Wiedereinsetzung nur an die
schrankenlose Zurückführung der alten Zustände; und der Großherzog von
Baden war auf dem Wege, durch Trägheit und Willkühr in kurzer Zeit
die Frucht der langen gesegneten Regierung seines Vorgängers Karl Frie=
drich zu untergraben. Dagegen erwies sich der Kronprinz von Würtem=
berg als ein aufrichtiger Freund deutscher Verfassung und Freiheit; er
erschien mit den frischen Ehren auf dem Congreß, die er sich im letzten

---

[1]) G. H. Pertz. Das Leben Steins. Berlin 1851. IV. 76. 105.

Feldzug, namentlich bei Montereau, erworben hatte; auch war er beim Kaiser Alexander in Ansehn und knüpfte eben damals mit dessen Schwester, der Großfürstin Katharine, das Band der Verlobung. Neben ihm braucht Karl August von Weimar kaum noch besonders genannt zu werden, denn sein Name ist im allgemeinen Gedächtniß unvergänglich mit dem Ruhm deutscher Geistesbewegung verknüpft. — Von den Gesandten der kleineren Staaten hatte der Vertreter Nassaus, Hans v. Gagern, am meisten Namen und Einfluß: er war zugleich im Auftrag des Prinzen von Oranien für das Nassau'sche Gesammthaus bevollmächtigt; in den Wegen und Verbindungen der Diplomatie war er schon seit den Zeiten des Rheinbunds erfahren; aufrichtiges Streben für Deutschlands Wiederherstellung verband ihn mit Stein, Voreingenommenheit in seinen Anschauungen trennte ihn wieder von ihm in wichtigen Fragen. Von anderen thaten sich noch zwei Brüder, der badische und der nassau'sche Minister von Marschall, sodann die Gesandten von Mecklenburg-Schwerin, Braunschweig, Weimar, Bremen, die Hrn. von Plessen, v. Schmidt Phiseldeck, von Gersdorf und Smidt in der deutschen Sache hervor, wobei sie sich meistens an Stein anschlossen.

4. Von den außerdeutschen Mächten zweiten und dritten Ranges traten Spanien, Portugal und Schweden, weil sie den Frieden von Paris unterzeichnet hatten, in Wien mit besonderen Ansprüchen zur Theilnahme an der Regelung der großen Fragen auf, die sich indessen nicht verwirklichten, weil sie in keinem Verhältniß zu ihrer Macht standen. Doch blieb es nicht ohne Einfluß, daß Spanien die Wege Frankreichs ging und mit diesem alle Forderungen der bourbonischen Höfe vertrat; König Ferdinand VII., von Napoleon lange gefangen gehalten, hatte dort wieder die Regierung angetreten, die Inquisition eingeführt und Hand an alle Keime neuer Entwickelung gelegt, die im fünfjährigen verzweifelten Kampf seines Volkes aufgegangen waren. Papst Pius VII., der vor kurzem den Jesuitenorden hergestellt hatte, ließ beim Congreß durch seinen Legaten, den Cardinal Consalvi, seine Ansprüche auf alle verlornen Länder, wie auf alle Rechte und Besitzungen der katholischen Kirche unermüdlich geltend machen. Für Neapel hatte König Mürat, der Schwager Napoleons, der vermöge eines Allianzvertrags mit Oestreich vom 11. Jan. 1814 dort noch auf dem Throne saß, zwei Gesandte geschickt, während gleichzeitig auch der bourbonische König Ferdinand IV., der durch Englands Schutz in Sicilien herrschte, jene Krone und ihre Vertretung als das Recht seines Hauses für sich in Anspruch nahm. Für das übrige Italien hatte das Haus Sardinien, vor kurzem wieder hergestellt, hatte die Republik

Genua, deren eben erneutes Dasein schon durch den Frieden von Paris insgeheim wieder aufgehoben war, hatten Toscana und Modena, über deren Herstellung noch verhandelt wurde, hatten Oestreich, Spanien und Frankreich ihre Vertreter, deren Ansprüche sich wunderlich durchkreuzten. Der König von Dänemark kam persönlich nach Wien, um Ersatz für das verlorne Norwegen zu erhalten; während umgekehrt der Gesandte Schwedens Ansprüche geltend zu machen hatte, die weit über das Recht und Verdienst des ehemaligen französischen Marschalls hinausgingen, der das Land jetzt als Kronprinz regierte. Die Schweiz war durch 3 Gesandte der Tagsatzung und in fast allen ihren Kantonen in Wien vertreten, um eine günstige Ordnung der Gebietsverhältnisse und der inneren Verfassung zu erlangen. Der Prinz von Oranien, einst Erbstatthalter von Holland, war voll Hoffnung auf neue Macht und großen Besitz. Seiner Sache kam die besondere Gunst der Mächte entgegen; sein zweiter Bevollmächtigter, der eben genannte Hans von Gagern, führte sie mit großem Geschick und mit einem Eifer, der den Vortheil des Hauses Oranien mit der Sache Deutschlands mehr als gut war, vermischte.

5. Der Wiener Congreß hatte aber nicht blos durch die Menge der Staaten und Staatsgewalten, die dort vertreten waren, ein viel größeres Ansehen, als alle ähnlichen Versammlungen vorher und nachher. Sondern, wie der Umsturz, der durch die Revolution und das Kaiserreich über Europa gekommen war, sich über alle Ordnung, alles Recht und allen Besitz bis in das Leben der Familie und des einzelnen Menschen erstreckte; so knüpften sich jetzt an die große Friedensversammlung die Ansprüche, die Wünsche und Hoffnungen von Tausenden an, daß ihnen ihr Recht hergestellt, ihr Besitz wiedergegeben, ihre Verluste und Opfer ersetzt werden möchten. Und wie in Deutschland seit dem Mittelalter sich das Leben des Staats und der großen öffentlichen Gemeinschaften und der Einzelnen am wunderlichsten vermischt hatte, so bot auch die Vertretung der deutschen Verhältnisse das bunteste Schauspiel auf dem Congreß. Es hatten nicht weniger als 67 deutsche Herzöge, Fürsten, Grafen und Herrn, es hatten neben ihnen die fränkische, schwäbische, rheinische und die übrige Ritterschaft, es hatten der Deutsche und der Johanniter-Orden ihre Gesandten auf dem Congreß, um zu sehen, was sich wohl von den alten Rechten aus den Zeiten der Reichsunmittelbarkeit her wieder aufrichten lasse. Es betrieb das Haus Thurn und Taxis die Herstellung seines alten Vorrechts über die Posten, neben der mächtigen Fürsprache Rußlands, noch durch eine besondere Gesandtschaft. Es erschienen für die katholische

Kirche Deutschlands der Generalvicar des Bisthums Constanz, Frhr. v. Wessenberg, sowie 3 sogenannte Oratoren und 25 Mitglieder von säcularisirten Stiftern. Es hatten die Katholiken von Frankfurt einen, die Juden von Bremen, Frankfurt, Hamburg, Lübeck je einen Vertreter in Wien. Die außerdeutschen Zweige des Johanniterordens, das Bisthum Basel, der Abt von St. Gallen, das Fürstenthum Pruntrut, die Gebiete v. Veltlin und Bormio, 3 deutsche und 5 außerdeutsche Städte, der deutsche Buchhandel, die Handelskammer von Mainz ließen durch eigne Gesandte in Wien ihre Sache führen [1]. Dadurch wuchs die Menge der berufenen und unberufenen Gäste zu Tausenden an; denn neben denen, die noch wirklich Recht und Hülfe zu suchen hatten, drängten sich auch die Abenteurer und Glücksritter zu der willkommenen Gelegenheit heran.

6. Wie sich auf diese Weise der Congreß zu einem großen bunten Gewirre von Menschen aus allen Völkern und Ständen gestaltete, so war es natürlich, daß das gesellschaftliche Leben mit seinen kleinen Sorgen und schnellen Genüssen von Anfang an viel Raum hatte und sehr bald selbst über den eigentlichen Zweck der Versammlung, die Besorgung der Staatsgeschäfte, die Oberhand zu gewinnen schien. Denn unter den vielen Tausenden, die hier zusammengeströmt waren, zählten diejenigen, welche wirklichen Einfluß auf die Geschäfte hatten, kaum nach Hunderten und die eigentliche Entscheidung war im Grunde nur bei den vier großen siegreichen Mächten, in deren Reihe sich zuletzt noch Frankreich einzudrängen wußte. Es hatten also selbst von den Staatsmännern bei weitem die meisten nicht die Gelegenheit, auf geradem Wege viel zur Erreichung ihrer Absichten thun zu können, oder zwischen ihrer Thätigkeit und deren Erfolgen eine sichtbare Verbindung zu gewinnen; der ganze große Hause der anderen dagegen, die nur von ihren besonderen Absichten und Hoffnungen, von ihren selbstsüchtigen kleinen Wünschen bewegt waren, sahen keine Arbeiten und Zwecke vor sich, als die sich ihnen auf den tausendfachen Wegen darboten, worauf die große Gesellschaft die ernsten Geschäfte des Lebens in ihren Spiegelbildern und Abfällen abbildet. Dazu kam, daß Fürsten und Völker, Hohe und Niedere, Reiche und Arme, von den langen Kriegen ermüdet, in dem neuen Frieden endlich das Glück zu erreichen und festzuhalten hofften, und daß sie jedenfalls sehr geneigt waren, einstweilen so viel davon zu genießen, als ihnen der Augenblick darbot.

---

1) Klüber. Acten des Wiener Congresses VI. 600. – D'Angerberg. Le congrès de Vienne et les traités de 1815. Paris, Amyot, 1863. I. 262—264.

Unter solchen Umständen mußte die angeborne Neigung der Menschen, das Leben mit Zerstreuungen zu erfüllen oder auf leichten Wegen nach hohen Zielen zu jagen, in ganz ungewöhnlichem Maße entwickelt werden, so daß auch das unerschöpfliche Geräusch von öffentlichen Schauspielen und Vergnügungen, wie wir es in unsren heutigen Weltstädten sehen, nur einen unvollkommenen Eindruck von dem Traum und Taumel gibt, die damals in Wien waren. Der Congreß nahm vielmehr, wie ein Theilnehmer berichtet, die Erscheinung eines einzigen ununterbrochenen Festes an, und wir müßten uns, um ein Bild davon zu gewinnen, die Festlichkeiten, welche eine fürstliche Hochzeit oder eine besondere Zusammenkunft der Fürsten oder eine Siegesfeier zu begleiten pflegen, über eine Reihe von 6 Monaten fortgesetzt denken.

Die vornehme und reiche Gesellschaft, welche in Wien zusammenkam, spiegelte gleich in den ersten Tagen den Glanz, den Geschmack, die Schönheit, die rauschende Lust und den inneren Zerfall wieder, welche die große Welt bewegen. Die Mehrzahl der Fürsten und Staatsmänner, die ich oben aufgezählt, hatten Sorge getragen, daß auch in Wien ihr Haus bestehe; es war die Meinung, daß neben den Staatsgeschäften auch das Reich der Schönheit, der Anmuth und der feinen Sitte dort seine Stätte haben solle. Die Kaiserin von Oestreich, eine italienische Prinzessin, übernahm diesen Theil der Gastfreundschaft und soll ihn, von Hofdamen, Cavalieren und Künstlern umgeben, mit erfinderischem und liebenswürdigem Geiste geübt haben, während ihr Gemahl von Gesellschaften und Festen nichts hielt, und trotz aller seiner Gäste in seiner Lebensweise nichts änderte. Die Kaiserin Elisabeth von Rußland traf am Tage nach ihrem Gemahl in Wien ein; die Kaiserin von Oestreich war ihr mit ihrem ganzen Hofstaat weit über die Grenzen der Stadt entgegen gekommen. Glockengeläute, Blumen, Kränze, weißgekleidete Mädchen schmückten den Einzug; die fremde Kaiserin fesselte durch ihr mildes, anmuthiges Wesen die Blicke des Volks; aber sie sah traurig aus. Sie war mit ihrem Gemahl zerfallen, er war ihr untreu um einer russischen Fürstin willen, die ihm dann selbst wieder Untreue bewies [1]; erst später suchte er Versöhnung mit der Kaiserin. Anders hatte die Lieblingsschwester des Kaisers, die Großfürstin Katharina, den Zwang fürstlicher Geburt erfahren; sie hatte zur Zeit der Freundschaft ihres Bruders mit Napoleon wider ihren Willen dem Herzog von Oldenburg die Hand reichen

---

1) Th. v. Bernhardi. Geschichte Rußlands und der europäischen Politik. Leipzig. S. Hirzel 1863. I. 21.

müssen. Jetzt, als junge Wittwe auf dem Congreß anwesend, gewann
sie die Neigung des Kronprinzen v. Würtemberg und waltete nachher
mit mildem Segen in diesem Lande, so daß auch Uhlands freie Dichtung einen reinen Kranz auf ihr frühes Grab legte. Der König von
Preußen kam allein zum Congreß, die schöne Königin war 4 Jahre
vorher, noch in der Zeit der Knechtschaft hinübergegangen; die Lieder
ihres Volks aber hatten von ihr gesungen, als der Tag der Freiheit
anbrach.

Sonst fehlte es neben den Fürsten nicht an Fürstinnen, die den
Thron inne hatten, oder ihm nahe standen; es fehlten neben den
Staatsmännern die weiblichen Hände nicht, welche ihre besonderen
Fäden in das Gewebe der großen Geschäfte schlangen. Es waren mit
den Männern auch viele Frauen aus vordem reichsfürstlichen deutschen
Häusern zum Congreß gekommen; sie gewannen zwar nicht die vorige
Herrlichkeit wieder, doch die theure Ehre, mit den regierenden Häusern
Europas auch künftig für ebenbürtig zu gelten. Es war auch der
stolze Adel Englands vertreten; einst seinen Königen gleich geachtet,
und noch jetzt durch ausgedehnten Besitz und ererbten Glanz, doch
mehr durch eine solche Stellung in einem freien Staatswesen ausgezeichnet, daß ihm keine Standesgefühle über das Vaterland gingen.
Es war auch der alte Adel Frankreichs gekommen, den die Siege der
Verbündeten zurückgeführt hatten, und der neue, den das Kaiserreich
erhoben, bewegte sich neben ihm; beide noch wenig versöhnt, doch beide
einig in den hohen Ansprüchen, dem Geschick für Verwicklungen und
der leichten sicheren Gewandheit des Lebens, welche dieses Volk durch
alle seine Stände stets aufs neue hervorbringt. Es war der Adel
Polens, in der natürlichen Anmuth seiner Frauen und der ritterlichen
Gewandheit seiner Männer, herbeigeströmt; er hoffte durch den Kaiser
Alexander den äußeren Glanz erneuert zu sehen, durch den er vergebens die innere Zerrüttung zudecken wollte. Es war der Adel Rußlands dem Ruf seines Kaisers gefolgt, gewohnt über Leib und Leben
des Volks zu gebieten und zugleich den Aemtern des Staats und des
Heeres in ihrer Stufenfolge unterworfen; viele davon asiatische Na-
turen in vornehmen europäischen Lebensformen, doch auch Männer
und Frauen darunter, die in guter deutscher Bildung erwachsen waren.
Unter dieser glänzenden Schaar von Fremden übte der Adel Oestreichs,
seiner Kaiserin folgend, die Pflichten der Gastfreundschaft mit dem
Reichthum und der Würde, welche ihm Alter und Namen verliehen:
es waren aus den Erbländern und aus Deutschland die alten Geschlechter, die von Reichszeiten her den kaiserlichen Thron umgaben:

es waren die Großen aus Ungarn, die mit gewohnter verschwenderi=
scher Pracht die Hauptstadt füllten und damals noch nicht wie heute
dem Staat und dem Hofe den Dienst grollend versagt hatten. Und
mitten unter all diesem Glanz und Stolz alter Häuser oder neuer
Verdienste fanden auch die Geldmächte ihre angesehne Stelle, die
reichen Bankherren Wiens sahen die Könige und ihr Gefolge in ihren
Palästen und an ihrer Tafel; denn das Geld war in den vielen
Kriegen bei den Mächtigen eine seltne Waare geworden, und Oestreich
hatte sich erst vor wenig Jahren in der drückendsten Noth durch eine
willkührliche Herabsetzung seiner Schulden geholfen.

So kam in neuen Weisen das alte Leben der großen Welt zum
Vorschein: neben der ernsten Arbeit machte sich der eitle Genuß, neben
der wahren Ehre die falsche, neben dem Verdienste die Thorheit, neben
der echten Sitte die Schamlosigkeit und die Schande breit[1]. Der er=
fahrenste Weltmann auf dem Congreß, der geistreiche und liebenswür=
dige Fürst von Ligne, hat nach seinen eignen Aeußerungen dieses
Treiben der Gesellschaft in seinem Wesen nicht viel anders gefunden,
als er es in seiner Jugend zur Zeit Friedrichs des Großen, Josephs II.
und der russischen Katharina an vielen glänzenden Höfen gesehen hatte.

Die Stadt Wien, von jeher in der Leichtigkeit, womit sie dem
alten Spruche „Leben und leben lassen" folgt, allen Fremden an=
ziehend, schien dennoch wie von Feenhänden über ihre gewohnte Weise
und Erscheinung hinausgehoben. Die Zahl der Fremden wird auf
beinahe 100,000[2] geschätzt, die Zahl der verschiedenen Gesandten allein
auf 700[2]. Die alte Stadt, welche in einem Umfang von nicht 2
Stunden etwa 80,000 Bewohner einschloß, reichte natürlich für die
Menge der Gäste nicht hin, es mußten selbst sehr Angesehene sich be=
quemen, in den Vorstädten zu wohnen. Der Kaiser ließ seine Kinder
nach Schönbrunn überziehen, damit die Räume der Burg für 2 Kaiser,
2 Kaiserinnen, 4 Könige, 1 Königin, 2 Erbprinzen, 2 Großherzoginnen
und 3 Prinzen ausreichen möchten[2]. Die kaiserliche Tafel soll an
jedem Tage 50,000 Gulden gekostet, der außerordentliche Aufwand für
den Congreß soll 18⅔ Mill. Gulden betragen haben[2]. Der Preis
der Wohnungen in der Stadt ging selbst über die heutigen Badepreise
hinaus; Lord Castlereagh z. B. bezahlte 12,000 Gulden im Monat[2].
Im Uebrigen dagegen behauptete Wien den Ruf der Billigkeit, der
ihm bis zur Mitte unsres Jahrhunderts geblieben ist. Trotz des

---

[1] De la Garde. I. 180.
[2] Ebenda I. 13. 59. 57. 59. 21.

außerordentlichen Zuflusses scheint das tägliche Leben nicht theurer gewesen zu sein, als es heute in unsren großen Hauptstädten gewöhnlich ist, und die Fremden waren darin um so besser daran, als das östreichische Papiergeld immer noch nieder stand; ein Ducaten z. B. galt 12 Gulden östreichischer Währung und wer in Münze bezahlte, konnte an einer wohlbesetzten Tafel mit Wein für 2½ Gulden speisen. Die Festlichkeiten, welche Tag um Tag erfüllten, gingen zwar hauptsächlich von den Höfen und ihrem Anhang aus, doch brachten die Menge der Fremden und das Volk in seiner Fähigkeit zum Mitleben und Mitgenießen auch seinen Theil hinzu. Tafeln, Jagden, Concerte, Bälle, Theater, Maskeraden, Caroussele, Feuerwerke lösten unaufhörlich einander ab und drängten sich oft zur nämlichen Zeit zusammen. Prachtvolle Wagen durchkreuzten vom Morgen an nach allen Richtungen die Straßen, reichgekleidete Läufer, den Stab mit silbernem Apfel in der Hand, bahnten ihnen vor den Hufen der Pferde in leichter Bewegung den Weg; auf den Spaziergängen und den öffentlichen Plätzen drängten sich zu Fuß und zu Pferde die Galakleider und Uniformen aller Höfe und Heere Europas; dazwischen der Troß der Bedienten in ihren glänzenden mannichfaltigen Livreen; und unter all dieser bunten Welt, bald zurückgedrängt bald hervorfluthend, die Menge des Volkes, Männer, Weiber, Kinder, viel von den einträglichen Geschäften des Tages, mehr von der Neugier getrieben. Sank der Tag ermüdet hinab, so war es, als sollte jetzt erst das Leben erwachen: Fackeln in den Händen der Läufer, Schellen und Lampen kündeten unaufhörlich die Nähe der Wagen an; die Theater, die Kaffee- und Gasthäuser, die öffentlichen Säle, die Schenken waren erfüllt von den Schaaren der ab- und zuströmenden Gäste; in allen Straßen hallte Musik in hundertfachen Weisen den allgemeinen Rausch und Traum dieser bewegten Welt wieder. Das war Wien in den Tagen des Congresses; die Fremden, welche das Wohlwollen der Behörden und die gemüthliche Art der Bewohner rühmten, fanden, daß man dafür nur Eins von ihnen verlange: nicht von Staatssachen zu reden und nicht die Regierung zu tadeln [1].

7. Anders, als diese bunte Welt der Staaten und der Gesellschaft in Wien wirklich war, wurde zu Anfang ihre Erscheinung von außen angesehen. Die Völker und das deutsche Volk insbesondere sahen im Ganzen dem Congreß mit gläubigem Vertrauen entgegen. Es änderte daran auch nichts, als die Versammlung, die nach der ersten

1) De la Garde. I. 67. 69.

Verabredung zwei Monate nach dem Pariser Frieden beginnen sollte,
um weitere zwei Monate hinausgeschoben wurde, weil, wie die amt=
liche Wiener Erklärung sagte, das Parlament in England erst seine
Sitzung beendigen müsse, und der Kaiser von Rußland zuvor noch ei=
nige nothwendige Geschäfte in seinem Reich zu erledigen habe. Wie
die Zeitgenossen bezeugen, war es die vorherrschende Meinung, daß
die streitigen Fragen im Grunde schon durch die Häupter des großen
europäischen Bundes geschlichtet seien und daß der Congreß diese Schlich=
tung nur in die schickliche Form zu bringen habe; es war ungefähr
so, wie wenn heutzutage das Volk von jeder Zusammenkunft mächtiger
Fürsten eine neue große Wendung der Dinge erwartet. Das hinderte
jedoch nicht, daß aller Orten die große Angelegenheit lebhaft verhan=
delt wurde. Die Presse war damals noch frei, und namentlich der
„Rheinische Merkur", von Görres in Koblenz herausgegeben, verfocht
die Sache der Wiederherstellung Deutschlands im Inneren und nach
Außen mit der Kraft treuer Ueberzeugung und warmer Vaterlands=
liebe. Stein sprach in dem Blatte zu wiederholtenmalen seine Ansich=
ten aus, oder ließ sie durch andere darlegen. Arndt setzte darin den
Kampf für Deutschland mit der Feder fort, den er unter der Fremd=
herrschaft und während des Befreiungskriegs mit unermüdeter Treue
geführt hatte; auch Männer aus dem preußischen Heere, welche den
großen Kampf mitgefochten, erhoben ihre Stimme in dem Blatte, da=
mit so viel edles Blut nicht umsonst geflossen, so viele Opfer nicht ver=
gebens gebracht seien. Daneben wurde dieselbe Sache in einer großen
Zahl von Flugschriften geführt. Die Wünsche hatten darin zum Theil
noch eine ziemlich allgemeine und unbestimmte Gestalt; doch darin
stimmten sie alle überein, daß Deutschland in seinen alten Grenzen
hergestellt werden, daß es eine gemeinsame Verfassung erhalten müsse.
Mit der Wiederherstellung der alten Formen, so sagten die beredtesten
unter diesen Schriften, sei es nicht gethan: sie hätten die Zerstörung
verdient, viel Gutes wäre dafür aufgekommen, das erhalten werden
müsse. Die Macht Deutschlands, meinte Görres, müsse durch die Ein=
tracht von Oestreich und Preußen gewahrt und vertreten sein, der Rath
der Fürsten, die Vertretung des Volkes müsse für Gesetz und Ordnung
sorgen; und Arndt führte nach dem Wunsche Steins die nämlichen
Gedanken in der Schrift „über künftige ständische Verfassungen" noch
weiter aus, indem er gemeinsames Oberhaupt, gemeinsame Kriegs=
ordnung und Kriegsübung, gemeinsame Gesetze für die allgemeinen
Angelegenheiten, Reichsgericht und Reichstag, zu dem auch die Stände
der einzelnen Länder ihre Vertreter senden sollten, verlangte. Neben

solchen Stimmen wurden dann zuweilen auch Worte der Anklage laut, und es war Grund dazu. Denn schon die Heere und ihre besten Führer hatten aus Frankreich die Meinung mitgebracht, daß es mit dem einen Krieg noch nicht gethan, daß die nationale Sache noch nicht ausgefochten sei; dann hatten sich die Nachrichten vom Pariser Frieden verbreitet: wie groß, ja wie übermächtig man Frankreich gelassen habe, und daß Deutschland nicht auf die volle Herstellung der alten Grenzen zählen dürfe. Daneben waren auch im Inneren manche schlimme Erscheinungen: man sah, wie viele Rheinbundsregierungen nur an sich, nicht an die allgemeine Sache dachten; wie der Adel und die Kirche auf waren, ihre alten Vorrechte zurückzunehmen; schon ließen sich Stimmen hören, welche die Vertheidiger der deutschen Sache als Jakobiner und Demagogen verdächtigten. In Baiern, Würtemberg und Baden wurde der Rheinische Merkur verboten, in Oestreich mußten die Zeitungen heftig dagegen schreiben, und selbst in Preußen waren schon die Feinde der großen Erhebung wieder da, welche frech vor „überspannten Ideen" und revolutionären Köpfen warnten. Daß sich dagegen die Verfechter der deutschen Sache kräftig wehrten und daß sie auch ihre Gegner selbst nachdrücklich angriffen, war nicht zu verwundern; doch herrscht selbst in scharfen Schriften das Vertrauen und die Hoffnung noch vor; die „Beherzigungen vor dem Wiener Congreß v. X. Y. Z." z. B., die damals von Vielen Arndt zugeschrieben wurden, beschäftigen sich viel mehr mit dem Staatsbau, der Deutschland Noth thue, als mit den Anklagen wider die Gegner. Wie die Stimmung im Volk im Ganzen war, Das spricht sich getreulich in einer „Abdresse an die allerhöchsten, auf dem Congreß versammelten Monarchen im Namen der deutschen Nation"[1] aus, worin die „Bitten und Wünsche" derselben vorgetragen wurden. Da heißt es zuerst: „Das Werk des Friedens beginnt; ein neuer Bau erhebt sich, das Recht ist seine Grundfeste, die Freiheit wird von seinen Zinnen wehen, Treue und Glauben sollen ihn bewohnen." Dann wird mit beredten Worten gesagt, warum Deutschland die Völker seines Stammes, die von Frankreich seit 200 Jahren ihm entrissenen Provinzen zurückfordern, wie es im Inneren das Band einer gemeinsamen Verfassung suchen müsse, bei der doch die verschiedenen „Landschaften und Regierungen" fortbeständen. Zum Schluß bittet die „deutsche Nation" mit treuem Vertrauen: „auf die Stimme des Volks zu hören, welches in der Würde und Freiheit seiner Fürsten auch die seinige findet, und zu jedem Opfer für die Wieder-

---

1) Klüber. Acten des Wiener Congresses VI. 579.

geburt Deutschlands bereit ist. Sie bittet, das gemeinsame Vaterland wieder zum Rang jenes Reichs zu erheben, welches die alte Wiege des Rechts, der Freiheit und der Treue war, von welchem einst zuerst die Begründung des europäischen Gleichgewichts ausgegangen ist, und welches die Natur durch seinen Character und seine Lage zum Mittelpunkt desselben geschaffen hat."

8. So stand es zur Zeit, als der Congreß begann, innerhalb und so stand es außerhalb der Mauern von Wien. Wie aber war es mit seiner Aufgabe? Worin hauptsächlich muß sie gesucht werden? Und wie stand es bei der großen Versammlung, die dafür berufen war, um den Willen und die Befähigung zu ihrer Lösung?

9. Die Aufrichtung einer neuen Ordnung der Dinge war es, wozu die Fürsten und Staatsmänner in Wien zusammenkamen. Welche unübersehbare Menge von Hoffnungen, Wünschen, Bestrebungen in diesem Worte eingeschlossen war; das ergibt sich schon von selbst aus der Zahl und Verschiedenheit der Theilnehmer, die ich oben kurz vorüberzuführen versucht habe. Es kann nicht meine Meinung sein, die verworrene Masse von untergegangenen und aufgehenden Lebensgestaltungen, welche ein 22jähriger umwälzender Krieg zurückgelassen hatte, näher zu untersuchen; es würde nicht einmal zum Zweck und Raum dieser Arbeit stimmen, auch nur die Entwickelung allseitig zu verfolgen, welche die berechtigten unter diesen Lebensgestaltungen auf dem Congresse nahmen. Ich muß mich vielmehr auf den Verlauf der wenigen wichtigen Fragen beschränken, welche den Mittelpunkt der Congreßverhandlungen bildeten; die Fragen zweiter Ordnung finden dabei ihre Besprechung, wo sie sich mit jenen anderen berühren. Was also waren jene Fragen, in denen sich die Aufgabe des Congresses zusammendrängte? Die Antwort liegt in der Erfahrung, welche sich im vorhergegangenen Lauf der Dinge den Staatsmännern Europas gewaltig aufgedrängt hatte. Ich habe in der Einleitung der Erscheinung gedacht, wie in den letzten Jahrhunderten Deutschland fortschreitend rascher an innerer Ordnung und äußerer Macht verfiel; jetzt ist es nöthig dieser Erscheinung die andere zur Seite zu stellen, wie zur nämlichen Zeit im Westen und Osten zwei Mächte von ungemessenem Ehrgeiz und Eroberungsdrang abwechselnd emporkamen: Frankreich und Rußland. An beide hatte Deutschland Schritt für Schritt an Macht und Land verloren: beiden hatte es mittelbar und unmittelbar mit seinem Blut und seinen Waffen gedient. Die Vernichtung von Deutschland, die Theilung der Macht zwischen beiden und endlich ihr Kampf auf Leben und Tod; das war eigentlich der Hauptinhalt der Zer-

rüttung, die über Europa gekommen war. Darum war es keine An=
maßung, wenn jene „Addresse der deutschen Nation" die Wieder=
aufrichtung Deutschlands und die Begründung des Gleich=
gewichts in Europa zusammenbrachte; es war eine Wahrheit, die
damals im Munde aller Staatsmänner war. Was allein dem Welt=
theil den Frieden, den schwer geprüften Völkern die Ruhe sichern
konnte; das war ein starkes Deutschland in der Mitte Euro=
pas.   Die beiden anderen Völker der Mitte, die Polen und die Ita=
liener, mußten aus ähnlichen Gründen von der Schlichtung der Gleich=
gewichtsfrage mit berührt werden, und sie wurden es auch; doch war
mit Deutschlands Vernichtung und Erhebung diejenige Europas in
ganz anderer Weise verknüpft gewesen, die deutschen Mächte standen
mächtig in der Reihe der Sieger; darum konnte es gar nicht anders
sein, als daß die deutschen Fragen wirklich der Brennpunkt der Ver=
handlungen wurden, und daß in ihnen der Kern des Streits auch da
lag, wo, wie bei dem Handel um Polen, die Frage einen anderen
Namen trug.   Es fehlte aber viel, daß dem allgemeinen Gefühl von
der Wichtigkeit dieser Fragen bei den Staatsmännern in Wien auch die
Erkenntniß und der gute Wille entsprochen hätten; vielmehr traten
gleich, so wie sichs um die wirkliche Auseinandersetzung handelte, die
Selbstsucht und der besondere Vortheil, die alten und die neuen Ver=
säumnisse und Schäden mit ins Spiel.

10. Der Friede, welcher zu Paris nach fast zweimonatlichen Ver=
handlungen, am 30. Mai 1814 zu Stande kam, war sehr günstig für
das Land und Volk, das wehrlos zu Füßen derselben Feinde lag, die
es so oft und so lange den ganzen Uebermuth seiner Siege hatte fühlen
lassen.   Die Verbündeten waren nach so vielen furchtbaren Wechsel=
fällen des Glücks zur Mäßigung und Großmuth geneigt, unter ihnen
am meisten Rußland und England, denen solche Großmuth mehr
eintrug als kostete.   Es kam die Ansicht auf, man dürfe das Ansehen
des wiedereingesetzten Königshauses beim französischen Volke nicht da=
durch vernichten, daß man zugleich Eroberungen von seinem alten Erbe
nehme.   Also erhielt Frankreich (Art. 2.) die Grenzen vom 1. Januar
1792, d. h. von der Zeit vor den großen Kriegen, und wurde sogar
innerhalb dieser Grenzen noch durch verschiedne, früher meist deutsche,
Gebietstheile vergrößert.   Der Raub an deutschen Landen im Nord=
westen, an italiänischen im Südwesten von Frankreich wurde zurück=
genommen.   Aus der großen Beute trug England durch den Frieden
die Bestätigung des Antheils davon, den es sich schon vorher gesichert
hatte; den Besitz der Colonieen nämlich, die ihm seine seemächtigen

Waffen in langjährigen Kriegen erobert hatten und unter denen ihm
die ehemals französischen und holländischen die werthvollsten waren.
Es brachte von besonderen Wünschen für sich nur den um Abschaffung
des Negerhandels mit auf den Congreß. — Rußland hielt natürlich fest, was es vorher zur Zeit seiner Freundschaft mit Napoleon im
Zusammensturz Europas gewonnen hatte, namentlich Finnland, Bessarabien und Theile von Polen; dazu nahm es jetzt für seine Mitwirkung beim Sturze Napoleons den Rest des letztgenannten Landes, das
von Napoleon gestiftete Herzogthum Warschau, in Anspruch. Der Friede
brachte darüber keine nähere Festsetzung; doch standen frühere Verträge
entgegen. Es hatten nämlich Rußland, Oestreich und Preußen in einer
geheimen Verabredung zu Reichenbach (27. Juni 1813)[1], die Theilung des Herzogthums, und zwar wie es scheint mit Bezug auf die
Theilungsbestimmungen von 1797, untereinander festgestellt und dies
zu Teplitz (9. Septbr. 1813) bestätigt; doch ließen die sehr allgemeinen
Bestimmungen dieser Verträge Rußland allerdings einen Vorwand und
Spielraum für seine Wünsche. — In Bezug auf Deutschland blieb
der Friede sehr unbestimmt; die Vermischung zwischen Verfassungs-
und Gebietsfragen, welche eine Folge des vorhergegangenen Umsturzes war, wurde in keiner Weise klar auseinandergesetzt. Der Art. 6
bestimmte: „Die Staaten von Deutschland sollen unabhängig und
durch ein Föderativband vereinigt sein." Nun hatte Oestreich für die
Wiederaufrichtung und Verstärkung seiner alten Macht und Größe
theils durch besondere Verträge mit deutschen Staaten gesorgt, theils
war ihm durch den Pariser Frieden volle Entschädigung in Italien
zugesagt. Ebenso war durch die früheren Verträge von Kalisch (28.
Februar 1813), Reichenbach (14. und 15. Juni 1813) und Teplitz
(9. Septbr. 1813) für Preußen die volle Herstellung in der Macht
und Größe, wie sie vor 1806 war, für Hannover die Wiederherstellung
unter dem alten, zugleich in England herrschenden Königshaus verbürgt. Später hatte Baiern im Vertrag von Ried (8. Oktober 1813)
die Zusicherung der Souveränetät und der vollen Entschädigung für
die an Oestreich abzutretenden Landestheile erlangt, und Würtemberg
war noch zeitig genug durch den Vertrag von Fulda (2. November
1813) zu einem ähnlichen Versprechen gekommen. Den anderen che-
maligen Rheinbundfürsten war nur im allgemeinen ihr Besitz, nicht
ihre unbeschränkte Selbständigkeit zugestanden; Sachsen wurde seit der
Schlacht von Leipzig als erobertes Land behandelt, der König war als

---

[1] Pertz. Das Leben Steins IV. 161. 162.

Gefangener in Friedrichsfelde bei Berlin. — Wegen der Niederlande, Deutschlands nordwestlichem Vorlande, war im Vertrag von Chaumont (1. März 1814) und in den geheimen Art. 3 u. 4 des Pariser Friedens[1] verabredet worden, daß das in den Revolutionskriegen von Oestreich verlorne Belgien, für welches das letztere die Abrundung seines Besitzes in Italien vorzog, mit Holland vereinigt werden solle; was dann beim Besuch, den im Sommer der Kaiser von Rußland und der König von Preußen beim Prinz Regenten in England gemacht hatten, noch nähere Bestätigung erhielt (29. Juli 1814). — Ueber das südwestliche deutsche Vorland, die Schweiz, war im Frieden nichts entschieden; doch stand die Absicht fest, ihr Selbständigkeit und Neutralität zu gewähren, so daß der Streit über ihre Verfassung, wie über die Grenzen der Kantone nach Innen und nach Außen auf dem Congreß als eine in sich abgeschlossene Angelegenheit erschien. — Wegen Italiens hatte der Friede in offenen und geheimen Artikeln die Abrundung und Entschädigung Oestreichs, die Herstellung und Vergrößerung Sardiniens, unter anderem auch durch die eben damals neu proclamirte Republik Genua, sowie die Wiedereinsetzung des Pabstes festgesetzt. Neapel blieb zwischen Mürat und Ferdinand IV. streitig; auch wegen der übrigen Staaten sollte der Congreß noch entscheiden. Der Friedensvertrag hatte nur die Bestimmung, daß sie „selbständige Staaten" sein sollten; auf den Wunsch nach nationaler Verbindung war keine Rücksicht genommen, nicht einmal ein „Föderativband", wie bei Deutschland, war verheißen. — Spanien, Portugal, Schweden hatten wegen ihrer selbständigen Theilnahme am Krieg den Frieden mit unterzeichnet; ihre Angelegenheiten waren hierdurch oder in besonderen Verträgen geordnet worden. am Congreß spielte zwischen den beiden ersteren nur der Streit um das Gebiet von Olivenza; während Schweden hauptsächlich wegen der Entschädigung bei den Verhandlungen betheiligt war, die es im Kieler Frieden (14. Januar 1814) für die Abtretung Norwegens an Dänemark versprochen hatte und in unerlaubter Weise hinauszog. — Die Türkei war auf dem Congreß nicht vertreten; doch sollte von Serbien aus die orientalische Frage ihre Schatten in seine Thätigkeit werfen; und in die Verfügung über die Jonischen Inseln, ein altes Erbe der ehemaligen Republik Venedig, begann sich schon eine griechische Bewegung einzumischen.

11. Hiernach war die Neugestaltung Deutschlands nicht blos

---

[1] Heinrich v. Gagern. Das Leben des Generals Friedrich v. Gagern. Leipzig u. Heidelberg 1856. I. 142 bis 144.

wegen der Sorge um das Gleichgewicht Europas die wichtigste von
allen Fragen, die dem Congreß vorlagen, sondern sie war auch dieje=
nige, bei welcher sich bei weitem die meisten Interessen der Mächte
einander durchkreuzten, und sie war zugleich noch am wenigsten durch
die vorhergegangenen Verträge geordnet. Die Grenzen waren durch den
Pariser Frieden im Westen, Norden und Süden der Hauptsache nach fest=
gestellt; im Osten gegen Rußland sollten sie erst noch gezogen werden.
Die Gebietsvertheilung war nur bei Oestreich geordnet; für Preußen
und fast alle übrigen deutschen Staaten sollte sie erst noch geschehen.
Die Entschädigungsmasse dafür bestand aus Polen, Sachsen und den
Rheinlanden; in Polen aber spielte der Vortheil und das Begehren
Rußlands übermächtig herein, in den Rheinlanden machte, von Eng=
land unterstützt, der Prinz von Oranien für seinen neu zu bildenden
Staat übermäßige Ansprüche. Dazu waren im Inneren die Forderun=
gen fast aller Staaten mit einander im Widerstreit; und vor allem
bildete Sachsen den Gegenstand eines erbitterten Habers, denn Preu=
ßen nahm es ganz als Entschädigung in Anspruch, Oestreich und die
anderen dachten es ihm in keinem Falle ganz zu lassen. In der Ver=
fassungsfrage war mit der allgemeinen Bestimmung des Pariser Frie=
dens fast gar nichts gesagt: es blieben die Ansprüche Oestreichs und
Preußens gegen einander und beider zusammen gegen die anderen; es
blieb nach den eben genannten Verträgen die Souveränetät der Rhein=
bundsstaaten, denen zum Theil selbst das Föderativband zu viel war;
es blieb die ganze Verwirrung der Rechte aus der Zeit vor und nach dem
Untergang des Reichs. Zugleich hatten Rußland und Frankreich aus
früheren Vorgängen, England durch Hannover Anlaß genug, sobald sie
wollten, sich auch in die Frage der inneren Verfassung Deutschlands ein=
zumischen. Aus allen diesen Verhältnissen wuchsen gleich zu Anfang des
Congresses drei Fragen hervor, welche sehr bald den Gang der Ver=
handlungen vollständig beherrschten. Es war die Frage um Polen,
aus dem doppelten Gesichtspunkt der Machtstellung Rußlands zu Eu=
ropa, besonders zu Deutschland und der Entschädigung Preußens; die
Frage um Sachsen, ebenfalls aus dem letzteren Grund und zugleich
aus dem der inneren Auseinandersetzung in Deutschland; die Frage
um die deutsche Verfassung auf Grund der gerechten Wünsche des
deutschen Volks und der allgemeinen Sorge um die Befestigung des
europäischen Staatensystems. In diesen drei Fragen drängt sich die
Aufgabe des Congresses hauptsächlich zusammen, sie bilden in vorwie=
gender Bedeutung seine Geschichte.

Wie aber stand es bei der großen Versammlung um den Willen

und die Befähigung zur Lösung dieser Fragen? Es bedarf darüber, bevor ich zur Geschichte selbst komme, noch einiger Worte. Ich versuche daher die Zwecke, die Ansichten, die Stimmungen zuerst der Großmächte, dann der deutschen Staaten in ihren Vertretern in Kürze zu zeichnen. Es kommt dabei die ganze Schwierigkeit und Verwirrung in Betracht, welche im Zusammenströmen so vieler bedeutender Interessen zur selben Zeit am nämlichen Orte lagen; es wird sich zeigen, daß nicht zwei Staatsmänner auch nur über die Hauptsachen einerlei Meinung hatten; daß von großen Grundsätzen nur einer, der des Gleichgewichts allgemein anerkannt war, während andere, wie Nationalität und Freiheit nur wenigen bewußt waren; es wird sich aber auch zeigen, daß die Wirklichkeit meist die Standpunkte, die Meinungen und Zwecke ganz anders vermischt, als die Schulbegriffe zu fordern scheinen.

12. Ich habe oben unter den Theilnehmern am Congreß den Kaiser Alexander von Rußland zuerst genannt; er übte auf den Gang der Verhandlungen und die endliche Entscheidung den größten Einfluß. Ein nicht kleiner Theil der Macht Napoleons schien auf ihn, schien von Frankreich auf Rußland übergegangen. Er war, kaum 35 Jahre alt, im Gottesgericht von 1812 als der Befreier erschienen und hatte seit dem Frühjahr 1813 an der Spitze des fortwährend wachsenden Bündnisses gegen Napoleon gestanden. Als der Sieg erfochten war, schrieb er dies mit seinen Verbündeten wohl Gott zu, er sah sich aber doch gern als den Retter Europas und als den Mächtigen betrachtet, der über das Schicksal der Völker bestimmen könne. Nicht zwar wie Napoleon zu ihrer Unterdrückung wollte er seine Macht gebrauchen; sondern, wie er schon in seiner Jugend sein eignes weites Reich gern frei von den überlieferten Lasten harter Ordnungen und Dienste gemacht hätte; so dachte er jetzt an der Spitze aller edlen Bestrebungen in Europa ein neues Zeitalter der Völkerfreiheit herbeizuführen. Er war aber von seinem Ruhm und Glanz geblendet und der Gedanke daran mischte sich mehr als er selbst wußte in seine befreienden Gedanken. Während der Friedensverhandlungen zu Paris hatte er gerne die Verherrlichung gesehen, die ihm das französische Volk für seine Großmuth entgegenbrachte; während er mit der zurückgekehrten Königsfamilie in kurzer Zeit vollständig überworfen war, und bitter über sie äußerte, daß sie nichts gelernt und nichts vergessen hätte. Bei dem Besuch, den er dann im Sommer in London machte, war er von der wüsten Art des Prinz Regenten und der kalten, rückwärts gewendeten Politik seiner Staatsmänner wenig er-

baut, die Bewegungsparthei dagegen hatte ihm so wohl gefallen, daß er äußerte, er werde sich nach seiner Rückkehr auch in Rußland eine Opposition ins Leben zu rufen suchen [1]. Auf dem Congreß verfolgte er vor allem anderen einen Lieblingsplan, für den er schon 1796 an den Ufern der Newa mit Czartoryski geschwärmt hatte, als kaum erst unter der Gewaltherrschaft seiner Großmutter Katharina die letzte Er= hebung von Polen niedergetreten war. Er wollte das ganze Herzog= thum Warschau mit seinem Reiche vereinigen, den Polen eine freie Verfassung geben und auf diese Weise auch Rußland zu einer höheren Entwickelung vorbereiten. Es schien ihm ein Geringes, daß ihm für die Dienste, die er Europa geleistet, von den versammelten Mächten dies gewährt werde. Daß alsdann Sachsen an Preußen fallen müsse, konnte für ihn nach den Verpflichtungen, die er gegen dieses über= nommen hatte, nicht zweifelhaft sein. In Sachen der deutschen Ver= fassung war er geneigt, dem heilsamen Rathe Steins zu folgen; doch mußte dieser erfahren, daß der Kaiser auch hier auf seinen persönlichen Einfluß und seine besonderen Gedanken mehr und mehr Gewicht legte. Die inneren Angelegenheiten seines Reichs hatte der Kaiser vernachläs= sigt, sie waren in arger Unordnung und Verwirrung. Unter seinen weitaussehenden Planen nach außen nahm auch der Gedanke an die Befreiung der Griechen und die Aufrichtung des russischen Kreuzes auf der Sophienkirche in Konstantinopel eine bedeutende Stelle ein; er kam beim Congreß nur wenig zur Wirkung, desto mehr ein Jahr danach beim zweiten Pariser Frieden. Daß der Kaiser die Geschäfte selbst leiten, selbst die Verantwortung übernehmen wollte, daß er sich auch dem uneigennützigen Rathe Steins allmählig mehr entzog, erwies sich nicht für die Sache und nicht für seine eignen Plane als heilsam. Wie seine übrigen Rathgeber und Diplomaten gesinnt waren, habe ich oben erwähnt; den Ausländern unter ihnen lag gerade sein Lieblings= plan, die Sache Polens, doch nur so weit am Herzen, als ihre eignen Absichten damit zusammenhingen. Die russischen Staatsmänner da= gegen waren der nämlichen Meinung mit dem Heer und Volke Ruß= lands: sie wollten Polen wohl nehmen, doch nicht um es groß oder gar bevorzugt gegen Rußland zu sehen, sondern als Eroberung, denn gerade in der Bekämpfung und Vernichtung Polens war die russische Macht seit einem halben Jahrhundert herangewachsen. Und dieser Macht mußten die Gedanken Alexanders, so sehr er Selbstherrscher sein wollte, doch zuletzt dienen.

---

1) Bernhardi. 1. 16.

Von den zwei deutschen Großmächten sah sich jetzt Oestreich am Ende der langen Kriege, die es mit rühmlicher Ausdauer bestanden, vor dem erwünschten Ziele, aus der zersplitterten Staatsgestalt, die es noch beim Ausbruch derselben hatte, sich zu einem abgerundeten wohlbegrenzten Ganzen zusammenzuschließen Der so zusammengesetzte Staat trug indessen, so stark er aussah, in der Verschiedenheit seiner Volksstämme große Gefahren in sich, die schon damals, wenn auch noch nicht in ihrer vollen Bedeutung, erkannt wurden. Die polnischen Plane des Kaisers Alexander liefen daher dem östreichischen Staats= vortheil aus doppeltem Grunde entgegen: der übermächtige Nachbar schob damit seine Grenze viel weiter als bisher vor, und drohte zu= gleich durch die Bewegung, welche seine freisinnigen Absichten in das polnische Volk tragen mußten, mit einer inneren Gefahr. Weniger einfach war die Stellung zu Deutschland. Die östreichische Staatskunst faßte sie so auf, wie es die nächsten und natürlichsten Interessen zu gebieten schienen. Das Emporkommen Preußens war nicht erwünscht, doch nicht zu verhindern; es galt also, das Machtgebiet des Neben= buhlers, so viel als möglich, auf Norddeutschland zurückzudrängen. In diesem Zusammenhang schien die vollständige oder theilweise Erhaltung von Sachsen wünschenswerth, es schien zugleich um so zweckmäßiger, daß Preußen seine Entschädigung, so viel wie möglich, in Polen er= halte. An die Volksbewegung bestand seit dem Scheitern der Erhebung von 1809 ohnedem kein Glaube mehr; wie sie durch Rußland und Preußen von Kalisch aus aufgerufen war, das schien sehr gefährlich, man mußte sich dagegen auf die Höfe und die Regierungen zu stützen suchen. Von einer Verfassung Deutschlands, in der man unter allen Umständen die Gewalt mit Preußen theilen mußte, war eine freie Verfügung über deutsche Kräfte kaum zu erwarten; es schien sicherer, diese Verfügung durch eine enge Verbindung mit einzelnen Staaten, namentlich mit Baiern, als dem mächtigsten Staat zweiten Rangs, zu erreichen. In dieser Richtung war die Politik Oestreichs seit seinem Hinzutritt zum großen Bündniß gegen Napoleon, wenn auch unter mehrfachen Schwankungen, doch im Ganzen zusammenhängend und mit Geschick, geleitet worden; in dieser Richtung waren in allen Verträgen von Reichenbach bis nach Paris stets die Ansprüche Oestreichs so gut wie möglich sichergestellt, in dieser Richtung war durch die Verträge mit den wichtigsten deutschen Staaten die Politik Preußens überflügelt worden. Daher denn auch am Congreß die folgerichtige Bekämpfung der polnischen Ansprüche Rußlands, die Unterstützung und Vertheidi= gung Sachsens, die Verschleppung und Abschwächung der deutschen

Verfassung. Diese Art von Staatskunst hatte nicht blos wirklichen Grund in der gegebenen Lage; sie entsprach auch ganz besonders dem Wesen des Kaisers und seines Ministers. Kaiser Franz war in der Schule der italienischen Staatskunst seines Vaters Leopold aufgewachsen. Er erschien als ein volksfreundlicher leutseliger Mann, und die Welt hielt lange dafür, daß er die Staatsgeschäfte seinen Ministern überlasse; in Wirklichkeit aber wußte er genau, was er wollte; er war selbstsüchtig, kalt, klug und mißtrauisch, und überließ keinem die Geschäfte, der einen anderen größeren Sinn gehabt hätte, als er selbst. Seine Brüder, die Erzherzöge Karl und Johann, die Namen und Anselm beim Volke hatten, litt er nur ungern in bedeutenden Stellungen und entfernte sie daraus, sobald es anging; in den letzten Kriegen wurden sie in Nebenstellen verwendet. Nachdem er es lange mit verschiedenen Ministern versucht hatte, befand er sich am besten mit Metternich, der den Staat ebenso ansah wie der Kaiser selbst, und die diplomatische Kunst verstand, nach dessen Gedanken die Geschäfte zu leiten. Beide zusammen, der Kaiser und der Minister, standen ganz in der alten östreichischen Hauspolitik, den Staat mehr hinhaltend durch Kunst und Klugheit, als durch kühne Mittel zusammenzuhalten und zu stärken; sie ließen Alles gern bequem seinen Weg gehen, nur wo Etwas nach selbständiger Bewegung des Volks aussah, wurde es mit Strenge unterdrückt. Diese ganze Politik mit ihren Zielen und Wegen ist durch die nachfolgenden Ereignisse als kurzsichtig und verderblich gerichtet worden; doch ging sie mehr aus dem Eindruck der Ereignisse, als aus vorheriger Berechnung hervor. Zu Anfang des Congresses war der Kaiser noch in der Erinnerung an den jubelnden Empfang, den er in den alten östreichischen Vorlanden, namentlich im Breisgau gefunden hatte, er sprach zur Deputation der Standesherrn, die er am 22. Oktober empfing, mit Bewegung von dem „guten und braven deutschen Volk" und verhieß dessen gerechtes Verlangen nach Kräften zu unterstützen. Auch Metternich zeigte zu dieser Zeit, wie wir sehen werden, noch wirkliche Theilnahme für die Förderung der deutschen Verfassung. Bald genug freilich übten die Schwierigkeiten der Lage und die alten Ueberlieferungen des Staats ihre Wirkung und die Beiden meinten den Vortheil Oestreichs auf ganz anderen Wegen zu finden.

Vielleicht noch schwieriger war Preußens Stellung auf dem Congreß, und es fand ebensowenig die Männer für seine Aufgabe. Zunächst hatte es von den Plänen des russischen Kaisers noch viel mehr zu fürchten als Oestreich; und es war auch keiner seiner Staatsmänner, der die Gefahr nicht einsah, wenn die polnisch-russische Grenze bis auf wenige Tagemärsche von der preußischen Hauptstadt vorgerückt werde. Aber um dies mit Erfolg abzuwehren, hätte es des festen Zusammengehens mit Oestreich bedurft, und die Ueberlieferungen des Staats und besonders des Königshauses wiesen fast mehr zur Freundschaft mit Rußland als mit Oestreich hin. Dazu kam die Sorge um die eigne Herstellung und die schwere Frage um die Neugestaltung Deutschlands. Das große Stück von Polen wieder zu erwerben, welches mit der dritten Theilung von 1795 gewonnen worden war, erschien nach dem Abfall, den Preußen 1806 dort hatte erleben müssen, nicht wünschenswerth. Dafür hätte es in Süddeutschland vielleicht Entschädigung suchen können, allein hier verwehrte ihm der Vortheil Oestreichs und Baierns selbst die Wiedererwerbung der alten Stammlande in Franken. Es hätte in Norddeutschland Entschädigung suchen können, allein hier standen ihm die Ansprüche Englands auf die Vergrößerung Hannovers entgegen. Dabei hatte Preußen in Deutschland nicht viele zuverlässige Freunde. Der Staat war unter dem Zusammenbrechen des alten deutschen Reichs groß geworden; das trugen ihm Die nach, welche dadurch Schaden gelitten hatten, und beneideten ihm Die, welche nicht eben so groß geworden waren. Er war dem Reich, an dessen Untergang er schwere Mitschuld trug, 1806 in den Untergang gefolgt; er hatte sich 1813 wieder erhoben, mit der eignen Befreiung die Befreiung Deutschlands verkündet und vor allen anderen siegreich durchgeführt. Dafür war wohl die große Bewegung des Volks, die der Herstellung des Vaterlandes galt, auf seiner Seite; allein es gab doch auch im Volk noch manches alte Widerstreben zu überwinden, und vor allem standen die meisten größeren Regierungen gegen Preußen. Es war ihm Oestreich entgegen, welches seinen Einfluß in Deutschland durch die neue Macht der Fürsten und zugleich durch die alten Erinnerungen suchte; es waren ihm auch die Rheinbundstaaten entgegen, welche ihr Dasein im Bunde mit Napoleon gerettet und erweitert hatten. Und über alles Dies bestand bei dem König und den Staatsmännern Preußens selbst Ungewißheit und Zwiespalt über Das, was sie wollten. Daß Preußen zu einem mächtigen, so viel als möglich in sich abgerundeten Staat hergestellt werden müsse, darin waren alle einig, auch hielten alle auf eine Entschädigung, die möglichst aus deutschen Gebietstheilen bestehe. Allein Sachsens Erwerbung, die sich zunächst darbot, stand dem König nicht recht an, und keiner der Staatsmänner hatte die kühne Voraussicht, dafür die Ausbreitung und Befestigung am Rhein zu suchen. Noch weniger hatten sie sich klar gemacht, was denn zur Erfüllung der Verheißung zu

geschehen habe, daß mit der neuen Verfassung Deutschlands auch dessen
Macht und die gerechten Ansprüche des deutschen Volks gesichert wür=
den. Es schien fast, als wäre nach dem Sieg der große Gedanke, den
man dafür angerufen, auch in Preußen bei vielen vor dem nächsten
eigenen Vortheil zurückgetreten, den die anderen Staaten so frühe in
den Kampf hineingetragen hatten. Suchte doch schon eine Parthei das
Ohr des Königs zu gewinnen, welche von Gewährung neuer Freihei=
ten an das Volk in wie außer Preußen überhaupt nichts wissen, und
die ganze große That der Befreiung, die durch die Eintracht von König
und Volk gelungen war, zu einem Werk umdichten wollte, das nur
von oben geschehen sei. So großen Schwierigkeiten war der König
von sich aus nicht gewachsen. Einfach, redlich und gewissenhaft, ver=
stand er den rechten Entschluß zu finden, wo sein gerader Verstand aus=
reichte; für verwickelte Fragen der Staatskunst dagegen fehlte ihm der
Ueberblick und der Muth des Geistes. Er hatte auch, so militärisch
bestimmt er sein konnte, Scheu über solche Fragen zu entscheiden; und
wo er es einmal that, gerieth es selten zum Glück. Der rechte Staats=
mann aber fehlte ihm. Ich habe schon erwähnt, daß sein Staatskanz=
ler, Fürst Hardenberg, seine Aufgabe viel zu leicht nahm. In Folge
davon kam Preußen auf den Congreß, ohne über die schwersten Fra=
gen einen klaren Plan, und ohne irgend einen zuverlässigen Verbün=
deten zu haben. Der östreichische Minister benutzte doch wenigstens
die Zeit, um seine Sache vorzubereiten, er handelte, wenn auch nicht
nach großen Gesichtspunkten; der preußische dagegen ließ einen Augen=
blick nach dem andern vorübergehen. Wie schwer es auch gewesen sein
mag, schon während des Krieges den Ansprüchen Preußens eine feste
Grundlage zu schaffen; so konnte und mußte doch während der Ver=
handlungen zu Paris und dann im Sommer während des Besuchs in
England der Versuch dazu gemacht werden. Man sah die Ansprüche
Rußlands kommen; man konnte sich über Oestreichs Haltung in der
sächsischen und deutschen Sache hinreichend unterrichten, man hatte
Englands Forderungen für Hannover und die Niederlande vor Augen.
Die Verhältnisse lagen ungünstig und verworren; doch konnte eine weit=
sehende Politik erkennen, daß in der deutschen Entschädigungsmasse Land
genug für Preußens Ansprüche war, daß England kein wirkliches In=
teresse hatte, welches diesen Ansprüchen entgegen war, und daß sich mit
Oestreich vielleicht eine Linie der Ausgleichung finden ließ. So viel
wir heute wissen, ist aber in allen diesen Punkten nicht einmal ein
ernstlicher Versuch gemacht worden. Es war, als hätten die Staats=
männer geglaubt, mit den großen Siegen der Waffen sei alles gethan:

so trieb das preußische Staatsschiff in den Congreß weit mehr, wie es die Strömung trug, als wie es der Steuermann lenkte.

Wurden so durch die besondere und zwiespaltige Stellung der zwei großen deutschen Mächte die Plane Rußlands erleichtert und die deutschen Fragen erschwert, so trug auch die Haltung Englands und Frankreichs zu demselben Ergebniß bei. Bei England lag das freilich nicht in der Absicht, sondern hauptsächlich in der Unfähigkeit und den verworrenen kurzsichtigen Anschauungen seiner Staatsmänner. Diese meinten es wohl aufrichtig mit dem Gleichgewicht Europas; sie sahen aber nicht, daß gegen das übermäßige Anwachsen Rußlands, gegen den Ehrgeiz, welcher Frankreich unter jeder Regierung bewegt, nur die Aufrichtung einer wirklich starken Zwischenmacht helfen könne. Sie hätten zu dem Ende vor allen Dingen die Verständigung mit den zwei deutschen Großstaaten suchen müssen, so schwer sie bei der Haltung derselben war; statt dessen brachten sie theils kleine, theils widersprechende Mittel auf. Sie warfen sich mit besonderem Eifer auf die Errichtung eines starken Niederländischen Staates unter dem Prinzen von Oranien: er war einst schon von Pitt im Sinne der früheren europäischen Allianzen als eine Art Vormauer gegen Frankreich ins Auge gefaßt worden; jetzt verlangte ihn auch die neue Weisheit, daß man zur Sicherung des Friedens vor allen Dingen die zwei kriegerischen Staaten Frankreich und Preußen auseinander halten müsse. Daneben trieb Graf Münster für den Hof die besondere Politik der Vergrößerung Hannovers und der Zurückdrängung Preußens nach Osten, und die englischen Minister ließen ihn wenigstens gewähren, wenn ihnen auch die Niederlande mehr am Herzen lagen. Diese mochten sie übrigens immer begünstigen; die Errichtung des Staats, dem auch Rußland, Oestreich und Preußen entgegen kamen, lag in den Gedanken der Zeit [1] und es kam dabei nur auf das rechte Maß an. Daß sie dagegen schon jetzt zur Annäherung an Frankreich, d. h. an das wiedereingesetzte Königshaus, sich hinneigten [2]), wurde verhängnißvoll schon für den Congreß und noch mehr für die nachfolgende Zeit. Der Grund dafür lag in ihrer inneren Stellung. Sie hatten das Erbe des großen Pitt überkommen, der in den rastlosen Kriegen gegen die Revolution und Na-

---

1) „H. v. Gagern; d. Leben des Generals F. v. Gagern" 1. 99 bis 299 scheint mir hierin mit der Vertheidigung seines Vaters Recht zu haben: dagegen wird dieser nicht davon freizusprechen sein, daß er so gut, wie die englischen Staatsmänner, die Bedeutung des neuen Staats überschätzte.

2) Es hat hierüber namentlich das auf S. 20 unter Note 1 angeführte Werk v. Bernhardi eine wesentlich neue Anschauung entwickelt und begründet.

poleon den Grund zu Englands neuestem Machtzuwachs gelegt hatte;
allein sie verstanden nicht wie dieser die inneren Einrichtungen Englands und den Geist des englischen Volks, sie glaubten in den Wegen
seiner inneren Politik zu gehen und übertrieben diese Wege nur. So
hatten sie es jetzt mit einer starken inneren Opposition zu thun, welche
durch das wüste und ärgerliche Leben, das der Prinz Regent führte,
noch mehr Kraft und Anhang im Volk gewann. Um so mehr bedurften die Minister festen Boden und Halt in ihrer auswärtigen
Politik; sie bedurften vor allen Dingen einer starken Verbindung, die
den Frieden sicherte, denn Friede vor allem verlangte das englische
Volk um so mehr, als es noch, seit 1812, im Krieg mit Nordamerika
war. Eine solche Verbindung nun konnten sie beim Kaiser von
Rußland seit seinem Besuch im Sommer nicht mehr zu finden hoffen.
Ueber Deutschland und die deutschen Mächte waren, zum Theil durch
die Schuld der letzteren, ihre Gedanken verblendet; es blieb also nur
Frankreich. Dort die neue Ordnung der Dinge zu unterstützen und
dafür Gegendienste zu empfangen; das konnte dem englischen Volke
zusagen, welches so viel gethan hatte, um diese Ordnung gegen die
Revolution und das Kaiserreich wieder aufzurichten; und es sagte zugleich den Neigungen der englischen Minister ganz besonders zu, weil
diese in ihrer ganzen Gesinnung zu den Bestrebungen des Bourbonischen Hauses eine gewisse Verwandschaft fanden. Aus allen diesen
Gründen geschah es, daß Englands Gesandte ganz anderen Sinnes
auf den Congreß kamen, als sie zur Zeit des gemeinsamen Krieges
gewesen waren. Gegen Rußland, den alten Verbündeten aus den
Kriegszeiten, hatten sie wegen der Vergrößerungspläne und der liberalen Richtung des Kaisers Abneigung und Mißtrauen; für Frankreich, den alten Gegner, hatten sie Wohlwollen und Gedanken der Annäherung. Dagegen fand Deutschland und seine Zukunft in ihren
Plänen keinen Raum; die Folge war, daß sie wider ihren Willen
nicht blos Frankreichs, sondern auch Rußlands Absichten dienen mußten.

Ganz anders verstanden die französischen Gesandten, oder vielmehr ihr Meister, der Fürst Talleyrand, ihren Vortheil. Er mußte
sich gerade aus dem polnischen Handel und den deutschen Fragen die
Gelegenheit zu machen, um Frankreich, das von den andern Mächten
mehr zum Congreß zugelassen als berufen schien, allmählig in eine
gleichberechtigte Stellung zu bringen. Dieser Staat hätte nach der Demüthigung, die er durch die Waffen, und der Großmuth, die er durch
die Diplomatie Europas erfahren, eigentlich alle Ursache gehabt, mit
dem Gefühl des Besiegten aufzutreten. Aber die Königsfamilie war so

fest von der Heiligkeit ihres uralten Rechts auf den Thron von Frank=
reich durchdrungen, und die Erinnerung an die schmachvolle Regierung
ihrer Vorfahren bedeutete ihr so wenig dagegen, daß sie annahm, die
Verbündeten hätten mit ihrer Wiedereinsetzung nur ihre Schuldigkeit
gethan.   Und das französische Volk war wenigstens in dem einen Stück
mit seinen Prinzen einverstanden, daß seinem Frankreich im Grunde
nach wie vor der erste Rang in Europa gebühre.   Man warf alle
Schuld der Vergangenheit auf den gestürzten Kaiser und schickte sich
an, bei der Aufrichtung der neuen Ordnung Europas ein großes Wort
mitzusprechen.   Dazu gehörte freilich ein Verbündeter.   Von den gro=
ßen deutschen Mächten konnte das keine sein; denn, von Preußen zu
schweigen, so hatte selbst Oestreich zu viel unmittelbar mit Frankreich
abzurechnen.   Dagegen hatten sich Rußland und England schon beim
Pariser Frieden entgegenkommend gezeigt.   Allein der Kaiser Alexander
war sehr bald mit dem König Ludwig XVIII. gründlich zerfallen,
und die Bemühungen seines Gesandten Pozzo di Borgo vermochten
nachher nicht die Kluft wieder auszufüllen.   Der Kaiser hatte nämlich
gehofft, auch in Frankreich als der Schöpfer liberaler Einrichtungen
gepriesen zu werden; der König war aber bei der Verfassung, die er
gab, so wenig nach des Kaisers Wünschen verfahren, daß dieser im
gesellschaftlichen Leben ganz offen zeigte, wie tief er verletzt war.   Dazu
kam noch, daß eine Verbindung, die zwischen dem Neffen des Königs
und einer russischen Prinzessin beabsichtigt war, hauptsächlich an dem
Hochmuth des Königs scheiterte, der sein fast 1000 Jahre altes Haus
durch solche Familienbande mit dem russischen, das noch keine 200
Jahre zählte, in seiner Würde zu beeinträchtigen glaubte.   Hiernach
ist es gar nicht wahrscheinlich, daß auf dem Congreß das russische
Bündniß so leicht für Frankreich zu haben war, wie die neueren fran=
zösischen Schriftsteller sich und ihrem Volke einreden möchten; ja es
fragt sich, ob der Kaiser zu Anfang selbst die Unterstützung seiner pol=
nischen Plane durch Frankreich hoch genug angeschlagen hätte, um
diesem dafür wesentliche Zugeständnisse zu machen.   Dagegen schien es
einer französischen Ueberlieferung, die noch älter war als die Revolu=
tion, zu entsprechen, wenn man sich Polens annahm: es mußte dabei
Frankreich das Ansehen davontragen, als trete es für ein unterdrücktes
Volk ein, und streite für Europa gegen die Uebermacht Rußlands;
während zugleich mit Wahrscheinlichkeit eine größere Annäherung an
England auf diesem Wege lag.   Diese Partie also ergriff Talleyrand,
und er spielte sie mit desto größerem Erfolg, da er auch noch andere
Vortheile hineinzumischen verstand.   Er mußte nämlich vorher und sah

es dann auf dem Congreß mit eignen Augen, wie uneinig und unvor=
bereitet die vier verbündeten Mächte über alle Hauptfragen waren.
Das gab ihm den Muth, sofort die Sprache zu führen, als sei Frank=
reich dort nur erschienen, um die Rechte der Mindermächtigen, der Staa=
ten zweiten und dritten Rangs, gegen die Gewalt der Großen zu schützen.
Und hier gab ihm besonders Deutschland willkommene Gelegenheit, seine
Kunst zu üben und zugleich der Eitelkeit seines Hofs zu schmeicheln. Denn
es war nicht erst Napoleons Werk, sondern schon Ludwig XIV. hatte
seinen Einfluß in Deutschland auf Einverständniß und Bündnisse mit
den mittleren und kleineren deutschen Staaten gegründet. Was also
lag näher, als daß sich Frankreich auch jetzt wieder denselben anschloß,
daß es Baiern und Würtemberg in ihrem Widerstreben gegen die
deutsche Verfassung unterstützte, daß es sich des Königs von Sachsen,
der dazu noch aus einem fast ebenso alten Haus wie die französischen
Könige stammte, gegen Preußen annahm. Es versteht sich von selbst,
daß die französischen Gesandten bei alledem nichts anderes im Munde
führten, als das Gleichgewicht Europas, das System der Ruhe und
des Friedens, welches neu gegründet werden solle, das öffentliche
Recht, das Recht der Schwachen, welches vor allen Dingen geachtet
und geschützt werden n.üsse. Ja Talleyrand brachte gerade mit Bezug
auf die sächsische Frage einen ganz neuen Grundsatz mit zum Congreß:
den Grundsatz der Legitimität, d. h. des schrankenlosen, des geheiligten
Rechtes der Könige auf die Staaten und die Völker, das niemals ver=
wirkt werden könne. Mit diesem Grundsatz der Legitimität und
mit dem anderen des öffentlichen Rechts, wonach nur durch die
Stimmen von ganz Europa, d. h. auch der mindermächtigen Staaten
die Beschlüsse des Congresses zu Stande kommen dürften; mit diesen
zwei Grundsätzen wußte Talleyrand um so mehr auszurichten, als die
anderen Staatsmänner auf den Theil Wahrheit, der darin lag, gar
nicht gefaßt waren: Niemand hat je die Franzosen in der Kunst über=
troffen, sich und andere in der Vermischung ihres Vortheils mit großen
menschenbeglückenden Absichten in immer neuen Reden zu täuschen.

13. Außer den fünf großen Mächten hatten von den auf dem
Wiener Congreß vertretenen Staaten, bei der polnischen Frage natür=
lich gar keine, bei den deutschen Fragen nur die deutschen mitzusprechen.
Von den letzteren hatte die Stimme Hannovers wegen seiner Ver=
bindung mit England das größte Gewicht, nach ihm kamen noch
Baiern und Würtemberg zur Geltung; während Sachsen als er=
oberter Staat nicht öffentlich zu Rath gezogen, doch dafür durch die
Entscheidung über sein Schicksal desto wichtiger wurde. Alle diese Staa=

ten hielten sich Oestreich und Preußen für ebenbürtig und trafen in der Abneigung namentlich gegen den letzteren Staat zusammen, der zur Sühnung seiner Schuld im Kampf gegen Frankreich unterlegen war, der keine neue Größe von Napoleon genommen, der sich wieder erhoben hatte mit dem Aufruf an Deutschland, der sein Dasein in die Wagschale geworfen und vor vielen das Schicksal Europas bestimmt hatte. Diesem Staate konnte Graf Münster die Schwäche nicht verzeihen, womit er Hannover 1803 und 1806 schmählich im Stiche gelassen hatte: er hatte auch jetzt seinen alten Gedanken noch nicht aufgegeben, Hannover in Norddeutschland so mächtig wie Preußen zu machen; während er in der Frage der deutschen Verfassung hauptsächlich für alte Rechte und Zustände kämpfte, und im Uebrigen nichts als die Schwierigkeiten sah [1]. Was die beiden anderen Mittelstaaten angeht; so hatte der bairische Minister Montgelas deren Standpunkt am besten bezeichnet, indem er zum preußischen Gesandten äußerte [2], man solle die deutschen Fürsten unabhängig neben einander bestehen lassen, wie in Italien. Das war ganz die Meinung des Fürsten Wrede und des Königs von Würtemberg, der des letzteren Minister folgen mußte, ob auch der Kronprinz entschieden dagegen auftrat. — Die übrigen deutschen Staaten warfen, wie wir sehen werden, als Gesammtheit wiederholt einiges Gewicht in die Wagschale. Manche unter ihnen meinten es aufrichtig mit der deutschen Sache, viele empfanden, da sie nach außen und nach innen für sich zu schwach waren, wenigstens die Nothwendigkeit einer Stütze. Ihre Stimme war zu Gunsten der deutschen Verfassung: doch war sie für sich allein zu schwach, um durchzudringen. Aus gleichem Grunde vermochten auch die Standesherren und der ehemals reichsunmittelbare Adel keinen Einfluß zu üben, obwohl es ein zahlreicher, immer noch angesehner Stand war, dem auch viele Verbindungen mit den mächtigsten Fürsten zu Gebote standen. Freilich dachten auch gar viele dieser Herrn nur an die alten Vorrechte und Vortheile. Nur wenige Häuser, gleich den Solms, Wied und Laubach, waren wie Stein gesinnt, daß sie die Würde des Adels in der Stellung und dem Berufe gesucht hätten, Deutschlands Macht und Ansehen, des Volkes Recht und Freiheit zu vertreten.

In die große deutsche Verfassungsfrage mischten sich auch die Ansprüche, die Wünsche, die Hoffnungen aller der Körperschaften

---

1) Vergl. sein Schreiben an Gagern: Bernhardi I. 122 u. an Stein: Pertz IV. 132.

2) Pertz IV. 107.

und Einzelnen ein, von deren Vertretung am Congreß oben die
Rede war. Es kamen von dieser Seite mitunter wunderliche Gedanken zum Vorschein, wie z. B. das Verlangen, den deutschen Rit-
terorden herzustellen und zum Schutze des deutschen Reichs mit Land
und Leuten auf dem linken Rheinufer auszustatten. Viele Forderungen
ließen sich gar nicht erfüllen, wenn nicht der alte Umsturz durch einen
neuen Umsturz verbessert werden sollte: so die Herstellung des Johan-
niterorders mit seinen Besitzungen, seinen Vorrechten und seiner europäischen Stellung; auch die Wiedereinsetzung der geistlichen Staaten,
Stifter, Kapitel in ihren vorigen Stand, ihr Eigenthum, ihre Rechte
und Freiheiten, welche in einer besonderen Denkschrift der „Oratoren"
vom 30. Oktober 1814 ausführlich begründet wurde. Es war ja freilich der Kirche sowohl wie dem Adel durch die Umwälzungen von
1803 und 1806 das alte Recht mit Gewalt genommen worden, und
es war die Zeit gekommen, wo auch für diese Verhältnisse die Grundlagen einer neuen besseren Ordnung geschaffen werden mußten. Aber
viele Leute wußten von keinem Rechte als dem jener alten Zustände,
die doch innerlich untergegangen waren, ehe sie der Sturm von außen
traf. Das alte Reich hatte gar vielen Familien geistliche Fürstenstühle
und Domherrnstellen, Freisitze im Deutschen oder Johanniterorden, ar-
beitslose Plätze im Reichskammergericht und Reichshofrath gegeben:
seine Herrlichkeit war so leicht nicht zu verschmerzen. Daneben kamen
wohl auch ernste Gedanken innerer Erneuerung auf; nur daß sie nicht
an der Wirklichkeit geprüft waren. Es sollte für den Adel ein großer
Verein, „die Kette", gegründet werden, der den ganzen Stand durch
ganz Deutschland in eine einzige große, von reinem Streben und hohen
Zielen bewegte Gemeinschaft zusammenfassen sollte. Es sollte die katholische Kirche in Deutschland zu einem großen nationalen Kirchenstaat
mit einem Primas an der Spitze gestaltet werden, der im Bunde seine
verfassungsmäßige Stelle habe und mit dem Pabst ein Concordat
schließe. Dieser letzte Vorschlag war ein frommer Wunsch des schon
genannten milden und freigesinnten Frhrn. v. Wessenberg, General-
vicars von Constanz. — Alle diese und andere Ansprüche und Hoffnungen, wie des deutschen Buchhandels auf eine zeitgemäße Preßgesetz-
gebung, verschiedener Handelscorporationen auf Entfesselung des Verkehrs und der Schifffahrt, würden in anderem Zusammenhang eine
besondere Darstellung verdienen, wie denn viele davon selbst noch in der
heutigen Staatsentwickelung von Bedeutung sind. Hier jedoch handelt
sichs um Größeres; sie mußten nur Erwähnung finden, um das Bild
des Congresses zu vervollständigen.

14. Mitten in dieser verworrenen Welt von Bestrebungen, Hoffnungen und Wünschen, die der Wiener Congreß darstellte; mitten unter diesem Treiben, Ringen und Schweben, wo Tausende um Vortheil oder Genuß auf all den krummen Wegen sich abmühten, die der menschliche Geist um seiner irdischen Zwecke willen immer aufs neue erfindet; mitten in dieser Durchkreuzung offener, hoher Plane und verborgener, niederer Bewegungen; mitten in diesem Zwiespalt zwischen den Hoffnungen eines Welttheils und dem Vermögen eines menschlichen Tags, sie zu schlichten, steht kräftig und erhebend das Bild eines deutschen Mannes. Wir sind seinem Namen schon begegnet, Deutschland kennt ihn längst als einen der Grundsteine, mit denen der neue Bau des Vaterlandes begann; es war der Minister, Freiherr Karl von Stein. Er war, wie wir wissen, auf den Wunsch des Kaisers Alexander von Rußland gekommen; doch ohne von diesem oder von irgend einer der anderen Mächte als Bevollmächtigter berufen zu sein; auch steht sein Name nicht unter den Urkunden, in welchen der Congreß seine Beschlüsse verkündet hat. Dennoch hat er auf die wichtigsten Fragen durch die bloße Macht seines Namens einen Einfluß geübt, der nicht umsonst war und nicht verloren gegangen ist, wenn er sich auch für den Augenblick nicht in greifbaren Erfolgen verkörpern sollte. Seit er im Jahr 1807 in Preußen zur Erneuerung des Staats das Ruder ergriff, seit ihn 1808 Napoleons Acht getroffen hatte, seit sich 1812 an seiner Kraft der Entschluß Alexanders von Rußland zum äußersten Widerstand entzündet hatte, seit 1813 seine Stimme zur Erhebung Preußens und Deutschlands hinaus gegangen war, hatten ihn die Fürsten, die Staatsmänner, die Heerführer und die Völker kennen gelernt. Alexander hielt wohl seinen Rath nicht mehr so hoch, als damals wo er ihn in den Wettern des Kriegs gestärkt hatte, doch vernahm er noch gern das Wort der Wahrheit aus diesem Munde, wo ihn die Täuschung und die Selbstsucht durchkreuzten oder verwirrten. Die Staatsmänner des Kaisers hatten die Dienste gesehen, welche Stein in der höchsten Noth dem russischen Reiche leistete, sie vertrauten seinem Willen und suchten besonders in deutschen Dingen seinen Rath. Dem König von Preußen war Steins Wesen zu schroff in kühnen Gedanken, dem Fürsten Hardenberg war es zu fest und umsichtig in staatsmännischer Haltung; doch kannten und achteten beide den Mann, der den Grund zur Erneuerung des preußischen Staates gelegt hatte; und in Preußens Heer und Volk hatte Stein die Freundschaft der Besten und das allgemeine Vertrauen. Dem Kaiser Franz war der Schwung dieses Geistes zuwider, doch mußte er den klaren Verstand anerkennen, der Ziel und

Mittel richtig abwog; Metternich und Gentz hatten Scheu vor dem Manne, der ihre Wege verstand, doch ihren Leichtsinn und ihre Schwäche nicht theilte. Den englischen Staatsmännern war Steins deutsche Natur zu warm und zu rasch; doch sahen sie wohl, daß er so gut wie sie in der staatsmännischen Erfahrung großer Verhältnisse aufgewachsen war. Die französischen Diplomaten hatten das Gefühl, wie sich in Steins Wesen mit jedem echten deutschen Gemeingefühl jener Tage auch der kräftige Haß gegen die ehemaligen Unterdrücker und ihre mitgebrachte Verderbniß verkörperte; ein Talleyrand hat niemals an ihm seine Kunst versucht. Wer in Deutschland nur seinen kleinen Vortheil, sein Vorrecht oder seine Gewalt suchte, der mied Stein: wo es dagegen dem Ganzen galt, oder dem Recht und der Wohlfahrt des Einzelnen, da wurde sein Rath und seine Vermittelung gesucht. Die glänzende Wiener Gesellschaft mit ihrer unerschöpflichen Sucht nach immer neuen Genüssen rauschte gleichgültig oder feindlich an einem Manne vorüber, der ihren Formen nicht fremd war, ohne sich an ihr thörichtes Treiben zu verkaufen; dagegen nahm und gab Stein in wenigen Kreisen aus der Quelle hoher und edler Bildung die Erfrischung, die auch dem Staatsmann Noth thut. Das deutsche Volk sah damals auf diesen Mann, als müsse sich durch ihn der verworrene Bau von Wünschen und Hoffnungen vollziehen, den viele Tausende auf den Wiener Congreß gegründet hatten, als müsse sich in seinem Wirken das alte Unrecht ausgleichen und die neue Zukunft des Vaterlandes begründen. Das waren Hoffnungen nach der Art des Volkes, die über des einzelnen Mannes Vermögen gingen, denn kein Mensch kann dem andern und kein einzelner Mann kann einem Volke die eigene innere Arbeit abnehmen, die zur Gründung eines neuen Daseins gehört. Was aber ein Mensch kann, das hat Stein gethan. Er ist auch zur Zeit des großen Congresses, wie vorher und nachher, ein Vorbild geworden für Das, was mitten in einer Welt von Zweifeln, Täuschungen und Räthseln von uns gefordert wird, ein Vorbild von frommem Glauben an Gottes Führungen und kräftiger That für das Vaterland.

Zweites Kapitel.

Die Verhandlungen des Congresses bis zum Anschluß Preußens an Rußland. (6. Novbr. 1814.)

1. Wir haben im vorigen Kapitel gesehen, welches für uns Deutsche der Hauptinhalt der Verhandlungen des Wiener Congresses war und welche Gestalt dieser Inhalt dort annahm; nun stehen wir vor dem Verlauf der Verhandlungen. Es heben sich daraus drei Augenblicke hervor. Zuerst hat es den Anschein, als stehe das Friedenswerk zwischen den vier verbündeten Mächten fest; ja noch mehr, es sieht einen Augenblick aus, als bestünde eine wirkliche Mittelmacht in Europa, als seien Oestreich, Preußen und England einig genug, um Frankreich niederzuhalten und Rußlands übermäßige Ansprüche zurückzuweisen. Da tritt aus schwankender Lage plötzlich die erste Wendung hervor, daß sich Preußen mit Rußland vereinigt (6. Novbr. 1814). Dem entgegen schließen sich Oestreich, England und Frankreich näher zusammen, und aus der zunehmenden Verbitterung der Verhandlungen entsteht der zweite Augenblick, das geheime Bündniß der drei Mächte (3. Jan. 1815). Es sieht danach aus, als würden der Südwesten und der Nordosten Europas in Waffen aufeinander treffen; doch die Gefahr bringt die Mächtigen, auf denen die Verantwortung liegt, zur Besinnung, und schon sind die Hauptschwierigkeiten geebnet; als ein drittes Ereigniß alle Arbeit des Congresses zu vernichten droht, die Rückkehr Napoleons von Elba nach Frankreich (26. Febr. bis 1. März 1815). Ich führe die Geschichte der Verhandlungen in diesem Kapitel bis in die erste Wendung.

2. Zu Anfang des Congresses sah es fast aus, als sollten die Hoffnungen der Völker auf einen voraus bestimmten, geordneten Verlauf desselben Recht behalten. Die vier vom Kriege her verbündeten großen Mächte hatten noch am 29. Juni zu London einen Vertrag geschlossen, wonach sich jede verbindlich machte, bis zur Ausführung des Pariser Friedens 75,000 Mann unter den Waffen zu halten. Zu Wien waren ihre Gesandten vor den anderen eingetroffen und seit dem 16. September waren zwischen Metternich, Castlereagh, Nesselrode und Humboldt Besprechungen, wie die großen Angelegenheiten anzugreifen und zu erledigen seien. Am 17. September reichte Stein beim russischen Kabinet eine Denkschrift ein, worin er den Plan für die Behandlung und den Gang der Geschäfte entwickelt hatte. Er zeigte, daß den vier Verbündeten darum, daß sie mit Einsetzung ihres ganzen Daseins

die Befreiung Europas herbeigeführt hätten, billig auch das Recht zu=
stehe, die Grundzüge für die Schlichtung der Angelegenheiten zu regeln.
Die Mannigfaltigkeit der Gegenstände verlange eine Theilung der Ar=
beit, so daß die verschiedenen Fragen durch besondere Ausschüsse vor=
bereitet und dann dem Minister=Verein vorgelegt würden, der sie zu=
letzt zur Genehmigung an die Monarchen bringen werde. Namentlich
müßten die deutschen Angelegenheiten von denen des übrigen Europa
getrennt und jeder Einmischung Frankreichs entzogen werden. Dieser
Staat habe nach dem Zeugniß der Geschichte seit Jahrhunderten den
unheilvollsten Einfluß geübt und einen allezeit bereitwilligen Bundes=
genossen an vielen fürstlichen Kabinetten Deutschlands gefunden, die
auch jetzt wieder weit mehr an die Behauptung ihrer widerrechtlich ge=
wonnenen Souveränetät und an Gebietsvergrößerungen, als an die
großen Interessen der Nation dächten. Wenn Rußland seinen in Ka=
lisch ausgesprochenen Grundsätzen folge und alle Entscheidung den deut=
schen Mächten allein überlasse, so sei damit die französische Dazwischen=
kunft mit ihren bösen Folgen von selbst abgeschnitten. Oestreich, Preu=
ßen und Hannover würden dann über die deutschen Verfassungs= und
Gebietsfragen beschließen und das Ergebniß den übrigen Höfen, zur
Beurtheilung vom Standpunkt des europäischen Gleichgewichts, mitthei=
len. Im Sinne dieser Vorschläge wurde verfahren. Am 22. Septem=
ber, zwei Tage vor dem Eintreffen der französischen Gesandtschaft, ver=
einigte man sich dahin, daß die Gebietsfragen in Beziehung auf Deutsch=
land, Italien und Polen, gemäß dem ersten geheimen Artikel des
Pariser Friedens, zuerst zwischen den vier Mächten geregelt, dann mit
Frankreich und Spanien besprochen und zuletzt den übrigen Gesandten
mitgetheilt werden sollten. Im Uebrigen solle für die europäischen
Angelegenheiten die Vorbereitung durch die Minister von Großbritan=
nien, Oestreich, Preußen, Rußland, Frankreich und Spanien geschehen,
und das Ergebniß dem Congreß zur Genehmigung vorgelegt werden.
Ueber die deutschen Sachen ward nach dem Vorschlag Steins beschlos=
sen; nur kamen sehr gegen seine Meinung zu Oestreich, Preußen und
Hannover noch Baiern und Würtemberg in den Ausschuß.

Gegen diese Vereinbarung versuchte sofort Talleyrand seine diplo=
matische Kunst. Er wußte gleich zum erstenmal, wo er mit dem Ge=
sandten Spaniens zur Sitzung geladen war, die Minister der vier
Mächte durch hochtönende Berufung auf das öffentliche Recht und kecke
Nichtachtung der seit dem Pariser Frieden getroffenen Verabredungen
zu verwirren, und sich mit seinem Genossen in den Rath einzudrängen,
als wären sie gleich den anderen zum Mitsprechen berufen. Zugleich

suchte er ein besonderes Gespräch mit dem Kaiser Alexander, und wußte da wie ein Schauspieler dessen Großmuth und staatsmännische Eitelkeit in Bewegung zu bringen, indem er das „arme Europa" beklagte, das von ihm Gerechtigkeit gehofft habe, und jetzt müsse es den Kaiser in Vergrößerungsplanen und im alten Bund mit den 3 Mächten befangen sehen, der doch nur dem Krieg gegen Napoleon gegolten habe. Zwar erreichte er zuerst seine Absicht nur halb. Es kam dazu, daß mit Frankreich und Spanien auch noch Schweden und Portugal in den Ausschuß für die europäischen Angelegenheiten gezogen wurden, so daß nun alle 8 Mächte darin saßen, die den Pariser Frieden unterzeichnet hatten. Doch hatten sich dabei die vier Verbündeten die Hauptgebiets= fragen immer noch ausschließlich vorbehalten, und zugleich fiel Talley= rand mit seinen zwei Hauptanträgen durch. Er verlangte nämlich, daß die Gesammtheit der Gesandten die Ausschüsse wähle und zuletzt über die großen Fragen des Congresses entscheide, wobei er durch die Zahl der Stimmen die natürlichen Verhältnisse der Macht zu verwirren hoffte; sodann, daß alle diejenigen zum Congreß berufen werden müß= ten, die vor dem Kriege die Souveränetät besessen und noch nicht auf= gegeben hätten, womit er dem König von Sachsen eine Stimme zu verschaffen dachte. Gleichwohl hatte der französische Minister in der halben Niederlage sich den Weg zu künftigen Siegen bereitet und den Congreß in seinem Verfahren verwirrt. Es wurde am 8. Oktober eine öffentliche Erklärung beschlossen, wonach die eigentliche Eröffnung der Verhandlungen erst zu Anfang November stattfinden solle, indem die Hauptfragen vorher erst vorbereitet sein müßten; während doch der zuerst nach Steins Gutachten für diese Vorbereitung beschlossene Weg bereits verlassen war, und Niemand recht wußte, welcher Weg nun= mehr betreten werden sollte. Dabei hatte Talleyrand für seinen neuen Grundsatz der Legitimität viel offene Ohren und für die französische Großmuth, womit er den Schutz der Unterdrückten verkündete, viele dank= bare Herzen gefunden; und schon durfte er auf den Keim der Zwietracht zwischen den vier Verbündeten hoffen, unter denen er bis jetzt umsonst eine gleichberechtigte Stelle gesucht hatte. Noch zwar bezeugte sich der nie= derländische Gesandte v. Gagern in einem Schreiben an seinen Hof vom 6. Oktober sehr unzufrieden mit der Schwäche Oestreichs, das sich von der Energie des Fürsten Wrede, welcher Baierns ganze Macht zur Rettung von Sachsen zur Verfügung stelle, in seinem Muth nicht heben lassen wolle [1]. Allein es war schon der Streit im Anzug, durch wel=

---

1) Bernhardi I. 143.

chen mehr als durch Talleyrands Diplomatie die Hoffnungen der Völker auf ein schnelles befriedigendes Ende des Congresses getäuscht werden sollten. Wegen Polen entzündete er sich, um sich rasch über die Frage wegen Sachsen und der deutschen Verfassung zu verbreiten. Ich folge daher von nun an dem Verlaufe dieser drei Fragen.

3. Der Kaiser Alexander hatte seinen Lieblingsplan wegen der Wiederherstellung Polens unter seiner Oberherrlichkeit schon vielfach zu erkennen gegeben, in den Polen selbst durch den Fürsten Czartoryski große Hoffnungen erweckt und unter anderem die polnischen Truppen, die sich nach der Einnahme von Paris um ihr Schicksal an ihn wandten, mit großer Auszeichnung empfangen. Natürlich hatte er dagegen auch schon Bedenken und Einwürfe hören müssen; jetzt auf dem Congreß war Stein der erste, der seine abmahnende Stimme erhob. Er über-reichte dem Kaiser am 6. Oktober eine Denkschrift, worin er ausein-andersetzte: wie seine Absicht auf der einen Seite Preußen und Oestreich bedrohe und Europa beunruhige; während sie auf der anderen für Rußland selbst gefährlich sei, denn der „gesetzlose und umwälzerische Charakter des polnischen Volks" werde nicht ruhen, und es müsse daraus endlich entweder die Trennung von Polen und Rußland oder die Un-terwerfung des ersteren hervorgehen. Was zu thun sei, bestehe in einer den Verträgen entsprechenden Vertheilung des Herzogthums Warschau, und für die Polen selbst in einer guten Verwaltung mit städtischen und provinziellen Freiheiten. Diese hätten ihr Schicksal selbst verschul-det und man dürfe nicht neues Unrecht begehen, um altes gut zu machen. Dieser Schritt war der Rath eines vertrauten Staatsmannes; es folgte ihm bald ein anderer von öffentlicher Bedeutung. Die ver-sammelten Minister sahen wohl, daß in dieser wichtigen Frage ein Ausschuß nicht verhandeln könne, ehe nicht die persönliche Meinung des Kaisers gewonnen sei, und Lord Castlereagh übernahm es, die Sache zu vermitteln. Er übergab dem Kaiser am 12. Oktober eine Staatsschrift, worin dessen Absichten viel ausführlicher und schärfer bekämpft waren, als in der Abhandlung Steins.

Der Kaiser war durch den Ton und den Inhalt verletzt, er sah eine feindliche Absicht bei dem englischen Minister, der ihm ohnedies unangenehm war, übertrug an den Fürsten Czartoryski die Erwiede-rung auf die Schrift und sah sich desto eifriger nach anderer Unter-stützung für seine Plane um. Seine eigenen Staatsmänner riethen ihm um diese Zeit wiederholt davon ab: Nesselrode theilte hier, wie in den meisten Punkten, die Ansicht Metternichs; Graf Capodistria sprach sich mit ähnlichen Gründen wie Stein dagegen aus; Pozzo di Borgo,

der gerade von Paris eingetroffen war, wünschte in einem klaren, aus=
führlichen Gutachten (20. Oft.) die polnische Sache nur als Grenzfrage
behandelt zu sehen. Stein sagte dem Kaiser voraus, daß dies Polen
noch eine Quelle von Widerwärtigkeiten für ihn sein werde, denn es
fehle dort ein dritter Stand, der „in allen gesitteten Ländern der Auf=
bewahrer der Einsichten, der Sitten, der Reichthümer des Volks sei.“
Es war dies in einer Unterredung am 19. Oktober; am Tage vorher
bei der Siegesfeier der Leipziger Schlacht, hatte der Kronprinz von
Würtemberg beobachtet, wie Alexander von der großen Truppenent=
faltung und der Theilnahme des Volks verstimmt wurde; es war, als
hätte er viel lieber einen Beweis von Oestreichs Schwäche gesehen, um
seine Macht für desto unwiderstehlicher halten zu können [1]. Er dachte
jetzt Frankreich für sich zu gewinnen, ließ den Fürsten Talleyrand zu
sich rufen und stellte ihm seinen Beistand für die Wünsche Frankreichs
wegen der Herstellung der Bourbons in Neapel in Aussicht, wenn er
ihm in der polnischen Sache und in der Abtretung von Sachsen an
Preußen zu Diensten sein wolle [2]. Allein der Franzose war zu klug
die Stellung, die er für Frankreich vorbereitet hatte, plötzlich zu ver=
lassen, und sah seinen Vortheil bereits von einer anderen Seite sich
entwickeln.

Eben damals sollte, wie wir gleich sehen werden, als Vorläufer
der Abtretung, einstweilen die Verwaltung Sachsens von Rußland an
Preußen übergehen und es begann darüber ein allgemeines Zerwürf=
niß, namentlich auch zwischen den deutschen Mächten, zu reißen. Frank=
reich stiftete heimlich an; die Niederlande, Baiern, Würtemberg und
Hannover zeigten offen ihren Widerwillen gegen Preußens Forderung;
Oestreich suchte eine doppelte Stellung zu halten; Preußen war in sich
nicht klar und entschlossen, nur England stand ihm noch zur Seite.
Noch einmal versuchten sich England, Oestreich und Preußen, mit Aus=
schluß Frankreichs, über die polnische Sache zu einigen. Es fanden,
da die russische Antwort auf Lord Castlereaghs Denkschrift ausblieb,
Verhandlungen statt; man dachte sich über eine geringste gemeinschaft=
liche Forderung zu verständigen, die dann durch den englischen Mi=
nister an den Kaiser gebracht werden solle. Stein gab bei der Gele=
genheit an Hardenberg den Rath (26. Oktober), man möge zuerst die
Verwandlung des Herzogthums Warschau in einen unabhängigen Staat
beantragen; und, falls man damit nicht durchdringe, die Grenze von

---

[1] Pertz, d. Leben Steins IV. 174.
[2] Bernhardi I. 53 bis 55.

Thorn nach) der Wartha und längs dieses Flusses auf Czenstochau und
Krakau verlangen, sowie in die Verfassung einwilligen, deren Grund=
sätze den drei Mächten von Rußland mitgetheilt werden müßten.

Inzwischen wurde der Kaiser durch allen Widerstand nur gereizter.
Er war namentlich über Metternich erbittert, von dem er behauptete,
daß er mit Talleyrand ein falsches Spiel gegen ihn spiele. In einer
sehr heftigen Unterredung, die zwischen beiden statt hatte (23. Oft.),
soll Metternich gedroht haben, auch Oestreich könne ein polnisches Reich
aufrichten, wenn ein solches durchaus sein solle, der Kaiser hätte die
Bemerkung unpassend und unanständig genannt, und der Minister
hätte in der größten Aufregung erklärt, er müsse den Kaiser Franz bitten,
einen anderen Bevollmächtigten zum Congreß zu ernennen [1]. Alexan=
der ging dann so weit, sogar in Gesellschaften seinen Unwillen zu
äußern: er sagte der Mutter des Fürsten, er verachte jeden Mann,
der nicht die Uniform trage, und gebot der Herzogin von Sagan, mit
welcher Metternich einen Liebeshandel hatte, es zieme sich nicht, daß
sie mit einem Schreiber verbunden sei [1]. Es half ihm indessen nichts,
als er sich nun, bei Gelegenheit eines gemeinsamen Ausflugs nach
Ofen, von den Ministern an die Herrscher selbst wandte. Kaiser Franz,
den er, unter einer Anklage gegen Metternich, um die persönliche Ver=
ständigung ansprach, die jeden Krieg verhindern solle, antwortete ihm:
seines Ministers Meinung sei auch die seine, wenn ja Krieg sein solle,
wolle er ihn lieber gleich jetzt, die Unterhandlung überlasse man besser
den Ministern. König Friedrich Wilhelm, mit welchem Alexander auf
der Rückfahrt in einem Wagen war, hörte dessen Auseinandersetzung
ruhig an und sagte dann, er hoffe, der Kaiser werde seine Meinung
ändern. Das war zu Ende Oftober; es schien schlecht um Alexanders
Plane zu stehn.

Auf einmal ward es anders. Am 30. Oftober, den Tag nach
der Rückkehr von Ofen, ließ der Kaiser seine von Czartoryski und
Anstett verfaßte Erwiederung an Lord Castlereagh abgehen. Es war
darin die Vergrößerung, die Rußland erstrebe, als gar unbedeutend dar=
gestellt, Oestreich und Preußen hätten doch ganz andere Erwerbungen
in blühenden Ländern gemacht, als sie jetzt Rußland an dem verwüste=
ten Polen suche, Preußen solle seinen Antheil davon zur Sicherung
seiner Grenze erhalten, ebenso Oestreich, und zwar beide in den bevöl=
kertsten Theilen des polnischen Gebiets. Auch die anderen in den
französischen Kriegen gemachten Eroberungen Rußlands, wie Finnland

---

[1] Bernhardi I. 55. 56.

und Bessarabien, seien nur zu dessen Vertheidigung bestimmt. Die früheren Verträge, auf die sich England berufe, könnten ihm bei der veränderten Lage nicht mehr dieselben Verpflichtungen auflegen; im Uebrigen dürfe man sich auf die Reinheit seiner Absichten, die der Welt bekannt sei, verlassen. Unterdessen hatten die Berathungen zwischen England, Oestreich und Preußen ihren Fortgang genommen: das erste sollte die Verhandlung mit dem Kaiser fortführen, das zweite die geringste Forderung vorbereiten. Metternich hatte dafür, um des größeren Ansehens willen, die Zusammensetzung eines Raths verlangt und Kaiser Franz ihm den Feldmarschall Schwarzenberg und den Minister Stadion beigegeben. Das Ergebniß fiel gegen Steins Ansicht dahin aus: das Land westlich der Weichsel solle an Preußen und Oestreich fallen, dem übrigen Polen möge Alexander die gewünschte Verfassung geben. Das wäre für diesen einem völligen Aufgeben seiner Plane gleichgekommen; Oestreich hatte aber nicht zuerst die Verständigung im Sinn, sondern wie es Preußen in Polen entschädigen könne, um Sachsen zu retten. Was sollte der preußische Minister auf diesen östreichischen Vorschlag thun? Er wurde dieser Verlegenheit überhoben; noch ehe er antworten konnte, hatte sein König entschieden. Alexander, durch das Zusammengehen der drei Mächte beunruhigt, hatte unter all seinen Bemühungen um einen Verbündeten erkannt, daß ihm nur noch Hoffnung auf Preußen bleibe. Als Stein am 5. November zu ihm kam, um seine Einsprache wegen der deutschen Verfassung zu erbitten, klagte er ihm, wie er in der polnischen Sache verkannt und allein gelassen werde und verlangte, daß er Hardenberg umstimmen solle. Am folgenden Tage lud er den König Friedrich Wilhelm zu einem freundschaftlichen Mahle ein, und diesmal gelang es ihm. Er erinnerte den König an ihre alte Freundschaft, sagte, daß ihm Metternich Polen heimlich zugestanden habe, sobald er Sachsen nicht an Preußen abtreten wolle, setzte seine edlen Absichten auseinander und wie ferne ihm jeder Gedanke des Angriffs sei, sprach von seinem Schmerz, wenn ihm auch der treueste seiner Freunde in dieser Sache verkennen und verlassen wolle. Der König war bewegt und gab nach; der Kaiser ließ zur Stelle den Fürsten Hardenberg rufen und sagte ihm, welches Versprechen ihm der König, dieser treue Freund, soeben wegen Polen gegeben habe. Der Kanzler versuchte Einwendungen, der Kaiser fiel ihm lebhaft ins Wort und fragte, ob er den Befehlen seines Königs nicht gehorchen wolle [1]? Ein Stein hätte vielleicht widerstanden, der Kanzler

1) Bernhardi. I. 59

hatte nicht die Stärke dazu. Der König verbot ihm, die Sache ferner in der Gemeinschaft mit England und Oestreich zu verhandeln. Am anderen Tage fühlte er die Gefahr und die Kränkung noch schärfer, er berieth mit seinen Vertrauten, ob er seine Entlassung nehmen solle; doch blieb er, weil ohne ihn die Dinge noch schlimmer gehen möchten. So war es entschieden, daß Preußen sich in dieser Sache von seinen na= türlichen Verbündeten und seinem eignen Vortheil abwandte. Von nun an ward alle Zwietracht, die im Congreß bis hierher im Geheimen gespielt hatte, schnell offenbar.

4. Das zeigte sich sogleich an der f ä c h f i f c h e n S a c h e. Ich habe im 1. Kapitel erinnert, wie der König Friedrich August bei der Einnahme von Leipzig am 19. Oktober 1813 als Gefangener in die Hände der Verbündeten gefallen und nach Friedrichsfelde bei Berlin abgeführt worden war. Sein Land wurde einstweilen unter die Verwaltung des russischen Fürsten Repnin gestellt, und wie alle eroberten Länder der Centralverwaltung unter Stein überwiesen. Wie sehr die Verbündeten ein .Recht dazu hatten, ist neuerdings noch durch die Denkwürdigkeiten des Grafen Senfft, der beim König Friedrich August von 1810 bis in den Mai 1813 Minister des Aeußern war, bestätigt worden. Hiernach hat der König mitten in der großen Erhebung jener Tage, als er schwankte, ob er sich an die Verbündeten oder an Napoleon anschließen solle, das Land und Volk durchaus nur als sein Familieneigenthum betrachtet und keine andere Sorge gehabt, als wie er es, zusammt dem Herzogthum Warschau, das ihm nach den Ueberlieferungen seines Hau= ses von Napoleon dem Titel nach übergeben war, bei seiner Krone erhalten solle [1]). Das war freilich damals in Deutschland fast allge= mein die Ansicht der regierenden Häuser und auch ein großer Theil des Volks dachte so. Beim König von Sachsen war nur der tiefe Schaden, der für Fürst und Volk in diesem Verhältniß lag, offenbar geworden, weil in seinem Lande der Krieg entschieden wurde und weil er selbst vom überlegenen Geiste Napoleons willenlos beherrscht war. So kam es, daß er eben dem Minister von Senfft bei seiner Entlas= sung nicht einmal ein Wort des Abschieds für seine treuen Dienste zu sagen wagte, weil er eine unwillige Aeußerung Napoleons über ihn gehört hatte [1]); so kam es auch, daß er bei Leipzig noch glaubte, Napoleon werde wiederkehren, während schon die Verbündeten als Sieger ein= zogen. In diesem Geiste handelten auch der König und seine Um= gebung, als sich jetzt das Schicksal des Landes entscheiden sollte. Was

---

1) Grenzboten Nr 46 von 1864, S. 246 bis 259.

die preußischen Staatsmänner und Generale übereinstimmend verlang=
ten, was auch Steins Ansicht war, die Vereinigung von ganz Sachsen
mit Preußen, damit wenigstens der Haupttheil dieses Staates ein in
sich geschlossenes kräftiges Ganze bilde; das hatte der Fürst Harden=
berg in Paris zu fordern versäumt. Vergebens hatte ihn Stein auch
nachher erinnert, die sächsische Sache zum Abschluß zu bringen; sie
wurde verschleppt und gab auf diese Weise der Hofpartei und der
natürlichen Ungeduld im Volke Anlaß genug, sich zu regen, wobei sich
dann unter widersprechenden Gerüchten die Lage beständig zu verän=
dern schien. Der König suchte seine Ansprüche beim Congreß durch
eine sehr ausführliche, bereits im Juli 1814 verfaßte Auseinander=
setzung zu wahren [1]), welche sein ganzes Verhalten seit dem Beginn
der Rheinbundszeiten rechtfertigen sollte. In Dresden geschahen
fortdauernde Versuche, das Volk für den gefangenen Herrn in Bewe=
gung zu bringen, und Fürst Repnin wußte sich ihrer nur mit Mühe
zu erwehren. Die sächsischen Minister trugen dem Kaiser Alexander
bei seiner Durchreise durch die Hauptstadt die Bitte um Rückgabe des
Königs vor; 32 angesehene Einwohner der Stadt baten beim Fürsten
Repnin um die Erlaubniß, eine Gesandtschaft mit dem nämlichen
Wunsche an den Kaiser schicken zu dürfen. Die Schritte wurden ab=
gewiesen, die Bewegung nahm darum nicht ab. Die aus dem Felde
zurückkehrenden Freiwilligen, die Beamten und viele vom Hof abhängen=
den Bürger bezeugten ihre Theilnahme für den König; französische
Kriegsgefangene, welche zahlreich in der Stadt lebten, hatten die Un=
verschämtheit, von einer siegreichen Rückkehr Napoleons und einer
engen Verbindung zwischen Sachsen und Frankreich zu sprechen. Doch
blieb es nicht ohne Eindruck, als Fürst Repnin wiederholt andeutete,
das Land werde nur als Ganzes mit seinen Gesetzen und Freiheiten
an Preußen übergehen; die lauten Hoffnungen, womit die Partei des
Königs auf Oestreich hinwies, blieben unerfüllt; die Mehrzahl des
Volks sehnte sich nur nach einer Entscheidung, welche den ungewissen
Zustand beendige. Nur im Heer kam es unter dem Einfluß des Hofs
zu einer Bewegung von lange nachwirkender trauriger Bedeutung.

　　Die Hauptmasse desselben war bei Leipzig am 18. Oktober wäh=
rend der Schlacht aus den französischen Reihen zu den Verbündeten
übergetreten. Ein kleiner Theil blieb dann im Lande zurück, der

---

1) Klüber. Akten d. Wiener Congresses VII. Das Exposé d. Königs 201 bis
234. — D. Denkschrift für Preußen 235 bis 271. — D. Verzeichniß der Streit=
schriften 235 u. 266.

größere kam unter den Befehl des ehemals sächsischen Generallieute=
nants von Thielmann; desselben, welcher im Mai 1813 nach einem
mißlungenen Versuch die sächsische Armee und die Festung Torgau
den Verbündeten zuzubringen, in russische Dienste übergegangen war.
Das Corps wurde der preußischen Armee vom Niederrhein, insbesondere
dem neu gebildeten dritten deutschen Armeecorps, zugewiesen und stand
im August 1814 bei Marburg in Kurhessen. Dorthin kam der Haupt=
mann v. Langenau, Bruder des östreichischen Generalquartiermeisters,
in anderer dienstlicher Sendung und nur auf der Durchreise; doch
brachte er vom jüngeren Bruder des Königs von Sachsen, dem Prin=
zen Maximilian, der damals in Prag lebte, einen wichtigen Auftrag
mit. Bei der Ausführung fand er lebhafte Unterstützung bei dem Ge=
neral le Cocq und Oberst von Zezschwitz, und am 31. August lief beim
General von Thielmann eine Adresse an die verbündeten Monarchen
ein, worin die Mehrzahl der sächsischen Offiziere um Herstellung eines
ungetheilten Sachsen unter König Friedrich August bat; nur die Ca=
vallerie, die erste leichte Infanteriebrigade und die Sappeurcompagnie
beschränkte sich auf den Ausdruck ihrer Ergebenheit für den König,
ohne eine besondere politische Meinung zu äußern. General von Thiel=
mann hatte nicht lange vorher bei einem zum Geburtstag des Königs
von Preußen veranstalteten Festmahl seinem Wunsche nach Vereinigung
mit Preußen einen taktlosen Ausdruck gegeben und damit offenes Miß=
vergnügen bei den Sachsen hervorgerufen. Als er jetzt die Comman=
deure auf das Ungehörige ihres Schrittes aufmerksam machte, bestan=
den sie auf der Einsendung der Adresse. Nun ging die Meldung an
den preußischen General v. Kleist nach Aachen, der die Rheinarmee
damals commandirte. Es gingen Verhandlungen hin und her, wäh=
rend deren das sächsische Corps in die Gegend von Koblenz verlegt
wurde, wo es am 15. September eintraf. Dort erschien der General
v. Müffling als Bevollmächtigter des Armeecommandanten, um die
Sache zu ordnen. Es gelang ihm durch ernste und milde Vorstellung
die Aufregung zu beschwichtigen. Die sächsischen Commandeure unter=
schrieben einen Revers, worin sie gelobten, bis zur Entscheidung über
Sachsen die verbündeten Mächte als den einzigen Souverän anzuer=
kennen, als ob sie ihnen geschworen hätten, auch keiner anderen Au=
torität zu folgen, als dem ihnen vorgesetzten commandirenden General
des 3. deutschen Armeecorps. Die Adresse reichten sie jetzt in abge=
änderter Form ein, wonach sie sich auf die Erklärung beschränkten, daß
sie sich des Eides gegen ihren König nicht unbedingt entbunden erach=
teten, sowie auf den Wunsch, unter sein Scepter zurückzukehren. In

dieser Gestalt ging sie nach Wien, während zugleich General v. Thielmann einen ausführlichen Bericht an den Kaiser Alexander sandte.
Mit einer ähnlichen Bewegung hatte es der Fürst Repnin bei dem im
Lande zurückgebliebenen Truppentheil zu thun. Die Angelegenheit war
mit dem Revers und der Einsendung der Adresse nicht zu Ende, von
ihren Folgen werde ich noch zu erzählen haben [1].

Stein, der als Haupt der Centralverwaltung durch Berichte des
Fürsten Repnin, der Generale v. Kleist, v. Thielmann und v. Müffling über alle diese Vorgänge genau unterrichtet war, sprach in dienstlichen Schreiben seine scharfe Mißbilligung über die Adresse aus. Er
meinte, die bewaffnete Macht habe sich in Staatssachen nicht einzumischen; es sei gerathen, den schwachen General le Coq und den in-
triganten Oberst v. Zezschwitz zu entfernen, die übrigen Commandeure
zurecht zu weisen, das Corps zu verlegen. Bald danach entschloß er
sich zu einem entscheidenden Schritt. Er stellte dem Kaiser Alexander
am 29. Septbr. vor, daß es Zeit sei, die Verwaltung des eroberten
Landes von Rußland an Preußen übergehen zu lassen. Der Kaiser
willigte ein; die Uebergabe ward in einer Conferenz von Stein,
Nesselrode, Hardenberg und Humboldt förmlich beschlossen, unter der
Bedingung: daß Sachsen nicht als Provinz, sondern als besonderes
Königreich, unter Wahrung seiner Rechte und Freiheiten mit Preußen
vereinigt werde. Am 11. Oktober ertheilte auch Lord Castlereagh seine
Zustimmung, doch bemerkte er ausdrücklich: daß England in die Erwerbung Sachsens nicht einwilligen könne, wenn Preußen dafür den
russischen Ansprüchen in Polen nachgebe und sich dort eine offene
Grenze gefallen lasse, die zu beständiger Abhängigkeit von Rußland
führen müsse. Mündlich soll er dem Fürsten Hardenberg noch viel
bestimmter das ganze Sachsen für Preußen zugesagt haben, nur müsse
dieses in der polnischen Sache mit England gehen und nicht zugeben,
daß Rußland seine Grenze über die Weichsel ausdehne [2]. Weit weniger klar stellte sich Oestreich zu der Frage. Fürst Metternich wich
den ersten Aufforderungen Hardenbergs mit der Hinweisung auf die
Abneigung des Kaisers Franz aus; doch erfolgte am 15. Oktober die

---

1) Die hier gegebene Darstellung beruht auf Aktenstücken im Archiv des
Großen Generalstabs in Berlin. Feldzug 1815; D 117 u. E 57. — Bei Pertz, IV.
78 bis 92, ist die Erzählung von der Adresse am Schluß nicht ganz richtig: denn
die Offiziere leisteten keinen neuen Eid und die Adresse wurde nicht zurückgenommen.

2) Bernhardi I. 47.

Zustimmung zur Uebernahme der Verwaltung durch Preußen. Wie dagegen Oestreich über die eigentliche Besitznahme dachte, das sprach Metternich am 22. Oktober in zwei ausführlichen Zuschriften an Harbenberg und Castlereagh aus. Im Eingang stand die Versicherung, wie es Oestreich nur darum zu thun sei, daß Deutschland unter dem gleichmäßigen Einfluß von Oestreich und Preußen die starke Mittelmacht von Europa werde; nur werde diese Einrichtung neuerdings durch die beunruhigenden Ansprüche Rußlands in Polen bedroht und der östreichische Minister sei von seinem Kaiser beauftragt, sich mit den Ministern von England und Preußen darüber zu verständigen. Was die Einverleibung von Sachsen in Preußen angehe, so werde es Kaiser Franz nur sehr ungern sehen, wenn auf diese Weise eins der ältesten Herrscherhäuser in Europa um sein ganzes Land kommen solle. Viele Mächte würden widersprechen, es würden Anklagen und Mißtrauen aufkommen; für Preußens Stellung und Ansehn selbst wäre es vortheilhafter, wenn ein Theil des Königreichs Sachsen, an der böhmischen Grenze, erhalten bleibe. Sollte indessen um der Herstellung Preußens willen die völlige Einverleibung durchaus nothwendig erscheinen; so wolle sich Oestreich nicht widersetzen. Nur müsse es dann um so bestimmter auf dem Verlangen bestehen, daß die Vertheidigungssysteme beider Staaten klar auseinandergehalten würden, daß demgemäß Mainz mit der Mainlinie zu Süddeutschland käme, das der Festung zu seinem Schutze bedürfe und daß Preußen seine Besitzungen nicht auf das südliche Moselufer ausdehne, weil dort Land für die Loose der süddeutschen Fürsten gefunden werden müsse. Mit diesen Loosen war hauptsächlich Baiern gemeint, für welches Oestreich dem Vertrag von Ried gemäß eine Entschädigung suchte, damit es der Abtretung Salzburgs und des Innviertels sicher sei. Der eigentliche Sinn der östreichischen Staatsschrift war hiernach: entweder Theilung Sachsens, oder Zurückdrängung Preußens hinter die Linie der Lahn und Mosel, wobei Mainz und Koblenz in süddeutschen Händen geblieben wären. Es fiel Stein nicht schwer, auf eine Denkschrift des Generals von Knesebeck gestützt, den Nachweis zu führen, daß Mainz in keiner Weise vorzugsweise dem Vertheidigungssysteme von Süddeutschland, sondern demjenigen von ganz Deutschland angehöre und daß Baiern nach seiner Lage und Stärke durchaus nicht die Macht sei, in deren Hände gerade diese Festung gehöre. Allein damit war er wegen der Einverleibung von ganz Sachsen noch keinen Schritt weiter; denn eben diese bekämpfte Oestreich zuerst, und sein Widerstand beruhte auf einer Auffassung seines Vortheils und einer Abneigung, wie sie nicht durch bloße

Schriften und Beweise, sondern nur durch einen stärkeren Druck überwunden zu werden pflegen.

In dieser schwankenden Lage der Sache, die den Diplomaten in
Wien nicht verborgen bleiben konnte, fanden die betheiligten Mittelstaaten den Muth, mit ihren besonderen Ansprüchen immer deutlicher
hervorzutreten, fand Frankreich neben der polnischen Sache einen neuen
Boden für seine Umtriebe. Graf Münster hoffte für Hannover zu
Hildesheim noch 200,000 Seelen weiter zu gewinnen; Fürst Wrede,
der die Erwerbungen, die Baiern unter Napoleon gemacht, noch bedeutend zu erweitern dachte, bekämpfte heftig die Ansprüche, die Preußen
aus dem Krieg gegen Napoleon herleitete, viele andere deutsche Staaten glaubten in diesen Ansprüchen eine Bedrohung ihres eignen Daseins zu sehen; auch der niederländische Gesandte von Gagern war
gegen Preußen. Daneben machten die Herzöge von Weimar und von
Koburg die Rechte ihrer Häuser geltend; dem ersteren bereitete schon
seine Hauptstadt, doch nicht mit seinem Willen, den feierlichen Einzug
als König von Sachsen; der letztere erhob einen förmlichen Protest
gegen die Abtretung an Preußen, den er jedoch wieder zurücknehmen
mußte. Von Talleyrand aber wird glaubwürdig erzählt, daß er, und
neben ihm noch eine zweite einflußreiche Person auf dem Congreß, um
diese Zeit vom König von Sachsen mit 3 Millionen Franken bestochen
worden sei [1]). Jedenfalls sprach er an vielen Orten mit neuem Nachdruck von dem geheiligten Grundsatz der Legitimität, der dem König
von Sachsen zur Seite stehe und von der Uneigennützigkeit Frankreichs,
das nichts anderes wisse, als gerechte Vertheilung der Macht und
Unterstützung der Schwachen. Wie das gemeint war, gab um dieselbe
Zeit (8. Oktober) der Minister Blacas in Paris, Ludwigs XVIII.
Günstling, dem Herzog von Wellington deutlicher zu verstehen, indem
er Sachsen den einzigen Punkt nannte, wo sich Frankreichs Einfluß
im „Norden Europas" anknüpfen lasse, wobei er, auf des Herzogs
abweichende Ansicht, im Eifer sogar versicherte, daß Frankreich selbst
den Krieg nicht scheue [2]). Talleyrand in Wien betrieb die Angelegenheit freilich mit mehr Mäßigung, wie sie der wirklichen Lage entsprach.
Er sagte zu Gagern: Frankreich wolle für sich nichts, nicht ein Dorf,
es wolle nur, daß geschehe, was recht sei, und wenn man ihn nicht
höre, werde er bis zum Ausscheiden aus dem Congreß, bis zum Protest
gehn [2]); und ein andermal: wir wollen nicht Preußen zum Nachbar

---

1) Pertz. IV. 118. 119.
2) Bernhardi. I. 43. 61.

haben, denn es ist schon durch seine geographische Gestaltung eine
streitsüchtige Macht, wir wollen nicht, daß Preußen mit Baiern grenze,
wir wollen, daß die Niederlande Luxemburg und daß Baiern Mainz
erhalte [1]. Dem Kaiser Alexander, der im Laufe der oben erwähnten
Unterredung über Polen den König von Sachsen einen Verräther ge=
nannt hatte, erwiederte er im hohen Ton, diese Bezeichnung könne
niemals einem König beigelegt werden und es sei wichtig, daß es
niemals geschehe [2].

Das trug sich alles gegen Ende Oktober zu: die Zuversicht der Gegner
Preußens steigerte sich in dem Maße, wie sie die Entfremdung unter den
bisherigen Verbündeten wahrnahmen. Auch wurde um diese Zeit die
sächsische Sache lauter vor der öffentlichen Meinung besprochen; es
begann ein kleiner Krieg in Zeitungen und Flugschriften, der bald zu
einem gehässigen und feindlichen Ton fortschritt. Dennoch konnte all
dies Treiben den Fortgang der Sache nicht aufhalten und hätte sie
auch für sich allein schwerlich umgestaltet. Denn noch hielt England
zu Preußen, und Oestreich war jedenfalls nicht gesonnen, sich auf die
Seite der Gegner zu stellen. Seine Staatsmänner waren viel zu klug,
um mit ihnen eine gemeinsame Sache zu suchen, wo sie gegen die
großen Mächte nichts als diese schwache Stütze gehabt hätten; auch
war es schwerlich ihre Meinung, daß man Preußen in seinen An=
sprüchen bis zu dem Punkt, wie jene wollten, einschränken könne oder
dürfe. So geschah es, daß Stein den Uebergang der Verwaltung
Sachsens von Rußland an Preußen weiter betreiben konnte. Er gab
deshalb am 21. Oktober die nöthigen Weisungen an den Fürsten
Repnin; dieser traf seine Maßregeln, es erschien die öffentliche Be=
kanntmachung, die Beamten wurden durch besondere Rundschreiben
vorbereitet und am 8. November wurde die Uebergabe an den preu=
ßischen Minister v. Reck vollzogen. Stein hatte statt des Ministers den
Bruder des Königs, den allgemein verehrten Prinzen Wilhelm, zu der
Stelle vorgeschlagen; der Rath wurde nicht befolgt; ebenso waren, wie
wir sehen werden, gleich die ersten preußischen Maßregeln nach der
Uebernahme nicht glücklich. Von viel schlimmerer Bedeutung aber
wurde es, daß zwei Tage vor der Uebergabe der König in der pol=
nischen Sache zum Kaiser Alexander hinüber getreten war. Stein
hatte noch am 26. Oktober warnend an Hardenberg erklärt, wie
Preußen durch sein Zurücktreten aus der Gemeinschaft des europäi=
schen Systems einst sein Verderben verschuldet, und wie es durch sein

---

1) Bernhardi. I. 64. — 2) Ebenda. I. 55.

muthiges Eintreten für das Gleichgewicht und die allgemeine Unab=
hängigkeit sein neues Dasein begründet habe [1]. Jetzt hatte es in
dieser Gemeinschaft vorzeitig eine einseitige Stellung eingenommen;
die Folgen davon sollten sich für das Ganze wie für seine eignen
Ansprüche erfüllen.

5. Wie auf diese Weise mit der Zahl der Tage und Wochen der
Congreß nicht in der Schlichtung seiner Aufgaben vorrückte, sondern
nur die innere Zerwürfniß zunehmend ans Licht trat; so mußte auch
die Frage um die innere deutsche Verfassung darunter Noth
leiden. Gleich in der Gestalt, wie sie zuerst durch Stein mit den Mi=
nistern der zwei großen deutschen Mächte vorbereitet wurde, zeigte sich,
daß auch hier, und hier am meisten, der bisherige Verlauf der deut=
schen Geschichte sich einer befriedigenden Lösung entgegenstellte. Zur
Zeit des Aufrufs von Kalisch hatte Stein kühne Hoffnungen, als werde
in einem Wurf mit dem Sieg über den äußeren Feind auch die Er=
neuerung Deutschlands gelingen: beim Frieden von Paris aber be=
stand Deutschland nicht aus einer Masse eroberter Länder, welcher die
großen Mächte nach Gutdünken die Gestalt hätten geben können, son=
dern es bestand im wesentlichen aus dem System von Staaten, wie
es, durch die Schuld Oestreichs und Preußens, so gut wie der ande=
ren, in den französischen Kriegen aus dem Untergang des alten Reichs
hervorgegangen war. Mit Entwürfen, wie das in diesem Frieden fest=
gesetzte „föderative Band" gestaltet werden solle, hatte sich Stein fort=
während beschäftigt; sie wurden immer beschränkter und entsagungs=
voller, je mehr er sich von seinen anfänglichen Hoffnungen der wirkli=
chen Ausführung näherte. Zu Anfang der Befreiungskriege hatte er
noch an die Möglichkeit eines einzigen Oberhauptes, an Kaiser und
Reich gedacht. Während des Feldzugs in Frankreich, als sich die Ver=
bündeten in der Besorgniß vor Napoleons Siegen zu Chaumont (1.
März 1814) in erneutem Bündniß fester aneinanderschlossen, hatte er
eine Denkschrift ausgearbeitet, worin statt eines Oberhaupts ein Di=
rectorium von Oestreich, Preußen, Hannover und Baiern vorgeschlagen,
doch sonst ein großes Maß gemeinsamer Angelegenheiten und innerer
Freiheiten in Aussicht genommen war. Im Sommer 1814 ging aus
Verhandlungen zwischen Stein, dem Grafen Solms-Laubach und dem
Minister Hardenberg ein neuer Entwurf hervor, der die Eigenthümlich=
keit hatte, daß Oestreich und Preußen, obwohl ihnen das Directorium
bestimmt war, nur mit einem Theil ihrer Länder dem Bunde beitre=

---

1) Pertz. IV. 185.

ten sollten. In diesem Stück wurde der Vorschlag nachher verbessert,
in den übrigen Punkten fand eine neue Herabsetzung der nothwendigen
allgemeinen Forderungen statt; und namentlich konnte Stein mit dem
Verlangen nicht durchdringen, daß die Landstände der einzelnen Staaten durch Abgeordnete beim Bund vertreten sein sollten. Hardenberg
überreichte nämlich am 13. September den Entwurf an Metternich;
und es fanden nun in Baden bei Wien Berathungen statt, aus denen
die Zusammenziehung und Abänderung der ursprünglichen 41 Artikel
in 12 Artikel hervorging. Diese 12 Artikel bildeten dann die erste
Grundlage für die Berathungen des Congresses. Ihr Hauptinhalt
war: Gründung eines deutschen Bundes zur Wahrung der Unabhängigkeit nach Außen und der verfassungsmäßigen Rechte aller Glieder
der Nation im Inneren; Zutritt von Oestreich und Preußen mit allen
deutschen Ländern; Eintheilung in 7 Kreise mit Kreisobersten an der
Spitze (Oestreich und Preußen für je zwei Kreise, Baiern, Hannover
und Würtemberg für je einen); Zusammensetzung der Bundesversammlung aus dem Rath der Kreisobersten und dem Rath der übrigen
Stände; Führung des Geschäftsdirectoriums, doch blos als „formelle
Leitung", durch Oestreich; Aufhebung des Kriegsrechts im Verhältniß
der Bundesglieder zu einander und Ueberweisung ihrer Streitigkeiten
an die richterliche Entscheidung; Aufhebung des Rechts zu auswärtigen
Kriegen, Bündnissen und Subsidienverträgen für alle Bundesglieder,
die nicht noch außerhalb des Bundes Besitzungen haben; Verheißung
landständischer Verfassung und bestimmter bürgerlicher Rechte für jeden
Bundesstaat, doch so, daß Oestreich und Preußen die Berücksichtigung
ihrer besonderen Verhältnisse gestattet bleibe. Auch der östreichische
Minister hielt diese Punkte für das Mindeste, was für Deutschland
verlangt werden müsse. Allein auch er sollte erfahren, was es mit
der „vollen Souveränetät" der Mittelstaaten auf sich habe, die er in
den Verträgen von Ried und Fulda so eilig gewesen war, zu ge-
währleisten.

Wir wissen, daß für die deutschen Angelegenheiten ein besonderer
Ausschuß am Congreß niedergesetzt war, der aus Oestreich, Preußen,
Hannover, Baiern und Würtemberg bestand. Am 14. Oktober begann
er seine Sitzungen; am 16. übergaben ihm Metternich, Hardenberg
und Münster die 12 Artikel zur Berathung. Vorher schon war durch
die Bemühungen Steins und des Kronprinzen von Würtemberg die
Frage der Landesverfassung für die einzelnen Staaten in Bewegung
gebracht worden. Die Herzöge der beiden nassauischen Linien hatten
am 1. und 2. September ihrem Lande eine ständische Vertretung ge-

geben. Stein theilte den Entwurf an Hardenberg und Münster mit, und führte dabei voll Nachdruck aus, daß dem Willkührregiment im Inneren vieler deutschen Staaten ein Ende gemacht werden müße. Zugleich brachte er bei der Kaiserin Elisabeth von Rußland wiederholt und mit Erfolg die schlimmen Zustände zur Sprache, die in Baden durch ihren Bruder, den Großherzog Karl, herbeigeführt werden seien. Der König von Würtemberg wurde durch das ernste Andringen des Kronprinzen und durch die Versicherung Metternichs, daß die Landes= verfassungen allerdings unter die Gewähr des Bundes gestellt werden müßten, in Unruhe versetzt und beauftragte seine Minister eine Ver= fassung zu entwerfen.

Im deutschen Ausschuß indessen ging es schlechter. Stein hatte dem Grafen Münster auf eine Reihe von Einwänden gegen seine Auffassung der Verfassungssache in einem kräftigen Schreiben erwie= dert: „Ew. Excellenz kennen Deutschland nicht wegen Ihrer langen Abwesenheit aus demselben; daher kam es, daß Sie anno 1812 und 1813 wenig auf die Energie der Deutschen vertrauten, und daher kommt es, daß Sie jetzt an Demagogen und Demokraten glauben.“ Dabei hatte er die Nothwendigkeit einer Verfassung überzeugend nach= gewiesen, die Erscheinung gerügt, daß man „zu viel Werth auf das Schicksal der Mediatisirten und zu wenig auf das der Nation lege“; namentlich aber geradezu gesagt, daß er kein Vertrauen auf den Fünferausschuß habe, „nicht auf den seichten, frivolen Metternich, nicht auf den Staatskanzler, der lieber flickt als heilt und ohne sichs zu gestehen, ein despotischer Büreaucrat ist“, nicht auf Graf Münster wegen seiner Unkenntniß „und auf die beiden anderen aus bekannten Gründen gar nicht“ [1]). Das Urtheil war im Zorn niedergeschrieben; doch sollte es sich seinem Wesen nach nur zu sehr bewähren, und zwar bei Baiern und Würtemberg sogleich. Schon in der dritten Sitzung des Ausschusses, am 20. Oktober, legten sie Widerspruch gegen die 12 Artikel ein. Ihre Gründe waren verschieden, im Ziel stimmten sie überein: sie wollten kein Regierungs=, kein Gesandschaftsrecht abtreten, sie wollten nicht von Bundeswegen die Zusicherung verfassungsmäßiger Rechte an die Unterthanen, die sie selbst zu geben dächten; sie wollten kein Recht der Berufung an den Bund, überhaupt keinerlei Beschrän= kung der Souveränetät durch Bundesgericht oder durch Untersagung des Rechts zur Kriegführung und zu Verträgen; sie wollten auch keine Doppelstimmen für Preußen und Oestreich im Rath der Kreisobersten.

---

1) Pertz. IV. 137.

Würtemberg fand namentlich, es könne nicht die Absicht sein, „aus
verschiednen Völkerschaften, z. B. Preußen und Baiern so zu sagen,
eine Nation zu schaffen"; und Baiern fügte ein paar Tage später
hinzu das Recht der Verträge mit auswärtigen Mächten sei eine For=
derung des bairischen Nationalstolzes, die zu wahren der Landesherr
die heilige Pflicht habe, dann nahm es auch noch geradezu das Recht
in Anspruch, mit Preußen und Oestreich im Directorium zu wechseln.
Baiern war also in diesem Punkte gegen Würtemberg, und beide waren
wieder gegen Sachsen, das sie sonst doch vertheidigen wollten; denn
sie sprachen stets von nur fünf gleichberechtigten gekrönten Häuptern
in Deutschland [1]).

Das war auch dem Fürsten Metternich zu viel. Er wies darauf
hin, wie auch die frühere Verfassung Deutschlands den Unterthanen
gewisse Rechte eingeräumt habe, wie in den letzten Zeiten in einzelnen
Staaten Bedrückungen aufgekommen seien, gegen welche sie geschützt
werden müßten, wie es die Natur eines Bundesvertrags mit sich
bringe, daß die Einzelnen der Unumschränktheit zu Gunsten des Gan=
zen entsagen müßten; er fügte bei einem anderen Anlaß noch treffend
bei, wie bereitwillig Baiern und Würtemberg noch vor kurzem von Na=
poleon die Beschränkung der Souveränetät getragen hätten, und wie
das Wort „Souveränetätsrechte" überhaupt nur den Sinn von Regie=
rungsrechten, nicht den einer schrankenlosen Gewalt haben könne. Die
förmliche Widerlegung der bairisch=würtembergischen Ansprüche ward
dann am 22. Oktober, unter Zustimmung von Oestreich und Preußen,
durch die Bevollmächtigten Hannovers, die Grafen Münster und Har=
denberg, eingebracht. Sie führten aus, wie der Untergang der Reichs=
verfassung und die später mit Napoleon, dann mit den Verbündeten
geschlossenen Verträge den deutschen Fürsten in keiner Weise ein Recht
hätten geben können, mit den hergebrachten Rechten ihrer Unterthanen
nach Belieben zu verfahren, wie die Souveränetät nicht gleichbedeutend
sei mit Despotie, wie der König von Großbritanien so souverän sei,
als jeder andere Fürst in Europa und in den Freiheiten seiner Un=
terthanen nur eine Befestigung, nicht eine Gefährdung seines Thrones
sehe. Hierauf gestützt verlangten sie die Sicherstellung gerade der
Punkte, die von Baiern und Würtemberg angefochten waren, bezeich=
neten unter dem Mindesten ständischer Rechte ausdrücklich die Steuer=
bewilligung, die Mitwirkung bei der Gesetzgebung und die Verfolgung
schuldiger Staatsbeamten und hoben ebenso bestimmt das Recht der

---

1) Pertz. IV. 137.

Berufung an den Bund wegen Mißbrauch der Souveränetät hervor. „Nur bei solchen Grundsätzen", schlossen sie, „können wir bei dem je= ßigen Zeitgeist und den billigen Forderungen der deutschen Nation Ruhe und Zufriedenheit in Deutschland herzustellen hoffen."

Mit dieser Erklärung war indessen der Widerstand der beiden Rheinbundkönigreiche keineswegs gebrochen, da sie hinter derselben we= der die Macht noch den Willen sahen, die Sache im Nothfall ohne und selbst gegen sie durchzusetzen. Kamen doch eben in diesen Tagen vom polnischen und sächsischen Handel her Dinge zu ihren Ohren, die durch= aus nicht auf Einigkeit der ihnen gegenüberstehenden Staaten deuteten. Während also der deutsche Ausschuß in seinen nächsten Sitzungen frucht= los über die entgegengesetzten Standpunkte verhandelte, die sich eben ausgesprochen hatten, suchten daneben die Betheiligten ihre eignen Wege. Den König von Würtemberg vertröstete Fürst Wrede mit der Aussicht auf Frankreich, das doch ihr natürlicher Verbündeter sei und sich schon wieder heben werde [1]. Die Einigkeit der Ansichten hinderte indessen Baiern nicht, die vorhin angedeuteten Ansprüche auf Wechsel im Directorium mit Oestreich und Preußen für sich ausschließlich geltend zu machen und dazu seine Hoffnungen auf Mainz neben Würtemberg her, welches die Festung für sich wünschte, mit Eifer zu verfolgen. Darüber gelang es dem Kronprinzen, seinem Vater die Verbindung mit Baiern zu verleiden; dem alten König ward es vorübergehend unheimlich, ob er seine willkührliche Gewalt behaupten werde, und er äußerte in diesen Tagen (24. Okt.) einmal zu seinem Leibarzt: „Lieber Hardegg, man wird sich Alles gefallen lassen müssen, man wird sich bald schämen, ein Würtem= berger zu sein, aber Gott wird mir beistehen." [2] Daneben traten denn auch die anderen Parteien lebhafter auf den Plan, um sich untereinander und mit den Königreichen zu durchkreuzen. Die ehemals Reichsunmittel= baren hatten schon zu Anfang des Congresses verschiedne Schriften um Herstellung ihrer Rechte übergeben; eine war durch Stein, eine andere durch den Vater des Fürsten Metternich vertreten. Jetzt verbanden sich noch besonders die Standesherrn zur Zurückforderung ihrer Rechte und sprachen gegen Kaiser Franz 1. von Oestreich den Wunsch um Uebernahme der deutschen Krone aus (22. Oktbr.). Das brachte wie= der die kleineren Rheinbundsstaaten in lebhaftere Bewegung. Sie sahen sich auf der einen Seite durch Baiern und Würtemberg in ihrer Stellung bedroht und besorgten auf der anderen, daß ihre ehemaligen

1) Bernhardi. I. 135.
2) Pertz. IV. 144.

reichsunmittelbaren Genossen, die ihre Unterthanen geworden waren, wirklich zu selbständig gemacht würden. Der Gesandte von Ga= gern, der unter diesen Staaten zuerst eine nicht unbedeutende Stimme führte, hatte seine besonderen Ansichten über die deutsche Verfaj= sung. Er kam gerne auf die Herrlichkeit des alten Reichs und auf die Kaiserwürde zurück und sah in der „Verbindung von Kaiser und Reich der Freiheit Aller am besten gehuldigt". Er dachte sich einen Wahlkaiser, der nur wenig über seine Wähler, die übrigen Fürsten, hervorragen dürfe, und ihm zur Seite noch zum Ueberfluß eine kräf= tige Fürstenopposition und im Nothfall auch einen Fürstenbund, wie zu Josephs II. Zeiten. Der Schwäche Deutschlands, die aus sol= chen Einrichtungen hervorgehen könne, hoffte er dadurch zu begegnen, daß man das „Bollwerk gegen den Nordosten Frankreichs", das ora= nische Königreich recht stark mache. [1] Natürlich mußte der ganze Streit auch in der öffentlichen Meinung und in der Presse seinen Wiederhall finden. Im „Rheinischen Merkur" erschien am 31. Oktober ein Arti= kel, worin die Lage der deutschen Berathungen dargestellt und das bairisch=würtembergische Widerstreben scharf angegriffen ward. Die Bevollmächtigten beider Staaten, Wrede und Wintzingerode, verlangten Genugthuung dafür im deutschen Ausschuß, es wurde ihnen bemerkt, die Sache gehöre nicht dahin. Dafür spielte sie in der Gesellschaft fort. An einer fürstlichen Tafel ließ sich der Kronprinz von Baiern darüber zu der Aeußerung fortreißen: „Ja es wird viel tolles Zeug jetzt geschrieben, wie von dem Görres und anderen, die Stein beschützt." Stein hört es am andern Ende des Zimmers, ist sofort zur Stelle und sagt dem Kronprinzen: „Ich bitte, daß Ew. Königliche Hoheit Ihre Stellung nicht vergessen, wer Sie sind und wer ich bin, es ist nicht schicklich in so großer Gesellschaft auf diese Weise Namen laut zu nennen." [2]

Um die Angelegenheit vorwärts zu bringen, entschloß sich endlich Stein zu zwei Schritten, die gerade ihm besonders schwer fallen mußten. Er hatte immer die Einmischung des Auslandes in die deutsche Frage be= kämpft, und wandte sich jetzt an den Kaiser von Rußland; er hatte immer in der Vielstaaterei ein Unheil gesehen und rief jetzt die kleine= ren Staaten zu Hülfe. Er suchte beides so zu thun, daß er der Sache nichts vergab. An Alexander richtete er am 4. November eine Zu=

---

1) Bernhardi I. 146.
2) Pertz. IV. 153.

schrift, worin er ihn, unter Berufung auf die Verträge und auf die großen Zwecke so vieler blutiger Kriege, ersuchte: er möge Oestreich und Preußen auffordern, bei ihren für die Sicherheit Deutschlands und die Ruhe Europas nöthigen Forderungen zu beharren. Der Kaiser ging trotz der Unruhe, welche ihm damals die polnische Frage machte, darauf ein. Eine vertrauliche Note, welche Stein beigelegt hatte, wurde, nach einiger Abkürzung und Milderung, durch Nesselrode am 11. November an beide Mächte übergeben. Mit den kleineren Staaten, bei welchen Aufregung und Mißtrauen in den letzten Wochen sich ohnedem gesteigert hatten, war Stein durch den nassauischen Minister von Marschall in Verbindung getreten, indem er ihm als Grundlage für seine Schritte die Verhandlungen des deutschen Ausschusses mittheilte. Nach vielem Hin- und Herschreiben und Reden kam es zu einer gemeinsamen Maßregel. Am 16. November überreichten 29 Staaten, darunter beide Hessen, Braunschweig, beide Mecklenburg, die sächsischen Herzogthümer, die nassauischen Linien, Anhalt, Lippe-Detmold, Reuß, Waldeck, Schwarzburg und die vier freien Städte, eine Note an Preußen und Oestreich, worin sie mit Entschiedenheit das Recht in Anspruch nahmen, neben Baiern und Würtemberg bei der Aufrichtung der deutschen Verfassung mitzuwirken. Nicht der bisherige deutsche Ausschuß habe zu entscheiden; Oestreich und Preußen möchten ihnen, auf dem Grunde gleicher Rechte und vollständiger Vertretung der Bundesglieder beruhende, Vorschläge über die Verfassung vorlegen. Sie seien bereit, die nöthigen Opfer an ihrer Souveränetät zu bringen, damit das Ganze bestehen und auch ihren Unterthanen die verfassungsmäßige Freiheit gewährt werden könne. In beiden Stücken gingen sie noch etwas weiter, als die Grundsätze, welche die 12 Artikel enthielten und welche vor kurzem die beiden hannoverschen Bevollmächtigten ausgesprochen hatten; als Schlußstein der deutschen Verfassung verlangten sie die Einsetzung eines gemeinsamen Oberhauptes. [1] Baden hatte am nämlichen Tag eine besondere Verwahrung beim Fürsten Metternich eingelegt.

Doch erwiesen sich alle diese Schritte als fruchtlos. Auf die russische Note ergingen zwar im deutschen Ausschuß erneute Erklärungen von Oestreich, Preußen und Hannover, daß sie fest bei ihrem Standpunkt beharren würden, allein es blieb bei der Erklärung. An demselben 16. November, wo die kleineren Staaten ihre Eingabe überreichten, gaben die Gesandten Würtembergs in einer Note zu verstehen, daß ihr König sich fernerhin im Ausschuß nicht mehr über einzelne

---

1) Klüber. Acten des Wiener Congresses I. 72 bis 75.

Gegenstände aussprechen werde, bis der genaue Plan des Ganzen vor=
liege, ihn könne nichts zu einem Verzicht auf unbestrittene Rechte ver=
mögen, als die Vortheile, die er dafür erhalte.   Preußen und Oest=
reich bestritten zwar in einer scharfen Erwiederung vom 22. November
den Standpunkt klar und nachdrücklich, als könne es in der Willkühr
eines einzelnen Fürsten liegen, sich vom Bunde auszuschließen und
damit dem Wohl des Ganzen entgegenzustellen; allein Würtemberg be=
harrte bei seiner Ansicht.   Der deutsche Ausschuß war damit aufgelöst
und kam seit dem 16. November in Monaten nicht wieder zusammen.
Zwar hätte es nahe gelegen, daß jetzt Oestreich, Preußen und Hanno=
ver mit den kleineren Staaten, die sich so bereitwillig erklärt hatten,
in neue Berathungen eingetreten wären; Baiern und Würtemberg hät=
ten dann zuletzt, wie auch der Kronprinz Wilhelm versicherte, ohne
Zweifel nachgegeben.   Allein Metternich hatte zu sehr seine beson=
dern Plane im Sinn, vermittelst Baiern Süddeutschland zu beherr=
schen[1]); und, was für den Augenblick noch mehr bedeutete, die Sorge
um die polnisch=sächsischen Händel nahm die Staatsmänner ganz hin=
weg.   Die deutsche Verfassung trat in den Hintergrund; und hätten
sich nicht noch die kleineren Staaten damit zu schaffen gemacht, beim
Congreß schien die schwerste Frage, um die er zusammengekommen war,
vergessen.

6. S t e i n schrieb um diese Zeit (16. November) an seine Frau
nach Berlin, wie sehr ihn der Ausgang des Congresses beunruhige.
„Alle die kleinen Leidenschaften der Menschen scheinen losgekettet, um
unsre Hoffnungen zu zerstören und uns in neue Verwicklungen zurück=
zuwerfen, deren Folgen unberechenbar und schrecklich sind.   Man muß
hoffen, daß Gott uns den Ausgang finden lasse aus diesem Abgrunde,
in den uns der Leichtsinn, die Schelmerei der Einen und der schiefe
Verstand der Anderen zu stürzen droht."

Nicht viele der Fürsten und Staatsmänner in Wien nahmen es
so ernst mit der Sache.   Vom Fürsten Metternich erzählt Gentz in
seinem Tagebuch, daß er ihn eines Tags (14. Oktober), wo er von
einem Gespräch mit Lord Castlereagh über die schlimme Lage der pol=
nischen und sächsischen Frage berichten wollte, viel mehr mit der Un=
treue der Herzogin von Sagan beschäftigt gefunden habe, die damals
den jungen Obersten Fürst Windisch = Grätz ihm vorzuziehen anfing.
Und Das war der Sinn, der bei den Meisten überwog.   An der rau=
schenden Lust der Feste merkte man nichts von dem Zwiespalt, der

---

1) Pertz. IV. 132. 136.

über die wichtigsten Fragen ausgebrochen war. Auf die große mili=
tärische Siegesfeier des 18. Oktober war auch ein Volksfest im Au=
garten gefolgt, wo 4000 öftreichische Veteranen gespeist wurden, wäh=
rend das Volk ringsum seine Spiele und Wettkämpfe aufführte und
die hohe Gesellschaft an der Heiterkeit der Wiener, der man von schweren
Sorgen auch nichts anmerkte, ihre Freude hatte [1]. Der Staat aber
konnte zu dieser Zeit die 50,000 Invaliden die er hatte, zum Theil
gar nicht, zum Theil nur mit ganz dürftigen Gehalten versorgen [2]; er
selbst war arm und Tausende litten noch an den Folgen des drei
Jahre vorher verkündigten Bankrotts. Dergleichen machte indessen den
Wenigsten Sorge. Der Kaiser Franz hatte ein besonderes Comité er=
nannt, um für das Vergnügen seiner Gäste zu sorgen; was dieses
Comité nicht ersann, das ersannen die Gäste selbst, kein Tag verging
ohne neue Genüsse. Nach Laxenburg, wo ein kaiserliches Schloß mit
finstern Mauern und Thürmen wie aus früheren Jahrhunderten stand,
wurden die Gäste zur Falkenjagd und Tafel nach der Sitte des Mittel=
alters geladen; in den prächtigen Alleen des Prater waren sie an
schönen Tagen mitten in der Bewegung der Gegenwart. Es war unter
den Fürsten verabredet, daß kein Rang gelten solle, im Falle des
Streits möge das Alter entscheiden; da war es denn bunt genug an=
zusehen, wie sich die glänzende Gesellschaft ohne Zwang sich selbst und
dem Volke zeigte. Dreihundert Wagen, welche die kaiserliche Frei=
gebigkeit den Gästen zur Verfügung gestellt hatte, und neben ihnen
noch eine größere Zahl reicher Privatequipagen waren in beständiger
Bewegung, dazwischen ein unaufhörliches Getümmel zu Roß und zu
Fuß in allen Trachten Europas [3].

Zuweilen freilich klang auch ein Mißton in die rauschende Luft.
Der älteste Bruder des Kaiser Alexander, der Großfürst Konstantin,
16 Jahre später auch durch die polnische Revolution bekannt gewor=
den, hatte etwas von den Anfällen von Tollheit geerbt, um die sein
unglücklicher Vater Paul Thron und Leben unter Mörderhänden hatte
lassen müssen. Eines Tags ließ der Prinz das Reiterregiment, das ihm der
Kaiser Franz verliehen hatte, exerciren; es war das berühmteste Regiment
der Armee, denn es schrieb sich von jenen Kürassieren von Dampierre
her, die zu Anfang des dreißigjährigen Kriegs den Kaiser Ferdinand II.
aus der höchsten Bedrängniß gerettet hatten. Der Prinz verlangt eine

1) A. de la Garde. I. 151 bis 157. 213.
2) Gervinus. Geschichte des 19. Jahrhunderts I. 177.
3) A. de la Garde. I. 168.

unsinnige Bewegung: das Regiment solle durch einen Donauarm schwimmen, wie erzählt wird; der Oberst, selbst von fürstlicher Geburt, verweigert es, der Prinz wiederholt sein Verlangen und versetzt dem Obersten, bei der zweiten Weigerung, wüthend einen Schlag. Das ganze Offiziercorps, in der heftigsten Aufregung, fordert Genugthuung; der Großfürst Konstantin mußte Wien auf der Stelle verlassen. Er wurde nach Warschau geschickt, zur nämlichen Zeit, als der Streit um die polnische Frage immer heftiger wurde. Da war es bald in Wien, als hätte die hohe Gesellschaft den ganzen Vorfall, den sie genau kannte, vergessen, und es hieß fast allgemein, der Großfürst sei nach Warschau gegangen, um die Rüstungen zu betreiben [1]. Und auch auf manche Handlungen, welche öffentlich und feierlich die Freundschaft der Herrscher zeigen sollten, fiel von dieser polnischen Sache aus ein seltsames Licht. Die anwesenden regierenden Fürsten hatten sich gegenseitig mit ihren sämmtlichen hohen Orden beschenkt; dann tauschte man, wo es noch nicht geschehen war, Regimenter aus. Der Kaiser Alexander bekam bei dieser Gelegenheit das östreichische Regiment Hiller und übergab ihm bei einer großen Parade im Prater mit eignen Händen die neue Fahne, welche die Kaiserin von Oestreich prachtvoll gestickt hatte. Es fehlte dabei nicht an begeisterter Erinnerung, wie die Soldaten wissen würden zu sterben für ihren Kaiser und für ihren neuen Regimentsinhaber; die Fahne aber trug die Inschrift: „Unauflösliches Bündniß zwischen den Kaisern Alexander und Franz." [2]

Stein verwarf die öffentlichen Feierlichkeiten nicht und hatte selbst an manchem gesellschaftlichen Fest seine Freude; wie über das Alles aber in Wien die große Sache der Staaten und Völker behandelt wurde, das war ihm zu viel. Am Schluß des Briefes, den ich oben angeführt habe, brach er darüber in Zorn aus. „Es ist jetzt die Zeit der Kleinheiten, der mittelmäßigen Menschen. Alles das kommt wieder hervor und nimmt seine alte Stelle ein und diejenigen, welche Alles aufs Spiel gesetzt haben, werden vergessen und vernachlässigt. Die ehrlichen Leute aber sind genug belohnt durch das Gefühl, ihre Pflicht erfüllt zu haben, und durch den inneren Frieden, den sie genießen, der jenem elenden Haufen nicht zu Theil wird."

1) Bernhardi. I. 82.
2) A. de la Garde I. 64.

Drittes Kapitel.

Das Bündniß zwischen England, Oestreich und Frankreich.

(3. Januar 1815.)

1. Macht, Ansehn und Besitz pflegen in den Fragen, welche die Staaten untereinander haben, am meisten zu gelten und zu entscheiden; denn es hängt an ihnen die Möglichkeit, im großen Leben das zu wirken und zu thun, was in die Augen fällt und den Augenblick beherrscht. Darum war es natürlich, daß gerade in der wichtigsten Aufgabe des Congresses, die in der Herstellung eines starken Deutschland bestand, die Frage um die Ländervertheilung und die Grenzen sehr bald die Frage um die innere Verfassung weit überwog. Es war auch natürlich, daß diese erstere Frage, als man aus dem Austausch allgemeiner Gedanken ihrer wirklichen Lösung näher trat, kaum 6 Wochen nach der Eröffnung der Verhandlungen, zu einer feindseligen Spannung führte. Es war aber schlimm, daß diese Spannung die Wendung nahm: Rußland und Preußen auf der einen, England, Oestreich und Frankreich auf der anderen Seite.

Wir haben gesehen, wie es dahin kam. Rußland bedrohte durch das Uebermaß seiner Ansprüche in Polen die Grundlagen, auf welchen das neue System der Machtvertheilung in Europa errichtet werden mußte; es kam darauf an, daß die anderen Mächte diesen Ansprüchen gegenüber zusammenhielten und Rußland, damit es nachgebe, zu vereinzeln suchten. Diesen Weg suchten sie wirklich, suchte namentlich auch der preußische Staatskanzler; allein alle und namentlich der Staatskanzler suchten ihn zu spät. Es kam der Tag, wo König Friedrich Wilhelm III. durch seinen persönlichen Entschluß in der Bewegung einer verhängnißvollen Stunde die ganze Lage verwandelte. War dieser Entschluß nicht bloße Laune oder Willkühr, geschah er in redlicher Meinung, so tritt darin um so deutlicher die schlimme Verkettung vergangener und gegenwärtiger Verirrung und Schuld hervor. Der König war zuerst mit dem Kaiser Alexander in diesen Krieg gezogen; er sah in ihm seinen ältesten und treuesten Bundesgenossen, er war ihm durch vielen Verkehr der Familie verbunden. Er dachte auch an die gerechten Ansprüche Preußens, er zweifelte, ob sie bei den anderen, namentlich dem Kaiser Franz und Metternich, eine gute Stätte finden würden und er hatte Ursache dazu. Aber durch welche gemeinsame Schuld von ganz Deutschland, Preußen so gut wie Oestreich eingeschlossen, war es dahin gekommen, daß Rußland der letzte Bundesgenosse bei Preußens Fall und der erste wieder bei seiner Erhebung war? Und außerdem: wie dürfen die persönlichen Gefühle und Verbindungen der Könige so sehr die Schicksale der Völker bestimmen? Es ist ein merkwürdiges Zusammentreffen, daß zur nämlichen Zeit, als der Meister Talleyrand seinen neuen Grundsatz von der Alles bestimmenden Bedeutung des Rechtes der Fürsten in Wien entwickelte, der persönliche Wille des Kaisers Alexander und der persönliche Entschluß des Königs Friedrich Wilhelm es waren, welche am meisten das ganze Werk des Congresses in Frage stellten. Es ist ein schweres Loos der Könige, daß sie gerade bei den wichtigsten Thaten ihres Lebens ihren persönlichen Gefühlen strenge Zurückhaltung auferlegen sollen; aber es muß in allen menschlichen Dingen, und am meisten in den größten, eine Verantwortung auch vor den Menschen geben; und darum soll ein solcher Entschluß niemals allein auf des Königs Willen beruhen, sondern aus dem Rathe mit seinen Ministern hervorgehen, welche die Verantwortung tragen müssen. Daß es die Minister mit solcher Verantwortung oft leicht nehmen, das erlebt man auch heutzutage noch; doch damals hatte man, zumal im preußischen Staate, noch eine viel ungewissere Vorstellung davon. Der preußische Staatskanzler hat sich schnell dem Entschluß des Königs gefügt; und er hatte ihn freilich mit verschuldet, denn er konnte lange vorher Preußens Stellung in den schwebenden Fragen hinreichend befestigt und gebunden haben. Doch selbst damals war, trotz Oestreichs unsicherer Note vom 22. Oktober, da England noch zu Preußen hielt, ein festes Abkommen zwischen den Dreien, zuerst in der sächsischen Sache, wohl noch möglich; und dann war Rußland wegen Polens wirklich auf sich zurückgedrängt, so daß es billigen Forderungen schwerlich widerstehen konnte. Und selbst wenn das ganze Ergebniß der Congreßverhandlungen kein anderes geworden wäre, als es so auch geworden ist, so würde es für die ganze Folgezeit von ganz anderer Bedeutung gewesen sein, wenn es, statt aus der oben angedeuteten Gegenüberstellung der Mächte, aus der Gemeinschaft von Preußen, Oestreich und England sich entwickelt hätte. So hat sich damals räthselvoll in eine Stunde der Lauf der Geschicke zusammengedrängt, wie er sich aus den Einrichtungen und Ueberlieferungen der Staaten und dem persönlichen Thun der Menschen webt. Wenige Wochen danach sollte der ersten Verblendung, auf der anderen Seite, die zweite folgen.

2. Wie der Streit der Fragen außerhalb der öffentlichen Thätigkeit des Congresses herangereift war, so entwickelte er sich auch weiter. Ich habe oben von dem Beschluß (8. Oktober) berichtet, welcher die

Eröffnung für den Anfang November verkündete. Sie geschah dem
Namen nach wirklich am 2. dieses Monats durch die Bevollmächtigten
der 8 Mächte, die den Pariser Frieden unterzeichnet hatten, und führte
zu dem Ergebniß, daß die Vollmachten der Gesandten geprüft werden
sollten. Dieß geschah, und darin bestand die öffentliche Thätigkeit;
zu Sitzungen sämmtlicher Gesandten kam es nie, und Talleyrand be-
ruhigte sich gerne darüber, daß hiernach für jede Verhandlung eigentlich das Recht und die Vollmacht fehlte, die er gewollt hatte; er sah
seine Plane auf andere Weise reisen. Selbst die Gesandten der 8
Mächte kamen nur ausnahmsweise zusammen, um den Beschlüssen, die
anderwärts gefaßt waren, Form und Abschluß zu geben. Die Verhandlungen zwischen den Mächten, die wirklich die Macht hatten, zu
entscheiden, nahmen ihre besonderen Wege.

Fürst Hardenberg theilte an Castlereagh und Metternich mit, was
am 6. Novbr. zwischen Alexander und Friedrich Wilhelm III. geschehen
war. Er suchte dabei den englischen Minister zu bewegen, daß er noch
mit seiner Antwort auf die letzte russische Denkschrift zurückhalte; doch
ließ sie dieser noch am nämlichen Tage abgehen. Metternich widersprach in einer förmlichen Note der Behauptung, womit der Kaiser
den König zum Theil gewonnen hatte, als habe er im Namen Oestreichs
Polen an Rußland angeboten, falls Oestreich die Ansprüche Preußens auf
Sachsen nicht unterstützen wolle; zugleich fügte er die bestimmte Versicherung bei, der Kaiser Franz habe in die Abtretung Sachsens an
Preußen gewilligt. Der Kaiser Alexander war damit beschuldigt, die
Unwahrheit gesagt zu haben. Das mußte die Erbitterung auf beiden
Seiten vermehren. Bald wurde es auch nach allen Seiten klar, wie
sehr die Lage verändert war. Wenn Preußen dem Worte seines Königs nicht untreu werden wollte, so konnte jetzt von den gemeinsamen
Vorschlägen, welche Oestreich und Preußen durch Englands Vermittelung dem Verlangen des Kaisers von Rußland entgegenstellen wollten,
keine Rede mehr sein. Der preußische Staatskanzler, in Unruhe über
die Rolle, welche ihm der Befehl seines Königs gegen seine Ueberzeugung aufgenöthigt hatte, scheint noch einige Tage gehofft und gesucht
zu haben, wie er die entgegengesetzten Standpunkte vermitteln könne;
inzwischen schieden sich die Gemüther und die Absichten immer deutlicher. Schon sprachen Männer, wie Stewart und Pozzo, von der
Möglichkeit eines europäischen Kriegs gegen Rußland und Preußen:
und Metternich hörte vom Kronprinzen von Würtemberg, dem er voll
Besorgniß von einem so gefährlichen Spiele sprach, die ernste Erwiederung: ein Staatsmann müsse nicht spielen. Am 9. November brachte

das Bamberger Journal von Wien aus einen halb eingeweihten Artikel, der die Gemüther über Sachsen zu beruhigen suchte und die
Mehrzahl der Mächte als dem König dieses Landes günstig bezeichnete [1]). Am 11. November, in einer Unterredung zwischen Castlereagh,
Metternich und Hardenberg, mußte der letztere hören, wie der östreichische Minister die vor wenig Tagen zugestandene Abtretung Sachsens
zurücknahm, für den König wenigstens ½ Million Einwohner nebst
der Hauptstadt Dresden verlangte, und die Besetzung von Mainz durch
östreichische und bairische Truppen vorschlug. Von dem an nahm die
sächsisch-polnische Frage immer mehr die Wendung, daß die Mächte sich
anschickten, Rußlands Ansprüchen nachzugeben und dafür denjenigen
Preußens entgegenzutreten.

Am 14. November nahm Metternich wegen Polens die schon am
11. gewünschte Vermittelung Preußens durch ein amtliches Schreiben
in Anspruch. Darin stand der Vorwurf, daß Preußen die gemeinsame
Sache verlassen habe; die frühere Forderung der Weichselgrenze war
fallen gelassen, Rußland wurde nur noch um eine bestimmte Bezeichnung seiner Grenze und um Bürgschaften für die polnischen Provinzen
der deutschen Mächte angegangen, wenn es seinem Theil von Polen
eine Verfassung gebe. Daneben mehrten sich sowohl die Stimmen, die
Preußen nur einen Theil von Sachsen zugestehen wollten, als die An-
zeichen, daß eine Annäherung von Oestreich und England an Frankreich stattfinde. Auf der anderen Seite gab der Kaiser Alexander nicht
nach; der Kronprinz von Würtemberg, die Großfürstin Katharina, Stein
hatten Unterredungen mit ihm. Er klagte über Verkennung seiner
edlen Absichten, über Metternich und die Engländer, die alles verwirren wollten und gab dem König von Preußen gelegentlich aufs
neue zu verstehen, als könne er den östreichischen Minister für Polen
leicht haben, wenn er Preußen wegen Sachsens im Stich lassen wolle.
Am 21. November ging die russische Erwiederung auf die letzte englische Denkschrift ab. Sie war diesmal von Czartoryski und Capodistria verfaßt, suchte die russischen Forderungen wiederholt mit den
alten Gründen zu rechtfertigen; sagte den Engländern auf ihren Vorschlag zur Herstellung eines unabhängigen Polens, sie möchten nur
den Anfang mit der Befreiung aller unterdrückten Völker machen, so
werde Rußland folgen, und wies zuletzt die fernere englische Vermittelung als unfruchtbar zurück. Damit war der bisherige Weg für
die Unterhandlungen abgeschnitten; einen neuen suchte Hardenberg

---

1) D'Angerberg. Le Congrès de Vienne. I. 495.

gemäß der Note Metternichs vom 14. November. Am 23. hatte er eine Zusammenkunft mit dem Kaiser, dann gingen aus einer Reihe von Besprechungen, woran Stein, Czartoryski, Capodistria Theil nahmen, die neuen russischen Vorschläge hervor, die nun Hardenberg an England und Oestreich übermitteln sollte.

Inzwischen war, wie wir wissen, die Uebergabe der Verwaltung Sachsens an Preußen geschehen (S. Novbr.). Die Nachrichten und Eindrücke, welche davon nach Wien kamen, dienten dazu, die ungünstige Stimmung in dieser Sache zu vermehren. Friedrich Wilhelm III. hatte der Maßregel nur mit halbem Herzen zugestimmt, um später, als es nicht nach Wunsch damit ging, zu äußern: „Ich hab's immer gesagt, daß es ein voreiliger Schritt sei, haben aber Alle klüger sein wollen."[1] Es mag Gewissensbedenken, Besorgniß vor der Schwierigkeit, vielleicht auch Eifersucht gewesen sein, daß er seinem Bruder Wilhelm die Verwaltung nicht übertragen wollte. Der Prinz aber hatte im Befreiungskriege rühmlich mitgefochten, die Prinzessin hatte mit edler Hingabe die Thätigkeit der Frauen für die Krieger geleitet, beiden stand der Ruf eines reinen und milden Charakters zur Seite; sie hätten die Gemüther in Dresden am besten mit der neuen Ordnung versöhnt. Indessen es kam der Minister von Reck und hatte gleich die Ungeschicklichkeit und den Uebermuth, aus einer Anzahl von höheren Stellen die sächsischen Männer, wie die Obersten von Carlowitz und Miltitz, auszuscheiden, die unter dem Fürsten Repnin die Geschäfte mit Sachkenntniß und redlichem Eifer geleitet hatten, und preußische Beamte an ihre Stelle zu setzen, die weder die Menschen noch die Verhältnisse kannten. Stein sah sich schon am 22. November genöthigt, darüber an Hardenberg zu schreiben und auf Abänderung zu dringen, denn man sei dort auf dem Punkt, die treuesten Anhänger der deutschen Sache zu verlieren und die neue Regierung gehässig zu machen. Außerdem wurde aus einem Rundschreiben, worin Fürst Repnin, ausschließlich den sächsischen Beamten, die vollständige Uebergabe des Landes an Preußen als wahrscheinlich angekündigt hatte, viel Geschrei gemacht; und es half nur wenig, daß Stein ohne Schwierigkeit nachwies, daß kein unerlaubter Schritt in der Sache geschehen sei. Es war den Gegnern eben recht, wenn sie nur Vorwände erhielten, die Abtretung an Preußen als unausführbar und gehässig darzustellen.

Eben damals war auch der Streit der Flugschriften und Zeitungen über diese Frage, der schon im Frühjahr 1813 begonnen hatte

---

1) Häusser. Deutsche Geschichte. 3. Auflage. IV. 589.

und bis ins Jahr 1816 fortdauerte [1]), auf der Höhe. Der „Rheinische
Merkur" schrieb für Preußen, die in München erscheinende Allemannia
im Sinne von Baiern. Arndt war schon früher gegen einen Lobred-
ner des Königs aufgetreten. Als der Streit heftiger wurde, erschien
eine Schrift des bairischen Geheimeraths Freiherrn von Aretin voll
plumper Schmähungen und Verdächtigungen, als habe Preußen geheime
Absichten auf Hannover, Böhmen und Mähren, dann ein ähnliches
Machwerk vom Göttinger Professor Sartorius unter der Maske „eines
preußischen Patrioten." Die Erwiederungen, welche darauf aus Preußen ergingen, trafen zum Theil auch nicht die rechten Gründe und den
rechten Ton; doch blieb zuletzt, namentlich durch Niebuhrs Schrift,
„Preußens Recht gegen den sächsischen Hof," die Kraft der gerechteren
und würdigeren Sprache auf Seite Preußens. Indem er der echten
Anhänglichkeit und Treue für den König von Sachsen ihr Recht und
ihre Ehre gab, bewies er doch, daß seine Gefangennehmung nichts als
anerkanntes Kriegsrecht, daß die Wegnahme seines Landes nur das
nicht unverdiente Loos für die schweren Verluste und Gefahren sei,
welche er der Sache der Befreiung Deutschlands zugefügt habe. Preußen dagegen habe Alles für diese Sache eingesetzt und dürfe auch um
Deutschlands willen diesen Zuwachs verlangen; denn es habe sich nicht
abgeschlossen, es habe aus allen deutschen Landen die Männer aufgenommen, die sich in der Arbeit für Staat und Heer hervorgethan hätten. Niebuhr nannte zum Beleg dafür nur Scharnhorst, weil er die
Lebenden nicht nennen wollte; doch wußte jeder, daß auch Stein, Blücher,
Gneisenau keine geborenen Preußen waren. Auch eine geschriebene
Denkschrift, die in ausführlicher, theilweise vollkommen schlagender Darstellung Preußens Ansprüche verfocht, wurde gegen Ende Dezember
beim Congreß in Umlauf gebracht [1]). Bei vielen der Gegner indessen
half alle Macht der guten Gründe nichts, auch galt es bei ihnen nichts,
daß das sächsische Volk an dem ganzen Lärm und Streit den wenigsten
Antheil nahm. Denn nicht Wenigen war gerade Das verhaßt, worauf
sich Preußens Recht besonders stützte, daß nämlich um Deutschlands
und der deutschen Sache willen wohl ein Staat mit seinem Fürstenhaus erhöht werden könne, während ein anderes Fürstenhaus auch ein
altes Recht verliere. Viele aber waren aus Selbstsucht und einge-
wurzelter Abneigung überhaupt nicht fähig, die Dinge so zu sehen, wie
sie waren; Preußens neueste Thaten hatten bei diesen die Erinnerung
an seine frühere Politik nicht auszulöschen vermocht, und die Art, wie

---

1) Siehe Note 1 auf Seite 53.

Preußen in manchen Stücken seine Sache betrieb, gab ihnen Anlaß genug, darauf hinzuweisen. Es war die alte Verschuldung aus der Zeit des Basler Friedens und der Neutralität von 1799 und 1805, welche über diesem sächsisch-polnischen Handel heraufstieg, als wäre es ein böser Geist, der sein altes Recht daran fordern wollte.

3. In Wien ward unter solchen Erfahrungen und Eindrücken allmählig der Plan reif, der beiden Parteien zuwider war und den Oestreich zu Anfang nur zurückhaltend und unsicher hingeworfen hatte: die Theilung Sachsens. Von Seiten Preußens galt es gerade, das ganze Königreich zu erwerben, damit der Staat in seiner langgestreckten Lage wenigstens an einer Stelle ein abgerundetes, für die Zwecke des Kriegs wie des Friedens wohlgeschlossenes Ganze bilde. Dabei wurde mit Recht ausgeführt, wie auch die schuldige Rücksicht auf das sächsische Volk verlange, daß der Staat in der Gemeinschaft des Rechts, der Verwaltung, der Kirche und Schule, des Handels und Verkehrs, kurz aller öffentlichen Lebensgebiete, wozu er sich ausgebildet habe, auch zusammenbleibe; und es war in dieser Meinung geschehen, daß bei der Uebergabe der Verwaltung an Preußen dem Königreich die bisherigen Rechte und Freiheiten zugesichert wurden. Auf der anderen Seite war es auch beim König Friedrich August und der Hofpartei, die aus Ergebenheit und Nutzen den Staat nur im König sah, Ansicht und Entschluß, daß das Land nicht getheilt werden dürfe; nur sollte es natürlich beim König und seiner Familie bleiben, denn daß der König das Recht an sein Land verlieren könne, das galt auf dieser Seite wie ein Verbrechen. Das Volk in seiner großen Mehrheit sah die Sache freilich nicht so an. Es war, wie in Wien selbst die Zeugnisse des Fürsten Repnin sowie der sächsischen Obersten v. Carlowitz und Miltitz bewiesen, der Vereinigung mit dem großen Staat, der die Befreiung von der Herrschaft der Franzosen gebracht hatte, im Ganzen nicht abgeneigt: doch sprach es sich für keinen von beiden Theilen mit Nachdruck aus; denn unter der alten Gewöhnung an die ausschließliche Sorge und Gewalt der Regierung waren Gefühl und Einsicht für den eignen Vortheil wenig entwickelt worden und die Leiden des Kriegs lagen noch schwer auf dem Lande; nur Das schien zweifellos, daß es ebenfalls die Theilung nicht wünschte. Was also konnte dennoch diesen Plan so sehr begünstigen?

Wir wissen es zum Theil schon: es war die Stimmung Oestreichs und der deutschen Mittelstaaten, unterstützt von der ganzen Lage der Angelegenheiten auf dem Congreß. Ungerecht, wenn auch durch alte Geschichten und neuerliche Vorgänge, durch Selbstsucht und Vorurtheil

erklärt, war in dieser Stimmung die Abneigung gegen Preußen und
seine wohlerworbenen Ansprüche auf Befestigung als großer Staat;
ohne Grund war der Vorwand Oestreichs, seine militärische Sicherheit
verlange an der böhmischen Grenze einen Zwischenstaat gegen Preußen;
natürlich und gerecht war das Mitgefühl mit einem der ältesten deut=
schen Fürstenhäuser, das sein Land verlieren sollte und mit einem sonst
gütigen König, der nichts Schlimmeres gethan hatte, als an seiner
Stelle und in seiner Lage wohl mehr als einer der Rheinbundfürsten
gethan hätte. Der letztere Grund hätte wohl für die Theilung ange=
führt werden können; allein es kam viel mehr auf die Stimmung der
Mächtigen als auf Gründe an. Da war es denn merkwürdig, wie
der Kaiser Alexander schon im November sich aussprach. Er erkannte
zwar und sagte es auch der Großfürstin Katharina und anderen, daß
er durch Wort und Ehre an die Seite Preußens gestellt sei, das ihm
in der polnischen Sache allein beigetreten war; aber er gab doch zu=
gleich deutlich zu verstehen, wie lieb es ihm wäre, wenn er davon los=
kommen könne. Der Kaiser hatte damals eine Unterredung mit dem
Feldmarschall Schwarzenberg und gleich danach (14. Novbr.) mit dem
Fürsten Talleyrand. Die Gemüther, noch in der ersten Erregung über
die neue Wendung in der Lage und die zwischen den Verbündeten ein=
getretene Spannung, glaubten die Möglichkeit eines Kriegs näher, als
sie war. Der östreichische Feldmarschall, welcher eher für die Waffen
gestimmt war als Metternich, sprach dem Kaiser von den Gefahren
desselben und dem zweifelhaften Ausgang, ebenso der französische Mi=
nister. Beiden antwortete Alexander, es sei ihm leid, daß er sich ge=
bunden habe, allein, wie sie selbst einsehen müßten, er könne nicht
mehr zurück; und dabei war es Talleyrand gegenüber deutlich, daß er
sein Verhältniß zu Preußen meine [1]). Er, der die Sache auf die
Spitze getrieben, hatte also doch große Bedenken, für seinen Bundes=
genossen auch im äußersten Fall einzutreten. Das blieb natürlich nicht
unbekannt und mußte die Gegner Preußens in ihrer Zuversicht be=
stärken. Sprach sich doch auch eben in jenen Tagen die Abwendung
Englands von Preußen immer deutlicher aus; schrieb doch Stein an
Hardenberg unterm 15. Novbr., wie ihm Lord Stewart mit tiefem
Schmerz erklärt habe, es bleibe nichts mehr übrig, als sich in die
Arme Frankreichs zu werfen. Unter solchen Aussichten sprachen auch
Wrede und Münster geradezu dem preußischen Staatskanzler von der
Theilung Sachsens, während der schlaue französische Botschafter der

---

1) Bernhardi. I. 83 bis 86.

Sache die Wendung zu geben wußte, die am besten zu seinen Zwecken paßte. Er stellte nämlich wieder den Grundsatz der Legitimität an die Spitze und ließ sich gegen den Kaiser Alexander, wie gegen andere vernehmen: es könne dem König von Sachsen allerdings zugemuthet werden, daß er einen Theil seines Landes abtrete. Metternich seiner seits, der noch am 22. Oktober die Theilung als einen Wunsch ausgesprochen hatte, worin Oestreich auch wohl nachgeben könne, berief sich bei der halben Million Unterthanen, die er am 11. November für Friedrich August verlangte, schon auf die öffentliche Stimme, die ihm ein anderes nicht erlaube, und schon zu Anfang Dezember war er fast auf demselben Punkte mit Wrede und Talleyrand.

4. Fürst Hardenberg hatte vielleicht bis dahin noch nicht deutlich genug erkannt, wie die sogenannte Vermittelung Preußens in der polnischen Sache sich unversehens zu einem drohenden Verlust in der sächsischen gestaltet hatte. Als er die russischen Vorschläge vom 27. November an Oestreich und England zu bringen hatte, ward es ihm klar. Sie beruhten auf einer Arbeit Steins, die er nicht aus Vollmacht Preußens oder Deutschlands verfassen durfte, sondern auf den Wunsch des Kaisers von Rußland verfaßt hatte, um für Preußen und Deutschland zu retten, was möglich war. Nach der gebräuchlichen Versicherung von Großmuth und Opferwilligkeit für die allgemeine Ruhe war darin verlangt, daß die streitigen Fragen über Polen, Sachsen und Mainz in einer Verhandlung zusammengefaßt werden müßten. Wegen Polen war von der früheren Forderung nicht abgegangen: das ganze Herzogthum Warschau, ungefähr in den Grenzen des noch bestehenden Namenkönigreichs, und die freie Verfassung. Nur wegen der Städte Thorn und Krakau wolle der Kaiser aus militärischen Rücksichten gegen Preußen und Oestreich nachgeben, daß sie in freie Städte verwandelt und für neutral erklärt würden. Sachsen müsse ganz an Preußen kommen, Mainz deutsche Bundesfestung werden. Alles war mit Grün den belegt, Hardenberg konnte nur ein paar unwesentliche Aenderungen erlangen. Er war unzufrieden und fühlte wohl, daß er für diese Vorschläge auf die Zustimmung seiner früheren Genossen nicht rechnen dürfe. Am 2. Dezember übergab er sie an Metternich mit einer mündlichen Note. Er suchte darin die Annehmbarkeit der wegen Polens gemachten Forderungen darzuthun und führte dann mit besseren Grün den aus, wie und warum Preußen auf ganz Sachsen bestehen und die Theilung als schädlich und unzulässig abweisen müsse. Dem König von Sachsen biete Preußen zur Entschädigung eine schöne Besitzung in den ehemaligen Bisthümern Münster und Paderborn mit 350,000 Ka-

tholischen Unterthanen an; gegen Oestreich wolle es sich verpflichten, Dresden nicht zu befestigen, auch demselben durch Gebietsaustausch in Oberschlesien einen Zuwachs von 110,000 Einwohnern gewähren; die altpreußischen Stammlande Anspach und Baireuth, so sehr sie sich nach der Rückkehr der preußischen Regierung sehnten, wolle es an Baiern abtreten; Mainz könne an Hessen-Darmstadt fallen, doch müsse die Festung dem Bunde bleiben. Darauf mußte der Fürst noch am Abend desselben Tags von Metternich den erneuten Vorwurf hören: es sei von Rußland alles zu erlangen gewesen, wenn nur Preußen bei Oestreich und England gehalten hätte, Europa werde es nie verzeihen, daß diese Gelegenheit, Rußland in seine natürlichen Grenzen zurückzuweisen, versäumt worden sei. Hardenberg suchte sich darüber am 3. Dezbr. zu rechtfertigen und wandte sich dann an die Großmuth Oestreichs: „Machen Sie Mittel ausfindig, theurer Fürst, die Lage der Dinge, worin wir uns unglücklicher Weise finden, zu Ende zu bringen. Retten Sie Preußen aus seinem gegenwärtigen Zustand. — Ihr erhabener Monarch ist die Geradheit, die Aufrichtigkeit, die Gerechtigkeit selbst. An ihn appellire ich." Zum Schluß waren noch ein paar Verse aus dem „Rheinischen Merkur" angeführt:

> „Fleuch Zwietracht, fleuch von unsren Gauen. Weiche,
> Du Ungeheuer mit dem Schlangenhaar!
> Es horste auf derselben Rieseneiche
> Der Doppeladler und der schwarze Aar!
> Es sei fortan im ganzen deutschen Reiche
> Ein Wort, ein Sinn, geführt von jenem Paar,
> Und wo der deutschen Sprache Laute tönen,
> Erblühe nur ein Reich des Kräftigen und Schönen."

Fürst Hardenberg war schon ein bejahrter Staatsmann, als er dies schrieb. Er war wohl in verzweifelter Lage. Er sah, daß Rußlands Sache durch Preußen gerettet war, und schon schien es sehr ungewiß, ob Rußland Preußens Sache retten werde. Er sollte erfahren, was ein Staatsmann mit Gefühlen ausrichtet, wenn er über keine Mittel zu gebieten hat.

5. Nach der ersten mündlichen Aeußerung Metternichs über Hardenbergs Note vergingen acht Tage, bis er seine schriftliche Erklärung darüber abgab. Er bedurfte wohl Zeit für sich, wie wahrscheinlich auch zur Berathung mit Castlereagh und Talleyrand, um über seinen Entschluß fest und klar zu werden. Darüber kam Kaiser Alexander auf den Gedanken, durch seinen Gesandten in London, den Grafen

Lieven, auf die englischen Minister, die Opposition und die Zeitungen zu wirken. Stein arbeitete für Lieven eine Denkschrift aus, welche aus dem geschichtlichen Verlauf wie aus den Forderungen des Völkerrechts und des europäischen Gleichgewichts die preußischen Ansprüche auf Sachsen mit Klarheit begründete; dagegen bekämpfte er in einem Schreiben an Capodistria (7. Dezbr.) mit männlichem Worte die Absicht des Kaisers, sich der Opposition und der Presse zu bedienen, als eine solche, die von zweideutiger Wirkung sei und jedenfalls nicht mit der Treue übereinstimme, die man dem langjährigen Verbündeten und seinem Verhalten im gemeinsamen Kampfe schuldig sei. Dazwischen suchte Metternich Preußen zu vereinzeln, indem er dem Fürsten Czartoryski sagte, man sei mit der russischen Erklärung über Polen zufrieden; dagegen müsse der König von Sachsen einen Theil seines Landes behalten, damit würden Frankreichs Widersprüche beseitigt und die öffentliche Meinung befriedigt. Auch Kaiser Franz ging in diesen Tagen deutlicher mit der Sprache heraus. Er sagte der Großfürstin von seiner Absicht für die Erhaltung des Friedens, seinem Wunsch nach gutem Vernehmen mit Preußen, seiner Gewissenspflicht für den König von Sachsen, von des Fürsten Repnin Mittheilungen über die Stimmung des Landes, die in Wirklichkeit ganz anders gelautet hatten; er verrieth dem Großherzog Karl August von Weimar, der mit Wärme das Zusammenbleiben des Landes, sei es unter Friedrich Wilhelm III., sei es unter Friedrich August, vertheidigt hatte, geradezu die geheime Hoffnung auf künftige Verlegenheiten Preußens, indem er ihm die Worte sagte: „Nu, nu, was brubbelns mit dem Kopf, wenn das Land halt getheilt wird, kommt's am ersten wieder zusammen." Kleine Diplomaten, die keine Verantwortung und keine Stimme als für Zwischenträgereien hatten, waren geschäftig die feindliche Stimmung zu verschärfen und warfen mit Redensarten um sich wie die, daß der östreichische Minister, der die Absetzung des Königs von Sachsen unterzeichne, am nächsten Tage den Kopf zu verlieren verdiene. Der sächsische Minister v. Schulenburg wagte sich gegen den Obersten v. Miltitz bereits mit der Drohung eines Kriegs hervor, der mit der Vernichtung Preußens und der Erhebung Hannovers enden werde, und selbst Graf Münster ließ sich gegen den nämlichen Mann durch seinen alten Haß zu ähnlichen Aeußerungen fortreißen. Talleyrand aber sah sich schon seinen besonderen Wünschen näher gerückt; er machte beim Lord Castlereagh den förmlichen Antrag auf Absetzung Mürats von Neapel (3. Dezbr.) und Anerkennung König Ferdinands, während zur nämlichen Zeit (5. Dezbr. im Moniteur in Paris ein Artikel erschien, der Frankreichs gute Wünsche

für Sachsen darzulegen und Europa über diese Angelegenheit zu be=
ruhigen bestimmt war [1]).

Ueber all diesem Treiben war Metternichs Antwort an Harden=
berg zu Stande gekommen. Sie trug den Datum vom 10. Dezember
und gab, trotz aller Vorsicht im Ausdruck, deutlich zu erkennen, wie
völlig verändert die Lage der Sachen und die Stellung der Mächte
war. Die wichtigste aller Fragen des Congresses sei die wegen Polen
gewesen. Seitdem man darauf habe verzichten müssen, sie im euro=
päischen Interesse durch die Wiederherstellung Polens oder die Theilung
des Herzogthums Warschau zu lösen, habe Oestreich seine Forderungen
dem allgemeinen Wunsche nach Frieden untergeordnet. Es verlange
für Preußen Thorn und die Grenze der Wartha, für Oestreich Krakau
und die Linie der Niba, für beide die Betheiligung bei der Feststellung
einer Verfassung für Polen; Hardenberg möge diese Verhandlung füh=
ren. Was Sachsen angehe, so verlange Oestreich Preußens volle Wie=
derherstellung: beide Mächte zusammen müßten in wechselseitigem Ein=
fluß auf Deutschland dessen Frieden sichern, müßten eine unübersteig=
liche Schranke der Eroberungslust gegen Westen und Osten bilden.
Aber die Einverleibung von ganz Sachsen könne Kaiser Franz nicht
zugestehen; Grundsätze, Familienbande, Grenz= und Nachbarverhältnisse
hinderten ihn daran. Alle Mächte zweiten und dritten Ranges, be=
sonders die deutschen, seien dagegen; Frankreich widerspreche, es dürfe
nicht veranlaßt werden sich an die Spitze der kleinen deutschen Staaten
zu stellen. Wegen Mainz sei Oestreich zu einer Uebereinkunft bereit.
Preußen sollte hiernach hauptsächlich an beiden Ufern des Rheins und in
Polen entschädigt werden, von Sachsen dagegen nur etwa ein Fünftel der
Einwohner erhalten. Wie die preußischen Staatsmänner diese, den
früheren so entgegengesetzten Forderungen mit den Versicherungen von
Oestreichs unwandelbarem Wohlwollen für Preußen verglichen, glaubten
sie in allem nur Hohn zu sehen.

Was sich so am 10. Dezember darstellte, hatte seine wirkende Ur=
sache doch hauptsächlich in dem Versprechen, wodurch der König von
Preußen am 6. November an den Kaiser von Rußland Polen über=
ließ. Der Minister Englands hatte zwei Hauptaufträge für den Con=
greß: die Einschränkung der russischen Macht auf angemessene Grenzen
gegen Europa und die Erhaltung des Friedens. Seit dem 6. No=
vember waren beide zugleich nicht mehr zu erreichen; Lord Castlereagh
verfiel darüber in ein Schwanken und nahm keinen Anstand, den Frie=

---

1) D'Angerberg. Le Congrès de Vienne 1. 589.

den auch auf Kosten Preußens zu suchen, das er von Rußland abhängig dachte. Metternich hatte so wenig, wie sein Kaiser, Plan,
Ueberblick und Grundsätze für die Verhandlungen festgestellt; was bei
ihnen feststand, war das Festhalten der regierenden Gewalt und Oestreichs Vortheil. Wie sie sahen, daß dieser Vortheil Rußland gegenüber verloren war, suchten sie ihn desto nachdrücklicher in Deutschland,
auf den alten Wegen der Eifersucht gegen Preußen; nur war auch in
diesen Wegen ein Bündniß mit Frankreich immer eine gefährliche Sache,
und darum ist auch nach dem 10. Dezember noch die Haltung Metternichs schwankend. Der Kaiser von Rußland hatte Polen gewollt, darum
hätte er im Bunde mit Preußen selbst einen Krieg geführt; einen Krieg
für Preußen zu führen, war nicht nach seinem Sinn. Der König und
die Staatsmänner von Preußen wollten die Wiederherstellung des
Staats; sie suchten sie zu ausschließlich in Sachsen und wußten dies
Verlangen doch nicht zeitig genug mit bestimmtem Entschluß bei sich
und mit den anderen Mächten festzustellen. Jetzt hatten sie England
und Oestreich verloren, und doch von Rußland keine Zusage und keine
Gewißheit für den äußersten Fall. Das war die Auflösung der siegreichen Verbindung, welche Europa befreit hatte; sie geschah um Rußlands willen, Frankreich war sie willkommen.

6. Es ist seltsam, wie in den nächsten Wochen nach dem 10. Dezember auf der einen Seite die Erbitterung der Gemüther zunimmt,
bis sie zuletzt die eine der streitenden Parteien zu einem förmlichen
kriegerischen Bündniß treibt; während auf der anderen Seite in den
Verhandlungen zuerst die Schwebe bleibt, dann sogar eine allmählige
Annäherung stattfindet und jedenfalls von Anfang der Gegenstand fehlt,
welcher des Krieges werth gewesen wäre. Das allerdings hätte im
äußersten Falle einen Krieg gerechtfertigt, wenn man gegen Rußland
entweder auf der Unabhängigkeit Polens oder auf einer wirklich militärischen Grenze, wie sie der General v. Knesebeck in einer besonderen
Denkschrift vorgeschlagen hatte, nämlich auf der Linie der Weichsel und
des Narew, hätte bestehen wollen. Nachdem dies aber auch von Oestreich in der Note vom 10. Dezember förmlich aufgegeben war, und
der Handel sich nur noch um den schmalen Landstrich zwischen der
Wartha und Prosna, sowie um Krakau, Thorn und Zamosc drehte,
konnte, wie Stein richtig bemerkte, für keinen Theil mehr ein Vorwand bestehen, Europa aus dem kaum gewonnenen Frieden aufzu-
schrecken. In Bezug auf Sachsen freilich standen sich am 10. Dezbr.
die Forderungen noch schroff gegenüber; und wenn Oestreich die Erhaltung des Staats weder um seiner militärischen Sicherheit, noch um

des Königs willen im Ernste bis zum äußersten verfochten hätte, so glaubte es doch, daß sein Einfluß in Deutschland daran hänge. Allein das konnte man wissen, daß Preußen für sich allein nicht zu den Waffen greifen werde. So wurden denn auch die Forderungen von keiner Seite mehr gesteigert. Es treten aus den folgenden Verhandlungen als wichtig nur die zwei Schriftstücke hervor, welche die Erklärung von Preußen und Rußland auf die östreichische Note enthalten, und über welche es dann zu förmlichen Conferenzen kam. Das erste ist eine Denkschrift, welche durch Hardenberg am 16. Dezbr. dem Kaiser Alexander und dann durch diesen dem Kaiser Franz übergeben wurde; das zweite sind die „vorläufigen Artikel“, welche zu Ende des Monats durch Rasumofsky und Capodistria festgestellt wurden, nachdem man sich von beiden Seiten zum Versuch der Verständigung in besonderen Conferenzen bereit erklärt hatte. Die preußische Denkschrift enthielt in ausführlicher Begründung außer dem Nachweis, daß sich Metternich in seiner Berechnung zum Nachtheil Preußens um 1,200,000 Seelen geirrt habe, allerdings den wiederholten Anspruch auf ganz Sachsen; doch machte sie dafür das Anerbieten, dem König von Sachsen solle statt jener 350,000 Einwohner in Westphalen ein Land von 700,000 Seelen an Mosel und Rhein mit Bonn und Trier gegeben werden; es war zum Theil das Land, welches beim Ausbruch der französischen Revolution ein sächsischer Prinz als Kurfürst von Trier beherrscht hatte. Im Uebrigen war zwischen der preußischen Schrift, die am 20. Dezbr. durch den Staatskanzler auch dem Lord Castlereagh mitgetheilt wurde, und der östreichischen kein wesentlicher Streit. Die vorläufigen Artikel faßten alle Hauptfragen, wie folgt, zusammen: Das Herzogthum Warschau wird als constitutioneller Staat mit Rußland verbunden, Preußen und Oestreich führen in ihren polnischen Provinzen Landstände ein, gegen Preußen bildet die Prosna die Grenze, Krakau und Thorn werden freie Städte, Oestreich erhält den Kreis Tarnopol und die halben Salzbergwerke von Wilitzka; Preußen erhält ganz Sachsen; der König von Sachsen wird am Rhein entschädigt; Deutschland wird zum starken Bundesstaat vereinigt, der zugleich die Rechte und Verfassungen der einzelnen Staaten und ihrer Bürgerklassen schützt, Mainz wird Bundesfestung. Von diesen Artikeln aus gelang dann die Schlichtung des Streits: Rußland gab in der polnischen Sache noch weniges nach; über Sachsen ward im Sinne von Oestreich entschieden; Deutschlands Verfassung kam übereilt als Stückwerk zu Stande. Den Gang der Conferenzen betrachten wir im nächsten Kapitel im Zusammenhang; schon die drei ersten gaben, noch vor Jahresschluß, die Aussicht auf Verständigung.

7. Ganz anders, wie gesagt, war es mit der Bewegung der Gemüther; diese ging so hoch, daß es schien, als würden die Unbesonne-
nen und die Unheilstifter die Oberhand behalten. Hardenberg fühlte
sich durch die östreichische Note vom 10. in der Sache und in seinem
seltsamen Vertrauen schwer verletzt; er drückte gegen Metternich sein
Erstaunen aus und legte den ganzen, seit Anfang Oktober geführten
Schriftwechsel dem Kaiser Alexander vor. Die Kriegsgedanken schienen
Macht zu gewinnen; der Kaiser sagte dem Staatskanzler, es sei Zeit
das letzte Wort zu sprechen, er werde ihn mit allen Kräften unterstützen; selbst Stein war der Meinung, man müsse Ernst zeigen und
rüsten. Metternich ward darüber unruhig; er versuchte am 12. und
13. Dezember Hardenberg zu versöhnen, indem er ihm mehr von Sachsen oder Polen in Aussicht stellte, als die Note zugestand; dann am
14. ging er zum Kaiser Alexander, übergab ihm eine Denkschrift Hardenbergs aus dem Anfang November, die gegen Rußland gerichtet sein
sollte, und suchte ihn außerdem durch mündliche Versicherungen gegen
den preußischen Staatskanzler einzunehmen. Der Kaiser nahm den
Schritt übel auf; er legte die Papiere dem Kaiser Franz vor, beklagte
sich bitter über die Treulosigkeit seines Ministers und erklärte, er wolle
nicht mehr mit diesem, sondern unmittelbar mit seinem Herrn unterhandeln. Es wurde zwischen Kaiser Franz und der Großfürstin Katharina, Kaiser Alexander und dem Erzherzog Palatin viel hin und her
gesprochen; Kaiser Franz war in seinen Worten voll Mißbilligung über
das Verfahren Metternichs und wußte doch die Sachen auf den Weg
der Unterhandlung zwischen den Ministern zu bringen. Am 11. Dezbr.
brachten die Zeitungen einen Aufruf aus Warschau, worin der Bruder
des Kaisers, der Großfürst Konstantin, die Polen im Namen Alexanders für ihr Vaterland und ihre Unabhängigkeit zu den Waffen rief.
Das war auf beiden Seiten vielen gerade recht. Wrede forderte den
König von Würtemberg zu einem Bündniß gegen Preußen und Rußland auf, die Köpfe der Wiener erhitzten sich mehr und mehr für den
Krieg; in Berlin hieß es, nicht Hardenberg, sondern Blücher müsse die
Sache führen, ein preußischer Poet sang: „was sie geschürzt, das Eisen
soll's auf ihrem Kopf zerhauen."

Die Ernte Talleyrands wollte reifen; ein Bündniß, das Frankreich
vollgültig in die Congreßmächte einreihen sollte, war seine Absicht.
Metternich hatte ihm seine Note vom 10., obwohl sie eine vertrauliche
sein sollte, amtlich mitgetheilt und der französische Minister ließ jetzt
seinen König sprechen. Am 19. Dezbr. theilte er an Metternich und
dann auch an Castlereagh die Antwort Frankreichs mit; es waren, im

Gewande der Staatsschrift, dieselben Redensarten, die er so oft schon in anderer Form geäußert hatte: die uneigennützige Großmuth und der reine Eifer Frankreichs für die geheiligten Grundsätze des öffentlichen Rechts nahmen den größten Raum ein, dann wurde mit kluger Wendung erinnert, daß Könige nicht gerichtet werden könnten, endlich wurde die Gefahr geschildert, daß Preußen eine solche Angriffsmasse an der böh=mischen Grenze bilden wolle, und daß dieser eine Staat in Deutsch=land eine so übermäßige, den anderen verderbliche Kraft gewinnen werde. Stein schrieb unterm 27. Dezbr. eine Widerlegung: er zeigte, daß Metternich die Sache nicht an die Franzosen hätte bringen dürfen, daß es sich gar nicht um ein Gericht über den König, sondern um die einfache Anwendung gerechter Eroberung gegen ihn handle, endlich daß der Streit keinen großen Gegenstand mehr habe. Allein das Bünd=niß war schon im Zuge: Lord Castlereagh bewegte sich schwerfällig zwischen seiner Neigung zum Frieden und den Lockungen Talleyrands, der 300,000 französische Bajonette in Aussicht stellte und von einem Krieg mit dem großen Ziel der Befreiung Polens sprach; Metternich berieth mit den beiden in geheimen Sitzungen seine Antwort auf die preußische Denkschrift (vom 16. und 20. Dezbr.) und suchte, doch ohne rechte Gewißheit in seinem Willen, die Verbindung mit ihnen fest zu machen. Aus den fortgehenden Verhandlungen, die er inzwischen mit Ruß=land und Preußen pflog, ging unterdessen die vorhin berührte Verabredung gemeinsamer Conferenzen hervor, am 29. Dezbr. sollten sie beginnen; vorher wurde eine statistische Commission niedergesetzt, um die für die Vertheilung der Länder und Völker nöthigen Berechnungen auszufüh=ren. Gleich in der ersten Conferenz verlangte Castlereagh, der sich sonst entgegenkommend für Preußen bewies, mit Metternich die Zu=ziehung Talleyrands; sie wurde von Hardenberg und Rasumofsky ab=gelehnt. Talleyrand erfuhr es durch Lord Stewart, nahm gegen ihn sofort den Ton des Beleidigten an, drohte mit Abreise der französischen Gesandten und wußte in einem Gespräch, das er darnach mit Czarto=ryski hatte, auch diesen in Verwirrung zu bringen. Es war ihm jetzt doppelt um die Befestigung der Gemeinschaft mit England und Oestreich zu thun, denn im Ernste dachte er gar nicht an eine Entfernung vom Congreß. Es kam ihm zu Hülfe, daß Lord Castlereagh eben jetzt (1. Januar) die Nachricht empfing, am 24. Dezember sei zu Gent zwi=schen England und Amerika Friede gemacht worden, auch soll der Lord über eine Aeußerung Hardenbergs, Preußen werde sich sein Recht schon zu verschaffen wissen, verletzt gewesen sein. Genug, am 3. Januar 1815 wurde zu Wien zwischen England, Oestreich und Frank=

reich ein geheimes Bündniß gegen Rußland und Preußen geschlossen. Im russischen Kabinet war eben damals, namentlich beim Hauptförderer der polnischen Angelegenheit, dem Fürsten Czartoryski, viel Unruhe; in Warschau regte sich die französische Partei, sie dachte den Kaiser Alexander zu zwingen, daß er das ganze frühere Polen als ein selbständiges, mit Rußland verbundenes Reich herstelle. Kaiser Franz seinerseits sagte den Abgeordneten der deutschen Ritterschaft: „der König von Sachsen muß sein Land wieder haben, sonst schieße ich, und auf die Völker Deutschlands kann ich zählen." Als aber einer der Abgeordneten meinte, er werde sich an die Spitze stellen und die deutschen Angelegenheiten ordnen, da wich er klug aus. Talleyrand aber rühmte sich gegen seinen König, für Frankreich ein System von Bündnissen gewonnen zu haben, wie es kaum als Ergebniß der Unterhandlungen eines halben Jahrhunderts zu erwarten gewesen wäre.

8. Der Vertrag, welchen Talleyrand, Metternich und Castlereagh unterzeichneten, führte den Namen eines „Vertheidigungsbündnisses zur Ausführung des Pariser Friedens."[1] Die drei Mächte sind, „aus Anlaß neuerlich dargelegter Ansprüche", überzeugt, daß zur Vollführung einer so wichtigen Pflicht der Zustand vollkommener Sicherheit und Unabhängigkeit für jede nöthig sei und leisten sich dafür gegenseitig die Gewähr. Sie vereinigen sich zu einem gemeinsamen Auftreten im Geiste des genannten Friedens. Wird eine von ihnen in Folge ihrer gemeinsamen Vorschläge bedroht oder angegriffen, so sehen sich alle im nämlichen Fall und suchen dem Angriff zuvorzukommen oder falls dies nicht gelänge, der angegriffenen schleunig zu Hülfe zu eilen. Jede von ihnen stellt zu dem Ende 150,000 Mann, die 6 Wochen, nachdem die Aufforderung ergangen ist, bereit sein müssen; England kann seinen Antheil auch zum Theil in fremden Soldtruppen oder in Subsidien leisten; im Nothfall werden die Contingente erhöht. Sollte der Krieg zum Ausbruch kommen, so werden sie den Frieden nicht anders als gemeinsam abschließen, und zwar im Geiste des Vertrags von Paris. Ein geheimer Artikel bestimmte, daß noch der König von Baiern, der König von Hannover und der Prinz von Oranien zum Beitritt eingeladen werden sollten, und es wurde dieser Beitritt von Baiern am 13. Januar, von Hannover am 19. Januar und von Holland am 23. April 1815 vollzogen[1]. Außer ihnen traten noch Sardinien und Hessen-Darmstadt bei. Auch eine Militärcommission, bestehend aus dem französischen General Ricard, dem bai-

---

1) D'Angerberg. Le Congrès de Vienne. I. 589 bis 592.

rischen Feldmarschall Wrede und zwei östreichischen Offizieren war insgeheim in Thätigkeit, um den Feldzugsplan zu verabreden. Das
östreichisch-bairische Hauptheer sollte unter Wredes Befehl in Böhmen
zusammengezogen werden, ein zweites östreichisches Heer, bei Tetschen
aufgestellt, sollte Wien decken; die Franzosen sollten vom Ober- und Mittelrhein, die Engländer, Holländer, Hannoveraner vom Niederrhein
vorgehen. Talleyrand dachte noch weiter und veranlaßte gemeinsame
Schritte in Konstantinopel, um im Nothfall die Türken gegen die Russen
in Bewegung zu bringen.

Es war gewiß von Seiten Englands und Oestreichs weder treu
noch klug gehandelt, daß sie gegen die Verbündeten, mit denen sie zwei
blutige Kriege durchgefochten hatten, diesen Vertrag abschlossen; und
an der Kunst, womit ihn Kaiser Franz vor den beiden hohen Gästen
in seinem Hause zwei Monate lang geheim hielt, ist auch nichts zu
rühmen. Sonst aber ist die Bedeutung dieses Bündnisses, die es unmittelbar für die damalige Lage hatte, übertrieben worden. Der Inhalt des Vertrags zeigt, daß er nicht gemacht war, um einen Krieg
anzufangen, sondern um dem Fall zu begegnen, daß Rußland und
Preußen zum Schwerte griffen; es war von Angriffsplanen eigentlich
nicht die Rede darin, und der Ausgang vom Pariser Frieden, wie die
durchgängige Beschränkung darauf schloß die großen selbständigen Zwecke
aus, durch welche ein Angriffskrieg erst Richtung, Gestalt und Nachdruck erhält. Auch hieße es von Castlereagh, wie von Metternich zu
gering denken, wenn man annehmen wollte, daß sie mit Frankreich in
einen solchen Krieg hätten gehen wollen. Der erstere durfte gar nicht
daran denken, die Mittel Englands für Entwürfe des Ehrgeizes und
der Eroberung, statt für die Gründung einer festen friedlichen Ordnung auf dem Festlande zu verwenden; der letztere wollte in keinem
Falle die erschöpften Kräfte Oestreichs in einen ungewissen Krieg werfen, um Frankreich wieder als Nebenbuhler in Deutschland einzusetzen,
wenn er Preußen zurückgedrängt hätte. Beide sahen auch wohl ein,
daß Frankreich mit seinem neuen unsicheren Königthum wahrscheinlich
nur ein schwacher und unzuverläßiger, oder im anderen Falle ein selbst-
süchtiger und gefährlicher Bundesgenosse sein werde. Selbst Talleyrand war wahrscheinlich zu klug, um den Krieg zu wünschen, er wollte
nur einen neuen Einfluß für Frankreich, bei dem er seinen Vortheil
fand; er hütete sich wohl in seinen Forderungen zu weit zu gehen, ob
er auch seinem König einmal schrieb, der Krieg könne zu viel größeren
Zielen führen, als im Vertrag vorgesehen sei. So waren in Wirklichkeit nur solche Leute für den Krieg, die keine Verantwortung hat-

ten, und außerdem auf beiden Seiten ein großer Haufe, der vom
Augenblick bewegt wird und sich immer an die anhängt, die am meisten
Lärm machen. In Wirklichkeit dagegen kam es nicht einmal zu dem
ersten Schritte, den der Vertrag in Aussicht nahm, nämlich zu einer
Uebereinkunft der drei Verbündeten über die schwebenden Fragen. Vielmehr zeigte sich sehr bald, daß Castlereagh nicht einmal gesonnen war,
so weit zu gehen als Metternich. Mit dem Schluß des Jahres nahmen die Verhandlungen des Congresses die mühsame Wendung zu
einem friedlicheren Verlauf auf ihr eigentliches Ziel. So blieb das
Bündniß, das die Wege des Congresses zuerst ernstlich zu bedrohen
schien, für dessen Entscheidungen ohne große Folgen. Es löste sich
unter dem Gang dieser Entscheidungen allmählig von selbst auf und
war zur Zeit als es Rußland und Preußen amtlich bekannt wurde,
bereits durch einen neuen Vertrag zwischen den vier alten Verbündeten beseitigt. Dagegen dürfen wir nicht vergessen, daß es aus gegebenen Wirklichkeiten hervorgegangen war, die nicht blos in den damals
wirkenden Männern, sondern auch in der Geschichte ihren Grund hatten. Es ging darum vom Bündniß eine mittelbare Wirkung aus, die weit
über den Congreß hinausreichte. Es hat Oestreich an Frankreich gebunden, wie vorher Preußen sich an Rußland gelehnt hat; und es hat
vor allem den lange vorher eingeleiteten, mühsam vorbereiteten Anschluß der englischen Minister an das französische Königshaus und
seine Staatsmänner vollendet. Schon im nächsten Krieg und im zweiten Pariser Frieden sollte Deutschland eine Frucht davon ernten.

Viertes Kapitel.
Die Verständigung über die Gebietsfragen und der Kampf um die deutsche Verfassung.

1. Drei Monate lang war zu Wien verhandelt worden, und es
stand auf dem Punkte, daß aus dem Friedenswerk, welches sie dort
schaffen wollten, ein neuer Krieg hervorzuwachsen schien. Die vier
Mächte, durch deren Bund Napoleons Weltherrschaft gebrochen war,
schienen zu vergessen, daß sie mit der Macht auch die Pflicht überkommen hatten, eine bessere Zeit über Europa heraufzuführen; sie standen

in zwei feindlichen Lagern einander gegenüber, und das besiegte Frankreich hoffte mit zweien seiner Sieger gegen die beiden anderen die
Macht wieder zu gewinnen, die es durch fortgesetzten schrankenlosen
Uebermuth verwirkt und verloren hatte. Doch die Erinnerung an die
Ströme von Blut, die in 22 Jahren geflossen waren, hatte noch zu
viel Kraft, die gemeinsamen Leiden und der gemeinsame Sieg waren
noch zu neu, unter dem Gefühl der großen Verantwortung kamen im
Angesicht des Aeußersten die feindlichen Geister zur Besinnung. Wir
haben gesehen, wie sich in denselben Tagen, als Mißtrauen, Erbitterung und Selbstsucht den einen Theil bis zum Sonderbündniß trieben,
die Verständigung langsam den Weg bereitete. Sowie sich in der polnischen und sächsischen Sache die Aussicht auf eine friedliche Ausgleichung befestigte, trat auch die Frage um die deutsche Verfassung
wieder in den Vordergrund der Verhandlungen, und eine Reihe von
Angelegenheiten zweiter Ordnung kamen auf den Weg zur Lösung.
Wie das alles geschah, wollen wir in diesem Kapitel in Kürze überblicken; es soll uns vom zweiten Wendepunkt im Congreß zum dritten
führen.

2. Ich habe im vorigen Kapitel erzählt, wie noch in den letzten
Tagen des Jahres 1814 die Conferenzen zur Ausgleichung des polnisch-sächsischen Handels zu Stande kamen. Die Mitglieder waren:
für Rußland Rasumofsky und Capodistria, für Preußen Hardenberg
und Humboldt, für Oestreich Metternich und Wessenberg, für England
Castlereagh. Gleich in der ersten Sitzung am 29. Dezember trat die
Neigung, namentlich des Ministers von England, für den Frieden
deutlich hervor, obgleich er gerade in dieser Zeit mit Metternich dem
französischen Bündniß entgegentrieb. Der letztere erklärte in einem
längeren Vortrag, womit er die Conferenzen eröffnete, die sächsische
Frage für eine europäische, welche nur mit Zustimmung aller Mächte,
sowie des Königs von Sachsen zu entscheiden sei. Der englische Staatsmann hatte natürlich keine Veranlassung, die rein deutsche Bedeutung
der Frage aufrecht zu halten, nachdem sie der deutsche Staatsmann
verläugnet hatte; aber er that wenigstens das seinige, daß die Frage
überhaupt lösbar wurde. Er erklärte, daß er niemals einwilligen
würde, den König von Sachsen zum Herrn der Frage zu machen und
daß er alle gemäßigten und vernünftigen Vorschläge Preußens unterstützen werde. Metternich gestand hierauf zu, daß Preußen ein Recht
habe, die Wiederherstellung nach dem Zustand von 1806 zu fordern,
dagegen verneinte er, daß der in der preußischen Denkschrift vom 16.
Dezember vorgelegte Plan diesen Zweck erreiche. Es folgten noch eine

Reihe von Sitzungen, in denen die 21 „vorläufigen Artikel" Rußlands übergeben und besprochen wurden, während sich zugleich der Antrag auf Zulassung Talleyrands beständig wiederholte. Rußland und Preußen beriefen sich dagegen mit Recht auf den geheimen Artikel des Pariser Friedens, der Frankreich von der Mitwirkung bei der Ländervertheilung ausschloß; endlich stimmten sie der Zulassung unter der Bedingung bei, daß die andern vorher förmlich zu Protokoll erklärten, die Entscheidung über Sachsen stehe ausschließlich bei den Mächten und solle nicht von der Zustimmung des Königs abhängig gemacht werden. Lord Castlereagh gab diese Erklärung mit großer Bereitwilligkeit am 9. Januar ab, und Metternich mußte sich fügen, obwohl er mit Bitterkeit widersprach. Talleyrand hatte seine Absicht erreicht, vom 11. Januar an nahm er an den Sitzungen Theil. **Frankreich hatte die Stellung als anerkanntes Mitglied im Rath der großen Mächte davongetragen.**

3. In derselben Sitzung vom 9. Januar wurde auch zu Gunsten unsers östlichen Nachbars die polnische Frage in der Hauptsache erledigt. Lord Castlereagh hatte noch am 6. den Kaiser Alexander zu mehr Nachgiebigkeit zu bestimmen gesucht, indem er ihm vorstellte: die beabsichtigte Versetzung des Königs von Sachsen an Rhein und Mosel sei gefährlich, dieser werde dort ein sicherer Bundesgenosse für Frankreich sein; besser behalte er einen Theil seines Landes, man müsse Preußen dafür in Polen entschädigen. Es war umsonst. Nachdem am 9. Januar die Vertheilung Polens im wesentlichen nach Rußlands Willen genehmigt war, übergab Castlereagh am 12. der Conferenz eine Denkschrift wegen der Zukunft des polnischen Volks und der Sicherheit Europas. Durch die Haltung der zunächst betheiligten Mächte, sagte er darin, sei einmal die Herstellung eines unabhängigen Polens als Mittelmacht zwischen den drei Mächten vereitelt; um so mehr sei es jetzt von Wichtigkeit, daß die öffentliche Ruhe im ganzen Umfang der ehemals polnischen Gebiete auf zuverlässigen Grundlagen sichergestellt und daß ein Verwaltungssystem darin eingerichtet werde, welches dem Geist und den gerechten Ansprüchen des Volks entspreche. Die drei Monarchen möchten sich also gegenseitig verpflichten, die ihnen zufallenden Unterthanen als Polen zu behandeln, so daß ihnen die Sprache und die Erhaltung ihrer nationalen Eigenthümlichkeit gesichert sei; es bleibe dann nur zu wünschen übrig, daß die Unabhängigkeit Europas niemals von der Gefahr ereilt werde, womit sie die Bildung einer so großen Macht bedrohe, wenn sie sich einmal in den Händen eines ehrgeizigen und kriegerischen russischen Fürsten vereinigt

fände [1]). Die drei Mächte antworteten hierauf durch zustimmende Erklärungen, und zwar Rußland am 19., Preußen am 30. Januar,
Oestreich am 21. Februar [1]), während die Verhandlungen über die Gebietsvertheilung und die Grenze im Zusammenhang mit der sächsischen
Frage ihren Abschluß fanden. Diese drei Erklärungen sicherten den
Polen zwar nicht, wie sie nachher behauptet haben, den Fortbestand
als eine einzige Nation zu, wohl aber die Bewahrung ihrer Nationalität und eine freie wohlwollende Verwaltung. Das war das wenigste,
was ihnen der Wiener Congreß gewähren konnte, und niemand war
eifriger, daß es ihnen gewährt werde, als der Kaiser Alexander. Dennoch ist noch unter ihm selbst der Anfang zur Vernichtung der Rechte
und der Verfassung Polens gemacht worden, die sein Nachfolger vollzog: von den zwei Zielen, die Alexander wollte, die russische Macht
und die polnische Freiheit, ist nur das erste geblieben.

4. Die sächsische Frage blieb während der ersten Sitzungen
noch Gegenstand des Streits, woran sich die Gemüther öffentlich und
insgeheim erhitzten, bis sie zu Ende Januar der Ausgleichung entgegenging. Am 12. Januar übergab Hardenberg der Conferenz den Plan
Preußens, welcher nur eine nähere Ausführung der Denkschrift vom
16. Dezember war und namentlich den Anspruch auf ganz Sachsen,
sowie den Vorschlag der Versetzung des Königs nach dem Rhein fest-
hielt. Auf der anderen Seite scheint Metternich, und mit ihm Kaiser
Franz, gehofft zu haben, man werde mit Hülfe des englisch-französi-
schen Bündnisses Preußen wirklich so weit zurückdrängen können, als
es die östreichische Note vom 10. Dezember verlangt hatte. Es wurde
viel im Geheimen verhandelt. Metternich suchte Preußen der Unterstützung Rußlands zu berauben und wurde dabei von Nesselrode getreulich unterstützt; auch Pozzo unterhandelte mit ihnen, während Talleyrand zugleich bei Capodistria Abneigung und Mißtrauen gegen
Preußen hervorzurufen suchte. Dabei war es nur sehr störend, daß
Castlereagh sich so ganz verschieden von seinen beiden Verbündeten
äußerte. Der Lord fühlte freilich selbst, daß er damit dem eben so eilig
eingegangenen Bündniß nicht entsprach und in etwas zweideutigem
Lichte erschien; er brachte gegen Talleyrand gar seltsame Ausreden vor
und klagte auch über den Leichtsinn und die Schwäche, welche sich in
der schwankenden Haltung Metternichs verrathe [2]). Allein er blieb auch
dann fest in seiner friedlichen Stimmung, als Kaiser Franz selbst aus

---

1) D'Angerberg. Le Congrès de Vienne. I. 795 bis 801.
2) Bernhardi I. 114.

seiner gewohnten Zurückhaltung heraustrat und ihn persönlich zu über=
reden suchte [1]). Dazu kamen aus Frankreich und Italien ungünstige
Nachrichten. Dort war der Geist des Heeres so schlecht und so sehr
für Napoleon und gegen die Bourbons, daß es der Kriegsminister
viel lieber auflöste und allmählig neu gebildet, als in Kriegsbereit=
schaft gesetzt hätte. Zu den eben erworbenen italienischen Provinzen
dagegen hatte sich die östreichische Regierung schnell verhaßt gemacht;
es zeigte sich Gährung in allen größeren Städten, es waren Verschwö=
rungen im Werke, von König Murat in Neapel schien Gefahr zu
drohen: das sah alles nicht danach aus, als dürften sich Oestreich und
Frankreich im Nothfall auf die Gewalt verlassen; es mußte ihnen weit
eher gerathen scheinen, in ihren Forderungen nachzugeben. Zur näm=
lichen Zeit kam aus anderen Gründen dieselbe Ansicht auch bei den
Staatsmännern Preußens auf. Es ist nicht bekannt geworden, was
sie etwa versucht haben, um den Kaiser von Rußland bei seiner Zu=
sage auf die Einverleibung von ganz Sachsen festzuhalten: es ist aber
gewiß, daß ihm, sobald er seine Ansprüche auf Polen gesichert sah, die
Sache Preußens nicht mehr recht am Herzen lag. Er äußerte, Ruß=
land sei erschöpft und könne sich nicht um einiger Quadratmeilen
willen, die Preußen mehr oder weniger in Sachsen erhalte, in un=
berechenbare Kriege stürzen. Zum Kronprinzen von Würtemberg sagte
er, im Grunde wäre er seiner Verpflichtungen gegen Preußen ledig,
weil dieses im Oktober an den Verhandlungen gegen ihn Theil ge=
nommen habe; er wolle sie aber dennoch erfüllen. Daß Preußen
gerade um seinetwillen von diesen Verhandlungen zurückgetreten war,
schien er dabei zu vergessen; das Ende war, daß der Kaiser, als Oest=
reich aufs neue einen Theilungsplan vorgelegt hatte, dem Staatskanz=
ler selbst den Rath gab, er möge seinen Gegenplan erst mit Lord Cast=
lereagh besprechen und dann der Conferenz vorlegen.

So geschah es. Oestreich brachte als Antwort auf Hardenbergs
Note seinen neuen Theilungsplan am 28. Januar ein. Es war darin,
nicht mehr wie im Dezember etwa ein Fünftel, sondern fast die Hälfte
von Sachsen für Preußen angeboten; die anderen Entschädigungen
sollte dieses auf beiden Seiten des Rheins erhalten. Der südliche
Theil von Sachsen mit Dresden und Leipzig sollte dem König bleiben;
auch die Festung Torgau hätte Metternich diesem gerne erhalten und
bot dafür ein Stück von östreichisch Polen für Preußen an, dem Ruß=
land ein gleiches Stück zulegen möge; so wichtig achtete man aus

---

1) Bernhardi I. 113.

Mißtrauen gegen Preußen und zur Sicherung des sächsischen Bundes=
genossen eine Festung, die heute fast nichts mehr bedeutet. Bei den
zunächst vertraulichen Verhandlungen über diese Vorschläge hätte Leip=
zig beinahe aufs neue zu offenem Streit geführt: denn König Friedrich
Wilhelm III. betrachtete dessen Erwerbung von der großen Völker=
schlacht her als eine Ehrensache; während man von der anderen Seite
die reiche Handelsstadt theils für Sachsen nöthig erachtete, theils Preußen
nicht gönnte. Der König hatte darüber persönlich eine stürmische Unterredung
mit Castlereagh, worin jeder Theil auf seiner Meinung blieb; endlich bot
Kaiser Alexander Thorn für Leipzig an und Preußen mußte nun nach=
geben, weil es sonst allein gestanden hätte. Dagegen wurde ihm Tor=
gau zugestanden; es wurde zu seinen Gunsten die von Oestreich vor=
geschlagene Vertheilung dahin abgeändert, daß ihm eine größere Zahl
von Städten zufiel; und es verstand sich nach langem Hin= und Her=
reden Lord Castlereagh auch dazu, in Westphalen noch 70,000 Seelen
vom hannoverschen Gebiet, am rechten Maasufer noch 60,000 vom
künftigen oranischen Königreich abzutreten. Die Verhandlungen wur=
den in den letzten Tagen noch dadurch beschleunigt, daß Lord Castle=
reagh nach England berufen wurde, um das Ministerium im Parla=
ment zu verstärken, wobei es diesem dann von der größten Wichtigkeit
sein mußte, ein bestimmtes Ergebniß der langen Congreßberathungen
vorlegen zu können. Lord Wellington, der ihn zu Wien ersetzen sollte,
traf schon am 3. Februar ein, Lord Castlereagh reiste am 14. ab. Kurz
vorher war die Ordnung der wichtigsten Angelegenheit gelungen.

Am 8. Februar übergab Hardenberg seinen auf Grund der letzten
Verhandlungen entstandenen Entwurf nebst einer Denkschrift, als Ant=
wort auf die östreichische Note vom 28. Januar, an die Conferenz.
Der König, hieß es darin, so schwer ihm auch die aus einer Theilung
Sachsens entspringenden Uebelstände fortwährend erschienen, wolle doch
das von allen Seiten verlangte Opfer bringen und darein willigen,
daß dem König von Sachsen ein Theil seines Landes zurückgegeben
werde. Dann folgten die Forderungen und Berechnungen, wonach
Preußen im wesentlichen das Gebiet in Anspruch nahm, das es heute
wirklich besitzt. Die Rheinlande, hieß es, übernehme der König nur
zum Zweck der Vertheidigung Deutschlands; Gebiete mediatisirter Für=
sten könne er nicht als Entschädigung annehmen, da er seine Mit=
stände nicht unterdrücken wolle; für seinen Antheil von Sachsen ver=
lange er die unbedingte Bürgschaft der verbündeten Mächte. Schon
am 10. Febr. erfolgte die förmliche Annahme dieser Vorschläge von
Seiten Oestreichs. Kurz vorher war eine Commission niedergesetzt

worden, welche die festgestellten Verabredungen in die Form des Vertrags bringen und so zur späteren Aufnahme in die Schlußakte des
Congresses vorbereiten sollte. Noch in der Sitzung vom 10. Februar
konnten die von ihr entworfenen ersten 32 Artikel vorgelegt und angenommen werden.

5. Mit der Frage wegen der Entschädigung Preußens wurde
zugleich in den meisten anderen Gebietsfragen, soweit sie Deutschland betrafen, die vorläufige Verständigung erreicht. Preußen hatte
sie schon in seinen letzten Entwurf aufgenommen, Stein noch am 1.
Februar in einer Denkschrift über die russische Politik in Deutschland
dem Kaiser Alexander die nöthigen Auseinandersetzungen darüber gemacht; denn so stand es, daß dessen Einmischung berechtigt war und
in manchen Stücken unumgänglich schien.

In Norddeutschland hatten namentlich die Ansprüche des
Prinzen von Oranien für den neu zu gründenden Staat der Niederlande und des Grafen Münster für Hannover ausgedehnte Verhandlungen veranlaßt, die zuletzt auf Grund der früher erwähnten
Verträge zum Ziel führten. Der Prinz von Oranien mußte seine deutschen Erblande aufgeben; sie dienten zur Abrundung der preußischen
Rheinlande, zum Theil auch zur Ausstattung der verwandten nassauischen Häuser. Dafür erwarb er Luxemburg als deutsches Bundesland
für seinen zweiten Sohn, sowie das ehemalige Bisthum Lüttich mit
den Maasfestungen und die gefürstete Abtei Stablo; lauter Gebiete,
welche vor den französischen Kriegen fast vollständig zum deutschen Reich
gehört hatten. Belgien, das beim Ausbruch der Revolution den bur-
gundischen Kreis des deutschen Reichs gebildet hatte, war schon in den
im 1. Kapitel genannten Verträgen für den neuen Staat bestimmt worden, der jetzt den Titel eines Königreichs der Niederlande erhielt: die
Bestätigung des Vertrags geschah in der Hauptsache am 31. Mai 1815.
Der Prinz von Oranien hatte dadurch wohl das Doppelte des Länder-
bestandes, den er ehedem verloren, erhalten; dennoch war er nicht zu
frieden und sein Bevollmächtigter, Hans v. Gagern, verdiente sich trotz
seines Eifers und Geschicks nur schlechten Dank bei ihm. — Für Hannover hatte der Prinz Regent schon am 26. Oktober 1814 die Annahme der
Königswürde öffentlich verkündigt; an Gebietstheilen erwarb das neue
Königreich Ostfriesland, Hildesheim, Goslar und einige andere Landstriche, im Ganzen 137 Quadratmeilen mit fast 300,000 Einwohnern;
die Verhandlungen, welche das Gebiet auf die heutige Gestalt brachten, kamen Ende Mai zum Abschluß; das Herzogthum Lauenburg wurde
dafür an Preußen abgetreten und von diesem dann gegen Schwedisch-

Pommern an Dänemark ausgetauscht. — Noch ward Weimar wegen der Ansprüche, die es am Königreich Sachsen verlor, zum Großherzogthum erhoben und von 121,000 auf 198,000 Einwohner gebracht; die Auseinandersetzung darüber mit Preußen wurde im September abgeschlossen. Die Herzoge von Oldenburg und Koburg mußten sich trotz der Beraubung und Verfolgung, die sie durch Napoleon erlitten hatten, und trotz der Gunst Rußlands mit geringeren Entschädigungen begnügen. — Für die allgemeine Sicherheit von Deutschland sollte wohl die Errichtung des Königreichs der Niederlande dienen, auch wurde Luxemburg zur Bundesfestung mit preußischer Besatzung bestimmt. Das Königreich fiel später auseinander; dagegen erwies sich nachher als ein Glück für Deutschland, was damals nicht erkannt und von Preußen nur mit Widerstreben angenommen wurde, die neue Grundlage von Besitz und Macht nämlich, welche das letztere am Rhein erhielt. Wäre dort, wie dieses wollte, ein schwacher Staat unter dem König von Sachsen errichtet worden, so hätten wir keine Festungen wie Koblenz und Köln entstehen sehen; vielmehr würde auf diese Weise die alte Schwäche Deutschlands erneuert worden sein: daß es am Rhein, wo sich in tausendjähriger Bildung das Leben frei und vielseitig entwickelt hatte, dem gefährlichsten Nachbar gegenüber an einem kräftig zusammenhaltenden Staat fehlte.

In Süddeutschland rückte zu der Zeit die Auseinandersetzung noch nicht so weit vor; sie war besonders wegen der Ansprüche Baierns schwierig. Dieser Staat hatte im Vertrag von Ried am 8. Oktober 1813 bedeutende Abtretungen an Oestreich gemacht und dafür das Versprechen vollständiger Entschädigung erhalten; dann war das eine wie das andere in einem geheimen Vertrag zu Paris am 3. Juni 1814 noch näher festgestellt worden; namentlich sollte Baiern eine gute militärische Grenze und ein zusammenhängendes Staatsgebiet erhalten. Daraus leitete es Hoffnungen ab, die über das Maß seiner wirklichen Bedeutung weit hinausgingen. Die Erwerbungen aus der Rheinbundszeit, die Fürstenthümer Ansbach und Baireuth, waren ihm jetzt durch den Verzicht Preußens bleibend gesichert; Würzburg und Aschaffenburg, das erstere vor kurzem noch napoleonisches Großherzogthum, das letztere Theil eines solchen, standen für Baiern in bestimmter Aussicht. Allein es verlangte weit mehr; namentlich das ganze Land zwischen Main und Neckar mit Hanau, Frankfurt, Mainz, Heidelberg, Mannheim und dazu noch ein ansehnliches Stück der Pfalz auf dem linken Rheinufer; im Ganzen etwa 120,000 Seelen mehr als ihm gebührten, wie Stein aus den Verträgen nachwies. Zur Zeit, als der Streit der Großen auf der Spitze war, schien es mit diesen Ansprüchen günstig zu stehen; Fürst Wrede hoffte durch seinen Kriegseifer und seine bereitwilligen Dienste sich Oestreich, England und Frankreich bleibend verpflichtet zu haben. Allein er mußte bald erfahren, wie es die Mächtigen zu danken pflegen, wenn man sich zu aufdringlich in ihren Streit mischt. Weder Oestreich noch England noch Frankreich konnten einen wirklichen Vortheil dabei finden, Baiern über die Bestimmungen der Verträge hinaus zu vergrößern; Rußland und Preußen dagegen waren durch Fürst Wredes heftiges Auftreten in der polnisch=sächsischen Sache verletzt, und es konnte nichts helfen, daß diesem der Minister Montgelas schon um die Mitte Januar darüber seine Mißbilligung aussprach. Die Gemahlin des Kaisers Alexander war zwar die Schwester der Königin von Baiern; allein Stein hatte die gute Meinung der Kaiserin, und, was mehr war, sein Rath entschied in dieser, wie in den meisten deutschen Fragen, beim Kaiser; und Stein war bis zur Parteilichkeit gegen Baiern gestimmt. Er wies in mehreren Denkschriften, namentlich am 12. Februar und am 5. März nach, daß weder die Verträge, noch der Vortheil Deutschlands oder Rußlands zu seinen Gunsten seien. Danach war es vergebens, daß Fürst Wrede im Februar und März durch geheime Unterhandlungen mit Oestreich zu seinem Ziel zu kommen suchte und daß er dazwischen auch wohl die Drohung fallen ließ, als ob Baiern die an Oestreich versprochenen Lande, die es zum Theil noch besetzt hatte, nicht herausgeben werde. Es wurde schon jetzt klar, daß Baiern seine Hoffnungen sehr herabstimmen müsse, doch zog sich die Erledigung der Angelegenheit bis zum Ende des Congresses, und was die Pfalz betraf sogar noch viele Jahre länger hinaus, da dieser letztere Punkt mit der Erbfolge in Baden zusammenhing. — Im Uebrigen war die Ordnung der süddeutschen Gebietsverhältnisse nicht schwer. Würtemberg und Baden blieben im Ganzen, wie sie noch unter Napoleon geworden waren; Hessen-Darmstadt trat seine Provinz Westphalen an Preußen ab und erhielt dafür einen Theil der linksrheinischen Pfalz mit Mainz; die Nassauer Lande wurden durch Gebietsaustausche mit den Nachbarstaaten abgerundet; Hessen=Kassel wurde in seinem früheren Stand hergestellt und für einzelne Abtretungen durch einen Theil des ehemaligen Bisthums Fulda entschädigt. Mainz wurde Bundesfestung; Oestreich und Preußen theilten sich in die Besatzung und später auch in den Befehl. Eben damals gingen auch die Schweizer Angelegenheiten ihrem endlichen Austrag entgegen; es wurde dadurch ein neutraler Staat geschaffen, der für Südwestdeutschland eine Vormauer werden sollte. Ganz konnte freilich weder damals noch später der uralte Schaden beseitigt werden, daß wie in der Vorzeit die Römer so neuerdings Frankreich eine übermächtige Stellung zu diesem Süd= westdeutschland hatten. Erst die Zukunft kann das bessern, wenn einst durch ein einiges Deutschland der Elsaß zurückgewonnen wird.

6. Noch wurde in jenen Tagen durch Steins Einfluß ein schimpf= licher Raub abgewendet, der Deutschland drohte. Der Stiefsohn Na= poleons, Eugen Beauharnais, zur Zeit der Macht seines Stiefvaters Vicekönig von Italien, war in der Hoffnung nach Wien gekommen, daß er bei der allgemeinen Ländervertheilung auch etwas davontragen werde. Während des Kriegs von 1814 hatte er den vergeblichen Versuch gemacht, die eiserne Krone der Lombardei für sich aus dem Schiffbruch zu retten, die Lombarden wollten ihn nicht; dann hatte er sich auf Kosten des Landes Schätze gesammelt und die Lombardei an die Oestreicher übergeben [1]. Im Vertrag von Fontainebleau am 11. April 1814 hatte Napoleon von den Verbündeten das Versprechen einer angemessenen Ausstattung außerhalb Frankreichs für den Prinzen Eugen erhalten; dieser rechnete demgemäß auf ein Fürstenthum in Deutsch= land oder Italien. Er war der Schwiegersohn des Königs von Baiern und wußte die Freundschaft des Kaisers Alexander zu gewinnen, der so viel von der Ritterlichkeit des Prinzen sprach, daß es in den höheren Kreisen bald guter Ton wurde, auch davon zu sprechen. Dabei hatte der Prinz schon im Frühjahr 1814 zu Paris an die verbündeten Fürsten verrathen, wie sein naher Verwandter König Murat ein doppeltes Spiel gespielt, nämlich noch mit Napoleon unterhandelt habe, während er schon gegen diesen mit den Oestreichern verbündet war. Ueber alle= dem schienen des Prinzen Aussichten in Wien nicht schlecht zu stehen. Da nahm Stein in der Denkschrift vom 1. Februar, worin er dem Kaiser die deutschen Gebietsfragen auseinandersetzte, Gelegenheit, auch diese Ansprüche zu beleuchten. „Nichts", sagte er, „bleibt verfügbar, um dem Prinzen Eugen Beauharnais eine Niederlassung in Deutsch= land zu geben, selbst wenn eine solche Anordnung nicht auf die ent= schiedenste Weise durch die öffentliche Meinung verabscheut würde, welche die Ausstattung eines französischen Generals in Deutschland, seine Theilnahme am Recht, es zu regieren und in der Bundesver= sammlung zu sitzen, als einen Schimpf für die Nation und eine Be= leidigung der Nationalehre betrachtet." Darüber besann sich der Kaiser

---

[1] Bernhardi. I. 164.

doch anders, und die nachfolgenden Ereignisse führten dann zu einer anderen Entschädigung des Prinzen.

7. Ueber diese Gebietsvertheilungen war, soweit sie damals bekannt wurden, allenthalben Unzufriedenheit in Deutschland; und sie sprach sich namentlich auf der einen Seite im preußischen Heer und Volk, auf der anderen in der sächsischen Hofpartei stark aus. In Preußen hatte man wohl ein Recht dazu. Es war berechnet, daß Oestreich 733,000, Preußen nur 41,000 Seelen über den Stand von 1805 gewonnen hatte. Das erstere hatte sich zu einem vortrefflich geschlossenen Staatsganzen abgerundet, indem es bleibend den alten Besitzungen in Belgien, im Breisgau und in Schwaben entsagte und dafür die Länder am Inn und die italienischen Provinzen eintauschte. Preußen dagegen hatte die gewünschte Abrundung seines östlichen Theils weder in Sachsen noch in Polen erreicht; statt dessen lag es, in zwei Theile getrennt, langhingestreckt von der Saar bis zum Niemen und sollte, mit überall offenen Grenzen, zugleich im Osten gegen Rußland und im Westen gegen Frankreich auf der Wacht sein. Dazu waren alte werthvolle Gebiete mit treuen Unterthanen trotz ihrem lebhaften Wunsch nach Wiedervereinigung aufgegeben, namentlich Ostfriesland mit dem seefahrenden Volke und der Nordseeküste, und die alten Stammlande in Franken, Ansbach und Baireuth, mit ihren kräftigen Bewohnern. Dagegen sah von den eingetauschten Landen das Stück von Polen nicht wie eine Verstärkung des Staates aus; und in den Rheinlanden lagen die Zustände aus der Zeit der geistlichen Fürsten und aus der französischen Zeit noch verworren durcheinander, neben der Gesetzgebung Napoleons waren in Köln noch die 10,000 Bettler an den Kirchenthüren, die ihre Plätze ihren Töchtern zur Aussteuer mitgaben. Die Regierung fand darüber schon im Februar für nöthig, in den Berliner Zeitungen eine halbamtliche Erklärung zur Beruhigung der Gemüther ausgehen zu lassen [1]. Sie sagte, was sich zu jener Zeit sagen ließ, und konnte damit freilich die Uebereilung des Königs, wie die Versäumnisse der Staatsmänner nicht wieder gut machen. Was sie nicht sagen konnte, war zuerst: daß Heer und Volk bei ihren Hoffnungen über die große Erhebung der vorigen Schuld zu sehr vergessen hatten; sodann, daß die Wirklichkeit für Oestreich viel ungünstiger, für Preußen viel günstiger war, als es damals den Anschein hatte. Zwar Das konnte Oestreich sogleich und mit Recht sagen, daß der Stand von 1805 nicht für beide Staaten der gleiche war, denn

_____

1) Klüber. Akten des Wiener Congresses. VII. 132.

Preußen hatte damals noch nichts, Oestreich dagegen durch langjährige Kriege mit Frankreich schon einen Theil seiner Länder verloren; darüber hinaus aber erkannten der Kaiser und seine Staatsmänner nur unvollkommen, wie theuer die Abrundung des Gebiets erkauft war, welches tüchtige Volk sie am Oberrhein und in Schwaben dahingegeben und welch gefährlichen Stoff sie in Italien erworben hatten. Preußen dagegen war von dem größeren Theil des polnischen Landes, das es noch 1805 besessen und 1806 in seiner Unzuverläßigkeit erprobt hatte, befreit, es war mit seinem ganzen Dasein in Deutschland hineingestellt, wo doch die ersten Wurzeln seiner Macht und Größe lagen; das sah wohl auch nach mancherlei Reibung und Kampf aus, doch sollte der Staat erfahren, welch ein Trieb zusammenhaltender Lebenskraft im deutschen Volke und im Gedanken an ein einiges Deutschland lag.

Gar nichts aber hatte mit solchen Gedanken zu thun, was die sächsische Hofpartei wollte. Einst war Sachsen der erste evangelische Staat in Deutschland gewesen, doch seine Macht war durch eigne Schuld schon seit mehr als einem Jahrhundert verfallen. Dann hatte Friedrich August während einer langen wohlwollenden Regierung die Wunden zu heilen gesucht, welche vor ihm drei verderbte Regierungen dem Lande geschlagen; und beim Volke hatte sich auch die deutsche Anhänglichkeit an den König und die alte Staatsgemeinschaft bewährt, viele sahen die Theilung mit Schmerz. Doch im Sinne der Hofpartei und des Königs selbst gab es für Land und Volk gar kein anderes Loos als den Willen des Herrschers; mochte dieser Wille auch so verkehrt sein, wie er es denn war, daß Land und Volk darüber verwüstet wurden und der Sache Deutschlands der größte Schaden geschah. Diese Partei war voll Haß gegen Preußen, welches das Recht der Eroberung für sich hatte und das höhere Recht der deutschen Sache für die es gestritten; sie war jetzt auch voll Erbitterung gegen Oestreich, welches der Ausübung dieses Rechtes seine Zustimmung gab. Einer solchen Verblendung gegenüber war es ein großer Fehler, daß jetzt, auf Oestreichs Betrieb, dem König gestattet wurde, nach Preßburg zu gehn. Man hoffte, dort eher seine Einwilligung zu den Verabredungen der Mächte über Sachsen zu erhalten, um dann die Theilung zu vollziehen und ihn in denjenigen Theil seiner Staaten zurückzuführen, der ihm geblieben war. Man täuschte sich, wie wir sehen werden; der König mit seinem Hofe blieb hartnäckig darauf, seine Einwilligung zu versagen. Die Folgen trafen freilich nicht die Urheber, sondern nur die unwissenden Werkzeuge, des Königs Soldaten.

8. Sowie die Hauptsorgen um die Gebietsfragen sich erledigten,

fanden auch die großen Mächte wieder Zeit, sich mit der inneren Verfassung Deutschlands zu beschäftigen. Wir haben gesehen, wie diese Frage um die Mitte November 1814, als der polnisch-sächsische Streit heftiger entbrannte, in den Hintergrund trat. Sie stand seitdem nicht still; doch war ihr Fortgang außerhalb der großen Verhandlungen und darum gering. Nur bezüglich der Verfassung einzelner Staaten gelang es den unabläßigen Bemühungen Steins, einigen Erfolg davonzutragen. In Baden kam es darauf an, sowohl dem Lande einen gesicherten Rechtszustand und eine geordnete Verwaltung zu verschaffen, als die Erbfolge der aus der zweiten Ehe des letzten Großherzogs, Karl Friedrich, stammenden Grafen von Hochberg sicher zu stellen. In beiden Fragen hatte er die Abneigung und die Trägheit des Großherzogs Karl zu bekämpfen; in der letzteren war ihm auch noch Baiern entgegen, das beim wahrscheinlichen Fall des Aussterbens der regierenden Linie um so mehr zu seinen Ansprüchen auf den badischen Theil der Pfalz zu kommen hoffte, als die Königin von Baiern die Schwester des Großherzogs Karl war. Doch die Kaiserin Elisabeth von Rußland war auch eine Schwester des Großherzogs, und Stein wurde nicht müde, seinen Einfluß bei ihr und dem Kaiser zu benutzen. Trotz aller Zerwürfnisse über die größeren Fragen brachte er die Frage bald mündlich bald in Denkschriften immer wieder vor, die Kaiserin nahm sich der Sache edel an, der Kaiser unterstützte sie; am 12. Januar fertigte der Großherzog den Kurier ab, welcher den Befehl zur Bildung von Landständen nach Karlsruhe brachte, am 14. März erkannte er das Erbrecht der Grafen von Hochberg an. — In Würtemberg hatte der König schon am 11. Januar im versammelten Staatsrath seinen Entschluß zur Wiederherstellung der ständischen Verfassung erklärt, sie sollte am 15. März ins Leben treten. Ihn hatte freilich am meisten die Furcht bestimmt, es möchte von Wien aus für alle Völker in Deutschland ein größeres Maaß von Rechten bestimmt werden, als er wollte; Dem dachte er zuvorzukommen und seine Verfassung war auch danach. Sie war ausschließlich auf die Befestigung der willführlichen und gewaltsamen Zustände berechnet, die der König unter Napoleon eingeführt hatte; die Standesherrn legten schon im Februar in Wien Verwahrung ein und hielten sich in der Mehrzahl von der Ständeversammlung zurück. Von der ersten Thätigkeit der letzteren rede ich im sechsten Kapitel, sie war nur der Anfang eines jahrelangen Streites; doch war die Bahn gebrochen, und es ist durch die Zeitgenossen bezeugt, daß der Wirksamkeit Steins großer Antheil dabei gebührt. — Unabhängiger hiervon scheint die erste Verfassung von Hannover entstanden zu sein. Der Prinz Regent ließ auf den Rath des Grafen Münster die verschiedenen Provinzialstände schon am 15. Dezember 1814 zu einer allgemeinen Ständeversammlung zusammentreten. Der Herzog von Cambridge, Bruder des Prinz Regenten, hielt eine Eröffnungsrede, worin das Verdienst Englands an Europas Befreiung übermäßig gerühmt war; sonst war die allgemeine Zufriedenheit groß: die Eröffnungsrede, die Antwort des Präsidenten und die Geschäftsordnung hatten alle drei den Geheimen Kabinetsrath Rehberg zum Verfasser; eine Opposition, hieß es, müsse man sich erst künstlich schaffen, wenn man eine haben wolle; an die künftigen Verfassungskämpfe in diesem Lande hätte damals Niemand gedacht.

9. Anders war der Verlauf der allgemeinen deutschen Verfassungssache; es kam damit in dieser Zeit immer noch nicht zu einem eigentlichen Anfang. Der Hauptinhalt der Verhandlungen war die Erneuerung des deutschen Kaiserthums, die nach langen Schwankungen beseitigt wurde. Es handelte sich dabei natürlich nicht um die einst von der Kirche geweihte Würde, welche den Kaiser an die Spitze der Christenheit gestellt hatte; es handelte sich um den anderen wirklicheren Theil des ehemaligen Kaiserthums, um das deutsche Königthum, d. h. um ein Oberhaupt für Deutschland. Die 29 kleineren Fürsten und Städte, deren Zahl nachher durch Hinzutritt Badens und der beiden Hohenzollern auf 32 anwuchs, gaben den Anstoß zur Verhandlung. Der Vertreter Braunschweigs, von Schmidt-Phiseldeck, richtete schon um die Mitte November in ihrem Namen eine Eingabe an den Grafen Münster, um ihn für den Gedanken zu gewinnen. Dieser, indem er gestand, daß ein Kaiser als Oberhaupt für Deutschland auch sein Wunsch sei, machte auf die Schwierigkeiten aufmerksam, die der Ausführung entgegenstünden. Der andere suchte die Möglichkeit nachzuweisen, und nun (25. Novbr.) erwiederte Münster ausführlicher, und zwar zugleich im Auftrag von Metternich und Hardenberg. Er wies namentlich darauf hin, daß die Verträge von Chaumont und Paris nach dem Sinn der dabei geführten Verhandlungen dem Wunsche nach einem einheitlichen Oberhaupt entgegenstünden und daß es sehr schwer sein werde, den Kaiser mit solchen Rechten und Mitteln auszustatten, um die Würde annehmbar zu machen. Doch die anderen ließen sich nicht irre machen; sie beriefen sich in ihrer Antwort (20. Dezbr.) gegen die angeführten Verträge auf die älteren Verheißungen von Kalisch, welche Deutschland die selbständige-Aufrichtung seiner Verfassung zugesichert hätten, sie boten die zur Ausstattung der Kaiserwürde nöthigen Opfer an: durch den Kaiser solle Gesetz werden, was sich im Bundes-

tag als der Gesammtwille der Nation ausspreche; er werde die Verfügung über die Bundesarmee haben, um die Beschlüsse des Bundes
auszuführen, den Entscheidungen des obersten Gerichtshofs Nachdruck
zu geben, den Kampf gegen äußere Feinde zu führen; die Formen zur
gesetzlichen Einschränkung dieser Macht und die Befugnisse der mächti-
geren Bundesglieder werde die Bundesacte feststellen. Mit alledem
war wohl der gute Wille der kleineren Staaten dargethan; allein sie
hatten doch einige Scheu, sich die Stellung des Kaisers zu den bestehenden Staatsverhältnissen ernstlich klar zu machen; und vor allen
Dingen lagen die Hauptschwierigkeiten nicht bei ihnen, sondern bei den
größeren deutschen Staaten, von denen wirklich bedeutende Opfer an
Macht und Selbständigkeit gebracht werden mußten, wenn das Kaiserthum möglich sein sollte. Unter diesen ließ sich von Baiern und Würtemberg der äußerste Widerstand mit Gewißheit voraussehen; doch war
auch dieser noch zu brechen, wenn Oestreich und Preußen über die
Frage einig wurden. Wie aber sollte das geschehen? Wem von beiden gebührte die Würde? In den bisherigen Verhandlungen war stets
Oestreich genannt worden und es hatte ohne Zweifel auch großen Anspruch durch seine Geschichte, durch die Jahrhunderte, in welchen die
Kaiserkrone mit ihm verbunden war. Allein, war nicht zur glänzend-
sten Zeit des Kaiserthums die Krone von einem Hause auf das andere
übergegangen? Durfte sich das Haus Hohenzollern nicht dem Haus
Lothringen gleich stellen, das noch kein Jahrhundert in Oestreich
herrschte? Und vor allem war Preußen nicht bei Deutschlands Befreiung mit unvergleichlichen Thaten und Opfern vorangegangen?

Alle diese Zweifel und andere sah Stein wohl vor sich, als er zu
Anfang Februar auch seinen Einfluß für das Kaiserthum aufbot; ihm
lag wohl die trostlose Lage der deutschen Sache auf der Seele, er
wollte sie zum guten Ende bringen und da verblendete sich sein Geist
gegen das Maaß der gegebenen Wirklichkeit. Er hatte zuerst Oestreich
im Sinn, das er durch seine neue Staatsgestaltung schon halb aus
Deutschland herausgetreten sah und gerade durch die Kaiserwürde wieder fester damit zu verbinden hoffte. Er war freilich seiner Sache
nicht gewiß; indem er meinte, wenn Oestreich jetzt nicht wolle, müsse
man bei günstiger Gelegenheit auf dieses oder auf Preußen zurück-
kommen. Dabei sah er über die selbstsüchtige Unzuverlässigkeit der
damaligen östreichischen Politik vollkommen klar; doch stellte sich ihm
darum der Plan desto dringlicher dar, denn er hielt die Verbindung
mit Oestreich für Deutschland unerläßlich. Er tröstete sich wohl gegen
Hardenberg damit, daß die Art des östreichischen Herrscherhauses und

seines Regiments vorübergehend sei. Die Ausstattung der Kaiserwürde
wollte er ähnlich, wie die kleineren Staaten sie bezeichnet hatten. So
suchte er den Grafen Capodistria, der damals besonderen Einfluß beim
Kaiser Alexander hatte, und dann (17. Febr.) den Kaiser selbst für
seine Ansicht zu gewinnen; allein er konnte beide nur soweit über=
zeugen, als er es selbst war, nämlich von der Nothwendigkeit einer
festen Verfassung für Deutschland, nicht von der Ausführbarkeit des
Kaiserthums: er mußte selbst rathen, zuerst die Einwilligung von Preu=
ßen zu suchen. Es wurde wochenlang hin und her verhandelt, es
wurden Denkschriften geschrieben und Besprechungen gehalten. Graf
Solms=Laubach, der Stein in allen deutschen Angelegenheiten mit
seiner Einsicht und Arbeit treu zur Seite stand, war auch hier bald in
Schriften, die er für das russische Kabinet ausarbeitete, bald in per=
sönlichen Verhandlungen, in seinem Sinne thätig. In Oestreich
schwankten die Meinungen; Kaiser Franz war abgeneigt, Metternich
war unsicher, Wessenberg war für die Annahme. In Preußen waren
Hardenberg und Humboldt von Anfang dagegen, hohe Offiziere, wie
Knesebeck und Grolmann, sollen dafür gewesen sein; die Meinung von
Volk und Heer wäre nach der noch herrschenden Erbitterung über den
sächsischen Handel doch schwer für die Uebertragung an Oestreich zu
gewinnen gewesen. Es mischte sich auch das fortwährende Andringen
der verbündeten Kleinstaaten, es mischten sich neben dem Congreß die
Zeitungen und viele andere Stimmen in die Angelegenheit ein. Es
tauchten eine Menge von Vorschlägen auf: Franz I. solle Kaiser,
Friedrich Wilhelm III. solle König von Deutschland werden; oder der
letztere solle für Norddeutschland erblicher Reichsverweser oder Kron=
feldherr neben dem Kaiser sein; oder es solle neben dem Kaiser Preußen
als Reichsverweser an der Elbe, Baiern als solcher an der Donau
stehen; oder es sollten 15 Kreise mit den Fürsten als Stammesvor=
stehern werden, oder es sollten Preußen und Oestreich ganz aus dem
Bunde bleiben. Der letztere Vorschlag wurde selbst durch Männer wie
v. Gagern und den Mecklenburgischen Gesandten von Plessen als ein
letzter Ausweg in Aussicht genommen; daneben erschien aber auch ein
Schriftchen in Wien, das unter dem Titel „zum Wiener Congreß"
geradezu eine Art neuen Rheinbund empfahl und sehr wahrscheinlich
seinen Ursprung in Frankreich hatte. Es zeigte sich in den meisten
dieser Vorschläge, wie schwer die Frage vielen auf dem Herzen lag
und wieviel schwerer noch ihre Lösung war. Besonders klar ging
dieses, und daß es mit dem Kaiserthum nicht gehe, aus einer Denk=
schrift Capodistrias im Sinne Steins und einer Gegenschrift Hum=

boldts hervor. Der erstere zeigte, wie das deutsche Volk unter allen Völkern Europas eine feste gemeinsame Verfassung besonders verdiene und wie sie um ganz Europas willen nothwendig sei; doch auf die Schwierigkeit der Oberhauptsfrage ging er gar nicht ein, indem er das Kaiserthum nur einfach empfahl. Der andere bewies überzeugend, warum dasselbe nicht ausführbar und daß ein Bund mit mehreren Häuptern die einzig mögliche Form sei; und doch ließ seine Ausführung erkennen, daß ein solcher Bund für Deutschlands Sicherheit und Macht nicht genügen werde. Stein und jener Bund der Kleinstaaten mußten zuletzt erkennen, daß sie nicht durchdringen würden. Zu Anfang März mußte die Kaiserfrage als gefallen gelten. Nicht sowohl der offene Widerstand hatte dagegen entschieden, sondern am meisten das Gefühl, das gerade bei den zwei berufenen Mächten war, daß sie nicht zu verwirklichen sei: weder Oestreich noch Preußen hätte gewagt, seine Kraft dafür einzusetzen.

10. Während sich so wegen des einen Oberhaupts für Deutschland der vaterländische Eifer an der harten Wirklichkeit vergebens abmühte, führten auch die Verhandlungen über die besondere Gestalt der Verfassung noch nicht einmal zur Wiederherstellung eines deutschen Ausschusses. Nachdem der erste im November durch Baiern und Würtemberg gesprengt war, traten in diesem Stück zunächst die Einzelbestrebungen hervor. Am 16. Dezember reichten die mediatisirten Stände durch ihren Bevollmächtigten, den sächsischen Geheimerath v. Gärtner, bei den Höfen von Oestreich, Preußen und Hannover eine Denkschrift ein, worin sie ihre Rechte gegen die Note der 29 Fürsten und Städte vom 16. November verwahrten, ihre Herstellung aus der Unterdrückung durch die Rheinbundfürsten, sowie gleich diesen Theilnahme an den Berathungen über die deutsche Verfassung, endlich schnelle Erledigung dieser Verfassung, mit Bundestag, oberstem Reichsgericht und Landständen für die Einzelstaaten, verlangten. Später, am 15. Februar, bei Gelegenheit des Protestes gegen die Verfassung des Königs von Würtemberg, wurden diese Forderungen wiederholt. Dagegen tauchte zu Ende Dezember der Plan eines Fürstenbundes auf, der, unter Ausschluß der Königreiche, die Fürsten und die Städte umfassen, 45,000 M. stellen und am oberen Bundesrathe als Ganzes gleich Hannover, Baiern und Würtemberg Theil haben solle. Es war auch schon zu Ende Oktober ein deutscher Militärausschuß angeordnet worden, aus dem Kronprinzen von Würtemberg, Wrede, Radetzky, Knesebeck und einem Hannoveraner bestehend. Er hatte um die Mitte Januar einen Entwurf über das deutsche Kriegswesen vollendet,

wonach Deutschland im Ganzen mit drei Prozent der Bevölkerung
900,000 M. aufbringen sollte; doch waren darin der Oberbefehl im
Krieg und die innere Heereseinrichtung, also die nothwendigen Ansprüche des Ganzen und der Einzelstaaten, nicht gehörig auseinandergehalten. Es zeigte sich in allen diesen Bestrebungen nur so viel, daß
die Bewegung der Zeit mächtig genug war, die Einzelnen zu zwingen,
daß sie ihre Rechte und Vortheile zugleich im Bestand und Wohl des
Ganzen suchten: Alle führten dieses damals im Munde, als dann die
Zeit anders ward, dachte jeder nur an sich.

Die Angelegenheit einer deutschen Gesammtberathung ward
zuerst wieder durch Stein aufgebracht, sobald er sah, daß die polnisch-sächsische Sache einen friedlicheren Gang nahm. Er reichte am
17. Januar dem russischen Kabinet eine Denkschrift ein, wonach die
Verbündeten von Chaumont und Paris auf Niedersetzung eines deutschen Ausschusses unter Zuziehung der kleineren Fürsten und der
Städte, wie sie schon zu Ende November beabsichtigt war, dringen sollten. Dieser Ausschuß sollte für jetzt nur die Grundzüge der deutschen
Verfassung feststellen: zuerst die Gewähr der Kraft für das Ganze, also
für den Bundesrath das Recht über Krieg und Frieden, das Recht
zur Schlichtung innerer Streits, die Obhut über die Einzelverfassun-
gen; sodann für die Einzelstaaten Landstände mit Antheil an der Gesetzgebung und Steuerbilligung, sowie Sicherung der Rechte der Unterthanen. Diese Grundzüge sollten dann von einem nach Frankfurt
zu berufenden Deutschen Congresse ausgebaut werden. Wäre dieser
Vorschlag zur Ausführung gekommen, so würden die Grundsätze der
deutschen Verfassung noch in günstiger Zeit umfassend berathen worden
sein, statt daß nachher die ganze Verfassung übereilt zu Stande gebracht
wurde. Allein Oestreich und England wollten damals gegen ihren
neuen Verbündeten Baiern noch nicht vorgehen, Preußen hatte nach
einem Entwurf von Humboldt die ganze Verfassung im Sinn, und
Stein selbst half nachher den praktischen Weg mit der Kaiserfrage
durchkreuzen. Es ward aus seinem Antrag nichts, als eine russische
Note an Würtemberg, welche zur Wirkung auf die entgegenstehenden
Ansichten durch Gagern in Umlauf gesetzt wurde. Indessen hatte Wessenberg schon im Dezember, Humboldt im Januar den Entwurf einer
deutschen Verfassung ausgearbeitet. Der östreichische Plan war: Bundesrath unter Oestreichs Vorsitz mit dem Recht des Kriegs und Friedens, der auswärtigen Vertretung, der Gesetzgebung über Gegenstände
allgemeiner Wohlfahrt; Kriegsmannschaft und Geldbeiträge nach der
Bevölkerung; Schlichtung der Streitigkeiten unter Bundesgliedern durch

den Bundesrath; sodann Landstände binnen Jahr und Tag; gewisse Rechte für die Mediatisirten; Rechtsgleichheit für die Unterthanen, Abzugsfreiheit, Recht des Grundbesitzes in jedem deutschen Land; Befreiung des Handels und der Schifffahrt. Der preußische Plan war dem Grafen Münster zum Gutachten mitgetheilt worden, nachher waren zwei Plane entstanden, wovon der eine die Kreiseintheilung verwarf. Sonst stimmten beide in der Hauptsache überein und unterschieden sich von dem östreichischen durch klarere und umfassendere Bezeichnungen der nothwendigen Einrichtungen. An der Spitze stand eine schärfere Unterscheidung nach der Machtstellung, wonach Preußen und Oestreich mit je zwei Stimmen, die übrigen Königreiche mit je einer Stimme den ersten, ausführenden, die anderen Staaten den zweiten, nur berathenden Bundesrath bilden sollten; im letzteren waren auch den Mediatisirten Gesammtstimmen vorbehalten. Sodann waren die Bestimmungen über Gewalt und Geschäftskreis des Bundestags, über das Bundesgericht, über die Rechte der Mediatisirten, über die Verfassungen der Einzelstaaten, die Befugnisse der Landstände, die Rechte und Freiheiten der Unterthanen scharf und klar zusammengestellt.

Nach solchen Vorarbeiten schien es die rechte Zeit zu sein, als am 2. Febr. die Bevollmächtigten der 32 Fürsten und Städte, unter Zutritt Holsteins, doch ohne den nassau-oranischen Gesandten, an ihrer Spitze Steins Freund, der badische Gesandte v. Marschall, an Metternich und Hardenberg die erneute Aufforderung zur Eröffnung des deutschen Congresses richteten. Unter Zuziehung aller Theile sollten die Gegenstände der deutschen Verfassung berathen und beschlossen werden; über die Hauptpunkte finde bereits Einigung statt, die Fürsten würden freudig die Hand zu Allem bieten, was die Selbständigkeit und Freiheit des Vaterlandes begründen könne. Uebereinstimmend damit sprachen sich am 4. Febr. Hardenberg und Humboldt aus und am 9. stimmte auch Metternich zu. Am 10. übergaben diesem die preußischen Minister ihre Verfassungsentwürfe, und hoben im Begleitschreiben mit Nachdruck hervor, wie die deutsche Verfassung nicht blos durch die Verhältnisse der Höfe, sondern ebensosehr zur Befriedigung der gerechten Ansprüche der Nation gefordert werde. Drei Punkte namentlich waren im Schreiben genannt, von denen man nicht abgehen dürfe: „eine kraftvolle Kriegsgewalt, ein Bundesgericht und landständische, durch den Bundesvertrag gesicherte Verfassungen." Allein trotz der scheinbar allgemeinen Uebereinstimmung kam die Sache in den nächsten Wochen nicht vorwärts, die Kaiserfrage nahm die Zeit in Anspruch, welche neben den

Gebietsverhandlungen noch blieb; erst zu Ende März kam man auf den deutschen Ausschuß und die Berathung der Entwürfe zurück.

11. Die hohe europäische Gesellschaft in Wien feierte in diesen ersten Monaten des Jahres den Schluß ihrer glänzenden und rauschenden Vereinigung; zu Anfang März dachte schon ein Theil der Fürsten an die Abreise und dann mußte vor Napoleons Rückkehr nach Frankreich der Taumel der Feste verstummen. Einmal warf der Streit, welcher die Mächte spaltete, seinen Widerschein auch in die Kreise des Vergnügens. Fürst Metternich gab zu Anfang Januar einen Ball und ließ den Kaiser Alexander dazu einladen. Dieser lehnte es mit der Bemerkung ab, der Fürst habe ihn der Unwahrheit gezeihen (in der Note vom 7. November), und hatte so wenig Selbstbeherrschung, gegen dritte Personen selbst beleidigende Ausdrücke vom Fürsten zu gebrauchen. Dabei verbot er den Gliedern seiner Familie den Ball zu besuchen, kein Russe erschien dort. Darum reihte sich doch nach wie vor ein Fest an das andere; in Schönbrunn, wo Napoleons Sohn erzogen ward und durch die französischen Erzieher allerlei geheime Fäden nach Elba hinübergespielt haben sollen, waren Schauspiele und Bälle; Marie Louise, die Gemahlin Napoleons und Tochter des Kaisers Franz, suchte die Herzogthümer Parma und Piacenza, auf welche zugleich Spanien Ansprüche erhob, für sich davonzutragen und ließ sich inzwischen vom Obersten Neipperg den Hof machen. Der herannahende Karneval erhöhte noch den Rausch der Genüsse, soweit dies möglich war. Der Tod der Königin Caroline von Sicilien, welche seit einigen Jahren in einer Art Verbannung zu Hetzendorf bei Wien lebte, der letzten Tochter Maria Theresias, veranlaßte kaum einen Stillstand in den Festen. Selbst die Todtenfeier, welche die französische Gesandschaft am 21. Januar zum Gedächtniß des unglücklichen Ludwigs XVI. veranstaltete, wurde zu einem großen öffentlichen Pomp. Der Dom von St. Stephan war in reichen schwarzen Ausschlag gehüllt, ein hoher Sarkophag war errichtet; der 84jährige Erzbischof von Wien, Fürst von Hohenwarth, feierte selbst die Messe, 250 Stimmen führten ohne Begleitung von Instrumenten ein Requiem aus. Die Kosten, welche sich auf beinahe 100,000 Gulden beliefen, trug der östreichische Hof [1]). Am nämlichen Abend war Ball, bei dem, wie Stein schreibt, sich das seltne Ereigniß zutrug, daß er zwei Polonaisen mit zwei Großfürstinnen tanzte. Die Beziehungen Steins zum östreichischen Hof und zu Metternich wurden doch seit den Verhandlungen über

---

1) De la Garde. II. 169.

die Kaiserfrage besser, selbst die Erbitterung Alexanders über den östreichischen Minister begann sich durch die Vermittelung des Kaisers
Franz allmählig auszugleichen. Zu Anfang März reiste die Kaiserin
Elisabeth von Rußland ab, ihr Verhältniß zum Kaiser war bis zuletzt
kalt und zurückgezogen; Stein urtheilte, der Kaiser hätte mehr Werth
auf so viel „Zartheit, Mäßigung, Bildung und Würde" legen müssen.

12. Noch mischt sich ein schlimmer Zug in das Bild des Congresses, der doch zeigt, wie die großen Dinge in dieser Welt oft behandelt werden. Ich habe schon früher erwähnt, wie vom König von
Sachsen 3 Millionen Franken aufgewendet worden sein sollen, die
eine Hälfte, um Talleyrand, die andere, um den Minister einer anderen Großmacht zu gewinnen. Auch König Murat von Neapel wandte
dies Mittel an. Er soll Talleyrand 6 Millionen Franken geboten
haben, unter dem Vorwand, ihm die Oberhoheit über das Fürstenthum
Benevent abzukaufen; doch diesmal durfte der französische Minister nicht
wagen, Geld von beiden Parteien zu nehmen, er lehnte ab. Zugäng-
licher erwies sich Gentz, der Vertraute Metternichs; er trug am 26.
November einen „sehr freigebigen Besuch" von Murats Gesandten,
Campo Chiaro, in sein Tagebuch ein. Auch andere fanden Gentz hierin sehr bereitwillig, am 28. Oktober empfing er von Lord Castlereagh
7200 Gulden mit schönen Versprechungen für die Zukunft, zu Neujahr
durch Talleyrand 24,000 Gulden als Geschenk des Königs von Frankreich. Ueberhaupt nahm er auf diese Weise in den zwei letzten Monaten
von 1814 48,000, im ganzen Jahr gegen 90,000 Gulden ein. Es ist
wahrscheinlich genug, daß auch bei anderen diese Kunst der goldnen
Schlüssel mit Erfolg angewendet worden ist, nur haben diese mehr
Verschwiegenheit bewiesen. Merkwürdig aber bleibt es, daß alle diese
schmählichen Bestechungen, soweit wir sie kennen, für ihre Urheber
durchaus keinen besonderen Nutzen hatten. Talleyrand würde in der
sächsischen Sache auch ohne das Geld des Königs nicht anders aufgetreten sein; es lag dies im Zusammenhang seines Verhaltens, das er
sich aus anderen Gründen vorgezeichnet hatte; die Schwankungen und
Wandlungen der östreichischen Politik hatten ebenfalls, wie wir wissen,
mächtigere Ursachen, als das weite Gewissen eines Gentz; und König
Murat fiel, ohne daß ihm seine Geschenke etwas geholfen hätten.

13. Zur Zeit, als die polnisch-sächsische Sache geordnet war, schlugen Castlereagh und Metternich dem Kaiser Alexander eine Erklärung
der verbündeten Mächte vor gegen einen jeden, der Krieg anfangen
würde. Gentz entwarf eine solche voll schwülstiger Verkündigung der
herrschenden Eintracht. Sie wurde auf Steins Urtheil wegen ihrer

Aufgeblasenheit bei Seite gelegt. Von der Eintracht war damals aller=
dings noch nicht viel zu sagen, und noch weniger von der Zufrieden=
heit. Der offene Zwist in den Hauptfragen war zwar beseitigt; doch
blieb immer noch vieles zu ordnen, und keine der Mächte konnte sagen,
daß die Dinge so gegangen wären, wie sie es von Anfang gehofft und
beabsichtigt hatte. Rußland schien am meisten erreicht zu haben,
das ganze Herzogthum Warschau war ihm zugefallen; allein von
des Kaisers glänzenden Hoffnungen, als werde er unter dem Bei=
fall Europas das alte Polen unter seinem Scepter zu einem freien,
glücklichen Land machen können, hatte sich wenig erfüllt, und der Wi=
derstand, auf den er gestoßen, die feindliche Spannung, welche zurück=
geblieben war, hemmten ihn noch in anderen weitgehenden Plänen.
England wollte die Herstellung Polens oder die Theilung des Her=
zogthums Warschau erreichen; es hatte beides verfehlt und zwar ge=
rade zu Gunsten Rußlands, dessen Macht es beschränken wollte. Auch
war mit der Schöpfung des Königreichs der Niederlande die starke
Mittelmacht in Europa noch nicht da; und wie wenig festen Grund
der neue Bund mit Frankreich bot, das sollten die englischen Minister
bald erfahren. Oestreich hatte eine schöne Abrundung seines Staats=
gebiets davongetragen, aber es hatte seine Absichten wegen Sachsen
und Polen nur zum Theil durchgesetzt und sah noch mancherlei Noth
mit der baierischen Entschädigung vor sich. Dabei stand es ziemlich
allein ohne einen einzigen zuverlässigen Bundesgenossen, und die un=
sichere Lage der deutschen Verfassung warf doch Sorge und Unruhe
auch in seine Staatsverhältnisse. Mit Preußen war dies nicht min=
der der Fall; dabei sah es sich um die Hoffnung auf ein festgeschlos=
senes Staatsgebiet bitter getäuscht. In den alten Landen durfte es
wohl auf eine sichere glückliche innere Entwickelung hoffen; wie sie in
den neuen sein werde, war ungewiß, und die äußeren Bundesgenossen
waren schwankend oder halb entfremdet. Frankreich schien mit der
neu eroberten Stellung im Rathe Europas, mit den vertrauteren Be=
ziehungen zu England, mit den Anknüpfungen in Deutschland am mei=
sten gewonnen zu haben; allein es hatte am Rhein Preußen zum
Nachbar, es hatte in Italien noch vieles zu wünschen, und die näch=
sten Wochen schon sollten enthüllen, wie trügerisch die Weisheit war,
die alle Anstrengungen auf die Erfolge nach außen, statt auf die Ord=
nung und Befestigung der inneren Zustände gerichtet hatte. Die mitt=
leren und kleineren Staaten endlich hatten, mit wenigen Aus=
nahmen, für ihre besonderen Hoffnungen und Wünsche beim Congreß
noch wenig Zeit und Gehör gefunden, und was für sie ein gemeinsames

Räthsel war, blieb es: ihre Stellung und Bedeutung nämlich in den Angelegenheiten des Welttheils, und zum Theil selbst in der Volksgemeinschaft, der sie angehörten.

14. Von auswärtigen Fragen zweiter Ordnung erwarteten zu jener Zeit noch die Verfassung und Gebietsabgrenzung der Schweiz, der Anspruch Dänemarks an Schweden wegen Entschädigung für Norwegen, der Streit zwischen den Königen Mürat und Ferdinand über Neapel, die Ansprüche des Pabstes, der Streit um einige italienische Fürstenthümer zwischen Spanien und Oestreich, die Zutheilung der Jonischen Inseln, eine Anzahl Fragen über Seerecht und Colonien, über Handel und Schiffahrt ihre Lösung. Wegen des Negerhandels hatte man sich am 8. Februar zu einer gemeinsamen Erklärung aller Staaten für die Abschaffung vereinigt. Wegen der meisten anderen Fragen stand das Ende in naher Aussicht, von einigen ließ es sich noch nicht absehen. Da tauchte eben um jene Zeit eine neue Frage auf, die zwar erst in Zukunft wichtig werden, doch schon damals ein eignes Licht auf den Congreß werfen sollte. Die Türken waren nämlich in Serbien, das sich während der früheren Kriege eine theilweise Unabhängigkeit erkämpft hatte, mit Uebermacht eingefallen und verheerten das Land mit Feuer und Schwert. Die Kunde der Gräuel, womit sie das Land heimsuchten, kam nach Wien und trat gleich einem Geiste in die Gesellschaft, die blutigen Locken schüttelnd in stummer Anklage über die rauschenden Feste, die sich hier drängten, während Mordlust und Rache kaum vier Tagereisen weiter ganz andere Feste begingen. Die serbischen Krieger wurden, von blutigen Pfählen durchbohrt, an den Ufern der Donau ausgestellt, ihre Frauen und Kinder, geschändet und gequält, mußten der christlichen Religion gion entsagen, die Priester wurden dem martervollsten Tode überliefert, man sah noch zuckende menschliche Glieder von Hunden und wilden Thieren verschlingen, die Städte und Dörfer wurden in Asche gelegt, die Kirchen entweiht, das ganze fruchtbare Land in ein weites schweigendes Grab verwandelt. Mitleid, christliche Bildung, Staatsklugheit flehten vereint um Hülfe und Rettung. Dazu hatten die Türken durch den Mordeinfall den Frieden gebrochen, den sie zuvor in Bukarest mit Rußland eingegangen waren; und in Griechenland glühte allenthalben in den Herzen das Feuer der Erhebung, es bedurfte nur eines Zeichens und es brach los. Es war die orientalische Frage in so gerechter und flehender Gestalt, wie sie vielleicht vorher und nachher nicht wieder erschienen ist. Auch hatte der Kaiser Alexander den Sinn dafür; die Gräuel erschütterten sein Herz und es erwachte die alte Hoff-

mung in ihm, seine Macht einmal an der Spitze des Kreuzes gegen
den Halbmond zu bewähren. Mit Oestreich, und vielleicht mit Eng=
land, im Bunde, wäre es ihm auch ein Leichtes gewesen, die Türken
zu strafen, die Serben zu befreien; doch wie war es möglich unter dem
noch herrschenden Mißtrauen einen solchen Bund zu stiften? England
und Oestreich hatten wohl ohnedies schwerlich ein Herz für die Sache;
für sich allein wollte der Kaiser in die noch schwebende Verwirrung und
Spannung einen neuen Streit nicht hineintragen; er mußte sehen, daß
ihm die Befriedigung seines Ehrgeizes in Polen viel Vertrauen bei den
anderen gekostet hatte. So blieb es bei Worten, Versprechen und
Planen für die Zukunft. Mit Graf Capodistria war noch ein anderer
angesehner Grieche in Wien; Alexander Ypsilanti, Sohn des 1805 von
den Türken hingerichteten Hospodars der Wallachei, jetzt russischer
Oberst, im Krieg erprobt, wo er in der Schlacht bei Kulm einen Arm
verloren hatte. Diese beiden stifteten jetzt den Bund der Griechen=
freunde. Der Kaiser von Rußland, die Kronprinzen von Baiern und
Würtemberg traten bei; der Bund gewann in den nächsten Jahren in
Deutschland und in ganz Europa viele Mitglieder. Später mischten
sich Schwärmerei und unverstandene Zwecke ein; doch der erste Zweck
war Erneuerung eines Volks durch Erziehung und Bildung der Jugend.

15. Zu Wien aber wurde bald der Bund mit seiner Ursache und
mit mancher anderen Angelegenheit durch eine Frage, die plötzlich mit=
ten in den Congreß hineintrat, weit zurückgedrängt. Zu Anfang März
schienen die Hauptfragen soweit geschlichtet, daß der Kaiser Alexander
bereits auf den 15. seine Abreise angesetzt hatte. Auch Stein dachte
abzureisen. Ihn hatte der unbefriedigende Verlauf der wichtigsten An=
gelegenheiten und vor allem die trostlose Verschleppung der deutschen
Frage ermüdet und niedergebeugt; seine ganze Stellung, die ihm so
viel Rath und aufreibende Arbeit und so wenig entscheidende Macht
gab, war ihm verleidet. Er klagte, wie ihm die Männer zuletzt noch
erschienen, mit welchen er wirken sollte: „Zerstreuung und Mangel an
Tiefsinn beim Kaiser, Stumpfheit und Kälte des Alters bei Raju=
mofsky und Hardenberg, Schwachsinn, Gemeinheit und Abhängigkeit
bei Nesselrode, Frivolität bei Allen war Ursache, daß keine große edle
Idee im Zusammenhang ins Leben gebracht werden konnte." So war
den besten Männern an der hoffnungslosen Arbeit der Muth ermattet;
da wurde er zu einer anderen Arbeit wieder aufgerufen. Am 7. März,
als Metternich von einer Sitzung zurückkehrte, die bis gegen Morgen
gedauert hatte, erhielt er eine Depesche vom Generalconsul in Genua.
Sie war als dringend bezeichnet, ermüdet wollte er sie trotzdem zurücklegen,

dann erbrach er sie doch. Sie enthielt die kurze Nachricht, daß Napoleon aus Elba verschwunden sei. Wie ein Blitz lief die Kunde durch Wien und zur selben Zeit schon stand der Kaiser auf dem Boden von Frankreich. Es wird erzählt, sein erstes Wort dort hätte gelautet: „Der Congreß ist aufgelöst." Und wohl sah es bald aus, als wäre alles Verhandeln, Streiten und Schlichten von fünf Monaten her vergebens gewesen; vom Kampf der Worte wurde Europa noch einmal zum Kampf der Waffen gerufen.

Fünftes Kapitel.
Napoleon und der Congreß.

1. Zu Ende April 1814, als der Einzug König Ludwigs XVIII. in Paris erwartet wurde, schrieb Stein von dort nach Hause, voll Sorge darüber, ob der König sich auf dem Throne halten werde, voll Furcht und Zweifel für die Zukunft. „Der Geist des Volks ist unsittlich und aufrührerisch, seine Eigenliebe ist gedemüthigt, es sieht sich besiegt und die Fremden in der Hauptstadt; das Heer ist wüthend über den Verlust der Dotationen, der Gelegenheiten, sich vom Raube fremder Völker zu bereichern; die Masse von Beamten, die ihre Versorgung verloren haben, wird durch den Mangel gestachelt auf Mittel der Erhaltung zu denken; und aus all diesem bildet sich ein Knoten von Haß, von Ränken und von Gährung, der uns die größte Unruhe verursacht." Das war der Hauptinhalt seiner Worte. Um die Mitte Oktober, als Pozzo di Borgo von Paris nach Wien kam, brachte er dem Kaiser Alexander einen besseren Bericht mit. Die Regierung, sagte er, gewinne an Festigkeit, der König sei gut gesinnt, das Volk vom Wunsch nach Ruhe erfüllt, die Finanzen wären in Ordnung, der rückständige Sold an die Truppen bezahlt; doch das Heer sei noch voll Unzufriedenheit und Unruhe, die Parteiführer suchten Gährung zu erhalten; die Zahl der Offiziere betrage 35,000, die der entlassenen Beamten 14,000. Noch viel hoffnungsvoller war das Bild, das um dieselbe Zeit Talleyrand dem Kaiser Alexander entwarf. Der öffentliche Geist, behauptete er, werde mit jedem Tage besser, die Armee sei für den König ganz gewonnen, die freisinnigen Grundsätze wären nirgends so gesichert als in Frankreich; der König habe nach 25 Jahren der Revolution seine Stellung so fest begründet, als ob er Frankreich nie ver-

laffen hätte. Diese letztere Darstellung hat der gewandte französische Minister beim Congreß wohl oft wiederholt; und, wie schon das Bündniß mit Oestreich und England beweist, viele gläubige Hörer dafür gefunden. Aber der Congreß sollte noch erfahren, welchen Grund dieser Glaube hatte, und Steins Urtheil sollte schwerer gerechtfertigt werden, als ihm lieb war. Das dachte sich bei der ersten Nachricht, Napoleon sei von Elba entwichen, doch fast Niemand in Wien, daß er wie im Siegeszug durch Frankreich nach Paris gehen und daß König Ludwig XVIII. mit seinem Regiment vor ihm verschwinden werde, als wäre er nicht da gewesen.

2. Obwohl die Franzosen vor den meisten neueren Völkern viel Anlage und Bedürfniß haben, die Bewegung ihres öffentlichen Lebens in großen Schauspielen darzustellen; so war es doch kein bloßes Schauspiel, als der bewegte Jubel des Volks am 3. Mai 1814 den König Ludwig XVIII. bei seinem Einzug in Paris begrüßte. Welch eine Zeit lag auch dazwischen, von jenen Tagen an gerechnet, wo Ludwig XVI. Thron und Leben hatte lassen müssen. Damals war das französische Volk im Grimm aufgestanden, hatte die Fesseln zerrissen, welche die Selbstsucht und die Gewalt von König, Adel und Geistlichkeit in harten Jahrhunderten um seinen Nacken geschmiedet, hatte in Strömen von Blut die Einrichtungen und Ueberlieferungen des alten Frankreich sammt ihrem Andenken vertilgt und hatte in der Hoffnung gelebt, daß aus solchen Thaten eine neue Zeit der Freiheit und des Glücks über ihm aufgehen werde. Von den Nachkommen seiner früheren Dränger aber mußten viele gleich ihrem König und seiner Familie die Schuld ihrer Väter oder die eigne Schuld auf dem Blutgerüste büßen, viele beugten sich unter die neuen Gewalten, die jetzt aufkamen; die meisten, unter ihnen des Königs Brüder, verließen Heimath und Vaterland, um in allen Ländern Europas der Hoffnung nachzugehen, ob sie wohl eine fremde Macht wieder in ihren Besitz zurückführen und ihnen zur Rache verhelfen würde. Das Volk täuschte sich. Es kam eine Gewaltherrschaft nach der anderen über Frankreich; die Leidenschaft, die den alten Staatsbau zerstört hatte, ergoß sich mächtig über die Grenzen, die französischen Heere schritten siegreich durch halb Europa, das Volk fand Herrschaft, Raub, Ruhm und Ehre die Fülle: doch der Wille des Soldatenkaisers war nicht die Freiheit und das Loos, das die junge Mannschaft in immer neue Kriege trieb, war nicht das Glück. Jetzt nach 25 Jahren voll so großer Veränderungen sah das Volk die Nachkommen seiner Könige und selbst die Söhne seines alten Adels mit andern Augen wiederkehren, als es sie einst hatte

ziehen sehen. Ueber dem neuen Joch, das so lange auf Frankreich gelegen, war das alte Joch fast vergessen, und aus der Demüthigung, in welcher die Früchte des neuen Ruhms verloren gingen, tauchte die Erinnerung an manche große Zeit auf, welche Frankreich den Vorfahren dieses Königshauses verdankte. Wohl kamen jetzt seine Nachkommen im Gefolge der fremden Waffen; allein an ihren Namen knüpfte sich doch der langentbehrte Friede, knüpfte sich auch die Wiederherstellung Frankreichs in den alten Grenzen seiner Macht. Wer kann ermessen und sagen, wie sich das Alles an dem Tage, wo der König kam, in den Herzen des Volks zusammendrängte. Der blutige Riß und die Schuld vergangener Tage, die Zeiten des Ruhmes, der Knechtschaft und der Opfer, sie begannen zu verschwinden vor der neuen Hoffnung, die mit der Gegenwart einzog; wie der Haß des Volkes den gefallenen Kaiser verfolgte, dem es vordem so manchmal zugejauchzt hatte, so fiel seine Liebe dem neu erhobenen König zu, den es vordem verjagt und vergessen hatte. Auf den einen versammelte sich das Gefühl der Leiden von 25 Jahren, auf den anderen vereinigte sich alle Hoffnung einer bessern Zeit. Es war kein Schauspiel, es war menschliche Wahrheit, als den König Ludwig XVIII. das leichtbewegte Volk in solchem Empfang zum Hause seiner Väter trug.

Aber auf diese Wahrheit im Rausch der Freude mußte auch die andere Wahrheit der bitteren Enttäuschung folgen. Und es war nicht allein das, daß der König mit seinem Anhang für übermäßige Hoffnungen einstehen sollten; es war viel schlimmer: sie erfüllten auch die gerechten Hoffnungen nicht, denn sie konnten es nicht. Die Aufgabe ging fast über das Maaß auch großer menschlicher Kraft und Gaben hinaus; und die solches hinaus führen sollten, brachten nicht einmal die gewöhnlichen Eigenschaften mit. Am König lobte man Verstand und Herzensgüte, doch war er schwerfällig an Geist und Leib; ein Spötter über vieles, was sonst die Menge glaubt und verehrt; doch ganz durchdrungen von der übermenschlichen Würde, die auf ihm als einem Nachkommen des heiligen Ludwig ruhe. Schlimmer war sein Bruder, der Graf Artois, der gerne in einem Kreuzzug nach Innen und Außen die Herrlichkeit des alten Königthums hergestellt hätte, und noch schlimmer der große Anhang, den der König aus der Fremde mitgebracht hatte. Frankreich hatte sich in einem Vierteljahrhundert von Grund aus verändert; die Gesetzgebung und die Ordnungen des Staats, Erwerb und Besitz, Leben und Sitte waren anders geworden. Die Männer dagegen, die einst vom Heerd ihrer Väter geflohen waren, kamen als dieselben zurück; was sie verlassen, suchten sie wieder: die

Güter, die Ehren, die Vorrechte, die Gewalt und die Vergeltung dazu
für alles, was sie bis dahin getragen hatten. Dieses Geschlecht hängte
sich an den König mit dem unablässigen Zudrängen, womit sich immer
die Gefährten gemeinsamer Schicksale und gemeinsamer Schuld unab=
weisbar und unentbehrlich zu machen suchen; und daß sie über dem
Umsturz eines Reiches einzogen, schien ihren Absichten um so mehr
Raum zu bieten. Sie sahen nicht, daß Frankreich so gut wie sie die
schweren Folgen vergangener Schuld hatte tragen müssen; sie hatten
keinen Sinn für die Versöhnung nach so schwerer Heimsuchung, kein
Herz für die schwere Arbeit des inneren Aufbaues an dem tief zer=
rütteten Staate. Es wäre ihr Beruf gewesen, die große allgemeine
Bewegung der Kräfte, die in den neugeschaffenen Staats= und Lebens=
ordnungen gegeben war, zum Guten zu lenken; statt dessen war ihnen
die rohe Gewalt willkommen, welche sich in den Gewohnheiten und
den Werkzeugen des gestürzten Kaisers überliefert hatte; und zu der
Selbstsucht, womit sie ihre Ansprüche verfolgten, fügten sie noch den
Uebermuth, der oft schärfer verletzt, als das Unrecht selbst. Zu tief
war die Kluft zwischen Diesen und dem Volke, das sie wieder fanden;
es war die Macht der stärksten Bewegung des menschlichen Herzens,
welche Frankreich und dieses Königshaus mit seinem Gefolge von einan=
der schied.

Das Jahr, in welchem Ludwig XVIII. den Thron bestiegen hatte,
ging noch nicht zu Ende und schon war gegen den Empfang im Früh=
jahr Alles verwandelt. Das Kaiserreich hatte nichts zurückgelassen als
ein Heer, das in seinen Niederlagen die Erinnerung an die Tage sei=
nes Glanzes nicht verlernt hatte, als eine Staatseinrichtung, die ge=
wohnt war, der Gewalt zu dienen, als Parteien, die nach langem
Druck sich wieder im Streit erhoben, als ein erschöpftes Volk. Diese
Zustände sollten durch eine Verfassung geheilt werden, die sich der Kö=
nig halb abnöthigen ließ und die dann doch nicht ehrlich gehalten
wurde. Die vorhandenen Einrichtungen zu schonen, die neue Verwal=
tung umsichtig aufzubauen, die Behörden nur in dem Maße zu verän=
dern, wie man neue Kräfte fand, die Parteien zu beschäftigen und zu
versöhnen, dem Volke die gesegneten Wege der Friedensarbeit zu öffnen:
das Alles wurde gar nicht oder nur halb und verkehrt gethan. Dafür
neue Ansprüche und neue Gewalt; eine Regierung, die von allen wech=
selnden Einflüssen des Hofs bewegt wurde; ein Heer von Stellenjä=
gern, die auf ihre Gesinnung und ihre persönlichen Verbindungen
pochten; eine Politik, die mehr den Glanz nach außen, als die innere
Wohlfahrt suchte. Wie der Adel mit dem alten Hochmuth, so trat die

Geistlichkeit mit der alten Herrschsucht auf; in einem Staate, der seit mehr als einem Menschenalter nur Freigeisterei oder Duldung gekannt hatte, begann der alte Glaubenszwang gegen die Protestanten wieder; es war, als wenn an vielen Orten die blutigen Geister der Verfolgung wieder erwachten, die vor mehr als hundert Jahren die Königsherrschaft geschändet hatten. Dazu ward das Volk in seinem neuen Besitz bedroht: die Käufer der Nationalgüter, hieß es, hätten den Erwerb nicht rechtmäßig gewonnen, sie müßten ihn ganz oder theilweise herausgeben; es waren tausende von Familien, die auf einmal für ihr Vermögen fürchteten. Und wo die Umgestaltung am schwersten war, geschah das Verkehrteste. Das Heer wurde in seinen hohen Offizieren zurückgesetzt, in seinen Soldaten vernachlässigt. Die Marschälle und Generale mußten in den Vorzimmern des Königs um Gunst nachsuchen; die Regimenter, deren Fahnen siegreich am Nil und an der Moskwa geweht hatten, sollten von Prinzen und Adeligen Befehle annehmen, die keinen Krieg gesehen, oder gegen Frankreich die Waffen getragen hatten; die Soldaten, welche zu Tausenden aus den Festungen Deutschlands, den Steppen Rußlands, von den Schiffen Englands zurückkehrten, fanden Niemand der sich ihrer Noth annahm. So geschah es, daß rings im Volke Gleichgültigkeit oder Abneigung gegen das neue Königshaus an die Stelle der ersten Freude trat; daß mit den alten wilden Jakobinern alle Anhänger freierer Staatsbewegung sich feindlich von der Regierung abwandten; daß im Heer ein Geist der Erbitterung und des Abfalls überhand nahm. Es war ein Geringes, daß hier und dort unter hohen Beamten und Offizieren geheime Verschwörungen angesponnen, und die Fäden gezogen wurden, welche zum verbannten Kaiser nach Elba hinüberliefen; viel furchtbarer war die allgemeine Verschwörung, die keiner geheimen Worte und Zeichen bedurfte, und doch am entscheidenden Tage alle Hände lähmte, die für das Königshaus waren, alle Hände bewaffnete, die es zu stürzen dachten.

3. Napoleon, so schwierig die Verbindungen zwischen Elba und dem Festland waren, erhielt von Allem, was in Paris und in Wien vorging, reichliche Kunde. Die Herzogin von St. Leu, gewesene Königin von Holland, deren Sohn in unsern Tagen seinem Oheim auf dem Kaiserthron folgen sollte, machte in Paris ein großes Haus und war in beständiger Verbindung mit vielen bedeutenden Männern der Kaiserzeit. Napoleons Bruder Joseph war von Bern aus thätig, seine übrigen Geschwister knüpften zwischen Elba, Neapel und Rom die Fäden, seine Mutter und seine Schwester konnten ihn sogar wiederholt

in Elba besuchen; aus Wien bezog er durch die Hofmeisterin seines Sohnes und ihre Familie beständige Mittheilungen. An Warnungen dagegen fehlte es nicht. In Paris erhielten des Königs Günstling Blacas und der Polizeiminister von verschiedenen Seiten frühzeitig Kunde von Verschwörungen; der französische Gesandte in Turin berichtete ein Gleiches; der Senat von Bern und die Regierung des Pabstes sendeten wiederholte Anzeigen theils nach Wien, theils nach Paris; der Präfekt des Vardepartements machte im Februar bestimmte Meldung von verdächtigen Landungen an der Küste. Allein der König und seine Regierung waren in vollkommener Sorglosigkeit und blindem Vertrauen, wie fest sie stünden; während der Congreß in Wien ganz von seinen eignen Geschäften und Genüssen hinweggenommen war. Talleyrand sagte dort noch im Oktober zu Pozzo di Borgo, der ihn vor Napoleon warnen wollte: „Lassen Sie den, er ist ein todter Mann." Die Sorglosigkeit ging so weit, daß die englischen Schiffe nicht einmal bestimmten Befehl wegen etwaiger Entfernung Napoleons von der Insel hatten, und daß der englische Resident auf Elba am Tage, wo der Kaiser aufbrach, auf einem Balle in Livorno war. So fand dieser, als er die Zeit gekommen, die Zustände in Frankreich reif, den Congreß in vollem Streite glaubte, kein Hinderniß. Er schiffte sich am 26. Februar mit 900 oder 1000 seiner Garden in Elba ein, und stieg am 1. März bei Cannes im Golf Juan an der französischen Küste ans Land.

Seine Unternehmung wurde zu einem ununterbrochenen Marsch auf Paris; man fühlte ihn, sagt ein Zeitgenosse, unsichtbar auf einige Stunden vorübergehen, wie einen Wirbelwind [1]), der Alles mit sich fortreißt. Während sie noch in Wien hin und herriethen, ob er sich nach Frankreich oder Italien wenden werde, war er schon auf dem Marsch nach Lyon. Am 7. März in der Nähe von Grenoble traf er an der Spitze seiner Garden auf das erste Bataillon, das ihn aufhalten sollte; er trat vor die Reihen und wies auf seine Brust: „Kennt Ihr mich Soldaten? Wer unter Euch wird auf seinen Kaiser schießen?" Da war kein Widerstand, der Commandeur versuchte umsonst seine Pflicht zu thun; ein Taumel der Begeisterung riß seine Leute fort, sie trugen ihre Waffen zum Kaiser hinüber. Dasselbe Schicksal hatten alle Regimenter, die gegen ihn auszogen; die Offiziere mußten mit zu ihm übergehen oder fliehen. In Lyon hofften der Graf Artois und der Mar-

---

1) E. Quinet. Geschichte des Feldzugs von 1815. Aus dem Französischen. Cassel 1862. 26.

schall Macdonald den Kaiser aufzuhalten; es war umsonst, sie vermochten sich kaum noch vor den eignen Soldaten zu retten. Den letzten Versuch sollte Marschall Ney machen. Er hatte vom König bei
seiner Abreise noch eine halbe Million Franken genommen, und ihm
gesagt, er werde ihm den Tiger gefesselt bringen; dann führte er die
Regimenter zu Napoleon hinüber. Der König hatte Niemand mehr,
der für ihn fechten wollte, als die Schweizerregimenter in seinem Solde;
seine Umgebung zeigte sich unfähig oder feige. Am 20. März verließ
er Paris und floh nach Belgien. An demselben Tage hielt Napoleon
seinen Einzug in der Hauptstadt.

Aber auch er sollte in Frankreich selbst und außerhalb schnell erfahren, was sich so eben an dem alten Königshause erfüllt hatte: wie
gerecht und mächtig die eigne Vergangenheit in den Wegen der Menschen fortwirkt. Napoleon kam nicht mit den alten Gedanken der Eroberung und der Gewaltherrschaft; er führte Worte des Friedens und
der Freiheit im Munde. Auch hat er den Krieg gewiß nicht gewollt,
denn er wäre Tollheit gewesen; und selbst die freie Bewegung der Parteien suchte er zu ertragen, denn er mußte. Aber es gelang ihm weder
mit dem einen noch mit dem andern. Die Fürsten und die Völker
Europas trauten ihm nicht, daß er wirklich Frieden halten werde; wie
er sie in den Jahren seiner Weltherrschaft gegen sich aufgereizt hatte,
das sollte er bald von Wien aus erfahren. Und das französische Volk
war nicht gewohnt aus seinem Munde das Lob der Freiheit zu hören;
sein früheres Werk war nur ihre Unterdrückung, er selbst konnte sich
in die neue Nothwendigkeit nicht finden. Wohl führte er bald eine
freie Verfassung ein, ordnete Wahlen an, gab die freie Presse und die
Schwurgerichte zurück, nahm Republikaner in seine Regierung; allein
die Art wie er persönlich erschien, wie er seinen Hof einrichtete und
die Geschäfte handhabte, war die alte, die Männer denen er die wichtigsten Dinge im Staat und Heer übertrug, waren die frühern Werkzeuge seiner Gewalt. Das Volk hatte bei dem großen Umsturz seinen
Vorgänger im Stiche gelassen; allein es hatte sich auch für ihn nicht
erhoben, und was er thun mochte, sein Herz, seine Arme für sich in
Bewegung zu bringen, es blieb umsonst. Er selbst hatte früher die
letzte Kraft von ihm gefordert, die Masse war keiner Erhebung mehr
fähig; die Männer aus der Revolutionszeit dagegen wurden seine bittern Gegner, sobald sie wirklich mit ihm für den Staat zusammen
wirken sollten. Es wollte sich von seinen früheren Thaten zu dem
festen Grunde einer neuen Herrschaft die Brücke nicht wölben.

4. Zu Wien waren sie anfangs weit entfernt, die ganze Gefahr

zu erkennen, die sich aus Napoleons Entweichung von Elba so schnell
entwickeln sollte; selbst die Feste gingen noch ein paar Tage fort. Bei
Vielen war die Sorglosigkeit die vorher bestanden, noch wenig erschüttert; Einige gaben sich wenigstens den Anschein, als fürchteten sie
nichts, Einige trugen ihre Zuversicht so laut als möglich zur Schau.
Metternich, der die Stimmung des französischen Heeres kannte, hielt es
für das Schlimmste, wenn Napoleon in Frankreich lande, für weniger
gefährlich, wenn er in Oberitalien, für das Leichteste, wenn er in
Neapel erscheine. Talleyrand im Gegentheil versicherte: „wir fürchten
ihn nirgends, am wenigsten aber in Frankreich." Stein rieth gleich
am 8. März, die Congreßmächte sollten sich zu einer öffentlichen Erklärung gegen Napoleon vereinigen, damit das französische Volk ge-
warnt würde; die anderen hielten das nicht für so eilend, Talleyrand
namentlich meinte, es sei bringender, die Sache wegen Sachsen zu
ordnen. Es begaben sich also er selbst, Wellington und Metternich
nach Preßburg, um den König zu bestimmen, daß er der Uebereinkunft
der Mächte beitrete. Es waren die Vertreter der drei Staaten, die
sich des Königs bisher am meisten angenommen hatten; dennoch richteten sie nichts aus, die Kunde von Elba hatte beim König und seiner
Umgebung sogar neue Hoffnungen geweckt. Als die drei Minister am
11. März zurückkehrten, war die Lage verändert; die Nachricht von
Napoleons Landung in Frankreich war eingetroffen. Noch am nämlichen Tage fanden zwischen Feldmarschall Schwarzenberg, Fürst Wol-
konsky und General Knesebeck Berathungen über den möglichen Kriegs-
fall statt. In der Gesellschaft erzählte man sich, Kaiser Franz hätte zu
Alexander gesagt: „Sehen Sie, das kommt von dem Schutz, den Sie
in Paris den Jakobinern erwiesen haben;" der Kaiser von Rußland
hätte geantwortet: „ich werde mein Unrecht an der Spitze meiner Armee wieder gut machen." [1]) Talleyrand drang jetzt vor den anderen
auf eine Erklärung der Mächte, doch gab er seinen zuversichtlichen Ton
nicht auf; und Wellington schrieb noch am 12. an seine Regierung, er
sei überzeugt, Napoleon habe auf Grund falscher Berichte gehandelt
und werde von Ludwig XVIII. in kurzer Zeit vernichtet werden, doch
möge man dem König die englischen und hannoverschen Truppen in
den Niederlanden so bald als möglich zur Verfügung stellen.

Am 13. März kam die Erklärung der verbündeten Mächte gegen
Napoleon zu Stande. Sie wurde nach einem Entwurf von Gentz
durch die versammelten Minister berathen und war ganz nach dem

---

1) A. de la Garde. II. 512.

Wunsche Talleyrands allein gegen Napoleon gerichtet, indem sie die Sache Frankreichs von diesem trennte. Er habe, sagte sie, durch seine Flucht von Elba die Verträge gebrochen, den Schutz der Gesetze verwirkt und bewiesen, daß mit ihm weder Friede noch Waffenstillstand möglich sei. Die Mächte erklären demnach: daß Napoleon Bonaparte sich selbst von aller bürgerlichen und gesellschaftlichen Ordnung losgesagt und als Feind und Störer der Ruhe der Welt sich der öffentlichen Strafe überliefert hat. Sie erklären sich ferner fest entschlossen, den Vertrag von Paris aufrecht zu halten und den allgemeinen Frieden gegen jede Störung, jeden Angriff zu sichern, der die Völker wieder in die Unordnungen und das Unglück der Revolutionen zu stürzen droht. Von Frankreich sind sie überzeugt, daß es sich um seinen rechtmäßigen König schaaren und diesen letzten Versuch eines verbrecherischen und ohnmächtigen Wahnsinns in sein Nichts zurückwerfen werde; sollte aber gegen alle Erwartung eine Gefahr daraus entstehen, so sind die Souveräne Europas einmüthig bereit, dem König von Frankreich und der französischen Nation, oder jeder anderen Regierung auf ihr Verlangen jede nöthige Hülfe zu gewähren. Die Schrift war von den acht Mächten unterschrieben, welche den Pariser Frieden unterzeichnet hatten; es war eine förmliche und feierliche Achtserklärung Europas gegen Napoleon.

5. Schon nach den ersten Nachrichten war von mehreren Staatsmännern des Congresses, namentlich vom Herzog von Wellington, gefordert worden, daß sofort zwischen Rußland, Preußen, Oestreich und England das Bündniß von Chaumont (1. März 1814) erneuert werde. Bei den Unterhandlungen darüber machte Capodistria den Kaiser Alexander aufmerksam, daß von der Gemahlin Napoleons eine Verzichtleistung auf den französischen Thron für sich und ihren Sohn erwirkt werden möge. Es kam nicht dazu; Marie Louise begab sich mit einer gewissen Feierlichkeit von Schönbrunn zu ihrem Vater nach Wien, übergab diesem ihren Sohn, entließ die französischen Erzieher desselben, und sprach laut aus, sie werde in keinem Falle, selbst nicht auf Befehl ihres Vaters, zu Napoleon zurückkehren. Inzwischen wurden die Nachrichten immer ernsthafter. König Mürat von Neapel hatte schon seit Wochen seine Truppen in Bewegung gesetzt; von dieser Seite konnte der Kampf jeden Tag ausbrechen. Oestreich verstärkte sein Heer in Italien und suchte seine neuen Provinzen durch Zugeständnisse zu gewinnen, indem es sie zugleich zum besonderen „lombardisch-venetianischen Königreich" erklärte. Ueber Napoleon selbst erfuhr man, daß er beständige Fortschritte mache; das genügte den Abschluß des neuen Bündnisses zu beschleunigen.

Es kam am 25. März auf der alten Grundlage zu Stande. Die vier Mächte verpflichteten sich, die Bestimmungen des Pariser Friedens sowie die Anordnungen des Congresses aufrecht zu halten und alle ihre Anstrengungen gegen Napoleon zu richten, damit er nie wieder den Frieden von Europa störe. Jede werde 150,000 Mann stellen, die Waffen dürften nur nach gemeinsamer Uebereinkunft niedergelegt werden. England behielt sich vor, einen Theil seiner Truppen in Subsidien zu stellen, die nachher auf 60 Millionen Gulden, für jede der drei Landmächte 20 Millionen, bestimmt wurden. Alle anderen Mächte sollten zum Beitritt eingeladen werden; ganz besonders aber der König von Frankreich, da die Uebereinkunft hauptsächlich den Zweck habe, Frankreich oder jedes andere bedrohte Land gegen Napoleon Bo= naparte zu schützen. Und der König wurde wirklich schon am 27. März durch eine Note der vier Mächte an Talleyrand zum Beitritt aufgefordert.[1] Frankreich wurde dadurch fast wie ein Mitglied des Bundes, und König Ludwig XVIII. hatte später um so mehr Anspruch, daß das Land nicht wie ein erobertes behandelt werden dürfe. Wie weit in jenen Tagen die Nachrichten in Wien gingen, ist noch nicht aufgeklärt. Es scheint fast, daß wenigstens die preußischen Staatsmänner nach den Berichten, die ihnen von Paris und von der luxemburgischen Grenze zugingen, den nahen Fall der Bourbons hätten voraussehen können;[2] doch ging auch wieder in eben den Tagen aus dem Kreis der Mo= narchen in Wien an Ludwig XVIII. der Rath ab, er möge sich im schlimmsten Falle mit den Kammern und den treugebliebenen Truppen in eine der nördlichen Grenzfestungen werfen und sich ja nicht von der Nation scheiden. Genug: es kam dasjenige Bündniß, auf dessen Grund der Krieg nachher geführt wurde, noch unter der falschen Voraussetzung zu Stande, daß Ludwig XVIII. sich halten könne, es kam zu Gun= sten Frankreichs und nur gegen Napoleon zu Stande.

Bald freilich sollte die Zuversicht auf das französische Königthum wi= derlegt werden. Am 26. März erfuhr man in Wien, daß Napoleon in Lyon sei; wenige Tage später seinen Einzug in Paris und die Flucht des bour= bonischen Hofs über die Grenze. Das machte großen Eindruck, die Ge= sinnungen Vieler wendeten sich vom gestürzten Königshaus ab, während sie sich im Entschluß des Kampfes gegen Napoleon befestigten. Nament=

---

1) D'Angerberg. Le Congrès etc. II. 979.
2) Archiv des Gr. Gurlsßbs in Berlin. 1815. C. 1. L. v. Gerlach z. B. be=
richtet aus Paris, 19. März Nachmittags 5½ Uhr: die Sache sei für Napoleon so
gut wie entschieden.

lich der Kaiser Alexander, der zuerst einen raschen großmüthigen Eifer
für das Haus Bourbon gezeigt hatte, kam ebenso schnell davon zu=
rück. Als er erfuhr, daß es so ganz wehrlos und ohne allen Antheil
des Volks gefallen war, erwachte in ihm auf einmal wieder die ganze
frühere Abneigung; er schmeichelte sich, daß er über dessen Unfähigkeit
zur Regierung recht geurtheilt habe, und vergaß der persönlichen Ein=
drücke, die ihn dabei bewegt hatten. Er sah jetzt im Herzog von Or=
leans, demjelben der 1830 König wurde, den Mann, der geeignet sei,
das alte und das neue Frankreich zu versöhnen; denn er habe für
die Freiheit und für das Königthum gefochten, gehöre dem neuen Volke
und der alten Herrscherfamilie an, habe die dreifarbigen und die weißen
Farben getragen. Wie sehr sich seine Gesinnung gegen den vertriebe=
nen König geändert hatte, las man bald in einer Frankfurter Zeitung,
die im Dienst der russischen Regierung war. Es wurde gesagt, was
nachher viele der Verbündeten wiederholten, daß sie nämlich Napoleon
stürzen, doch Frankreich die Wahl seiner Regierung frei lassen wollten.
Zu diesem Entschluß scheint den Kaiser auch die überraschende Mit=
theilung des englisch=französisch=östreichischen Bündnisses vom 3. Januar
mit bestimmt zu haben. Der Minister Ludwigs XVIII. hatte das
Aktenstück bei seiner Flucht zurückgelassen; es war in Napoleons
Hände gekommen und dieser hatte es alsbald dem russischen Gesand=
ten zugeschickt. Alexander, dem bis dahin höchstens Gerüchte von je=
nem Bündniß zugegangen waren, wußte sich klug und edel zu fassen.
Er ließ noch am Tage, wo er das Aktenstück erhielt (5. April), Stein
und Metternich rufen, fragte den letzteren, ob er die Schrift kenne,
und kam seiner Entschuldigung mit den Worten zuvor: es solle zwi=
schen ihnen nie mehr davon die Rede sein; Napoleon sei zurückgekehrt,
das Bündniß zwischen Rußland und Oestreich müsse fester sein als
je. Damit warf er die Urkunde ins Kaminfeuer. Auch den König
von Baiern und Gagern nahm er mit der Ausrede, die sie brach=
ten, versöhnlich auf; Talleyrand half sich gegen Nesselrode mit der
leichten Wendung über die Sache weg, er habe nur das Bündniß der
vier Mächte sprengen wollen. Die Sache ließ doch bei Stein und
Anderen lange nachwirkende bittere Gedanken zurück; der Einigkeit
gegen Napoleon aber that sie keinen Eintrag.

6. Trotz der für das entthronte Königshaus so ungünstigen
Wendung suchte Talleyrand den Vertrag vom 25. März zu dessen Vor=
theil zu verbessern; die fortwährenden Bemühungen Napoleons um
Trennung der Verbündeten und um Frieden boten ihm die erwünschte
Handhabe dazu. Der Herzog von Dalberg entwarf in diesem Sinne

einen Zusatz zum Vertrag; und Lord Clancarty, der jetzt nach Welling=
tons Abreise zum Heer in den Niederlanden (26. März) die Ge=
schäfte der englischen Gesandschaft versah, gab der Meinung, daß der
Krieg zu Gunsten der Bourbons geführt werden solle, einen noch viel
stärkeren Ausdruck. Allein es fand sich Niemand, der solch einer Er=
klärung beitreten wollte. Der Kaiser Alexander suchte vielmehr Clan=
carty für den Herzog von Orleans zu stimmen, worauf dieser jedoch
auswich und Metternich, als er es erfuhr, bemerkte, man müsse die
Ereignisse abwarten, es sei noch keine Zeit zu der Frage. Das war
richtig. Zu etwas Anderem dagegen war es gerade jetzt Zeit, wo
während des ganzen April über eine neue Erklärung zum Vertrag
verhandelt wurde; und das hätten die deutschen Staatsmänner wissen
und thun müssen. Sie waren gar nicht für die Zurückführung des
Königs eingenommen: von den östreichischen sprachen manche schon
von einer Regentschaft für Napoleons Sohn; unter den preußischen
fehlte es nicht an Stimmen, die nach dem Sturz des neuen Kaiser=
reichs keinerlei Einmischung in die inneren Angelegenheiten Frankreichs,
doch dafür eine stärkere Grenze für Deutschland verlangten. An die
letztere hatten natürlich nicht die Russen und die Engländer zu denken:
warum aber unterließen es die deutschen Minister, diese Forderung
als Zusatz zum Vertrag vorzuschlagen? Sie war nicht blos gerecht;
sie konnte auch mit Nachdruck behauptet werden, denn die deutschen
Waffen mußten jedenfalls die ersten am Feinde sein. Was dafür ge=
schah wissen wir nicht, allein es kam nichts zu Stande. Wenn die
Minister von Oestreich und Preußen auch den Blick dafür hatten, so
fehlte zwischen ihnen nach den vorhergegangenen Streitigkeiten jeden=
falls die nöthige Einigkeit. So gaben nur einzelne deutsche Fürsten,
als sie nachher dem Vertrag beitraten, einen Vorbehalt wegen einer
besseren Grenze ab. In den Vertrag selbst kam nichts; es wurde
vielmehr am 12. Mai in einer Sitzung der 8 Mächte ausdrücklich auf
eine neue Erklärung dazu verzichtet. Wieviel damit versäumt war,
sollte sich nach dem Kriege zeigen. Eine Zusatzerklärung anderer Art
konnte dafür nicht entschädigen. Das englische Ministerium sah sich
nämlich durch die Opposition im Parlament genöthigt (15. April), öf=
fentlich auszusprechen, daß der Krieg gegen Napoleon geführt werden
solle, doch keineswegs in der Absicht, Frankreich eine bestimmte Regie=
rung aufzunöthigen. Das war freilich das Gegentheil von Talleyrands
Absicht; allein man erfuhr in Wien bald, daß die englischen Minister
den bourbonischen Hof, der sich in Gent aufhielt, unter der Hand ihrer
fortwährenden Unterstützung versichert hatten. Indessen schlossen sich

zunächst die Großstaaten (9. Mai) und dann alle anderen, die dem Bunde beitraten, der englischen öffentlichen Erklärung an, und es war dadurch der Vertrag vom 25. März in etwas verbessert; nur wurde damit die versäumte Gelegenheit für Deutschland nicht eingebracht.

7. Nach alledem standen doch für Napoleon die Sachen sehr schlimm, und er selbst sollte in Paris bald die Erfahrung davon machen. Er hatte gleich nach seinem Einzug mit dem östreichischen Botschafter General Vincent und dem russischen Geschäftsträger Budiakin, die wegen verspäteter Ausfertigung ihrer Pässe zurückgeblieben waren, Verhandlungen gesucht; sie verstanden sich kaum dazu den neuen Minister des Aeußeren Caulincourt in einem Privathause zu sprechen. Es wurde nichts erreicht, als daß dieser an Budiakin jene Schrift über das Bündniß vom 3. Januar mittheilen konnte, die dann doch beim Kaiser von Rußland keine Wirkung that. Konnte Napoleon schon an diesem Zurückweichen der fremden Gesandten vor jeder Verbindung mit ihm die Gesinnung der Mächte erkennen; so sagte es ihm die Achtserklärung vom 13. März bald noch deutlicher. Sie wurde sogleich im Ministerrath besprochen. Man gebrauchte nach des Polizeiministers Fouché Rath den Kunstgriff sie für untergeschoben, für ein Machwerk Ludwigs XVIII. zu erklären. Mit dieser Auslegung an der Spitze erschien dann eine Rechtfertigung der Rückkehr Napoleons aus Elba in der Regierungszeitung, dem Moniteur. Zum Eingang kam die Anklage, daß man dem Kaiser den Vertrag von Fontainebleau nicht gehalten habe, die versprochenen Summen seien ihm nicht pünktlich ausgezahlt worden, seiner Gemahlin und seinem Sohn hätte man die Wiedervereinigung mit ihm verweigert, seinem Stiefsohn Eugen das zugesagte Fürstenthum nicht gegeben, die Bourbons hätten ihm nach dem Leben getrachtet. Doch hätte der Kaiser das Alles ertragen; allein auch Frankreich habe man mißhandelt. Man hätte die Souveränetät des Volks, sein Recht, sich selbst die Regierung zu geben, mißachtet; man hätte ihm das alte verhaßte Herrscherhaus aufgedrungen, und dieses hätte Land und Volk behandelt, als wären sie ihm durch die eigenen Waffen zurückerobert worden. Hier folgten nun alle die Beschwerden die ich oben aufgezählt habe: sie vor allem, der Zorn über das Unglück Frankreichs, hätten Napoleon zurückgerufen. Wie ihn das Land aufgenommen habe, wie ihm Heer und Volk überall zugefallen wären, wie sein Zug ein einziger unblutiger Siegeszug gewesen sei: in dem Allem sei sein Unternehmen gerechtfertigt. Jetzt wolle er nichts als Frankreichs Glück und Unabhängigkeit, er wolle Friede mit Europa. Versage man ihm dies, taste man wie 1792 die Regierung an, die

Frankreich sich selbst gegeben habe; so werde es den Einfall wie damals zurückweisen und sein Recht, seinen Willen, seine Unabhängigkeit, den Fürsten seiner Wahl vertheidigen.

Allein die Erklärung blieb wirkungslos nach Innen und, sammt den Bemühungen die ihr folgten, noch wirkungsloser nach Außen. Umsonst hatte Joseph Bonaparte schon gleich nach der Landung seines Bruders mit dem östreichischen Gesandten in Bern Verbindungen anknüpfen wollen; umsonst suchte er sie jetzt zu erneuern. Umsonst schickte Napoleon selbst bewegliche Schreiben an seinen Schwiegervater den Kaiser Franz nach Wien; umsonst wendeten sich die Herzogin von St. Leu und die Nichte seiner ersten Gemahlin, die Großherzogin Stephanie von Baden, für ihn an den Kaiser Alexander. Auch eine Reihe von Sendungen geheimer Agenten nach Deutschland blieb ohne Ergebniß; die meisten mußten umkehren, ehe sie ihren Bestimmungsort erreicht hatten. Nur einer gelangte nach München, um in die dort ohnedem vorhandene Verstimmung neuen Zündstoff zu werfen, der doch nur kurze Zeit wirkte. Ein andrer gelangte nach Wien, um dort von Nesselrode, Metternich, Talleyrand übereinstimmend zu hören, daß man den Sturz Napoleons wolle. Metternich lehnte selbst eine Regentschaft für den Sohn des Kaisers ausdrücklich ab, und Talleyrand zeigte sich auch für seines alten Freundes Fouché Einladungen zum Uebertritt völlig unzugänglich. Ebensowenig half es, daß sich Napoleon mit eigenhändigen Schreiben an die Fürsten wandte (4. April) und daß Caulincourt der Minister des Aeußeren in gleichem Sinne, Frieden versichernd und suchend, an die Minister schrieb. Es war schwer diese Botschaften nur an ihren Ort zu bringen, da fast alle französischen Gesandten, noch von Ludwig XVIII. angestellt, der neuen Regierung den Dienst versagten; es wurden daher diese amtlichen Schreiben alsbald auch im Moniteur bekannt gemacht. Nicht in der Zeitung erschienen dagegen die besondern Schreiben, womit der Herzog von Vicenza die Rheinbundfürsten gewinnen sollte. Wenn Frankreich, hieß es darin, vordem seinen Einfluß in Deutschland zu weit vorgeschoben habe, so könne dieser doch jetzt nicht mehr drückend werden und es liege ein freundschaftliches Verhältniß, welches die Unabhängigkeit der deutschen Einzelstaaten sichere, im beiderseitigen Vortheil. Hierin war also die Politik Napoleons dieselbe, wie die des Hauses Bourbon; Caulincourt knüpfte an der nämlichen Stelle an, wie Talleyrand. Auch dieser Schritt blieb ohne Wirkung.

8. Während Napoleon auf diese Weise mit jedem Tage klarer erkennen mußte, daß er allein das vereinigte Europa zu bestehen ha-

ben werde, ging ihm auch der einzige Bundesgenosse, auf den er rech=
nen durfte, der König Mürat von Neapel, durch unbesonnenes Los=
brechen schnell verloren. In diesem vorzeitigen Krieg hat jener nach=
her den willkommenen Vorwand gefunden, als sei dieser die Ursache,
daß Europa mit so unerbittlicher Einmüthigkeit zum Angriff auf das
erneute Kaiserreich geschritten sei. Allein die Achtserklärung war längst
beschlossen und bekannt, ehe Mürat den Krieg anfing; und es hing
zu der Zeit von des letzteren Willen überhaupt nicht mehr ein lan=
ges Hinausschieben, sondern nur noch die Wahl zwischen wenigen Ta=
gen ab. Er ward ein Vorzeichen von dem gewaltigeren Sturz, der
nicht lange nach dem seinen geschehen sollte.

Die Geschichte ist kurz. Wir wissen daß König Mürat während
des deutschen Befreiungskriegs durch den Abfall von Napoleon und
ein besonderes Bündniß mit Oestreich vom 11. Januar 1814 sein Kö=
nigreich gerettet hatte; wir wissen auch, wie Talleyrand frühzeitig und
mit allen Mitteln im Namen des Hauses Bourbon die Ansprüche des
Königs Ferdinand auf Neapel gegen ihn geltend machte. Oestreich
war durch seinen Vertrag, England durch eine Militärconvention mit
Mürat gebunden; die anderen Mächte dagegen waren von unmittel=
barer Verpflichtung gegen ihn frei; und Niemand sah es gerne, daß
dieser napoleonische König noch herrsche. Bei dieser Lage ließen sich die
Ansprüche an das alte Recht Ferdinands gut anbringen, und bei Tal=
leyrand waren sie in den rechten Händen. Er versuchte es vor dem
Congreß, auf dem Congreß und neben dem Congreß her; die Enthül=
lungen von Eugen Beauharnais über Mürats Plan, noch während
des Kriegs wieder zu Napoleon abzufallen, die zum Theil gefälschten[1]
Beweise dafür, welche aus dem Pariser Staatsarchiv beigebracht wur=
den, kamen Talleyrand zu Hülfe. Der Herzog von Wellington machte
schon zu Ende 1814 einen Plan, wie man Mürat zur See beikommen
könne; Lord Castlereagh bemühte sich noch ehe er den Congreß verließ
im Februar 1815, die Kaiser von Rußland und Oestreich gegen Mü=
rat zu gewinnen. Der Kaiser Alexander äußerte sich ohnedem wegwerfend
über diesen; Talleyrand verlangte nur die Anerkennung des Königs
Ferdinand, das übrige wolle Frankreich thun.

Doch weit gefährlicher als alle diese Feindschaft und diese Um=
triebe wurden für König Mürat seine eigne Unfähigkeit, Schwäche und
Treulosigkeit. Er sah die Gefahren, die ihn rings bedrohten, er fühlte,

---

1) Gervinus. Geschichte des 19. Jahrhunderts. I. 189.

daß sein neues Königthum den alten Herrscherhäusern Europas zuwider war, er hatte sich durch seinen ersten Abfall doch nicht das Vertrauen der neuen Verbündeten erworben, er hatte wiederholt zwischen diesen und Napoleon geschwankt. Als er sah, daß seine Stellung immer ernstlicher bedroht wurde, als er von den Zerwürfnissen auf dem Congreß hörte, machte er mit großem Geräusch Rüstungen, äußerte, daß er mit 80,000 Mann ausziehen werde, um die französische Regierung für ihre Umtriebe zu züchtigen, und verlangte von Oestreich freien Durchzug durch sein Gebiet. Metternichs Erklärung, daß er jede Verletzung der österreichischen Grenze als Feindseligkeit betrachten werde, hielt ihn um so mehr noch zurück als sie zugleich an Frankreich erging. Da kam Napoleons Rückkehr von Elba, sein Zug nach Paris. Noch riethen Mürats Gemahlin und seine Minister vom Kriege ab; auf der andern Seite trieben ihn die geheimen Verbindungen, welche die Unabhängigkeit für Italien erstrebten, unter Vorspiegelung einer großen Volkserhebung vorwärts. Napoleon wollte, daß er zwar Italien bis zum Po oder selbst bis zu den Alpen besetze, doch ohne mit Oestreich zu brechen; vielmehr solle er diese Macht vom Bündniß mit Preußen und Rußland zu trennen suchen. Ueber alledem that Mürat lauter widersprechende Schritte; er ließ seine Truppen durch die Marken vorrücken, verschonte Rom, schickte eine Erklärung nach Wien, die Oestreich Friede anbot und um ein Bündniß mit Napoleon beschwor, und erließ gleich danach einen Aufruf an die Italiener, sich zum Kampf für die Unabhängigkeit und Einheit ihres Vaterlandes um seine Fahnen zu schaaren.

Der Feldzug war schnell entschieden. Mürat war nie ein Feldherr und hatte 34,000 Mann Neapolitaner; und was gegen ihn stand, waren 32,000 Oestreicher, dazu an ihrer Spitze der tüchtige General Bianchi. Mürat rückte, ohne seine Macht gehörig zusammenzuhalten, gegen den Po vor, die noch schwachen östreichischen Abtheilungen wichen unter unbedeutenden Gefechten zurück. Am 7. April griff er ohne Glück den Brückenkopf von Ochiobello an; dann blieb er bis zum 13. unthätig stehen. Inzwischen hatte Bianchi seine Macht beisammen und begann vorzurücken, am 16. trat Mürat nach einigen ungünstigen Gefechten mit seinen Vortruppen den Rückzug nach Rimini an. Dort wollte er eine Schlacht annehmen; allein Bianchi hatte die Kühnheit, ihn zu umgehen. Während die eine Hälfte seiner Armee unter Neyperg dem König langsam folgte, rückte er selbst mit 11,000 Mann in Eilmärschen über Arezzo, Perugio, Foligno nach Tolentino, wo er seinem Gegner den Paß über die Apenninen und die beste Heerstraße nach Neapel verlegte. Hier griff ihn der König am 2. Mai an. Er hatte sich unterwegs verstärkt, nur einen kleinen Theil seines Heeres bei Ancona gegen Neyperg zurückgelassen, und war demnach den Oestreichern gewiß um die Hälfte an Zahl überlegen. Allein Bianchi hatte sich in der Zuversicht auf sich und seine Soldaten nicht getäuscht. Am 2. Mai wurden die Angriffe der Neapolitaner abgewiesen, am 3. erlitten sie eine vollständige Niederlage. Damit war Alles vorbei. Noch gelang es Mürat, auf weitem Umweg seinem Gegner auf der Straße nach Neapel noch einmal zuvorzukommen; allein auf dem eiligen Zuge löste sich seine Armee auf, die Reserveartillerie wurde von einer östreichischen Patrouille genommen. Nicht besser war es den Heertheilen gegangen, die Mürat zur Deckung der Grenze an der Westseite der Apenninen zurückgelassen hatte. Sie wichen vor dem an Zahl viel schwächeren Nugent fast ohne Widerstand; am 16. Mai sprengte Major d'Aspre mit 4 Compagnien und 2 Schwadronen 5000 Mann auseinander. Inzwischen war der englische Admiral Campbell vor Neapel erschienen und hatte die Auslieferung der Flotte erzwungen. Mürat, der noch in der Noth der letzten Tage seinem Königreich eine Verfassung verliehen, eilte nach der Hauptstadt; es war umsonst, Niemand gehorchte ihm; der Pöbel erhob sich raubend und mordend, angeblich gegen Mürats Herrschaft. Am 20. Mai floh er verkleidet nach Ischia und von dort nach Frankreich, seine Gemahlin verließ Neapel auf einem englischen Kriegsschiffe, um in Oestreich eine Zufluchtsstätte zu finden.

Am 21. Mai übergab General Carrascosa das Königreich den Siegern. Die Bourbons kehrten von Sicilien nach Neapel zurück. König Ferdinand ernannte Metternich zum Herzog von Portella, Talleyrand zum Herzog von Dino, jeden mit 50,000 Franken Einkünften. Um dieselbe Zeit wurden auch die letzten Streitfragen über die italienische Halbinsel geordnet. Der Vertrag mit Sardinien, welches die Republik Genua erhielt, kam am 20. Mai in Wien zum Abschluß. Die Herzogthümer Parma und Piacenza wurden der Kaiserin Marie Louise zugesprochen, doch sollten sie nach ihrem Tode an die spanische Linie der Bourbonen fallen, denn ihr Sohn sollte nicht regierender Fürst in Europa werden. Dagegen mußte bei dieser Gelegenheit der Kaiser Alexander noch seinen Schützling Beauharnais zu versorgen. Es war ihm ein Fürstenthum in Neapel zugedacht, das mußte ihm der König wohl oder übel mit einigen Millionen abkaufen; dann verlieh ihm der Pabst, mit demselben guten Willen wie der König, noch ein reiches Gebiet ehemaliger Klostergüter in der Romagna. König Mü-

rat aber fand noch in demselben Jahre ein unglückliches Ende. Er
war nach Napoleons Fall nach Corsica entflohen und versuchte von
dort mit dem abenteuerlichen Sinn, der ihn immer über die Abwä=
gung von Zweck und Mitteln hinausgetragen hatte, einen Einfall in
Neapel. In wenig Tagen war das Unternehmen mißlungen, er selbst
gefangen. Ein Kriegsgericht verurtheilte ihn zum Tode; als er vor
den Kugeln stand, fand er den Muth des Soldaten wieder, so starb
er. (13. Oktober 1815.)

9. So war dem kaum wieder aufgerichteten Kaiserthrone in Frank=
reich eine nicht geringe Hülfe entzogen; Italien, wo Napoleons Wiege
gestanden und sein Glück zuerst glänzend aufgestiegen war und das
er immer als ein natürliches Zubehör zu seiner Macht betrachtet hatte,
gehorchte seinen Feinden. Zugleich war durch die letzten Ereignisse
den verbündeten Mächten eine der schwereren ihrer Aufgaben von
selbst geebnet worden. Unter dem Drange der Zeit reiften jetzt auch
die anderen auswärtigen Fragen in Wien einer schnelleren Lösung
entgegen Die Conferenzen der 8 Mächte, welche seit dem 9. Februar
unterbrochen waren, wurden am 12. März wieder aufgenommen; und
es wurde zugleich an demselben Tage eine Commission niedergesetzt,
welche den Auftrag erhielt, einen gemeinsamen Akt vorzubereiten, wo=
rin alle Beschlüsse des Congresses Aufnahme finden sollten. Die Schwei=
zer Angelegenheit wurde nach langem Streit über Grenzen und Ver=
fassung durch Uebereinkunft aller Theile am 20. März in Wien, am
27. Mai in Zürich befriedigend abgeschlossen. Die Tagsatzung in
Zürich hatte schon vorher die vier Schweizerregimenter im Dienste
Ludwigs XVIII., die Napoleon beim allgemeinen Abfall vergeblich
für sich zu gewinnen gesucht, nach Hause zurückgerufen. Dänemark
erhielt, nachdem Schweden lange begehrlich widerstrebt hatte, endlich
Pommern zugesprochen und tauschte es gegen Lauenburg an Preußen
aus; der Vertrag Preußens mit Dänemark kam am 4., mit Schweden
am 7. Juni zu Stande. Nur die deutschen Angelegenheiten nahmen
noch durch manchen Streit hindurch einen schweren Gang, um zuletzt
zu einem übereilten Abschlusse zu führen. Sie bildeten ein merkwür=
diges Gegenstück zu den Erscheinungen, die wir zu Anfang dieses Ka=
pitels in Frankreich gesehen haben.

10. Zuerst drängt sich uns der alte unheilvolle Zankapfel, die
sächsische Frage auf. Ich habe oben erwähnt, wie Metternich, Talley=
rand und Wellington am 11. März ohne Erfolg von Preßburg zurück=
gekehrt waren. Friedrich August hatte Napoleons Rückkehr von Elba
erfahren und verbarg es gar nicht, daß er neue Freude und neue

Hoffnungen darauf gründete. Er verweigerte seine Zustimmung und soll dabei in seinen Ausdrücken, wie Gagern berichtet, sehr scharf gewesen sein. Er verlangte neue Unterhandlungen, bei denen sein Minister Einsiedel zugezogen würde, und nahm die Vermittlung Oestreichs in Anspruch. Allein die Lage in Wien war nicht mehr so, daß ein solches Widerstreben noch Aussicht auf Erfolg gehabt hätte; die Congreßmächte sahen, daß ein Ende gemacht werden müsse. Selbst Talleyrand fand es jetzt in seinem Vortheil, gerade das Gegentheil seiner früheren Ansicht auszusprechen: es komme nicht mehr darauf an, sagte er, was der König abtreten wolle, sondern er habe sich einfach der Entscheidung des Congresses zu fügen. In diesem Sinne kam schon am 12. März eine Erklärung des Congresses zu Stande, welche die Beschlüsse desselben in dieser Frage fast mit denselben Gründen rechtfertigte, die Stein so oft angeführt hatte, und zugleich bestimmt aussprach, daß die Ausführung der Beschlüsse von der Einwilligung des Königs nicht abhänge. Nachdem diese Urkunde an Friedrich August mitgetheilt war, nachdem ihm Gewißheit gegeben war, daß er auf Oestreichs Vermittlung nicht rechnen dürfe, fügte er sich endlich und trat am 22. März den Anordnungen des Congresses im Allgemeinen bei. Doch behielt er sich vor, ehe die Sache vollzogen würde, noch einige angesehene Männer aus Sachsen zu sich zu bescheiden, um sie von der Nothwendigkeit der Theilung zu überzeugen. Darüber zogen sich die Verhandlungen noch fast zwei Monate hinaus. Es war die Hoffnung dabei, daß inzwischen ein günstiges Ereigniß eintreten werde, und es wurde in dieser Meinung von der Umgebung des Königs aus fortwährend auf die Stimmung von Volk und Heer gewirkt. Das Erstere war ohnedem grade gegen die Theilung besonders eingenommen; das Ausschreiben einer Steuer zur Deckung der Kriegskosten, die Verhandlungen wegen der Landesschulden, die beginnende Theilung der Geschäfte bei den Behörden halfen die Verstimmung gegen Preußen steigern; es kam eine Vorstellung sächsischer Landstände an den Congreß zu Stande (31. März), worin sie um Erhaltung der Einheit Sachsens baten. Schlimmeres geschah beim Heere. Ich muß den Aufstand desselben (2. Mai) im nächsten Kapitel im Zusammenhang mit den Kriegsvorbereitungen erzählen; für den Hof, in welchem, wenn auch nicht die Absicht, doch die letzte Quelle gesucht werden muß, hatte er keine erwünschte Folge. Er machte für denselben aller Orten einen ungünstigen Eindruck, und die Verhandlungen gingen nun schneller zu Ende. Am 18. Mai wurden die Friedensverträge des Königs mit Preußen, Oestreich und Rußland

abgeschlossen, am 22. gingen die abgetretenen Landestheile an Preu=
ßen über. Bignon, ein begeisterter Anhänger Napoleons, rühmt den
König von Sachsen mit den Worten, daß von seiner Rückkehr zu
Napoleon (Mai 1813) an, alle seine Wünsche, später all sein Bedauern
für Frankreich und den Kaiser gewesen seien. Ein härteres Urtheil
kann es in den Augen eines Deutschen nicht geben.

Die meisten andern deutschen Gebietsfragen kamen in dieser Zeit
in der Weise, wie ich es im vorigen Kapitel angedeutet habe, ohne
weiteren Streit zum Abschluß. Am 29. Mai vollzog Preußen seinen
Vertrag mit Hannover, am 31. mit Nassau, am 1. Juni mit Weimar;
am 10. Juni folgte Oestreichs und Preußens Vertrag mit Hessen=Darm=
stadt, am 12 der Vertrag beider über das Fürstenthum Fulda. Nur die
bairische Entschädigungsfrage konnte nicht zu Ende gebracht werden.
Nachdem darüber lange verhandelt war, kam es am 23. April zu
einem vorläufigen Vertrag zwischen Baiern und Oestreich, unter Mit=
unterzeichnung von Preußen, Rußland und England. Baiern trat
an Oestreich Tyrol, Vorarlberg, das Inn= und Hausruckviertel und
den südlichen Theil von Salzburg ab; es sollte dafür, wie schon früher
bemerkt, durch Würzburg, Aschaffenburg, einen Theil von Fulda, sowie
durch Abtretungen von Würtemberg, Baden und beiden Hessen entschä=
digt werden. Allein diese Staaten wollten sich dazu nicht verstehen,
es gerieth darüber das ganze Abfindungsgeschäft ins Stocken und kam
erst nach dem Krieg, zum Theil anders als es jetzt beabsichtigt war,
zu Stande. Indessen nahm Oestreich die ihm zugefallenen Lande in
Besitz, Preußen neben seinem Antheil von Sachsen auch die Provinzen
am linken Rheinufer, die Uebrigen jeder das Seinige. Die meisten
Staaten gaben dabei theils alte, theils kürzlich erworbene Gebiete ab,
um neue dafür zu empfangen; sie wurden im Durchschnitt, sowohl
für die Regierung, als für die ganze innere Entwickelung vortheilhaf=
ter abgerundet. Allein das Zerreißen vieler altgewohnten Bande
zwischen Fürsten und Unterthanen, die Sucht nach Besitz und Erwerb,
wobei Volk und Land oft wie eine Waare erschienen, die häufigen
Störungen und Zwiste, welche bei der Uebernahme der neuen Gebiete
eintraten; das Alles rief in der Stimmung des Volks theils Nieder=
geschlagenheit, theils Aufregung und Erbitterung hervor: die große
Umwandlung nach dem Untergang des alten Reichs war damit nicht
abgeschlossen, daß die einzelnen Fürstenhäuser ihren Besitz und die
großen, mittlern und kleinen Staaten ihre Grenzen geordnet hatten.

11. Eine Hoffnung für die Zukunft schien sich damals in den
inneren Verfassungen einzelner Staaten anzukündigen. Ich

habe früher erwähnt, daß Nassau, Hannover, Baden, Würtemberg nacheinander Landstände erhalten hatten. Im letzteren Staate nahm die Angelegenheit eben um diese Zeit eine günstige Wendung; und auch Preußen schien in die Reihe der Verfassungsstaaten eintreten zu wollen. Der König von Würtemberg hatte dem Widerstand der Standesherrn und des Landes wider seine Verfassung die Behauptung entgegengestellt, daß der Congreß in die Verhältnisse zwischen Souveränen und Unterthanen nicht hineinzusprechen habe. Dagegen verabredeten Oestreich, Preußen und Hannover auf eine Note des letzteren vom 7. März die Erklärung, daß die Rechte der Mediatisirten und die allgemeinen Grundsätze der Landesverfassungen von den auf dem Congreß vereinigten deutschen Staaten und nicht durch die Willkühr einzelner Fürsten festgesetzt werden müßten. Eine gleiche Erklärung an den würtembergischen Hof schlug Stein dem Kaiser Alexander vor. In Würtemberg selbst standen der Kronprinz und die Brüder des Königs auf der Seite des Rechts. Als dann am 15. März die Ständeversammlung eröffnet wurde, gab sie fast einstimmig in einer würdigen Adresse an den König die Erklärung ab, daß das Volk nur auf Grund der alten Verfassung gewählt habe, und daß die Verhandlungen nur das Ziel haben könnten, diese Verfassung im Geiste der Zeit weiterzubilden. Der König sah sich zur Antwort genöthigt, und damit war die Angelegenheit auf den gesetzlichen Weg gebracht. Der Friede kam aber unter diesem König nicht mehr zu Stande, es gingen noch Jahre darüber hin. Und noch schlimmer sollte die Zukunft die Hoffnungen dieser Tage auf eine preußische Verfassung täuschen. Der König erließ am 22. Mai eine Verordnung zur Bildung einer „Repräsentation des Volks". In allen Provinzen sollten Provinzialstände bestehen, aus ihnen sollten die Landesrepräsentanten hervorgehen; ihre Wirksamkeit sollte sich über alle Gegenstände der Gesetzgebung mit Einschluß der Besteuerung erstrecken. Es ist wahrscheinlich, daß diese Verordnung im Zusammenhang mit den früheren Arbeiten über die Einführung von Reichsständen in Preußen ausgearbeitet worden ist, und daß Steins Rath sehr entschieden dabei mitgewirkt hat. Nach der ersten Absicht sollte der Entwurf einer Verfassungsurkunde bis zum 1. September vollendet sein. Als man das Volk zu einem neuen Kriege rief, war dieser Entschluß gefaßt worden; als der Krieg vorüber war, kam er in Vergessenheit.

12. Auch die allgemeine Verfassung für Deutschland nahm keinen glücklichen Gang. Wie sie vorher über den polnisch-sächsischen Handel verschleppt war, so wurde sie jetzt unter den Kriegsvor-

bereitungen zum großen Schaden der wichtigsten Bestimmungen und
Rechte übereilt. Noch war nach den langen Verhandlungen über die Kai=
serfrage und nach allen Anträgen der kleinern Staaten keine Wiederauf=
nahme der gemeinsamen Berathungen erfolgt. Stein wiederholte jetzt
seinen frühern Vorschlag, daß man sich über die wesentlichen Grund=
züge vereinigen solle, Münster stimmte bei, Hardenberg meinte, man
müsse des Kriegs wegen die Sache aussetzen. Gerade des Kriegs
wegen richteten dagegen am 22. März die Vertreter der kleineren
Staaten und der Städte einen erneuerten Antrag an Oestreich, Preu=
ßen und Hannover, indem sie zugleich Baiern und Würtemberg zum
Beitritt einluden. Sie erklärten sich bereit, in dem bevorstehenden
Kampf für die gemeinsame Sache alle ihre Kraft einzusetzen; nur sei
es dabei von der größten Wichtigkeit, daß Deutschland endlich wegen
seiner Zukunft beruhigt werde. Es müßten in gemeinsamer Berathung
noch in Wien die wesentlichen Grundlagen eines Bundesvertrags
festgestellt werden, der dem Ganzen seine Einigkeit und Kraft, den
Gliedern ihre Selbstständigkeit, jedem Theil seine Freiheit und sein
Recht sichere. Bei der Uebergabe dieses Antrags fragten Einige bei
Oestreich noch einmal wegen der Kaiserwürde an. Metternich lehnte
darauf die Annahme mit Bestimmtheit ab. Auf den Antrag selbst ertheil=
ten die beiden Großmächte und Hannover die Zusage, daß vorläufige Be=
sprechungen mit Zuziehung der kleineren Staaten stattfinden sollten.
Inzwischen wurden neue Entwürfe zum Bundesvertrag ausgearbeitet.
Der Mecklenburg=Schwerin'sche Minister von Plessen legte freisinnig
gedachte „Grundzüge zu einem deutschen Gesammtwesen und einer
Nationaleinheit" vor; Wilhelm von Humboldt arbeitete die preußischen
Entwürfe vom Februar um, und drängte die 120 Artikel derselben
in 14 zusammen. Er war zu Anfang April damit fertig, allein es
wollte immer noch nicht zu den Berathungen kommen; Metternich blieb
fortwährend bei der Versicherung, man würde dazu schreiten, und Har=
denberg hatte ebenfalls wenig Eile. Humboldt arbeitete seinen Ent=
wurf noch einmal um, und legte ihn am 1. Mai aufs Neue vor.
Stein beantragte, da die Verhandlungen immer noch nicht beginnen
wollten, am 5. Mai beim Kaiser Alexander eine Note zur Beschleuni=
gung der Sache. Endlich brachte Metternich zu der Arbeit Humboldts
den Gegenentwurf Oestreichs ein. Am 8. Mai begannen die Verhand=
lungen, zu welchen später auch Graf Münster beigezogen wurde, und
es entstand daraus bis zum 23. Mai ein gemeinsamer Entwurf der
Bundesakte. Wie wenig dieser Entwurf den gerechten Ansprüchen
Deutschlands entsprach, wie die Kürze der Zeit nicht etwa zur Ver=

einigung über die wichtigsten nothwendigen Grundzüge aus den vorhandenen Vorschlägen, sondern nur zur Beeinträchtigung und Beschränkung derselben geführt hat, werden wir im letzten Kapitel dieses
Buchs sehen. Stein machte, so wie ihm der Entwurf bekannt wurde,
den Kaiser Alexander auf den armseligen Artikel über die landständischen
Verfassungen aufmerksam (24. Mai) und bat ihn, er möge in einer
Note auf die Erfüllung der frühern Versprechungen dringen. Es half
nichts. Am 23. Mai begannen die gemeinsamen Berathungen. In
der ersten Sitzung waren die Königreiche, Baden, beide Hessen, Luxemburg, Holstein durch ihre Bevollmächtigten, der Verein der kleineren
Fürsten und der Städte durch 5 Abgeordnete vertreten; vom 29. Mai
an erschienen auch für die letzteren die sämmtlichen Gesandten. Würtemberg allein schloß sich aus: der erste Gesandte, Graf Winzingerode, war krank, der zweite, Baron Linden, mußte sich wegen
Jagdpartien in französisch geschriebenen Zetteln nachlässig entschuldigen. Der badische Gesandte blieb in den späteren Sitzungen weg; es
fehlten ihm die Anweisungen von seinem Hofe, da dort wieder einmal
die ganze Regierungsmaschine ins Stocken gerathen war. Die übrigen
Bevollmächtigten brachten bis zum 10. Juni in 11 Sitzungen das
Werk zu Ende. Es war der Art, daß hervorragende Bundesglieder
für nöthig hielten, sich darüber öffentlich zu entschuldigen.

13. Die Verhandlungen über den Beitritt der deutschen Staaten
zum großen Bündniß gegen Napoleon hatten neben denjenigen über
die Bundesverfassung ihren Fortgang genommen. Da die letztere so
lange in der Schwebe blieb, so konnte Deutschland dem Bündniß nicht
als Gesammtheit beitreten; es mußte von den einzelnen Staaten geschehen. Die Bereitwilligkeit dazu war nicht bei allen Regierungen
gleich, doch scheinen nur einzelne ein Hinausziehen, keine ein ernstliches
Widerstreben gewagt zu haben. Wohl berichtet Gagern, daß noch Ende
April die frühern Gedanken eines deutschen Bundes ohne Oestreich
und Preußen umgegangen seien: Hannover, Baiern, Würtemberg,
Baden, Hessen-Darmstadt wünschten alle ein engeres Bündniß mit dem
König der Niederlande, und der letztere werde dabei immer als „Haupt
des Bundes und Beschützer der Unabhängigkeit" vorangestellt. Indessen hatten der Zeit und Lage gegenüber solche Gedanken wenig
Bedeutung. Die Stimmung des Volks, so tief es durch die langen
Kriege erschöpft war, hatte sich überall mächtig gehoben: in Würtemberg
boten die Stände bei der ersten Eröffnung der Regierung jedes Opfer
an, das für die gemeinsame Sache nothwendig sei, in den meisten
deutschen Staaten waren Regierung und Volk gemeinsam von demsel-

ben Geiste beseelt, in Preußen erinnerten sich Alle des Feindes und
der Siege von 1813 und 14. Alles drängte vorwärts. Am 7. April
traten Hannover, am 15. Baiern, am 27. in gemeinschaftlicher Er=
klärung Kurhessen und der Verein der kleinern Staaten, am 28. die
Niederlande dem großen Bündniß bei. Am 11. Mai, nach längerem
Zwischenraum, folgte Baden, am 23. Hessen=Darmstadt, am 27. Sach=
sen und am 30., als der letzte von allen Staaten, Würtemberg. Von
auswärtigen Staaten waren noch Portugal und Sardinien am 8. und
9. April dem Bündniß beigetreten, ihr Beistand bedeutete nicht viel;
Spanien erklärte (30. März und 18. Juni) nur als Hauptcontrahent
beitreten zu wollen; Dänemark schloß sich nachträglich (8. Septbr.),
die Schweiz bedingungsweise (20. Mai) an; Schweden blieb ganz
zurück.

Es ward einsam in Wien. Am 26. und 27. Mai reisten die Kaiser
Alexander und Franz und König Friedrich Wilhelm III. nach Heidel=
berg ab, um den Feldlagern näher zu sein. Die Kriegspläne begann=
nen an die Stelle der Staatsverhandlungen zu treten, die Heere waren
allenthalben in Bewegung. Das deutsche Volk sah seine junge Mann=
schaft in ihren Reihen und wünschte ihren Waffen Sieg. Deutschland,
obwohl es die Früchte seiner ersten Opfer und Siege noch nicht sah,
war entschlossen, seinen Namen und sein Dasein dem alten Feinde nicht
zum zweitenmal preiszugeben.

Sechstes Kapitel.

Rüstungen und Kriegspläne.

1. Noch war das neue Kaiserthum nur wenige Tage alt und schon
begannen rings an Frankreichs Grenzen die Rüstungen zu seinem
Sturz. Die Fürsten durften auf ihre Völker zählen: die Macht und
die Mittel hinauszuführen, was sie mit so beispielloser Einmüthigkeit
beschlossen hatten, waren ihnen sicher. Napoleon, so sehr er den täu=
schenden Glauben an Frieden zu erhalten suchte, mußte kämpfen; wie
jener König in Schottland kämpfte, nachdem aller Zauber der Hölle,
der ihn zu Wahnsinnsthaten von Ehrgeiz und Herrschsucht fortgerissen
hatte, als Trug verschwunden war. Wie bereiteten jene ihren An=
griff? Wie suchte ihn dieser zu bestehen? Die Antwort darauf muß
noch einmal den Lauf der Monate durchmessen, die im Zusammen=

hang von anderen Planen und Thaten so eben an uns vorüber-
gingen.

2. Als die Kunde von Napoleons raschen Erfolgen durch Europa
ging, konnte wohl die Besorgniß entstehen, er werde den Augenblick
benutzen und einen raschen Schlag nach außen zu führen suchen; denn
er war in der Rüstung anfangs im Vortheil. Die großen Heere,
welche im Frühjahr 1814 Frankreich erobert und besetzt hatten, waren
zu Ende des Jahres fast alle in ihrer Heimath und hatten, wo es irgend anging, die Waffen niedergelegt, denn das Geld war in allen
Ländern selten geworden und die bürgerliche Arbeit bedurfte der kräftigen Arme. Es standen daher im März 1815 längs der ganzen französischen Grenze keine anderen kriegsbereiten Heere, als dasjenige des
Generals Kleist von Nollendorf in Rheinpreußen und des Prinzen von
Oranien, Sohnes des neuen Königs der Niederlande, in Belgien. Der
erstere hatte gegen 60,000 Preußen, die meist den letzten Krieg mitgemacht hatten, sowie 14,000 Sachsen unter dem General Thielmann;
der letztere konnte über einige 20,000 Engländer und Hannoveraner
verfügen. Dagegen fand Napoleon, als ihm Heer und Staat zugefallen
waren, 155,000 M. auf dem Kriegsfuß und 40,000 Ersatztruppen vor;
es war ein Ergebniß der Rüstungen, welche Ludwig XVIII. für das
östreichisch-englische Bündniß gemacht hatte.[1] Wollte Napoleon diese
Macht rasch sammeln und ins Feld führen, so blieb auch kaum ein Zweifel, wohin er sich wenden würde. Er durfte sich nicht zu weit von
dem Mittelpunkt seiner Macht entfernen; er brauchte einen Sieg, der
bedeutenden Eindruck machen konnte; er durfte, da die Vertheidigung
seine eigentliche Aufgabe blieb, sich nicht in einen weitaussehenden An-
griffszug verwickeln, sondern mußte auf die Verstärkung seiner Grenze
bedacht sein. Das alles fand er in Belgien und nur in Belgien.
Eine Schlacht, die er dort gewann, traf seine nächsten und gefährlichsten Feinde, und lieferte ihm eine reiche Provinz in die Hände, die
sich ebensowohl vom Standpunkt des Staates als der Kriegführung
leicht zu Frankreich fügen mußte.

Gegen diese Möglichkeit trafen der Prinz von Oranien und der
General Kleist noch im März die Verabredung, zusammenzustehen;
Kleist wollte dem Prinzen im Falle eines Angriffs mit 50 oder 60,000
Mann zu Hülfe kommen, in der Gegend von Nivelles dachten sie
die Schlacht zu wagen. Zugleich begann eine eifrige Arbeit an den

---

1) Charras. Histoire de la campagne de 1815. 4. édition. Bruxelles
1863. pag. 21—51.

sehr vernachläffigten Feftungen und schleunig wurden zu Waffer und
zu Lande die Verftärkungen für die Heere in Bewegung gefetzt. Auch
die Feldherren kamen: Wellington reiste am 26. März von Wien ab
und traf am 6. April ein; Gneisenau übernahm am 3. April in Aachen
einftweilen den Befehl über die Preußen; Blücher war Mitte April
bei seinem Heere. Vorher waren, wie immer wenn vor einer ernsten
Gefahr alle verfäumten Stunden sich zusammendrängen, die Beforgniffe
laut und lärmend gewesen: der Generallieutenant von Röber, der als
preußischer Bevollmächtigter beim Niederländischen Heere war, schrieb
noch am 31. März aus Brüffel an Kleist wegen der nöthigen Verab=
redungen, meldete dabei die ungenügenden Mittel und Anftalten, die
mangelnde Autorität des Prinzen von Oranien, der noch zu jung sei,
und sagte zuletzt: „mit einem Worte Wellington muß bald kommen,
fonst bekommen wir Schläge".[1] Und wohl fühlen in solchen Augen=
blicken Alle, was die Gegenwart eines erprobten Feldherrn bedeutet;
doch lagen auch für den Prinzen und Kleist in Wirklichkeit die Ver=
hältniffe nicht so schlimm. Sie konnten zu Anfang April wohl 60—
70,000 M. zusammenbringen, Napoleon nach seiner eignen Angabe
etwa 35,000; allerdings lauter kriegserprobte Soldaten, während die
Verbündeten viele neue Truppentheile hatten. Das war für einen
Napoleon genug für einen Sieg; aber auch für einen solchen Sieg wie
er ihn brauchte? Darin eben lag der Grund, in dessen Lichte die
Gefahr sich doch sehr vermindern mußte. Was man auch von der
Aufrichtigkeit der Friedensversicherungen Napoleons halten mochte,
wie hoch man auch seine Kühnheit und seine Neigung zum Wagen an=
schlug: das durfte man ihm doch zutrauen, daß er nicht ohne Noth
den Kampf mit ganz Europa herausfordern werde. Das that er aber,
sowie er angriff; er hatte es dann nicht mehr in der Hand, etwa nach
Belieben Halt zu machen und zu sagen: „es war mein Ernst nicht,
ich wollte Euch nur zeigen, wie furchtbar ich noch bin, wenn Ihr mich
nicht in Frieden laßt." Es blieb also, alles erwogen, das Wahrschein=
lichere, daß Napoleon den Krieg nicht eher anfangen werde, als bis
ihm keine Ausficht blieb, ihn zu vermeiden; und es war auch dann
noch eine Frage, ob er der Angreifer sein oder sich auf die Verthei=
digung beschränken werde.

3. Allein es waren nicht die Maßregeln gegen einen möglichen
Angriff von Seiten des Feindes, sondern es waren die Maßregeln
zum eignen Angriff für die Verbündeten die Hauptfache. Denn sie

---

1) Archiv des Gr. Gnlftbs. in Berlin 1815. C. 3. I.

waren es, die Napoleon angekündigt hatten, daß sie ihn in Europa nicht dulden würden; sie mußten also das Schwert ziehen, ihn zu stürzen, ob er ihnen nun zuvorkommen würde oder nicht. So war es auch gemeint, als gleich in den ersten Tagen die Kriegsberathungen zu Wien begannen. Sie führten zu einer Verständigung über das Nächste, über die Sammlung der Heere und ihre erste Aufstellung. So war auch die Reise Wellingtons und die Ernennung Blüchers und Gneisenaus gemeint, denn alle drei waren nicht die Männer, sich bei einer bloßen Abwehr Napoleons zu begnügen. Nur blieb es eine schwierige Sache, daß sich vier Mächte, die alle mit gleicher Macht in den Krieg eintraten und darum auch alle eine gleiche Stimme in Anspruch nehmen durften, über einen gemeinsamen Angriffsplan verständigen sollten.

Zu Ende März begannen darüber in Wien die Berathungen. Von Seiten Rußlands war der Kaiser Alexander persönlich dabei; er dachte auch in diesem Kriege als Feldherr aufzutreten und hatte zu seinem Rathe die Generale Diebitsch und Toll zu sich beschieden, die nachher beide im Türken- und im Polenkriege berühmt geworden sind; die russische Stimme in den Sitzungen führte Fürst Wolchonski, doch nur nach Gutdünken des Kaisers. Oestreich wollte wieder wie im vorigen Krieg den Fürsten Schwarzenberg an die Spitze seiner Heere stellen und ihm für den Generalstab den General Langenau zur Seite geben; die Entwürfe und Plane gingen von dem letzteren aus. Für Preußen führte General Knesebeck das Wort, für England Lord Stewart und Lord Clancarty. An den ersten Sitzungen nahmen auch Fürst Wrede und der Kronprinz von Würtemberg Theil; nachher reisten sie ab, um den Befehl über ihre Heertheile zu übernehmen.

Während des Aufenthalts in Wien kam bei den Berathungen nicht viel heraus. Die Plane und die Stärke des Feindes, die eigne Macht und die Zeit ihrer Versammlung lagen noch so im Ungewissen, daß sich nur ganz allgemeine Entwürfe aufstellen ließen. Doch war es merkwürdig, wie bei den verschiednen Mitgliedern des Kriegsraths ihre besondere Auffassung des bevorstehenden Feldzugs, ganz auf die Art wie sie im vorigen Krieg gewesen war, zum Vorschein kam, und wie sichs gleich wieder zeigte, welch einen Einfluß immer die besondere Stellung des Staats zu den Zwecken des Kriegs auf die Ansichten des Feldherrn übt. Es waren in der Hauptsache zwei Meinungen, die unter der Gestalt von sehr verschiedenen Planen zur Sprache kamen. Die Einen wollten, daß der Krieg so früh als möglich begonnen und dann mit der großen Uebermacht, auf die man rechnen durfte,

schnell zu Ende geführt werde: die Anderen waren dafür, daß man
erst die Sammlung aller Heeresmassen längs der Grenze abwarten und
dann nach strenger Regel langsam und ohne sich einem Unfall auszu-
setzen vordringen müsse. Im Sinne der ersteren Meinung schrieb
Gneisenau am 3. April von Aachen aus an den König: „In der Besorgniß, daß man sich verleiten lassen könnte, in Wien künstliche, mit
einem Anstrich von Gelehrsamkeit versehene Feldzugsentwürfe anzunehmen, eine Besorgniß, die durch vorangegangene Erfahrungen sich
rechtfertigt, wage ich es meine nach ganz einfachen Momenten aufge-
faßte Ansicht eines Feldzugsplans gegen Napoleon Buonaparte Ew.
Maj. zu Füßen zu legen"[1]). Der Plan nimmt 3 Armeen an: in
Belgien, am Mittelrhein, am Oberrhein; sowie eine Reservearmee hinter der Mitte. Alle Drei gehen, nicht zu nahe beisammen, auf Paris
los; erleidet eine einen Unfall, so wird er durch die Reservearmee
wieder gut gemacht, die beiden andern bleiben im Marsch. Napoleon
hat 90 Festungen zu besetzen, er behält nach der Berechnung des General Maison (der damals in Aachen war) höchstens 140,000 M.;
bei der Ueberlegenheit der Verbündeten führt also der Plan sicher
zum Ziel. Jede Rücksicht auf den Zusammenhang mit den Bewegungen der Heere in Italien ist ein Fehler und eine Zeitverschwendung.
Aehnlich schrieb Wellington aus Brüssel (12. April) über den Beginn
des Angriffs. Er meinte, man brauche die russischen Truppen gar
nicht erst abzuwarten; man bekämpfe nur Napoleon, nicht Frankreich;
bei frühzeitigem Eindringen der Verbündeten sei es wahrscheinlich, daß
zu Gunsten Ludwigs XVIII. ein Aufstand ausbreche; jedenfalls werde
man 200,000 M. in erster, 300,000 in zweiter Linie haben, das sei
genug. In Wien meinte Lord Stewart, von Gneisenaus Idee, die
„alle Combination ablehne, übel auguriren zu müssen." General Krie-
sebeck entwarf einen Plan, der ungefähr aussah wie der 1813 zu Tra-
chenberg verabredete, nur künstlicher; als ob damals dieser Plan zum
Siege geführt hätte, und nicht die Uebereinstimmung und Tapferkeit
der verbündeten Heere, die Tollkühnheit Napoleons und der verzweifelte Wille der preußischen Generale und Soldaten. Der Plan Lan-
genaus war noch gesuchter: er rechnete ein künstliches Zusammenwirken mit der östreichisch-sardinischen Armee in Italien heraus, so daß
an einen Beginn des Angriffs erst in der zweiten Hälfte des Juni zu
denken war; der Entwurf sah im Ganzen genau den Vorschlägen
ähnlich, über welchen der Feldzug von 1814 beinahe gescheitert wäre.

---

1) Archiv d. Gnlstbs. in Berlin. D. 118.

Fürst Wrede, der überhaupt jetzt eine rühmenswerthe Entschlossenheit zum Kampf gegen Napoleon bewies, war der Ansicht von Wellington und Gneisenau; Tolls Entwurf stimmte mit dem des letztern in den Hauptgedanken überein. Kaiser Alexander hatte hauptsächlich im Sinne, an der Spitze der russischen Armee etwas Bedeutendes im Felde aus= zurichten, um beim Frieden desto entscheidender mitsprechen zu können. Wellington und die Oestreicher wünschten dies vom Kaiser weniger lebhaft, kamen aber darüber auf ganz entgegengesetzte Gedanken. Der erstere hätte gerne die Theilnahme der Russen so gering wie möglich gesehen, denn er traute dem Kaiser in Bezug auf die von ihm sehr lebhaft betriebene Wiedereinsetzung der Bourbons nicht viel Gutes zu; die letztern dachten umgekehrt: der Einfluß des Kaisers beim Frieden werde weniger übermächtig sein, wenn sein Heer auch an den Verlu= sten des Kriegs Theil genommen hätte. So durchkreuzten sich offen und heimlich die Wünsche, die Absichten, die Hoffnungen. Die Ver= ständigung über einen Feldzugsplan gelang erst zu Anfang Juni in Heidelberg.

4. Während auf diese Weise die Häupter der verbündeten Heere in Wien und in den Feldlagern hin und her Rath hielten, waren die Heere selbst nach den Grenzen in Bewegung. Ich führe sie, den Haupt= summen nach, vom rechten nach dem linken Flügel hinüber auf.

In Belgien versammelte Wellington im Laufe des April und Mai 106,000 M. mit 196 Geschützen; darunter 35,000 Engländer, 25,000 Holländer und Belgier, 32,000 Hannoveraner (einschließlich der königlich deutschen Legion in englischem Dienste), 7300 Nassauer, 6700 Braunschweiger. — Zur Linken von Wellington, ebenfalls in Belgien, hatte Blücher zu Ende Mai 116,000 Preußen mit 312 Geschützen vereinigt; auch 14,000 Sachsen zählten zu seinem Heere, es kamen aber, wie ich nachher erzählen werde, nur wenige von ihnen mit zum Kampfe. Zwischen Lahn und Sieg bildete sich im April un= ter dem General Kleist von Nollendorf das Norddeutsche Bundes= corps, 25,000 M. mit 20 Geschützen. Es war an den Oberbefehl Blüchers gewiesen und rückte im Mai an der Mosel herauf; einzelne Contingente trafen erst im Juni ein. Der Haupttheil bestand aus 11,000 Kurhessen; neben ihnen waren fast alle norddeutschen Staaten vertreten: beide Mecklenburg, Oldenburg, Weimar, Gotha, Anhalt, Schwarzburg, Lippe, Waldeck[1]. Es standen also hier im Nordosten

---

1) Renouard. Das norddeutsche Bundescorps im Feldzug von 1815. Hanno ver 1859. S. 269.

von Frankreich 60,000 Engländer und Niederländer und 187,000 Deut=
sche anfangs Juni zum Kampfe bereit. Ueber die nähere Eintheilung
und den Geist dieser Truppen werde ich noch im zweiten Buche zu
berichten haben; denn von ihnen sollte die Entscheidung des Kriegs
ausgehen.

Außer der Armee in erster Linie stellte Preußen noch eine Reserve
von 3 Armeecorps mit zusammen 85,000 M., worunter 13,000 Garde=
truppen, auf; sie versammelten sich zu Anfang des Kriegs in den alten
Provinzen und folgten im Laufe desselben zum größeren Theil nach
Frankreich. Daneben verwendete Preußen 21,000 M. zu Besatzungen
und errichtete eine rheinische Landwehr von 20,000 M., die indessen,
nach den Berichten der Regierungspräsidenten v. Vincke in Koblenz und
v. Gruner in Düsseldorf zu schließen, wegen der außerordentlichen Er=
schöpfung des Landes nur sehr langsam zu Stande kam.[1] Die gesammte
Macht, welche der Staat aufbrachte, betrug also, unter Hinzurechnung
der sächsischen Regimenter, welche ihm bei der Theilung im Mai zu=
fielen, gegen 250,000 M., während die Bevölkerung, einschließlich der
neuen Erwerbungen, damals noch nicht 10 Millionen erreichte. Es
waren danach 2½ Prozent der Volkszahl im Heere, und das nach
zwei blutigen Feldzügen, welche das äußerste Maß der Staats= und
Volkskraft in Anspruch genommen hatten. Eine so große neue An=
strengung war nur durch die unvergleichliche Opferwilligkeit des Volks
in den alten und neuen Landestheilen möglich; doch blieb die Aus=
rüstung vieler Truppentheile, namentlich der zweiten Linie, weit hinter
dem zurück, was man heutzutage als unumgänglich zu fordern ge=
wohnt ist.

Eine nicht minder große und rühmliche Leistung waren die 70,000
M., welche das übrige Norddeutschland aufbrachte. Daß über die
Hälfte dieser Truppen unter englischem Befehl stand, ließ sich unter
den damaligen Verhältnissen nicht vermeiden: in Wien war über die
Zutheilung lebhafter Streit; doch mußte man nach Englands übrigen
Leistungen die Forderungen für das Heer des Herzogs von Wellington
als gerecht anerkennen, hatten doch auch die Hannoveraner und Braun=
schweiger auf der spanischen Halbinsel beim englischen Heer ihre Fahnen
mit Ehre geschmückt. Nur über die Regierung von Nassau war auf
vielen Seiten Erbitterung, daß sie über 4000 M. zur Einreihung in
die niederländische Armee abgegeben hatte. Man sah darin, trotz der
nahen Verwandtschaft der Fürstenhäuser, eine Erneuerung des Solda=

---

1) Archiv des Gr. Gnlstbs. in Berlin. 1815. D. 3. I.

tenhandels aus dem vorigen Jahrhundert. Die Standesherren des
Landes, namentlich die Häuser von Solms und Wied, hatten schon
beim Congreß in Wien Widerspruch dagegen erhoben: und General
Kleist hörte bei der Bildung des Norddeutschen Bundescorps von den
Einwohnern am Rhein viele Aeußerungen des Unwillens darüber. [1]
Sonst zeigte sich bei derselben Veranlassung der vaterländische Eifer der
meisten Staaten in schönem Lichte; sie leisteten durch Errichtung von
Landwehren, die im Laufe des Feldzugs marschfertig wurden, fast durch=
gängig mehr, als sie versprochen hatten; und in welchem Sinne dies
geschah, sprach der Herzog Franz von Anhalt=Dessau dem General Kleist
mit den Worten aus: „er hoffe, seine Truppen würden sich durch Ge=
horsam, Muth und Ausdauer würdig beweisen an der Seite Derer zu
sechten, denen das Vaterland so viel verdanke." [1] Man darf anneh=
men, daß die Gesammtzahl der Truppen, welche Norddeutschland 1815
wirklich ins Feld stellte, sich auf 300,000 belief, was zu jener Zeit
sicherlich so viel war, als wenn die nämlichen Staaten heute eine halbe
Million aufbringen würden.

Am Oberrhein, von Mannheim bis Schaffhausen, sammelten
sich bis zum Anfang Juni die Heertheile Oestreichs und der süddeut=
schen Staaten unter dem Oberbefehl des Fürsten Schwarzenberg,
dem wieder, wie im vorigen Jahr, Radetzky und Langenau an der Spitze
des Generalstabs beigegeben waren. Die Armee zerfiel in 7 verschiedne
Corps von ungleicher Stärke; sie zählte 254,000 M., wovon 130,000
Oestreich und 124,000 den deutschen Mittel = und Kleinstaaten ange=
hörten. Es stellten insbesondere Baiern 57,000, Würtemberg 20,000,
Sachsen 16,000, Baden 18,000, Hessen=Darmstadt 9000 M., das übrige
die kleineren Fürsten; das sächsische Contingent konnte indessen erst
nach dem Vollzug der Theilung gebildet werden und erreichte seinen
vollen Bestand erst im August. Zum Angriff bereit waren die vier
ersten Armeecorps und die östreichische Reservearmee, zusammen über
200,000 M.; dem 2. Armeecorps waren die Badner zugetheilt, das 3.
unter dem Befehl des Kronprinzen von Würtemberg bestand aus Oest=
reichern, Würtembergern und Hessen=Darmstädtern, das 4. unter Feldmarschall Wrede aus den Baiern. Die Mehrzahl dieser Truppen hat=
ten den letzten Krieg ehrenvoll mitgefochten, und namentlich hatten
dabei die mittleren und kleineren deutschen Contingente gegen die Fran=
zosen bewiesen, daß sie in ihrer Schule etwas gelernt hatten. So

---

1) Archiv des Gr. Gnlstbs. in Berlin. 1815. D. 93 u. 94. -- Pertz. D. Leben
Steins. IV. 307.

standen sie auch jetzt zum Kampfe bereit; während die Oestreicher in der Mehrzahl von dem Guß waren, wie die Sieger über den König Murat. Unter den Truppenkörpern waren nicht so viele von neuer Bildung, als in Norddeutschland; denn es waren die Staaten nicht wie im letzteren zum Theil zerschlagen und neu vertheilt worden, son= dern sie waren, wie sie bestanden, aus dem französischen Bund in den deutschen hinübergegangen. Wenn hier die Leistung im Verhältniß zur Staatskraft nicht ganz die Höhe wie in Norddeutschland erreichte, so lag es nicht am Volke, sondern daran, daß, wie wir schon bei den Verhandlungen am Congreß sahen, neben der gemeinsamen Sache noch die besondere Auffassung verschiedner Regierungen ins Spiel kam. Der Geist und die Tüchtigkeit der Heere ließ übrigens nichts zu wünschen übrig; bei einzelnen Armeecorps war auch die Führung gut, der Ober= befehl dagegen war mit demjenigen der zwei Armeen in Belgien nicht zu vergleichen. Zum Kampfe kam nur ein kleiner Theil dieses Heeres.

Im Ganzen stellte Deutschland über $\frac{1}{2}$ Million Streiter zu diesem Krieg und mit England und den Niederlanden zusammen 600,000. Was nördlich vom Main lag, mit Ausnahme eines Theils von Hessen= Darmstadt, war den Heeren in Belgien, was südlich davon lag, den Heeren am Oberrhein zugetheilt. Die Festung Mainz, seit den Zeiten der Römer mit Recht als der Schlüssel von Westdeutschland angesehen, wurde als beiden Hauptheeren angehörig betrachtet und war von bei= den zusammen mit etwa 20,000 M. besetzt. Gegen den Befehlshaber konnte auch die Eifersucht nichts einwenden, es war der Erzherzog Karl von Oestreich; nur hatte vielleicht die Eifersucht ihn hierher gesetzt, denn er hätte an die Spitze eines Heeres gehört. Die Festung selbst war fast unverändert in dem völlig verwahrlosten Zustand, wie sie die Franzosen 1814 übergeben hatten[1]). Nicht anders freilich stand es mit allen Festungen von der Nordsee bis zu den Alpen, mochten sie nun in deutschen oder französischen Händen sein. Wenn einige dennoch Widerstand leisteten, so war es, weil nach der Erschöpfung durch die langen Kriege die Mittel des Angriffs ebenso gering waren, wie die der Vertheidigung. Im Ganzen konnten die Festungen nicht viel be= deuten, weil das Verhältniß der Streitkräfte zu ungleich war. Die deutsch=englische Macht, mit 400,000 M in erster Linie, war auf alle Fälle allein hinreichend, den Gegner zu Boden zu werfen; bei dem besonderen Verlauf des Feldzugs ist es durch die Hälfte geschehen.

Die russische Armee zählte 167,000 M. unter dem General

---

1) Gnl. Krauseneck an Kleist. Mainz 11. März 1815. Archiv d. Gnlsts C. 3. I.

Barclay de Tolly. Sie marschirte im April und Mai in drei Kolonnen von der Weichsel zum Rhein und traf zu Anfang Juni mit den Spitzen bei Mainz, Oppenheim und Mannheim ein; sie erschien also in der Lücke zwischen den Armeen von Nord- und Süddeutschland, der letzteren näher, doch bereit, beide zu unterstützen. Es waren tüchtige Führer dabei und unter den Soldaten nicht wenige, welche die Kriege seit 1812 mitgemacht hatten. Von der Ungleichheit und Zerrüttung in den Truppenkörpern, welche sich von dem furchtbaren Winterfeldzug von 1812 her bis 1814 fortgepflanzt hatte, war wenig mehr sichtbar. Die Armee würde, wo sie auch zum Kampfe kam, den eigenthümlichen Ruhm der russischen Waffen bewährt haben; sie war aber für diesen Krieg nicht nöthig. Es war schon schlimm, wie die unermeßlichen Truppenzüge das Land mitnahmen; es war schlimmer, was dann ihr Einfluß beim Frieden bedeutete.

Auf der äußersten Linken in den Ebenen von Sardinien sammelten sich 50,000 Oestreicher und 10,000 Sardinier unter dem Oberbefehl des Generals Frimont. Sie sollten durch Wallis und Savoyen auf Genf gehen, wo sie Ende Juni eintreffen würden, und von da auf Lyon. Die andere Hälfte des sardinischen Heeres, 10,000 M., erhielten die Richtung nach dem Var, um später zu General Bianchi zu stoßen, der mit 30,000 M. von Neapel herbeiziehen und dann in die Provence eindringen sollte, was freilich vor Ende Juli kaum möglich war. — Die Schweiz, welche diese Heere des linken Flügels von den großen Armeen trennte, war durch 35,000 M. vertheidigt, welche ausschließlich die Bestimmung hatten, die Neutralität zu schützen.

Auf einen Angriff von den Pyrenäen her legte man kein Gewicht; Spanien und Portugal waren nach dem fünfjährigen ruhmvollen Befreiungskampfe, zumal bei der Art von Regierungen, die dort wieder eingezogen waren, nicht in der Verfassung dazu. Dagegen suchte man im Inneren Frankreichs, in der Vendée, einen Aufstand zu Gunsten des Königs zu entzünden. Die Bemühungen gingen hauptsächlich vom Hofe Ludwigs XVIII. in Gent aus und wurden von England, insbesondere von Lord Wellington, lebhaft unterstützt. Der letztere mochte wohl einsehen, daß ein Aufstand, der mehr vom Adel gemacht werden mußte und nicht wie in den neunziger Jahren von selbst aus dem Volk hervorbrach, nicht viel ausrichten werde. Allein es waren verschiedne Versuche der königlichen Partei, sich in Südfrankreich zu behaupten, wobei sich die Herzogin von Angoulème, die Tochter Ludwigs XVI., muthig hervorthat, nach dem Einzug Napoleons in Paris schnell unterdrückt worden; und es kam nun darauf an, daß das Volk

in Frankreich irgendwo das königliche Banner entfalte, damit die Zu=
rückführung des Königshauses sich doch einigermaßen auf den Volks=
willen gründen lasse. Auch hat der Aufstand wirklich einige tausend
Mann von Napoleons Truppen in Anspruch genommen.

Um die versammelten Massen und die Zeit noch einmal zu über=
blicken, so waren, wenn man abrechnet, was zur Sicherung der Ver=
bindungen, zur Besetzung und Belagerung der Grenzfestungen zurück=
bleiben mußte, um die Mitte Juni vom rechten nach dem linken Flügel
folgende Streitkräfte zum Angriff auf Frankreich bereit. In Belgien
Wellington mit 94,000, Blücher mit 116,000 M.; am Mittelrhein Barclay
de Tolly mit 150,000; am Oberrhein Schwarzenberg mit 200,000;
in Sardinien Frimont mit 60,000; zusammen 720,000 M. Gegen
Ende Juli konnten noch folgen: vom Niederrhein her 80,000 Preußen,
vom Mittelrhein 50,000 Russen, in Italien 40,000 Oestreicher und
Sardinier, zusammen 170,000 M., so daß Frankreich wirklich von einer
Masse von 900,000 Soldaten bedroht war.

5. Was hatte Napoleon diesem furchtbaren Angriff entgegenzu=
stellen?

Ich habe erwähnt, daß ihm die Regierung Ludwigs XVIII. noch
thätig in die Hände gearbeitet hatte. Durch das Bündniß vom 3.
Januar war die Armee auf 155,000 M. kriegsbereite Truppen und
auf 40 bis 50,000 M. für den Ersatz gebracht worden; ein Aufruf vom
9. März, noch zur Vertheidigung gegen Napoleon erlassen, hatte sie um
weitere 20,000 vermehrt. Ein Ausweis vom 1. April gibt die Stärke
des Heeres unter den Waffen auf 224,000 M. und auf 33,000 M. in
Urlaub an. Daneben sollen aber, wie uns die französischen Schriftsteller
sagen, noch ganz außerordentliche Hülfsquellen für das Heer zu Gebote
gestanden haben. Es sollen außer demselben noch 250,000 gediente
Soldaten vorhanden gewesen sein, welche zumeist der Friede von Paris
dem Lande wiedergegeben hätte. Sodann wird die waffenfähige junge
Mannschaft des Jahres 1815, obwohl Napoleon bereits im Oktober
1813 ihre Aushebung für 1814 angeordnet hatte, noch zu 110,000 M.
angenommen. Das würde also im Ganzen eine Feldarmee von mehr
als 600,000 M. ergeben haben. Für die Festungen konnte man von
100,000 alten, für den Felddienst nicht mehr tauglichen Soldaten we=
nigstens 30,000 gewinnen; für die Küstenplätze waren die alten Matrosen
da. Für die Nationalgarde endlich soll in der männlichen Bevölkerung
von 20 bis 60 Jahren eine Masse von mehr als $2\frac{1}{4}$ Millionen Men=
schen zu Gebote gestanden haben.

Es erscheint aber, wenn man an die vorausgegangenen Kriege

denkt, und vergleicht, was heutzutage ein Land von 25 Millionen, der Volkszahl des damaligen Frankreich, leisten könnte, höchst unwahrschein= lich, daß neben der zuverlässig angegebenen Armee die aufgezählten Hülfsquellen in diesem Umfang vorhanden waren; und es ist gewiß, daß die 560,000 M., welche Napoleons Denkwürdigkeiten für die Mitte Juni, und die 858,000, welche sie für den 1. September berechnen, nicht erreicht worden sind. Dieser ließ kein Mittel unversucht, seine Macht zu verstärken. Er rief die beurlaubten und entlassenen Soldaten zu den Waffen; er befahl, die junge Mannschaft einzureihen; er forderte die Veteranen zum Dienst in den Festungen und bei den Ersatzkörpern auf; er bewaffnete die Matrosen für die Küsten, er ordnete die Errich= tung der Nationalgarden an. Seine Gegner, die französischen Republi= kaner, sagen, er habe Vieles zu spät und nur halb gethan; und es ist wahr, daß drei Wochen nach seinem Einzug in den Tuilerien vergingen, bis er die ersten Befehle erließ, daß es zur Einübung der jungen Mannschaft erst um die Mitte Juni kam, daß er von den angekün= digten 3000 Bataillonen Nationalgarde keine 500 zusammenberief; und es ist wahrscheinlich, daß auch noch vieles andere versäumt wurde. Es zeigt sich wohl schon hier, daß der Kaiser nicht mehr der Mann war, wie in den Jahren seiner Jugend, und mehr noch, daß er von dem Schwanken zwischen Frieden und Krieg, von dem Doppelsinn seiner Lage schwer ergriffen war. Allein er fand auch nirgends die Unter= stützung, die er suchte; nicht bei seinen Generalen, nicht bei den Beam= ten, nicht beim Volk war der alte Eifer. Die Behörden des Heeres und der Verwaltung häuften Klagen auf Klagen über die Hindernisse, die sich den Befehlen des Kaisers entgegenstellten; sich selbst zu helfen, die Thätigkeit der Bürger aufzurufen, vermochten sie nicht. Das Volk war nur in den kriegerischen Provinzen des Ostens, Champagne, Loth= ringen, Elsaß, Burgund, Dauphiné, sowie in und um Paris für die Maßregeln des Kaisers in Bewegung, im Süden, Westen und Norden blieb es gleichgültig, in einzelnen Landstrichen war es feindlich; in der Vendée brach im Mai der Aufstand aus. Der Aufruf an die alten Soldaten brachte von 250,000 keine 60,000 unter die Waffen; viele die gekommen waren, entliefen wieder. Man sendete Heeresabtheilun= gen aus, um die Zurückgebliebenen und die Entlaufenen einzubringen, es half nichts; eine ganze Division brachte im Norden in 14 Tagen nur einige 100 zusammen, um sie alsbald, durch die Unterstützung der Einwohner, wieder unter ihren Händen entweichen zu sehen. Die junge Mannschaft stellte sich lässig und wenig zahlreich zu den Fahnen; aus der Vendée wagte man gar nicht sie einzuberufen. Die Nationalgarde konnte nur in jenen östlichen Provinzen mit Erfolg gebildet werden; in einem Theil der anderen, wie z. B. in den Departements Somme und Pas de Calais, mußte der Eintritt mit Geldstrafen erzwungen werden; sie kam nur vereinzelt zusammen und löste sich schnell wieder auf. Dabei fehlte es überall an Kleidung, Bewaffnung, Ausrüstung, Verpflegung; die Generale wandten sich an den Kriegsminister, dieser wußte nicht zu helfen; Soldaten und Nationalgarden wurden unzufrieden, das Ausreißen nahm immer mehr überhand. Mit einem Worte: es trat überall die innere Lähmung, die Erschöpfung an Mitteln und an Geist hervor. Was konnte da das Heer allein, was konnten die Volksmassen der Städte, die sich der guten Tage der Revolution erinnerten, dem Kaiser helfen? Der Bauer, der erwerbende Bürger, die gebildeten Klassen hatten kein Herz und keine Hand für die Regierung; es ging ein Riß durch das Volk. Da hätten auch die Maßregeln aus der Zeit der Republik und des Convents, wovon heute die Gegner Napoleons viel reden, nichts geholfen; es fehlten gegen das Manifest der Mächte von 1815 die Einheit und die Leidenschaft, womit sich einst das Volk gegen das Manifest von 1792 erhoben hatte.

Welche Rüstung in Wirklichkeit aus diesen Zuständen hervorging, das ist uns jetzt zuverlässig überliefert.[1]) Danach hatte Napoleon um die Mitte Juni zwei Armeen gebildet: eine fürs Feld und eine für die Besatzungen und die innere Vertheidigung. Die erstere, die Linienarmee, zählte 277,000 M., davon 198,000 vollkommen kriegsbereit; 56,000 noch in der Bildung begriffen; 23,000 Kranke, Arbeiter u. s. w., also unverwendbar. Napoleon hatte in fast 3 Monaten die von seinen Vorgängern hinterlassene Linienarmee nur um 53,000 M. zu vermehren vermocht; er vermochte sie auch für die folgende Zeit nicht weiter zu vermehren, denn die Ersatzkörper waren nach einem Bericht des Kriegsministers noch zu Ende Juni bis auf die Stämme erschöpft, die junge Mannschaft kam erst allmählig an. Die zweite, die sogenannte außerordentliche Armee zählte 210,000 M., Nationalgarden, alte Soldaten, Matrosen u. s. w.; allein die Hälfte davon war ohne Ausrüstung, ein Drittel ohne Waffen. Der kleinere Theil, ausschließlich Nationalgarden, waren kaum den für die Grenzvertheidigung bestimmten Corps zugewiesen, so kamen die Klagen, daß es ihnen an allem Nothwendigen fehle und daß die Reihen sich fast täglich lichteten. Der andere Theil bildete die durchaus unzureichende Besatzung einer Reihe von größeren und kleineren Plätzen in durchgängig schlechtem

---

1) Siehe Note 1 auf Seite 135.

Zustand; es hätte, namentlich auch bei Paris und Lyon, einer ganz anderen freiwilligen und allgemeinen Thätigkeit bedurft, um sie Festungen ähnlich zu machen. Gegen die 720,000, welche die Verbündeten heranführten, hatte Napoleon also nach der Kopfzahl wohl 487,000, doch an wirklichen Soldaten, die sich mit jenen messen konnten, nur 198,000 zu verwenden.

Von diesen 198,000 war am 10. Juni die Hauptmasse, 128,000 M. mit 344 Geschützen, gegen Belgien in Aufstellung, 19,000 M. hatte General Rapp im Elsaß, gegen 5000 General Lecourbe am Jura, 9000 Marschall Suchet in Savoyen, 4000 Marschall Brune am Var, gegen 8000 die Generale Decaen und Clauzel in den Pyrenäen, etwas über 8000 General Lamarque in der Vendee; 6000 waren noch auf dem Marsch zu ihren Heertheilen; 11,000 M. Artillerie und Genietruppen waren zu Paris, Lyon und in den Festungen. Eine wirkliche Armee stand also nur gegen Belgien; das andere waren Heertheile, die selbst mit Anschluß der ihnen zugewiesenen Nationalgarden nur den Schein der Vertheidigung gaben.

6. Es war also eine mehr als dreifache Ueberlegenheit der Streitkräfte auf Seiten der Verbündeten. Dennoch ging die Verabredung des Angriffs, der in der Natur ihrer Sache lag, durch viele Unentschlossenheit und Zögerung hindurch. Dennoch schwankte Napoleon nicht vor der Wahl: ob Krieg oder Abdankung, und wählte den Krieg und den Angriff. Wie dies auf beiden Seiten geschah, erzähle ich weiter unten. Vorerst müssen wir, wie bei Frankreich, so auch bei den Verbündeten, uns an die ganze Wirklichkeit erinnern und dazu gehören noch zwei Erscheinungen: die eigenthümliche Noth der Verpflegung und der Aufstand der Sachsen.

Wohl war der Raum weit, über den die Heere sich ausdehnten; allein die Massen waren auch übermäßig groß und dieselben Länder sahen jetzt, alles Früheren nicht zu gedenken, zum drittenmal seit 1½ Jahren den Zug solcher Massen. Stein hatte die Angelegenheit schon zu Anfang April beim Kaiser Alexander durch eine besondere Denkschrift zur Sprache gebracht. Sein Vorschlag war: es sollten die Bedürfnisse der Heere theils durch Ausschreibung regelmäßiger Lieferungen im westlichen Deutschland, theils durch Nachschaffung aus dem Inneren der drei großen Landmächte gedeckt werden. Die Lieferungen müßten durch besonders eingesetzte Behörden besorgt und, da der eigentliche Kauf die Mittel der Regierungen übersteige, nach einem billig festzusetzenden Preise vergütet werden; es müsse dafür unter der Gewähr der Großmächte ein Zinsen tragendes, in nahen Zeitpunkten einlösbares Credit-

10 *

papier ausgegeben werden. Für die Nachschaffung aus dem Inneren
würde Oestreich die Donau, Preußen die Elbe und Weser, Rußland
die Ostseehäfen benutzen; die Vorräthe müßten in große Magazine gebracht werden. Die Maßregeln würden in Deutschland Einheit, Nachdruck und die Unterstützung der öffentlichen Meinung gewinnen, wenn
sie „an eine Bundesverfassung und ein ständisches Centralorgan" angeknüpft werden könnten; es sei daher auch aus diesem Gesichtspunkte
dringend geboten, beides zu schaffen. Die letztere Erinnerung half
nichts; dagegen wurde aus Abgeordneten der drei Mächte eine Commission gebildet, welche, von Stein geleitet, sich zu Ende April über
die Grundsätze für den Heereshaushalt in befreundeten Ländern einigte.
Verpflegung, Transportmittel, Postwesen, Hospitäler, Kriegsstraßen,
Kriegspolizei, Belagerungszüge, Festungsausrüstung, Zahlungen: alles
war in der Uebereinkunft geordnet. Für die Ausführung war Deutschland, westlich von Weser und Inn, in drei große Bezirke getheilt, wovon
der nördliche für Preußen, der mittlere für Rußland, der südliche für
Oestreich angewiesen wurde; die Lande östlich von Weser und Inn
waren für den Nachschub bestimmt. In jedem Bezirk sollte eine Commission aus Abgeordneten der zugehörigen Länder und einem Beauftragten der drei Mächte gebildet, sowie den ausführenden Beamten der
unmittelbare Verkehr mit den Landes- und Ortsbehörden gestattet werden. Der Plan mußte, da es an einer deutschen Centralbehörde fehlte,
einer besondern Versammlung von Abgeordneten der betheiligten Staaten vorgelegt werden. Es entstanden wochenlange Verhandlungen und
viele ärgerliche Streitigkeiten; einige glaubten sich übervortheilt, anderen
war es schon zuwider, daß die Sache eine gemeinsame sein sollte. Unter
den letzteren thaten sich wieder Würtemberg und Baiern hervor; das
erstere gab endlich nach, das letztere verweigerte seinen Beitritt. Erst
als der Kaiser Alexander den General Toll in besonderer Sendung
nach München gehen und dort ein gemessenes Schreiben seines Ministers Nesselrode überreichen ließ, war Baiern zu der Sache zu bestimmen, doch nur in einem abgesonderten Vertrag. Auch mit Hannover,
den Niederlanden und England entstanden Schwierigkeiten. Dem ersteren wollte Graf Münster ungehörige Vortheile verschaffen; dem König
Wilhelm von Holland, dem die deutschen Heere zuerst nicht schnell genug
kommen konnten, war jetzt jede Leistung zu viel; die englischen Minister
unterstützten beide und wollten auch die Mitwirkung nicht sogleich anerkennen, welche sie für die in ihrem Sold stehenden deutschen Truppen
schuldig waren. Als die Angelegenheit endlich im Mai in Ordnung
kam, war schon eine kostbare Zeit verloren. In Baden wie in Belgien

entstand über den mangelhaften Vorbereitungen große Noth. Am Oberrhein brachten die Lieferungen, die Einquartierung, die Fuhren, die Schanzarbeiten die Einwohner fast zur Verzweiflung, viele Bauern verließen ihre Wohnungen, um dem Elend zu entgehen. In Belgien traf der Schaden mehr das preußische Heer; während das englische reichlich versorgt wurde. Die preußische Verwaltung hatte die Truppen zuerst aus den Magazinen in Jülich verpflegt; nachher mußte dies vom Lande geschehen, allein die Behörden waren schwierig und erhoben immer neue Anstände. Der König, welcher sich jetzt durch Wellingtons Heer hinreichend gesichert glaubte, suchte sich seiner Verpflichtung zur Verpflegung der zuerst von ihm herbeigerufenen Preußen zu entziehen und verlangte baare Bezahlung, wie sie die Engländer leisteten. Dazu war die Verwaltung nicht im Stande; und es konnte dem Uebel unter vielen Hindernissen nur dadurch abgeholfen werden, daß die Truppen bei den Quartierträgern versorgt und zu dem Ende sehr weit auseinandergelegt wurden.

7. Wurden auf diese Weise die Uebel, welche jeder große Krieg mit sich bringt, durch Zwietracht und Selbstsucht noch vermehrt, so fiel noch von anderer Seite ein trauriges Licht auf die innere Zerwürfniß, an welcher die gemeinsame Sache zu tragen hatte. Die sächsische Frage, welche so verderblich auf die Verhandlungen des Wiener Congresses gewirkt hatte, trug hier noch einmal eine unglückliche Frucht. Ich habe im zweiten Kapitel erzählt, wie sie schon im Sommer 1814 ins Heer hinüberspielte, und wie die Aufregung damals beschwichtigt wurde; es geschah indessen nichts, um bei den Sachsen den Einfluß der Männer zu beseitigen, welche sie am meisten verschuldet hatten, des Generals Thielmann von der einen, des Generals Le Cocq und Obersten Zezschwitz von der anderen Seite. Bald, als vom Oktober an die widersprechendsten Gerüchte unter die Truppen kamen, gewann die Bewegung neuen Grund. Die Uebergabe der Verwaltung Sachsens an Preußen wurde zuerst in Koblenz als eine förmliche Ueberlieferung des Landes bezeichnet; dann wieder, als der Streit der Mächte in Wien sich steigerte, wurde das gerade Gegentheil versichert. General Le Cocq ließ sich am Geburtstag des Königs Friedrich August (23. Dezember) zu ungehörigen Aeußerungen gegen Preußen fortreißen, und wurde daher vom Corps entfernt, Mitte Januar nahm er in bewegten Worten Abschied vom Grenadierregiment; Oberst von Zezschwitz, der als der eigentliche Urheber der Bewegung geschildert wird, blieb. Zu Anfang Februar kam das Corps nach Köln, gegen Ende März zuerst nach Aachen, dann nach Lüttich. Es folgten sich schnell die Nachrichten,

daß Sachsen getheilt werden sollte, daß sich der König widersetze, daß
Napoleon in Frankreich gelandet sei. General Thielmann forderte voreilig schon am 22. Februar die Erklärung von den Offizieren, wer bei
der Theilung in preußische Dienste übertreten, wer im sächsischen bleiben wolle; die Obersten von Zezschwitz und von Leyser bezeichneten die
Aufforderung, so lange die Einwilligung des Königs nicht vorliege, als
ungesetzlich. Die Aufregung nahm zu; es trat unter den sächsischen
Offizieren deutlich eine Spaltung hervor: ein Theil wollte in preußische
Dienste treten, der andere nicht. Napoleon kam nach Paris; der König
von Sachsen erhob von Preßburg aus öffentlichen Widerspruch gegen
die Theilung. Es entstand der Verdacht, daß unter den Sachsen
Hinneigung zu Frankreich wäre; Bewohner von Huy forderten das
Garde-Grenadierbataillon beim Durchmarsch auf, zu Napoleon überzu-
gehen; der Moniteur sprach von der Achtung Napoleons für Friedrich
August, von der Anhänglichkeit der Sachsen an Frankreich, von ihrem
Haß gegen Preußen. Zur nämlichen Zeit traten die ehemals sächsischen
Generale von Thielmann, von Ryssel und von Brause aus dem russischen Dienst, dem sie seit 1813 angehört hatten, in den preußischen
über; von Ryssel erhielt das Commando über die Sachsen, ohne ihr
Vertrauen zu besitzen. Inzwischen hatte König Friedrich Wilhelm III.
durch Verfügungen vom 19. und 21. März die vorbereitenden Maßregeln für die Theilung von Staat und Heer angeordnet; die Offiziere
sollten sich nach ihrer Wahl entscheiden, die Mannschaft nach der Zu-
gehörigkeit ihres Heimathsorts vertheilt werden; doch sollte die Verfügung geheim bleiben, bis mit Einwilligung des Königs von Sachsen
die Ausführung geschehe. Gleichwohl kam die Kunde davon zu den
Truppen; unter einem großen Theil der Offiziere kam die Verabredung
auf, daß der Uebertritt in den preußischen Dienst als eine Nichtachtung
des dem König von Sachsen geleisteten Eides betrachtet werden müßte.
Bei der Infanterie wurde auch die Mannschaft gegen die Theilung
aufgeregt; es liefen bei dieser ohnedem schon durch Briefe aus der Heimath die wunderlichsten Gerüchte um, das Benehmen der Offiziere be-
stärkte sie darin, beim Gardebataillon, einer Art Haustruppen des
Königs, sollen dieselben sogar Geld vertheilt haben. Die Offiziere der
Reiterei und der Artillerie bewiesen eine bessere Einsicht, zogen die
Mannschaft in die Sache nicht hinein, und suchten ihr Ansehen zu behaupten.

Am 22. April verfügte König Friedrich Wilhelm, daß wegen des
bevorstehenden Kriegs die Theilung des Heeres vollzogen werden solle.
Noch hatte der König von Sachsen zwar seine Einwilligung nicht er-

klärt; es stand also der Eid der ihm geschworen war entgegen, und die Offiziere hatten in jener Adresse vom September 1814 mit dem Gehorsam gegen die verbündeten Mächte zugleich ausdrücklich an diesen Eid sich gebunden erklärt. Allein die Theilung sollte auch mit Rücksicht hierauf vollzogen werden. Feldmarschall Blücher gab am 1. Mai die Anordnung, daß aus dem Corps zwei Brigaden gebildet werden sollten, eine für den preußischen, und eine für den sächsischen Dienst. In Beziehung auf Eid und Feldzeichen sollte bis zur Einwilligung des Königs von Sachsen keine Veränderung stattfinden, auch sollten beide Brigaden unmittelbar unter dem Oberbefehl des Feldmarschalls zusammen bleiben.

Blücher, der die schwierige Lage der Sachsen wohl verstand, war bemüht das Vertrauen zu erhalten und hatte sein Hauptquartier in Lüttich 6 sächsischen Bataillonen übergeben. Am Abend des 2. Mai waren die Commandeure bei Gneisenau, um die Anordnungen für den Vollzug der Theilung zu empfangen. Auf einmal versammeln sich die Soldaten des Gardebataillons mit lautem Toben vor der Wohnung des Generals, man vernimmt durch den Lärm hindurch die Worte: „Vivat unser König, wir lassen uns nicht theilen!" Die Commandeure eilen hinaus, Ruhe zu stiften; der Ruf „preußische Spitzbuben", lautes Toben, Widersetzlichkeit antworten ihnen, nach General von Ryssel wird geworfen; auf den Zuruf, es werde Allarm geschlagen, stürzt endlich die Menge mit wildem Geschrei von dannen. Der Feldmarschall befiehlt, das Bataillon solle sofort nach Huy abrücken. Nach eingebrochener Dunkelheit bewegt sich eine andre Masse, den zwei Grenadierbataillonen der Garde angehörig, nach der Wohnung Blüchers; Offiziere seines Stabs treten ihr mit gezogenem Säbel entgegen; die Worte: „sächsische Hunde, preußische Spitzbuben" fliegen hin und her; die Offiziere, mit Säbeln und Steinen angegriffen, müssen zurück; ein Steinregen fliegt in die Fenster Blüchers. Die sächsische Wache, 100 Mann vom dritten Grenadierbataillon unter dem Hauptmann Geibler, thut ihre Pflicht; doch vermag sie nur mit der größten Anstrengung die Wohnung des Fürsten zu schützen. Dieser will selbst mit dem Säbel unter die Menge treten; nur mit Mühe gelingt es Gneisenau, Müffling und Grolman, ihn durch einen Seitenausgang der Gefahr zu entziehen. Ein Theil der Menge dringt in die Wohnung Blüchers und sucht dort nach gefangenen Kameraden; sie finden sich getäuscht, langsam unter tobendem Lärm räumt die halbtrunkene Masse den Platz.

Die sächsischen Truppen mußten zum Theil noch in der Nacht Lüttich räumen; das Gardebataillon kam beim Ausmarsch am Feld=

marschall vorüber, die Offiziere commandirten die gebräuchliche Ehren=
bezeugung, die Soldaten vollzogen sie nicht. Der Geist der Auflehnung
aber hatte in dem offenen Ausbruch noch nicht sein Ende gefunden,
er zeigte sich durch die ganze Infanterie verbreitet. Die Offiziere wa=
ren der Soldaten nicht mehr Herr: nicht wenige hätten die Sache leicht
getragen und nicht einmal ernstlich versucht, der Unordnung zu steuern;
andere hätte man vor Schmerz weinen sehen über die Schande, die
den sächsischen Namen getroffen; doch ohne daß sie gegen den bösen
Geist etwas vermochten. Willkür, Zügellosigkeit, Widersetzlichkeit setzten
sich die nächsten Tage hindurch fort; es war Unfug und Lärm in den
Quartieren, die Soldaten verweigerten die befohlenen Biwaks zu be=
ziehen, sie waren nur mit Mühe auf die Sammelplätze zu bringen,
dort wie auf dem Marsche mischten sich in die Hochrufe für den König
auch viele für Napoleon. Es waren strenge Maßregeln nöthig, Blücher
gab die Befehle. Das Garderegiment, dessen 3 Bataillone sich der
Meuterei schuldig gemacht hatten, wurde aufgelöst, seine Fahne ver=
brannt. Die beiden Grenadierbataillone, die bis zu Thätlichkeiten fort=
geschritten waren, mußten ausrücken, von preußischen Truppen umringt;
in jeder Compagnie wurde der zehnte Mann abgezählt, um dem Stand=
recht überwiesen zu werden, wenn nicht die Schuldigen genannt würden.
Da gaben 7 Compagnien je einen Rädelsführer an; es waren Leute,
gegen die auch sonst Beweise vorlagen. Nachdem sie ihre Schuld bekannt,
wurden sie vor der Fronte der Truppen erschossen. Die Mannschaft war
tief erschüttert; Viele weinten laut und fluchten den Verführern.

   Auch bei der preußischen Armee blieb der unglückliche Vorgang
nicht ohne Folgen. Der General von Borstell, Commandeur des zwei=
ten Armeecorps, hatte die Sachsen beim Feldzug 1814 in Flandern
kennen und schätzen gelernt; er maß von Anfang nicht ihnen, sondern
den unglücklichen Verhältnissen und zum großen Theil dem General
Thielmann die Schuld der unter jenen herrschenden Bewegung bei.
Als die Meuterei in Lüttich war, hatte Borstell sein Hauptquartier in Na=
mur; dorthin wurde zuerst das sächsische Gardebataillon gewiesen, wel=
ches die Fahne führte, die nach dem Beschluß des Feldmarschalls ver=
brannt werden sollte; der General erhielt am 5. Mai den Auftrag dies
zu vollziehen. Er aber, nur unvollkommen über die Vorgänge in Lüt=
tich unterrichtet, hatte vorher den Offizieren seine Verwendung zugesagt.
Der Befehl schien ihm, wie er auch war, zu hart; er machte Vorstellungen,
und versprach inzwischen dem sächsischen Major von Römer, daß der Fahne,
so lange er befehle, nichts geschehen solle. Indessen hatte Blücher der
Armee die Verbrennung bereits durch Tagsbefehl vom 6. Mai angekün=

bigt; er blieb bei seiner ersten Verfügung und entsetzte den General Vor-
stell, als dieser wiederholt den Vollzug verweigerte, des Commandos. Die
ser war als erprobter General in der Armee bekannt und persönlich beim
König wohlangesehen; doch wurde er durch Spruch des Kriegsgerichts
zu einem Jahr Festungsarrest verurtheilt, später erließ ihm auf Blüchers Bitte der König den letzten Theil der Strafe. Er hatte aber,
wie er selbst in einem Schreiben an den König sagt, eine härtere Strafe
tragen müssen: er konnte keinen Theil am ruhmreichen Krieg nehmen.

Die sächsische Infanterie wurde in die Gegend von Crefeld und
Geldern verlegt und dann über den Rhein zurückgeführt. Blücher be-
richtete an den König, die Theilung könne in keinem Falle bei der
Feldarmee vollzogen werden, der Geist der Infanterie sei zu verderbt,
der Abscheu der preußischen Truppen gegen sie zu groß, als daß sie
gemeinsam gegen den Feind geführt werden könnten. So wurde in
Westphalen um die Mitte Juni die Trennung ausgeführt. Aus dem
Theil, der an Preußen fiel, wurde ein Regiment gebildet und nach der
Elbe verlegt; die 100 Mann Wache die am 2. Mai ihre Schuldigkeit
gethan hatten, wurden zum 2. Garderegiment versetzt; die andern gin-
gen nach Sachsen zurück. Bei der Reiterei und Artillerie wurde schon
am 7. und 8. Mai die Theilung mit Ruhe und Ordnung vollzogen.
Von der erstern Waffe machte der Theil, der an Preußen kam, den
Feldzug im dritten Armeecorps ehrenvoll mit; bei der Artillerie brachte
der Commandeur durch ungeeignetes Auftreten gegen den General
Bülow seine Truppe um die Theilnahme am Feldzug; sie mußte nach
Jülich zurückverlegt werden.

Das war der Ausgang der sächsischen Frage, die vorher schon so
viel Verwirrung und Unheil hervorgerufen hatte. Es ist möglich, daß
dieses Ende vermieden werden konnte, wenn Preußen weniger eilig in
der Ausführung der Theilung war, oder wenn es, wie zu Anfang April
in Wien zur Sprache kam, das sächsische Corps dem Herzog von
Wellington überlassen hätte.[1] Allein Preußen hat in seinem Rechte
gehandelt, es hat keine Verletzung der Treue verlangt; und wer kann
es tadeln, daß unter den drängenden Ereignissen jener Tage die Voraussicht für das, was nachher eintrat, nicht aufkam? Gewiß war es
selbst von keinem unter allen, auf welche sich die Schuld vertheilt, vorausgesehen, daß es so weit kommen werde. Die Mannschaft, welche sich
des schwersten Vergehens schuldig machte, war verleitet und verwirrt; die
Offiziere, welche zum Theil ihre Stellung und Pflicht in weit höherm

---

1) D'Angerberg. Le congrès etc. II. 1598. 1599.

Grab verkannten, suchten doch ohne Zweifel keine Meuterei, und selbst
der Hof, der das Heer in diese unglückliche Lage brachte, hat sich
schwerlich den ganzen Ernst derselben klar gemacht. Allein die Offi=
ziere und Soldaten hatten noch das für sich, daß ihre Verirrung
in der Treue, die sie gelobt, ihre Wurzel hatte; der Hof dagegen hat
leichtfertig mit dieser Treue gespielt. Unterm 12. März schon war
dem König Friedrich August die Forderung der Großmächte, an de=
ren Ernst er nicht zweifeln konnte, auf unbedingte Zustimmung zur
Theilung zugegangen; am 18. Mai erst entließ er den Theil von Heer
und Volk, den er verlor, seiner Pflicht; am 2. Mai war der unglück=
liche Vorfall in Lüttich. Was anders konnte ihn zu dieser Verzöge=
rung veranlassen, wenn nicht die Hoffnung auf eine Wendung, welche
nur durch Napoleon und selbst dann nur durch ein halbes Wunder
möglich war? Wie Blücher darüber am 6. Mai an ihn schrieb, so
hat selten ein General zu einem König gesprochen. In einem 55jäh=
rigen Dienstleben hätte er das Glück gehabt, nur das Blut seiner
Feinde zu vergießen, jetzt zum erstenmal sei er genöthigt worden, ein
blutiges Gericht in der eignen Armee zu verhängen. Daran trage
der König die Schuld, denn Befehle geben und Befehle dulden, werde
vor dem Allwissenden als dasselbe betrachtet. Die schmerzliche Erfah=
rung, die er eben gemacht, zwinge ihn, dem König Das zu sagen; er
habe 73 Jahre zurückgelegt; es sei ihm nur um die Wahrheit zu
thun. [1]

8. In dem großen Waffengeräusch jener Tage ging der un=
glückliche Vorfall in Lüttich bald vorüber. Die Verbündeten hatten an=
dere Sorgen: die Staatsgeschäfte in Wien waren noch nicht zu Ende; da=
neben schoben sich gerade im Laufe des Mai die Heere in wachsenden
Massen nach der Grenze, die Arbeit für ihre Aufstellung und ihren
Unterhalt mehrte sich, und was die Hauptsache war, der Kriegsplan
mußte jetzt bestimmt verabredet werden. Er gedieh, nach allem, was
schon darüber gesprochen und geschrieben war, nur langsam und unter
vielem Widerspruch der Meinungen zur Reife. Was die Fürsten und
Feldherrn darin schwankend und zögernd machte, war nicht die Furcht,
daß Napoleons Macht zu groß oder die ihrige zu klein sein möchte.
Ueber die erstere waren sie unmittelbar von Paris aus gut unterrich=
tet; durch die Verbindungen, welche von dort nach dem Hofe Lud=
wigs XVIII. in Gent liefen, kamen von vielen amtlichen Berichten
des Kriegsministers an den Kaiser die Abschriften dahin, so daß die=

---

1) Siehe Note 1 auf Seite 55.

Verbündeten z. B. in der zweiten Hälfte des Mai die Feldarmee ihres Gegners ganz richtig auf 200,000, die kriegsfähigen National= garden auf 93,000 Mann anschlugen [1]). Was wollte das heißen ge= gen die dreifach zahlreicheren Heere, welche auf ihrer Seite heranzogen, so daß die Masse selbst über die ersten Vorstellungen ihrer eignen Feldherrn hinausging. Das also durfte wohl den Muth dieser letzte= ren heben; sie hätten sich jetzt zu kühneren Gedanken entschließen dürfen als zu Anfang April. Statt dessen geschah gerade das Gegentheil; selbst Gneisenau, der damals drei Armeen und für jede den geraden ununterbrochenen Marsch nach Paris verlangt hatte, war auf einmal viel vorsichtiger. Er schlug am 3. Juni einen Plan vor, der auf ein allmähliges Einschnüren gegen die von Napoleon erwarteten Angriffs= stöße hinauslief [2]). Das Einrücken in Frankreich sollte sofort geschehen, schon um dem Feinde die Grenzprovinzen zu entziehen und auf seine Kosten zu leben; doch dann müsse ein zusammenhängendes Vorgehen in Masse stattfinden, unter Vermeidung jedes Unfalls; lieber möge ein und das andere Heer einmal theilweise zurückweichen. Beim ersten größeren Sieg jedoch sollten die Heere ein allgemeines Hurrah auf Paris machen, das vielleicht auf den ersten Anlauf falle. Wäre dies nicht, so müsse man wieder wie vorher verfahren.

Was war es, das den General auf einmal so vorsichtig machte, so anders, als er vorher und nachher erscheint? Es ist wahr, in den verbündeten Heeren war nicht alles nach Wunsch: Gneisenau wußte und sah, wie viel in der preußischen Armee noch fehlte; er sagte auch in demselben Brief, worin er den neuen Kriegsplan aussprach: Wellingtons Armee könne unbrauchbar werden, wenn die preußische nicht Hand in Hand mit ihr gehe. Er war aber auch gewohnt, neben den eigenen Schwächen sich diejenigen des Feindes zu vergegenwärtigen, und er schlug in dem nämlichen Brief Napoleons ganze Macht an der Ostgrenze auf 140,000 Mann an. Dagegen führten Blücher und Wellington über 200,000; sie konnten wohl eine Schlacht verlieren, doch keine Niederlage erleiden. Das paßte alles weit besser zu Gnei= senaus erstem Plan: denn ein allgemeiner entschlossener Vormarsch der verbündeten Heere konnte eine verlorne Schlacht des einen Theils an einer andern Stelle wieder gut machen, während sich bei jenem zusammenhängenden Vorgehen und Zurückweichen voraussehen ließ,

---

1) v. Boyen (damals Kriegsminister) an v. Knesebeck. Archiv d. Gnlstbs. D. 118.

2) Gneisenau an Knesebeck. Namur 3. Juni. Ebenda.

daß sich jeder Unfall, wie es 1814 gewesen war, hemmend an die Fersen der gemeinsamen Bewegung hängen werde. Warum also hat Gneisenau jetzt vor der Ausführung die Sache gegen seine eigene Art so anders angesehen als vor zwei Monaten? Die Begründung, die er selbst in jenem Briefe gibt, ist nicht ausreichend; den tieferen Grund mochte er Bedenken tragen unzweideutig auszusprechen. Es war aber derselbe, der in anderer Art auch bei den anderen waltete: Miß= trauen in die Verbündeten und insbesondere in die Absichten Welling= tons; Sorge, daß Preußens Heer stark genug bleibe, um Preußens Ansprüche zu stützen.

Des Herzogs Verhalten bestätigt diese Auslegung. Er wollte wohl mit Blücher einem Angriff Napoleons Stand halten; dagegen ge= dachte er, noch vorsichtiger als es in Gneisenaus letztem Plane gemeint war, in Frankreich erst dann einzurücken, wenn die anderen Heere in Metz und Langres, d. h. auf gleiche Entfernung von Paris angekom= men wären, wie die englische und die preußische Armee. Das entsprach zwar schon seiner gewohnten Kriegsart, denn er liebte mehr die lang= sam errungenen, als die schnellen Erfolge. Doch hatte er auch für die Zeit, wo der Krieg entschieden wäre, seine ganz bestimmte Absicht. Er wollte das vertriebene Königshaus wieder einsetzen; und er mußte darum Sorge tragen, daß sein Heer, auf welchem diese Absicht am meisten beruhte, keinen großen Unfall erleide. — Noch deutlicher zeigt sich in den Plänen, welche die Oestreicher vorlegten, wie diese letzten Absichten einwirkten. Sie wollten durchaus, daß der Krieg methodisch geführt werde, und dabei war ihr Hauptgedanke, daß die Armee unter Schwar= zenberg mit der östreichischen Armee, die von Italien her vorrücken sollte, zusammenwirke. In den Kriegsplanen, die sie vorlegten, war das in ein kunstgerechtes System gebracht. Sie bewiesen darin, daß man zu gleicher Zeit von Basel und Genf aus die Bewegung beginn= nen und zu gleicher Zeit Langres und Lyon erreichen müsse; erst wenn man diese Punkte sicher in Händen habe, dürfe man weiter vorgehen, davon müsse alles andere abhängen. Man hat den Oestrei= chern nachgesagt, daß eine künstliche militärische Schulweisheit ihnen solche Entwürfe eingegeben habe, oder gar, daß sie es mit dem Krieg überhaupt nicht so ernsthaft gemeint hätten. Mit dem letzteren thut man ihnen Unrecht, und mit dem ersteren sucht man den Fehler nicht an seiner eigentlichen Quelle. Der Verstand sucht nur dann künstliche Entwürfe, wenn die Antriebe des Willens schwankend sind. Was die Oestreicher am meisten zu ihren Planen bestimmte, war gewiß zuerst der Wunsch, eine möglichst große, rein östreichische Macht stets beisam=

men zu haben, und dann der andere Wunsch, jedes große Mißgeschick zu vermeiden, um zuletzt bei den Friedensverhandlungen mit Nachdruck auftreten zu können. Diese Wünsche hatten ohne Zweifel ihren guten Grund; bedeutende Männer an der Spitze von Staat und Heer wären deshalb doch zu anderen Entwürfen gekommen. Wenn sich aber darin die Fortsetzung der Schwankungen Oestreichs bei den Congreßverhandlungen zeigt, so zeigt sich zugleich auch die unglückliche Lage der deutschen Verhältnisse darin, an der Oestreich nicht allein die Schuld trug. Hätten nach Allem, was vorhergegangen war, die zwei großen deutschen Mächte noch einander fest vertrauen, hätten sie sich über ihre letzten Absichten verständigen können, so würde selbst Oestreich mehr Zuversicht bewiesen und Preußen an den Gedanken von 1813 und 14 niemals gezweifelt haben.

So ging der Kriegsplan der Verbündeten aus der Natur der Verbindung und aus den Staatsverhandlungen, die vorausgegangen waren, hervor. Sie wußten alle von einander, daß sie den Sturz Napoleons wollten; sie waren zusammen ohne Zweifel stärker als nöthig, aber kein Theil konnte und wollte die Last des Krieges allein tragen. Ueber das letzte Ziel war nur Wellington sich klar, der Kaiser Alexander hatte wohl von der Erhebung des Herzogs von Orleans gesprochen, doch wollte er vor allem für sich eine entscheidende Stimme; Oestreichs Minister und Generale sahen nach den Ereignissen; Preußens Feldherrn gingen mit den Entschlüssen von 1813, seine Staatsmänner ohne die rechte Voraussicht in den Krieg. So kam in Heidelberg am 10. Juni, am meisten auf Grund der Entwürfe, welche von Oestreichs zögernder Kunst vorgeschlagen waren, ein Kriegsplan zu Stande, der die Wünsche zu vermitteln suchte und darüber die Hauptsache, den Nachdruck des Angriffs unbestimmt ließ. Schwarzenberg sollte mit dem Haupttheil seiner Armee von Basel über Belfort auf Langres rücken; Wrede sollte mit den Baiern über die Saar und auf Metz gehen, die russische Armee sollte zu seiner und der Preußen Unterstützung über Kreuznach und Trier marschiren[1]. Die Heere in den Niederlanden und in Italien sollten ihre Bewegungen im Zusammenhang damit einrichten.

9. Die Staatsmänner von Oestreich und Preußen kamen auch jetzt noch nicht dazu, sich über die Forderungen zu verständigen, welche Deutschland nach dem Krieg zu erheben hätte; obwohl sie neben den Verhandlungen über die Kriegspläne auch der laute Eifer des Her-

[1] Knesebeck an Gneisenau. Heidelberg den 10. Juni. Arch. d. Gnlstbs. D. 118.

zogs von Wellington für das Haus Bourbon dazu hätte auffordern müssen. Stein brachte zwar gegen Ende Juni in Heidelberg die Sache zur Sprache. Er war für die Wiedereinsetzung Ludwigs XVIII. auf den Thron; wollte aber, daß die Gelegenheit benutzt werde, um für Deutschland die in den letzten Jahrhunderten verlornen Grenzlande zurückzugewinnen, und machte namentlich den Vorschlag, man solle aus Elsaß und Lothringen ein deutsches Fürstenthum für den Erzherzog Karl von Oestreich bilden. Die Sache kam mehrmals mit Metternich Hardenberg und Gagern, der als niederländischer Gesandter im Haupt= quartier war, zur Sprache. Alle stimmten dem Verlangen nach Her= stellung der deutschen Grenze bei: Hardenberg und Humboldt gaben darin nur der Stimmung Ausdruck, die im preußischen Volk und besonders im Heere war; Metternich schien die Verstärkung der Grenze in Flandern für wichtiger zu halten, als die Wiedererwerbung des deutschen Landes am Oberrhein und der Mosel für den östreichischen Prinzen; Gagern verlangte neben dem Vortheil der Niederlande doch mit Nachdruck die Zurücknahme des Elsaß. Doch es blieb Alles bei der bloßen Besprechung. Wellington dagegen versäumte nichts, um die Ansprüche Ludwigs XVIII. schon jetzt so fest wie möglich zu be= gründen. Er hob es, wo er irgend Veranlassung dazu fand, mit Nachdruck hervor, daß der Krieg nicht gegen Frankreich, daß er nur gegen Napoleon gerichtet sei; er berief sich auf den Vertrag vom 25. März, wonach Ludwig XVIII. und Frankreich selbst dem Bunde ge= gen Napoleon als Mitglieder angehörten; er that Alles, um dem Hof des Königs in Gent das entsprechende Ansehen zu geben. Er suchte den Herzog von Orleans und den Marschall Marmont, die sich von diesem Hofe getrennt hatten, wieder zu ihm zurückzubringen, er schrieb an Metternich, als ob etwas anderes, als die Wiedereinsetzung der „legitimen Bourbons" gar nicht möglich wäre. Er behauptete, daß im Grunde, die Bonapartisten ausgenommen, ganz Frankreich dafür sei; er betrieb den Aufstand in der Vendee; er wußte die Regierung in England zu gewinnen, daß Ludwig XVIII. Commissäre ernenne, welche sogleich, sowie eine Provinz von den Verbündeten besetzt wäre, die Verwaltung und die Versorgung der Heere übernehmen sollten. Met= ternich wußte zwar die Ausführung dieser Maßregel zu hintertreiben; er machte geltend, daß das eine Angelegenheit sämmtlicher Verbündeten sei, und veranlaßte, daß die Bevollmächtigten von Oestreich, Rußland und Preußen in Gent Widerspruch einlegten. Sonst aber hatte Wel= lingtons Plan seinen Fortgang, und es war darin von Anfang die Absicht eingeschlossen, daß der König den Thron nicht wieder besteigen dürfe, um Frankreich sogleich neue Grenzverluste mitzubringen. Was konnte es dagegen helfen, daß Stein den Lord Clancarty von der Nothwendigkeit einer bessern Grenze für Deutschland zu überzeugen suchte? Es wäre vor allen an den preußischen Staatsmännern gewesen, schon jetzt die Ansprüche Deutschlands sicherzustellen, denn in ihrer Hand lag neben der Pflicht zugleich die Gelegenheit dafür. Sie mußten, daß der Kaiser Alexander gegen die Bourbons war: König Ludwig XVIII. oder der Herzog von Orleans, das konnte ihnen gleichgültig sein; aber es ließ sich damit zwischen beiden Theilen die gerechte Forderung Deutschlands durchsetzen. Es geschah nichts. Warum also sollten nicht England und zuletzt auch Rußland auf Kosten Deutschlands großmüthig sein, da Deutschland selbst seine Sache nicht wahrte?

10. Einfacher als für die Verbündeten gestaltete sich für Napoleon der Kriegsplan. Ich habe oben erwähnt, wie günstig Belgien für ihn gelegen war, wenn er einen raschen Schlag gegen seine Feinde führen wollte. Er selbst hatte schon frühe den größten und besten Theil seines Heeres in dieser Richtung in Bewegung gesetzt. Noch suchte er das Volk zu täuschen. Seine Minister mußten verkünden, daß auf der großen Versammlung des Maifelds die Kaiserin und ihr Sohn erscheinen würden, als ein Pfand der Freundschaft mit Oestreich; dann wieder setzte der Moniteur den feindlichen Willen wie die Macht der Verbündeten herab; er that, als ob das Parlament in England die Kriegsgedanken der Regierung brechen werde; er erinnerte an die unterdrückten Völker, welche nichts ersehnten, als wegen der Mißhandlungen des Congresses von Wien gerächt zu werden. Napoleon selbst täuschte sich nicht. Es blieben ihm zwei Wege. Er konnte den Angriff der Verbündeten erwarten, oder er konnte ihm zuvorkommen. Für das Erste konnten die Erinnerungen an den Krieg von 1814 sprechen. Wie oft standen damals die eingedrungenen Heere auf dem Punkte, sich in Zwietracht zu trennen oder gar zurückzuwenden; und wenn sie dennoch zuletzt zum Ziele drangen, hatte es nicht am meisten das Uebermaß von Napoleons Forderungen gethan, das sie immer wieder zwang, sich zusammenzuschließen und dem Rath der Entschlossensten unter ihnen zu folgen? Damals konnte den Kaiser noch der Wahn treiben, daß mit seiner eignen auch Frankreichs Ehre diese Forderungen verlange; jetzt hatte er die Erfahrung darüber gemacht und Frankreich verlangte nicht Größe, sondern Frieden von ihm. Auch durfte er annehmen, die Uebermacht werde nicht größer sein, als damals. Wenn er also Paris zum Mittelpunkt seiner Bewegungen wählte, in einzelnen Ausfällen mit der Schnelligkeit wie vordem dem Feinde eine Reihe

von Vortheilen abgewann und zuletzt mit dem äußersten Aufgebot der
Volkskraft die Hauptstadt hielt; mußte da nicht der Angriff ermüden,
in Zwietracht auseinanderfallen, ja an dem Gewicht der eignen Mas=
sen sich erschöpfen? Wir haben gesehen, wie zögernd, wie voll Wi=
derspruch, wie unvollkommen sich die Angriffsgedanken der Verbün=
deten entwickelten: wenn die größte Gefahr für sie gerade in dem lang=
samen schwankenden Vorgehen lag, das die Möglichkeit von hundert
kleinen, die Eintracht bedrohenden Unfällen in sich trug, so mußte,
scheint es, diese Kriegsart am meisten zum Vortheil Napoleons sein;
er mußte sie wählen, auch ohne zu wissen, in welchem Grade der
Plan und die Zustände seiner Gegner zu seinen Gunsten waren.

Allein das Wichtigste fehlte bei dieser Rechnung. Die Hoffnung
auf die Zwietracht der Gegner konnte täuschen; zuverlässig blieb dieser
Weg nur, wenn der Kaiser auf den Willen, das Vertrauen, die Aus=
dauer des Volks zählen durfte. Konnte er das, der selbst dem Volk
nicht vertraute, der ihm noch fortwährend mit den alten doppelzüngigen
Künsten die Gefahr verhehlte oder verkleinerte? Es war niemals seine
Sache; auch 1814 hatte er das Volk nur zu Hülfe genommen, nicht
seinen Krieg auf seine Erhebung gegründet. Es war damals Noth=
wendigkeit, nicht Wahl; es war seine Schwäche, was ihn den Einbruch
der Feinde erwarten ließ, und selbst dann war seine Kriegführung
keineswegs rein im Geiste einer zähen Vertheidigung, welche die letzte
Kraft bis zum letzten Bollwerk aufspart. Was hätte ihn jetzt zu die=
ser Wahl bestimmen sollen? Wenn das französische Volk jemals zu
einem solchen Kriege gemacht war: nachdem es so viele Siege und
Niederlagen getragen hatte, und unter diesem Führer war es nicht
dazu gemacht. Das mußte Napoleon; an das Volk war vom ersten
Tage seiner Wiederkunft sein innerer Glaube nicht, und er hatte es
jetzt in zwei Monaten kennen gelernt. Er sah, daß das Volk keiner
großen Erhebung fähig war, er fühlte, daß zwischen ihm und den Ver=
heißungen der Freiheit ein Riß war; er hatte bereits die Gewißheit,
daß in seiner eignen Regierung der Verrath nur auf die Gelegenheit
wartete. Durfte er da eine andere Stütze suchen, als sich selbst und
seine Waffen; durfte er den Schein geben, als sei er der alte nicht
mehr? Was ihm dienen konnte, war nicht die langsam aufzehrende
Kriegsart, welche die inneren Kräfte vielleicht mehr gegen als für ihn
entband; was er brauchte war ein Sieg, womit er auf einmal seine
Feinde im Inneren und draußen schlug. Und war ein solcher Sieg
denn unmöglich? Hatte er nicht ein treffliches Heer; war er nicht der
Feldherr wie sonst? Hatte er bei Marengo, bei Austerlitz, bei Fried=

land besseren Grund auf Sieg zu rechnen als jetzt? Ihn rief von
der Grenze das Waffengeräusch der Schaaren, die an ihn glaubten
und ihm selbst den Glauben gaben. Er wählte den Angriff.

Siebentes Kapitel.

Das Kaiserreich vor dem Untergang und das Werk des Congresses.

1. Ehe zwischen dem wiedererstandenen Kaiserreich und dem großen Rathe von Europa in Wien die Waffen entscheiden sollten, waren
beide bemüht, das Werk der inneren Herstellung und Erneuerung, wozu
sie sich berufen achteten, zum Abschluß zu bringen. Es ist ein lehr-
reiches Zusammentreffen, wie das in den Tagen, wo schon die Heeresmassen an den Grenzen sich dichter zusammenschoben, von beiden
so ganz verschieden gethan wurde. Das Kaiserthum suchte sich und
das Volk mit dem glänzenden Schauspiel begeisterter Eintracht und
Gemeinschaft zu täuschen; während im Inneren Zwietracht und Auflösung drohten, von Außen das vertriebene Königshaus mit wachsender Zuversicht die Hand nach der verlornen Krone ausstreckte.
Der Congreß gab in eilfertigen Sitzungen den ganz und halb geschlich-
teten Fragen die Gestalt des Vertrags, während sich die getäuschten
Hoffnungen der Völker von ihm abwendeten, und die Fürsten über
ihrer neuen Aufgabe die unvollkommene Arbeit gerne hinter sich gelassen hatten. Doch blieb das Werk des Congresses ein Anfang für
die Arbeit der Zukunft; das Werk des Kaiserreichs ging mit diesem
unter.

2. Es war die Ursache und das Geheimniß von Napoleons vo-
riger Größe, daß er bei seinem Alles umfassenden und durchdringen-
den Geiste nur einen Glauben hatte, den Glauben an sich selbst und
seine Macht. Derselbe Glaube war auch die Ursache seines Sturzes,
wie jeder Glaube, der allein auf Menschenwerk stehen will, zum Trug
und Verderben führen muß. Jetzt, nach solcher Erfahrung, dachte es
der Kaiser mit einem doppelten Glauben zu versuchen. Alles was
Glauben an die Menschen, an das Volk heißt, hatte er, je höher er gestiegen war, desto mehr verachten lernen, hatte er, obs ihm in deutscher oder
französischer Gestalt erschien, als eitle Träumerei bezeichnet; jetzt, an seinem eignen Sturze, hatte er wieder gelernt, daß es doch etwas sein
müsse mit diesem Glauben, daß er eine Macht war. So hatte er

bei seinen ersten Schritten auf Frankreichs Boden zum Volk gespro=
chen, wie er es vorher nie gewohnt war. Er hatte gleich beim Wie=
derantritt der Herrschaft eine freie Verfassung verheißen; er verkündete,
daß bei dem Volk die Quelle aller Gewalt sei und daß das Volk über den
Thron und die Verfassung seine Stimme geben müsse. Die Verfassung sollte
entworfen und dann in allen Gemeinden des Landes den Urwählern
zur Annahme oder Verwerfung vorgelegt werden. Wäre die Annahme
erfolgt, dann solle in einer großen Versammlung aller Wählerschaften
zu Paris die feierliche Bestätigung geschehen. Es war ein sogenann=
tes Maifeld, das Napoleon ankündigen ließ, eine Nachahmung
der großen Volksversammlungen, worin die alten Frankenkönige einst
die Reichsbeschlüsse auszumachen pflegten. So hatte er auch 1804, als
er die Kaiserkrone nahm, einen feierlichen Krönungs= und Triumph=
zug am Rheine her unternommen, welcher an die kaiserlichen Fahrten
Karls des Großen erinnern sollte. Er verstand es wohl, wie die
Macht der Vorzeit in sagenhafter Ueberlieferung im Glauben der Völ=
ker fortwirkt und er hätte die eigne Herrlichkeit an solchen Glauben
gerne angeknüpft. Allein das Frankreich der bourbonischen Könige,
der Revolution und des Kaiserreichs war nicht das alte Reich der
Franken, und der rednerische Glanz, der um Napoleons Thaten webte,
war ein anderer, als der wilde Wiederschein der Glaubenskämpfe,
über denen einst Karls des Großen Macht aufstieg.

Während der Verheißungen und Vorbereitungen für die Verfas=
sung hatte Napoleon seinen alten Staat und Hof wieder eingerichtet.
Coulaincourt, der Minister des Aeußeren, Cambacérès, der Erzkanzler,
der Herzog von Gaëta, Mollien, Decrès, Minister der Finanzen, des
Schatzes und der Marine, hatten alle diese Aemter schon unter dem
früheren Kaiserreich bekleidet. Marschall Davoust, der von seinen Tha=
ten im Felde her das Vertrauen Napoleons besaß, wurde Kriegs=
minister, Maret, Herzog von Bassano, wurde wieder Staatssecretär,
Lavalette erhielt die Post. Carnot, ein Mann von reinem Charakter,
nahm das Ministerium des Inneren an; er war Republikaner und
darum früher mit dem Kaiserreich zerfallen, jetzt glaubte er, daß es die
Sache der Revolution vertheidigen wolle, auch den Grafentitel lehnte er
nicht ab. Fouché, Herzog von Otranto, einer der ausgemachtesten Schur=
ken, die unter der Schreckenszeit und dem Kaiserreich sich selbst gedient
hatten, wäre am liebsten Minister des Aeußeren geworden, doch nahm er
von Napoleon auch die Polizei an. Das Alles geschah schon am 20.
und 21. März; der Hof aber war fast eben so schnell fertig. Die Her=
zogin von St. Leu und die früheren Höflinge und Damen hatten den

Kaiser in den Tuilerien mit Jubel empfangen; bald füllten sich die Räume wieder mit den Gestalten und der Bewegung wie vordem. Die Menge der großen Herrn und der Bedienten, der Aemter des Staates und des Hofes, der Uniformen und Trachten füllten wieder die Vorsäle; der Adel, die Stellen, die Titel, die Würden des Kaiserreichs kamen wieder auf. Napoleon hatte auf seinem Zuge das Volk zuerst als „Bürger", dann als „Franzosen", dann als „Unterthanen" angeredet; er hatte seinen Präfecten von Lyon zuerst „Bürger", dann „Herr", von seinem Palast aus „Graf" genannt. Daneben mußte ers doch dulden, daß in Paris die rothen Jakobinermützen wieder erschienen, daß die Revolutionslieder wieder ertönten, daß die Klubbs wieder anfingen, daß sich in der Bretagne und unter dem niederen Volke der Hauptstadt unter dem Namen „Föderation" eine große Massenverbrüderung bildete. Er mußte sich am Fenster zeigen, wenn ihn die Massen sehen und mit Hochrufen begrüßen wollten, er mußte Adressen annehmen, der Menge Waffen versprechen und selbst in seinem Heere eine Bewegung der Eifersucht gegen die Wiedererrichtung der Garden erleben. Daneben konnte es ihm am eignen Hofe wohl unheimlich werden. Seine getreuesten Anhänger, wie Coulaincourt und Cambacérès, waren nur mit Widerstreben wieder in seine Dienste getreten; von den Generalen und Marschällen hielten sich gerade diejenigen, welche vor andern als zuverlässige Männer geachtet waren, wie Oudinot, Macdonald, Gouvion St. Cyr, von jeder Theilnahme zurück; der Marschall Berthier, früher stets an der Spitze von Napoleons Generalstab, fand, man weiß nicht ob freiwillig, in Bamberg durch einen Sturz aus dem Fenster den Tod.

Es war aber sogar der Verrath in Napoleons Ministerium, er wußte es und wagte ihn nicht zu strafen. Der Polizeiminister Fouché, sobald er sah, daß Europa fest gegen Napoleon vereinigt blieb, hielt ihn für verloren und suchte nach Wegen, die ihm, wenn es Zeit sei, den Uebergang zu den Gegnern möglich machen könnten. Er knüpfte durch geheime Briefe und Boten nacheinander Unterhandlungen mit Metternich, mit dem Hofe Ludwig XVIII. in Gent und mit dem Herzog von Wellington an. Napoleon aber hatte wie früher eine doppelte geheime Polizei eingerichtet; durch diese wurde der Unterhändler aufgebracht, der Fouchés Verkehr mit Metternich besorgte. Er sagte aus, daß Fouché einen vertrauten Mann auf die Rheinbrücke nach Basel zu einer Zusammenkunft mit einem Sendling Metternichs schicken solle, er verrieth auch die verabredeten Erkennungszeichen; und der Kaiser schickte nun einen jungen Anhänger von ihm, den

11·

Sekretär Fleury, als wäre er von Fouché gesandt, nach Basel, wo er wirklich mit einem Baron Werner, von Metternich geschickt, eine Unterredung hatte. Das Ergebniß war indessen nicht sehr wichtig, und ehe eine zweite Zusammenkunft stattfinden konnte, hatte Fouché die Sache erfahren. Er machte dem Kaiser bei der ersten Gelegenheit, als geschehe es ganz aus eignem Antrieb, die Anzeige, daß er allerlei Anträge vom Fürsten Metternich habe; Napoleon that, als glaube er ihm, und empfahl ihm denselben Fleury, den er eben gebraucht hatte, zum Unterhändler. Nun kam bei einer zweiten Zusammenkunft natürlich nichts heraus, und als Fleury am 1. Juni zum drittenmal auf der Rheinbrücke erschien, war kein Bote Metternichs mehr da. Napoleon und sein Minister, obwohl sie gegenseitig ihr doppeltes Spiel durchschauten, stellten sich gegeneinander als wäre nichts geschehen. Der erstere soll gegen die andern Minister vom Erschießen des Verräthers gesprochen haben; aber die Beweise waren für ein regelmäßiges Verfahren nicht hinreichend, und Fouchés Anhang war zu groß, als daß man ihn vor ein Kriegsgericht hätte stellen können. Napoleon getraute sich auch nicht, ihn vom Amt zu entfernen; er blieb und hatte, wie sich zeigen wird, bei dem Herzog von Wellington bessern Erfolg, sich für den Sturz Napoleons seine Stellung zu retten.

Die Ausarbeitung der Verfassung hatte Napoleon an Bejamin Constant übertragen, der den mit Frau von Staël befreundeten Männern angehörte, welche der Kaiser früher als eitle Freiheitsschwärmer halb geringgeschätzt und halb verfolgt hatte. Bald nach seinem Einzug in Paris ließ er ihn rufen; er kam voll Besorgniß über sein Loos; kurz vorher hatte er noch öffentlich mit Heftigkeit gegen Napoleon gesprochen, jetzt war er für den schlimmsten Fall entschlossen, sich selbst den Tod zu geben[1]). Als er zurückkam, dachte er nicht mehr ans Sterben. In einer Unterredung von zwei Stunden hatte ihn der Kaiser völlig umgewandelt. Es war nicht blos die Freundlichkeit, wie sie die Herrn der Welt haben, es war auch die wunderbare Macht eines Geistes, der auf einmal wie aus der Tiefe eigner Bewegung die Sache der Freiheit führte, was den Volkstribun blendete, so daß er selbst später, als ihm Napoleon wieder anders erschien, zu Lafayette sagte, wie er jenem gegenüber seiner selbst nicht gewiß sei[2]). Er arbeitete jetzt die Verfassung ganz nach dem Muster aus, wie sich diese Männer für das Frankreich, das sie hofften, ausgedacht hatten. Allein

---

1) E. Quinet. 27.
2) Gervinus. Geschichte des 19. Jahrhunderts. 129.

er mußte es gelten lassen, daß das ganze Werk als eine „Zusatzakte" zu der frühern Verfassung des Kaiserreichs bezeichnet werde. Napoleon, der über die Einbildung spottete, womit Ludwig XVIII. an der „Kette der Zeiten", d. h. an den tausend Jahren seines Hauses hielt, wollte doch selbst, daß sein jetziges Reich nur die Fortsetzung seines frühern sei. Auf der andern Seite nahmen ebenso gut die neuen Freunde der kaiserlichen Freiheit, als die alten Männer der Schreckenszeit gerade an diesem Namen Anstoß. Wie es zu gehen pflegt, wenn zwischen die Regierung und die Parteien das Gefühl der völligen innern Entfremdung tritt, so wurde dieses Wort die Bezeichnung für einen ganzen Inhalt von feindlicher Gesinnung, und das erste öffentliche Beweisstück für die Gegner Napoleons. Doch dauerte der Schein der Eintracht noch fort. Am 22. April wurde die Verfassung im Moniteur bekannt gemacht; zu Anfang Mai war sie von mehr als 1 ¼ Millionen Stimmen angenommen, nicht 5000 hatten sich dagegen erklärt; die große Mehrzahl freilich hatte gar nicht gestimmt. Sofort begannen in Paris die Zurüstungen für die große Versammlung des Maifeldes, die Stadt war in Bewegung, den großen öffentlichen Platz des Marsfeldes für die Feier würdig herzurichten; am Hofe wurde mit anderm Pomp auch der Mantel mit den goldenen Bienen herbeigebracht, der als ein uraltes Zeichen französischen Königthums gelten sollte, da die Wappenkundigen Napoleons die Lanzenspitzen im Grabe des alten Königs Chilperich, aus denen später die Lilien des Königthums hervorgegangen waren, für Bienen angesehen hatten[1]. Der Minister des Innern gab an die Präfekten die Vorschrift, wie die Versammlung zu beschicken sei. Inzwischen fielen der Zusatzakte und ihrer erblichen Adelskammer gegenüber die Wahlen zur Volkskammer überwiegend auf alte Gegner Napoleons. Dieser hatte wenig Freude an der zweifelhaften Aufnahme der neuen Verfassung und bemerkte, die Bourbons hätten ihm Frankreich verdorben, das Volk habe zuviel Neigung „die Regierung zu chikaniren." Lafayette suchte wieder das Apostelamt einer Freiheit, die niemals Wirklichkeit geworden war; Fouché spann seine geheimen Fäden nach dem Ausland. Unter solchen Zeichen nahte das Schauspiel des Maifeldes heran.

3. Zur nämlichen Zeit wurde in Wien das letzte Werk des Congresses, die deutsche Verfassung, zu Ende geführt. Wie der allgemeine Hergang war, habe ich im 5. Kapitel erzählt; es bleibt noch von seinem Inhalt zu sprechen. Von allen Entwürfen, die dafür vorgelegt waren, behielt man zuletzt diejenigen von Oestreich und Preußen bei.

---

1) Bernhardi. I. 251.

Der erstere hauptsächlich wurde den Berathungen zu Grunde gelegt; am 23. Mai war der neue Entwurf fertig. Was man von Eintracht und von Freiheit vorher in sieben Monaten geredet und gestritten hatte, sollte jetzt das Werk von doppelt so viel Tagen sein. Es war danach. Man gibt Metternich die Schuld, daß er alles so lange hinausgezögert habe, damit die schweren Fragen in der Eile leichtfertig abgethan würden. Allein auch von den andern stand keiner zu seinen ersten Gedanken und zu seinem eignen Werke: nicht die preußischen Staatsmänner, die noch von ihrem letzten Entwurfe eine Reihe besserer Bestimmungen preisgaben; nicht der Gesandte Hannovers, der im Oktober so nach=
drücklich für das Recht und die Freiheit Deutschlands aufgetreten war. Der Entwurf war in der Hauptsache von der heutigen Bundesverfas=
sung nicht sehr verschieden. Daß er in den gemeinsamen Berathun=
gen der deutschen Staaten noch verschlechtert werden würde, hätte man nicht denken sollen, und doch war es so. Fürst Metternich eröffnete die Verhandlungen (23. Mai) mit der Erklärung, es könne jetzt nur auf die Feststellung der Grundzüge ankommen, das übrige müsse man der Bundesversammlung selbst vorbehalten. Es war dasselbe Verlan=
gen, welches Stein schon im Januar ausgesprochen hatte, aber die Zeit und die Stimmungen waren inzwischen anders geworden. Alle Anträge, welche auf Verbesserung des Entwurfs gerichtet waren, fie=
len durch. So ward die Bestimmung, daß in allen wichtigen Punk=
ten ein Beschluß durch Mehrheit der Stimmen in der Bundesversamm=
lung gar nicht gefaßt werden könne, als zweideutig und ungenügend angefochten; es war umsonst. So trugen zuerst die kleinern Fürsten und die Städte, dann noch besonders Mecklenburg, Kurhessen und Sachsen=Weimar darauf an, daß den Landständen ausdrücklich die Theilnahme an der Gesetzgebung, die Steuerbewilligung, die Beschwerde=
führung, als ein geringstes Maß von Rechten zugesichert würden. Vergebens; es blieb bei der Fassung, wie sie durch den Artikel 13 der Bundesakte eine traurige Berühmtheit erlangt hat: „in allen Bun=
desstaaten wird eine landständische Verfassung stattfinden"; selbst den früher vorgeschlagenen Ausdruck, daß eine Verfassung bestehen solle, hatte man noch zu bestimmt gefunden. Die Bestrebungen da=
gegen, welche auf Beschränkung der Zusagen des Entwurfs gerichtet waren, drangen durch. Auf Baierns Antrag wurden die Gesammt=
stimmen, welche für die Standesherrn in der vollen Bundesversamm=
lung in Aussicht gestellt waren, als eine später zu erledigende Angele=
genheit an die Bundesversammlung überwiesen. Der von Preußen eingebrachte Artikel (15) des Entwurfs, der von der Verfassung und

den Rechten der katholischen und evangelischen Kirche in Deutschland
handelte, ward in der 5. Sitzung gestrichen, in der 7. wieder eingerückt,
in der 10., weil der päpstliche Legat und die deutschen Vertreter der
Kirche Einsprache erhoben hatten, auf Wunsch Oestreichs und Antrag
Baierns beseitigt[1]). Die Frage über die bürgerlichen Rechte der Juden
wurde aus dem Entwurf gestrichen und an den Bundestag überwiesen.
Gegen das verheißene Bundesgericht endlich erhob gleich von Anfang
Baiern seine Stimme und wurde nachher von Hessen-Darmstadt unterstützt. Noch in der 10. Sitzung (8. Juni), wo die Bundesakte zum
Abschluß kam, erklärten sich Oestreich und Preußen mit fast allen übrigen deutschen Staaten ausdrücklich für die Beibehaltung des Bundes-
gerichts; dennoch gaben sie auf den wiederholten Widerspruch Baierns
zuletzt „zur Bewirkung einer Vereinigung" nach; das Bundesgericht
fiel weg. In der 9. Sitzung (5. Juni) hatte Fürst Metternich auf
Abschluß der Verhandlungen gedrungen, damit die Bundesakte noch
vor Beendigung des Congresses unter die Gewähr der europäischen
Mächte gestellt werde. Niemand widersprach; zu einer Zeit, wo auch
ein Stein wiederholt die Dazwischenkunft des russischen Kaisers für
die deutsche Verfassung angerufen hatte, erschien es nicht unnatürlich
oder verwerflich, eine rein deutsche Sache durch das Ausland bekräf-
tigen zu lassen. Die Bundesakte, durch die Gesandten von Bremen
und Waldeck, Senator Smidt und Regierungspräsident v. Berg, abge-
faßt, wurde in der 10. Sitzung (8. Juni) gezeichnet, in der 11. (10.
Juni) unterschrieben und gesiegelt. Auch jetzt noch vermochten Würtemberg und Baden sich nicht zu entscheiden, sie traten erst später bei.

Mit wie anderen Gedanken über die deutsche Verfassung waren
die Staatsmänner dreiviertel Jahre vorher zum Congreß gegangen;
welch ein Abstand war zwischen diesem Ziel, wie es wirklich erreicht
wurde, und so vielen hoffnungsvollen Aussichten, die auf den Wegen
dahin die Blicke täuschten. Zuerst die 12 Artikel von Preußen und
Oestreich und der deutsche Ausschuß; dann, wie dieser Weg verloren
war, vom 16. November an das vaterländische Hervortreten der vereinigten Fürsten und Städte, welche die Sache auch unter dem wachsenden Streit der Großen nicht fallen lassen. Noch unter diesem Streit
entsteht die Hoffnung auf das eine Oberhaupt, auf den Kaiser, und
erhält sich fast bis zur Zeit des neuen Kriegsbündnisses gegen Napoleon. Die Hoffnung fällt; doch Stein bietet wieder und wieder seinen

---

1) Klüber. Uebersicht der diplomatischen Verhandlungen des Wiener Congresses ec. Frankfurt a. M. 1816. S. 443 bis 447.

Einfluß auf und auch jene Staatenverbindung läßt nicht nach. Am
2. Februar drängt sie aufs neue, daß endlich die Berathung der deut=
schen Verfassung beginne. Auch zeigt sich Preußen bereit; es legt am
10. Febr. seine Entwürfe vor und selbst Oestreich läßt es nicht an
Entwurf und Zusagen fehlen. Neue Verzögerung, neues Verlangen
der Kleineren (22. März), daß man Deutschland, wo es einen neuen
Krieg gelte, endlich seine gerechten Ansprüche gewähre. Die drängende
Zeit vermehrt den Eifer; die Rathschläge, die Entwürfe häufen sich;
noch zweimal läßt Preußen die seinen verändern und noch scheint es,
daß die wesentlichen Punkte gewahrt werden sollen. Doch schon ist's
zu spät: Metternich ist fast zum Standpunkt von Baiern und Wür=
temberg, d. h. zu seiner eignen früheren Ansicht bekehrt, wonach ein
System von Bündnissen für Deutschland genügend wäre. Hardenberg
hat andere Dinge im Sinne und verläugnet nacheinander seine eignen
Forderungen.

Das Ergebniß haben wir in der heutigen Bundesverfassung vor
Augen. Statt einer vollziehenden und einer gesetzgebenden Gewalt,
die Bundesversammlung mit ihrem engeren Rath von 17 und ihrem
Plenum von ursprünglich 69 Stimmen; beide zur Unthätigkeit verur=
theilt, bis die Anweisungen der Einzelstaaten sie zur Abstimmung berufen;
statt der nothwendigen Beschränkung im Recht der Verträge und der
auswärtigen Vertretung das bloße Verbot von Bündnissen, die gegen
die Sicherheit des Bundes gerichtet sind. Das ist für die Einigung; für
die Freiheit lautet die Gewähr fast noch geringer. Landständische
Verfassungen, die einmal bestehen werden, und für die „Unterthanen",
die man erst „Bürger", dann „Einwohner" geheißen hatte, die noth=
dürftige Zusicherung einiger Rechte, worunter die Sicherheit der Person
und des Eigenthums, die Abschaffung der Leibeigenschaft, die Freiheit
der Lehre und der Presse vergessen waren. Und als Krone von
allem die Bestimmung (Art. 7), daß wegen der Grundgesetze und or=
ganischen Einrichtungen des Bundes, wegen der Rechte Einzelner und
der Religionsangelegenheiten, weder im engeren Rath, noch im Ple=
num ein Beschluß durch Stimmenmehrheit gefaßt werden könne. Da=
mit war, was für die geordnete Entwicklung jeder Staatsgemeinschaft
die Hauptsache ist, der naturgemäße Fortschritt der Gesetzgebung un=
möglich gemacht; und es ist auch nachher die Verheißung der Bundes=
akte auf eine umfassende Gesetzgebung in Bezug auf auswärtige mili=
tärische und innere Verhältnisse (Art. 10) nicht in Erfüllung gegangen.
An dieser Verfassung hat es nicht gelegen, wenn Deutschland nicht
wieder auseinandergefallen ist.

Den Staatsmännern von Preußen und Hannover schlug doch das Gewissen über so vielem, was von ihnen verheißen und nicht erfüllt worden war. Sie gaben bei dem Abschluß der Akte die Erklärung ab, daß sie von der Mangelhaftigkeit des Werkes, welches sehr wichtige Punkte unerledigt lasse, durchdrungen seien, und daß sie nur beigestimmt hätten, weil eine unvollkommene Verfassung doch immer besser sei als keine. Einige Kleinstaaten sprachen sich in ähnlichem Sinne aus. Die Mediatisirten legten am 13. Juni eine förmliche Rechtsverwahrung ein, die freilich nur ihren Rechtszustand von 1805 verwahrte und das auf ewige Zeiten. Das deutsche Volk, das noch viel kürzer als jene behandelt worden war, hat keine Vertretung, die in seinem Namen Widerspruch erheben konnte. Die Presse, welche sich noch ziemlich frei bewegen konnte, gab dafür dem Tadel, dem Spott und dem Unmuth in Wort und Bild desto schärfern Ausdruck. Stein sah die Bundesakte zuerst am 20. Juni beim Kaiser Alexander in Heidelberg und erhob sofort seine Stimme dagegen. In einer Denkschrift, die er dem Kaiser am 24. Juni zuschickte, erinnerte er ihn an alle die Versprechungen, welche er und seine Verbündeten seit dem Beginn des Befreiungskampfes wiederholt für die Sache Deutschlands gegeben hatten; er wies ihm die Widersprüche zwischen diesen Zusagen und der nun vorliegenden Verfassung nach; er forderte ihn auf, seinen Einfluß zu verwenden, daß dem Uebel abgeholfen werde, sobald der Bundestag in Frankfurt zusammentrete. Es war wie eine Stimme aus dem Volke, als er im Eingang zu dieser Schrift für jeden Mann, der sein Vaterland liebe, das Recht in Anspruch nahm zu untersuchen, ob der Inhalt dieser Urkunde der Erwartung der Nation, der Thatkraft und Beschaffenheit ihres Geistes, der Größe ihrer Anstrengungen und Leiden entspreche. Und diese Verfassung bot man Deutschland in dem Augenblick dar, wo man neue Opfer für einen neuen großen Krieg von ihm verlangte: dieses Deutschland war doch nach so vielen Kriegen erschöpft für die Arbeit des Friedens, und der Haß gegen den Feind, dem es aufs neue gelten sollte, war groß.

4. Frankreich war freilich mit seiner Verfassung um nichts besser daran als Deutschland, obwohl es dieselbe grade im Gegensatz zu diesem in kurzer Zeit mit leichter Mühe und in vollständiger Gestalt zu Stande gebracht hatte. Das zeigte sich, als am 1. Juni das Schauspiel des Maifeldes kam und vorüberging. Auf dem weiten Raum des Marsfeldes war im Halbkreis die Bühne aufgebaut, welche den Kaiser mit den Würdenträgern des Staats und des Heeres, und zu beiden Seiten die Mitglieder aller Wählerschaften Frankreichs, die

Abordnungen der Departements, der Armee und der Flotte aufnehmen
sollte. In der Mitte war der Thron prächtig aufgebaut, vor ihm
erhob sich der Altar für die gottesdienstliche Weihe des Festes; links
und rechts dehnten sich übereinander aufsteigend weithin die Sitze aus,
von der Bewegung von 10,000 Menschen erfüllt; 20,000 kaiserliche
Garden und ebensoviele Nationalgarden von Paris schlossen sich der
großen Bühne an; weit in die Ferne verlor sich der Blick über zahl-
lose Zuschauer hinweg unter den stolz aufsteigenden Bauwerken der großen Stadt. Der Kaiser kam, begrüßt vom Jubel der Musik, vom Läuten
der Glocken, vom Donner von 100 Kanonen; seine Brüder Lucian,
Joseph und Hieronymus begleiteten ihn, seine Mutter und seine Schwe-
stern hatten ihre Plätze in seiner Nähe; doch seine Gemahlin und sein
Sohn waren nicht bei ihm. Das Volk konnte sehen, daß er gegen
Europa allein war. Der Erzbischof von Tours eröffnete die Handlung
mit einer feierlichen Messe. Ein Abgeordneter sprach zum Kaiser im
Namen Frankreichs, der Erzkanzler verkündigte die Annahme der Zusatzakte
durch 1,300,000 Stimmen; der Kaiser antwortete. Am Schluß seiner
Rede trat der Erzbischof von Bourges mit dem Evangelienbuch zu ihm; der
Kaiser legte die Hand darauf und leistete den Eid auf die Verfassung
des Reichs; tausende von Stimmen wiederholten den Schwur, tausende
riefen dann dem Kaiser ihr Hoch. Er warf den Mantel ab und trat
an den Rand der Bühne vor, um an die Abgeordneten der Linie und
der Nationalgarde die Fahnen zu vertheilen. Die Begeisterung der
Soldaten, als sie ihn sahen und hörten, antwortete seinen Ansprachen
in immer erneuten Zurufen. Das war das Ende des Festes. Aber
schon in diesem Augenblick, während der Jubel der Armee den Kaiser
begrüßte, sollen weiter rückwärts in der Nähe des Thrones ganz andere Stimmen laut geworden sein; Fouché hätte der Königin Hortense
zugeflüstert, an diesem Tage habe der Kaiser den Thron für seinen
Sohn retten können; wäre er seinem Rathe gefolgt, so hätte er abgedankt [1]). Gewiß ist, daß gleich die nächsten Tage jede Täuschung des
Festes, wenn noch eine bestand, zerstreuten. Die Kammern kamen zusammen. Kurze Zeit schienen die Meinungen zu schwanken; ob man
Napoleon glauben und in der Gefahr des Staates zu ihm stehen solle,
oder ob die Stimmung des Volkes von seinen Abgeordneten die Vor-
ficht, die Eifersucht, den Widerstand erwarte. Bald siegte die alte Abneigung und die heimliche Furcht. Napoleon mußte es geschehen lassen und bestätigen, daß die Volkskammer seinen alten Gegner Lanjuinais

---

1) Thiers, Histoire du Consulat et de l'Empire. Leipzic. 1861. XIX. 499.

zum Präsidenten wählte und seinen Bruder Lucian verwarf; es half ihm auch wenig, daß er seine Adelskammer aus den Marschällen, Ministern, Bischöfen, Senatoren des Kaiserreichs, aus alten Republikanern und Schreckensmännern, aus dem alten Adel der Königszeit wunderlich zusammensetzte. Am 7. Juni eröffnete er die Kammern; er zeigte die drohende Gefahr des Kriegs, er forderte zur Eintracht, zum Vertrauen, zur kräftigen Vaterlandsliebe auf. Die Adressen beider Kammern bezeugten den Willen dazu, doch zugleich das Mißtrauen und die Furcht, daß sie vor dem Volke und vor sich selbst nicht als Verräther der Freiheit erscheinen möchten. Am 12. Juni reiste Napoleon zur Armee ab.

Jenseits der Grenze bereitete sich schon ein andres Frankreich auf seine Erbschaft. Der Hof Ludwigs XVIII. in Gent, ohne jede Macht und in sich selbst getheilt, hatte dennoch eine Bedeutung durch die Verbindungen, welche zwischen ihm und Paris spielten, und durch die Gunst Englands. Wie des letzteren Feldherr schon jetzt entschlossen und umfassend die Zurückführung des Königs vorbereitete, und mit welchem Erfolge, habe ich schon erzählt. Ebenso, daß Fouché auch hier für seine zukünftige Stellung sich den Boden zu bereiten suchte. Doch die Stimmung des Hofs war ihm jetzt noch entgegen. Es waren gerade der Bruder des Königs Graf Artois und seine Partei oben auf und sprachen es laut aus: ihnen hätte man folgen, der Revolution hätte man jedes Zugeständniß verweigern, die alten Zeiten und Rechte hätte man in ihrer Reinheit herstellen müssen, dann wäre der neue Umsturz nicht erfolgt. Diese Partei hätte sich zwar die alten Schreckensmänner lieber gefallen lassen, als die Anhänger des verfassungsmäßigen Königthums; aber sie war so voll Zuversicht auf die kommenden Dinge, daß sie keiner Jakobiner zu bedürfen glaubte, und Fouché, der um seiner selbst willen ein Königthum wollte, das möglich wäre, konnte hier nicht anknüpfen. Sein Rath und seine Nachrichten scheinen deshalb doch zu dem Hof gekommen zu sein und fanden dann bei Wellington noch eine günstigere Stätte. Auch einer seiner alten Genossen, Talleyrand, hielt sich zur Zeit vom Hofe noch fern. Er blieb als des Königs Gesandter so lange als möglich in Wien, dann nach Gent berufen, kam er nicht; er sah, daß die Zeit dort noch nicht reif für seinen Einfluß war. Der König indessen konnte sein Ministerium fast ganz so herstellen, wie es in Paris gewesen war; zwei Minister Blacas und Jaucourt hatten ihn begleitet; der Kanzler d'Ambray, der Kriegsminister Clarke, Herzog von Feltre, der See-Minister Beugnot und der Finanz-Minister Baron Louis trafen nacheinander ein; der letztere war erst am 9. Mai aus Paris abgereist und die Beamten des Zolls hatten ihm

Pferde-Wechsel bis zur Grenze verschafft[1]). Nur der Abbé Montes=
quiou, Minister des Innern, zog sich zurück; seine Stelle nahm Cha=
teaubriand ein. Am Hofe begann sehr bald das alte Spiel der Par=
teien und der geheimen Umtriebe. Der König selbst mit einigen seiner
Minister war verständig genug, die begangenen Fehler einzusehen; der
Herzog von Wellington und Lord Stewart unterstützten diese Ansicht,
empfahlen, auf den Rath von Talleyrand und Fouché zu hören und
drangen namentlich auf Entfernung des Günstlings Blacas, den der
König nicht fallen lassen wollte. Graf Artois und seine Partei stütz=
ten sich auf übertriebene Nachrichten aus Frankreich, als gäbe es nur
zwei Parteien, die Königlichen und die Jakobiner, die letzteren wären
hoffnungslos; Napoleon habe gar keinen Anhang, selbst im Heer be=
ginne der Abfall. Dazwischen gingen die Verbindungen mit den
fremden Gesandten hin und her. Graf Golz vertrat Preußen, Gene=
ral Vincent Oestreich, Pozzo di Borgo Rußland an diesem Hofe; der
letztere lebte der geheimen Hoffnung, noch französischer Minister zu
werden; Graf Golz war persönlich für die Zurückführung des Königs.
Von Paris aus suchte ein Verein von Freunden des verfassungsmä=
ßigen Königthums, mit Royer Collard an der Spitze, Verbindung mit
Gent zu unterhalten. Sie sendeten zu Ende Mai den jungen Guizot,
den spätern Minister dahin, der wichtige Nachrichten mitbrachte[2]) und
die gemäßigten Wünsche seiner Partei vortrug. Ueber all diesem Trei=
ben waren Hof und Ministerium des Königs doch noch in großer
Verwirrung, und das Ganze machte auf unbefangene Beobachter den
Eindruck, als wenn viele unbedeutende Menschen sich auf kleinen We=
gen mit großen Dingen beschäftigten. Der Hof wurde erst wichtig, als
hier die Entscheidung des Kriegs erfolgte und England auf diese Weise
Gelegenheit erhielt, die lange vorbereiteten Absichten schnell der Erfül=
lung entgegenzuführen.

5. Wir stehen damit vor dem Beginn des Kriegs. Er wird uns
zeigen, wie das Kaiserreich so überraschend, wie es vor den Augen der
erstaunten Völker aufgestiegen war, auch unterging. Das Werk des
Congresses dagegen hat den Krieg überdauert; es ist gleich bei den
Friedensschlüssen, die ihm folgten, fortwirkend hervorgetreten, es ist
von da an mit all seinen Gebrechen und Mängeln die Grundlage ge=
blieben, von der aus die Völker und Staaten in Deutschland und
Europa nach einer neuen Gestaltung ihres Daseins rangen. Es ist

---

1) v. Boyen an Knesebek. Archiv d. Gnlstbs. D. 118.
2) v. d. Golz an Hardenberg. 3. Juni. Ebend. C. I.

nicht lange nach seiner Entstehung noch verschlimmert, es ist von seinen eignen Urhebern in verderblicher ja geradezu verfälschender Richtung ausgelegt und angewendet worden; es sind darüber neue schwere Kämpfe im Innern der Staaten und der Völker wider einander ausgebrochen. Dennoch weist auch die heutige Bewegung und Staatsgestaltung in Europa auf den großen Vertrag zu Wien als auf ihren Anfang zurück. Es ist nicht damit gethan, ihn zu verurtheilen; es gilt, ihn zu kennen und nach den wirklichen geschichtlichen Mächten, die in ihm wirkten, zu verstehen.

Im ersten Kapitel habe ich im Ueberblick der Zustände, wie sie nach dem Befreiungskrieg waren, die Aufgabe des Congresses zu zeichnen versucht. Um zu prüfen, was daraus geworden ist, muß ich ihr zunächst den Inhalt der Congreßakte im Umriß gegenüberstellen. Dazu bedarf es vorerst einer kurzen Erinnerung an den Zustand von Europa, wie er beim Beginne des Befreiungskrieges sich darstellte.

Frankreich gebot damals unmittelbar oder mittelbar über das Festland des Welttheils, soweit es sich westlich vom Niemen, Narew und Bug ausdehnte. Sein eignes Gebiet griff im Nordosten und Südosten weit über den heutigen Umfang hinaus. In der ersteren Richtung bildete von Basel bis Wesel der Rhein die Grenze, so daß die heutigen linksrheinischen deutschen Länder, sowie Belgien und Holland dazu gehörten; bei Wesel überschritt die Grenze den Strom und zog über Münster und Lüneburg nach Lübeck, auf diese Weise das nördliche Holland sowie die Länder der Ems-, Weser- und Elbmündungen der großen Handelssperre unter der französischen Douane einverleibend. Im Südosten folgte die Grenze dem Südufer des Genfer Sees und dem Südabhang der Berner Alpen bis zum Gotthard, dann nahm sie den Zug nach der Sesia hinüber, an dieser her zum Po, wendete sich bei Parma südlich zu den Apenninen und folgte diesen, bis sie über Rieti zum Mittelmeer bei Terracina umbog: es waren also die Kantone Genf und Wallis, der größere Theil von Sardinien, Parma, Toscana und der westliche Kirchenstaat noch in Frankreich einbegriffen. — In Deutschland, soweit es hiernach übrig blieb, war alles Land westlich der Elbe, des Böhmerwaldes und der Salzach, und zum Theil noch über diese Grenzen hinaus, unter dem Namen des Rheinbundes in der Vasallenschaft Napoleons: es herrschten über diese Staaten theils die alten deutschen Fürstenhäuser, die nachher meistens geblieben sind; theils neu von Napoleon eingesetzte deutsche Herren, wie der von Toscana hierher verpflanzte Bruder des Kaisers Franz im Großherzogthum Würzburg, der Herzog von Dalberg in Frankfurt; theils Napoleons Angehörige, wie sein Bruder Hieronymus im Königreich Westphalen. Preußen war auf einen schmalen, langgedehnten zerrissenen Landstreifen zwischen Elbe und Niemen beschränkt; Oestreich umfaßte noch Böhmen, Mähren, die Erzherzogthümer, einen Theil von Steyermark und die ungarischen Lande. Die Schweiz war unter die Oberherrlichkeit Napoleons gestellt und mußte ihm Soldaten zu seinen Kriegen geben. — Dänemark mit Norwegen war ebenfalls unter seiner Gewalt und Kriegsfolge. — Aus Polen war, in etwas ausgedehnteren Grenzen als sie das nachherige Königreich hatte, ein Herzogthum Warschau gemacht, dessen Krone der König von Sachsen trug. — In Italien wurden die nationalen Hoffnungen des Volks mit dem Namen eines Königreichs Italien getäuscht, dessen Krone Napoleon selbst trug, während es sein Stiefsohn Eugen Beauharnais als Vicekönig nach seinem Gebot verwaltete: es umfaßte die Lombardei und Venedig, Modena und den östlichen Kirchenstaat, Dalmatien, Illyrien und einen Theil von Kärnthen und Steiermark. Neapel bildete ein besonderes Königreich unter Napoleons Schwager Mürat. In Sicilien herrschte noch König Ferdinand unter Englands Schutz; auch Malta und die Jonischen Inseln waren mittelbar unter Englands Herrschaft. — Spanien hatte Napoleon seinem Bruder Joseph gegeben; doch hatte dieser zu Anfang 1813 schon den größten Theil seines Landes im Kampfe mit den Engländern und dem aufgestandenen Volk verloren. — Außer Frankreich waren nur noch England und Rußland, mit denen sich 1812 Schweden verband, selbständig in Europa. Die Türkei war damals nicht unmittelbar an den großen Händeln des Welttheils betheiligt.

Wie der innere Zustand war, das läßt sich nicht in den Raum einer kurzen Schilderung zusammendrängen. Es sei genug, an die zwei Thatsachen zu erinnern: daß im verwegenen Spiel um die Weltherrschaft alle die Länder, die ich vorhin nannte, gegen Rußland die Waffen tragen mußten; und daß sie alle gezwungen waren, in der großen Handelssperre gegen das meerbeherrschende England sich selbst die Quellen des Wohlstandes zu untergraben. Auch was die Revolution und das Kaiserreich von Uebcrlebtem zerstört, was sie von Keimen neuen Lebens gepflanzt hatten, konnte damals nicht fruchtbar werden, da das höchste Gut, was allem Leben erst Werth gibt, das eigne Dasein den Völkern genommen war. Wir haben heute nur noch eine schwache Vorstellung von der Wirklichkeit jener Tage: mit welcher rohen, gewissenlosen Willkühr der französische Gewaltherrscher in alle Gestaltungen des Lebens und in alle Tiefen seiner Bewegung eingriff, das wird am klarsten durch die Thatsache bezeugt, mit welchem Zorn die Völker unter der Führung ihrer besten Männer nacheinander wider die Zwingherrschaft aufgestanden sind.

Nachdem also die Waffen der empörten Völker die Gewaltherrschaft gestürzt hatten: wie umschrieb da das Friedenswerk den neuen Zustand von Europa? Ich deute den Inhalt der Congreßakte in derselben Reihenfolge der Länder an, die ich soeben von der Zeit des napoleonischen Reichs gebraucht habe, und berufe mich dabei, zur besseren Vergleichung und um der Kürze willen, so viel es angeht, auf die heutige Gestalt Europas.

Die große Urkunde, in welcher die Wiener Verträge zusammengefaßt sind, ist am 9. Juni 1815 abgeschlossen worden. Es sind 121 Artikel mit 17 Beilagen an besonderen Staatsverträgen. Ueber Frankreichs neues Gebiet enthält die Akte nichts; es war, wie wir wissen, schon durch den Frieden von Paris (30. Mai 1814) auf die Grenzen von 1792 zurückgewiesen worden; was mit geringen Veränderungen, die ich später anführen werde, die heutigen Grenzen sind. Hätte man auch das Gebiet dieses Staates in die Akte aufnehmen wollen, es wäre zur Zeit ihres Abschlusses keine Regierung dort gewesen, die man zur Bestätigung einladen konnte. — Von den Gebietsveränderungen in Deutschland handeln die 38 Artikel vom 15. bis zum 52., sowie die 6 besondern Verträge in den Beilagen 4 bis 8 und 10. Ich habe sie früher an ihrem Orte aufgeführt: es ist noch die heutige Gestalt und Gemeinschaft der Staaten mit der unbedeutenden Ausnahme, daß seitdem einige kleine Fürstenhäuser aufgehört haben, zu regieren. Nur an der Nordgrenze ist eine bedeutendere Veränderung im Werden: die Herzogthümer Schleswig-Holstein und Lauenburg kamen nach dem Wiener Vertrag in die Staatsgemeinschaft mit Dänemark, der König wurde für die beiden letzteren deutscher Bundesfürst. — Dem Königreich der Niederlande mit dem Großherzogthum Luxemburg im Nordwesten von Deutschland sind die Artikel 65 bis 73, sowie die Beilage 10, der Schweiz im Südwesten von Deutschland die Artikel 74 bis 84 und die Beilage 11 gewidmet. Das erstere wurde aus Ländern gebildet, welche das Kaiserreich verschlungen hatte, seine Grenzen, doch nicht mehr der damals geschaffene Staat, sind in dem heutigen Holland und Belgien zu erkennen; die Schweiz erhielt den Umfang, den sie in der Hauptsache noch bewahrt, und die Freiheit zu selbstständiger Entwickelung, die sie benutzt hat. — Von Dänemark und Schweden ist früher gesagt, daß ersteres an letzteres Norwegen für Schwedisch-Pommern verlor und dieses wieder gegen Lauenburg an Preußen abtrat. In der Congreßakte erschienen die beiden Staaten nicht;

denn Schweden schied zuletzt von den Verhandlungen im Unmuth aus, weil es nicht genug bekommen konnte. — Die Entscheidung über Polen, sein Gebiet und seine innern Zustände, enthalten die Artikel 1 bis 14, sowie drei besondere Verträge zwischen Rußland, Preußen und Oestreich in den Beilagen 1 bis 3. Man kann diese Bestimmungen als die vierte oder vielmehr fünfte Theilung des unglücklichen Landes bezeichnen, denn auch was Napoleon 1807 und 1809 mit Rußland ausmachte, war im Grunde nicht viel anders als eine veränderte Wiederholung der frühern Theilungen. Die Gebietstheilung, die in Wien geschah, ist dieselbe, die noch besteht. Der Rest, der den Namen Polen bewahrte, ist 1830 und 1863 völlig unterjocht worden. — Von Italien handeln die Artikel 85 bis 104 und die Beilagen 12 bis 14. Es erhielt den Bestand der Staaten, wie er bis 1859 auf unsren Landkarten zu finden war; einen gemeinsamen Namen und Verband erhielt es nicht. Seitdem hat der damals geringgeschätzte Drang des Volks, sich als eine Nation neu zu gestalten, das Werk des Congresses dort umgestürzt. — Spanien war schon vor dem Congreß hergestellt, wie es heute ist; es schied vor dem Abschluß aus, weil ihm manche seiner Wünsche nicht gewährt wurden. Portugal ist in den Artikeln 105 und 107 so gestaltet, wie es noch besteht. — Ueber Rußland und England enthält die Akte keine besondern Bestimmungen. Sie hatten vor dem Befreiungskrieg den großen Vortheil, durch die Kämpfe Deutschlands vor Napoleons Waffen geschützt zu sein; darum hatten sie ihre Macht bereits gewonnen und befestigt, als dieses noch von der Anstrengung zerrissen war, den Feind aus dem Lande zu werfen. Der Friede von Paris hatte also ihren Antheil an der Beute schon festgestellt, so wie er in der Hauptsache heute noch ist. Doch hatte für Rußland die Akte noch den Erwerb von Polen zu verzeichnen; England gewann die jetzt wieder aufgegebene Oberherrlichkeit über die jonischen Inseln erst später.

An Bestimmungen über die innern Verhältnisse der Staaten ist die Congreßakte kaum weniger reich als an Gebietsvertheilungen, aber sie vermochte darin noch viel weniger die vorige Zerstörung auszugleichen, und der heutige Zustand läßt sich nicht so kurz zum Vergleiche herbeiziehen. Die wichtigste von diesen Bestimmungen ist die deutsche Bundesakte, deren Abschluß und Inhalt oben dargestellt ist. Wegen Polen enthalten die drei ersten Beilagen diejenigen Verabredungen über die innere Verfassung, zu welchen, wie früher erzählt wurde, England den Anstoß gab. Für das Königreich der Niederlande und die Schweiz sind die Grundlagen der innern Staatsordnung theils in den erwähnten Artikeln der Akte, theils in den beigelegten, besondern Verträgen enthalten. Italien fand in der Akte wenig Berücksichtigung seiner innern Zustände; nur die Bedingungen, unter welchen der König von Sardinien Genua erwarb, sind in einem beigelegten Vertrag festgesetzt. Außerdem sind in den Artikeln 108 bis 118 eine Reihe von Bestimmungen über die Schiffahrt auf denjenigen Flüssen niedergelegt, welche mehreren Staaten angehören. Die Beilage 25 enthält die Erklärung der Mächte vom 8. Februar über die Abschaffung des Negerhandels.

6. Das ist in Kürze der Inhalt der Congreßakte. Daß er der Aufgabe und den gerechten Erwartungen nicht entsprochen hat, wie sie sich uns zuerst für die große Versammlung darstellten, das haben wir schon aus den Verhandlungen gewußt; es wird durch den Ueberblick des Ganzen nur bestätigt. Was noch unter dem Eindruck der großen Waffenthaten in Paris verabredet war, ist in Wien einfach ausgeführt, was dort offen gelassen war, ist hier theils gar nicht, theils ungenügend, theils verderblich geschlichtet worden: dazu, scheint es, hätten die Staatsmänner nicht acht Monate zu tagen brauchen. Es gibt aber zwei Standpunkte für das Urtheil. Wir können das Werk des Congresses mit dem vergleichen, was heute daraus geworden ist, die Bedürfnisse jener Zeit nach den Anschauungen und Gefühlen messen, die wir heute darüber haben. Das ist ein Standpunkt, der für uns seine Geltung hat, und ich denke zu Ende dieses Werks darauf zurückzukommen. Es wäre aber ein ungerechter Standpunkt jener Zeit und jenen Männern gegenüber; diese dürfen den anderen Standpunkt d. h. den Maßstab ihrer Zeit verlangen. Es bleibt mir daher für jetzt nur noch übrig, die Lösung, welche die Hauptfragen erhalten haben, an derjenigen zu prüfen, welche sie nach der damaligen Lage hätten erhalten können.

Geht man von diesem Gesichtspunkt aus, so erscheint sogleich eine Erinnerung sehr wesentlich. Ohne Zweifel waren die zwei großen Fragen, welche heute Europa bewegen, das Streben nach freier Staatsgestaltung nämlich und nach dem Zusammenschließen der großen Nationen zu einem gemeinsamen Dasein, schon damals in tausend Keimen vorhanden. Allein es war auch bei den reifsten Völkern und den besten Staatsmännern nicht so vorhanden, daß es die eigentlich treibende Kraft in ihrem Wünschen, Hoffen und Handeln gebildet hätte. Auch die größte und reinste aller Volkserhebungen jener Zeit, die Erhebung von Preußen und Deutschland im Jahr 1813, hatte zu ihrem Hauptinhalt zuerst die Abwerfung des fremden Jochs, und nur in diesem Zusammenhang zugleich die Herstellung des nationalen Daseins:

insofern der nationale Geist gegen dieses Joch in seinem innersten Kern und aus allen Tiefen seines Wesens sich empörte. Dabei haben wohl auch die fremden Staatsmänner bezeugt, daß die Deutschen vor allen Völkern die Anlage zu einem neuen Staatsbau mitbrachten. Pozzo di Borgo schrieb an Stein unterm 17. Juli 1814: „Deutschland ist nach meinem Urtheil das einzige Land, dessen Sittlichkeit, Einsicht und Charakter die größten und sicherften Erfolge versprechen; allenthalben sonst ist Sand oder Fels, bei Ihnen ist es guter angebauter Boden." Und ähnlich sprach sich später auch Capodistria aus. Dennoch läßt sich in der Bewegung der öffentlichen Meinung, der Presse und der Staatsverhandlungen, sobald es einmal auf Entscheidung der innern Hauptfragen ankam, nicht allein von klarer Einsicht in diesen Fragen, sondern selbst von der vorherrschenden Kraft eines aufbauenden nationalen Gemeingefühls noch wenig bemerken. Selbst die besten Gedanken und Vorschläge wagen sich selten an einen ernstlichen Vergleich mit den gegebenen Verhältnissen: und wo es auf das Wichtigste, auf die wirklichen Opfer für das neue nationale Dasein ankommt, da zeigen sich die angeerbte Anhänglichkeit an die überlieferten Lebensgewohnheiten und selbst die alte Eifersucht und Abneigung der Stämme und Staaten noch in überwiegender Kraft. Wenn das beim deutschen Volk war, wie mag es da bei andern Völkern gewesen sein: bei den Italienern, die von einem König Murat die nationale Herstellung erwarteten, oder gar bei den Polen, die mit Leichtigkeit von Napoleon zu Alexander übergingen. Es ist nicht nöthig, noch weiter davon zu reden. Dagegen muß auch das noch erinnert werden, daß das deutsche Volk von der übermäßigen Anstrengung der Kriegsjahre tief ermüdet war, und daß sich damit die Kraft und der Inhalt der Bewegung bei den Staatsmännern nothwendig verschlechterte. Wie sich im Streit der Menschen und der Völker dieselben Leidenschaften gegenseitig erzeugen, so ist es merkwürdig, wie sich in den Befreiungskriegen die Zeichen der französischen Revolution nur in reinerer Erscheinung wiederholen. Oder haben, wenn man die Verschiedenheit der Volksart und der Beweggründe abthut, die ersten Verkündigungen des Jahres 1813 in ihrem gewaltigen Aufruf zur neuen Freiheit und in ihrer Ankündigung der Vernichtung jedes Widerstandes, nicht eine eigne Aehnlichkeit mit denjenigen in den ersten Kriegsjahren der Revolution? Und mußte nicht, wie in jener, das reine Streben der Besten bald die Erfahrung machen, daß in dieser irdischen Gemeinschaft auch der treue Dienst in einer guten Sache Noth und innern Verderb erleiden muß? Ja, es läßt sich sagen, daß im einen wie im andern Falle die Be-

geisterung sich zuletzt bewußt und unbewußt mit der Herrschsucht, dem Ehrgeiz und der Habsucht vermischen mußte; Alexander läßt sich sonst schwer
mit Napoleon vergleichen, aber in dem, was ihn innerlich bestimmte und
bewegte, in den Gedanken der Selbstherrlichkeit, erscheint er wohl als ein
besseres und schwächeres, doch immer als ein Gegenbild von Napoleon.

Was konnten bei einer solchen allgemeinen innern Anlage der
Zeit die Antriebe und Auffassungen sein, welche zu Wien die Staatsmänner bewegten? Selbst ein wirklich großer Mann kann in den Ordnungen, die er schafft, der Zeit nicht wesentlich vorausgreifen; oder er
wird, wo er dies thut, höchstens die kühnen, ahnungsvollen Anfänge,
nicht ein wirkliches Ganze von geschlossenen Staatseinrichtungen zu
Stande bringen. Wie vielmehr ist die Menge der gewöhnlichen Staatsmänner mit allem was sie sind und streben an die Bewegung der
Zeit gebunden. Und zwar kommt diese natürlich nicht nach ihren besten
Kräften in ihnen zum Vorschein; denn es ist doch schwerer in der
Höhe der allgemeinen Angelegenheiten nach den bessern Gesichtspunkten und Beweggründen zu handeln, als sich das Volk, das zu solchem
Handeln nicht berufen ist, zu denken pflegt. Es darf uns also nicht
überraschen, wenn wir in Wien bei den meisten Staatsmännern für
ihre Auffassung und Entschlüsse nur den einen großen Grundsatz finden, den ihnen die Erfahrung deutlich ins Gewissen gerückt und der
überdies eine alte Ueberlieferung für sich hatte, den Grundsatz des
europäischen Gleichgewichts, und daß dieser Grundsatz bei der
Verwirklichung noch durch niedere Beweggründe herabgezogen wurde.
Wir haben wohl gesehen, daß er fast in allen bedeutenderen Staatsschriften hervortrat und daß er in vielen auch noch die allein richtige
nähere Bestimmung erhielt, daß es vor allen Dingen auf die Gründung einer starken Mittelmacht in Europa ankomme. Aber es war
kein zweiter großer Grundsatz vorhanden, oder kräftig genug vertreten,
welcher für den ersten eine Richtschnur zur Verwirklichung geben konnte.
Verworren und verwirrend drängte sich die Menge der Ansprüche herbei: die meisten stützten sich auf den Titel alter längst überlebter
Rechte, die ohne Rücksicht auf die von Grund aus veränderte Zeit
wieder hergestellt werden sollten, wenige durften sich darauf berufen,
daß sie noch eine Wurzel in dieser Zeit hätten. Der zweite Grundsatz, womit sich diesem Andrang hätte begegnen lassen, wäre das Recht
der Fürsten und der Völker auf Gemeinschaft des nationalen Daseins, wäre das Recht auf die innere Entwickelung zur Freiheit
gewesen. Statt dessen mischte sich zu Wien in den ersten Grundsatz
ein ganz anderer bestimmender Gesichtspunkt, der freilich die Macht

12 *

einer alten Ueberlieferung für sich hatte: das war die Sucht nach dem Besitz von Land und Leuten; und zwar nicht in ihrer Berechtigung, soweit sie die nothwendige Unterlage für jede Staatsgestaltung ist, sondern in ihrer Uebertreibung, als ob ausschließlich in einem möglichst großen und abgerundeten, wie auch sonst immer zusammengewürfelten Gebiet die Macht und das Glück der Staaten begründet sei.

Aus diesen Anschauungen und Beweggründen muß man sich erklären, was in Wien geschah. Damit, daß dies eine allgemeine Schuld der Zeit war, kann freilich die besondere Schuld der Staatsmänner noch nicht gerechtfertigt werden; um so weniger, als es in Wien an Gelegenheit diese Verkehrtheit zu erkennen durchaus nicht fehlte. Wenn ein Stein und seine wenigen Gesinnungsgenossen mit der Kraft ernster sittlicher Wahrheit wenigstens bei Deutschland das Recht der nationalen Gemeinschaft und der inneren Befreiung hervorhoben; so war es merkwürdig, wie die vergessenen und verleugneten Grundsätze selbst da wirkten, wo sie nur scharf, wenn auch übertrieben gesucht und in zweideutiger Absicht ausgesprochen wurden. Der Kaiser Alexander, wie die Staatsmänner von England, Preußen und Oestreich hatten sich von diesen Grundsätzen keine klare Rechenschaft gegeben; darum wurden sie von der Wahrheit, die darin lag, selbst aus dem Munde eines Talleyrand getroffen. Ein denkwürdiger Beweis dafür bleibt die Sitzung vom 8. Oktober 1814, wo Talleyrand zuerst das öffentliche Recht erwähnte. Die andern Staatsmänner, von ihm schon vorher in Verlegenheit gesetzt, erhoben sich in Aufregung und Verwirrung; Humboldt rief: „Was hat das öffentliche Recht hier zu thun?" aber er hatte keine Antwort, als ihm Talleyrand sagte: „Es hat das zu thun, daß Sie hier sind."

7. Dies vorausgeschickt, werden wir die Antwort auf bescheidne Grenzen einschränken müssen, wenn wir die Frage wiederholen: was konnte nach der damaligen Lage vom Congreß zur Lösung der drei Hauptfragen geschehen?

Zuerst die zwei Gebietsfragen. Wir wissen was mit Polen und Sachsen geschehen ist; was aber konnte damit geschehen? Für die Unabhängigkeit Polens trat eigentlich Niemand mit vollem Ernst auf dem Congreß in die Schranken: doch erschien sie als Forderung gegen Rußland in den Denkschriften der englischen Minister und in den Verabredungen, die sie zu Ende Oktober und zu Anfang November mit Preußen und Oestreich hatten; sie erschien in dem Rathe, welchen Stein für diese Verabredungen am 26. Oktober an Harden-

berg ertheilte; sie erschien wiederholt in den Noten Metternichs, freilich als ein Punkt, der nicht mehr zu erreichen wäre; sie erschien, nachdem der Streit entschieden war, noch einmal in Castlereaghs Note
vom 14. Januar so, als wäre sie Englands eigentliche Absicht gewesen; ja sie fand selbst in jener halbamtlichen Erklärung vom 16. Febr.,
womit die preußische Regierung die neue Gebietsgestaltung Preußens
rechtfertigte [1]), eine Art von Anerkennung. Ob sie zu erreichen war
ist zweifelhaft: Kaiser Alexander war auf dem Höhepunkt seiner Macht,
und die Polen hatten nach dem Urtheil aller Staatsmänner eine sehr
geringe Befähigung zu einem eignen Staatsbau bewiesen. Es ist aber
gewiß, daß sie mit Entschiedenheit an die Spitze der Frage gestellt
werden mußte: es gab keinen andern Standpunkt, der so klar und
fest war, es gab nichts, was den Kaiser Alexander so sehr mit seinen eignen Gedanken schlug, und es war das frühere schwere Unrecht diesen letzten Versuch zur Sühne doch werth. Freilich hätte dazu
vor allen Dingen ein festes Zusammenhalten von England, Oestreich
und Preußen gehört, und da kam die sächsische Frage ins Spiel.
England, wissen wir, hatte nichts gegen die Erwerbung des ganzen
Landes durch Preußen, doch Oestreich war auch in der Stunde der
Einigkeit nur zu einer unbestimmten Zusage zu bringen; und Metternich war bei seiner Abneigung gegen Freiheit und Nationalität wahrscheinlich sehr schwer zu bestimmen, diese Zusage gerade gegen die Forderung eines unabhängigen Polens zu gewähren. Gleichwohl war die
Möglichkeit nicht ausgeschlossen; und vor allen Dingen: es war, wie
die Preußen selbst nachher bewiesen, der Erwerb von ganz Sachsen
gar kein unumgängliches Verlangen. Wie gut die Gründe auch waren,
welche die preußischen Minister dafür vorbrachten, sie gaben doch zuletzt darin nach. Wie also, wenn sie diese Möglichkeit von Anfang
ins Auge gefaßt, und dafür Entschädigung an anderen Stellen gesucht
hätten? Die Rheinlande lagen von Anfang als Entschädigungsmasse
da, und nach Süden wie nach Westen boten sie einer kühnen Politik
die Möglichkeit zu noch größerer Ausdehnung dar, als sie Preußen
nachher gewonnen hat. General Knesebeck hat die Bedeutung von
Mainz für Norddeutschland vortrefflich nachgewiesen: sollten Baierns
Ansprüche die ausschließliche Erwerbung für Preußen unmöglich gemacht haben? Man hat in Preußen zur Zeit der Belgischen Revolution
erkannt, wie wichtig der Besitz der Maasfestungen gewesen wäre: sollte
England 1815 blos wegen der Ansprüche des Oraniers nicht zu

---

1) Siehe Note 1 auf Seite 97.

ihrer Ueberlassung an Preußen zu bewegen gewesen sein? Es wäre
unfruchtbar die Erörterung dieser Fälle weiter durchzuführen; es genügt
das Ergebniß: daß eine vorschauende Politik der preußischen Staatsmänner wohl Raum und Mittel finden konnte, Preußens gerechte
Ansprüche zu wahren und doch über Polen und Sachsen mit Oestreich
und England zeitig zu einem festen Einverständniß zu gelangen. Und
darauf kam es an. Es ist doch möglich, daß die drei Mächte zusammen
die Unabhängigkeit Polens durchsetzten, und dann wäre das im europäischen Staatensystem eine ganz andre Schöpfung gewesen, als wenn
Frankreich, das ferne genug von Polen liegt, um stets hohe Worte
machen zu können, zu irgend einer Zeit dies erreicht hätte. Es ist
auch möglich, daß nur eine bessere Ostgrenze für Preußen erreicht wurde;
ja es ist denkbar, daß selbst die Eintracht der drei Mächte keine bessere Schlichtung der Sache herbeiführte, als sie dann wirklich zu
Stande kam. Aber dann war diese Schlichtung eben aus dieser Eintracht, d. h. aus dem Dasein einer wirklichen Mittelmacht hervorgegangen. Und das eben ist das Geringste, was mit Polen und Sachsen
geschehen konnte. Selbst für diese zwei Länder war dieselbe Entscheidung in diesem Zusammenhang eine bessere; vor allem aber mußten
sich drei günstige Folgen daraus ergeben. Es blieben Rußland und
Frankreich auf einen bescheidneren Einfluß zurückgewiesen; es lastete
auf Preußen nicht der russische Druck, der lange Zeit in allen Schwankungen Europas so schwer empfunden wurde; es konnten die inneren
deutschen Gebietsfragen versöhnend geschlichtet werden. Die beiden
ersten Folgen mußten auch die englischen Staatsmänner erkennen; die
dritte war Sache der deutschen.

Wir sind damit bei der letzten Frage: was konnte vom Congreß
für die deutsche Verfassung geschehen? Wenn wir an den Weg und
die Weise zurückdenken, wie ihre jetzige unglückliche Gestalt zu Stande
kam; so werden wir uns auch hier veranlaßt sehen, einen bescheidnen
Maßstab anzulegen. Oder traf nicht, um nur an Eins zu erinnern,
im Streit um die höchste Form, um das eine Oberhaupt, um die
Kaiserwürde, der Schwung des edelsten vaterländischen Strebens hart
mit der Wirklichkeit der gleichen Machtstellung von Oestreich und Preußen zusammen? Hatten nicht auch die Unklarheit und die Selbstsucht
dabei ihr Wesen, welche, die erste ohne, die andre mit Absicht, stets
die Wünsche und Bestrebungen auf die schwersten Fragen lenken? Dennoch konnte, wie es scheint, in den beiden Hauptpunkten, in der Einrichtung der gemeinsamen Bundesgewalt und in der Herstellung des
inneren Rechtszustandes, Anderes und mehr geschehen, als geschehen

ist. Der oberste ausübende Rath, das Directorium, womit Preußen
unter verschiedenen Formen hervortrat, hätte doch immer eine wirkliche
Regierung gesetzt und auf die Machtverhältnisse der so sehr verschiedenen Staaten die gebührende Rücksicht genommen. Er hätte freilich,
der Natur der Sache nach, für den Krieg und die auswärtige Politik
nur aus Oestreich und Preußen bestehen dürfen; und es war schlimm,
daß, gegen Steins Rath, gleich in der ersten Zusammensetzung des
deutschen Ausschusses, der Anspruch von Baiern und Würtemberg auf
volle Gleichstellung den Schein der Berechtigung erhielt. Doch ist es
denkbar, daß sich mit der Aufnahme der Königreiche ins Directorium
auch an die anderen Staaten zwei bis drei Gesammtstimmen in demselben ertheilen ließen, so daß sich eine erträgliche Zusammensetzung
ergab. Bei einer solchen Bundesregierung würde nicht blos die Bedeutung der Macht ganz anders gewahrt worden sein, als in der jetzigen Bundesverfassung; sondern es hätten auch die Einrichtungen
der Gesammtheit wie das Bundesgericht, und die nothwendigen Be-
schränkungen der Einzelsouveränetät, wie beim Recht der Verträge und
der auswärtigen Vertretung, ihre Verwirklichung finden können. Die
Ausführung dieser Gedanken würde freilich zu jener Zeit viel Klarheit,
Entschiedenheit und Opferwilligkeit erfordert haben. Dagegen widerstrebte
die Natur der Dinge viel weniger und die Schuld der einzelnen Staatsmänner ist darum viel größer, wenn Steins Plan einer Vertretung der
Landstände beim Bunde nicht einmal ernstlich in Berathung genommen
wurde. Es wäre damit zwischen Regierungen und Volk, zwischen Deutschland und den Einzelstaaten die Möglichkeit einer regelmäßigen Entwickelung
gesetzt gewesen, während nunmehr alle Entwickelung ein Schwanken zwischen Gleichgültigkeit, Mißtrauen und Feindschaft war. Es ist dabei
freilich die Voraussetzung, daß in den einzelnen Staaten wirklich
Landstände eingeführt wurden; und es führt dies auf den zweiten Punkt,
auf die Erneuerung des inneren Rechtszustandes. Aber hier bleibt
in der That kaum etwas anderes, als die Frage: warum von allen
Verheißungen für die innere Reugestaltung, die zu Anfang von den
Lippen aller bedeutenden Staatsmänner kamen, so wenig in Erfüllung
ging? Es war doch in den meisten Entwürfen und Erklärungen die
Zusage von Landständen für jeden Staat mit bestimmter Bezeichnung
der nöthigen Rechte, es war darin die Zusicherung eines zeitgemäßen
Maßes von bürgerlichen Freiheiten enthalten. Es liegt hier eine Anklage, welche, neben der offenbaren Böswilligkeit der damaligen bai
risch-würtembergischen Politik, gerade die Größten, jeden für sich, be
sonders trifft. Zu der angedeuteten Einrichtung der Bundesgewalt

wäre immer noch eine kräftige entschiedene Eintracht von Oestreich und Preußen die Voraussetzung gewesen, und darin störten die Gebiets=fragen; bei den inneren Verfassungsfragen dagegen konnte jeder der zwei Staaten seinen Weg unabhängiger wählen. Beide wählten falsch. Es war auch für Oestreich nicht der wahre Vortheil des Staates, was diese Wahl eingab; doch läßt sie sich neben der kleinen Politik des Kaisers und seines Ministers immer noch aus der Natur des Staates erklären. Für Preußen dagegen, das doch damals seinem eignen Volke eine Verfassung verhieß, gibt es keine Erklärung als die Kurzsichtigkeit und die Verblendung seiner Staatsmänner, welche von den Grundsätzen wichen, durch die der Staat sich eben aus dem Un=tergang erhoben hatte. Warum blieben sie nicht fest bei ihren ersten Entwürfen, bei den drei Hauptforderungen, die sie noch am 10. Februar gestellt hatten? Bei der Bereitwilligkeit, welche fast alle kleineren Staaten aus aufrichtiger Gesinnung und aus Noth in der Sache bewiesen, und vor allem bei der Güte der Sache hätte Preußen eine feste Stellung gehabt. Und selbst wenn es am Congreß nicht gleich durchzudringen vermochte, warum gab es so willenlos in je=nen Schlußberathungen vom 23. Mai bis 8. Juni nach? Für den Krieg half ja die Bundesverfassung doch nichts mehr; die Bündnisse waren schon vordem mit den einzelnen deutschen Staaten geschlossen; Preußen hätte also seine Zustimmung verweigern sollen: die Entschuldigung, eine mangelhafte Bundesverfassung wäre besser, als keine, ist ohne Bedeu=tung. Etwas Mangelhafteres als diese Bundesverfassung konnte in keinem Falle herauskommen. Wohl aber wäre wahrscheinlich Vieles zu retten gewesen, wenn Preußen mit jenen kleineren Staaten, die dazu meistens in seinem Machtgebiet lagen und mit seinen Heeren in den Krieg gingen, fest bei seiner ersten Stellung blieb.

8. So war das Werk, das der Congreß abschloß, ehe er ausein=ander ging, um zur Bekämpfung des erneuten Kaiserreichs das Feld=lager aufzurichten. Wir haben gesehen, wie schwer es durch die Kreuzung der hundert drängenden Fragen und Interessen hindurch zu Stande kam; wir müssen sagen, daß es unter einer solchen Wirklichkeit auch für bessere Staatsmänner keine leichte Aufgabe war, etwas Bes=seres zu schaffen. Warum sich keine besseren Staatsmänner in Wien zusammen fanden? warum der einzige, der Deutschlands Sache zu einem besseren Ziele führen konnte, warum Stein nicht an der rechten Stelle dafür stand? Beides ist unserem Blick verborgen. Genug: der Vertrag von Wien ist da; wie wenig ihm auch von dem Ruhm ge=bührt, eine neue Ordnung der Dinge begründet zu haben. Er ist noch

da, wieviele seiner Bestimmungen sich auch verändert haben. Wir
müssen an das, was er erfüllt, und an das Größere, was er offen
gelassen hat, unsre Hoffnungen und unsre Bestrebungen anknüpfen,
wenn wir nicht in die Luft bauen wollen. Er hat uns ein dreifaches
Vermächtniß hinterlassen. Von der polnischen Frage aus: Zwietracht
unsrer Großstaaten und damit die Abhängigkeit Deutschlands bald
von Rußland, bald von Frankreich. Von der sächsischen Frage aus:
den alten Streit zwischen der einen streng zusammenhaltenden Staats-
zucht, wie sie am meisten in Preußen vertreten ist, und zwischen dem
Anspruch auf eigenthümliche Lebensentwickelung, der noch heute seine
Berechtigung hat, wie er sie damals bei Sachsen hatte. Von der deutschen Verfassungsfrage aus: das alte Uebermaß in der Selbständigkeit
der Einzelstaaten, das noch allezeit der Gewalt und dem Recht des Ganzen
widerstrebt hat. Das französische Kaiserreich ist wiedergekommen und
das Vermächtniß des Congresses besteht noch!

Zweites Buch.

Der Feldzug von Belle = Alliance.

Erstes Kapitel.

Die Heere und die Feldherrn.

1. Der Krieg von 1815 ist überwiegend in dem Feldzug des preußischen und des englisch-deutschen Heeres unter Blücher und Wellington begriffen; den kleineren Waffenthaten, die noch sonst, fast nur von deutschen Heertheilen, geschahen, gebührt auch ihr Andenken, die Entscheidung des ganzen Kriegs aber ist in jenem Feldzug gegeben worden. Es drängt sich hier gleich in den Anfang des Kampfs, in wenige heiße Tage Alles zusammen, was diesem Kriege seine Eigenthümlichkeit verleiht: die verzweifelte Entschlossenheit womit Napoleon, von seinem Geist und seiner Lage getrieben, einen großen Sieg sucht, und der feste Muth der verbündeten Feldherrn, der eine große Niederlage des Feindes will. Auf jenen Feldern Belgiens, wo so oft schon gegen Frankreichs Uebermacht für das Gleichgewicht Europas und die Unabhängigkeit Deutschlands gefochten wurde, gingen Sieg und Hoffnung des erneuten Kaiserreichs auf und unter, ehe die Sonne dreimal ihren Lauf vollendet hatte. Was diesen Tagen folgte, war nur die Vollziehung des Geschicks, das in ihnen ausgesprochen war. Das ist der Krieg, dessen Verlauf wir jetzt zu betrachten haben; er steht in der Mitte des Jahres 1815 als ein bleibendes Denkmal für die Begeisterung, die Kraft, die Eintracht der verbündeten Waffen; an ihren Thaten lag es nicht, wenn der Friede die gerechten Hoffnungen täuschte.

Die Feldherrn und die Heere, welche diesen ruhmvollen Kampf kämpften, konnten im allgemeineren Zusammenhang des vorigen Buchs nur flüchtige Erwähnung finden; ich versuche sie jetzt näher zu schildern, ehe ich mich zu den Ereignissen selbst wende. Wir sind seit den letzten Jahren von beiden Seiten so genau darüber unterrichtet, wie fast bei keinem andern Kriege.

2. Napoleon hatte zu dem Kampf, auf welchem seine Krone stand, den besten Theil seines Heeres versammelt; und es war nichts

Geringes, daß der größte Feldherr seiner Zeit an der Spitze so vie=
ler Gefährten seiner Siege ins Feld zog. Es waren im Ganzen
128,000 M. mit 344 Geschützen, welche er um die Mitte Juni an der
Grenze Belgiens zwischen Sambre und Maas in der Richtung auf
Charleroi vereinigte. Die Eintheilung war folgende:[1]

1. Infant.=Corps, Generallt. Drouet d'Erlon.

4 Divisionen Infanterie zu 33 Bataillonen
1   =   Reiterei   = 11 Schwadronen } 20,000 M. mit 46 Gesch.
5 Batterien zu Fuß, 1 zu Pferd.

2. Infant.=Corps, Generallt. Reille.

4 Divisionen Infanterie zu 40 Bat.
1   =   Reiterei   = 15 Schwadr. } 24,300 M. mit 46 Gesch.
5 Batterien zu Fuß, 1 zu Pferd.

3. Infant.=Corps, Generallt. Vandamme.

3 Divisionen Infanterie zu 34 Bat.
1   =   Reiterei   = 10 Schwadr. } 19,200 M. mit 38 Gesch.
4 Batterien zu Fuß, 1 zu Pferd.

4. Infant.=Corps, Generallt. Gérard.

3 Divisionen Infanterie zu 26 Bat.
1   =   Reiterei   = 14 Schwadr. } 16,000 M. mit 38 Gesch.
4 Batterien zu Fuß, 1 zu Pferd

6. Infant.=Corps, Generallt. Lebau.

3 Divisionen Infanterie zu 21 Bat.
4 Batterien zu Fuß } 10,500 M. mit 32 Gesch.

Die Kaisergarde.

2 Div. alte Garde } zusammen 24 Bat. Inf.
1   = junge =
2 Div. und 1 Schwadr. Reiterei. } 21,000 M. mit 96 Gesch.
9 Batterien zu Fuß, 4 zu Pferd

Reservereiterei, Marschall Grouchy.

1. Corps, Generallt. Pajol.

2 Div. zu 17 Schw. und 2 reit. Batterien   3000 M. mit 12 Gesch.

---

1) Die Angaben über die französische Armee vorzugsweise nach: Charras. his=
toire de la campagne de 1815. 4. édition. Bruxelles 1863. pag. 60—69. Die
Zahlen sind hier, wie bei den übrigen Armeen, möglichst abgerundet.

2. Corps, Generallt. Exelmans.

2 Div. zu 25 Schw. und 2 reit. Batterien   3500 M. mit 12 Gesch.

3. Corps, Generallt. Kellermann

2 Div. zu 25 Schw. und 2 reit. Batterien   3500 M. mit 12 Gesch.

4. Corps, Generallt. Milhaud

2 Div. zu 26 Schw. und 2 reit. Batterien   3500 M. mit 12 Gesch.

Großes Fuhrwesen

für Munition, Verpflegung, Hospitäler u. s. w. 3500 M.

Zusammen: 6 Armeecorps und 4 Corps Reservereiterei, und zwar: Infanterie 90,000 M. in 20 Divisionen; Reiterei 22,000 M. in 14 Divisionen; Artillerie 16,000 M. mit 31 Batterien zu Fuß und 16 zu Pferd.

Jeder Infanteriedivision war eine Fußbatterie und eine Compagnie Genietruppen, jeder Reiterdivision eine reitende Batterie beigegeben, jedes Infanteriecorps hatte außerdem eine schwere Reservebatterie; bei der Kaisergarde war die Reserveartillerie der Armee von 52 Geschützen. — Das Bataillon zählte im Durchschnitt 500, die Schwadron 125 M. Die Fußbatterie hatte 6 Kanonen und 2 Haubitzen, die reitende 4 Kanonen und 2 Haubitzen; die leichten Batterien führten Sechspfünder, die Reservebatterien Zwölfpfünder. Die Pferde der Reiterei und Artillerie waren im Ganzen gut; doch konnte die letztere aus Mangel an Bespannung nicht, wie in früheren Feldzügen, eine doppelte, sondern nur eine einfache Munitionsausrüstung mitnehmen, man hatte so schon zur Bespannung des großen Parks 400 Postpferde nehmen müssen. — Die Armee hatte durch ihre vielgliedrige Eintheilung den Vorzug, in der Hand des Feldherrn für jeden Zweck leicht beweglich zu sein; nur die Divisionen waren zum Theil für das Schlachtfeld zu schwerfällig; die großen Reitermassen hielt Napoleon nach seiner Gewohnheit für entscheidende Schläge bereit.

Die Offiziere und Soldaten dieser Armee waren fast durchgängig im Kriege erprobt; der größte Theil der Mannschaft hatte noch die Feldzüge von 1813 mitgemacht, die andern hatten 3 bis 12 Jahre Dienstzeit. Freilich waren die meisten Truppenkörper neu zusammengesetzt; die Armee hatte im Juni und Dezember 1814, und wieder seit April 1815, neue Eintheilungen erlebt; die Offiziere, die Unteroffiziere und Soldaten hatten sich also noch wenig kennen lernen und an einander gewöhnen können. Die Kriegserfahrung aber und die Jugendkraft, welche in allen Truppentheilen war, konnte das wohl ausgleichen. Dabei war die Armee von Kampflust und stolzem Kriegergeist beseelt. Gegen die drei letzten Jahre des Unglücks standen zwanzig Jahre fast ununterbrochener Siege, und die Soldaten waren Fran zofen; sie dachten der Niederlagen nur noch in der Zuversicht, daß sie Rache dafür nehmen würden.

In einem Stück aber, und gerade in einem sehr wichtigen, stand es nicht um diese Armee, wie es sollte. Die Zustände Frankreichs, der Wechsel der Gewalten seit 25 Jahren, der zweimalige Umsturz der Regierung im letzten Jahr, der tiefe Zwiespalt im Volk warfen ihre Schatten in das Heer; es fehlte ihm der feste Grund des Vertrauens, des Führer und Soldaten in Glück und Unglück zusammenbindet. An Napoleon selbst zwar hing die Masse der Armee mit der alten Ergebenheit und Zuversicht, die Offiziere und Soldaten hielten ihn fast wie ihren Abgott, die Generale, die jetzt an der Spitze standen, hatten ihr Glück auf ihn gesetzt. Doch nicht ebenso stand es zwischen den Soldaten und den einzelnen Führern, namentlich den höheren. Der Soldat hatte die Marschälle und Generale vor kaum einem Jahre von Napoleon abfallen und zum neuen König übergehen sehen; er sah jetzt viele unter ihnen in erneutem Abfall den König wieder mit dem Kaiser vertauschen. Einige gaben ein anderes Beispiel und folgten dem Könige, einige hielten sich von jeder Theilnahme zurück; es war klar, unter den höhern Offizieren war für das neue Kaiserreich ein sehr getheilter Sinn. Den Eindruck davon, die Neigung zum Argwohn auf Seite des Soldaten hatte Napoleon selbst noch sehr verschärft. In den beiden Aufrufen an das französische Volk und das französische Heer, die er gleich nach seiner Landung erließ [1]), hatte er den vorigen Sturz seiner Herrschaft dem Verrath und einzig dem Verrath zugeschrieben. Die Sache des Kaisers stand nach diesen Schriftstücken im Jahre 1814 auf dem Punkte zu siegen, die Verbündeten hätten in Frankreich ihr Grab gefunden, als der Abfall der Marschälle Marmont und Augereau auf einmal alles veränderte und dem Kaiser nur die Entsagung und die Verbannung auf einen Felsen im Meer ließ, die er aus Liebe zu Frankreich wählte. Das hatten die Gemüther seiner alten Soldaten, welche nur an die Wunder des Kaisers und an ihre eigenen unter ihm, nicht an die Wirklichkeit glaubten, mit Begierde ergriffen; aber die Lüge kehrte sich dann gegen ihren eignen Urheber. Jedes Zeichen, das auf Verrath deuten konnte, wurde unter den Soldaten bemerkt und besprochen, und schnell vergrößerten sich unter diesem Argwohn die einzelnen zweifelhaften Erscheinungen zu zehnfach ärgerer Gestalt. Der Soldat glaubte sich berufen, über seine Generale wachen zu müssen, er sah mit unbestimm-

---

1) Thiers. Histoire du Consulat etc. Leipzig. 1861. XIX. p. 65—67.

tem Verdacht auf die Offiziere des Generalstabs, weil einige darunter
vordem die Gunst des Königs erfahren hatten; er mißtraute seinen Kameraden, weil einige die Fahnen verlassen hatten. Und
allerdings fehlte es auch am äußeren Anlaß zu diesem Argwohn nicht.
Wie in der Regierung Napoleons der Geist des Abfalls umging, so
war er auch im Heer. Noch vor dem Beginn des Feldzugs kamen
Offiziere, Unteroffiziere und Soldaten in nicht kleiner Zahl bei den
Verbündeten an, und nach der Eröffnung des Kampfes fand das Beispiel Bourmonts, der am 15. Juni mit 5 Offizieren, und des Obersten
Gordon, der am 16. mit einem Offizier die französischen Reihen verließ, Nachfolger; fast an jedem Tage wird von Ueberläufern berichtet,
die oft mitten im Kampfe von Napoleons Fahnen wichen. Machten
sie auch der Masse gegenüber nur eine kleine Zahl aus, so zeigte sich
doch darin, wie der Glaube an das Glück des Kaisers untergraben
war, und wie die Selbstsucht um sich zu greifen begann, die alle gemeinsamen Bande zerstört. Es war ein Keim der Auflösung im Heer,
der vom Glück überwunden werden konnte, der im Unglück zum Verderben ausschlagen mußte.

3. Mit der Führung in Napoleons Heer war es nicht mehr, wie
in den Tagen seines Glücks; gleich die Männer seiner Umgebung mußten
ihn erinnern, wie anders die Zeiten geworden waren. An die Spitze
der Geschäfte, zur Vermittlung seiner Befehle an das Heer, hatte er
den Marschall Soult gestellt, einen in den Kriegen der spanischen
Halbinsel erprobten General; doch in diesem Amte ihm nicht vertraut,
wie es Berthier gewesen war. Die Männer, welche den Befehl über
seine Heertheile führten, hatten wohl seine frühern Kriege mit ihm
gefochten, doch waren viele von ihnen in dieser Stellung neu. Ein
Geist des Verraths, wie der Soldat argwöhnte, war nur bei wenigen unter ihnen, sie dachten die neu erwählte Fahne nicht zu verlassen, es waren tapfere und einsichtsvolle Offiziere; aber das ungewisse Schicksal, auf dem das Kaiserreich stand, hatte doch ihren Geist
ergriffen. In den wenigsten war die sichere Entschlossenheit früherer
Tage; der Marschall Ney, dem Napoleon beim Beginn des Feldzugs
einen besonderen Heerbefehl vertraute, war seit dem Wortbruch, den er
an Ludwig XVIII. begangen, im Inneren zerfallen, sein sonst so
tapferer Sinn schwankte zwischen zaghaften und gewagten Entschlüssen;
Marschall Grouchy zeigte nicht den klaren und bestimmten Geist, den
die selbständigen Aufträge, die er erhielt, erfordert hätten; Marschall
Soult war wenig geeignet, den Plänen und Befehlen seines Feldherrn
den rechten Ausdruck zu geben.

4. Der Kaiser selbst war nicht der Mann, so viel Ungewißheit und Unvermögen in die alte Zuversicht und Kraft zu verwandeln. Zwanzig Jahre lagen hinter ihm, seit sein Ruhm glänzend aufgegangen war, Jahre voll rastloser, fast übermenschlicher Arbeit, voll schwindelnder Erhöhung und jähem Sturz. Sie hatten vielleicht den umfassenden Reichthum und die schnelle Bewegung seines Geistes nicht gemindert, aber die alte selbstgewisse Thatkraft und das erste Vertrauen in sich und sein Glück war nicht mehr in ihm. Auch war er körperlich leidend [1], es verursachte ihm Schmerzen, wenn er lange zu Pferde sitzen mußte, und jede anhaltende Anstrengung warf ihn in tiefe Erschöpfung. Die Bedürfnisse, an die er sich schon zum Theil in seinen früheren Feldzügen gewöhnt hatte, waren jetzt noch gesteigert; er führte seinen eignen Wagen von Paris aus mit sich, und die reiche Ausstattung mit kaiserlichem Silbergeschirr, die ihm folgte, bewies, daß er sich mitten im Feldlager auch mit der Hoffnung glänzender Tage trug. Das paßte wenig zu der gefahrvollen Lage, welche die größte Thatkraft des Feldherrn erforderte, und zeigte dafür die schmeichelnden Täuschungen, mit denen er sich trug. Er sah die Gefahr von außen, die Gedanken an die drohende Zwietracht, die er in Paris zurückgelassen, verfolgten ihn; es lag Alles an einem großen Sieg, und doch konnte der klaren Erwägung ein solcher Sieg kaum möglich scheinen. Da suchte sich Napoleon die Wirklichkeit zu verbergen und die kühnen Spiele seines Geistes für Wirklichkeit zu nehmen. Er sagte sich selbst und dem Heere, der erste Sieg werde die belgische Armee zu ihm herüber führen, werde das Volk von Belgien und den Rheinlanden im Jubel um das befreiende französische Heer versammeln, werde in England die Regierung stürzen und die Partei des Friedens ans Regiment bringen. Er hatte sogar voraus gedruckte Aufrufe bei sich, welche vom Schlosse Laeken bei Brüssel datirt waren und nach seinem Einzug von dort hinausgehen sollten. Aber es waren nur 10,000 Belgier im Heere Wellingtons und von diesen trugen nur wenige Verlangen nach den französischen Fahnen; das Volk jenes Landes sehnte sich nicht nach Napoleons Herrschaft zurück, es fühlte seinen jetzigen Zustand als eine Befreiung vom schweren Druck des Kaiserreichs; die Regierung in England stand fest in der öffentlichen Meinung, wenn sie gegen Napoleon kämpfte. Es waren keine guten Zeichen, daß im Heere Argwohn umging, daß unter den Generalen Ungewißheit war, daß der Kaiser sich in eitlen Täuschungen gefiel.

---

1) Charras. 512 bis 514.

5. Wie stand es dem gegenüber bei den Heeren der Verbünde=
ten? Zuerst bei der Armee des Herzogs von Wellington?
Auf den ersten Blick konnte es scheinen, als lasse sie sich mit derjeni=
gen Napoleons kaum vergleichen. Was in dieser die Stärke ausmachte,
die alte Gemeinschaft des Feldherrn und der Soldaten, der eine Guß
des Ganzen; das wurde bei jener größtentheils vermißt. Der Herzog
war der Hälfte seiner Truppen nur durch seinen kriegserprobten Na=
men bekannt, die Heertheile selbst waren aus verschiedenen Völkern
neu zusammengesetzt. Dafür aber hatte die Armee Vorzüge, welche
diese Schäden ausglichen. Ihre ganze Stärke betrug, wie wir wissen,
106,000 M. mit 196 Geschützen, wovon jedoch nur 94,000 im Felde
verfügbar waren. Die Eintheilung, nebst der Stärke der Heertheile in
runden Zahlen, war folgende [1]).

1. Corps, Prinz von Oranien.

1. Britt. Div. Gen.=M. Cooke, 2 Brig. (Maitland u. Byng,
englischer Garden . . . . 4,100 M.

3. Britt. Div., Gen.=Lt. Alten {5. Britt.Brig. (Colin Halkett,) 2. Brig. der königl. deutsch. Legion (Ompteda) 1. Hannov. Brig. (Kielmans= egge)} 7,000 =

2. Deutsch=belgische Div., Gen.=Lt. Perponcher {1. Brigade (Bylandt) Holländer u. Belgier 2. Brig. (Prinz Bernh. v. Weimar) Nassauer} 7,500 =

3. Deutsch=belgische Div., Gen.=Lt. Chassé {2 Brig. (Ditmers u. Aubremé) Holländer u. Belgier} 6,600 =

Unter die Divisionen waren 5 Batterien zu Fuß und 2 zu Pferde
vertheilt; es zählte das 1. Corps in 41 Bataillonen und 7 Batterien
25,200 M. mit 48 Geschützen.

1) Siborne. History of the war in France and Belgium in 1815.
Philadelphia, Lea and Blanchard 1845. S. 41 bis 43 u. 583 bis 586; ver=
glichen mit den Angaben bei Charras, Bernhardi, Clausewitz, Damitz und einer An=
zahl Monographien; sowie Archiv des Gr. Gnlstbs. in Berlin. Feldzug 1815. E. 58.
Die Quellen stehen in einer Anzahl untergeordneter Punkte in unlösbarem Wider=
spruch; in der Hauptsache stimmen sie überein

13*

2. Corps, General-Lieut. Hill.

2. Brittische Division, { 3. Britt. Brigade (Adam)
Gen.-Lt. Clinton   1. Brig. d. kgl. deutsch. Legion (Du Plat)
     3. Hannov. Brig. (Halkett) } .   6,800 M.

4. Brittische Division, { 4. Britt. Brigade (Mitchell
Gen.-Lt. Colville   6. = = (Johnston)
     6. Hannov. Brig. (Lyon) } .   7,200 =

1. Deutsch-belg. Division, { 2 Brig. Holländer u. Belgier } .   6,400 =
Gen.-Lt. Stedtmann

Indische (vorher zum Dienst in den Holl. Colonien bestimmte) Brigade Gen.-Lt. Anthing . . . . . . 3,600 =

Die Division Stedmann u. die „indische Brigade" standen noch unter dem besonderen Befehl des Prinzen Friedrich der Niederlande; das
ganze Corps zählte 40 Bataillone mit 5 Batterien zu Fuß und 1 zu
Pferd, zusammen 24,000 M. und 40 Geschütze.

Reserve.

5. Brittische Division, { 8. Brittische Brig. (Kempt)
Gen.-Lt. Picton   9. = = (Pack)
     5. Hannov. = (Vincke) }   7,200 M.

6. Brittische Division, { 10. Britt. Brig. (Lambert)
Gen.-Lt. Cole   4. Hannov. = (Best) }   5,100 =

7. Britt. Div.: 7. Britt. Brig. u. 3 Bat. Garnisontruppen   3,100 =

8 Bat. Braunschweiger in 2 Brigaden (Buttler u. Specht),
mit 1 Batterie zu Fuß u. 1 zu Pferd unter ihrem
Herzog . . . . 5,400 =

Das Nassauische Contingent, 1 Regiment zu 3 Bat., Genl.
v. Kruse . . . . 2,900 =

Das Hannov. Reserve-Corps, Gen.-Lt. v. d. Decken, 4 Brig.   9,000 =

Einschließlich der englischen Reserveartillerie zählte das Corps 8
Batterien zu Fuß und 3 zu Pferde; zusammen 50 Bataillone, 11 Batterien, 32,700 M. mit 64 Gesch. Hiervon waren die 7. Brittische
Brigade, die Britt. Garnisontruppen und das Hannoversche Reservecorps, zusammen 12,100 M., zu Besatzungen verwendet.

Reiterei, General-Lieut. Uxbridge.

Schwere Reiterei { 1. Brig. (Somerset) { 2 Schw. engl. Garde
    2. = (Ponsonby) { du Corps u. Drag.   2,600 M.

Leichte Reiterei
{
3. Brig. (Dörnberg)
4. = (Vandeleur)
5. = (Grant)
6. = (Vivian)
7. = (Arentsschild)
}
19 Schw. Husaren u.
leichte Drag. darunt.
1 Reg. b. kgl. deutsch.
Legion . . . . 6,900 M.

Division Collaert: 3 Brig. (Trip, Ghigny, van Merlen)
ober 23 Schwadr. Holl.-belg. Dragoner u. Husaren, zum
1. Corps getheilt. 3,300

Brigade von Estorff: 12 Schwadr. Hannov. Husaren zum
2. Corps getheilt . . . . 1,200 =

6 Schwadr. Braunschweigischer Husaren u. Uhlanen, beim
Reservecorps. . . . . 900 =

Zusammen, mit Einschluß von 5 reitenden und 1 Raketen-Batterie 14,900 M. mit 44 Geschützen.

Die Mannschaft der Artillerie ist bei vorstehenden Heertheilen nicht mitgezählt, fügt man sie bei und zieht zugleich bei der Reserve die 12,100 M. Besatzungstruppen ab, so ergiebt sich folgender Ueberblick für die Feldarmee:

1. Corps . . . . . 25,200 M. mit 48 Geschützen
2. = ... 24,000 = = 40 =
Reserve. . . . . 20,600 = = 64 =
Reiterei . . . . . 14,900 = = 44 =
Artillerie . . . . . 8,100 =
Genie, Train u. s. w. . 1,200 =

Im Ganzen 94,000 M. mit 196 Geschützen; worunter 69,200 M. Infanterie und die ürigen Waffengattungen wie angezeigt.

Die Eintheilung des Heeres, die Zusammensetzung und Stärke seiner Truppenkörper war sehr ungleich. Die Division Infanterie zählte 2 bis 3 Brigaden, die Brigade 2 bis 6 Bataillone, wovon in den brittischen Heertheilen jedes den Namen eines Regiments führte; nur bei den Garden hatten einige Regimenter 2 Bataillone. Die mittlere Bataillonsstärke war 600 M., allein die wirkliche Stärke zeigte Unterschiede von 321 bis zu 1021 M. — Von den Reiterbrigaden hatten die 1. brittische (Somerset) 4, die braunschweigische 1½, eine belgische 2, alle übrigen 3 Regimenter; die Stärke des Regiments, 3 bis 4 Schwadronen, schwankte von 228 bis 690 M. Die englischen und hannöverschen Batterien, sowie diejenigen der deutschen Legion zählten 6, die niederländischen und braunschweigischen 8 Geschütze, die

Haubitzen waren, mit Ausnahme der niederländischen Artillerie, in besondern Batterien vereinigt; die Artillerie führte 6, 9 und 12Pfün-
der, hatte also zum Theil etwas schwereres Kaliber als die französische. — Es waren jeder Infanterie-Division und jeder Reiterbrigade im Durchschnitt 2 Batterien zugetheilt, und die drei Waffen traten in den Gefechten meist in richtiger Verbindung auf. — Die Eintheilung der Armee im Ganzen, in nur drei Corps, war ohne Zweifel unbehülflich; sie mußte entweder die Verfügung des Feldherrn
hemmen, oder, wie auch wirklich geschah, zu vielen Zerreißungen der
gegebenen Ordnungen führen. Allein Wellington konnte seine Hauptschlacht im Geiste einer frühern Taktik schlagen, wo die ganze Schlachtordnung mehr wie ein zusammenhängendes Ganze unter dem unmittelbaren Befehl des Feldherrn erschien, und bei dieser Form hatte
jene Eintheilung weniger Nachtheil. Ueberhaupt brachte der Herzog
die Zusammensetzung seines Heeres mit der Art, wie er den Befehl
zu führen und seine Treffen zu liefern gewohnt war, gut in Einklang,
und für die mancherlei Mängel, welche noch dabei hervortraten,
darf man ihn nicht verantwortlich machen, da er die Truppentheile
nehmen mußte, wie sie ihm, meistens erst ziemlich spät, zugewiesen
wurden.

In einem wichtigen Punkte dagegen hat Wellington einen richtigen
Blick bewiesen. Es thut sonst nicht immer gut, daß man alte und junge
Truppen durch das ganze Heer unter einander mischt; allein hier waren die
Eigenschaften dafür glücklich vorhanden; es wohnte in den alten Soldaten eine kriegserprobte Festigkeit, und in den jungen im Durchschnitt eine lebhafte Begeisterung für den Krieg. Der Herzog zählte unter seinen 94,000 Mann:

> 32,000 Engländer
> { 7,200 der kgl. deutsch. Legion,
> { 15,800 Hannoveraner,
> 25,000 Niederländer,
> 7,300 Nassauer,
> 6,700 Braunschweiger.

Die Besatzungstruppen bestanden aus 9000 M. hannöverscher Landwehr und 3100 Engländern.

Die englischen, schottischen und irischen Regimenter hatten den
ruhmvollen Krieg auf der spanischen Halbinsel und zum Theil selbst in
Indien mit gefochten. Es waren geworbene Soldaten, aber sie wußten,
daß sie Soldaten des mächtigen Alt-England waren, welches sie gut be-

zahlte und trefflich für sie sorgte; sie dienten der Größe des Volkes und des Vaterlandes, dem sie angehörten. Ein kaltblütiger Muth und ein festes Pflichtgefühl waren eine alte Ueberlieferung in diesen Reihen; ein strenges Strafgesetz hielt sie im Gehorsam für die Zwecke des Kriegs, wenn es auch ihren rohen Sinn nicht immer zu bändigen vermochte. Mit den Offizieren aller Grade hatten die Soldaten nicht viel unmittelbaren Verkehr, die Bande der Zuneigung waren nicht groß, und der Herzog selbst war nicht sehr beliebt in der Armee. Aber es war immer das Band vorhanden, welches aus einer langen Gemeinschaft ehrenvoller Kämpfe entsteht; der Soldat wußte, daß er nur auf das Beispiel seiner Offiziere zu sehen brauche, er wußte, daß er seinen Generalen folgen dürfe, er hing mit unbegrenztem Vertrauen an dem Feldherrn, der ihn von der Mündung des Tajo bis zu den Ufern der Garonne geführt hatte. — Den gleichen kriegerischen Werth wie die Engländer durften die Soldaten der deutschen Legion in Anspruch nehmen; sie hatten mit ihnen den ganzen Ruhm des spanischen Kriegs getheilt, und vor den meisten unter ihnen den mühevollen Dienst der Vorhut getragen. 1803, bei der schmachvollen Unterwerfung Hannovers durch die Franzosen, aus der alten hannöverschen Armee errichtet, hatte sich die deutsche Legion zum Theil auch aus dem übrigen Norddeutschland ergänzt; 54000 Soldaten waren seitdem im Ganzen durch ihre Reihen gegangen, [1] jetzt zählte sie noch etwa 12000, wovon der kleinere Theil in England, Portugal und Sicilien war. Die Offiziere und Soldaten dieser Truppe hatten den Krieg gesucht um des Krieges willen, oder um für Deutschland gegen Napoleon zu fechten, oder aus beiden Ursachen.

Der Heertheil Hannovers [2] war seit der Wiederherstellung des Landes, zu Ende 1813, neu aufgestellt; er bestand zu etwa einem Drittheil aus Linie, zu zwei Drittheilen aus Landwehr; doch war bei der Feldarmee die erstere fast ebenso zahlreich, als die letztere; die Besatzungstruppen des Generals von der Decken waren Landwehr. Die Linie ging zum größten Theil aus den Truppentheilen hervor, welche zu Anfang des Jahres 1813, als der Ruf zur Befreiung durch Norddeutschland erschallte, errichtet waren und dann den Feldzug an der Niederelbe unter Wallmoden ehrenvoll mitgemacht hatten. Die Bildung der Landwehr hatte im Oktober 1813 nach dem Vorbild der

1) Archiv des Generalstabs in Berlin. 1815. E. 58.
2) Hülsemann. Gesch des königl. Hannoversch. 4. Infrgts. Hannover 1863. Das Buch enthält viele interessante Einzelnheiten über die Errichtung des Heeres.

preußischen begonnen. Zu Ende Januar 1814 hatte eine neue Heeres=
eintheilung stattgefunden; im Herbst desselben Jahres war der größere
Theil von Linie und Landwehr zum englischen Heer nach den Nieder=
landen marschirt: nur das Reservecorps des Generals v. der Decken
kam erst im Frühjahr 1815 dorthin. Es war demnach bei den „Feld=
bataillonen" schon tüchtige Kriegserfahrung, bei den „Landwehrbatail=
lonen" wenigstens die Gewohnheit der gemeinsamen dienstlichen Thä=
tigkeit vorhanden, Offiziere und Mannschaft waren von warmer Begei=
sterung für das Vaterland durchdrungen, unter den ersteren waren
viele vom Staatsdienst oder der Hochschule zu den Waffen geeilt; es
hatte sich bei der Errichtung des Heeres natürlich ergeben und deutete
auf den Geist, in welchem dieser Krieg verstanden wurde, daß jedes
Bataillon den Namen seines Heimathortes trug. — Die Errichtung
des braunschweigischen Corps[1]) hatte zu Ende 1813 mit der
Rückkehr des Herzogs Friedrich Wilhelm in sein Land begonnen, im
April 1814 war es nach den Niederlanden marschirt, im Sommer zu=
rückgekehrt. Sowie die Nachricht von Napoleons Landung kam, hatte
der Herzog seine Truppen auf den Kriegsfuß gesetzt, im April und
Mai waren sie nach Belgien marschirt. Der größere Theil hatte dem=
nach noch keine lange Schule hinter sich; aber der Geist des Ganzen
war gut, und es standen auch erprobte Soldaten in den Reihen; na=
mentlich hatte das „Leibbataillon" den Feldzug 1809 in Deutschland
und die Feldzüge 1810 bis 1814 in Spanien unter Wellington mit=
gemacht. Der Herzog selbst hatte sich im Kampf gegen Napoleon einen
ehrenvollen Namen erworben, und seine Soldaten waren stolz unter
ihm zu dienen. — Von den Nassauern[2]) war das 2. Regiment,
das Regiment Nassau=Oranien und eine Compagnie freiwilliger Jäger
im Niederländischen Dienst; das 1. Regiment war das Contingent des
Herzogs. Die Bildung dieser Truppenkörper hatte erst 1814 begonnen,
die Mannschaft war meist jung, doch schaarte sie sich um einen Stamm
von Offizieren, Unteroffizieren und Soldaten, die unter Napoleon den
Krieg in Spanien mitgefochten hatten. Die Stimmung war für die
Sache Deutschlands; der Erbprinz focht im Stabe Wellingtons die
Schlachten mit. — Die holländisch=belgischen Truppen waren

---

1) Teichmüller. Gesch. des Herzogl. Braunschweig'schen Leibbataillons.
Braunschweig 1858. — Gesch. des herzogl. Braunschweig'schen Armeecorps i. J.
1815. Braunschweig 1816. — Hannoversches milit. Journal 1833, 2. Heft: „kurze
Stammgeschichte der herzogl. braunschw. Truppen."

2) Ph. v. Rößler. Gesch. der herzogl. nass. Truppen. Wiesbaden 1863.

in ihrer Haltung am wenigsten gleichmäßig und sicher. Seit der Er=
hebung Hollands 1813 und der Befreiung Belgiens 1814 nach und
nach errichtet, waren einige Truppenkörper noch ganz neu, andere, na=
mentlich belgische, noch gar nicht fertig. Die Reiterei und Artillerie
bestanden aus Linie, unter der ersteren waren einzelne Regimenter,
die fast in der nämlichen Zusammensetzung die Kriege des Kaiserreichs
mitgefochten hatten; die Infanterie war zur Hälfte aus Milizen ge=
bildet. Neben Offizieren und Soldaten, welche den Krieg unter fran=
zösischen Fahnen kennen gelernt hatten, standen Männer, welche für
die Befreiung des Vaterlandes unter die Waffen getreten, aber auch
andre, welche nur dem Loos gefolgt waren. Das Volk hatte nicht,
wie in den erneuerten deutschen Staaten der Fall war, die alte Ge=
meinschaft des Staats, der Sprache und der Sitten; nur in der Ab=
neigung gegen die französische Herrschaft war die Gesinnung der Mehr=
zahl einig. Die Compagnieoffiziere, bei der Miliz durch die Mann=
schaft gewählt, waren zum Theil unerfahren; in den höhern Graden
dagegen standen meistens Männer, die unter dem Kaiserreich ihre
Schule gemacht hatten. Der Prinz von Oranien war seinem Heere
nur zum Theil bekannt und fand wegen seiner Jugend nicht überall
unbedingtes Vertrauen, doch hatte er unter Wellington schon in Spa=
nien Beweise von Unerschrockenheit gegeben.

Wir wissen aus dem Briefwechsel des Herzogs, daß er in einen
Theil seiner Armee nur ein sehr geringes Vertrauen setzte; Gneisenau
theilte diese Ansicht und war namentlich von der bunten Zusammen=
setzung wenig erbaut. Beide sollten vom Ganzen eine bessere Meinung
gewinnen, wenn auch einzelne Theile versagten. Es bewährte sich,
daß Wellington in dieselbe Division die neuen hannöverschen Ba=
taillone neben diejenigen der Engländer oder der deutschen Legion
stellte, die hannöversche Linie wie die Landwehr bewies sich sehr tüch=
tig in dieser Verbindung. Von seiner Reiterei sagte der Herzog
selbst, daß 10,000 M. darunter so gut wären, als sie in der Welt
gefunden würden; er meinte die brittischen und hannöverschen Regi=
menter, die er von Spanien her kannte, und der Erfolg gab ihm
Recht.

6. Wer die englische Heerführung auf demselben Boden in den
Feldzügen der neunziger Jahre gesehen hatte, hätte sie jetzt nicht wie=
der erkannt. Damals gab das Hauptquartier das Schauspiel einer
entarteten Aristokratie, statt der ernsten Arbeit des Kriegs herrschten
Spiel und Trunk; wo Plan und Befehl sein sollten, war Leichtfertig=
keit und Verwirrung; das Heer und der Krieg kamen darüber zum

schlimmen Ende. Jetzt war in dem Feldherrn, seinen Generalen und seinem Stab wieder die echte Ueberlieferung Altenglands zu erkennen. Zwar fiel den preußischen Offizieren, die hier zu verkehren hatten, manches auf, das anders war als bei ihnen. Keiner unter den höheren Offizieren hatte eine selbständige Thätigkeit oder ein eignes Urtheil und Verständniß vom Zusammenhang des Kriegs; jeder hatte ausschließlich seine besondere Stellung und Aufgabe, und dabei arbeiteten doch vier englische Generalstabsoffiziere nicht mehr als ein preußischer [1]). Der Herzog hatte keinen bedeutenden Mann in seiner Umgebung, mit dem er seine Plane und Maßregeln besprach [1]), er leitete alles unmittelbar selbst; hätte ihn ein Unfall getroffen, so war Niemand da, der ihn ersetzen konnte. Auf diese Weise erschien die Einrichtung der Heerführung wie eine Maschine; aber es war jedenfalls eine vortreffliche Maschine. Jeder General, jeder Offizier des Stabs verstand sein Amt und verwaltete es mit gewissenhafter Treue; der Feldherr durfte darauf zählen, daß seine Anordnungen nach dem Maße menschlichen Vermögens vollzogen würden; er wußte, daß Männer wie Picton, Somerset, Clinton, Alten, Kielmannsegge in der Schlacht nicht wanken würden. Die Armee, an deren Spitze er stand, war in ihrem Kerne noch dieselbe, die mit ihm in der Schule von fünf schweren siegreichen Feldzügen zusammengewachsen war.

7. Der Feldherr selbst stand noch in der Kraft seines Alters; er zählte 46 Jahre, gerade so viel als Napoleon; er hatte wie dieser bereits eine lange ruhmvolle Laufbahn hinter sich, allein die seinige war stetig zu bleibenden Erfolgen aufgestiegen, die innerhalb des Maßes einer regelmäßigen Entwickelung lagen. Er war mit seinem Gegner an der Schnelligkeit, an der Kraft und Tiefe alles umfassender und durchdringender Entwürfe nicht zu vergleichen, er war nicht wie aus einem Meer von gährenden Naturgewalten heraufgestiegen. Dafür trugen seine Plane das klare Maß der wirklichen Verhältnisse; er war in der Schule einer alten mächtigen Staatsordnung aufgewachsen und ihrer Ueberlieferungen durch Geburt und Gaben vollkommen mächtig. Der Herzog hatte nicht den Geist, der die Schöpfer · oder Erneuerer von Staaten auszeichnet, sein Blick für Verhältnisse außerhalb seines hergebrachten Gesichtskreises war beschränkt, ungewöhnliche Bewegungen in Staat und Gesellschaft waren ihm zuwider; dagegen waren die umfassende und umsichtige Vorbereitung und das ausdauernde uner-

---

1) Müffling an Knesebeck. Brüssel 8. Juni. Archiv des Gnlstbs. in Berlin. 1815. D. 118

schütterliche Beharren seine Sache. In diesem Umfang vereinigte er den Geist des Staatsmannes und des Feldherrn in sich; so hatte er von kleinen Anfängen aus mit mäßigen Mitteln, in festem Gange, unbeirrt durch die Schwankungen des Glücks, seine Feldzüge in Indien und Spanien zu siegreichem Ende geführt. Als Feldherr war er ruhig, klar und gemessen; er schonte das Blut seiner Soldaten, und er mußte es schonen, denn sie waren theuer in seinem Lande und schwer zu ersetzen; er war voll Sorge, daß sie nicht Noth litten, und daß ihnen Wort gehalten werde mit allen Zusagen, die ihnen der Staat für ihre Dienste versprochen hatte; doch hielt er mehr von dem strengen Gesetz der Pflicht und der Strafe, als von der feurigen Bewegung, die sich an der Person des Führers oder am Augenblick entzündet. Er wagte nicht gern, doch wenn er wagte, hielt er aus; er wurde in seinen Schlachten selten vom Eindruck des Kampfes bewegt; er sprach nicht oft zu seinen Truppen, und wenn er sprach, waren es nur wenige Worte, doch drangen sie dann zur Seele des Soldaten. Als Staatsmann war er langsam in seiner Auffassung, zögernd im Entwerfen seiner Plane, doch bereitete er die entworfenen nach allen Seiten vor und hielt fest bei seinem Ziel. Auch in diesem Kriege hatte er sich, wie wir wissen, frühzeitig als Staatsmann das Ziel gesetzt, dem er als Feldherr nachstrebte; er blieb nicht beim Sturz des Kaiserreichs stehen, er wollte nach dem Sturz die Zurückführung des vertriebenen Königs. Mit seltner Klarheit hatte er schon von Spanien aus zur Zeit der höchsten Macht Napoleons den Sturz dieser Macht verkündigt und die englische Regierung in der Ausdauer beim Kampfe befestigt; er und sein Heer waren dazu gemacht, die schon einmal erprobte Meinung aufs Neue zu bewähren.

8. Dem Heer und Feldherrn Englands stand in andrer Art, doch wie für diesen Zweck berufen, das Heer und der Feldherr Preußens zur Seite. Schon wie das Heer zusammengesetzt war, hatte es grade das, was jenem fehlte, die Einheit der Volks- und Staatsgemeinschaft, den einen Zug des Geistes und des Herzens für diesen Krieg. Blüchers Armee war durchaus deutsch, sie war aus den alten und neuen Gebietstheilen des Staates hervorgegangen, der von Anfang an der Spitze dieser Kriege gestanden hatte; einige andere norddeutsche Truppentheile, die den Krieg von Anfang an mitgefochten hatten, waren in sie verschmolzen. Ihre Eintheilung nebst der Stärke der Truppentheile in runden Zahlen war folgende:

1. Corps. Generallt. v. Zieten.

Chef des Generalstabs: Oberstlt. v. Reiche.

1. bis 4. Brigade (Steinmetz, Pirch II., Jagow, Henkel)
34 Bataillone . . . . 27,900 M.
Kavallerie: Genllt. v. Röder, 32 Schwadr. 1,900 =
Artillerie: Oberst v. Lehmann, 12 Batter. (9 zu Fuß,
3 zu Pferd) . . . . 1020 M.

30,820 M. mit 96 Gesch.

2. Corps. Generalmajor v. Pirch I.

Chef des Generalstabs: Oberst v. Aster.

5. bis 8. Brigade (Tippelskirch, Krafft, Brause, Langen)
36 Batl. . . . . 25,800 M.
Kavallerie: Gnlm. v. Jürgas, 36 Schwadr. 4,500 =
Artillerie: Oberst v. Röhl, 10 Batter. (7 zu Fuß, 3 zu
Pferd) . . . . 1,450 M.

31,750 M. mit 80 Gesch.

3. Corps. Genllt. v. Thielmann.

Chef des Generalstabs: Oberst v. Clausewitz.

9. bis 12. Brigade (Borcke, Kemphen, Luck, Stülpnagel)
30 Batl. . . . . 20,600 M.
Kavallerie: Gnlm. v. Hobe, 24 Schwadronen 2,400 =
Artillerie: Oberst v. Monhaupt, 6 Batter. (3 zu Fuß,
3 zu Pferd) . . . . 960 M.

23,960 M. mit 48 Gesch.

4. Corps. Gnl. d. Inf. Bülow v. Dennewitz.

Chef d. Generalstabs: Gnlmaj. v. Valentini.

13. bis 16. Brigade (Hake, Ryssel, Losthin, Hiller) 36
Batl. . . . . 25,400 M.
Kavallerie: Gnl. d. Kavall. Prinz Wilhelm v. Preußen
43 Schwadronen . . . . . . 3,100 M.
Artillerie: Major v. Barbeleben, 11 Batter. (8 zu Fuß,
3 zu Pferd) . . . . 1,860 M.

30,360 M. mit 88 Gesch.

Im Ganzen 116,900 M. mit 312 Geschützen, worunter 99,700
M. Infanterie, 11900 M. Reiterei, 5300 M. Artillerie.

Die Eintheilung dieser Armee beruhte auf gleichmäßigen Grundsätzen, in die aber unter dem Drang der Wirklichkeit vielerlei Abwei-
chungen gekommen waren. Die Brigaden bestanden im Durchschnitt

aus 9 Bataillonen, die 1. und 2. hatten je 2 Schützencompagnien mehr, die 4., 10. und 11. zählten nur 6 Batl., es waren je 3 davon zu anderen Zwecken bestimmt. Das Bataillon zählte 7 bis 800 M., je 3 bildeten ein Regiment; je 2 Bataillone dieses Verbands führten den Namen Musketiere, 1 den Namen Füsiliere; viele Regimenter hatten Jägerabtheilungen von 100 bis 180 M., meist aus Freiwilligen bestehend [1]. Die Reiterei war größtentheils in Brigaden von 2 bis 3 Regimentern eingetheilt, die meisten Regimenter hatten 4, einige 3 Schwadronen zu 60, 80, selten über 100 M.; auch hier waren Abtheilungen freiwilliger Jäger ziemlich zahlreich. Die Artillerie hatte 8 Geschütze in der Batterie; 9 Batterien führten 12 Pfdr., 17 führten 6 Pfd.; 1 Haubitzen, doch waren Geschütze der letzteren Art auch in den anderen Batterien vertheilt; 12 Batterien waren reitende. — Die Zusammensetzung der Brigaden beruhte auf den trefflichen Grundzügen, welche Scharnhorst bei der Neubildung des Heeres seit 1808 zu verwirklichen bemüht war, welche auch den Ansichten Blüchers entsprachen [2] und welche sich 1813 und 14 bewährt hatten. Die Brigaden entsprachen ungefähr den französischen Divisionen, doch waren sie durch die bleibende Zutheilung der anderen Waffen selbständiger und beweglicher; den meisten waren 2 bis 4 Schwadronen, einer jeden 1 Batterie beigegeben. Die übrige Reiterei und Artillerie des Corps war zum geschlosseneren Gebrauch zusammengehalten; jedem Corps waren 2 Pioniercompagnien zugetheilt. — Den 4 Armeecorps gegenüber fällt in die Augen, daß die französische Armee, obwohl nur 12,000 M. stärker, deren 6, außerdem 4 Reservekavalleriecorps und eine zahlreiche Reserveartillerie bei der Garde zählte. Die Reitermassen Napoleons haben ihm in diesem wie in seinen meisten anderen Feldzügen mehr Opfer als Erfolge eingetragen, sie brauchten nicht nachgeahmt zu werden; dagegen würde der preußischen Armee bei derselben Stärke eine Eintheilung in 5 Corps mit Zutheilung einer Reserveartillerie zu einem derselben vortheilhafter gewesen sein. Doch läßt sich dergleichen vor Ausbruch eines Krieges nicht nach Willkühr machen.

Schlimmer war es, daß viele Truppentheile neu errichtet, andere neu zusammengesetzt waren. Von 45 Infanterieregimentern gehörten 23 der Linie, 22 der Landwehr an. Unter den ersteren waren sechs

---

1) Stawitzky. Geschichte des 25. Infregts. Koblenz 1857. S. 36 bis 42. — Archiv des Generalstabs C. 33. Schöning. Geschichte d. 5. Husarenregts. Berlin 1843. S. 488.

2) G. H. Pertz. Das Leben Gneisenau's. Berlin 1864. S. 255.

neu gebildet, allerdings aus kriegsgeübten Mannschaften, nämlich aus
dem Lützow'schen und Hellwig'schen Freicorps, aus ehemaligen Berg'=
schen Truppen und aus der russisch=deutschen Legion. Doch waren
ihnen zum Theil auch ganz neue, wenig zuverläßige Ersatzmannschaften
zugewiesen, wie z. B. beim 25. Regiment noch am Tage der Schlacht
v. Ligny 330 Mann aus dem Cleve'schen eintrafen, aus deren Reihen
schon manche unzweideutige Zeichen von Abneigung gegen diesen Krieg
hervorgegangen waren [1]). Von der Landwehr gehörten 14 Regimenter
der Kur= und Neumark, Pommern und Schlesien an, sie hatten den
Befreiungskrieg mitgefochten; 5 Regimenter Westphälische und 3 Regi=
menter Elb=Landwehr dagegen waren neu gebildet und hatten wenig
oder keine Kriegserfahrung. — Noch weit ungünstiger war es mit der
Reiterei. Es war nicht lange vor Ausbruch des Kriegs für die Linien=
armee ihre Vermehrung von 18 auf 32 Regtr. verfügt worden. Für
die 14 neuen Regtr. war nichts vorhanden als ein berg'sches und ein
sächsisches Regiment, 2 Regimenter der russisch=deutschen Legion, und
einige Schwadronen alt=preußische National=Kavallerie, sowie die Rei=
terei der Freicorps von Lützow und Hellwig; das andre mußte aus
den alten Regimentern genommen werden, deren jedes eine Schwa=
dron dafür abgab, welche wieder aus den 3 anderen und dem Depot
neu gebildet werden sollte. Bei der Kürze der Zeit blieb das theils
unausgeführt, theils wurde es übereilt; und die ganze Maßregel warf
überhaupt, zum Schaden dieser Waffe, die Truppentheile durcheinan=
der, fügte fremde neu zusammen, und trennte solche, die zusammen
gekämpft hatten. Etwa der vierte Theil der Reiterei bestand aus
Landwehr, wovon jedoch die Mehrzahl aus den alten Provinzen und
im vorigen Kriege erprobt war, ein Regiment von Westphalen und
eins von der Elbe waren ganz neu. — Auch die Artillerie hatte eine
bedeutende Umformung erfahren, die nicht mehr vollendet werden konnte.
An Geschütz und Fuhrwerk war kein Mangel, wohl aber daran, daß
es zusammenpaßte; daher fehlte es zum Theil in den Batterien selbst,
und mehr noch bei den großen Munitionscolonnen an der Ausrüstung.
Noch schlimmer stand es mit der Mannschaft; sie konnte so wenig in
der nöthigen Zahl aufgebracht werden, daß sie im Verhältniß zur
Geschützzahl und den andern Waffengattungen kaum halb so viel be=
trug als in der französischen und englischen Armee; statt 30 Mann,

---

1) F Förster, damals Lieutnant beim 25. Regt., theilt in seinem „Feldmar=
schall Blücher", Leipzig, Brockhaus 1821, interessante Briefe von solchen Neueinge=
stellten mit.

die man im Durchschnitt auf das Geschütz rechnet; ergaben sich hier nur 20, 15 und beim ersten Corps sogar nur 11 M. Die sämmtlichen Corps hätten eigentlich mit eben soviel Batterien wie das erste versehen werden sollen, allein es blieben 7 Batterien unvollendet, 2 waren ganz neu gebildet. — Auch die höheren Truppenkörper, die Corps sowohl wie die Brigaden, waren meistens neu zusammengesetzt; die kommandirenden Offiziere hatten zum Theil erst vor Wochen, oder doch vor wenig Monaten ihre Stellen übernommen.

Es ist schwer zu sagen, wie weit diese Mängel vermieden werden konnten. Möglich, daß die Rüstung theilweise zu sehr auf den Schein nach außen berechnet, daß vieles nicht umsichtig eingeleitet, anderes übereilt war; doch wird man gerechterweise gestehen müssen, daß die Hauptsache im unerbittlichen Drang der Zeit lag. Es mußten die alten Landestheile von der übermäßigen Last des vorigen Kriegs erleichtert, es mußten die neuen Gebiete herbeigezogen werden; dazu kam der neue Krieg über jede Erwartung und Voraussicht schnell heran. Zu alle dem lebte man noch in der Fortwirkung der frühern selbstverschuldeten Noth. Ueberall fehlte es an Mitteln, an Geld, ja selbst die Menschen fingen an zu fehlen. Im Rheinland wenigstens konnte den Anforderungen wegen Linie und Landwehr nur unvollständig entsprochen werden [1]), und selbst einzelne Regimenter aus den alten Provinzen, wie z. B. das erste pommersche Landwehrkavallerieregiment, zählten invalide Männer in ihren Reihen [2]). Was an der Ausrüstung fehlte, habe ich bezüglich der Artillerie schon berührt, aber auch bei der Reiterei und Infanterie blieb vieles zu wünschen, die letztere z. B. tauschte zum Theil, noch kurz vor dem Krieg, die schlechten, 1813 von England gelieferten Gewehre, theils gegen preußische, theils gegen französische aus. Manche Regimenter führten englische, französische und preußische Gewehre und Büchsen nebeneinander; Tornister, Patrontaschen, Lederzeug waren von ganz verschiedner Gestalt und Farbe; an Uniformen gab es oft zwei, theilweise drei bis vier verschiedne Arten in einem Regiment [3]). Das alles war freilich immer noch nicht so schlimm als zur Zeit der großen Rüstung im Sommer 1813; doch war es weit von dem entfernt, was man heute für unumgänglich nothwendig hält. Die Hauptnoth blieb immer das Geld. Die Truppen hatten seit 1½ Monaten keinen Sold empfangen, alle Kassen

---

1) Archiv des Generalstabs in Berlin. D. 3. I.
2) Arch. b. Gnlstbs. E. 45.
3) Stawitzky. Gesch. d. 25. Infrgts. S. 36 bis 42.

waren leer, vom Finanzministerium gingen immer neue Anweisungen
auf die Rheinprovinzen ein, die nicht verwirklicht werden konnten.
Die Verpflegung drückte auf das Land und wurde bei dem Wider=
streben der niederländischen Behörden doppelt schwierig; Blücher wollte
eine Vergütung von 2 Groschen für den Mann schaffen, es war nicht
möglich. Aus der drückendsten Verlegenheit wußte er sich indessen zu
helfen. Er stellte gradezu einen Wechsel von einigen 100,000 Thalern
auf England aus, die Elberfelder Kaufleute bezahlten die Summe,
und England erkannte den Wechsel an. Der alte Held war sonst nicht
eben als guter Haushalter bekannt, aber sein Name hatte Vertrauen,
wo es das Haus des Staates zu befestigen galt.

Hatte hiernach das Heer mit mancher Noth und Schwierigkeit zu
kämpfen, so überwand der Geist, der in ihm lebte, doch alles. Nicht
lange nach Napoleons Landung in Frankreich schrieb ein Offizier,
Major v. d. Gröben, der von der belgischen Grenze über die unauf=
haltsamen Fortschritte des Kaisers berichtete: „Bei alledem gewinnen
wir wenigstens die freudige Ueberzeugung, daß wir bald gegen unsren
Erbfeind und seine Henkersknechte werden kämpfen können und nicht im
Bruderblute wühlen [1]." Und unterm 15. März, lange vor dem Ein=
zuge des Kaisers in Paris, sprach General v. Müffling in einem Brief
aus Aachen an Knesebeck in Wien von dem Krieg, der jetzt bevorstehe:
„Ich fürchte, daß der Gedanke, daß unsre Truppen nach meiner An=
sicht wieder am meisten bluten müssen und den Kampf eröffnen sollen,
den König schreckt, allein solche Rücksichten können den Untergang der
Welt herbeiführen, und die Zeit ist gekommen, wo man sagen mag:
ich lege mein Haupt nicht ruhig nieder, bis der Bösewicht nicht mehr
lebt [1]." Das waren nicht die Gedanken und Worte einzelner Männer,
es waren, wie unzählige Zeugnisse beweisen, die Gedanken und Worte
von Tausenden. Heute fällt uns wohl der Stachel des Hasses auf,
der sich darin ausspricht, aber wir haben heute auch keine Vorstellung
von der frevelhaften Zertretung alles Heiligsten, woran sich dieser Haß
entzündet hatte. Und im Grunde war es doch, wie die Dichter ge=
sungen hatten, nur das Vaterland, dem es galt; nicht eher als mit
der Vernichtung des Feindes schien diesem Sicherheit und Friede ge=
währt. Darum war es auch jetzt das Volk wieder, das in und mit
dem Heere zu den Waffen griff. Die freiwilligen Jäger kamen wieder
herbei; die Stadt Bremen rüstete auf ihre Kosten eine Abtheilung aus
und bat den König, daß er sie für den Feldzug in das preußische

1) Arch. d. Gnſtbs. C. 1. u. D. 118.

Heer einreihe; während die Armee schon in Belgien stand, kamen fast täglich Kähne von Lüttich die Maas herauf, welche junge Freiwillige brachten, die noch eilig den Marsch aus der fernen Heimath angetreten hatten [1]). Es wehte wieder die Luft von 1813; nicht innerhalb der eignen Grenzen war jetzt die Gefahr, nicht so verzweiflungsvoll war die Noth, daß sie alle waffenfähigen Arme bewaffnen mußte; doch war der Entschluß bei denen, welche die Waffen nahmen, kein andrer wie damals. Darum waren wieder Offiziere und Soldaten im nämlichen Geiste verbunden; es war die Blüthe der gebildeten Stände, die an der Spitze der jungen Mannschaft des Landes focht. Dieses Heer konnte geschlagen und augenblicklich erschüttert, es konnte aber nicht aufgelöst und zerstört werden; auch aus der Niederlage konnte es aufs neue dem Feinde furchtbar hervorgehen.

9. Und was das Heer noch etwa schuldig blieb, das glich die Führung aus. Nicht oft ist es vorgekommen, daß diese ihrer Aufgabe so mächtig war. Das gilt zunächst von den höheren Offizieren mit ihrem Stabe überhaupt. Die große Mehrzahl darunter waren Männer, die sich in den nämlichen Stellungen im letzten Kriege erprobt hatten. Bülow trug bereits von Groß-Beeren und Dennewitz her einen berühmten Namen; er war kein angenehmer Untergebener, gegen Gneisenau, der jüngerer General war, erfüllte ihn Eifersucht, er bekrittelte dessen Art, den Krieg zu führen; allein in der Schlacht durfte sich der Feldherr auf ihn verlassen. Zieten und Pirch hatten mit Ehren Brigaden geführt, Thielmann hatte sich schon 1812 an der Spitze der Sachsen als entschlossener Offizier bewiesen. Unter den Commandeuren der Brigaden und Regimenter waren die meisten als tapfere und umsichtige Führer in den frühern Schlachten genannt; von den Offizieren der Stäbe waren viele durch Bildung ausgezeichnet, viele erwarben sich nachher einen Namen in der Kriegswissenschaft, Clausewitz sollte in diesem Kriege eine Heerführung selbst erleben, wie er sie vor allen anderen in seinen Kriegsgeschichten meisterhaft als Muster dargestellt hat. Nur in einem Punkte war ein Mangel. In einem Bericht an den König sah sich Blücher noch nach dem Kriege veranlaßt zu sagen, daß die Reiterei keinen Anführer habe, der eine große Linie derselben mit Erfolg zu führen verstehe [2]). Doch scheint es auch hier mehr an der Erfahrung als an den Männern gefehlt

---

1) Siehe Note 1 auf S. 205.
2) Arch. d. Gnlstbs. E. 3. Der Bericht ist datirt: Hauptquartier Chartres. 16. August 1815.

zu haben; denn Blücher nennt aus den andern Waffen Namen, die
sich dazu eigneten; es hatte nur im vorigen Krieg an einem großen
Gebrauch der Reiterei gefehlt, worin man diese Männer hätte kennen
lernen und hervorziehen können. Im Ganzen standen die Offiziere
der preußischen Armee denjenigen der französischen an Uebung und
an Gaben des Kriegs gewiß nicht nach; an rastlosem unruhigem Ehrgeiz
waren sie ihnen vielleicht nicht gleich; an Bildung und Pflichtgefühl, kurz,
am ächten Geist der Gemeinschaft der Opfer und der Ehren waren sie
jenen überlegen. Es war nicht die Schule des Umsturzes, es war die
Schule schweren Unglücks und geordneter innerer Erneuerung, woraus
diese große Körperschaft der Offiziere hervorgegangen war. Diese Erneuerung hatte alle tüchtigen Kräfte des einzelnen Mannes wachgerufen; allein
sie hatte ihn zugleich unter der Zucht der Gemeinschaft festgehalten, sie
hatte ihn nicht wie in Frankreich rein auf sich selbst gestellt. Doch
war in dieser Schule ein Geist des Selbstbewußtseins und der Selbstständigkeit groß geworden, der außerhalb Preußens manchem Sorge
machte. Der Herzog von Wellington sprach noch in Wien gegen Stein
seine Mißbilligung über den „militärisch-republikanischen Geist" im
preußischen Heere aus; und der Kaiser Alexander äußerte später in
Paris, als er erkannte, wie schlecht seine Friedenspläne zur Stimmung
des preußischen Heeres und seiner Generale paßten, gegen seinen Ge-
neral-Adjutanten Repnin sogar die Besorgniß, er werde den König
von Preußen noch gegen sein Heer unterstützen müssen[1]). In Rußland hatte es freilich der unglückliche Vater des Kaisers erfahren, daß
es dort andre Wege des Widerstands giebt, als den des männlichen
Wortes der Wahrheit; und in England ist es alte Ueberlieferung, daß
in der Aristokratie, welche das Heer trägt, die Mehrzahl an Geist und
Bildung sich immer nur in den Grenzen der hergebrachten Schule bewegt. In dem Preußen jener Tage dagegen war ein tüchtiger Theil
der alten Aristokratie des Heeres auch durch die Niederlage im Geist
des Standes und der Ehre nicht gebrochen worden, während danach,
durch die Eröffnung dieser Laufbahn für die gebildeten Stände des
Volks, eine Fülle von neuer Bildung, neuer Bewegung, neuem Streben,
diese Aristokratie verjüngen konnte. Der König selbst hielt damals
an den Grundsätzen dieser glücklichen Vermischung fest; wir haben
unter anderm aus dem Juni 1815 einen Brief von ihm, an einen
Freiherrn von der Leyen, der das bezeugt. Der Freiherr hatte um
Anstellung seines Sohnes, der vier Pferde mitbringen könne, als Of-

---

1) Steins Leben v. Pertz. IV. 340. 576.

fizier gebeten; der König antwortete, er möge seinen Sohn als Freiwilligen ausrüsten und eintreten lassen, da ein jeder von unten auf
zu dienen verbunden sei [1]). Der Herzog von Wellington hätte in der That
ein größeres Lob als das des militärisch-republikanischen Geistes dem
preußischen Heere nicht geben können; er hätte nur hinzuzufügen müssen,
daß dieser Geist auch dem König und dem Vaterlande treu ergeben war.

10. Ueber dem Geist eines Heeres und über der Führung seiner
einzelnen Körper ist indessen die Führung des Ganzen noch etwas
Besonderes. Sie ist für den menschlichen Blick lange nicht in gleichem
Grade wie jenes andere das bestimmte Ergebniß der Verhältnisse und
der wirkenden Kräfte; sie steht auf einer anderen Stufe, in jenem
höhern Zusammenhang, dessen Gesetz uns nur in der Führung Gottes
zu ahnen vergönnt ist. Darum ist mit Recht immer eine besondere
Frage nach den Feldherrn und darum darf es mit Recht als eine
glückliche Fügung gelten, wie auch an der höchsten Stelle die Führung in der preußischen Armee zu ihrer Aufgabe stand. Blücher
und Gneisenau waren die zwei Männer, denen am meisten der Erfolg des vorigen Kriegs zu danken war: es ist nicht zu verwundern, daß sie auch diesmal an die Spitze gestellt wurden; und wie
hoch auch der verdiente Ruf eines York stand, es erscheint kaum glaub-
lich, was erzählt wird, daß der König ernstlich wegen des Oberbefehls
geschwankt haben soll. Aber es ist zu verwundern, daß die zwei
Männer da waren, als die Zeit kam, und daß sie so zusammen paßten. Diesmal war ihnen an Müfflings Stelle der General von Grolman beigegeben, der sich früher im Corps von Kleist, namentlich bei
Nollendorf, ausgezeichnet hatte. Er war vielleicht noch mehr als
Müffling der Mann für diese Stelle; denn er war nicht weniger ein
unermüdlicher zuverlässiger Arbeiter, nicht weniger von dem entschlossenen Geiste dieses Kriegs beseelt: aber er war weniger von den eignen Gedanken und Fähigkeiten eingenommen und stimmte mehr in
die ganze Anschauungs- und Handlungsweise von Gneisenau, mit
dem er schon vor Jahren dem Kreise Scharnhorsts angehört und an
der Neubildung des Heeres gearbeitet hatte. Dieser aber war mit
dem Obergeneral fast wie ein Mann über dem Heere. Das Verhältniß ist uns von den Zeitgenossen getreu überliefert, es ist schon
oft geschildert worden; und doch ist es schwer, sich eine Vorstellung
davon zu machen, ohne die beiden Bilder zu vermischen, oder einem
zu nahe zu treten. Gneisenau hatte in dieser Gemeinschaft ohne Zwei-

---

1) Archiv d. Generalstabs in Berlin. D. 118.

fel die Bildung, die Wissenschaft zu vertreten, das Entwerfen der Plane,
das Durchdenken des ganzen Kriegs mit seinen Zielen und Wegen
fiel ihm zu; doch darum waren keineswegs nur die Gedanken seine
Sache, seine Gedanken gehörten vielmehr dem Bereich der Thatkraft
an, er wußte zu denken und zu beschließen mitten unter dem Donner
der Schlacht.   Wiederum war Blücher, so sehr er der geregelten Bil=
dung entbehrte, nicht etwa blos der Mann des Augenblicks und des
glücklichen Ungefährs; und Napoleon täuschte sich sehr, daß er ihn
wie einen bloßen Husarengeneral hielt.   Blüchers Thatkraft und Ent=
schlossenheit hat ihm niemals versagt; es ist ihm nicht geschehen, daß er
sich blind in die Verhältnisse hineingestürzt hätte, die dann übermächtig
über ihm zusammengeschlagen wären, selbst bei Etoges im vergangenen
Jahre hatte er sich nach einer kurzen Anwandlung der Verzweiflung rasch
wieder gefunden.   Es ist wahr, daß ihm das Kühnste immer das Liebste
war; doch hatte diese Wahl bei ihm einen tiefern Grund, als blos die
kecke Lust an der Gefahr.   Es war die harte ursprüngliche Soldatennatur,
die ihrer selbst auch für den äußersten Augenblick sicher ist; und es war
noch etwas mehr; es war auch wie eine besondere Bestimmung dieses Man=
nes für diesen Krieg.   In seinen Rheinfeldzügen tritt schon seine kühne Art
hervor; auf seinem Lübecker Zug 1806 dagegen trifft ihn Yorks scharfer
Tadel für das ununterbrochene Zurückweichen; von 1813 an aber ist sein
ganzer Krieg nur von dem einen Gedanken beherrscht, den das Heer selbst
mit dem Namen des „Marschall Vorwärts" am besten bezeichnet hat.
Es war als wäre er in diesem Kriege, wie das Volk an dessen Spitze
er stand, auf einmal zur höchsten Höhe seines Wesens emporgehoben
worden: sowie die Waffen ruhen, drückt ihn Krankheit und die Last
seiner 73 Jahre; sowie der Ruf zum Kampfe erschallt, hat die Schwäche
der Natur keine Macht mehr über ihn, und er führt sein Heer wieder
zum Siege.   Hierin ist er lange Zeit von Vielen verkannt worden;
die Mängel seiner Bildung, die Derbheit seiner Sitten, das ungezü=
gelte Vorwalten seiner Neigungen haben grade in den Kreisen der
Generale und Staatsmänner viele an ihm irre gemacht.   Das Volk
und das Heer aber haben seine Größe von Anfang an gefühlt und
daran gehalten.   Und dieses war der Punkt, worin ihn kein Andrer,
auch Gneisenau nicht ersetzen konnte.   Die Thatkraft, den raschen Ent=
schluß und den Muth der Verantwortung hätte dieser vielleicht auch
bewiesen; das Ansehen bei den Generalen, die mit Gneisenau von
gleichem Alter und Nebenbuhler waren, hätte er schon schwerer er=
rungen und behauptet; die Macht über das Heer und die besondere
Art dieses Kriegs war in diesem Grade keines Andern als Blüchers

Sache. Das war nicht blos die Macht seiner persönlichen Erscheinung, die echte Haltung des Soldaten, die gewinnende volksthümliche Art seines Verkehrs, nicht blos der gutherzige Zug seiner Natur, womit er lebte und leben ließ, nicht blos die seltne Gabe und Kraft seiner Rede; es war die ganze Weise, wie er diesen Krieg verstand und führte. Beide, Blücher und Gneisenau, kannten Napoleon, sie verstanden ihn, sie konnten ihm seine eignen Waffen entgegensetzen und hatten darin einen Vorzug vor dem englischen Feldherrn. Allein in der Art, wie Blücher hierin war, lag fast etwas Geheimnißvolles. Es ist bekannt, wie er seit dem Unglück von 1806 zuweilen von seltsamen Krankheits= zuständen heimgesucht war; und wie durch alle Einbildungen der Krankheit hindurch die Voraussagung und die feste Zuversicht auf Na= poleons endlichen Sturz ging. Es ist auch das Wort Scharnhorsts bekannt: trotz aller Einbildungen, die man ihm nachsage, sei Blücher der Mann, der das preußische Heer führen müsse, denn er sei der Einzige, der sich nicht vor Napoleon fürchte. Es ist weniger bekannt, doch von Zeitgenossen bezeugt,[1]) wie er mehr als einmal die anderen, wenn sie doch die Uebermacht von Napoleons Genie empfanden, mit den Worten aufrichtete: „Laßt ihn machen, er ist doch ein dummer Kerl." Es klingt fast wie Tollheit, aber es war etwas von der Toll= heit des Sehers, welche die Alten eine göttliche nannten, in dem Wort.

11. Napoleon rief sein Heer, als er an der Grenze bei ihm ein= traf, mit einer stolzen Ansprache zum Kampfe auf. „Soldaten," sagte er, „gegen diese Preußen, die heute so anmaßend sind, wart Ihr zu Jena einer gegen zwei, zu Montmirail einer gegen drei, von den Eng= ländern mögen diejenigen unter Euch erzählen, welche ihre Gefange= nen waren, und namenlose Leiden auf ihren Schiffen erduldet haben." Von dem großen Bündniß seiner Feinde hieß es: „Diese Verbindung ist unersättlich: nachdem sie 12 Millionen Polen, 1 Million Sachsen, 6 Millionen Belgier verschlungen hat, will sie die Staaten zweiter Ord= nung auch in Deutschland vernichten. Die Sachsen, die Belgier, die Hannoveraner, die Soldaten des Rheinbundes seufzen unter dem Zwang, ihre Arme der Sache von Fürsten leihen zu müssen, welche Feinde der Gerechtigkeit und des Volksrechtes sind." Und in jenem Aufruf an die Rheinländer, den er vom Schlosse Laeken aus zu verbreiten dachte, nahm er mit diesen Worten den Sieg voraus: „Der scheinbare Er= folg meiner Feinde hat Euch auf einen Augenblick von meinem Reiche getrennt. In meiner Verbannung, auf einem Felsen in der Mitte

---

1) Mündliche Mittheilung von Hrn. General v. Peucker.

des Meeres, habe ich Eure Klagen gehört. Der Gott der Schlachten hat über das Schicksal Eurer schönen Provinzen entschieden; Napoleon ist unter Euch; Ihr seid würdig Franzosen zu sein. Erhebt Euch in Masse, vereinigt Euch mit meinen unbesiegbaren Schaaren, um den Rest der Barbaren zu vertilgen, welche Eure Feinde und die meinigen sind. Sie fliehen, die Wuth und die Verzweiflung im Herzen."

Es stand einem Napoleon eigenthümlich an, von Gerechtigkeit und Völkerrecht zu sprechen. Es war nicht weniger seltsam, daß er sich das Ansehen gab, als schätze er seine Feinde gering. Es waren die alten Mittel, womit er zur Zeit seiner Macht und seiner Siege sich und die Welt getäuscht hatte, aber heute standen sie in hartem Widerspruch zu der ganzen Wirklichkeit seiner Lage. Er führte 128,000 gegen 210,000, d. h. nur wenig mehr als 4 gegen 7; und er brauchte keinen gewöhnlichen, er brauchte einen großen, glänzenden Sieg. Nur, wenn es ihm gelang, wenigstens eins der zwei Heere, die ihm gegenüber standen, zu zersprengen und zu zerstören, die Engländer nach Nord-Holland und den Inseln, die Preußen nach dem Rhein zurückzuwerfen, kurz mit dem wunderbaren Glanz seiner ersten Thaten das erstaunte Europa zu blenden; nur dann konnte er hoffen, Frankreich wieder in Eintracht zu seiner Herrschaft zu versammeln, das übermächtige Bündniß seiner Feinde vielleicht zu erschüttern und zu lösen. Aber es war nicht mehr die Zeit seiner ersten Thaten. Es standen ihm nicht mehr, wie damals, die Unentschlossenheit, die Furcht, der getheilte Wille gegenüber; er selbst hatte seine Feinde gelehrt, ja gezwungen, entschlossen, muthig und einträchtig zu sein. Es war nicht in der Natur der Dinge, daß er gegen zwei Feldherrn und zwei Heere, wie er sie vor sich hatte, mit seiner geringen Macht einen großen Sieg davontrug. Im besten Falle mochte er nach einer gewonnenen Schlacht als Sieger in Brüssel einzie-hen; aber einen Blücher und Wellington konnte er nicht mit einer ge-wonnenen Schlacht vom Kampfplatz treiben, und sein eignes Heer war zu schwach, es mußte sich gegen solche Feinde selbst unter Siegen ver-zehren. Er sah das in klaren Stunden wohl selbst, allein er wollte es nicht sehen. Statt der Wahrheit hat er nachher in seinen Denk-würdigkeiten gesagt, er wäre wohl berechtigt gewesen, höchstens den englischen Soldaten seinen Franzosen gleich zu achten, von den andern hätte einer der letztern zwei aufgewogen. Dann setzte er auch die feindlichen Feldherrn, Wellington sowohl, wie Blücher herab. Es war ganz die Art, wie er überhaupt das Maß seiner Mittel und Kräfte weit übertrieb, um das schwindelnde Wagniß seiner Unterneh-mungen zu verbergen. Er mußte kämpfen, das ist wahr. Wie er

Elba verlassen, auf den Umsturz in Frankreich gerechnet, auf den getheilten Sinn Europas gehofft hatte; so erfüllte sich jetzt vom ersten Schein des Gelingens her, die Nothwendigkeit, für eine verlorne Sache zu streiten, mit unerbittlicher Gewalt. Der Kampf war nicht klein, aber groß war es nicht, wie er ihn nachher ausgelegt hat. Er hat seine Feinde verkleinert, damit sein Unternehmen möglich erscheine; nicht sie, nicht die wirkliche Lage der Dinge, sondern der blinde Zufall, ein grausames Geschick sollen ihn besiegt haben. Hätte er gewonnen, dann würde er seine Feinde größer gemacht haben, damit die Welt das Wunder eines Geistes anstaune, der das Unmögliche möglich gemacht hätte.

In Belgien, das haben wir früher gesehen, lag wirklich das Schlachtfeld, das der Kaiser suchen mußte. Dort traf er auf den dritten Theil der ganzen feindlichen Macht und auf die Feldherrn und Heere, die für ihn die gefährlichsten waren. Dort auch blieb er dem Mittelpunkt seiner eignen Macht nahe genug, um im Falle des Gelingens sogleich mit verstärkten Kräften neue Wege des Siegs zu suchen. Konnte es ihm gelingen, diese Feldherrn zu schlagen, einen so großen Theil der Feindesmassen zu zersprengen; dann war es nicht mehr unmöglich, daß in Europa und in Frankreich ein Umschwung eintrat. Napoleon hat in seinen Vorbereitungen nichts Wesentliches versäumt, was dahin führen konnte; man hat ihm mit Unrecht vorgeworfen, er hätte sein Heer stärker machen, er hätte die 19,000, die er im Elsaß ließ, noch zum Zug nach Belgien mitnehmen müssen. Es war das Geringste was er thun konnte, daß er von den 198,000, die ihm gegen die 700,000 Feinde zu Gebot standen, 70,000 an den Grenzen und im Innern von Frankreich verwendete: er war Kaiser, er durfte sein erneutes Reich nicht damit beginnen, daß er die rings bedrohte Grenze völlig schutzlos dem Feinde preisgab; während er selbst um die Entscheidung kämpfte, mußten an anderen Orten seine Generale den mächtig andringenden Wogen des Angriffs wenigstens den Schein von wirklichen Waffen entgegenstellen können, dann erst konnte auch die alte Furcht vor dem Kaiserreich etwas wirken. Es waren also die 128,000, die Napoleon nach Belgien heranführte, wohl das Höchste, was er aufwenden konnte. Aber was er auch thun mochte, die Entscheidung war nach menschlichem Ansehen schon vor dem Kampfe gegeben, wenn auch so groß nicht, wie sie geworden ist. Napoleon vermochte mit seiner Armee nicht zwei Feldherrn und zwei Heere zu bestehen, die glaubten und wollten, daß dieser Krieg nur mit seinem Sturz enden dürfe.

Zweites Kapitel.

Napoleons Anmarsch und erste Erfolge.

1. In dem ungleichen Kampfe, dem Napoleon entgegenging, konnte auf einem Wege die Möglichkeit des Gelingens liegen. Es waren zwei Feldherrn, die ihm gegenüberstanden; beide von völlig ver= schiedener Art, beide mit der Grundlage ihrer Macht auf weit aus= einanderliegende Länder gewiesen. Blüchers Wege und Verbindungen liefen alle nach dem Rhein, Wellington mußte nach der See und nach England hinübersehen. Wenn es gelang, sie gleich zuerst durch einen siegreichen Stoß auseinanderzuwerfen, wenn sie schwankende Männer waren, in kurzsichtiger Selbstsucht befangen, wie die alten Gegner Napoleons; dann konnte es geschehen, daß die besondern, entzweien= den Gedanken bei Beiden die Uebermacht gewannen. Dabei war Blücher der raschere General und jedenfalls schneller entschlossen, sei= nem Verbündeten Hülfe zu bringen, als dieser ihm. Es kam also darauf an, zunächst gegen diesen einen Schlag zu führen, der ihn mindestens auf eine Zeit lang kampfunfähig machte. Auf diese Gedanken gründete Napoleon seinen Angriffsplan, und so sehr ent= sprach er der wirklichen Lage, daß der Anfang ganz zu seinen Gun= sten war.

2. Wir müssen annehmen, daß es dem französischen Feldherrn nicht möglich war, um 8 oder 14 Tage früher anzugreifen, als es geschah, sonst würde es eine große Versäumniß gewesen sein. Sowie seine Bewegung einmal begonnen war, geschah sie mit großer Schnel= ligkeit. Die Garden legten die 30 Meilen von Paris bis zur Grenze vom 8. bis 14. Juni, also in 7 Tagen zurück; Gérard mit dem 4. Corps marschirte in derselben Zeit, auf schlechteren Wegen, die 24 Meilen von Metz nach Philippeville; die übrigen Corps hatten gerin= gere Märsche zu ihrer Versammlung. Das Ziel der Bewegung suchte Napoleon dadurch zu verbergen, daß er längs der Grenze überall Na= tionalgarden in Vorpostenstellungen ausrücken ließ, welche möglichst viele Menschen in Uniform zeigten[1]. Am Abend des 14. war die Armee auf drei Punkten versammelt. Der linke Flügel stand bei Solre=für=Sambre; es war das erste und zweite Corps (D'Erlon und Reille) über 40,000 M., das zweite Corps an der Spitze. Die Mitte, mehr als 60,000 M., aus dem dritten und sechsten Corps (Vandamme

---

[1] Charras 61.

und Lobau, der Garde und der Reſervecavallerie beſtehend, war bei
bei Beaumont. Den rechten Flügel bei Philippeville hatte Gérard
mit dem vierten Corps und einer Cüraſſierdiviſion der Reſerve, über
16000 M. Die Linie der Aufſtellung war 5 bis 7 Stunden ſüdlich
von Charleroi, die Vortruppen waren bis auf eine halbe Stunde
von der Grenze vorgeſchoben. Der Kaiſer war am 12. Juni von
Paris abgereiſt, am 13. in Avesnes, am 14. in Beaumont. Am
Abend dieſes Tages brachten die Offiziere ſeines Stabs an die Corps-
Generale die Befehle zum Vorrücken auf den 15.; bei den Soldaten
in den Biwaks klang noch der eben erlaſſene Aufruf Napoleons zum
Kampfe wieder.

Der Kaiſer war im Allgemeinen von der Stärke und Stellung
ſeiner Gegner unterrichtet; er wußte, daß Blücher zu Namür, Wellington zu Brüſſel ſein Hauptquartier hatte; was ſie zur Schlacht bringen
würden, ſcheint er auf 150,000 M. geſchätzt zu haben. Fürs erſte
erwartete er keinen bedeutenden Widerſtand; ſeine Kundſchafter kamen
in der Nacht zum 15. aus den feindlichen Hauptquartieren zurück und
meldeten, daß dort alles ruhig ſei. Seine Anordnung für den 15.
lautete dahin, daß er vor Mittag die Sambre überſchreiten, und ſeine
Armee auf dem nördlichen Ufer entwickeln wolle. Zu dem Ende ſoll-
ten die vordern Heertheile morgens 3 Uhr aufbrechen, die andern um
4, 5, 6 Uhr folgen; der linke Flügel würde auf Marchienne, die Mitte
auf Charleroi, der rechte auf Châtelet gehen.

Was der Kaiſer jenſeits der Sambre zu thun, und wie weit er
überhaupt an dieſem Tag zu kommen dachte, iſt nicht klar zu erkennen. Er hatte nicht Unrecht, keinen nachdrücklichen Widerſtand zu
erwarten, denn der Feind ſtand in weitläufigen Quartieren, und darüber, daß bis zum 14. Mittags nichts Weſentliches dort geſchehen war,
gaben die Kundſchafter ziemliche Gewißheit. Um ſo mehr, ſcheint es,
hätte Napoleon beſtrebt ſein müſſen, gleich am 15. ſo weit wie möglich zu kommen. Jenſeits der Sambre auf 4 bis 5 Stunden Entfernung von Charleroi lief die Straße von Namür über Quatrebras auf
Nivelles, der nächſte bedeutende Verbindungsweg für die Heere von
Blücher und Wellington. Wenn es gelang dieſelbe zu erreichen, ehe
der Feind ſeine Macht verſammeln konnte, ſo war ein erſter wichtiger
Schritt zur Trennung der zwei feindlichen Heere geſchehen. Vielleicht
konnten dabei einzelne feindliche Truppentheile überraſcht werden,
und das war um ſo beſſer; jedenfalls aber mußten dann die Gegner
ihre Vereinigung zum Theil auf ſchwierigen Wegen weiter rückwärts
ſuchen, und Napoleon war im Beſitz jener Straße am erſten in der

Lage, einen oder den andern derselben vor der Vereinigung zu errei=
chen und zu schlagen.   Hierauf hauptsächlich mußte es ihm ankom=
men.   Ein bloßes Zurückweichen seiner Gegner, auch wenn es nach
verschiedenen Richtungen geschah, konnte ihm wenig helfen; es verzö=
gerte höchstens den Augenblick, wo die erdrückende Gesammtmasse sei=
ner Feinde über ihn kam: er brauchte einen Sieg, der gleich zu An=
fang eine erschütternde Lücke in diese Masse riß.   Es scheint aber,
daß er sich nicht mit der unerbittlichen Klarheit, wie sonst, davon Re=
chenschaft gab; vielmehr tritt aus vielen seiner ersten Maßregeln und
Befehle die Meinung hervor, als werde er ohne einen bedeutenden
Kampf nach Brüssel gelangen.   Blücher werde nichts Eiligeres zu thun
haben, als vor dem ersten Stoß nach dem Rhein auszuweichen; Wel=
lington werde nach Antwerpen zurückgehen, und vielleicht dabei einen
Theil seines rechten Flügels im Stich lassen müssen: so ungefähr scheint
sich Napoleon den nächsten Verlauf der Dinge gedacht zu haben.   Wie
er sich in frühern Kriegen gezeigt hat, wäre ihm ein solches Hinaus=
schieben der entscheidenden Schlacht nicht erwünscht gewesen; er hätte
sich wohl gesagt, daß ihm ohne vorhergegangenen Sieg Brüssel nicht
viel werth sein konnte.   Jetzt scheint er sich mit dem Gedanken gerne
beschäftigt, und gleich andern Generalen, die der Wirklichkeit nicht recht
ins Auge sehen mögen, einen großen Erfolg ohne Schlacht, eine Art
Auflesen feindlicher Truppentheile auf seinem Zug für möglich gehal=
ten zu haben, und das einem Blücher und Wellington gegenüber.   In
dieser Stimmung geschah es, daß er gleich am 15. Juni weder in der
klaren Wahl eines Zieles, noch in den ausführenden Maßregeln die
alte Thatkraft zeigte; Zufälle und Verspätungen, wie sie im Kriege
immer vorkommen, traten dann noch als ein besonderes Hemmniß in
seinem Anmarsch hinzu.

   3. Was aber hatten Blücher und Wellington gethan, um dem
Angriff zu begegnen, der sie bedrohte? Wir wissen, daß, nach dem am
10. Juni zu Heidelberg festgestellten allgemeinen Kriegsplan der Ver=
bündeten, der Einmarsch in Frankreich erst gegen Ende Juni geschehen
konnte.   Bis dahin also mußte man an den Grenzen darauf gefaßt
sein, selbst angegriffen zu werden, und die Heere in Belgien, das dem
Mittelpunkt der französischen Macht am nächsten lag, hatten vor den
anderen Ursache dazu.   Auch waren Blücher und Wellington zu Anfang
und zu Ende Mai in St. Trond zusammengekommen, um für diesen
Fall Verabredung zu nehmen.   Dieselbe blieb aber sehr allgemein,
und es scheint, daß sich die Feldherrn beiderseits weder über den wahr=
scheinlichen Angriffsplan Napoleons, noch über ihren eigenen Stand=

punkt und ihre Absichten mit voller Klarheit auseinandersetzten. Man nahm Brüssel als den Gegenstand des Angriffs, und drei Richtungen desselben, als möglich an: über Valenciennes und Ath, über Mons und Braine-le-Comte, über Philippeville und Charleroi. Wellington wollte, je nachdem einer dieser Fälle eintrat, sein Heer bei Ath, bei Braine-le-Comte, oder bei Quatrebras vereinigen; Blücher wollte das seine jedenfalls bei Sombreffe, an der Straße von Namür nach Quatrebras, versammeln. Es konnte indessen über Art und Zeit dieser Bewegungen damals noch nichts festgesetzt werden, weil noch kein unmittelbarer Angriff bevorstand, und später scheint nicht weiter darüber verhandelt worden zu sein. Schlimmer war es, daß der ganze Plan, im Verhältniß zur Stellung und Ausdehnung der beiden Heere, einen Widerspruch enthielt. Wenn die beiden Feldherren ihre weitläufigen Quartiere beibehalten wollten: dann konnte auf der einen Seite Wellington seine Armee unmöglich schnell genug zusammenziehen; und auf der andern lag für Blücher Sombreffe zu nahe an der Grenze, der Feind konnte ihn dort überraschen, während seine Heertheile noch auf dem Marsche dahin waren. Man hätte also die Armeen mehr zusammenziehen, oder den Vereinigungspunkt weiter rückwärts bestimmen müssen. Allein das, was auf alle Fälle das wichtigste war, nämlich gegen Napoleon vereinigt zu schlagen, das scheint bei der Besprechung nicht in diesem Grade als die Hauptsache hervorgetreten zu sein; es konnten sich daneben noch andere Gedanken geltend machen, weil namentlich Wellington über den Nachdruck, womit Napoleon seinen Krieg zu führen pflegte, sich täuschte. So behielten neben dem gemeinsamen Zweck die besonderen Absichten beider Feldherren ihren Einfluß; und es zeigte sich an den Maßregeln die jeder nahm, welche Schwierigkeiten und Gefahren selbst bei bedeutenden Männern in jedem Bündniß liegen.

4. Wellington hatte um die Mitte Juni sein Hauptquartier zu Brüssel. In und um die Stadt bis Hal und Vilvorde war das Reservecorps einquartiert, die 7 Reiterbrigaden des Lord Uxbridge standen von Ninove bis Grammont an der Dender, 2 Regimenter davon unter General Vivian waren zum Vorpostendienste an der Grenze gegen Tournay und Ypern entsendet. Der Prinz von Oranien mit dem 1. Corps hatte südlich von Brüssel den linken Flügel des Heeres, sein Hauptquartier war Braine-le-Comte: die Vereinigungspunkte für seine Divisionen waren Nivelles, Enghien, Soignies, Roeulx; die Reiterdivision Collaert war zum Vorpostendienste gegen Mons und Binche vorgeschoben. Lord Hill mit dem 2. Corps bildete westlich und süd-

westlich von Brüssel den rechten Flügel: das Hauptquartier war in
Ath, die Sammelpunkte der Divisionen waren Ath, Renaix, Audenarde,
Landscauter; die Reiterbrigade von Estorff versah zwischen Mons und
Tournay den Vorpostendienst. Der Herzog glaubte, daß er 22 Stunden
nach dem Eintreffen der ersten Nachrichten zwei Dritttheile seines
Heeres bei Ath, Soignies oder Nivelles versammelt haben könne. Das
war indessen ein großer Rechnungsfehler; denn die Ausdehnung seiner
Stellung betrug, sowohl nach der Front, als nach der Tiefe, gegen
20 Stunden, die Quartiere der einzelnen Corps waren über einen
Raum von 6 bis 8 Stunden vertheilt; und der Erfolg hat bewiesen,
daß es fast zweier Tage bedurfte, ehe zwei Drittel des Heeres ver=
einigt werden konnten. Ueberdies war der Ausdruck „nach dem Ein=
treffen der ersten Nachrichten" ganz unbestimmt, denn es kam sehr auf
die Natur dieser Nachrichten an, ob und wann darauf ein bestimmter
Entschluß gefaßt würde.

Es ist keine Frage, daß der Herzog, so lange er in dieser Stellung
blieb, mit Wahrscheinlichkeit nicht im Stande war, der Verabredung
mit Blücher wirklich zu entsprechen. Er hätte vielmehr zu diesem
Zwecke sein Heer in dem Raum zwischen Brüssel, Ath, Braine=le=Comte
und Quatrebras zusammenziehen müssen; die 3 Reiterbrigaden konnten
wie bisher an die Grenze vorgeschoben bleiben. Daß dieser Raum
nicht auf 2 bis 3 Wochen zur Verpflegung ausgereicht haben sollte,
kann bei der Wohlhabenheit des Landes, den guten Weg= und Wasser=
verbindungen und den Mitteln, über welche der Herzog gebot, mit
Grund nicht gesagt werden. Es müssen andere Ursachen gewesen sein,
welche diesen bewogen, von seiner ausgebreiteten Stellung nicht abzu=
gehen; und sie bieten sich deutlich genug in seinen besonderen Inter=
essen und seiner eigenthümlichen Anschauung vom Kriege dar. Der
Herzog hatte hauptsächlich zwei Dinge im Sinn: Er wollte seine Ver=
bindungen mit England wahren, die über Antwerpen und Ostende
liefen, und er wollte zugleich den Hof Ludwigs XVIII. in Gent vor
jedem Unfall bewahren. Nun hätte die erwähnte Stellung zwischen
Brüssel, Ath und Quatrebras diese zwei Zwecke vor einem Angriff,
wie er von Napoleon zu erwarten war, am besten sicher gestellt; denn
sie hätte Antwerpen unmittelbar, Gent und Ostende, als eine jeden
feindlichen Angriff bedrohende Flankenstellung, mittelbar gedeckt. Allein
diese Auffassung war nur zutreffend für denjenigen, der sich zum vor=
aus den Krieg nach Napoleons Art wesentlich in eine Hauptschlacht
zusammengedrängt dachte. Bei einer solchen Vorstellung mußte als
das einzig Wichtige erscheinen, mit versammelten Kräften zu dieser

Schlacht zu kommen; was in den wenigen Tagen bis zu ihrer Ent=
scheidung sonst verloren wurde, war untergeordnet und mußte durch
den einen Erfolg weit überwogen werden. Allein der Herzog hatte
niemals gegen Napoleon selbst im Felde gestanden, niemals den Wetter=
schlag seiner großen Schlachten unmittelbar empfunden. Es war na=
türlich, daß er seine Anordnungen von den Erfahrungen seiner indischen
und spanischen Feldzüge hernahm; und dort hatte es die Natur der
Dinge mit sich gebracht, daß sich die Kriegführung immer unter einer
Reihe besonderer Zwecke und Aufgaben zersplitterte. Wenn hier etwas
Aehnliches geschah; wenn Napoleon etwa auf 3 Linien zum Angriff
vorging, wenn auf diese Weise auf verschiedenen Punkten zugleich ein
wechselnder Kampf entstand, und wenn sich die verbündeten Feldherren
dies gefallen ließen, ohne ihrerseits eine große Entscheidung zu suchen:
dann allerdings konnte der Verlust von Ostende und Gent sehr emp=
findlich werden, denn es war nichts da, was ihn aufgewogen hätte.
Und so hat sich der Herzog, wie die Anweisung zeigt, die er unterm
30. April an die commandirenden Generale seiner Corps erließ, die
Sache wirklich gedacht. Es mag heute, nach den Ereignissen, auf=
fallen: daß ein Mann von dem klaren Geist und kräftigen Willen des
Herzogs sich die Lage Napoleons mit ihren Forderungen nicht deut=
licher machte, daß er nicht erkannte, wie dieser mehr wie jemals sein
Heil nur in einem entscheidenden Siege sehen konnte, und wie es also
galt sich hierauf zu bereiten. Allein die Wünsche und Gedanken, die
den Menschen im Innersten bewegen, wollen nach der Zeit und Stunde
bemessen sein, die ihn beherrscht. Wellington, statt zu der eigentlichen
Forderung der allgemeinen Sache durchzudringen, der er diente, einmal
überwiegend durch seine besonderen Wünsche und Vortheile bestimmt,
sollte sich zu Anfang des Feldzuges noch viel weiter verirren. Es
waren nämlich alle seine Vorbereitungen nur wie auf eine entfernte
Möglichkeit berechnet; im Grunde glaubte er gar nicht, daß Napoleon
angreifen werde, und dieser Glaube ging so weit, daß er ihn für die
entgegengesetzten Nachrichten unempfänglich machte, und zu förmlicher
Sorglosigkeit verleitete. Es muß bis jetzt angenommen werden, daß
diese unerschütterliche Ansicht vorzugsweise auf einem Versprechen
Fouchés beruhte, dem Herzog die Zeit und Richtung des französischen
Angriffs mittheilen zu lassen. Der alte Verräther will auch wirklich,
wie in seinen Denkwürdigkeiten erzählt wird, eine vornehme Dame
mit der nöthigen Nachricht abgeschickt haben; dann aber hätte er sie
von seiner Polizei an der Grenze arretiren lassen: wie er sagt, um
die französischen Waffen nicht zu gefährden; in Wirklichkeit, um für

jeden möglichen Fall gedeckt zu sein. Wie die Nachricht demnach aus=
blieb; so hätte dann der Herzog geschlossen, daß ein Angriff überhaupt
nicht zu erwarten sei, und sein späteres, offenkundiges Zusammenwirken
mit Fouché macht es wahrscheinlich genug, daß er wirklich ein so
großes Gewicht auf dessen Zusage legte. Jedenfalls machte er sich,
wie wir sehen werden, zu Anfang einer auffallenden Versäumniß
schuldig, und es lag nicht an ihm, daß sie nicht schlimmere Folgen
hatte.

5. Blücher hatte zu Anfang Juni sein Hauptquartier zu Namür,
15 Stunden von demjenigen Wellingtons. Zieten mit dem 1. Corps
stand in und um Charleroi: er hatte die Brigade Steinmetz zur Rechten,
zwischen Fontaine l'Evêque und Binche, wo sie sich an die Nieder=
länder anschloß; die Brigade Pirch II. in der Mitte bei Charleroi,
mit Seitenposten zu Châtelet und Marchienne; die Brigade Henkel zur
Linken bei Mouster; die Brigade Jagow, die Reiterei und Artillerie
der Reserve standen zu Fleurüs und Sombreffe; die Vorposten waren
gegen Bonne Espérance, Thüin, Gerpinnes und Sosoye vorgeschoben.
Pirch I. mit dem Hauptquartier des 2. Corps war in Namür; seine
Brigaden und die Reserve waren in Namür, Huy, Hannüt, seine Vor=
posten standen in der Richtung auf Sosoye und Dinant. Thielmann
hatte Ciney als Mittelpunkt des 3. Corps; seine Vortruppen dehnten
sich von Dinant über Rochefort aus. Bülow mit dem 4. Corps stand
in und um Lüttich. Die ganze Aufstellung war gut; wenn die Absicht
für den Fall, daß der erste Widerstand mißlinge, auf einen Rückzug
gegen den Rhein gerichtet war. Sie war nicht gut, falls es, wie mit
Wellington verabredet war, auf eine rasche Vereinigung der Armee in
der Stellung zu Sombreffe ankam. Denn diese Stellung lag auf dem
rechten Flügel der Quartiere, hinter der Mitte des 1. Corps; Thiel=
mann hatte von Ciney gegen 12, Bülow von Lüttich 16 Stunden
dahin; um den ersteren herbeizuführen, brauchte es, den Lauf des Be=
fehles und die Zusammenziehung des Corps eingerechnet, 36, um den
letzteren herbeizuführen, 48 Stunden. Dazu kam der schon oben be=
rührte Umstand, daß Sombreffe nur etwa 9 Stunden von der franzö=
sischen Grenze entfernt lag, daß also bei einem überraschenden Angriff
die französischen Heeresmassen trotz des Widerstandes, den das 1. Corps
leisten mochte, leicht früher dort sein konnten, als Bülow und selbst
als Thielmann.

Es werden zwei Gründe angegeben, um diese Stellung zu recht=
fertigen: die Schwierigkeit der Verpflegung und die Nothwendigkeit,
einem möglichen Angriff Napoleons auf dem rechten Ufer der Maas

zu begegnen. Allein beide Gründe sind nicht viel besser, als die ähn=
lichen, welche Wellington zu seiner Stellung bewogen. Die Verpfle=
gung war allerdings beim preußischen Heer, durch das Widerstreben
der niederländischen Behörden und durch die geringeren Verbindungen
namhaft schwerer, als beim englischen; nur lag darin kein Grund,
warum man nicht das Corps von Bülow schon zu Anfang Juni mehr
nach Sombreffe heran, z. B. in die ebenfalls noch unbesetzte Gegend
von Gemblour und Hottomont ziehen konnte. Damit wäre die Ver=
einigung der ganzen Armee, und das Zusammenwirken mit den Eng=
ländern weit mehr gesichert gewesen; dagegen freilich die Bereitschaft
gegen einen Angriff auf dem rechten Maasufer und die Verbindung
mit dem Rhein, zurückgesetzt worden. Und hierin muß wohl der
eigentliche Grund gesucht werden, warum Blücher seine ausgedehnten
Quartiere nicht veränderte; und das um so mehr, als damals im
preußischen Hauptquartier viel von der möglichen Gefährdung der
Rheinbasis gesprochen wurde. Man müßte Blücher und Gneisenau
für diesen Fehler in höherem Grade verantwortlich machen, als Wel=
lington für den seinen; wenn nicht die Annahme erlaubt wäre, daß
der letztere am meisten die Veranlassung dazu gab. Die beiden preu=
ßischen Generale kannten die Kriegsweise Napoleons, und waren von
dem Zug nach einer großen Entscheidung beseelt, wie er; sie hätten es
also verstehen müssen, dem Plane zu einer großen Schlacht mit ver=
sammelten Kräften allenfalls auch den vorübergehenden Verlust der
Verbindung mit dem Rhein unterzuordnen. Allein sie waren eben
der Schlacht mit versammelten Kräften nicht hinreichend sicher; der
Herzog hatte, wie es scheint, in den Verhandlungen seine Absicht, zu=
gleich Antwerpen, Gent und Ostende zu decken, so nachdrücklich betont,
daß seine Verbündeten in seine Bereitschaft zum Zusammenwirken ge=
gründete Zweifel setzen mußten. Es treten diese Zweifel, wie wir
sehen werden, selbst noch später in viel drangvolleren Augenblicken
hervor; und sie wären ohne diese eigenthümliche Anschauungsweise,
die beim Herzog immer wieder zum Vorschein kam, gar nicht zu er=
klären. Wenn also auch der preußische Feldherr von dem Fehler nicht
frei zu sprechen ist, daß er zwei nicht wohl zu vereinigende Zwecke,
die Handreichung nach den Engländern von Sombreffe aus und die
Verbindung nach dem Rhein, zugleich erreichen wollte; so fällt doch
hauptsächlich auf den englischen Feldherrn die Schuld, daß der erste
Zweck nicht in die ihm gebührende, überwiegende Bedeutung trat, und
daß damit der zweite mehr Gewicht gewann, als ihm zukam. Ueber
dieses allgemeine Verhalten hinaus, tritt freilich auch bei Blücher noch

die Versäumniß hervor, daß er, den sich häufenden Nachrichten gegen=
über, doch zu spät an die Versammlung des Heeres dachte; und hieran
wird allerdings die Verpflegung Schuld gewesen sein. Man ist jetzt,
wo die Dinge ganz anders gekommen sind, nicht recht in der Lage
diesen Grund zu würdigen; allein die Sorge und Schwierigkeit, das
Heer ohne Noth in enge Quartiere zusammenzuziehen, konnte wohl die
Zweifel, wie weit den Nachrichten vom bevorstehenden Angriff Folge
zu geben sei, bedeutend verstärken. Wenn die Zögerung Blüchers
dennoch ein Fehler bleibt, so hat er sie wenigstens weit rascher wieder
gut gemacht, als Wellington die seine, und ist mit der entschlossenen
Sammlung der Armee bei Sombreffe ganz anders, als dieser, der
Verabredung nachgekommen.

6. Es ist eine weit verbreitete Meinung, daß im Kriege für den
Feldherrn kaum etwas wichtiger sei, als die Absichten seines Gegners
zu erfahren; und im Munde des Volks gestaltet sich diese Meinung
dahin, daß bei einem rechten Feldzug mit großer Entscheidung eigentlich
immer der Verrath die Hände im Spiel haben müsse. In Wahrheit
gehört es zur Aufgabe des Feldherrn, sich auf alle Weise vom Feinde
Nachricht zu verschaffen; in Wahrheit ist aber auch nichts schwerer, als
sich über die Absichten desselben zuverlässig zu unterrichten. Die Nach=
richten, auf welche Weise sie auch gewonnen werden, sind dafür immer
nur ein Mittel; die Glaubwürdigkeit und den Zusammenhang, welche
ihnen gebühren, gewinnen sie erst in dem Grade, als der Feldherr die
Lage und die Handlungsweise des Gegners von den entscheidenden
allgemeinen Gesichtspunkten aus zu durchschauen vermag. Selten
hatten wohl Generale eine größere Menge von Nachrichten aus ver=
schiedener Quelle als Wellington und Blücher. Sie waren durch den
Hof Ludwigs XVIII. in Gent und dessen, so wie des Herzogs eigne
Verbindungen in Paris von der Stärke des französischen Heeres, und
zum Theil selbst von seinen Bewegungen fortwährend in Kenntniß.
Der Herzog von Feltre, Ludwigs XVIII. Kriegsminister, hatte an der
Grenze Offiziere zur Kundschaft vertheilt; [1] fast täglich kamen, wenn
auch in geringer Anzahl, Offiziere und Soldaten herüber, welche über
die Stellung und die Stimmungen bei der französischen Armee zu be=
richten wußten. Bedeutender noch waren die Nachrichten, welche auf
der Linie der Vorposten von Tournay bis Rochefort eingezogen wurden;
diese hatten sich untereinander in Verbindung gesetzt, wie sich denn

---

1) Brief des pr. Gesandten v. d. Goltz. Gent 9. Mai. Archiv d. Gnlstbs. in
Berlin. C. 1.

Zieten in Charleroi und Dörnberg in Mons mitunter auf einander beriefen; die Generalstabsoffiziere an der Grenze stellten dann das Wichtigste immer zusammen und theilten es an die Hauptquartiere mit. [1]) General Dörnberg will sogar durch Reisende und Ueberläufer bestimmt von Napoleons Plänen unterrichtet worden sein; 8 Tage vor Ausbruch der Feindseligkeiten hätte ihm ein Offizier, der aus dem Büreau des Generals Bertrand kam, den Zeitpunkt von Napoleons Angriff angegeben, und dessen Absicht die Engländer und die Preußen zu trennen. [1]) Trotz alledem fanden sich Wellington und Blücher über den Zeitpunkt des Angriffs so in Ungewißheit, daß ihre Maßregeln zu spät kamen. Warum darin ein Fehler lag, haben wir schon gesehen; allein ängstliche Generale wären an ihrer Stelle wahrscheinlich in weit schlimmere entgegengesetzte Fehler gefallen. Der Angriff hat immer die erste Ueberraschung für sich; sie gelang auch diesmal Napoleon in hohem Grade. Am Abend des 14. Juni hatte er seine 128,000 Mann auf einer Linie versammelt, deren Front von Philippeville bis Solre=für=Sambre 8 Stunden maß; 5 bis 7 Stunden vor ihm stand, auf 6 Stunden ausgedehnt, Zieten mit seinen 30,000 Mann, 3 Stunden weiter lag Sombreffe, Blüchers erster Vereinigungspunkt; die 210,000 aber, die im Ganzen gegen Napoleon standen, waren noch über eine Linie von mehr als 30 Stunden ausgedehnt.

7. Blücher empfing am 13. Juni die ersten Nachrichten von der Ansammlung größerer französischer Massen in der Gegend von Maubeuge; im Laufe des 14. kamen häufigere Botschaften, am Abend dieses Tags erkannten die Vorposten am gerötheten Himmel den Widerschein ausgedehnter feindlicher Biwakfeuer. Am Mittag war an Bülow die Weisung abgegangen, er solle die nöthigen Maßregeln nehmen, damit er sein Corps in einem Marsche bei Hannüt versammeln könne. In der Nacht gegen 12 Uhr wurden die Befehle abgeschickt, um die Sammlung der Armee einzuleiten: Pirch II. solle das 2. Corps am 15. bei Mazy, in der Nähe von Sombreffe, Thielmann das 3. bei Namür, Bülow das 4. bei Hannüt vereinigen. Am 15. vormittags 11 Uhr erging an Zieten die Weisung, er möge heute wo möglich nicht weiter als bis Fleurüs zurückgehen, da die Armee den nächsten Tag bei Sombreffe Stellung nehmen solle. Gleichzeitig wurde an die übrigen Corps der Befehl erlassen, sich sobald als möglich zur

---

1) Sehr reichhaltiges Material darüber im Archiv des Generalstabs in Berlin. 1815. C. 1 und 2.

2) Ebendaselbst. E. 58.

Vereinigung bei Sombreffe in Marsch zu setzen. Um 12 Uhr ging
die Nachricht an General Müffling nach Brüssel ab, der Feldmarschall
sei gesonnen, den 16. bei Sombreffe die Schlacht anzunehmen, der General möge sofort Nachricht von den Maßregeln des Herzogs geben,
und die Ordonnanzlinie über Genappe eröffnen.[1] Am Nachmittag
des 15. begab sich Blücher mit dem Hauptquartier von Namür nach
Sombreffe. Es kam bei dieser Gelegenheit General Bourmont, im
Begriff zu Ludwig XVIII. überzugehen, an ihm vorbei; man machte
ihn auf die weiße Cocarde aufmerksam, die der General trug, Blücher
aber soll gesagt haben: „Einerlei was das Volk für ein Zeichen auf-
steckt, Schuft bleibt Schuft." Jedenfalls hat er von dem französischen
General keine Nachrichten über den Feind erhalten; der Kampf aber
hatte schon begonnen, Zieten war bereits lebhaft angegriffen und gedrängt.

8. Beim ersten Tagesgrauen des 15. Juni riefen die Hörner und
Trommeln in den französischen Quartieren die Soldaten zu den Waffen;
nicht lange danach setzten sich die Heereszüge gegen Thuin und Marchienne, gegen Charleroi und gegen Châtelet in Bewegung. Bei Thuin
war der erste Widerstand; die Preußen mußten vor der Uebermacht
weichen, auf dem Rückzug wurde ein westphälisches Landwehrbataillon
durch feindliche Reiterei auseinander gesprengt. Etwas länger und
erfolgreicher war die Vertheidigung bei Marchienne und Charleroi.
Beim letztern Ort namentlich wurde der Angriff verzögert, weil General Pajol, der mit seiner Reiterei an der Spitze war, keine Infanterie zur Hand hatte. Vandamme nämlich hatte den Befehl zum Aufbruch nicht rechtzeitig erhalten und war daher mit seinem Corps um
3 Stunden zurück; erst als einige Bataillone der jungen Garde angekommen waren, gelang es Pajol den Uebergang über die Sambre zu
vollziehen. Um Mittag jedoch waren Marchienne und Charleroi in
den Händen der Franzosen, die nun viele Zeit brauchten, bis die vordern Truppenzüge die Brücken überschritten hatten.

Am Nachmittag kam es bei Gosselies, Frasnes und Gilly zu lebhafte-
ren Kämpfen. Der erstere Ort liegt 1½ Stunden von Charleroi an der
Straße nach Brüssel, der zweite an derselben Straße noch 2 Stunden
weiter und 1 Stunde südlich von Quatrebras. General Steinmetz, vom
rechten Flügel der Vorposten, der fast gar nicht angegriffen war, hatte
seinen Rückzug nach Gosselies genommen; Zieten hatte ihm einen Theil
der Brigade Jagow zur Unterstützung entgegengeschickt. Die Division
Girard von Reilles Heertheil griff zwischen 3 und 4 Uhr hier an; die

---

[1] Archiv d. Gnlstbs. in Berlin. C. 3. II.

Preußen wiesen den ersten Angriff ab, und zogen sich dann langsam gegen Fleurüs zurück, Girard folgte ohne zu drängen. Die andern Divisionen von Reilles Corps wurden durch Marschall Ney, der in diesem Augenblick dort den Befehl übernahm, gegen Frasnes in Bewegung gesetzt. General Piré mit seinen Reitern war an der Spitze. Er traf hier auf 1 Bataillon und 1 Batterie Nassauer unter dem Prinzen Bernhard von Sachsen-Weimar. Dieser hatte auf die ersten Nachrichten vom Vordringen der Franzosen, ohne einen Befehl abzuwarten, seine Brigade, die zur Division Perponcher gehörte und auf der äußersten Linken von Wellingtons Heer von Genappe bis Frasnes cantonnirte, bei Quatrebras versammelt, und von dort aus mit 1 Bataillon und 8 Geschützen Frasnes besetzt; ein Offizier mit 50 preußischen Husaren, der bei Gosselies abgedrängt worden war, hatte sich mit ihm vereinigt. Piré versuchte gegen 7 Uhr einen Angriff, er blieb ohne Erfolg; die Nassauer gingen dann in eine festere Stellung zurück, und Ney, der inzwischen mit Infanterie ankam, wagte nicht den Angriff zu wiederholen. Er war ohne bestimmten Befehl von Napoleon, fand seine Truppen zu ermüdet und vernahm überdies zur Rechten in seinem Rücken eine Kanonade, deren Bedeutung er nicht kannte. So war die erste Berührung der Franzosen mit der englischen Armee; die Vortruppen beider Theile blieben bei Frasnes einander gegenüber. Ney begab sich gegen 10 Uhr nach Charleroi zurück zu Napoleon.

Etwas größeren Vortheil trugen die Franzosen bei Gilly davon. Das Dorf liegt eine halbe Stunde von Charleroi an der Straße nach Fleurüs. Pirch II. hatte nach der Räumung von Charleroi mit seiner Brigade hier eine Stellung genommen, die schon früher vorgesehen war. Wenn der Rückzug, nach Blüchers Befehl, heute nur bis Fleurüs gehen sollte, so galt es, sich hier zu behaupten. General Pirch II. behielt 5 Stunden Zeit; doch erwies sich die Stellung für eine Brigade zu ausgedehnt. Nach 5 Uhr geschah, von Napoleon selbst angeordnet, der Angriff. Er begann mit einer lebhaften Kanonade; sowie die Franzosen eine bedeutende Uebermacht entwickelten, trat Pirch den Rückzug an. Napoleon, um der Verfolgung Nachdruck zu geben, schickte 4 Schwadronen seiner persönlichen Bedeckung vor; sie griffen lebhaft an, das Füsilierbataillon vom 28. Regiment wurde zersprengt, das Füsilierbataillon vom 6. Regiment wies alle Angriffe ab, doch erreichte es nur unter großem Verlust den nahen Wald; auf der anderen Seite wurde an der Spitze der französischen Schwadronen General Letort tödtlich verwundet. Pirch wich langsam gegen Lambüsart; dort fand er Unterstützung von der Brigade Jagow, sowie

von der Reserve-Reiterei und Artillerie. Es entstand noch eine leb=
hafte Kanonade, dann gingen die Preußen gegen Fleurüs zurück, wo
das Gefecht mit einbrechender Dunkelheit endete. Jagow behielt die
Stadt die Nacht hindurch besetzt, Zieten hatte auf ihrer Nordseite sein
Corps versammelt. Er hatte Blüchers Befehl geschickt und glücklich
vollzogen. Man tadelt, daß die Brücken über die Sambre nicht gründ=
licher zerstört worden seien; auch daß man zum Theil unerfahrne
Landwehr auf den äußersten Vorposten verwendet habe. Wie dem
indessen sei, das Hauptergebniß war jedenfalls befriedigend. Zieten
hatte mit 1200 oder höchstens 2000 M. Verlust die feindliche Armee
bedeutend aufgehalten, und der seinigen einen Tag zur Sammlung
verschafft. Der Verlust der Franzosen wird auf 600 bis 700 M. an=
gegeben.

9. Napoleon hatte nicht in gleichem Grade Ursache mit dem Erfolg
des Tags zufrieden zu sein. Eine Anzahl widriger Zufälle trat gleich
von Anfang seinem Unternehmen entgegen. Die bereits erwähnte
bedeutende Verspätung Vandammes in der Mitte war dadurch ver=
anlaßt, daß der Generalstabsoffizier, welcher die Ordre überbringen
sollte, mit dem Pferde stürzte, und dann seine Sendung vernach=
lässigte; Marschall Soult war sorglos genug, sich nicht zu überzeugen,
ob der Befehl nach allen Seiten richtig überbracht sei. [1]) Sodann
blieb auf dem rechten Flügel Gérard noch mehr zurück; er sollte um
Mittag bei Châtelet angreifen, und es ward 5 Uhr, bis nur seine
Vortruppen dort erschienen. Er hatte zuerst auf eine Division warten
müssen, die am vorigen Tage Philippeville nicht mehr erreichen
konnte, dann hatten ihn die schlechten Wege über alle Voraussicht
aufgehalten. Auch d'Erlons Bewegung zur Linken verzögerte sich;
er hatte mit dem 1. Corps noch nicht vollständig die Sambre über=
schritten, als Reille mit dem 2. bei Gosselies angriff. Dazu kam der
bereits angedeutete Uebergang Bourmonts zu den Bourbons. Der
General, welcher Gérards vordere Division kommandirte, verließ in
der Frühe des 15. Juni mit 5 Offizieren, seinem ganzen Generalstab,
die Armee. Das Ereigniß hatte wohl wenig Einfluß auf Gérards
Bewegung, und rief bei den Soldaten, deren Reihen die Kunde davon
rasch durchflog, nur Entrüstung hervor; doch gab es immer einen
schlimmen Eindruck. Es lag in alle dem freilich nichts, was Napoleon
hindern konnte, die Bewegung dieses Tags zu einem bestimmtern Ziel
durchzuführen. Um 4 Uhr nachmittags hatte er die Garde, das Corps

---

1) Charras. 111 u. 112.

von Vandamme, die Reiterei von Pajol und Exelmans, zusammen 44,000 M., zwischen Charleroi und Gilly; es war wohl noch möglich, am nämlichen Abend mit dieser Masse über Fleurüs hinaus, gegen Ligny und Sombreffe vorzubringen, denn es ist von Gilly höchstens 3 Stunden dahin. Auch Ney, der, wie wir wissen, wirklich bis Frasnes kam, konnte, wenn er Befehl dazu hatte, und bessern Nachdruck zu seiner Rechten bemerkte, gleichzeitig Quatrebras erreichen. Es war dann die nächste Verbindungsstraße der beiden feindlichen Heere in Napoleons Gewalt; und je ernstern Kampf das noch am Abend ge-kostet hätte, desto größer war der Erfolg.

Napoleon hat nachher zu St. Helena, als er die Lage des Feindes und alle Möglichkeiten zu übersehen im Stande war, gefühlt, daß er sein Hauptquartier an diesem Tage nach Fleurüs hätte bringen müssen; und hat die Verantwortung dafür auf seine Generale geladen. Die genannten Verzögerungen hätten ihm 8 Stunden gekostet; Bourmont, dessen Uebergang in Napoleons Denkwürdigkeiten zu diesem Zweck auf den 14. verlegt wird, hätte dem Feinde den französischen Anmarsch verrathen; Ney hätte den Befehl, Quatrebras zu nehmen, nicht aus-geführt. Ney hat indessen gar keinen Befehl der Art gehabt, und auch die andern Angaben sind in diesem Zusammenhang unbegründet. Die Wahrheit ist, daß es sehr schwer war, an diesem Tage das ange-deutete Ziel zu erreichen. Die meisten Truppentheile hätten für diesen Fall 8 bis 10 Stunden auf mittelmäßigen Wegen zurücklegen müssen, und das ist, selbst bei einem langen Sommertag, sehr viel für eine große Armee; auch bezeugte der Prinz Bernhard von Weimar noch lange nachher, wie groß der Eindruck der Ermüdung gewesen sei, den ihm bei Frasnes die französischen Reiter und Infanteristen gemacht hätten.[1] Jene Verzögerungen mögen immer beweisen, daß die fran-zösischen Generale zum Theil thätiger sein konnten; doch enthalten sie nichts so Außerordentliches, daß ein Feldherr, der den Krieg kennt, nicht Aehnliches in seiner Rechnung hätte voraussehen müssen. Die Aufgabe war so groß, daß man es bei einem andern Feldherrn und in einer andern Lage desselben wahrscheinlich nur natürlich gefunden hätte, wenn er sie nicht völlig durchführte. Napoleon dagegen hat zu andern Zeiten das Höchste geleistet, und war diesmal so sehr wie je dazu aufgefordert. Es war aber nicht mehr der starke Zug auf das Nothwendige in seinem Geiste, und dazu begannen ihm die Kräfte zu versagen. Einmal an diesem Tage, bei Gilly, sehen wir ihn mit dem

---

1) Charras. 104.

alten Nachdruck eingreifen, und gleich nimmt das Treffen einen ra-
scheren Gang; dann ist er schon um 8 Uhr wieder in Charleroi und
wirft sich, wie ein Brief an seinen Bruder Joseph sagt, erschöpft aufs
Bett, um einige Stunden zu ruhen. [1]) Es waren wohl seine Generale
und sein Heer der ganzen Größe der Aufgabe nicht gewachsen; es war
aber am meisten der Meister die Ursache, daß es auch am Werkzeug
gebrach.

10. Von Napoleons Gegnern war Blücher kaum besser als er
vor dem ungewissen Geschick des Krieges weggekommen. Was ihm
Zietens Kampf und langsamer Rückzug für die Sammlung seines
Heeres eingetragen hatte, sollte ihm durch Bülow zum Theil wieder
verloren gehen. Jene Befehle, welche, vormittags 11 Uhr aus Namür
erlassen, die Armee zur Vereinigung beriefen, hatten als Anlaß den
feindlichen Angriff und die Gegenwart Napoleons mit seinen Garden
angegeben. Sie wurden von Pirch II. und Thielmann mit Eifer vollzogen; Blücher hatte gegen Mitternacht die Nachricht, daß der erstere
bei Mazy, der letztere bei Namür sei, und daß beide nach einander
bis zum Mittag des 16. bei Sombreffe eintreffen würden. Von dem
entferntesten seiner Generale dagegen brachte ihm zur nämlichen Zeit
Rittmeister v. Below eine Meldung, wonach dessen Ankunft zur Schlacht
auf den 16. nicht mehr zu erwarten war.

Das ging so zu. Wie oben erwähnt, war am 14. gegen Mitternacht von Namür die Weisung abgegangen: es sei unverzüglich der
Angriff von Seiten des Feindes zu erwarten, General Bülow
möge also sein Corps den 15. in gedrängte Cantonnirungen bei Hannüt zusammenziehen und selbst sein Hauptquartier dahin verlegen. Am
15. um halb 11 Uhr morgens traf sie in Lüttich ein; Bülow aber
verschob ihre Ausführung auf den 16., weil sie in diesem Augenblick
vom größten Theil des Corps nur noch durch einen Nachtmarsch auszuführen gewesen wäre, und weil er mit seinem Generalstabschef der
Meinung war, die übrigen Corps würden sich ebenfalls bei Hannüt
versammeln. In dieser Meinung befangen, hielt er es nicht einmal
für nöthig, sein Hauptquartier nach dieser Stadt zu verlegen. Mit
der Meldung darüber sandte er den Rittmeister von Below zum Feldmarschall nach Namür ab; es war eben die, welche der erstere in
Sombreffe überbrachte. Den Weg des Rittmeisters muß jene Ordre
aus Namür vom 15. mittags gekreuzt haben, welche an Bülow für
spätestens den 16. mit Tagesanbruch den Aufbruch von Hannüt nach

---

[1]) Charras. 108.

Gemblour zur Vereinigung mit der Armee befahl. Sie war nach Hannüt adbreſſirt, und blieb dort liegen, weil die Ordonnanz den General nicht dort fand; hätte ſie ihn aber auch gefunden, ſo war doch durch Bülows Verſäumniß der Befehl, wie vorgeſchrieben, nicht mehr auszuführen. Gneiſenau oder Grolmann ſcheinen über das Eintreffen Bülows in dem Maße als der Feind vorrückte beſorgter geworden zu ſein; der letztere ſchickte noch gegen Abend am 15. einen Feldjäger an den General ab, der ihm mündlich die Weiſung, daß er am 16. morgens 10 Uhr bei Sombreffe zur Schlacht eintreffe, wiederholt überbringen ſollte. Erſt durch dieſen erfuhr Bülow am 16. früh 5 Uhr, immer noch in Lüttich, was er zu thun habe. Jetzt ſäumte er natürlich nicht mehr mit der Ausführung, aber er vermochte mit der äußerſten Anſtrengung erſt um 10 Uhr Abends, nachdem die Schlacht ſchon entſchieden war, mit der Spitze ſeines Corps die Gegend von Gemblour zu erreichen. Wie viel Stunden durch ſeine Säumniß verloren gingen, iſt mit Genauigkeit kaum zu ſagen; doch erſcheint es faſt als gewiß, daß, wenn er die erlaſſenen Befehle pünktlich befolgte, der größere Theil ſeines Corps noch am Abend des 16. rechtzeitig zur Schlacht eingetroffen wäre [1].

Man hat zur Entſchuldigung des Generals geſagt, daß eben jener nicht befolgte Befehl nur in die Form des Erſuchens gekleidet geweſen ſei, und daß in ihm die Andeutung über den Verſammlungspunkt der Armee gefehlt habe; unter dieſen Umſtänden hätte er wohl der Schonung der Truppen jene gewichtige Rückſicht ſchenken dürfen. Das erſtere beweiſt indeſſen nur, wie ſchwierig es für Gneiſenau war, die Eiferſucht Bülows zu überwinden; das letztere war allerdings eine Lücke, welche wohl zeigt, wie ſchwer es im Felde iſt, vollſtändig genaue Befehle zu erlaſſen, welche aber darum den General Bülow nicht entſchuldigt. Es iſt keine Frage, daß dieſer dem nämlichen Muth der Verantwortung, der ihn hier irre führte, einen weſentlichen Theil ſeines Ruhmes von Großbeeren und Dennewitz verdankt; es iſt auch keine Frage, daß ein Corpsgeneral dieſen Muth beſitzen muß, und daß es beſſer iſt, er wird dadurch zu einem Fehler verleitet, als wenn er aus lauter Aengſtlichkeit zu keinem ſelbſtändigen Entſchluß kommt. Aber es iſt ebenſo gewiß, daß ein Mann in dieſer Stellung dann auch für ſeine Entſchlüſſe die volle Verantwortung zu tragen hat; und es fällt darum

---

1) Die ganze Darſtellung der Bülow'ſchen Verſäumniß nach Akten im Archiv des Generalſtabs in Berlin. C. 3. II. u. C. 54. — Die treffliche Erörterung im Militärwochenblatt 1845 S. 19 bis 26 beruht auf denſelben Akten; doch komme ich theilweiſe zu einem anderen Ergebniß.

die Schuld, daß dem Heere Blüchers bei Ligny das 4. Armeecorps fehlte, hauptsächlich auf Bülow. Dem Feldherrn dagegen gereicht es zum Ruhm, daß er sich trotzdem in seinem Entschluß für den 16. nicht irre machen ließ. Es blieb ihm freilich, wie er gegen Mitternacht des 15. die Dinge wußte, keine Wahl: er mußte entweder stehen blei= ben, um Pirch II., Thielmann und Bülow zu erwarten, oder er mußte gegen Lüttich zurückgehen, um sie an sich zu ziehen; eine Be= wegung nach den Engländern hinüber, wenn auch nur gegen Wavre, hätte seine Armee auseinandergerissen. Die große Mehrzahl der Feld= herrn würde aber in dieser Lage das weniger Kühne, nämlich den Rückzug gewählt, und lieber die Vereinigung mit den Engländern preis= gegeben haben. Blücher und Gneisenau blieben stehen und erfüllten die Zusage, daß sie bei Sombreffe die Schlacht wagen würden; obwohl sie wußten, daß ihnen der vierte Theil des Heeres dabei fehlen werde, und obwohl sie nach den Nachrichten von ihrem Verbündeten gerechten Zweifel hegen mußten, ob dieser seine Zusage erfüllen könne.

11. Beim Herzog von Wellington war es in der That nicht die schwer zu beherrschende Ungunst sich kreuzender Umstände, welche die gefahrvollste Versäumniß in seinen Maßregeln herbeiführte, sondern es war eine übergroße Befangenheit in seinen besondern Anschauun= gen. An zuverlässigen Nachrichten über den französischen Angriff und seine Richtung fehlte es ihm durchaus nicht. Schon am 13. meldete General Vivian von den Vorposten, daß französische Heertheile von Lille und Valenciennes nach Maubeuge marschirt seien, was nur eine Versammlung an der Sambre bedeuten konnte; General Dörnberg bekräftigte und vervollständigte diese Meldung. Gen. Clinton, als er am 14. zum Letztern von Ath nach Mons kam, wurde von ihm über= zeugt: „Ja, jetzt glaube ich es," sagte er, „aber der Herzog, der doch immer sehr gut unterrichtet ist, glaubt es nicht"[1]). Auch ein Brief Mifflings an Knesebeck vom 13. Juni meinte noch, Napoleon demon= strire nur gegen Belgien, um sich dann nach dem Oberrhein zu wen= den[2]). Die folgenden Tage sollten noch deutlicher bezeugen, wie un= gläubig der Herzog war. Den 15. um 11 Uhr morgens erhielt er die erste Nachricht von Zieten, daß dessen Vorposten angegriffen seien[3]).

---

1) Archiv d. Gulstbs. in Berlin. E. 58.
2) Ebenda. D. 118.
3) Militärwochenblatt von 1845. S. 11. Nach einem Briefe Wellingtons an Clarke, Minister Ludwigs XVIII. in Gent, wäre diese Depesche schon um 9 Uhr in Brüssel eingetroffen. Charras 8. 124.

Sie war in Verbindung mit den vorhergehenden immerhin wichtig genug, daß sie den Herzog wenigstens zu einer Vorsichtsmaßregel veranlassen konnte. Es geschah nichts. Auch als General de Rebecque, Chef des Stabs beim Prinzen von Oranien, die übereinstimmenden Meldungen der Vorposten vom Angriff nebst seinen eignen ersten Verfügungen nach Brüssel berichtete, erfolgte dort noch keine Anordnung. Erst gegen 9 Uhr Abends, als eine Mittheilung von Blücher, wahrscheinlich jenes oben genannte, von Namür aus erlassene Schreiben an Müffling, eingegangen war, erging der Befehl, die Divisionen in sich zu sammeln, und auch jetzt noch wurde die Linke der Armee, die Divisionen Perponcher und Chassé, sowie für den Fall des Angriffs auch die Division Alten, gegen die frühere Verabredung mit Blücher, nicht etwa nach Quatrebras, sondern nach Nivelles gewiesen [1]. Der Herzog begab sich hiernach auf einen Ball zur Herzogin von Richmond; er nahm an der Gesellschaft Theil ohne eine Spur von Sorge oder von Bewegung zu zeigen, doch blieb er nicht lange. Ein neuer Befehl, der auf neue Meldungen um 10 Uhr erging, mußte die englische Armee in ihrer vordern Linie auf 6 Stunden nach der Rechten von Nivelles bis Enghien ausdehnen; vom Corps des Prinzen von Oranien sollten zwar die 1. Division nach Braine-le-Comte, die andern Divisionen nach Nivelles marschiren, allein es blieb hiernach der äußerste linke Flügel Wellingtons immer noch über $2\frac{1}{2}$ Stunden von Quatrebras und 5 Stunden von Sombresse entfernt. Es war freilich unerklärlicher Weise noch keine Nachricht über das schon am Mittag erfolgte Einrücken der Franzosen in Charleroi eingelaufen. Gegen 11 Uhr endlich, als die Meldungen über die Kämpfe von Marchienne, Charleroi, Frasnes keinen Zweifel mehr über den französischen Angriff an der Sambre ließen, entschloß sich der Herzog, seine Armee mehr nach der Straße von Brüssel zusammenzuziehen; die Ordonnanzoffiziere mußten schleunig die Befehle hinausbringen: der Prinz von Oranien sollte jetzt sein ganzes Corps bei Nivelles, Hill das seine bei Braine-le-Comte statt nach dem vorigen Befehl bei Enghien, vereinigen, die Reserve von Brüssel und Hal nach der Straße von Brüssel auf Charleroi marschiren. Aber auch in diesen Anordnungen überwog noch die Sorge um die Straßen zur Rechten des Herzogs weit gegen die Verabredung mit den Preußen; und es bedurfte überdies 3 bis 6 Stunden, ehe die Befehle an die

---

1) Charras weist S. 125 aus offiziellen Aktenstücken nach, daß diese Ordre nicht, wie Siborne behauptet, schon gegen 5 Uhr, sondern erst gegen 9 Uhr erlassen sein kann.

verschiedenen Bestimmungsorte gelangen konnten. Es ist sonst ohne
Zweifel das Zeichen eines tüchtigen und erfahrnen Feldherrn, daß
er sich nicht durch lärmende Nachrichten zu voreiligen Maßregeln fort=
reißen läßt; allein nach allen fortwährend sich drängenden Meldun=
gen ruhig in Brüssel zu bleiben, war jedenfalls ein großer Fehler
von Wellington: wenn er sich bei Zeiten nach Nivelles oder Qua=
trebras begab, so konnte er 5 bis 6 Stunden für seine Verfü=
gungen gewinnen und war überdies in der Nähe der Ereignisse
um so viel sicherer vor jeder Täuschung. Die Sorge um Ostende
und namentlich um Gent, das blinde Vertrauen auf die versproch=
chenen Mittheilungen aus Paris, bewiesen hier das übermäßige
Gewicht, welches sie in der Anschauung des Herzogs hatten. Warum
sagte ihm sein sonst so klarer Geist nicht, daß in der Vereinigung
mit den Preußen zur Schlacht die Entscheidung dieses Kriegs gesucht
werden müsse, und daß auch die Nachrichten eines Fouché den wirk=
lichen Plan Napoleons nur so weit verrathen konnten, als sie mit
der aus der Lage sich ergebenden Wahrscheinlichkeit übereinstimmten?

Zum Glück bewiesen einige Untergenerale des Herzogs mehr Un=
befangenheit als er selbst, und die Selbständigkeit, nach ihrer Einsicht
zu handeln. Die erste zuverlässige Nachricht soll am 15. zu den nie=
derländischen Vorposten durch einen übergehenden französischen Kapi=
tän in Bauerkleidern gekommen sein: die Preußen seien zurückgetrie=
ben, Napoleon mit 150,000 M. gegen Brüssel im Anmarsch[1]). Sie
wurde bald durch Nachrichten an Chassés Vorposten bestätigt und be=
richtigt. Der Prinz von Oranien war in Brüssel; General de Rebecque,
der Chef seines Stabes handelte für ihn: gegen 3 Uhr hatten die
Divisionen Collaert, Chassé und Perponcher den Befehl sich zu sam=
meln, die letztere mit einer Brigade bei Nivelles, mit der andern bei
Quatrebras. Der letztern gehörten die Nassauer an; der Prinz Bern=
hard von Weimar war dem Befehl schon zuvorgekommen und leistete
dann bei Frasnes jenen ersten Widerstand gegen Ney's Reiterei, dessen
ich oben gedacht habe. Seine Meldungen trugen wesentlich bei, die
Ansichten in Brüssel nachher aufzuklären. Doch kam noch um halb
11 Uhr nachts von dort der Befehl des Prinzen von Oranien, die
ganze Division des General Perponcher solle sich bei Nivelles sammeln.
Dieser General aber, in der Annahme der Prinz sei in Brüssel nicht
recht unterrichtet, entschloß sich, dem Befehl keine Folge zu geben; son=
dern seine Division nach Quatrebras zu versammeln, und diesen Ort

---

1) Archiv d. Gnlstbs. in Berlin. S. 58.

mit der größten Anstrengung zu behaupten [1]. Von den vielen Anordnungen dieses Tags, die mit und ohne den Willen des Feldherrn geschahen, war diese besonders geeignet der drohenden Gefahr zu begegnen.

12. Als am 15. Juni die Nacht hereinbrach, stand Napoleons
Armee 2 bis 4 Stunden südlich von der nächsten Verbindungslinie
zwischen Blücher und Wellington, der Straße von Namür über Sombreffe
nach Quatrebras. In der Mitte waren die Reitercorps von Pajol
und Exelmans und die Reiterdivision Domon von Vandammes Corps
gegen Fleurüs vorgeschoben, dicht hinter ihnen schloß Vandammes Infanterie und die Division Girard vom 2. Corps an; weiter zurück,
zwischen Gilly und Charleroi standen die Infanterie der Garde und
die Küraffiere von Milhaud und Kellermann; das 6. Corps (Lobau'
lagerte bei Charleroi auf dem Südufer der Sambre. Zur Rechten,
nördlich von Châtelet, war Gérard mit dem 4. Corps. Zur Linken
hatte Reille mit den ihm gebliebenen 3 Divisionen des 2. Corps die
Spitze zwischen Frasnes und Goffelies; zu seiner Unterstützung stand
d'Erlon mit dem 1. Corps zwischen Goffelies und Marchienne. Es
waren im Ganzen über 120,000 Mann; die vordern Heertheile konnten Sombreffe und Quatrebras in 2—3 Stunden erreichen; bis sich
die Armee an diesen Punkten zu entwickeln vermochte, mußten jedoch
6 bis 7 Stunden verfließen; auch waren die Truppen von den Anstrengungen des Tags sehr ermüdet. Gleichwohl war die Vereinigung
von Blücher und Wellington sehr bedroht, denn ihre Heertheile waren
zur nämlichen Zeit noch weit auseinander.

Blücher hatte nur das Corps von Zieten, nach den Verlusten des
Tags noch etwa 29,000 M., zwischen Fleurüs und Ligny unmittelbar
zum Widerstand bereit; Pirch I. hatte 3 seiner Brigaden bei Mazy,
1 bei Namür, er konnte erst gegen 10 Uhr den nächsten Tag in der
gewählten Stellung bei Sombreffe eintreffen; Thielmann von Namür
her konnte sie nicht vor 1 oder 2 Uhr erreichen; Bülow war für den
16. gar nicht mehr zu erwarten. Es war möglich, daß Napoleon bis
zum Mittag hier 80,000 Mann zum Angriff führte; Blücher hätte ihnen
zuerst nur 60,000, im Laufe des Nachmittags 80,000 entgegenstellen können. — Viel schlimmer stand es bei Quatrebras. Durch die Umsicht und
Entschlossenheit Perponchers war bis zum frühen Morgen des 16. dessen
Division, etwa 7000 M., hier vereinigt; der Prinz von Oranien eilte noch
in der Nacht von Brüssel hierher, aber was auch er, was auch Wellington thun mochten, die Bewegung der andern Truppentheile war nicht

---

1) Archiv d. Gnlstbs. in Berlin. E. 58.

mehr wesentlich zu beschleunigen. Nach jenen letzten Befehlen, die
der Herzog vor Mitternacht hinausgehen ließ, war es vielleicht mög=
lich, daß bis zum Mittag Picton und ein Theil der Braunschwei=
ger von Brüssel her eintrafen, zusammen etwa 11,000 M., so daß
dann die bei Quatrebras versammelte Macht auf 18,000 M. ange=
wachsen wäre; weitere Heertheile dagegen waren vor 5 oder 6 Uhr
abends nicht herbeizubringen. Ney dagegen konnte, wenn er zeitig seine
Maßregeln nahm, zwischen 12 und 2 Uhr 40,000 M. bei Quatre=
bras zum Angriff führen; dann blieb keine Möglichkeit, sich hier zu
behaupten; der Versammlungspunkt war für die Engländer sammt
der nächsten Verbindungsstraße zu den Preußen verloren und Ney
konnte noch rechtzeitig mit einem ansehnlichen Theil seiner Macht beim
Kampf Napoleons gegen die letzteren mitwirken.

Noch mitten in der Nacht war lebhafte Bewegung in den ver=
schiedenen Hauptquartieren. Ney war bis gegen 2 Uhr in Charleroi,
zuletzt entließ ihn Napoleon immer noch ohne bestimmten Befehl und
Entschluß; die französische Armee ruhte von der Arbeit des vorigen
Tags. Bei Blücher kamen und gingen die Ordonnanzen, doch vermoch=
ten sie die Bewegungen der Corps nicht mehr zu verändern; Zieten
stand den Franzosen gegenüber in Bereitschaft, die andern Truppen
waren theils in kurzen Nachtquartieren, theils auf dem Marsch. Bei
Wellington waren in der vordern Linie Generale und Truppen in
Bewegung, die Reserve wurde mitten in der Nacht zur Sammlung
und zum Marsch aufgerufen. Noch war die Gunst der ersten Ueber=
raschung auf Seiten Napoleons, er wußte nicht wie sie sich mit den
Stunden veränderte; von seinen Gegnern aber zweifelte der eine noch
immer an der Größe der Gefahr. Er dachte auch jetzt nicht daran,
sich selbst zu seinen Vortruppen zu begeben, er ging in Brüssel zur
Ruhe; selbst die eben genannten Heertheile, die von dort mit Tages=
anbruch ausmarschiren konnten, hatten zunächst Befehl, nicht etwa bis
Quatrebras, sondern nur bis Mont St. Jean zu marschiren. Die Be=
deutung dieser Versäumniß war nichts Geringeres, als die Möglich=
keit einer Niederlage für Blücher, und zwar gerade darum, weil die=
ser seiner Zusage, bei Sombreffe die Schlacht zu wagen, treu blieb.

Drittes Kapitel.

Ligny und Quatrebras.

1. Der 16. Juni trug die Möglichkeit einer bedeutenden Ent=
scheidung in sich. Ob auch der vorige Tag für Napoleon nur einen
unvollkommenen Erfolg gegeben hatte; noch war der Weg zu seinen
drei Zielen: Trennung der beiden Gegner, entscheidender Sieg gegen
einen, Einzug in Brüssel, nicht vor ihm verschlossen. Das dritte Ziel
mußte sich aus der Erreichung der beiden ersten ergeben; das wech=
selnde Geschick des Tages sollte sie ihm nahe bringen; doch er er=
kannte die Stunde nicht. Der 16. Juni brachte zwei blutige Treffen
und keine Entscheidung.

2. In den Biwaks der französischen Armee war es längst leben=
dig, ehe aus dem Hauptquartier zu Charleroi die Befehle für den Tag
ergingen; es wird erzählt, die Generale seien über die Zögerung voll
Unruhe gewesen, Gérard will mit Exelmans schon für 2 Uhr morgens
die Marschbereitschaft verabredet haben [1]). Es ist nicht wahrscheinlich,
daß schon um diese Zeit beim größern Theil der französischen Armee
die Bewegung beginnen konnte; die Truppen mußten ruhen und ab=
kochen, wenn sie zu ähnlichen Anstrengungen wie die des vorigen Tags
fähig sein sollten. Doch scheint es, daß der Aufbruch jedenfalls zwei
Stunden früher möglich war, als er geschah. Napoleon kam erst zwi=
schen 8 und 9 Uhr zu einem Entschluß. Es scheinen nicht Zweifel ge=
wesen zu sein, die ihn veranlaßten, gegen seine Gewohnheit die Zeit
verstreichen zu lassen; er nahm vielmehr in übertriebener Hoffnung
die gewünschten Erfolge voraus, darum durchdrang sein Entschluß
nicht den Ernst der Lage wie sonst. Das erste seiner Ziele, die Er=
reichung der feindlichen Verbindungsstraße, schien ihm gewiß; an das
zweite, die Niederlage des Feindes, dachte er nicht; vielmehr sah er
den Feind bereits auf dem Rückzug nach verschiedener Richtung, sich
selbst auf dem Wege nach Brüssel. In diesem Sinne gab er um 8 Uhr
seine Befehle. Er theilte die Armee in zwei Flügel und eine Reserve,
und diese Eintheilung sollte für den Feldzug bleibende Regel sein.
Ueber den linken Flügel setzte er Ney, er sollte aus dem 1. und 2.
Corps, d'Erlon und Reille mit den zugehörigen leichten Reiterdivisionen
von Jacquinot und Piré und aus den zwei schweren Reiterdivisionen
Kellermanns bestehen, zusammen etwa 45,000 M.; an diesem Tage jedoch
fehlte dem 2. Corps die Division Girard, welche von Gosselies her
dem dritten gegen Fleurüs gefolgt war, dafür hatte der Marschall außer

---

[1]) Charras. 131.

Kellermanns Reitern, die ihm erst im Laufe des Tags zugingen, noch die Gardedivision von Lefebvre Desnoëttes bei sich. Den rechten Flügel erhielt Grouchy; es waren ihm Vandamme und Gérard mit dem 3. und 4. Corps nebst den zugehörigen leichten Reiterdivisionen von Domon und Maurin, sowie die Reitercorps von Pajol, Exelmans und Milhaud zugetheilt, zusammen ebenfalls etwa 45,000 M. Die Reserve, aus der Garde und dem 6. Corps (Lobau) über 30,000 M. bestehend, wollte Napoleon selbst dorthin führen, wo sie nöthig sei. An jeden der beiden Marschälle erging gleichzeitig eine ausführliche Anweisung über ihre Aufgabe vom Kaiser, und eine kürzere von Soult. Ney sollte hiernach Quatrebras besetzen und eine Division in der Richtung auf Brüssel nach Genappe, eine andere zur Verbindung mit Grouchy nach Marbais schicken. Grouchy sollte zunächst auf Sombreffe gehen, und von da seine Vortruppen gegen Gemblour und Namür schicken. An einen ernstlichen Widerstand dachten die Befehle nicht. Grouchy sollte im Nothfall Sombreffe mit Gewalt nehmen; Napoleon schrieb ihm, die Preußen hätten in allem höchstens 40,000 M. entgegenzustellen. Gegen Ney redete er nur von einem etwaigen Scharmützel mit den Engländern, die Hauptsache sei, daß der Kaiser schon in der Frühe des nächsten Morgens in Brüssel einrücken könne, der Marschall möge seine Maßregeln danach nehmen. Auch zwei Meldungen von Grouchy von 5 und 6 Uhr morgens, welche ausdrücklich sagten, daß sich starke feindliche Kolonnen, die von Namür zu kommen schienen, gegen Bryc und St. Amand bewegten, brachten den französischen Feldherrn von seiner Täuschung nicht zurück [1].

Nach 11 Uhr traf Napoleon auf der Höhe nördlich von Fleurüs ein. Er fand sie bereits durch Vandamme, Pajol und Exelmans besetzt; die Preußen hatten am frühen Morgen die Stadt geräumt, ihre Reiterei zog sich eben gegen Ligny zurück. Die französische Garde kam aus dem Walde südlich von Fleurüs hervor, Milhauds Kürassiere folgten ihr; Gérard war noch nicht sichtbar; Lobau stand noch bei Charleroi. Der Kaiser befahl: Vandamme mit der Division Girard sollten zur Linken, Gérard in der Mitte, Pajol und Exelmans zur Rechten, die Garde und Milhaud in zweiter Linie Stellung nehmen; es waren in erster Linie etwa 45,000, in Reserve 23,000 M. Während die Bewegung ausgeführt wurde, begab sich Napoleon zu den Vorposten, um von den auf der Höhe gelegenen Windmühlen aus die feindliche Stellung zu überschauen. Was er von dort sehen konnte,

---

1) Charras. 137.

war nur das 1. und 2. preußische Corps, denn das 3. war erst im Anmarsch; außerdem beschränkten die Bäume und das buchstäblich mannshohe Getreide den Ueberblick. Der französische Feldherr war überrascht, den Gegner zum Widerstand entschlossen zu sehen; doch blieb er noch in seiner Täuschung befangen, er ahnte nicht, daß ihm gegenüber zur nämlichen Stunde Blücher und Wellington ihren Schlacht= plan verabredeten. Um 2 Uhr ließ er an Ney schreiben, der Feind habe ein Corps zwischen Sombreffe und Brye, Grouchy werde ihn mit dem 3. und 4. Corps angreifen; Ney solle ebenfalls, was er vor sich habe, mit Nachdruck zurückwerfen; nach Umständen solle er sich dann zurückwenden, um Unterstützung bei Brye zu leisten, oder er werde selbst solche erhalten. Eine halbe Stunde später schritt Napoleon zum Angriff; erst durch diesen erkannte er allmählig, daß er den größten Theil der preußischen Armee vor sich habe.

3. Blücher und Gneisenau waren die einzigen unter den Feld= herrn, welche die Lage der Dinge frühzeitig in ihrer ganzen Bedeutung erkannten. Noch am 15. um halb 12 Uhr nachts meldete Blücher von Sombreffe aus dem König von Preußen: der Feind sei mit 120,000 M. im Anmarsch; der nächste Tag werde entscheiden, ob er sich gegen ihn oder den Herzog wende; die unglückliche Zögerung am Oberrhein und die falsche Marschrichtung, welche man den Russen gegeben, seien die Ursache, daß Napoleon alle seine Kräfte gegen Belgien habe ver= sammeln können[1]). Die preußischen Feldherrn wußten also, daß Na= poleon mit der Hauptmacht da sei: wie sie ihn kannten, schlossen sie daraus, daß gleich am nächsten Tage eins der verbündeten Heere sein übermächtiger Andrang treffen werde; es war nur ungewiß, ob das preußische, oder das englisch=deutsche dazu ausersehen sei. In dieser Lage stand jene Wahl, die ich schon im 2. Kapitel angedeutet habe, mit vollkommener Klarheit vor ihren Augen: wenn sie die Vereini= gung ihrer Armee und zugleich die Verbindung mit den Engländern wollten, so mußten sie hier bei Sombreffe dem möglichen Angriff des Feindes Stand halten. Dazu war Blücher auch entschlossen; es lag in der frühern Verabredung mit Wellington, er hatte es diesem in je= nem Brief an Müffling vom 15. mittags aufs neue angekündigt, es war auch die entscheidendere die kühnere Wahl, und die zog Blücher stets vor. Als daher am 15. zu Anfang der Nacht Oberst Reiche, Zie= tens Generalstabschef, im Hauptquartier zu Sombreffe mit der Meldung von der Stellung, die Zieten nach den Gesechten des Tags südlich des

---

1) Archiv d. Gnlstbs. in Berlin. C. 3. 11.

Lignybachs genommen habe, und der Frage eintraf, was nun weiter zu thun sei; da beschied ihn Gneisenau, daß im schlimmsten Fall das 1. Corps allein den Kampf annehmen müsse. Das 2. sei erst morgen Vormittag, das 3. erst gegen nachmittags 3 Uhr zu erwarten; die Armee aber sei in der Lage, sich hier vereinigen zu müssen, die Verbindung mit den Engländern dürfe nicht aufgegeben werden. General von Grolmann fügte nachher noch hinzu, daß für den möglichen Fall eines Rückzugs auch die Römerstraße festgehalten werden müsse [1]. Demgemäß führte Zieten am nächsten Morgen sein Corps in die Stellung von Ligny, wovon ich gleich näher reden werde. Bald nach Mitternacht [2] muß dann auch der Rittmeister von Below mit der Meldung eingetroffen sein, daß Bülow den 16. mittags bei Hannüt einzutreffen denke. Es war also schon jetzt mit Wahrscheinlichkeit auf die Mitwirkung des 4. Corps am 16. nicht mehr zu rechnen, denn es ließ sich nicht annehmen, daß der an Bülow am 15. abends abgefertigte Feldjäger dessen Bewegung noch werde beschleunigen können. Diese unerwartete Kunde hätte bei einem andern Feldherrn den Entschluß, im Nothfall hier gegen Napoleons versammelte Macht Stand zu halten, erschüttert; sie konnte mit Fug gegen Wellington als ein neu eingetretener Bewegrund geltend gemacht werden, daß man von der gegebenen Zusage zurücktreten und vorerst die Verbindung mit den Engländern aufgeben müsse. Allein Blücher und Gneisenau dachten daran nicht, sie sahen nur auf die Gefahr, die es für den ganzen Krieg haben müsse, wenn gleich jetzt eine Trennung der verbündeten Heere eintreten würde; sie dachten wohl auch, daß Wellington sich in seinen Maßregeln schon nach ihrer Zusage gerichtet haben könne, und daß die drängenden Stunden eine Abänderung nicht mehr erlauben würden. Sie blieben dabei, dem Feinde auch ohne Bülow hier Stand zu halten; nur mischte sich die Rücksicht auf Bülow widersprechend in ihre Maßregeln zur Schlacht. Das Festhalten der Römerstraße, welches Grolmann verlangt hatte, deutete schon auf das Gewicht, welches man im preußischen Hauptquartier auf die natürliche Rückzugslinie legte, welche zugleich die Verbindungslinie mit Bülow war; denn die Römerstraße führte nach Lüttich. Wir werden sehen, wie das Gewicht dieser Rücksicht durch die ganze Schlacht fortwirkte.

4. Ehe wir näher auf Blüchers Maßregeln zur Schlacht eingehen, bedarf es einer kurzen Schilderung des Gefechtsfeldes. Nördlich von

---

1) Reiche. „Bemerkungen" zu Gnf. v. Hofmanns Gesch. v. 1815. S. 12 bis 14.
2) Er war um 9 Uhr in Namür. Arch. d. Gnlstbs. C. 3. II.

Fleurus breitet sich wellenförmiges Land aus; von der Stadt aus erhebt sich der Boden, um sich dann zum Lignybach hinab zu senken, und jenseits wieder nach der Namür=Brüsseler Straße aufzusteigen. Der Bach scheidet die Gegend in zwei Abschnitte, deren jeder zu einer Stellung geeignet ist. Er entspringt südlich von Marbais in der Nähe der Stelle, wo die Römerstraße die Namür=Brüsseler Straße durchschneidet, fließt in südöstlicher Richtung durch die Dörfer Wag=nelée, la Haye und St. Amand, wo er noch zwei kleinere Zuflüsse aufnimmt, wendet sich dann gegen Nord=Osten, geht durch Ligny und nimmt bei Sombreffe abermals die Richtung nach Südosten bis Ba=lâtre, wo er sich mehr östlich wendet. Der Bach selbst ist unbedeutend; er hat aber tiefe steileingeschnittene dichtbewachsene Ränder und bildet daher für die Bewegung größerer Truppenmassen ein ernstliches Hin=derniß. Dies ist namentlich auf der Strecke von Sombreffe bis Ba=lâtre der Fall, wo überdies bedeutende Krümmungen, theilweise sumpfige Ufer und einige Seitenbäche, die von Norden her einfallen, den Boden noch unzugänglicher machen. Hiernach findet sich die eine jener beiden Stellungen zwischen Sombreffe und Wagnelée, ungefähr gleichlaufend mit der in ihrem Rücken herziehenden Straße von Namür nach Qua=trebras; die Front ist gegen Süden gerichtet, und durch den Ligny=bach mit den oben aufgezählten Dörfern verstärkt; in der Mitte der Stellung ungefähr liegt das Dorf Brye, einige hundert Schritte östlich davon die Windmühle von Büssy, der höchste Punkt der Gegend. Die andre Stellung erstreckt sich von Sombreffe nach Balâtre: der rechte Flügel berührt bei Sombreffe die mehr genannte Verbindungsstraße mit den Engländern; die Front ist nach Süd=Westen gerichtet, und durch den Bach mit den Dörfern Sombreffe, Mont=Potriaux, Ton=grinne, Tongrinelle, Boignée und Balâtre sehr stark, aber auch sehr ungünstig für ein rasches Uebergehen zum Angriff. Die Bauart sämmtlicher Dörfer mit festen Häusern, Gärten, Hecken, Mauern ist für hartnäckige örtliche Gefechte besonders geeignet.

5. Von diesen beiden Stellungen hatte Oberst Reiche in der er=wähnten Unterredung mit Gneisenau für Zietens Corps die zweite vorgeschlagen, weil sie stärker sei und die natürliche Rückzugsstraße, wie die Verbindung mit Bülow besser wahre. Sie gab im Grunde mittelbar selbst die wirksamste Verbindung mit den Engländern, denn sie bedrohte jedes Vorgehen Napoleons gegen die letzteren in der Flanke. Allein Gneisenau glaubte des Zusammenwirkens mit diesen nur bei der Wahl der einfachsten und unmittelbarsten Maßregeln sicher zu sein; er fürchtete, sie würden sonst nach Antwerpen zu ihren

Schiffen gehen und entschied für die erste Stellung. Dorthin führte
also Zieten sein Corps am frühen Morgen des 16. zurück; er ordnete
zuerst seine Brigaden so, daß die Front mehr nach Südwesten gerich=
tet, also die Absicht des Rückzugs auf der Römerstraße noch vorherr=
schend war. Als aber von 10 Uhr an Pirch I. mit dem 2. Corps
einrückte, gab Blücher solche Anordnungen, wonach die Front mehr
nach Süden gerichtet und die Verbindung mit den Engländern in der
Aufstellung vorherrschend wurde. Dagegen kam wieder die Rücksicht
auf Bülow zur Wirkung, als nach 2 Uhr Thielmann eintraf; er mußte
dort stehen bleiben, wo er ankam, und das war im Abschnitt östlich
des Lignybachs. Damit waren also beide Stellungen besetzt: etwa
drei Viertel der versammelten 3 Corps, gegen 60,000 M., standen von
Sombreffe bis Wagnelée Front gegen Fleurus; ein Viertel schloß sich
bei Sombreffe an den linken Flügel an und dehnte sich von da über
Tongrinne aus, so daß die Gesammtstellung einen eingehenden Winkel
bildete, der bei Sombreffe seine Spitze hatte. Blücher beraubte sich
dadurch der unmittelbaren Verfügung über ein Corps, das er in der
Hauptstellung, namentlich zur Stütze seines etwas luftig stehenden
rechten Flügels sehr gut hätte brauchen können; während dieses Corps
hinter jenem schwer zu überschreitenden Theil des Lignybachs voraus=
sichtlich eine unthätige Rolle spielen mußte. Das Bedenkliche dieser
Anordnung ist wohl Blücher und Gneisenau nicht entgangen; allein
es ist etwas anderes, unter widersprechenden Eindrücken im Drange
der Stunden zu handeln, als unter der Kenntniß aller Thatsachen bei
ruhiger Zeit zu urtheilen. Es wirkte hier immer noch die doppelte
Lage fort, in der sich die preußischen Feldherrn von Anfang an fühl=
ten. Der Engländer war man nicht so sicher, daß nicht daneben die
Vereinigung der ganzen preußischen Armee und die Verbindung nach
dem Rhein hin eine große Wichtigkeit gehabt hätte; eine Vorstellung,
die bei Grolmann, bei den meisten andern Offizieren des Haupt=
quartieres und bei den Heertheilen als etwas sich ganz von selbst
Verstehendes stark hervortrat. Thielmann sollte also die Straße nach
Gembloux und die Römerstraße unmittelbar decken; daneben hoffte
man und zwar mit Grund, daß grade auf dem rechten Flügel vom
Herzog von Wellington Unterstützung kommen würde. So geschah es,
daß die preußischen Feldherrn zu gleicher Zeit zwei ganz verschiedne
Dinge erreichen wollten; sie waren unmittelbar vor der Schlacht noch
in der Lage, daß sich entgegengesetzte Beweggründe mit fast gleicher
Stärke geltend machten.

6. Um die gehoffte englische Unterstützung sah es in Wirklichkeit

ungünstig aus. Das Nähere wird sich weiter unten beim Treffen von Quatrebras ergeben; hier sei nur der merkwürdigen Besprechung mit Wellington bei der Windmühle von Büssy erwähnt. Der Herzog war von Quatrebras herübergekommen; er hatte dort in der Richtung auf Frasnes den feindlichen Angriff erkannt, der sich gerade gegen ihn zu entwickeln begann, er wollte jetzt sehen, ob Blücher noch gesonnen sei, die Schlacht anzunehmen. Es mußte ihm daran liegen, denn seine Truppen waren noch auf dem Marsche nach Quatrebras und wenn des Feindes Hauptmacht hier bei Ligny fest gehalten wurde, so konnte ihm dort die bedrohte Vereinigung noch gelingen. Den Herzog be=gleiteten die Generale Müffling und Dörnberg; bei Blücher waren Gneisenau und Grolman. Ueber das Ergebniß der Unterredung lau=ten die Berichte sehr verschieden. Gewiß ist nur, daß nach längerem Gespräch, das in französischer Sprache geführt wurde, Gneisenau auf des Herzogs Frage, was er thun solle, die einfache Bewegung vorschlug, der Herzog möge alle verfügbaren Truppen auf der Haupt=straße von Quatrebras nach Marbais senden. Hierauf soll, wie Blü=chers Begleiter sagen, der Herzog versichert haben, er werde um 4 Uhr da sein; des letzteren Begleiter dagegen behaupten, daß er nur gesagt habe, er werde sehen, was er thun könne [1]. In der That konnte der Herzog gar nicht mehr versprechen, denn er mußte wissen, wie weit seine meisten Truppen noch von Quatrebras entfernt waren; auch ist nach seinem Charakter anzunehmen, daß er nicht mehr versprochen hat, und Gneisenau wird ihn mißverstanden haben. Ein solches Miß=verständniß war um so eher möglich, als beide Feldherrn stillschwei=gend von ganz entgegengesetzten Annahmen ausgingen: Wellington fürchtete fortwährend, daß eine starke feindliche Macht gegen ihn selbst in der Richtung auf Brüssel und vielleicht auf Gent im Anzug sei; Blücher und Gneisenau urtheilten nach ihrer Kenntniß Napoleons, daß er seine ganze Macht gegen sie zu entwickeln im Begriff stehe und höchstens eine Scheinbewegung gegen Quatrebras ausführen werde. Darüber konnte denn die klare Verabredung für die kommenden Fälle um so weniger gelingen, als diese Fälle, wie sie nachher eintraten, in Wirklichkeit zwischen beiden Annahmen die Mitte hielten; doch hat Wellington in keinem Falle seinen Verbündeten mit voller Aufrichtig=keit mitgetheilt, wie ungünstig es um die Vereinigung seines Heeres

---

1) Aus einem Manuscripte Dörnbergs. Archiv des Gntstbs. in Berlin E. 58. — Müfflings Angaben in dessen Buch „Aus meinem Leben", Berlin 1855. 202, sowie in des Gnl. v. Hofmann Gesch. des Feldz. 1815. 2. Aufl. Berlin. 1851. S. 134.

bei Quatrebras zur Zeit noch stand; diese glaubten demgemäß auf eine stärkere Mitwirkung zählen zu dürfen, als sie überhaupt möglich war und meinten nachher nicht mit Unrecht, daß ihr Vertrauen getäuscht worden sei. Wellington blieb bis gegen 2 Uhr zur Stelle, um den Feind zu beobachten. Man konnte deutlich sehen, wie auf den Höhen gegenüber, eine halbe Stunde gegen Süden, die französischen Colonnen aus den langen gewundenen Marschlinien hervor in die Schlachtordnung einrückten; auch die Gegenwart des Kaisers war durch die Fernrohre zu erkennen. Jetzt mußte der Herzog wohl glauben, daß hier des Feindes Hauptmacht sei, und was die Preußen mit dem Entschlusse wagten sie zu bestehen; doch gab er darum seine erste Meinung immer noch nicht auf. Beim Rückweg begleitete ihn Blücher eine Strecke; als er umgekehrt war, sagte der Herzog zu Dörnberg: „was für ein prächtiger Bursch er ist."[1] In der Nähe von Quatrebras fanden sie das Gefecht schon lebhafter; Dörnberg meinte, es sei wohl nur ein Scheinangriff; der Herzog erwiederte: „es ist möglich, doch ich glaube es nicht." Blücher und Gneisenau ihrerseits hatten keine Sorge darüber, daß ihnen Napoleon selbst gegenüberstand. Die zweifelnde Frage, ob die Schlacht nicht jetzt noch zu vermeiden sei, war bei den entschlossenen Feldherrn, welche an der Spitze der verbündeten Heere standen, gar nicht zur Sprache gekommen.

7. Blüchers Absicht war, in der Vertheidigung zu bleiben, bis der Feind seine Kräfte völlig entwickelt habe; dann dachte er, wo sich die beste Gelegenheit ergebe, selbst zum Angriff überzugehen. Bis gegen 12 Uhr hatte General Röder mit der Reservereiterei des 1. Corps südlich des Lignybachs den Aufmarsch des Feindes beobachtet, dann führte er sie zurück. Die Heertheile rückten allmählig in die Schlachtordnung ein und machten sich zum Kampfe bereit. Beim 1. Corps hatten die Soldaten geruht und abgekocht; beim zweiten und dritten waren die meisten Brigaden vom frühesten Morgen in ununterbrochenem Marsch gewesen und hatten auch dann vor der drohenden Annäherung des Angriffs keine Zeit zum Kochen und zur Erholung gefunden, die bei der brennenden Hitze des Tages doppelt nöthig gewesen wäre. Zieten mit dem 1. Corps hielt die vordere Linie von Wagnelée bis über Ligny hinaus: die 1. und 2. Brigade, Steinmetz und Pirch II. hatten den rechten Flügel zwischen St. Amand und Brye, 3 ½ Bataillone waren in St. Amand la Haye, 3 Bataillone der 3. Brigade in St. Amand, 6 Bataillone standen zu ihrer Unterstützung bereit, 7 waren bei Brye in Reserve;

---

1) „what a fine fellow he is." Archiv d. Gnstbs. E. 58.

die 4. Brigade (Henkel) war in der Mitte, 1 Batl. in und bei Ligny, 2 rückwärts zur Unterstützung; der Haupttheil der 3. Brigade (Jagow), 6½ Batl., hatte seine Stellung theils rückwärts, theils unterhalb Ligny; die Reiterei des Corps war in einer Bodenvertiefung zwischen Ligny und Sombreffe aufgestellt; von der Artillerie waren 5 Batterien bei den Brigaden, 3 zwischen St. Amand und Ligny, 3 in Reserve; 1 Husarenregiment und 1 Batterie waren zur Beobachtung des Feindes rechts über Wagnelée hinaus entsendet. Pirch I. hatte das 2. Corps an der Straße von Namür entwickelt: von dem Hofe Trois Bürettes, wo sie von der Römerstraße durchschnitten wird, bis nach Sombreffe; die Brigaden in der Ordnung ihrer Nummern vom rechten nach dem linken Flügel, hinter dem letzteren die Reservereiterei. Thielmann besetzte um ½3 Uhr mit der 9. Brigade (Borcke) Mont Potriaux und die Straße nach Fleurüs, mit der 10. (Kemphen) den Raum von Tongrinne bis gegen Balâtre; 2 Brigaden und die Reiterei hielt er beim Hofe Point du Jour, wo die Straßen von Fleurüs und Namür sich schneiden, in Reserve. Die 3 Corps zählten zusammen 82,000 M., worunter 8500 Reiter, mit 216 Geschützen; davon nahmen jedoch vermöge der eigenthümlichen Stellung 20,000 nur sehr wenig Antheil am Kampfe.

8. Napoleon führte 78,000 M., worunter 13,000 Reiter mit 242 Geschützen, heran; davon waren jedoch 10,000 mit 32 Gesch., das 6. Corps unter Lobau, noch bei Charleroi. Erst um ½3 Uhr ging die Weisung von Soult ab, die es herbeirief, erst nach 7 Uhr traf es auf dem Schlachtfeld ein, am Gefecht nahm es keinen Theil mehr. Der Kaiser war über die Richtung der preußischen Stellung nicht klar; Dörfer, Bäume und Frucht verhinderten den Ueberblick; ohnedem ist es schwer eine bestimmte Vorstellung über den Zug einer Linie zu gewinnen, wo das Auge nur einzelne größere und kleinere Massen sieht. Er sagte, nach Blüchers Stellung weisend, zu seiner Umgebung: „der alte Fuchs geht nicht aus seinem Bau"; doch überließ er sich auch hier zu leicht der Täuschung: er sah St. Amand und Ligny als die vordersten besetzten Punkte und nahm an, Blücher habe Front nach Südost und biete ihm die rechte Flanke. Das schien ihm so erwünscht, daß er zu Gérard, der seine Befehle einholte, äußerte: die preußische Armee sei über dem Versuch ertappt, sich mit den Engländern zu vereinigen; wenn Ney seine Befehle befolge, könne in 3 Stunden das Schicksal des Kriegs entschieden sein. Nicht lange danach, als er auch Thielmanns Aufstellung bemerkt und den Ernst des Kampfes erkannt hatte, ließ er in der That durch Soult aufs neue an Ney schreiben. Es war

$^1/_4$ 4 Uhr und die Weisung zur Mitwirkung lautete diesmal weit be=
stimmter, als sie noch um 2 Uhr gelautet hatte. Die Preußen, hieß
es auch hier, seien über der Absicht zur Vereinigung mit den Englän=
dern ergriffen; der Marschall möge schleunig nach den Höhen von St.
Amand und Brye marschiren, um zum Umfassen der feindlichen Armee
und zu einem vielleicht entscheidenden Sieg mitzuwirken, das Schicksal
von Frankreich sei in seinen Händen. Die Bewegung konnte allerdings
einen entscheidenden Sieg ergeben: wenn sie möglich war, d. h. wenn
sich Ney bei Quatrebras so ohne weiteres los machen konnte, und wenn
er dort bereits seine Streitkräfte versammelt hatte. Wie durfte aber
Napoleon eine so unerhörte Unthätigkeit der Engländer annehmen,
um auf die erste Voraussetzung zu rechnen? Wie konnte er der zwei=
ten Voraussetzung sicher sein, da doch seine eignen Befehle und die
Zeiten ihres Abgangs nicht dazu stimmten? Es war eine neue
Täuschung.

Indessen legte Napoleon schon den eignen Angriff auf ein Um=
fassen des feindlichen rechten Flügels an; wobei er jedoch zur Um=
gehung nicht allzuweit ausholte: theils wohl, um keine Zeit zu verlie=
ren, theils auch, weil er auf jenem Flügel die zurückstehenden Trup=
pentheile nicht sah und ihn darum für ausgesetzter hielt, als er war.
In der angedeuteten Absicht vollzog die französische Armee etwa um 2
Uhr eine Frontveränderung: Vandamme mit der Division Girard zog
sich links bis er seine Fronte der Linie Wagnelée=St. Amand gegen=
über entwickelt hatte; Gérard marschirte Ligny gegenüber auf; Grouchy
mit der Reiterei von Pajol und Exelmans nahm westlich von Boignée
eine beobachtende Stellung gegen Thielmann; die Garden und Mil=
haud blieben bei Fleurüs in Reserve.

9. Um $^1/_2$3 Uhr gab Napoleon das Zeichen zum Angriff. Van=
damme eröffnete ihn mit dem Vormarsch auf St. Amand, etwas spä=
ter rückte Gérard auf Ligny. Fast fünf Stunden lang wogte die
Schlacht um diese Dörfer hin und her; dann gab Napoleon mit der
Reserve die Entscheidung, indem er bei Ligny die preußische Linie
durchbrach. Es gab eine Stunde, wo es in seiner Hand lag, den Sieg
weit größer zu machen und den Gegner zum Rückzug nach der Maas
zu zwingen; er ließ die Gelegenheit vorüber, und die Preußen kamen
mit der verlornen Schlacht davon, ohne daß die größte Gefahr sich
verwirklichte.

10. Blücher mit seinem Stab hielt bei der Windmühle von Büssy;
er dachte von hier die Schlacht zu leiten, man konnte weithin das
Feld und alle Bewegungen des Feindes übersehen. Der Muth der

preußischen Schaaren hob und senkte sich bei dem prächtigen Anblick, wie die französischen Colonnen in den Strahlen der Sonne, welche die Bajonnete der Infanterie und die Schwerter der Reiter blitzend zurückwarfen, gleich den mächtig andringenden Wogen vieler Ströme von den gegenüberliegenden Höhen herabkamen. Bald tönten die Hörner und die Trommeln, in tausendfachen Blitzen verkündete unten am Rande der Dörfer das kleine Gewehr, daß der Feind da sei, und das Geschütz sendete seine eisernen Grüße in die Reihen der Kämpfer und weit über sie hinaus bis zu den Feldherrn und den Reserven. Van-damme fand die Sache nicht leicht. Die Division Lefol in 3 Colonnen eröffnet den Angriff auf St. Amand. Unter dem Klange republika-nischer Weisen, welche die Musik spielt, und dem gewohnten Schlacht-ruf: Es lebe der Kaiser! dringen die Soldaten gegen das Dorf, das schweigend vor ihnen liegt, als berge es keine Gefahr. Plötz-lich bricht aus Häusern, Mauern, Hecken ein heftiges Feuer her-vor; doch die Angreifer stutzen nicht, in beschleunigtem Schritte, dichte Plänklerschwärme voran, erreichen sie die Gärten und die Häuser; nach kurzem Widerstand sind die Preußen bis zum Ufer des Bachs zurückgedrängt. Auch diesen wollen die Franzosen überschreiten, da empfängt sie das Feuer von 8 Geschützen, neue Bataillone treten ihnen entgegen; sie werden ins Dorf zurückgeworfen. Lefol verstärkt seine Linie und dringt zum zweitenmal gegen den Bach vor; aber auch Stein-metz führt seine Reserven herbei, die weichenden Bataillone schließen sich an, das Vordringen der Franzosen wird gehemmt; der Kampf steht unentschieden. Inzwischen hat Vandamme die Division Berthe-zène zur Linken von Lefol entwickelt, und noch weiter links ist Girard zum Angriff gegen le Hameau und la Haye vorgeschritten. Die Preu-ßen vermögen sich vor der Uebermacht nicht zu behaupten; die 3 Dör-fer gehen verloren; die erschöpften Bataillone weichen gegen Brye zurück; dort sammelt Steinmetz die eigne Brigade und die 3 Bataillone der dritten, die unter ihm gefochten; er hatte ein Viertel seiner Mann-schaft verloren.

Es war 4 Uhr. Blücher ist nicht gesonnen dem Feinde seinen Vortheil zu lassen. Er hat die Brigade Tippelskirch und die 3 Rei-terbrigaden des General Jürgas vom 2. Corps herbeigerufen: Jür-gas soll damit zur Rechten über Wagnelée den Feind in der Flanke fassen; zugleich soll Pirch II. mit der 2. Brigade von Brye her die verlornen Dörfer wieder nehmen; Zieten soll den ganzen Angriff leiten. Während noch Steinmetz seine Bataillone sammelt und zurückführt, sind die andern bereits im Vorrücken; es hält sie nicht auf, daß ihnen die letzten Compagnien der ersten Brigade aus den verlornen Dörfern aufgelöst entgegenkommen. Pirch II. führt seine vordere Linie auf la Haye, er überschreitet den Bach, er gewinnt die ersten Häuser, er bringt bis zur Mitte; da führt Girard neue Bataillone herbei, die Preußen müssen das Dorf aufgeben. Ein zweiter Angriff hat keinen bessern Erfolg, nach einem blutigen Handgemenge weichen Pirchs Bataillone in Unordnung über den Bach zurück. Blücher sieht es, er eilt herbei, sein Anblick, sein Wort erfüllt die Soldaten mit neuem Muth, die Glieder ordnen und schließen sich, der Angriff wird zum drittenmal erneuert. Er gelingt, in hartnäckigem Kampfe werden die Franzosen langsam durch das Dorf zurückgedrängt, Girard selbst fällt, zwei seiner Generale sind verwundet. Doch auch die Preußen sind erschöpft, sie vermögen Schloß und Kirchhof im Südwesten des Dorfs dem Feinde nicht zu entreißen, der Kampf steht unentschieden. Inzwischen ist Jürgas über Wagnelée vorgerückt, doch er findet den Gegner gefaßt. Vandamme hat seinen linken Flügel durch eine Brigade der Division Habert mit 8 Geschützen verstärkt; im Haken gegen die übrige Stellung zurückgebogen, erwartet sie auf einer Anhöhe südwestlich von le Hameau den Angriff; das mannshohe Korn verbirgt ihre Stellung. Tippelskirch führt nach einer schwierigen Schwenkung die 5. Brigade gegen die Häuser und die Anhöhe, sein linker Flügel nimmt den Ort, die Hauptmasse rückt zur Rechten langsam weiter und ist im Begriff sich zum Feuergefecht zu entwickeln. In diesem Augenblick erhalten vorn die 2 Musketierbataillone des 25. Regiments von einem unsichtbaren Feinde auf 100 Schritte ein heftiges Feuer. Dem Commandeur fehlt der schnelle Entschluß, die Colonne in der gedrängten Ordnung, wie sie war, mit dem Bajonnet vorzuführen, er sucht durch eine Seitenbewegung Raum zu gewinnen; die Soldaten wanken, das feindliche Feuer lichtet schnell die Reihen, fliehende Plänkler drängen sich hinein[1]). Da löst sich die Ordnung auf, die Stimme der Offiziere vermag nichts mehr, die Bataillone wenden um und reißen, was ihnen zunächst steht, mit fort; ein Strom von Fliehenden ergießt sich durch Wagnelée. Ein Glück, daß Jürgas das Dorf vorher besetzt hatte: der nachdringende Feind findet hier kräftigen Widerstand, er vermag vor den Kugeln der freiwilligen Jäger nicht durchzudringen; zugleich wirft ihm Jürgas einen Theil seiner Reiterei entgegen; das Gefecht kommt zum Stehen. Nicht lange, so sind auch die meisten der eben geschlagenen Bataillone wieder gesammelt und geordnet: aufs

---

1) Stawitzky. Gesch. d. 25. Inftrgts. Koblenz 1857. S. 50 bis 68.

Neue zum Angriff geführt, entreißen sie dem Feinde le Hameau zum
zweitenmal und finden sich in Verbindung mit Pirch's Brigade, die
um la Haie kämpft. Vandamme schickt seine letzten Regimenter ins
Gefecht, er hat keine Compagnie und keine Kanone mehr, die nicht im
Feuer stände, doch er vermag die verlornen Dörfer nicht wieder zu
gewinnen; auch seine Reiterei tummelt sich zwischen der Infanterie
und auf den Flügeln mit Jürga's Schwadronen herum, ohne einen
Vortheil davonzutragen; der Kampf wüthet ohne Entscheidung fort.

Nicht weniger heiß wurde zur nämlichen Zeit um Ligny gestritten.
Das Dorf, langhingestreckt zu beiden Seiten des Bachs, war an den
Eingängen durch Barrikaden aus Baumstämmen und Ackergeräth ver-
wahrt; viele steinerne Häuser, die Kirche und der Kirchhof in der
Mitte, ein Schloß am untern Ende des Orts verstärkten die Vertheidigung. Gérard begann den Angriff etwa $\frac{1}{4}$ Stunde später als
Vandamme; 24 Geschütze mußten ihm eröffnen, wenigstens eben so
viele antworteten auf Seite der Preußen; zwei seiner Divisionen hatte
der französische General hier zur Verfügung, eine nebst der Reiterei
stand weiter zur Rechten unter Grouchy gegen Thielmann. In drei
Colonnen brechen die vordern Bataillone unter dem Schalle der Musik
gegen die preußische Stellung vor, ihr Kampfruf wird durch den
Donner der Geschütze hindurch vernommen. Die Vertheidiger empfangen sie aus gesicherter Stellung mit einem verheerenden Feuer, die
Angreifer stutzen, hier und dort weichen sie zurück, die Hauptmasse
dringt doch bis zu den Eingängen des Dorfs. Hier entbrennt Mann
gegen Mann ein heftiger Kampf, viermal setzen die Franzosen an,
viermal müssen sie weichen; es ist die vierte Brigade, unter General
Henkel, welche die ersten Stürme abweist, dann führt General Jagow
6 Bat. der dritten zu ihrer Unterstützung herbei. Voreilig will er den
letzten Vortheil benutzen und den Feind über das Dorf hinaus verfolgen; da empfängt ihn ein überlegenes Feuer, seine Truppen weichen
in Unordnung zurück, die Feinde dringen mit neuen Kräften nach,
der südliche Theil des Dorfs bis zum Lignybach geht verloren, nur
Schloß und Kirche halten sich noch. Die Franzosen versuchen den Bach
zu überschreiten; Jagow, durch ein Bataillon der 6. Brigade verstärkt,
wirft sie zurück und entreißt ihnen einen Theil ihrer frühern Eroberung; Gérard verwendet seine letzten Reserven, doch vermag er nicht
über den Bach vorzudringen. Vom Feuer der französischen Haubitzen
sind Schloß und Dorf in Brand gerathen; in den Straßen wird um
Häuser, Höfe, Gärten ein erbitterter Kampf gefochten; er breitet sich
im Bette des Bachs oberhalb bis gegen St. Amand, unterhalb bis

gegen Sombreffe aus; auch hier schwankt die Entscheidung, kein Theil vermag den andern zu überwältigen.

In der Dörfergruppe St. Amand, wie in Ligny trug der Kampf das Gepräge der persönlichen Erbitterung; es war auf beiden Seiten, als sähe jeder seinen Todfeind vor sich, an dem er Rache nehmen wolle. Gefangene wurden wenige gemacht, Pardon nur selten verlangt und gegeben; auf beiden Seiten geschah es, daß verwundete Feinde niedergestoßen wurden [1]), daß Schwerverwundete, die schon am Boden lagen, noch nach dem Gewehr griffen, um auf den verhaßten Gegner zu schießen; selbst Offiziere gaben das Beispiel, vom französischen General Roguet sind die Worte aufbewahrt, er werde jeden niederschießen lassen, der ihm einen Preußen gefangen bringe. [1]) Die glühende Sonnenhitze, die Wuth des Kampfes, die Erschöpfung riefen bei vielen eine unnatürliche Ueberspannung der Leidenschaft hervor: es gab Offiziere und Soldaten, denen ein weißer Schaum von giftigem Geschmack vor dem Munde stand, die Mannschaft warf sich in die schmutzigsten Lachen, um nur die Lippen zu netzen, [2]) General Henkel ließ sich in Ligny im durchschwitzten Helm eines Soldaten einen Trank aus einer Mistpfütze reichen, während neben ihm die Kugeln seine Mannschaft wegnahmen. [3]) In dem Kampfe herrschte zuerst das Feuergefecht vor, die Angriffe schoben sich in dichten Plänklerlinien hin und her, ganze Bataillone lösten sich auf beiden Seiten in Schwärme auf; dann entbrannte der Streit hartnäckiger um den Besitz der Dörfer, und es kamen Bajonnet und Kolben zu ihrem Recht. Es geschahen Thaten voll hohen Muthes. Ein Unteroffizier sprang auf eine Mauer, von welcher seine Leute ihre Kugeln ausschickten, und rief: „Ihr seht, Kameraden, die französischen Kugeln treffen nicht, vorwärts zum Angriff." [2]) An mehr als einer Stelle wurde im Handgemenge um den Besitz der feindlichen Fahne gerungen, bis ringsum die Leichen vieler Braven das Feld bedeckten. Nach den französischen Erzählungen war besonders in Ligny ein Kampf, wie die Geschichte nur selten von ähnlichen berichtet. Es war nicht ein Kampf, es waren hundert Kämpfe zugleich: jede Straße, jedes Haus, jede Scheune wurde mit wilder Hitze angegriffen und vertheidigt, Kugel, Bajonnet und Kolben thaten

---

1) Erzählung des Hauptmanns v. Glasenapp vom 19. Regiment. Archiv des Generalstabs in Berlin. E. 9 — Charras. 155. 165.

2) Stawitzky. Geschichte des 25. Infrgts. 50 bis 68.

3) Graf Henkel von Donnersmark. Erinnerungen aus meinem Leben. Zerbst 1846. S. 355 bis 357.

ihr Werk; man verfolgte und tödtete sich auf den Stufen der Treppen, in den Zimmern, mitten in den brennenden Räumen, die jeden Augenblick den Einsturz drohten; der tapfre Muth war zur Wuth, zur Wildheit geworden.

Anders war es zwischen Sombreffe und Balâtre. Hier machten die Franzosen keinen Ernst mit dem Angriff; Marschall Grouchy sollte den Feind nur festhalten und beschäftigen. Er hatte neben einer Infanteriedivision und der Reiterei von Gérard noch die Corps von Pajol und Exelmans; hauptsächlich also Reiterei. Damit suchte er sich den Schein eines zahlreichen Heertheils zu geben; das Gefecht selbst beschränkte sich auf gegenseitiges Kanoniren und Plänkeln mit der Infanterie. Thielmann ließ Tongrinelle, Boignée und Balâtre, die zu weit vorgeschoben waren, ohne vielen Widerstand räumen; dann trennte der Bach mit seinen schwierigen Ufern die Gegner.

11. Es war gegen 6 Uhr. Die Schlacht hatte 3 Stunden gedauert; von den Franzosen waren etwa 37,000, von den Preußen 43,000 M. im Gefecht; auf keiner Seite zeigte sich ein Vortheil. Doch hatten die Preußen dafür, daß sie die Vertheidiger waren, ihre Kräfte zu rasch verbraucht. Das lag freilich in der Art des Feldherrn und des Heeres, und der ungeduldige Drang zum Angriff sollte noch seine Frucht bringen; doch heute war er von Nachtheil. Es ist nicht mit Unrecht getadelt worden, daß Blüchers Absicht mit dem Angriff auf Wagnelée zu weit ging und zu frühe war, daß er und seine Generale zu viele Opfer an die Dörfergruppe St. Amand setzten, daß das wiederholte Vorbrechen gegen die feindliche Stellung jenseits der Dörfer, hier wie bei Ligny, nutzlos und verlustvoll sein mußte. Auch die Artillerie, bis dahin zahlreicher als die feindliche, scheint schneller als diese verbraucht worden zu sein; und die Reiterei brachte in der Nähe der Dörfer wohl der Infanterie oft willkommene Hülfe, doch konnte sie nichts Bedeutendes ausrichten. Es hätte mehr in der Aufgabe des Vertheidigers gelegen, sich möglichst stark auf der Linie Wagnelée-Ligny festzusetzen und die Franzosen mehr dagegen anstürmen zu lassen, als ihnen so häufig entgegenzugehen. Doch zeigt dies Urtheil nur, wie die Sachen hätten sein sollen: ob sie auch so hätten sein können, ist die Frage, da man jedes Heer nehmen muß, wie es ist. Jedenfalls hat sich Blücher doch auf seine Preußen verstanden. Wie er den fruchtlosen Kampf sah, nahm er seine Maßregeln, um ihn zu wenden. Auf dem rechten Flügel bestimmte er die 7. Brigade (Brause) zur Unterstützung der 5. nach Wagnelée, 4 Bataillone der 6. (Krafft) zur Unterstützung der 2. nach la Haye; schon früher hatte er, um den

Angriff von Jürgas zu verstärken, von Thielmanns Corps die Reiter=
brigade Marwitz herbeirufen lassen. In der Mitte wurden die noch
übrigen Bataillone der 6. Brigade und ein Theil der 8. (Langen),
die schon früher von Sombreffe nach Brye herbeigezogen war, nach
und nach zur Behauptung von Ligny verwendet. Vom 3. Corps
mußte die 12. Brigade (Stülpnagel) westlich von Sombreffe an der
Straße von Namür, die 9. (Borcke) zwischen Sombreffe und Potriaur
Stellung nehmen. Diese Anordnungen wurden nach und nach ge=
troffen, so wie es die Lage des Gefechtes, das ununterbrochen fort=
dauerte, zu verlangen schien. Blücher hatte danach das 1. und 2.
Corps fast vollständig im Treffen; als unberührte Reserve stand nur
noch der größere Theil der 8. Brigade bei Brye; von Truppentheilen,
die schon gefochten hatten, versammelten sich eben dort nach und nach
die 1., die 4. und ein Theil der 3. Brigade. Doch wurden auch diese
Truppentheile meistens wieder vereinzelt verbraucht, eine geschlossene
Reserve für einen letzten versammelten Rückstoß hatte Blücher nicht
zur Hand; es beherrschten ihn immer noch die Gedanken seiner früh=
zeitigen Gegenangriffe, die namentlich auf dem rechten Flügel geschehen
sollten. Es wäre noch Zeit gewesen, das 3. Corps über Sombreffe
heranzuziehen und nur etwa eine Brigade in dessen Stellung zurück=
zulassen; man hätte damit eine feste Stütze für die Mitte gewonnen,
während die erwähnte Aufstellung der 12. und 9. Brigade unzurei=
chend blieb. Allein Blücher war im Drang der Schlacht und hatte
ihre letzte Entwickelung noch nicht vor Augen: hatte er sich vorher
über die Wahl zwischen der Verbindung mit den Engländern oder mit
Bülow und der Maaslinie nicht völlig entschieden; so war es jetzt
nicht zu erwarten.

12. Napoleon seinerseits entschloß sich gegen 6 Uhr die Entschei=
dung zu geben. Weder sein linker Flügel noch seine Mitte hatten bis
dahin Fortschritte gemacht, von beiden kam die Nachricht, daß sie ohne
Unterstützung nichts ausrichten würden. Dagegen hatte er entweder
kurz vor oder kurz nach jener dritten um $1/_4 4$ Uhr an Ney erlassenen
Ordre noch den Obersten Laurent abgeschickt, der auf einem mit Blei
geschriebenen Zettel an diesen die bestimmte Weisung brachte, daß er
das 1. Corps (d' Erlon) gegen Brye senden solle. Es war möglich,
daß dieses Corps herankam, auch näherte sich bereits Lobau dem
Schlachtfelde. Napoleon traf also seine Anordnungen zum letzten
Schlag. Er hatte schon früher die Reiterdivision Sübervie von Pajols
Corps vom rechten Flügel hinter der Schlachtlinie her nach dem linken
abrücken lassen; jetzt bestimmte er noch die Division der jungen Garde

und eine Jägerbrigade der alten zu Vandammes Unterstützung; er selbst wollte mit der andern Hälfte der Garde und Milhauds Küras= sieren die Mitte der feindlichen Stellung bei Ligny durchbrechen. Schon waren die Truppentheile in Bewegung, da erschien ein Offizier Van= dammes mit der Meldung: es komme zur Linken hinter ihm auf etwa 1 Stunde Entfernung eine feindliche Colonne aus dem Walde hervor, und scheine auf Fleurüs gehen zu wollen. Die Nachricht kam völlig unerwartet. Sollten es Preußen sein, die Blücher zu einer so weiten Umgehung verwendet hätte? Oder wäre eine Unterstützung der Eng= länder für diesen im Anzug? Oder sollte es d' Erlon sein, der doch so frühe nicht, und nicht von dieser Richtung her zu erwarten war? Hier bedurfte es vor allen Dingen der Aufklärung. Napoleon schickte einen Offizier nach jener Colonne ab, und hemmte inzwischen die befohlene Bewegung. Gérard und Vandamme erhielten Befehl, sich in ihrer Stellung zu behaupten; dem letztern wurden die genannten 1½ Divi= sionen der Garde zugeschickt, doch nur für den äußersten Fall; zu dem erstern rückten mit gleicher Bestimmung 4 Bataillone der alten Garde ab, doch mußten 3 Batterien derselben sogleich die Feuerlinie gegen Ligny verstärken.

Gegen 7 Uhr kam Napoleons Adjutant zurück: jene Colonne war wirklich das Corps von d' Erlon. Der Oberst Laurent war auf einem kürzern Weg als die frühern Offiziere zu Ney geeilt und in der Nähe von Frasnes am Corps vorbeigekommen; d' Erlon selbst war gegen Quatrebras vorausgeritten. Der Oberst hatte die Truppen sofort von der Straße nach Quatrebras rechts nach dem Schlachtfeld von Ligny ausbiegen lassen, und war dann zu d' Erlon und Ney geeilt, um sie von seinem Auftrag und dessen vorläufigem Vollzug in Kenntniß zu setzen. Der erstere, den Laurent einige Zeit früher traf als den Marschall, hatte sich sofort zu seinem Corps zurückbegeben und dann nach eignem Ermessen[1]) einen Weg eingeschlagen, auf dem er in der

1) So hat d' Erlon selbst nach Bernhardi I. 294 später dem preußischen Ge neral von Pfuel erzählt. Im Uebrigen bin ich der Darstellung von Charras 204 bis 208 gefolgt; nicht blos weil dieser der gewissenhafteste der französischen Schrift= steller ist, sondern auch weil seine Erzählung die meiste innere Wahrscheinlichkeit hat. Es fehlt aber trotz aller in der Sache gewechselten Streitschriften noch immer an Aufklärung über manchen wichtigen Punkt. Es soll nach d' Erlons eigner Aussage Labedoyère, nach des Obersten Heymés, Ney's Generalstabschefs, Angabe der oben genannte Laurent gewesen sein, der jene Befehle Napoleons überbrachte; namentlich aber fehlt das Wichtigste, nämlich jede bestimmte Angabe über die Stunde seiner Absendung, seiner Ankunft bei d' Erlon und seiner Ankunft bei Ney. So schwer ist es, aus der Erinnerung den Verlauf der Schlachten festzustellen.

angegebenen unerwarteten Richtung, bei Villers Perruin auf der alten Römerstraße, zum Vorschein kam. Jetzt war jene Stunde, wo es in Napoleons Hand lag, der Schlacht eine viel entscheidendere Wendung zu geben. Wenn er sofort an d'Erlon den Befehl gab, auf der Römer= straße vorzurücken; so war es vielleicht möglich, daß dieser noch vor einbrechender Dunkelheit mit 20,000 M. zwischen Wagnelée und Trois Bürettes, gerade im Rücken des schon erschöpften rechten Flügels der Preußen ins Gefecht eingriff. Ein solcher Angriff, zusammentreffend mit demjenigen Napoleons auf Ligny, mußte beim Feinde die verlorne Schlacht in eine Niederlage verwandeln, wenn nicht Blücher noch rechtzeitig das 3. Corps zur Unterstützung herbeizog. Aber wenn es auch nicht gelang diesen völlig über den Haufen zu werfen; so wurde er doch jedenfalls gezwungen nach der Maas zurückzugehen, und jede Vereinigung mit Wellington war ihm unmöglich gemacht. Freilich verlangte zur nämlichen Zeit, als sich für Napoleon diese günstige Aussicht darbot, Ney das Corps von d'Erlon dringend zurück, da er von einem übermächtigen Feind heftig gedrängt wäre. Aber lag nicht die größere Entscheidung, von welcher der ganze Erfolg des Feldzugs abhing, die Trennung der zwei feindlichen Heere, auf den Feldern von Ligny? Und konnte nicht d'Erlon hier noch mit Wahrscheinlichkeit mitwirken, während er für Ney fast unter allen Umständen zu spät kommen mußte? Wir wissen nicht, was Napoleon in seinem Entschluß bestimmt hat: ob er vielleicht bei Ligny seinen Erfolg auch ohnedem für sicher genug hielt; ob er dachte d'Erlon möchte doch bei Ney nö= thig sein, um diesen vor einer Niederlage zu bewahren? Genug, er legte keinen Widerspruch ein, daß d'Erlon dem Befehle Neys folgte, und wieder gegen Frasnes hin abzog. Dieser ließ die Division Dürütte mit 3 Reiterregimentern zurück, wahrscheinlich um jenen frühern Be= fehlen des Kaisers zu entsprechen, wonach eine Division seines Corps nach Marbais hatte gehen sollen; doch wirkten auch diese Truppen zur Schlacht nur sehr wenig mit. Napoleon selbst blieb bei seinem ersten Plan, die Entscheidung allein bei Ligny zu geben.

13. Während so die Feldherrn mit richtigen und verfehlten Ent= schlüssen die Wendung der Schlacht vorzubereiten suchten, nahm diese ununterbrochen ihren furchtbaren Gang. Auf dem rechten Flügel der Preußen hatte der letzte Angriff von Jürgas und Pirch die Truppen Vandammes so erschüttert, daß sie nur mit Mühe den äußersten Theil von la Haye und die Anhöhen südlich von le Hameau behaupteten; der Kampf scheint hier an der Erschöpfung beider Theile auf kurze Zeit seinen Stillstand gefunden zu haben; doch ging das Gewehrfeuer

ununterbrochen fort; bei den Preußen ließen die Plänkler häufig zu
den Reitern hinüber, die ihre Stellung deckten, und ließen sich von
ihnen die verschossenen Patronen ersetzen. Zuerst trafen bei den Franzosen frische Kräfte ein; es waren die 1½ Divisionen Garde, welche
Napoleon geschickt hatte. Vandamme behält die 1 Bataillone alter
Garde in Reserve, und läßt sofort die 8 Bataillone junger Garde
unter Gen. Dühesme zum Angriff auf le Hameau und la Haye vorrücken, wobei sich die Division Girard wieder anschließt und die Reiterei unter Domon und Sübervie mitwirkt. Die erschöpften Truppen
von Tippelskirch und Pirch müssen weichen, le Hameau und der größere Theil von la Haye gehen verloren. Aber schon ist Hülfe nahe;
von der Brigade Brause sind 5, von der Brigade Krafft 4 Bataillone
herangekommen, Jürgaß führt einen Theil über Wagnelée, Blücher
sendet einen anderen gegen la Haye vor. Die frischen Truppen
entscheiden, in kurzer Zeit ist der größere Theil des verlornen Bodens den Franzosen wieder entrissen. Wieder schwankt der Kampf
im Feuergefecht hin und her; von der einen Seite wird die Brigade
Tippelskirch), von der andern die Division Girard aus dem Treffen
zurückgezogen, um sich zu sammeln. — Zur nämlichen Zeit wird mit
derselben Hartnäckigkeit wie vorher um Ligny gerungen. Es sind jetzt
5 Bataillone der 6. Brigade dort verwendet; wie sie nichts auszurichten vermögen, sendet Blücher noch 4 Bataillone der 8. Brigade in
das Dorf, denen bald danach ein fünftes folgt. Auch die 12. Brigade
sendet von ihrer Stellung bei Sombreffe aus einige Bataillone vor,
die unterhalb Ligny am Bach ein lebhaftes Gefecht unterhalten. Der
Angriff im Dorf hat Erfolg, der Feind wird Straße um Straße, Haus
um Haus langsam zurückgedrängt; Gérard, aufs äußerste erschöpft,
sammelt außerhalb unter dem Schutze des Feuers der angekommenen
Gardeartillerie seine Bataillone, er bedarf Hülfe, ehe er einen neuen
Angriff wagen kann. — Inzwischen hatte auch Thielmann versucht in
die Schlacht einzugreifen. Hielt er den Abmarsch der Division Sübervie zu Vandamme für eine Rückzugsbewegung, oder fühlte er sich
sonst aufgefordert aus seiner Stellung hervorzubrechen; genug er sendete einige Schwadronen der Reiterbrigade Lottum nebst einer Batterie
über den Lignybach vor. Ehe sich indessen die Truppen jenseits entwickeln konnten, traf sie ein Angriff der Brigade Bürthe von Exelmans Corps, die vordern Schwadronen wurden zurückgeworfen, während sich die hintern noch aus einem Hohlweg herauszuwinden suchten,
es entstand eine vollkommene Verwirrung, Reiter und Artillerie flohen
über den Bach zurück, 5 Geschütze gingen verloren. Sofort entbrannte

auch zwischen der Infanterie von Borcke und Hülot das Gefecht wieder lebhafter, doch blieb es an den Ufern des Lignybachs, kein Theil gewann Boden.

Es war etwa 7½ Uhr; noch dauerte die Schlacht ohne Entscheidung, doch begann die Schale sich allmählig zu Gunsten der Franzosen zu neigen. Sie hatten bis dahin weniger Kräfte verbraucht, und dabei weniger Verlust und Zerstörung dieser Kräfte: 40,000 M. ihrer Infanterie hatten bis dahin gegen etwa 45,000 der preußischen die Wage gehalten, und dabei wahrscheinlich noch eine etwas größere Anzahl brauchbarer Bataillone übrig. Die französische Infanterie war also der preußischen um etwas überlegen. Sie hatte zwar auch ihre jungen Regimenter: ein preußischer Offizier erzählt, daß bei Ligny der Angriff zu Anfang von jungen zwanzigjährigen Soldaten geschah, und daß erst später bärtige Männer in andrer Uniform vorrückten, die den Vertheidigern viel mehr zu schaffen machten; [1]) allein im Durchschnitt war das Verhältniß der gedienten Mannschaften bei ihnen günstiger. Grade bei den zwei preußischen Armeecorps, welche hier fochten, bestand der dritte Theil der Infanterie aus den früher erwähnten neu gebildeten Landwehren, die sich zwar brav schlugen, aber bei der schweren Aufgabe eines stehenden Gefechtes um Dörfer sich natürlich schneller verbrauchten. Schon dieses gab dem französischen Feldherrn einiges Uebergewicht; er brachte etwa 4000 Mann weniger als sein Gegner zur Schlacht und hatte jetzt fast um ebensoviel mehr an frischen Truppen. Es standen ihm 1½ Divisionen Gardeinfanterie und 1 Division Gardereiterei, die Küraffiere von Milhaud und Lobaus Corps zur Verfügung, zusammen etwa 24,000 M. Blücher dagegen hatte nur noch den größten Theil von Thielmanns Corps und einige Theile der 1., 7. und 8. Brigade unberührt, zusammen vielleicht 20,000. Doch war nicht dieser Unterschied an Truppenzahl, sondern die größere Sammlung der Reserven in Napoleons Hand die Hauptsache. Er hatte sie alle an einer Stelle, während sie bei Blücher über das Schlachtfeld zerstreut und namentlich in ihrem Haupttheil, dem 3. Corps, ganz zur Seite gestellt waren. In solcher Lage versuchten beide Feldherrn fast zu gleicher Zeit die Schlacht zu ihren Gunsten zu entscheiden; allein Blüchers Angriff geschah in einer Richtung, die den Widerstand gegen den ohnedem überlegenen Stoß Napoleons noch schwächen mußte. Diese Ursachen waren es, welche den Franzosen in der letzten Stunde das Uebergewicht gaben.

---

1) Siehe Note 1 Seite 250.

14. Seit 6 Uhr wußte Blücher mit Bestimmtheit, daß von den Engländern keine Hülfe zu erwarten war, er sagte zu seiner Umgebung: „Heute wird wohl nicht mehr viel zu machen sein, aber morgen sind wir 25,000 M. stärker, dann wollen wir mit den Herren Franzosen sprechen;" er meinte die Vereinigung mit Bülow, die gewiß war. Doch ergriff sein unverzagtes Herz immer wieder jede Aussicht zum Siege, die sich darbot. Um 7 Uhr etwa scheint es ihm, als geschähe auf dem linken Flügel des Feindes eine rückgängige Bewegung; sofort befiehlt er einen neuen Angriff auf St. Amand. Noch hat er bei Brye 4 Bataillone der 8. Brigade, die nicht gefochten haben, 3 davon setzte er nach la Haye in Marsch, was unterwegs von den erschöpften Bataillonen, die vorher den heißen Kampf um die Dörfer gestritten haben, zur Hand ist, muß sich anschließen. Wieder geht der Stoß siegreich über la Haye und le Hameau hinaus, mit dem unabläßigen Ruf: „vorwärts dem Feinde nach," feuert der alte Held die Seinen an. Doch Vandamme führt seine letzte Reserve, die Bataillone der alten Garde, ins Treffen; wieder kommt das Gefecht zum Stehen, kein Theil vermag dem andern einen Vortheil abzugewinnen. Zuletzt erlischt allmählig der Kampf: die vom vielen Schießen verschleimten Gewehre versagen den Dienst, die Munition auch der Gefallenen ist verbraucht und die Lebenden sind kaum mehr fähig das Gewehr zu brauchen; die Erbitterung muß der Erschöpfung weichen, man sah Offiziere und Soldaten vor Entkräftung todt niedersinken. Die lang umstrittenen Dörfer blieben in getheiltem Besitz; die Entscheidung geschah an andrer Stelle; dorthin hatte Blücher mitten aus diesem Angriff sich wenden müssen.

Napoleon setzte sich etwa um halb acht Uhr gegen Ligny in Bewegung, ein Theil von Grouchys Reiterei schloß sich an, das Corps von Lobau blieb noch zurück. Ein heftiges Feuer der Artillerie eröffnet den Angriff, dann rücken 4 Bataillone der alten Garde gegen das Dorf. Durch den Klang der Trommeln, durch den Schall der Hörner hört man den Ruf: „es lebe der Kaiser, kein Quartier;" die Preußen müssen weichen, in heißem Kampf, über Blut und Leichen räumen sie die Straßen, die sie so lange rühmlich behauptet hatten. Jetzt läßt Napoleon auch die acht letzten Bataillone der Garde vorrücken; sie gehen theils durch das Dorf, theils überschreiten sie dicht unterhalb den Bach, [1]) gefolgt von der Reiterei und der Artillerie;

---

1) Charras sagt S. 166, daß die Garde durch das Dorf ging; Bernhardi I. 296, daß 8 Bataillone unterhalb übergingen; aus den preuß. Regimentsgeschichten ergibt sich die Annahme, der im Texte gefolgt ist.

aus dem Dorfe und zur Seite rücken die Colonnen hervor, um sich zum Angriff gegen die Höhe von Büssy zu ordnen.

Grade in diesem Augenblick fehlte dort die gesammelte und ge= ordnete Macht zum Widerstand. Blüchers letzter Angriff auf St. Amand hatte nur 2 frische Bataillone von der 1. und 8. Brigade bei Brye zurückgelassen; außer diesen waren noch einige schon erschöpfte Bataillone der 1. und 4. Brigade, sowie die Reiterei des 1. Corps zur Stelle. Vier Bataillone der beiden letzteren Brigaden, etwa noch 2000 M., waren unter General Henkel sehr zur Unzeit auf einem Irr= marsch nach Sombreffe,[1]) ein Adjutant hatte sie dahin gerufen, als hänge die Schlacht davon ab; als General Henkel an Ort und Stelle die Täuschung bemerkte, kehrte er rasch um, doch kam seine Rückkehr zu spät.

15. In der letzten Stunde hatte sich die Sonne verdunkelt; jetzt, kurz vor ihrem Untergang häuften sich die schwarzen Wolkenmassen dichter und raubten dem Tage das letzte Licht. Es brach ein kurzes heftiges Gewitter mit Sturm und Regen los, als die französischen Bataillone und Schwadronen ihren Aufmarsch zum letzten Angriff vollzogen; die Ordnung wurde dadurch auf beiden Seiten noch mehr verwirrt als es schon die sich neigende Schlacht mit sich bringen mußte. Das Wort der Feldherrn über das Ganze hörte auf, an Stelle der Schlacht wogte eine Menge von Einzelkämpfen wild durcheinander, kein Auge konnte das Getümmel überschauen, keine Erinnerung kann ein klares Bild von der Wirklichkeit geben, die sich hier zutrug. Gewiß ist nur, daß die Franzosen in unwiderstehlichem Vordringen die Strecke von Ligny bis zur Windmühle von Büssy durchmaßen. Die Entfer= nung beträgt 1500 Schritte; sie brauchen dazu die letzte halbe Stunde des Tags, der Weg ist mit blutigem, wenn auch vergeblichem Wider= stande bezeichnet. Die Generale Krafft und Jagow haben dem unteren Ligny gegenüber einige ihrer Bataillone kurz vor dem letzten Angriff aus dem Straßenkampf herausgezogen und mühsam gesammelt, da stürzen fliehende Schaaren aus dem Dorfe, drängen sich in die Lücken und in die Glieder und verwandeln alles in eine einzige Masse, worin Stimme und Auge des Führers nur einen kleinen Theil der Seinen

---

1) Es waren die beiden Musketierbataillone des 24. Regiments und das jetzt in 2 Bataillone formirte 4. westphälische Landwehrregt So ergibt sichs, im Gegen= satz zu den bis jetzt vorhandenen Darstellungen aus der Vergleichung von „Graf Hen= kels Erinnerungen“ S. 356 mit: „Zychlinski“ Gesch. des 24. Infanterieregiments, Berlin 1854.“ I. 273.

zu finden vermag. Langsam weicht der dichte Haufe die Höhe hinan, doch löst er sich nicht in Flucht auf; immer noch werden einzelne Bataillone zum Widerstand angehalten; der Sturm der Reiter braust hin und her an der Masse vorüber, hier und dort wird ein Theil von ihr losgetrennt und zerstreut; einzelne Reiter sprengen an den Gliedern her und berühren fast mit dem Säbel die Gewehre, doch wagen sie keinen geschlossenen Angriff. Das Ganze erreicht die Höhe bei Brye und beginnt sich dort unter dem Rufen der Führer allmählig wieder in die gewohnte Ordnung zu reihen; als noch dicht an den Gärten des Dorfs durch eine Rettung suchende Batterie der eigenen Artillerie ein Bataillon, das 1. des 23. Regiments, völlig auseinander gesprengt wird. Im oberen Ligny hat der größere Theil der 8. Brigade gefochten, 1 Bataillon derselben, das 2. des 23. Regiments, steht noch unberührt bei Brye: es rückt, von einem Adjutanten gerufen, nach dem Dorf hinab, als sich eben die Dunkelheit des Gewitters über das Schlachtfeld breitet; preußische Reiterei braust fliehend an ihm vorüber und wirft die vorgeschickten Plänkler nach allen Richtungen auseinander, das Bataillon bleibt festgeschlossen im Vorrücken; vom Dorfe her suchen verworrene Haufen der geschlagenen Bataillone, von französischen Dragonern verfolgt, bei ihm Schutz; das Bataillon bleibt fest, die feindlichen Schwadronen machen Halt und kehren um, als die Reiterbrigade von Treskow herannaht. General Pirch 1. hat unterdessen einen Theil der eben noch in der Flucht begriffenen Infanterie wieder geordnet und führt nun das Ganze gegen Brye zurück, jenes Bataillon macht in fester Haltung die Nachhut; das Dorf selbst findet man schon von bunt gemischten Bataillonen aus verschiedenen Brigaden besetzt, die General Pirch II. bei St. Amand gesammelt und hierher geführt hat.

Mitten unter diesen Versuchen, die Infanterie aus der Verwirrung zu geordnetem Widerstand und Rückzug zu versammeln, spielt der Donner der Geschütze, die ihre letzte Munition aufwenden, tobt der Sturm der Reitermassen in Angriff und Verfolgung wechselnd hin und her. Die französische Reiterei, an Zahl überlegen und besser gesammelt, wirft die vereinzelten Angriffe der preußischen Regimenter nach einander zurück. Oberstlieutenant von Lützow mit 4 Schwadronen erliegt dem Feuer eines feindlichen Vierecks und geräth mit einem Theil seiner Offiziere und Mannschaft, der Pferde beraubt, in Gefangenschaft; 8 Schwadronen erneuern den Angriff und scheitern an Milhauds Kürassieren. Während zur Rechten General Treskow mit 12 Schwadronen die Infanterie gegen die Gardedragoner schützt,

17 *

doch ohne daß seine Angriffe den Feind zurückdrängen können, führt in der Mitte Blücher selbst 12 neue Schwadronen nacheinander zum Kampf. Es war die Waffe, in die der alte Held von seinen früheren Thaten her immer Vertrauen setzte; wie er sich an die Spitze der Reiter setzte, hatte er sie gefragt, ob sie jetzt vor den Franzosen fliehen und ihn verlassen wollten? Es war umsonst: im übereilten Lauf der Pferde, im vorzeitigen Hurrah der Reiter löst sich der Angriff auf, noch ehe die feindlichen Reihen recht erreicht sind; ein Theil kehrt vor dem Karabinerfeuer der Küraffiere um. Im gefährlichsten Augenblick wird des Feldmarschalls Pferd von einer Kugel tödlich getroffen, es geht mit wilden Sprüngen davon und stürzt plötzlich zusammen, den Reiter unter seiner Last begrabend. Ein schweres Geschick drängt sich in ein paar kurze Minuten zusammen. Die verfolgenden Panzerreiter brausen vorüber; niemand ist bei dem Feldherrn, als der Major von Nostitz, sein treuer Adjutant: was hätte der einzelne Mann vermocht? Aber es wachte ein Auge, das mehr vermag. Die feindlichen Reiter müssen umkehren, zum zweiten Mal geht der Strom an der Stelle vorüber, zum zweitenmal bleibt Blücher unbemerkt. Das westphälische Landwehr = Cavallerieregiment und das 6. Uhlanenregiment verfolgen den Feind; die Stimme von Nostitz bringt zu ihnen hinüber, der Feld= herr ist gerettet. Schon bricht die Dunkelheit herein. Der Feind hat in der Mitte die Höhe von Büffy siegreich erstiegen; er hat auch zu seiner Rechten, was sich ihm entgegenstellt, gegen Sombreffe zurückge= trieben. Doch jetzt ermattet sein Angriff. Er sieht gegenüber bei Brye die preußischen Massen; ihre Bewegung deutet vielleicht noch auf Ver= wirrung, doch nicht auf Flucht; seine Reiterei hat die preußische wohl geschlagen, doch nicht vom Schlachtfeld vertrieben und gegen die In= fanterie vermag sie nur wenig. Die Küraffiere, wahrscheinlich in der ersten für Blücher so gefährlichen Verfolgung, treffen bei Brye auf das letzte frische Bataillon, das hier zur Stelle ist: es sind lauter junge Soldaten; die Füsiliere des 1. westphälischen Landwehrregiments, doch halten sie muthig Stand. Dreimal setzen die Reiter an, dreimal treibt sie das sichere Feuer zurück, vielen stürzen die Pferde, lachend sehen die Schützen, wie die kräftigen Männer zu Fuß zurückeilen, schwerfällig den Harnisch mit beiden Händen haltend [1]). Nicht ferne

---

1) Harkort. Die Zeiten des 1. westphäl. Ldwehrregts. Essen 1841. 169 bis 172. Es war hiernach das Füsilierbatl., nach Damitz I. 172. das 2. Bataillon; die erstere Angabe ist die richtige.

davon, mehr nach Sombreffe hinüber, scheitert ein Angriff der Grenadiere zu Pferd an einigen Bataillonen der 1., 4. und 6. Brigade; es
sind dieselben, welche den Irrmarsch nach Sombreffe gemacht haben
und soeben von da zurückkehren [1]), es ist neben ihnen noch das Col-
berg'sche Regiment. Noch treffen beim letzten Leuchten des Tags, das
dem Wetter gefolgt ist, die Plänkler der Infanterie aufeinander, noch
jagen die Reiterschwärme vor und zurück, noch dröhnt in einzelnen
Schlägen das Geschütz; nur langsam erstirbt das Gefecht, als könnten
die Kämpfer nicht von einander ablassen. Nach 9 Uhr geht das Corps
von Lobau, 10,000 M., durch Ligny und rückt die Höhe herauf; es
bedeutet keine neue Schlacht, sie lösen nur in der vorderen französischen Linie die müden Garden ab.

16. Die Schlacht war für die Preußen verloren, doch jetzt in
der schwersten Stunde bewährten sich die Führer und das Heer. Die
Entscheidung in der Mitte hatte auch über die Flügel entschieden. Auf
der Rechten hatte, wie wir wissen, Pirch II., als er die Gefahr bei
Brye erkannte, die Bataillone, die hinter St. Amand standen, nebst 2
Batterien schleunig dorthin zurückgeführt. Die verworrenen Theile von
den meisten Brigaden der beiden ersten Corps gaben allmählig die
lange behaupteten Dörfer auf und gingen gegen die große Straße von
Namur zurück. Der Feind, den sie bisher bekämpft hatten, verfolgte
nicht; dafür drohte eine neue Gefahr. Von Villers Perruin her, auf
der Römerstraße, erschien jene Division, welche d'Erlon zurückgelassen
hatte; doch die Reiterbrigade von Marwitz und ein paar noch frische
Bataillone der 7. Brigade, die jetzt von Trois Burettes heranrückten,
genügten, den neuen Gegner im Zaume zu halten, er machte bei Wagnelée Halt. Ernsthafter kam es noch auf dem linken Flügel der Preußen
zum Gefecht. Wie Napoleon seinen Angriff auf die Mitte der letzteren durch die Division Vichery von Gérards Corps und Wathier von
Milhauds Küraffieren bis gegen Sombreffe ausdehnte, so hatte er zugleich Grouchy aufgegeben, das Nöthige für die Sicherung der rechten
Flanke zu thun. Dieser schickte daher gleichzeitig mit dem großen Angriff die Infanteriedivision Hulot und die Reiterdivision Maurin gegen Mont Potriaux vor. Thielmanns Vortruppen gaben das Dorf
und die Brücke der Straße von Fleurus über den Lignybach auf, dagegen wurden alle weitern Angriffe der Franzosen auf die Stellung
von Point-du-Jour bis Sombreffe hinüber abgeschlagen. Das Gefecht
hatte an dieser Stelle bis in die Nacht gedauert.

---

1) Siehe Note 1 auf Seite 258.

17. Auf dem Haupttheil der preußischen Linie nahm indessen der
Rückzug seinen Fortgang. Die Kühnheit der Feldherrn hatte den Wider=
stand bis zum äußersten, zum fast vollständigen Aufbrauch der Kräfte
fortgesetzt; andre Feldherrn und Heere hatten in solchem Augenblick
ihre Sache gegen Napoleon verloren gegeben, hier war eine bessere
Zuversicht. Das besiegte Heer war trotz aller Erschöpfung und Ver=
wirrung weit entfernt der Auflösung zu verfallen. Wir haben gesehen,
wie sich auf allen Punkten mitten aus dem Gewirr der weichenden
Schlachtordnung ein letzter Widerstand entwickelte. Die Commandeure
der Corps, der Brigaden, der Regimenter, die Offiziere und Soldaten
hatten das Ihre gethan, Gneisenau und Grolmann hatten ordnend
eingegriffen; jetzt aber galt es für Gneisenau die Hauptsache. Der
Feldherr fehlte dem Heere, man wußte nicht, wie bald er sich von
seinem schweren Unfall erholen würde; der Augenblick drängte, es galt
die Richtung des Rückzugs zu bestimmen. Gneisenau stand vor einer
großen Verantwortung. Der Rückzug nach Wavre lag grade hinter
ihm, er war für den Augenblick der leichtere, namentlich für den rech=
ten Flügel, er hielt auch die Verbindung mit den Engländern fest;
der Rückzug auf der Römerstraße dagegen hatte in Thielmanns Corps
einen festen Stützpunkt, führte grade dem heranmarschirenden Bü=
low entgegen, und weiterhin nach der Linie der Maas. Der letztere
sicherte mit Wahrscheinlichkeit die preußische Armee vor den schlimm=
sten Folgen der verlornen Schlacht; der erstere konnte das Heer in
die größte Gefahr bringen, wenn das Vertrauen in Wellington nicht
besser als bisher gerechtfertigt wurde. Noch einmal unter allen Ein=
drücken der verlornen Schlacht drängte sich in den Lauf weniger Mi=
nuten die schwere Wahl zusammen: ob die Verbindung mit den Eng=
ländern und die Entscheidung des Feldzugs, oder ob zuerst die eigne
Rettung und damit der ungewisse Verlauf des Kriegs gesucht werden
solle. Gneisenau entschied wie Blücher, wie aber außer diesem kein
andrer Feldherr der Verbündeten entschieden haben würde: er befahl
den Rückzug auf Wavre. Die Adjutanten wurden ausgesendet, um
an die Heertheile den Befehl zu überbringen. Der rechte Flügel und
die Mitte sollten zunächst über Tilly zurückgehen; für Thielmann er=
hielt Oberst von Thile II. die Weisung, er solle, wenn Tilly zu sehr
außerhalb seiner Stellung liege, den Weg nach Gemblour zur Verei=
nigung mit Bülow nehmen und mit diesem von dort nach Wavre
marschiren [1]). So geschah es. Brye, Sombreffe und Point=dü=Jour,

---

1) Archiv des Gnlstbs. in Berlin. E. 49 u. C. 54. Das Militärwochenblatt

von welchen die Sicherheit des Rückzugs abhing, blieben bis nach Mitternacht besetzt. Die Behauptung des erstern Dorfes hatte an Stelle
von Pirch II. jetzt General Jagow übernommen; er ging gegen 3 Uhr
auf der Römerstraße zurück und schloß sich dann an Thielmann an,
der um die nämliche Zeit Sombreffe und Point=bü=Jour räumte. Jagow hätte eigentlich mit den beiden ersten Corps den Weg auf Tilly
nehmen müssen; allein es scheint ihm bei der herrschenden Verwirrung
ein klarer Befehl nicht zugekommen zu sein und ihn, wie den General
von Grolmann, der bis Mitternacht bei ihm verweilte, beherrschte der
Gedanke, daß der Rückzug auf der Römerstraße geschehen müsse. Die
beiden ersten Corps marschirten noch unter den fortwirkenden Eindrücken der verlornen Schlacht in die Nacht hinein, das 3. konnte in
besserer Ordnung abziehen.

18. Die französische Armee lagerte auf dem eroberten Schlacht-
feld. In der Mitte bei der Windmühle von Büssy standen in erster
Linie Lobau, in zweiter die Garden und Milhaud, rechts davon, Som-
breffe gegenüber, der größere Theil von Gérards Corps. Auf dem
rechten Flügel bei Potriaux war Grouchy mit seiner Reiterei und der
Division Hülot vom 4. Corps. Den linken Flügel, bei la Haye und
Wagnelée, hielt Vandamme mit seinem Corps, mit 3 Brigaden der
Garde, sowie mit der von d'Erlon zurückgelassenen Division Dürütte.
Von der letzteren verließen die Generalstabsoffiziere Oberst Gordon
und Rittmeister Gangler am Abend die Fahnen Napoleons, um zu
Ludwig XVIII. überzugehen. Einen neuen Angriff, eine Verfolgung
hatte Napoleon nicht angeordnet, obwohl die 10,000 M. von Lobau
noch nicht gefochten hatten. Die Nacht, die Haltung, welche die Preußen auch in der Mitte noch im letzten Augenblick der Schlacht bewiesen, der mangelnde Erfolg auf seinem linken, das ungewisse, noch immer fortdauernde Gefecht auf seinem rechten Flügel, die Erschöpfung
seiner Truppen: dies Alles hat ihn wohl davon abgehalten. Die
Franzosen fühlten sich so wenig sicher, daß die Garden die Nacht hindurch im Viereck lagerten, immer ein Glied abwechselnd das Gewehr

von 1845, in seiner trefflichen aktenmäßigen Darstellung, nimmt noch an (S. 66),
daß sich der Entschluß, auf Wavre zurückzugehen, erst in der Nacht ausgesprochen
habe. Es wird aber durch die eigne Aussage des Obersten v. Thile II. (in einem
Brief des nachmaligen Gnls. v. Wussow, dat. Koblenz 7. März 1845) festgestellt, daß
Gneisenau diesen Entschluß sogleich bestimmt aussprach; u. General Hofmanns Zeugniß
S. 57 der Geschichte des Feldzugs 1815. 2. Aufl., sowie auch dasjenige des Generals
von Reiche in seinen „Bemerkungen" zu Hofmanns Schrift, S. 17 u. 18, stimmen
damit überein.

in der Hand. Um 11 Uhr begab sich Napoleon nach Fleurüs zu=
rück. Nicht immer hatten ihn solche Erwägungen von der äußersten
Benutzung seines Siegs zurückgehalten.

19. Das war die Schlacht von Ligny. Die französische Armee
hatte 11,500 M. verloren, ungefähr den 6. Theil der Truppen, die
gefochten hatten; von Vandamme und Gérard aber war fast ein Vier=
tel, von der Division Girard über ein Drittel außer Gefecht. Der
Verlust der Preußen für die beiden Tage des 15. und 16. betrug an
Todten und Verwundeten 12,200 M.; ebenfalls etwa ein Sechstel der
Truppen, die wirklich im Feuer gewesen waren; beim 1. Corps da=
gegen fast ein Viertel, bei einigen Brigaden über ein Drittel. Hierzu
kamen aber noch 8300 Vermißte, wovon nur ein kleiner Theil gefan=
gen, die Uebrigen versprengt waren. Die Mehrzahl davon hatte nicht
eigentlich die Fahnen verlassen, sondern war in der Verwirrung des
Rückzugs, und unbekannt mit der Richtung desselben, auf die Straße
nach Lüttich gerathen, wo Bülow ganze Compagnieen aufnahm, die
in den folgenden Tagen wieder zu ihren Truppentheilen zurückkamen;
ein Theil freilich floh bis Lüttich und weiter. Immerhin erschienen
die drei ersten Corps nach der Schlacht bei Ligny um 20,500 M. d. h.
um ein Viertel ihres Bestandes schwächer im Felde;[1] auch hatten sie 21
Geschütze verloren. Das war aber auch der ganze Gewinn für Napoleon
in einer Schlacht, die er mit fast gleichen Kräften gegen dieselben Preu=
ßen geschlagen, von denen er zwei erst einem Franzosen gleichrechnete.

20. In derselben Zeit, wie bei Ligny, wurde 2½ Stunden west=
lich davon bei Quatrebras eine zweite Schlacht geschlagen. Es wa=
ren Ney und Wellington, die dort auf einander trafen. Wir haben
gesehen, daß der erstere von Napoleon, der zweite von Blücher bei
Ligny erwartet wurde; es hing von ihrem Eintreffen ab, ob der Tag
dort für einen oder den andern Theil eine entscheidende Wendung be=
kommen werde. Keiner von Beiden konnte die Erwartung erfüllen;
sie maßen selbst ihre Kräfte an aneinander, dreimal wechselte das Ge=
schick; zuletzt blieb Wellington im Vortheil.

21. Ich habe im Eingang zu diesem Kapitel erwähnt, welche
Aufgabe Napoleon seinem Marschall zuerst für den Tag vorgezeichnet
hatte. Flahaut, ein Adjutant des Kaisers, ging mit dem Befehl um
9 Uhr von Charleroi ab; er traf Ney um halb 11 Uhr bei Frasnes
auf den Vorposten, die bereits mit dem Feinde plänkelten. Der Mar=

---

1) Die Verluste der Preußen nach einem Aktenstück im Archiv d. Gnlstbs. in
Berlin; die der Franzosen nach Charras 170.

schall hatte dort von Reilles Corps die Infanteriedivision Bachelü und die Reiterdivision Piré sowie die Gardereiterei von Lefebvre Desnoëttes bei sich; die zwei andern Divisionen des 2. Corps, Foy und Guilleminot, standen $1\frac{1}{2}$ Stunden weiter südlich bei Gosselies; d'Erlons Corps war noch $\frac{1}{2}$ Stunde weiter zurück und wenig versammelt bei Jümet, Kellermanns Küraffiere, von Charleroi kommend, zogen grade durch Gosselies. Ney gab sofort seine Befehle zur Ausführung von Napoleons Ordre: Bachelü an der Spitze sollte über Quatrebras bis Genappe vordringen, die übrigen Heertheile würden folgen; d'Erlon als der letzte hätte zunächst bis Frasnes zu rücken, von hier solle er die vom Kaiser verlangte Division nach Marbais schicken. Gegen Mittag kam eine weitere Weisung von Soult: Ney möge, was ihm vom Feinde begegne, über den Haufen werfen, er könne nichts vor sich haben, als was von Brüssel komme. Auch hiernach konnte dieser, so wenig als nach des Kaisers erstem Befehl, annehmen, daß er einen starken Widerstand finden würde. Er suchte die Bewegung seiner Truppen zu beschleunigen; doch wurde es zwei Uhr, bis er den Angriff beginnen konnte. Er hatte in diesem Augenblick die Infanterie von Bachelü und Foy, 9000 M., die Reiterei von Piré, 1850 M. und 22 Geschütze bei sich; die Division Guilleminot, seit dem vorigen Tage dem Namen nach von Napoleons Bruder Jerome commandirt, war noch etwas zurück, die Gardereiterei von Lefebvre sollte nur im Nothfall gebraucht werden.

Die Verzögerung in Ney's Angriff, zumeist von Napoleon verschuldet, war ein großes Glück für die Gegner und doch fast nicht groß genug, um Wellingtons Versäumnisse auszugleichen. Noch waren keine Truppen zur Stelle als die Division Perponcher, 5 Bat. Nassauer unter dem Prinzen Bernhard von Weimar und 4 Bataillone Niederländer unter General Bylandt, zusammen 7000 M. mit 16 Geschützen; 1 Bataillon der letzteren, welches in Nivelles zurückgeblieben war, konnte erst gegen 3 Uhr eintreffen. Wir wissen, es war der selbständige Entschluß des Prinzen Bernhard, welcher hier am vorigen Tage den ersten Widerstand herbeigeführt hatte; es war die Einsicht und Entschiedenheit Perponcher's, durch welche, den Anordnungen aus Brüssel entgegen, die ganze Division seit 4 Uhr Morgens hier versammelt stand. Der Prinz von Oranien war schon seit 6 Uhr an Ort und Stelle; Wellington war erst um 5 Uhr von Brüssel aufgebrochen und kam gegen halb 11, um dieselbe Stunde als Ney gegenüber war, zur Stellung der Vortruppen bei Frasnes. Er prüfte sie und wandte sich dann mit vollkommener Ruhe, als wären die Franzosen 100 Stunden

von da, zum Prinzen von Oranien: „Sie werden bald angegriffen werden; ich zähle darauf, daß Sie sich halten, bis meine heranrückenden Divisionen ankommen." Dann begab er sich zu Blücher, mit dem er die
oben berichtete Besprechung hatte. Mit „den heranrückenden Divisionen" aber sah es schlimm aus. Die nächsten waren diejenigen von
Picton, und die Braunschweiger, die, mit Tagesanbruch von Brüssel
ausmarschirt, bei Waterloo hatten Halt machen müssen, weil sich dort
die Straßen von Nivelles und Charleroi vereinigen, und der Herzog
für die erstere immer noch sehr besorgt war. Sie erhielten erst um
Mittag den Befehl auf Quatrebras zu marschiren und konnten dort
erst gegen 4 Uhr eintreffen. Von der Rechten her waren die Division
Alten von Braine-le-Comte und die englischen Garden von Enghien
her zu erwarten, doch beide erst gegen Abend; die Division Chassé,
welche um Mittag Nivelles erreichte, wollte der Herzog von dort nicht
abrufen. Es blieb also für die nächsten Stunden der Prinz von Oranien jedenfalls auf die 7000 M. beschränkt die er hatte; er suchte die
ausgedehnte Stellung so gut zu besetzen, als es mit seiner kleinen
Macht gehen wollte.

22. Quatrebras ist eine Häusergruppe am Kreuzungspunkte der
Straßen von Charleroi nach Brüssel und von Namür nach Nivelles;
die erstere zieht von Süd nach Nord, die letztere von Südost nach
Nordwest. Die Gegend ist wellenförmig; der Ort liegt ziemlich hoch; die
Straße nach Frasnes überschreitet südlich von Quatrebras zuerst zwei
flache Gründe, und dann einen tiefern, durch welchen in der Richtung
von West nach Ost ein schwacher Bach fließt. Nahe beim Ursprung
des letzteren, dicht an der Ostseite der Straße, liegt der Pachthof
Gimioncourt, zur Vertheidigung geeignet durch seine Gebäude und die
umgebenden Pflanzungen von Bäumen und Hecken. Etwa 2000 Schritte
südöstlich vom Pachthof liegt das Dorf Piraumont, nicht weit von
der Stelle, wo der Bach die Straße von Namür durchschneidet; südlich vom Dorf beginnt der Wald von la Hütte, der sich bis gegen
Frasnes zieht. Auf der Westseite der Straße von Charleroi, etwa
500 Schritte davon entfernt, zog sich damals, bei Quatrebras anfangend
in südwestlicher Richtung der Wald von Bossü hin, etwa 4000 Schritte
lang, 6 bis 800 Schritte breit; an seiner Südostecke lag der Pachthof Grand-Pierre-Pont, etwa 2000 Schritte südwestlich von Gimioncourt.

Der Prinz von Oranien besetzte den Wald von Bossü und den
Pachthof Pierre-Pont mit 4 Batl. Nassauern und 2 Geschützen, den
Pachthof Gimioncourt mit 2 Batl. Holländern; 11 Geschütze, von

einem Batl. Nassauer gedeckt, standen zu beiden Seiten der Straße,
auf der Höhe von Pierre=Pont; 2 Btl. Holländer mit 3 Geschützen
waren bei Quatrebras in Reserve. Die Truppen waren auf diese
Weise weit auseinander gezogen, allein die Oertlichkeit ließ es wohl
nicht anders zu; und der Prinz hoffte, der Feind werde aus den Trup=
pen, die er an vielen Orten zugleich erblicke, auf eine größere Macht
schließen, welche durch die Bodenwellen, die Bäume, die Frucht ver=
deckt sei.

23. Ney griff um 2 Uhr an, zur nämlichen Stunde als Soult vom
Felde bei Fleurüs den erneuten Befehl dazu absandte. Reille leitete
die Bewegung: die Division Foy auf der Straße, die Division Ba=
chelü zur Rechten, Piré's Reiterei theils auf dem rechten Flügel, theils
hinter der Mitte. Ein heftiges Geschützfeuer, in welches sich schnell
das Knattern des kleinen Gewehrs einmischt, eröffnet das Gefecht.
Die Artillerie des Prinzen muß vor dem überlegenen Feuer der feind=
lichen bis Gimioncourt zurückgehen; zur Linken wird ein holländi=
sches Batl. von der Reiterei überrascht und in Unordnung nach dem
Pachthof zurückgetrieben, Piraumont wird von Bachelü besetzt. Der
Prinz versucht gegen das mörderische Feuer der französischen Artillerie
an der Spitze eines Batl. einen kühnen Angriff, es wird von einem
Reiterregiment in der Flanke genommen und in Unordnung zurückge=
worfen, der Prinz selbst entgeht mit Noth der Gefangenschaft. In=
zwischen sind die beiden Batl. von Quatrebras bei Gimioncourt an=
gelangt; es entwickelt sich ein lebhaftes Feuergefecht, General Foy
greift an, nach kurzem Widerstand weichen die Holländer vor der Ue=
bermacht eilig gegen Quatrebras zurück. Zu gleicher Zeit rückt die
Brigade Jamin von Foy's Division gegen Pierre=Pont und das Holz
von Bossü an; die Nassauer, in guter Stellung, weisen den Versuch
zuerst ab; eben jetzt trifft auch das zu Nivelles zurückgelassene Batl.
Belgier zu ihrer Unterstützung ein, und nimmt sofort am Gefechte
Theil. Doch der Feind verstärkt sich bedeutender, die Division Guille=
minot rückt in die Linie; ein zweiter Angriff entreißt den Nassauern
Pierre=Pont und dringt bis in den Wald vor. Zugleich ordnen sich
Foy und Bachelü an der Straße zum Angriff auf die Höhe jenseits
Gimioncourt, wo der Prinz seine Bataillone wieder nothdürftig gesam=
melt hat. Der Augenblick ist gefährlich; bringt der Angriff durch, so
ist Quatrebras verloren, die Stellung gesprengt. Doch schon ist die
Hülfe nah: die Division Picton und die Braunschweiger zeigen sich
auf der Straße von Waterloo, die Reiterbrigade van Merlen trifft
von Nivelles ein. Der Prinz von Oranien, um den drohenden An=

griff zu hemmen, befiehlt sofort der Reiterei einen Angriff auf die französische Infanterie zwischen dem Holz von Bossü und der Straße.
Das holländische Husarenregiment Nr. 6 ist an der Spitze, es wird
von Piré's Jägern und Uhlanen geworfen. Die belgischen leichten
Dragoner Nr. 5 rücken vor. Im Augenblick des Zusammentreffens
werden sie auf eine schwere Probe gestellt: sie sehen sich vor den Reihen des 6. französischen Chasseurregiments, ihren alten Waffengefährten,
mit denen sie vor wenig Monaten noch Ruhm und Gefahr getheilt hatten;
einige hören aus den feindlichen Reihen ihre Namen gerufen, hören die
Aufforderung zu den alten Fahnen zurückzukehren. Es ist nur ein
Augenblick, dann treffen die Schwerter aufeinander; mancher fällt von
der Hand eines Freundes, mit dem er das Geschick schwerer Kriege
getheilt hat [1]. Die Belgier, von der Uebermacht überwältigt, weichen
gegen Quatrebras zurück. Zu ihrem Unglück tragen sie beinahe dieselbe Uniform wie die Gegner, die sie so eben bekämpft haben; ein
Batl. von Picton, an der Straße von Namür aufgestellt, hält sie für
Feinde und gibt Feuer auf sie, einige Reiter stürzen, die Schwadronen
zerstreuen sich und finden endlich Schutz bei den Häusern von Quatrebras, wo sie sich allmählig sammeln, doch ohne am Kampf weiter
Theil zu nehmen.

24. Es war $\frac{1}{2}$4 Uhr als dieser unglückliche Angriff geschah; der
Widerstand gewann von da an mehr Stärke. Die Division Picton
war in die Stellung eingerückt, sie zählte die englischen Brigaden
Kempt und Pack, sowie die hannövrische Brigade Best, welche in Folge
falscher Bestellung statt der Brigade Vincke mit ausgerückt war; zusammen 7200 M. mit 12 Geschützen. Hinter Picton hatte der Herzog
von Braunschweig 5 Batl. und 5 Schwadr., etwa 3000 M. Infanterie und 900 Reiter herbeigeführt, 3 Batl. und 16 Geschütze seines
Corps waren noch zurück. Die Reiterbrigade van Merlen zählte bei
ihrer Ankunft über 900 M. und 2 Geschütze; das bei den Nassauern
verwendete belgische Bataillon v. Bylandts Brigade etwa 600 M. Das
vereinigte Heer bestand hienach, von den Verlusten abgesehen, aus
18000 M. Infanterie, 1800 Reitern und 30 Geschützen. Die Truppen
hatten zwar seit Tagesanbruch 6 bis 7, die belgische Reiterei sogar
10, Wegstunden zurückgelegt, doch belebte sie die Nähe des Kampfs.

---

1) Réponse aux allégations anglaises sur la conduite des troupes belges
en 1815. Bruxelles 1855. p. 58. Die kleine Schrift ist für die Geschichte des
Feldzugs von Wichtigkeit; ihr Verfasser ist wahrscheinlich der in der Militärliteratur
rühmlich bekannte belgische General Renard.

Der Herzog von Wellington war zur nämlichen Zeit von der Zusammenkunft mit Blücher zurückgekehrt und übernahm jetzt den Befehl. Er entwickelte 6 Batl. Engländer am diesseitigen Abhang des Grundes von Gimioncourt, 600 Schritte südlich der Straße von Namür, die 4 Batl. Hannoveraner in zweiter Linie an der Straße selbst; 1 Batl. Engländer mußte zur Linken bei Piraumont, 1 bei Quatrebras sich aufstellen. Der Herzog von Braunschweig sollte 1 Batl. nach Piraumont senden und mit dem Haupttheil seiner Truppen vorwärts Quatrebras zwischen der Straße und dem Holz von Bossü das Feld halten; den Wald selbst sollten die Nassauer mit dem belgischen Batl. auch ferner behaupten. Die Niederländer, welche bisher an der Straße gefochten hatten, kamen in Reserve.

25. Um dieselbe Stunde hatte Ney einen allgemeinen Angriff angeordnet. Er verfügte nach dem Eintreffen der Division Guilleminot über 17000 M. Infanterie, 1850 Reiter und 1200 Artilleristen mit 38 Geschützen. Es galt den Grund von Gimioncourt zu überschreiten und die jenseitige Höhe zu nehmen. Bachelü führte zur Rechten, östlich der Straße von Charleroi, 7 Batl. vor, unterstützt von 2 Reiterregimentern Piré's; Foy hatte 1 Brigade auf der Straße, 1 westlich davon; Guilleminot sollte mit Nachdruck im Wald von Bossü vordringen. Ein heftiges Feuer der französischen Artillerie leitet den Angriff ein. Bachelü's Bataillone überschreiten den Grund, sie steigen jenseits den Hang hinan; die dichten Hecken der Felder hemmen ihren Marsch, sie dringen durch, doch sind ihre Reihen noch nicht geordnet als sie auf dem Rande des Hangs erscheinen. In diesem Augenblick stehen sie vor Pictons Linie, die mit vollkommner Ruhe aus unmittelbarer Nähe ihr Feuer abgibt; die Franzosen weichen, die Engländer folgen mit dem Bajonnet, treiben sie durch den Grund zurück und ersteigen dicht hinter ihnen den jenseitigen Hang. Doch hier hemmt ein Regiment, das im Angriff zurückgeblieben war, ihr Vorrücken, die Reiterei greift an, die Artillerie spielt in ihre Reihen; die eben noch siegreichen Bataillone weichen über den Grund zurück; die Menge der Todten und Verwundeten in blauem und rothem Kleide liegt über den grünen Grund zerstreut, wie ein Schmuck, den sich der Tod erwählt hat.

Mit besserem Erfolg als Bachelü, führte etwas später Foy seinen Angriff aus. Der Herzog von Braunschweig hatte seine Truppen ohne eigne Artillerie im heftigen Feuer der feindlichen in die Stellung am obern Grund gebracht. Die niederländischen Batterien waren noch nicht wieder kampffähig; der Herzog schickte zu Wellington, und sprach indessen, die Pfeife rauchend, seinen jungen Truppen Ruhe ein. Es kamen 4 Geschütze, doch sie waren in wenig Augenblicken außer Gefecht gesetzt. Jetzt dringen in dichten Schwärmen die feindlichen Plänkler vor, hinter ihnen die geschlossenen Bataillone und die Reiterei. Der Herzog führt seine 3 Schwadr. Uhlanen zum Angriff, sie weichen vor dem feindlichen Feuer; er muß auch für die Infanterie den Rückzug befehlen, noch kurze Zeit bewahrt diese ihre Haltung, dann folgt Schwanken und steigende Unordnung, ein Theil drängt sich nach dem Walde, ein andrer nach der Straße. Der Herzog sucht beim Leibbatl. die Ordnung herzustellen, da trifft ihn die tödliche Kugel; drei seiner Soldaten sehen ihn vom Pferde sinken, sie tragen ihn auf ihren Büchsen zurück. Offiziere eilen zur Hülfe herbei, eine Decke, die man bei einem gefallenen Schotten findet, gewährt ein beßres Lager; so wird er weiter zurückgetragen, kein Arzt ist zugegen, auch das Wasser fehlt, seinen brennenden Durst zu löschen. Noch einmal schlägt er die Augen auf und fragt nach dem Oberst Olfermann, der jetzt seine Truppen führen soll; als sie mit ihm die nächsten Häuser hinter Quatrebras erreichen, findet der herbeieilende Arzt nur noch die theure Leiche. So sollte der Fürst den glücklichen Ausgang des Kampfes nicht sehen. Er fiel, ein edles Opfer für die Sache, der auch 1809 seinen Arm geliehen hatte.

Die Schlacht nimmt unerbittlich ihren Gang. Die Braunschweig'schen Husaren versuchen vergeblich zwischen der weichenden Infanterie das Gefecht herzustellen, sie müssen umkehren. Die französischen Reiter folgen, die Uhlanen treffen auf den rechten Flügel von Picton, die Jäger bei Quatrebras auf das 92. englische Regiment und die hannöversche Brigade. Dort wird das 42. schottische Regiment in der Bewegung zum Carré überrascht und verliert 2 Compagnien, die zersprengt werden[1]); hier erleidet das Batl. Verden ein ähnliches Geschick und Wellington selbst beim 92. Regiment entgeht mit Noth der Gefangenschaft. Doch der Anlauf der französischen Reiter ist gebrochen, wohin sie sich wenden, empfängt sie das sichere Feuer festgeschlossener Reihen: nicht blos die geprüfte englische Infanterie, auch die jungen hannöverschen Landwehrbataillone Lüneburg, Osterode, Münden stehen fest; zum Theil in Linie im Graben der Straße aufgestellt, senden sie auf weniger als 100 Schritte den feindlichen Reitern ihr Feuer

---

1) Beamish. Geschichte d. königl. deutsch. Legion, Hannover 1837. II. 354. Die Erzählung ergibt eine in sich wahrscheinliche Ausgleichung für die in diesem Punkt ganz entgegengesetzten Angaben von Charras und Siborne.

entgegen [1]). Diese, zuletzt in viele Schwärme aufgelöst, eilen zurück, um bei ihrer Infanterie Schutz und Sammlung zu suchen. Doch bleibt es zweifelhaft, ob Wellington seine Stellung behaupten wird. Guille= minot ist im Walde von Bossü, fast bis auf gleiche Höhe mit Foy, vorgedrungen; die Nassauer und Belgier behaupten sich gegen ihn nur mit Noth. In der Mitte bei Quatrebras versuchen sich die braun= schweig'schen Batl. zu ordnen, doch ist es ungewiß, welchen Widerstand sie und die niederländischen Reserven zu leisten im Stande sind. Die englischen, schottischen und hannöverschen Batl. auf der Linken stehen allein noch unerschüttert, ihre Haltung hat das Vordringen der feind= lichen Infanterie aufgehalten; doch droht ihnen eben jetzt ein neuer An= griff von Piraumont her; auch sie vermögen sich vielleicht nicht zu behaup= ten, wenn der Feind zugleich mit neuem Nachdruck in der Mitte und zur Rechten angreift.

26. Es war gegen 6 Uhr. [2]) Wellington, wie schwer ihm auch die möglichen Folgen seiner früheren Versäumnisse vor der Seele stan= den, traf in unveränderter Ruhe seine Anordnungen, und das Glück verließ ihn nicht. Eben jetzt war von Brüssel her das 1. nassauische Regiment, 2900 M., eingetroffen, es wurde sofort in den Wald von Bossü zur Unterstützung seiner Landesgenossen vorgesendet. Nicht lange danach rückten die Brigaden Halkett und Kielmansegge von der Divi= sion Alten heran. Die Division war um 3 Uhr frühe von Soignies aufgebrochen und hatte um Mittag, zum Theil auf Landwegen, Ni= velles erreicht. Tief erschöpft von dem Staub und der glühenden Hitze ruhte sie dort, als sie um 3 Uhr der Befehl erreichte [3]), welcher jene 2 Brigaden nach Quatrebras rief; die Brigade Ompteda von der k. deutschen Legion wurde nach Arquennes bei Nivelles gesendet. Halkett führte 4 Batl. Engländer, Kielmansegge 5 Batl. hannöversche Land= wehr und ein Feldjägercorps, es waren zusammen 5700 M. mit 12 Geschützen; nicht lange danach traf auch, ihrer Infanterie vorausei= lend, die deutsche reitende Batterie von Cooke's Division, 6 Geschütze, ein. Wellington zählte hienach über 25,600 M. Infanterie, 1800

---

1) Hülsemann. Gesch. d. 4. hann. Infrgts. 104 bis 106.

2) Noch mehr wie vorher, ist von hier an die Schilderung der Schlacht nur ein Versuch den wirklichen Verlauf und die Zeitmomente aus den widersprechenden Angaben herzustellen. Charras und Siborne sind in vielen Punkten schlechterdings nicht zu vereinigen und an ausreichenden Einzelquellen fehlt es.

3) Hülsemann. Gesch. d. königl. hannov. 4. Infrgts. Hannover 1863. S. 71 bis 76.

Reiter und etwa 1300 M. Artillerie mit 48 Geschützen. Er ließ sofort die Brigade Halfett in die Stellung zwischen der Straße und dem Wald von Boffü einrücken, welche vorher die Braunschweiger hatten; auch die letzteren gewannen dadurch wieder Zuversicht und schlossen sich zum Theil dem Vorgehen an. Die Brigade Kielmansegge mußte auf der Straße nach Namür zum Theil bis Piraumont fortgehen, um den linken Flügel zu unterstützen. Bei alledem war Wellingtons Lage so günstig nicht, als es nach der Zahl seiner Truppen scheinen mag; er hatte an Infanterie um die Hälfte, an Artillerie vielleicht ein paar Geschütze mehr als der Feind, allein die Belgier, die Nassauer, die Braunschweiger waren vom vorhergegangenen ungleichen Kampf so erschüttert, daß der Herzog in Wirklichkeit an Infanterie schwerlich viel mehr, an Artillerie weniger als sein Gegner im Feld hatte. Es wird erzählt, daß den heranziehenden Engländern viele flüchtige Niederländer begegnet wären, die geäußert hätten: ihr commandirender Offizier wäre todt, es sei unnütz noch zu kämpfen; oder Napoleons Sieg sei gewiß, es wäre vergebens ihm widerstehen zu wollen. [1]) Der einzige Vortheil des Herzogs war, daß er zum Theil frischere Truppen hatte als sein Gegner; dagegen ging ihm die Reiterei, an der sich der letztere eben jetzt beträchtlich verstärkte, fürs Gefecht faft ganz ab, sie war zu sehr erschüttert.

Ney zählte 20,000 M., worunter über 1800 Reiter mit 38 Geschützen. Seine Infanterie begann, als Halfetts Brigade in der Mitte gegen sie vorging, auch hier über den Grund von Gimioncourt langsam zurückzuweichen; der Marschall sah sich auf dem Punkt, alle bisherigen Erfolge zu verlieren. Er hatte gegen 5 Uhr jene erste Weisung empfangen, die Napoleon um 2 Uhr auf den Feldern bei Fleurüs gegeben, und es war ihm noch nicht gelungen, sie zu erfüllen, d. h. zu schlagen, was er vor sich hatte. Er erhielt jetzt, gegen 6 Uhr den zweiten Befehl, von $1/_4$ 4 Uhr datirt, wonach das Schicksal von Frankreich davon abhing, daß er den Feind schlug und sich dann gegen Ligny wandte. Aber er hatte keine Infanterie, um den Befehl zu vollziehen; denn d'Erlon war bereits gegen Ligny ausgebogen, und der Marschall hatte wahrscheinlich schon die Nachricht davon. Er ließ den Befehl zum unmittelbaren Heranrücken an ihn ergehen; allein wie schnell sein Bote auch reiten, wie rasch auch d'Erlon umkehren mochte; es war immer sehr zweifelhaft, wie bald er einrücken werde. Es blieb Ney nichts übrig, er mußte die Wendung mit Reiterei und Artillerie

---

1) Siborne. 121.

herbeizuführen suchen. Noch standen Kellermanns und Lefebvres Divisionen nicht ferne von ihm, bei Frasnes; der Nothfall, in dem sie gebraucht werden durften, war jetzt da. Warum der Marschall nicht Alles herbeirief, worüber er verfügen konnte, ist nicht aufgeklärt; an einem andern Ort konnten die Reiter, die er zurückließ, nicht mehr mitwirken, hier konnten sie vieles entscheiden. Wie dem sei, Ney ließ nur eine Kürassierbrigade von Kellermann, etwa den fünften Theil jener Reitermasse und 6 Geschütze kommen[1]. Als Kellermann an ihrer Spitze erschien, eilte Ney in heftiger Bewegung auf ihn zu: „Mein lieber General, es gilt eine große That, das Schicksal Frankreichs hängt davon ab, sie müssen jene Infanteriemasse durchbrechen, ich werde Sie durch Piré's ganze Reiterei unterstützen." Kellermann hatte einst bei Marengo den Sieg entschieden, er verstand den Auftrag; einen Augenblick schien es, als sollten die 800 Kürassiere das Schicksal der Schlacht bestimmen.

27. Colin Halketts Brigade war eben von der Niveller Straße her gegen den Grund von Gimioncourt im Anmarsch, die Artillerie kam gerade bei Quatrebras an; Pictons vordere Linie war durch einige Bataillone der Brigade Best aus der 2. Linie verstärkt worden; auf der Linken griffen die vordern Bataillone von Kielmannsegge eben bei Piraumont ins Gefecht ein; auf der Rechten waren die Nassauer bereits in den Wald von Bossü eingerückt. In diesem Augenblick begann der französische Reiterangriff: Kellermann sollte zur Linken, Piré zur Rechten der Straße vorgehen; Foy mit der Infanterie sollte dem Angriff in der Mitte folgen, Guilleminot zur Linken im Holz von Bossü, Bachelü zur Rechten bei Piraumont vordringen. Ney läßt mit erneuter Macht das Feuer seiner Geschütze spielen; dann geht Kellermann auf der Straße durch den Grund vor, jenseits schwenkt er links ein und stürzt sich auf Halketts Infanterie. Das hohe Korn und der Abhang verbirgt seine Ankunft den Blicken; er trifft auf das 69. Regiment. Zum Unglück ergehen widerstreitende Befehle bei diesem: der General will Carré gebildet haben, der Prinz von Oranien, der die Reiter nicht ahnt, verlangt des Kanonenfeuers wegen die Aufstellung in Linie. In diesem Augenblick hauen die Kürassiere ein, das Regiment wird auseinander gesprengt, die Fahne geht verloren.

---

1) Ich folge hier der Angabe von Charras S. 195, der übrigens die Geschütze zu erwähnen vergißt. Fast alle andern Schriftsteller lassen auch noch die andre Kürassierbrigade und sogar die Dragonerdivision Kellermanns, d. h. etwa 2400 Reiter und 6 Geschütze mehr auf dem Kampfplatz erscheinen.

Nach allen Richtungen ergießen sich die Flüchtigen über das Feld.
Der Angriff stürmt weiter gegen Halketts andere Bataillone und die
Braunschweiger; doch er findet sie gefaßt, und vermag ihre Ordnung
nicht zu trennen, zwischen den Reihen der Infanterie durch, bricht er
gegen Quatrebras und die Straße vor. Zugleich tummeln sich Pirés
Jäger und Uhlanen zwischen Pictons Linie herum, ein hannöversches
Bataillon wird überrascht und gesprengt, die andern, auf 2 und auf
4 Glieder ins Viereck gestellt, halten unerschütterlich Stand. Doch
haben die Reiterangriffe der französischen Infanterie wieder den Weg
gebrochen: Foy in der Mitte drängt die erschütterten Bataillone Hal=
ketts sammt den Braunschweigern nach dem Wald und der Straße
von Nivelles zurück, und nimmt zugleich in der Nähe von Quatrebras
die Häuser der Schäferei, das 92. Regiment wirft sich vergebens ent=
gegen; auf der Linken ist Guilleminot im Begriff den Nassauern auch
das letzte Stück des lange umstrittenen Waldes zu entreißen, auf der
Rechten beginnt Bachelü Raum zu gewinnen. Wieder scheint Welling=
tons Stellung, am meisten seine Mitte, in großer Gefahr. Doch Kel=
lermanns Reiter scheitern an dem eignen Ungestüm. In dem Augen=
blick, als die Schwadronen bei Quatrebras die Straße erreichen, sind
jene 18 Geschütze, die mit Alten gekommen waren, zum Schusse bereit.
Ein Hagel von Kugeln fliegt in die Reihen der Küraffiere: schon er=
schöpft und verwirrt durch den heißen Ritt und Kampf, halten sie das
Feuer nicht aus; sie kehren um, die Ordnung löst sich auf, in unauf=
haltsamer Flucht eilen sie über das Feld zurück, das sie eben noch
siegreich durchmessen haben; Kellermann selbst, ohne Pferd, ohne Helm,
ohne Waffen, rettet sich mit Noth zwischen den Pferden zweier Küraf=
fiere. Foys Bataillone, durch die plötzliche Flucht der Reiter erschüt=
tert, beginnen zu schwanken. Noch drängt Ney aufs Neue zum An=
griff, noch hofft er auf den Sieg. Zur Stunde aber ist er schon ent=
schieden, Wellington hat neue Hülfe erhalten und geht selbst zum An=
griff über.

Es sind zuerst die letzten Braunschweiger, welche auf der Straße
von Brüssel einrücken, das 1. und 3. Jägerbataillon und 2 Batterien,
zusammen 1800 M. mit 16 Geschützen; sie erhalten ihre Aufstellung
bei Quatrebras. Nicht lange danach um halb 7 Uhr trifft von Ni=
velles her die Division Cooke, 2 Brigaden englischer Garden unter
Maitland und Byng, ein, 4200 M. mit 6 Geschützen. Der Prinz
von Oranien schickt sofort die Brigade Maitland in den Wald von
Bossü vor; zugleich rücken die Braunschweiger und Halketts Bataillone
aufs neue gegen den Grund von Gimioncourt; auf der Linken setzt

die brittiſche, braunſchweigiſche und hannöverſche Infanterie mit ver-
doppeltem Nachdruck gegen Piraumont an. Wo die Schlacht ſo lange
in blutiger Arbeit hin und her geſchwankt hat, gibt das Gewicht von
mehr als 6000 friſchen Soldaten ſchnell den Ausſchlag. Maitlands
Bataillone treiben Guilleminots Infanterie, die durch den langen
Kampf auseinander gekommen iſt, unaufhaltſam durch den Wald vor
ſich her; wie ſie den Rand erreicht haben und ins Freie vorbrechen,
werden ſie von franzöſiſcher Reiterei angefallen und zurückgeworfen;
ſie ſammeln ſich unter dem Schutz des Waldes, die Artillerie, die
Braunſchweiger kommen heran; wieder rücken die Engländer aus dem
Wald heraus, wieder müſſen ſie vor der Reiterei bis zum Saum desſelben zurückweichen; doch hier weiſen ſie den weiteren Angriff mit
vollſtändiger Ruhe ab, während neben ihnen die Braunſchweiger im
freien Felde den Reitern die nämliche Unerſchrockenheit entgegenſetzen.
Die franzöſiſche Cavallerie muß umkehren; die Engländer und die Braunſchweiger folgen. Auch Foy's Bataillone in der Mitte vermögen ſich
nicht zu behaupten; auch Bachelü auf der Rechten muß Piraumont
aufgeben. Ney erkennt, daß die Schlacht nicht zu halten iſt; gerade
jetzt ſoll ihn die gewiſſe Nachricht erreicht haben, daß er auf d'Erlon
nicht mehr rechnen dürfe; auf die engliſchen Batterien zeigend, hätte
er in Verzweiflung zu ſeinen Offizieren geſagt: „Sehen Sie dieſe Kugeln, ich wollte, ſie gingen mir alle in den Leib." Er gibt den Befehl
zum Rückzug. In feſter Haltung, von der überlegnen Reiterei begünſtigt, führen ihn ſeine Truppen aus; die Sieger, erſchöpft und ohne
Kavallerie, vermögen nur langſam zu folgen. Als die Dunkelheit
hereinbricht endet das Treffen, faſt auf derſelben Linie, wo es am
Morgen begonnen hatte.

28. Als Ney bei Frasnes ankam, etwa um 9 Uhr, war eben
d'Erlon mit dem größeren Theil ſeines Corps im Anmarſch. An
Erneuerung des Gefechtes war bei der Dunkelheit und der Erſchöpfung
der Truppen nicht zu denken; dagegen gab die friſche Reſerve vollkommene Sicherheit gegen den Feind. Das Heer bezog bei Frasnes
die Biwaks; der größere Theil lagerte vorwärts des Orts, die Vor-
poſten ſtanden den feindlichen nahe gegenüber. Auch Wellington erhielt bald nach Beendigung des Kampfes noch Verſtärkung: Lord
Uxbridge mit der Reiterei, und die Brigade Ompteda, welche Alten
zuerſt bei Arquennes hatte zurücklaſſen müſſen, trafen ein. Der Herzog
nahm faſt dieſelbe Stellung, welche der Prinz von Oranien am Morgen beſetzt hatte; ſie zog vom Südende des Waldes von Boſſü über
Gimioncourt nach Piraumont hinüber. Die erſten Stunden der Nacht

verflossen auf beiden Seiten in Ruhe; die glühende Hitze des Tags, die Märsche, der sechsstündige blutige Kampf hatten die Kraft, wie den Entschluß zu neuen Thaten fürs erste verzehrt.

So endete das Treffen von Quatrebras. Ney hatte an Todten, Verwundeten und Vermißten 4400, Wellington 4700 Mann verloren; von den letztern kamen fast 2500 auf die Engländer, 400 auf die Hannovraner, 700 auf die Braunschweiger, gegen 1100 auf die Niederländer und Nassauer. Der erstere hatte zuletzt über 21,000 M. mit 44 Geschützen im Gefecht, der letztere zählte 34,000 M. mit 70 Geschützen. Dreimal stand der Kampf auf dem Punkte mit dem Siege Neys zu enden: um $\frac{1}{2}$4 Uhr war der Prinz von Oranien in der höchsten Bedrängniß, da erschienen Picton und die Braunschweiger und stellten das Treffen her; um $\frac{1}{2}$6 Uhr schien es, daß Wellingtons Mitte durchbrochen würde, da gebot das Eintreffen von Halkett, Kiel= mannsegge und dem 1. Regmt. Nassau dem Vordrängen des Feindes Halt; gegen 7 Uhr drohte noch einmal die Gefahr, daß Quatrebras und die ganze Stellung zur Rechten verloren werde, da kamen die englischen Garden und die letzten Braunschweiger, und entrissen dem Feinde den Sieg. Die Feldherrn hatten in der Leitung der Schlacht wenig anders zu thun, als den natürlichen Gang der Dinge zu ordnen. Bei Ney tritt Unruhe und Hast hervor, es fehlte seinen Angriffen an der umfassenden Vorbereitung und dem rechten Zusammenwirken der Waffen, es scheint, daß die Ungewißheit seiner Lage auf ihn einge= wirkt hat; warum er den größten Theil seiner Reiterei unbenutzt zu= rückließ, ist auch durch Napoleons Weisungen nicht erklärt: in seiner Ausdauer erkennt man noch den alten Muth, aber es ist, als wäre er in fieberhafter Bewegung. Wellington dagegen kann sich, auch nach den feindlichen Massen, die er bei Blücher gesehen, auch nach dem Angriff, der den Prinzen von Oranien getroffen hat, von der Sorge vor einem feindlichen Vordringen von Mons auf Brüssel noch nicht trennen; er läßt die Division Chassé, 2 Reiterbrigaden von Collaert und die Brigade Ompteda bei Nivelles und Arquennes stehen: es waren über 8000 M. Infanterie und 2000 Reiter, die vor 6 Uhr zur Stelle sein, und den Sieg entscheiden konnten. Wenn sie der Herzog nicht bedurft hat, so lag dies an seinem Glück, nicht an seiner Berechnung; die Schlacht selbst dagegen hat er mit der vollkommenen Ruhe des Feldherrn geleitet, der an sich und seinen Soldaten nicht zweifelt. Was die beiden Heere angeht, so war hier die ähnliche Erscheinung wie bei Ligny. So lange die Zahlen gleich standen, bewiesen sich die Franzosen überlegen; ihre Armee zeigte mehr einen durchgehenden gleichmäßigen Gehalt, es waren ihnen, wie dort bei den preußischen, so hier beim englisch = deutschen Heere die neuen Truppentheile nicht gewachsen. Wie dort dem heranziehenden Bülow Schaaren Versprengter entgegenkamen; so wurde hier der Marsch der herbeieilenden englischen und deutschen Colonnen durch Soldaten gekreuzt, welche aus der Schlacht flohen. Wie dort den Veteranen von 1813 und 14, so gebührt hier ohne Zweifel am meisten den alten englischen Regimentern und neben ihnen noch einem Theil der Hannoveraner und Braunschweiger das Verdienst, daß die Schlacht gehalten wurde. Und wie dort der unglückliche, so zeigte hier der glückliche Ausgang, daß die Ueberlegenheit der Franzosen nicht groß genug war, um gegen eine bedeutende Ueberzahl zu siegen.

29. Wie anders lagen am Abend des 16. Juni die Geschicke des Feldzugs, als es am Morgen den Anschein hatte. Wie hatten sich die Voraussicht, die Erwartung, die Hoffnung der Feldherrn getäuscht, wie wenig war trotz aller Opfer des Tags entschieden, und wie kündigte sich doch in dem unerbittlichen Gang der Wirklichkeit, woran die Feldherrn mit menschlicher Einsicht und menschlicher Täuschung wirkten, schon die kommende Entscheidung an. Napoleon hatte einige 90,000 auf beiden Schlachtfeldern wirklich ins Treffen geführt, er hatte in der Hauptschlacht gesiegt, in der Nebenschlacht war er unterlegen; er bezahlte den Erfolg mit 16,000 M. Etwa 35,000 M. blieben unverwendet: d'Erlon mit 20,000 zog unfruchtbar zwischen beiden Schlachtfeldern hin und her; Lobau mit 10,000 erschien bei Ligny nur, um den Muth zum letzten Stoße zu steigern; der größte Theil von Kellermanns und Lefebvres Reitern bei Frasnes diente nur die feste Haltung bei Ney's Rückzug zu stärken. Die Verbündeten fochten, nur die wirklich im Kampf verwendeten Heertheile gerechnet, die beiden Schlachten mit etwa 105,000 M. im Ganzen; sie waren in der Hauptschlacht geschlagen, der Ausgang also war gegen sie; auch waren ihre Verluste größer, zu den 17,000, die sie auf den Schlachtfeldern ließen, kamen noch 10,000, welche durch die Erschütterung des Kampfes für die nächsten Tage in den Reihen fehlten. Von Truppen, die in der Schlacht sein konnten, blieben bei den Verbündeten nur etwa 20,000 M. unverwendet; 10,000 des 3. Armeecorps bei Blücher, 10,000, welche Wellington bei Nivelles ließ. Die 30,000 von Bülow, welche Blücher fehlten, die 50,000, welche von Wellingtons Armee zurückblieben, konnten wegen frühern Mißgeschicks und früherer Versäumnisse an diesem Tage überhaupt nicht erscheinen. Bei solchen Massen auf beiden Seiten, die nicht Theil genommen hatten, konnte durch den

heißen, erschöpfenden, blutigen Streit des Tages, durch die 33,000, welche todt oder verwundet auf den Feldern lagen, das Geschick eines so großen Krieges noch nicht entschieden sein. Doch lag in Ney's verzweifeltem Ausruf, beim Ende seines Treffens, mehr Ahnung von der Wirklichkeit, als in der täuschenden Befriedigung, womit sich Napoleon nach Fleurüs zur Ruhe begab. Mit 90,000 gegen 105,000 hatte er einen wenig entscheidenden Sieg erfochten; nur um etwa 35,000 konnte er für die nächste Entscheidung das Gewicht seiner Streitkräfte vermehren, seine Gegner um 100,000.

Es ist gewiß, daß sich Napoleon an diesem Tage der Größe des Geschicks, das er durch den ersten Schritt von Elba herausgefordert hatte, nicht gewachsen zeigte. Ein Sieg, wie er ihn brauchte, hätte die äußerste Anstrengung und das gewagte Spiel, die letzte Kraft an den letzten Erfolg zu setzen, von ihm verlangt, wie er beides vordem gewohnt war. Warum ließ er am Morgen die Zeit verstreichen, wo jede Stunde unschätzbar war? Warum ließ er das Glück vorübergehn, als unerwartet im entscheidenden Augenblick b' Erlon herannahte? Warum versäumte er, Lobau zur rechten Zeit herbeizurufen und dem letzten Stoße den vollen Nachdruck zu geben? Es ist auch das zweite gewiß, daß Wellingtors Blick den Ernst des Geschickes nicht durch= drang, das sich in diesen Tag zusammendrängte. Er hat durch die unübertroffene Ruhe, womit er seine Schlacht lenkte, ohne Zweifel das Hauptverdienst, daß Ney's Mitwirkung gegen Blücher unterbleiben mußte; selbst die Unsicherheit in der Verfügung über b' Erlon bei den Gegnern muß mit dem Eindruck seiner Schlacht zugeschrieben werden. Warum aber rief er so spät seine Heertheile von Waterloo, von Ni= velles nach Quatrebras herbei? warum ließ er noch 10,000 M., die er haben konnte, zurück? Den Werth der Stunden und der Kräfte, die er dadurch verlor, kann man nur würdigen, wenn man an die Möglichkeit des großen Sieges denkt, der dadurch in die Hand des Gegners gegeben war. Es ist auch das dritte gewiß, daß den preu= ßischen Feldherrn allein die ganze Entscheidung gegenwärtig war, die an ihrer Schlacht hing. Wohl scheint von derselben Möglichkeit her, welche Wellington der Versäumniß anklagt, auf sie der Vorwurf der Verwegenheit zu fallen: der überlegenen Macht eines Napoleon Stand zu halten, konnte zur Niederlage führen; und es zeigt sich auch in der Anordnung und der Lenkung der Schlacht die zweideutige Wirkung des kühnen Entschlusses. Aber durfte Blücher nicht auf Wellington rechnen, daß er ihm entweder hier mit Hülfe nahen, oder dort ihm den Feind zurückhalten werde? Hatte er nicht versprochen, hier Stand zu halten und konnte nicht hier schon der Sieg sich entscheiden, wenn Wellington mit seinem Heer gethan hätte, wie er that? Es lag nicht in Blüchers Sinn, das Geschick des Kriegs durch Ausweichen zu vertagen, wo er es durch Kühnheit auf einmal zur Entscheidung bringen konnte: und so hat auch Gneisenau entschieden, als Blücher nicht entscheiden konnte; er hat das Geschick des Feldzugs zum zweitenmal auf die Probe gestellt. Es war eine eigene Wendung in dieser kühnen Frage an die Lenkung der Dinge; sie war sonst in Napoleons Art, sie schien jetzt auf die Preußen übergegangen. Und die Antwort hat die Berufung Blüchers und Gneisenaus für diesen Krieg bestätigt. Außer den unberechenbaren Versäumnissen Napoleons, außer den Fehlgriffen sämmtlicher Feldherren, die sich untereinander kreuzten und ausglichen: welch eine Reihe besonderer Zufälle ging noch durch diese Schlachten. Wie wäre das Loos der nächsten Tage gefallen, wenn Blücher in jenem Reitersturm bei Ligny, wenn Wellington in jener Gefahr bei Quatrebras in Gefangenschaft fiel? Unser Blick kann den Zusammenhang solcher Ereignisse nicht durchdringen, wir nennen es Glück oder Unglück: in Wahrheit ist es die Hand des Gottes, der „die Herzen der Menschen lenkt, wie Wasserbäche."

Viertes Kapitel.
Die Märsche und die Anordnungen zur Entscheidungsschlacht.

1. Auf den Feldern, wo am 16. Juni gefochten worden war, konnte am 17. die Schlacht nicht erneuert werden: denn das preußische Heer war im vollen Rückzug, und Wellington durfte es, trotz der in der Nacht ihm zugekommenen Verstärkung, allein mit der ganzen Macht des Feindes um so weniger aufnehmen, als er noch lange nicht alle seine Streitkräfte zur Stelle hatte. Den müden Heeren aber war nach den Märschen und dem schweren Streit in der glühenden Hitze des Tages, sei es auf dem blutgetränkten Boden, sei es auf dem Wege des Rückzugs nur eine kurze Ruhe vergönnt. Es erhob sich aus den unentschiedenen Geschicken des vergangenen Tags am 17. Juni für jeden der beiden Theile eine große Aufgabe. Die verbündeten Feldherren konnten nicht mehr zweifeln, daß sie vereinigt schlagen mußten: es galt für beide das gemeinsame Schlachtfeld zu

bestimmen; es galt für Blücher das Heer aus der Verwirrung und
Noth des Rückzugs, vielleicht vom Feinde gedrängt, der Vereinigung
entgegen zu führen; es galt für Wellington, sich endlich zu entscheiden
und gegen den nächsten gemeinsamen Zweck seine besonderen Gedanken
und Pläne zurückzustellen. Napoleon seinerseits mußte sich aufgefordert
fühlen, den unvollkommenen Erfolg durch große Anstrengung wo möglich
bis zur Niederlage eines seiner Gegner, oder doch bis zu ihrer ge=
wissen Trennung zu steigern. Blücher entsprach seiner Aufgabe, Wel=
lington erfüllte sie nicht ungetheilt, Napoleon blieb weit hinter der
seinen zurück.

2. Auf das Gewitter, welches sich am 16. abends entladen hatte,
folgte ein trüber schwüler Tag und dann am Abend wieder ein Ge=
witter mit strömendem Regen. Das war alles für die Bewegung der
Heere in dem schweren Boden des Landes kaum weniger schlimm, als
vorher der Staub und die brennenden Sonnenstrahlen. Das 1. und
2. Corps des preußischen Heeres durften nicht einmal den Tag ab=
warten; unmittelbar nach der verlornen Schlacht wandte sich der Zug
meist auf Landwegen über Tilly, Mellery und Gentinnes mühsam
gegen Mont St. Guibert. Die Kommandeure versuchten wiederholt
in kurzen Halten Ordnung in die Masse zu bringen; es gelang nur
zum Theil. Einzelne Truppenkörper waren bald wieder in schlagfer=
tigem Zustand; andere zogen weiter, wie die Schlacht die Brigaden
und die Waffengattungen durcheinander geworfen hatte; Infanterie,
Reiterei, Artillerie, Offiziere und Soldaten verschiedener Regimenter
in buntem Gemisch. Erst mit Tagesanbruch, jenseits Mont St.
Guibert, gelang es allmählig die Ordnung wieder vollständig herzu=
stellen: Gneisenau hatte einem Generalstabs-Offizier den Auftrag dazu
ertheilt; er arbeitete sich mühsam durch die Colonne bis zu ihrer
Spitze, dann wies er, von andern Offizieren unterstützt, an einem
Engwege die Truppentheile, so wie sie hervorkamen, unter manchem
heftigen Widerspruch links und rechts zur Aufstellung. [1]) Von hier
wurde der Rückzug fortgesetzt, und zwar, nach der jetzt eingehenden
Bestimmung des General von Grolman, vom 1. Corps nach Limal
und Bierges, vom 2. nach Wavre.

Günstiger waren die Umstände dem 3. Corps. General Thiel=
mann brach um 3 Uhr früh aus seiner Stellung bei Sombreffe auf,
und erreichte gegen 6 Uhr in ziemlich guter Verfassung Gemblour.

---

1) Erzählung des spätern Generals von Wussow. Archiv des Generalstabs in
Berlin. E. 59.

General Jagow mit 7½ Bataillonen und 2 Reiterregimentern der beiden andern Corps hatte sich ihm, wie wir wissen, von Urye her angeschlossen; ebenso 2 Geschütze der reitenden Batterie Nr 14 vom 2. Corps. Thielmann und Jagow waren bei Gembloux über die fernere Richtung ihres Marsches in Ungewißheit; die Befehle Gneisenaus waren bei der herrschenden Verwirrung des Rückzugs und unter der mangelhaften Kenntniß der Gegend entweder nicht klar an sie ausgerichtet oder nicht klar von ihnen aufgefaßt worden. Dagegen stellte sich von Gembloux aus die erwünschte Verbindung mit dem 4. Corps her. General Bülow war am Abend vorher um 10 Uhr bei Vasse-Vaudeset und Sauvenière angekommen; sein Heertheil blieb nach dem erschöpfenden Marsch der 2 letzten Tage, in der Ordnung wie er herangerückt war, auf der Römerstraße stehen; das Hauptquartier war in einer Bauernstube, der Prinz Wilhelm von Preußen mit dem größten Theil des Stabs lagerte auf dem Hof. Die Meldungen des Generals hatten Blücher nicht erreicht, von der Armee war keine Nachricht gekommen, außer den immer zahlreicher werdenden Versprengten; gegen Morgen meldeten die Vorposten das Herannahen bedeutender feindlicher Massen. Es zeigte sich bald, daß es Thielmanns Corps war. Nicht lange, so lief von diesem ein Brief ein, von Gembloux datirt: „Die Armee hat gestern viel gelitten und ist gesprengt, doch nichts weniger als aufgelöst; ich habe auch gelitten, habe aber wohl noch 18,000 M."; dann heißt es, Thielmann gedenke um 1 Uhr aufzubrechen, und sich an Bülow anzuschließen, der letztere möge ihm seinen Entschluß wissen lassen. Die Generale suchten sich hierauf über Maßregeln, für den Fall eines feindlichen Angriffs, sowie über die Richtung des Rückzugs zu verständigen. Aus den Mittheilungen, deren man sich bei Thielmann erinnerte, ging doch Wavre als der wahrscheinliche Punkt hervor, und Bülow hatte bereits seine Anordnungen für den Marsch dahin getroffen, als um ½ 11 U. morg. Major von Weyrach, von Blücher gesendet, bei Bülow eintraf und der Ungewißheit ein Ende machte. Auf die Weisung, welche er brachte, setzten sich Bülow um Mittag, Thielmann etwas später nach Wavre in Marsch.

An der Richtung, welche auf diese Weise die Bewegung des Heeres erhielt, zeigte sich schon, daß ihm die Gegenwart der Feldherrn nicht fehlte; es sollte sich bald noch deutlicher zeigen. Blücher war, unmittelbar von der Stelle seines Sturzes aus, von Nostitz geleitet, nach Mellery gekommen; das Pferd des Unteroffiziers Schneider vom 6. Uhlanenregiment hatte ihn dahin getragen, die nahe Gefahr hatte keinen Halt erlaubt, obwohl Blücher einen solchen, der heftigen Schmerzen wegen, öfter begehrt hatte. In Mellery fand sich ein Unterkommen in einer großen Bauernstube, es war ärztliche Hülfe da, auch wurde nach langem Suchen eine Schale Milch herbeigebracht, die den brennenden Durst löschte. Nostitz sorgte, daß sich unter den Truppen schnell die Nachricht verbreite, der Feldmarschall lebe, und sei da; die ersten Bataillone, welche ankamen, vom General Steinmetz geführt, wurden zu seiner Sicherheit beim Orte aufgestellt. Nicht lange danach traf mit wenigen Begleitern auch Gneisenau ein; er mußte sein Hauptquartier, bei spärlichem Licht, in einem Zimmer einrichten, das mit verwundeten Offizieren angefüllt war. So wie er erfuhr, daß Blücher da sei, begab er sich dorthin, und fand ihn, von Offizieren seines Stabs umgeben, auf einem Strohlager in gewohnter Seelenruhe sein Pfeifchen rauchend. Die nächsten Stunden gewährten wenig Ruhe; es mußten unter dem verworrenen Geräusch des Heereszuges, der ununterbrochen durchs Dorf ging, die nöthigen Befehle gegeben werden; General von Grolman war da, um die nähere Ausführung zu besorgen. Wie sich mit Tagesanbruch die Colonnen der beiden ersten Corps allmählig zu ordnen begannen, kam auch bald erwünschte Nachricht vom 3. und 4. Corps. Major von Weyrach brachte sie, der, am vorhergehenden Abend zu Thielmann geschickt, mit diesem den Rückzug auf Gemblour gemacht hatte. Es war etwa 7 Uhr; der Major wurde von Gneisenau bald wieder mit dem schon erwähnten Befehl an Bülow abgeschickt: die Bewegung der Armee auf Wavre erschien jetzt vollkommen gesichert, von einer feindlichen Verfolgung war nichts bemerkt worden; es wurde wahrscheinlich, daß der Feind sich gegen Wellington wenden werde. Der Rückzug auf Wavre setzte die Gemeinschaft mit diesem voraus; es war jetzt die Hauptsache, die nöthige Verabredung mit ihm zu nehmen. Am Abend vorher war in der Verwirrung des Rückzugs statt mehrerer Boten nur einer, der Lieutnant von Winterfeld, mit der Nachricht von der verlornen Schlacht an ihn abgeschickt worden; eine schwere Verwundung hatte ihn verhindert sie auszurichten; er konnte keine Meldung zurückbringen, man wußte nichts von seinem Schicksal. Die erste Mittheilung über Wellington erhielt man im Hauptquartier wahrscheinlich durch General Zieten. Dieser hatte in der Nacht den Generalquartiermeister des Herzogs, Oberst Delancy, gesprochen, welcher mit einer Patrouille nach Tilly gekommen war. Die unmittelbare Verbindung wurde dann fast gleichzeitig von beiden Theilen eingeleitet. Blücher war schon gegen Tagesanbruch nach Wavre aufgebrochen, im Vorüberreiten hatte er hier und dort die müden Soldaten aufgemuntert, auf die Frage: „wollt Ihr morgen

die Franzosen angreifen?" hatte ihm ein zuversichtliches „Ja" geant=
wortet. [1] Von Wavre aus sandte er den Lieutnant Massow an Wel=
lington mit der mündlichen Anfrage, ob er Napoleon angreifen wolle,
wenn sich Blücher mit allem, was er habe, mit ihm vereinige. Nicht
lange nach Abgang dieses Offiziers, erschien Müfflings Adjutant, Lieut=
nant Wucherer, in Wavre mit der Meldung vom Herzog, er werde in
der Stellung bei Quatrebras eine Schlacht annehmen, wenn die preu=
ßische Armee heute wieder vorrücken könne. Blücher mußte aus dem
Schlaf geweckt werden, um diese Meldung zu empfangen; er erwie=
derte: „heute kann ich nicht mehr vorkommen, aber morgen mit dem
frischen Corps und den andern." [2] Diese Antwort brachte Wucherer zurück.

3. Gegen Mittag trafen auch Gneisenau und Grolmann in Wavre
ein, das 1. und 2. Corps hatten die Gegend zur nämlichen Zeit er=
reicht; die Nachhut des letzteren unter Oberstlieutenant von Sohr hatte
noch den Marsch des Feindes auf Quatrebras beobachten können, und
war dann über Gentinnes auf Mont St. Guibert gegangen. Vom 3.
und 4. Corps waren noch keine nähern Nachrichten da, man wußte
nicht, um welche Zeit sie eintreffen könnten. Auch über den großen
Munitionspark, der am vorigen Tag vom Schlachtfeld über Gemblour
geschickt worden war, hatte man noch keine sichere Kunde. Von Wel=
lington war bestimmte Mittheilung gekommen; Lieutenant Massow war
mit der mündlichen Meldung von dort zurückgekehrt, der Herzog werde
in die Stellung von Mont St. Jean zurückgehen, und dort am 18.
die Schlacht annehmen, falls ihm Blücher mit 2 Corps oder 25,000 M.
zu Hülfe kommen könne; im andern Falle müsse er auf Brüssel zurück=
gehen. Hierauf ließ sich zunächst, wegen der eben berührten Ungewiß=
heit über einen Theil der Armee, eine bestimmte Zusage noch nicht
geben; dagegen wurde im Hauptquartier nichts von Allem versäumt,
was die Lage erforderte. Es erging ein ausführlicher Bericht an den
König; es wurde an den General Kleist von Nollendorf, der damals
mit dem norddeutschen Bundescorps bei Arlon stand, die Weisung er=
lassen, daß er sofort gegen Jülich und Aachen aufbrechen, und im
Nothfall Köln vertheidigen solle; es erhielt General Dobschütz, Mili=
tärgouverneur am Niederrhein, den Auftrag, die Bildung der neuen
Truppentheile und die Versorgung der Festungen zu beschleunigen.
Die Weisung an Kleist war auf die Möglichkeit gegründet, daß sich

---

1) v. Busse, Geschichte des 23. Infgts. Görlitz 1859. 177.
2) v. Hofmann, zur Geschichte v. 1815, 2. Auflage. Berlin 1851 S. 140, wo
sich die eigne Erzählung von Wucherer findet.

Napoleon nach dem Rhein wenden könne; man hielt dies für unwahr=
scheinlich, warnte indessen die russische Armee vor dem Marsch über
Trier und Luxemburg durch den Argonnerwald, den man vorher schon
getadelt hatte.   Im Bericht an den König hieß es: die Schlacht sei
verloren, sie hätte 12 bis 15,000 M. und 16 Kanonen gekostet, die 3
Armeecorps hätten 80,000 gegen 110 oder 120,000 Feinde gezählt;
Wellington sei gegen seine Zusage nicht gekommen, er habe nur 10,000
gegen sich gehabt; übrigens sei nichts verloren, die Vereinigung der
ganzen Armee und die Verbindung mit Wellington sei gewiß, eine ge=
theilte Schlacht nicht mehr möglich.   Dieselbe Zuversicht spricht sich in
einem ausführlichen Schreiben Gneisenaus an Knesebeck aus; der Ge=
neral äußert sich bitter über das Verhalten eines Theils der Reiterei,
dann erwähnt er Wellingtons Verlangen um Hülfe, und daß ihm wo
möglich werde entsprochen werden, „Ausdauer und Zähigkeit würden
zum Ziele führen" [1]).
    Das letzte Schreiben ist von 2 Uhr datirt.   Blücher hatte sich
erschöpft zur Ruhe begeben müssen und alles Weitere an Gneisenau
übertragen [1]).   Die Nachrichten wurden immer günstiger.   Die Mel=
dungen der Vorposten gaben die Gewißheit, daß der Feind nicht ver=
folge; die Verbindung mit den Engländern wurde durch Zietens Vor=
truppen in der Richtung auf Braine=l'Alleud, wo man eine Kanonade
gehört hatte, noch am Abend aufgesucht; was sich vom Feind bei Gem=
bloux hatte sehen lassen, schien nicht bedeutend.   Von 5 Uhr an be=
gannen die Parkscolonnen allmählig einzutreffen; im Laufe des Abends
kam Thielmann an, nur die 9. Brigade mit der Kavallerie war erst
am nächsten Morgen zu erwarten; vor Mitternacht kam die Mel=
dung, daß Bülow mit seinem Corps bei Dion=le=Mont zu jeder
Bewegung bereit stehe, nur die 13. Brigade sei noch zurück.   Jetzt
konnte man Wellington die gewünschte Zusage geben.   Gegen 12 Uhr
lief ein Schreiben des General von Müffling ein: der Herzog stehe
mit dem rechten Flügel bei Braine=l'Alleud, mit der Mitte bei Mont
St. Jean, mit dem linken Flügel bei la Haye, er erwarte den An=
griff und bitte wiederholt um die Mitwirkung der Preußen.   Blücher
ließ ihm alsbald antworten, daß er dem Wunsche des Herzogs gemäß,
die Bewegung seiner Truppen angeordnet habe: Bülow werde mit
Tagesanbruch von Dion=le=Mont aufbrechen, und durch Wavre auf
Chapelle St. Lambert gehen, um des Feindes rechte Flanke anzugrei=
fen, das 2. Corps werde ihm unmittelbar folgen; das 1. und 3.

---

1) Archiv des Gnlstbs. C. 3. II.

blieben in Bereitschaft sich der Bewegung anzuschließen; die Erschöpfung
der Truppen erlaube nicht früher mit denselben vorzugehen; General
v. Müffling möge vom feindlichen Angriff rechtzeitig Nachricht geben.
In gleichem Sinne ergingen die Befehle an die Corpsgenerale. Blü=
cher hatte zu jener Zeit wieder über 90,000 M. versammelt. Es stand
das 1. Corps bei Bierges und Limal, das 3. in der Nähe von Wavre
selbst, beide auf dem linken Ufer der Dyle, das 2. und 4. Corps auf
dem rechten Ufer des Flüßchens, ersteres südlich von Wavre, letzteres
bei Dion=le=Mont. Die beiden letztgenannten Corps hatten Reiterab=
theilungen als Nachhut bei Mont St. Guibert; das 1. Corps beobachtete
die Gegend in der Richtung auf Coultüre und Lasne; es war nichts
versäumt, um mit dem Verbündeten in Gemeinschaft zu bleiben und
die Annäherung des Feindes rechtzeitig zu erkennen. Die Wagenzüge
und alles was nicht zum Gefecht gehörte waren auf Blüchers Befehl
nach Löwen in Bewegung.

4. Was auf diese Weise nach der verlornen Schlacht und den er=
schöpfenden Märschen der Armee für den nächsten Tag in Aussicht stand,
waren neue Märsche und eine neue Schlacht. Nicht viele Feldherrn hätten
das von ihrem Heere gefordert, nicht viele Heere hätten es geleistet. Die
Armee war nun den dritten Tag in unaufhörlicher Bewegung, meist auf
schlechten Wegen, im Staub, in glühender Hitze, tief in die Nacht hinein,
unter kurzer Ruhe, in kargen Biwaks; die drei ersten Corps hatten eine
blutige Schlacht geschlagen und verloren, das vierte hatte dafür die
Mühseligkeiten gehabt, in unendlicher Colonne eine lange Straße zu
ziehn, ohne die belebende Erregung des Kampfes. Jetzt bei Wavre
war für die vielen Tausende wiederum Noth und Entbehrung die Lo=
sung. Es hatte vorher an Sorge für die Verpflegung nicht gefehlt;
die Heertheile hatten beim Aufbruch einen Mundvorrath für 10,
Pferderationen für 6 Tage unmittelbar bei sich, in Löwen waren be=
deutende Vorräthe[1]). Allein die unaufhörlich sich drängenden Be=
fehle, Bewegungen und Gefechte hatten fast alles Fuhrwesen von
den Truppen getrennt; die geringen Vorräthe, welche der Soldat bei
sich trug, waren bald aufgezehrt, neue Austheilungen konnten nur ver=
einzelt stattfinden. So war der größte Theil des Heeres auf das an=
gewiesen, was in der Gegend bei den Einwohnern zu haben war, und
die Gegend war schon vorher durch Einquartierung in Anspruch ge=
nommen; ihre Vorräthe reichten nicht aus und vertheilten sich ungleich;

---

[1]) Staatsrath von Ribbentrop an Blücher. Paris den 18. Juli 1815. Arch.
d. Gnstbs. D. 3. II.

wenige Truppentheile hatten das Glück sich versorgen zu können, die
meisten litten Mangel, bei vielen war ein Stück Brod eine beneidete
Seltenheit. Dazu kam, daß die Erquickung der Müden, der Schlaf,
schon in den vorigen Nächten nur karg zugemessen, in dieser kaum
möglich war. Der Regen goß fast die ganze Nacht hindurch vom Him=
mel, der Boden war durchweicht oder schlüpfrig, die Menschen ohne
Obdach und Stroh fanden kein trocknes Lager, die Pferde standen im
Wasser oder im Schlamm¹). Das alles hatten freilich auch die an=
deren Heere durchzumachen; aber es gingen bei ihnen die Anforde=
rungen im Durchschnitt doch weit mehr einen gemessenen Gang. Na=
poleons Vormarsch erfolgte einfach in gerader Richtung und das brachte
für seine meisten Truppen die kürzeste Marschrichtung mit sich; überdem
ließ er ihnen sogar mehr Zeit zur Ruhe als gut war. Der Herzog
von Wellington muthete seinen Truppen wenig übereilte Märsche und
keine Querzüge zu; aber er verdankte es den Preußen, daß er für
seine Verzögerungen ohne Strafe davonkam. Wenn beiden Heeren am
Ruhm des Kampfes gleicher Antheil gebührt, so lag doch die Last des
Kriegs überwiegend auf dem letzteren; in dieser Weise fortdauernder,
ungewöhnlicher Anstrengungen, waren weder der Herzog noch seine
Engländer gewohnt, den Krieg zu führen. Auch beim preußischen Heere
blieb diese Kriegführung nicht ohne Einfluß: die Versprengten, die Nach=
zügler mehrten sich, Unordnungen und Ausschreitungen kamen auf;
Blücher selbst mußte ein paar Tage später dagegen auftreten. Aber
der größere Theil blieb davon unberührt; der frohe Muth der Mann=
schaft konnte wohl vorübergehend niedergebeugt werden, doch war er
schnell wieder belebt; am 18. sah man, trotz aller vorangegangenen
Ermüdung und Entbehrung die Soldaten eines schlesischen Regiments
beim Klange der Musik ihre Walzer tanzen²). Und was mehr als
alles bewies, wie in diesem Heere Feldherrn und Soldaten sich unter=
einander und die Weise dieses Kriegs verstanden; das war, wie sie
zur Schlacht gingen.

Am Morgen des 18. Juni war die nächste Aufgabe erfüllt, die
Armee war aus der Verwirrung und Noth des Rückzugs heraus= und
und der Vereinigung mit Wellington entgegengeführt. Wie sie zur neuen
Aufgabe aufbrechen sollte, sprach Blücher zu ihr von der gewesenen und
von der kommenden Schlacht, die einen lobend, die anderen zurecht=

---

1) Militärwochenblatt von 1845 S. 85. — Henkel. Erinnerungen aus mei=
nem Leben. 357.
2) Busse. Geschichte des 23. Infrgts. 179.

weisend, Alle anfeuernd. „Ich danke den Generalen, Offizieren und Soldaten der Infanterie und Artillerie, für die Anstrengung, die sie gemacht und für das gute Benehmen, was sie in der Schlacht bezeigt haben. Besonders danke ich der Infanterie, welche, beim letzten An= griff der feindlichen Cavallerie, Massen formirte und erhielt, die An= griffe des Feindes abschlug, und sich durch ihr Betragen beim Feinde Achtung und Furcht zu verschaffen wußte. Ich werde diejenigen Herrn Generale, Commandeurs, Offiziere und Soldaten, welche sich beson= ders durch Muth und Ausdauer auszeichneten, des Königs Majestät namhaft machen, und sie zur verdienten Belohnung in Vorschlag bringen. Einem Theil der Cavallerie kann ich nicht danken, sie hat nicht den Muth und die Ausdauer bewiesen, die zu erwarten waren, und die Ueberlegenheit nicht bewährt, die preußische Cavallerie immer über die französische gehabt hat. Sie wird und muß die Scharte aus= wetzen, und ich hoffe, daß die Herrn Offiziere und Soldaten die nächste Gelegenheit benutzen werden, um Ruhm und Ehre zu erhalten und zu erwerben. Dies ist eine Ehrensache, der König, das Vaterland, Europa sieht auf uns, und erwartet von uns Resultate, die uns= rer gerechten Sache, unsrer Stärke, unserm Ruhm entsprechen. Wir haben uns mit der großen englischen Armee vereinigt, und das 4. Armeecorps, über 35,000 M. frische Truppen, an uns gezogen. Wir sind Bonaparte überlegen und der Sieg wird und muß uns zu Theil werden, wenn ein jeder seine Schuldigkeit thut. — Soldaten! vergeßt nicht daß ihr Preußen seid, daß Sieg oder Tod unsre Losung ist, und daß der Sieg euch alles giebt, was ihr bedürft — Ruhe, Verpflegung und baldigen ehrenvollen Frieden. Den Truppen wird es bekannt gemacht und die Herrn Generale und Commandeurs werden sie anre= den, und sie mit dem Geist zu erfüllen wissen, durch den preußische Truppen beseelt sein müssen, und wodurch sie sich im letzten Kriege so sehr ausgezeichnet haben." [1])

Derselbe Geist, der sich in diesem Tagesbefehl des alten Helden aussprach, durchdrang auch die Offiziere seines Stabs. General Toll, vom Kaiser von Rußland gesendet, hatte die Schlacht bei Ligny gese= hen und war noch in Wavre mit ihnen zusammen. Er sprach über die Folgen beruhigende Worte und erinnerte, daß die Massen der ver= bündeten Armeen, zu denen das preußische Heer doch eigentlich nur die Avantgarde sei, das Mißgeschick jedenfalls wieder ausgleichen wür= den. Blüchers Offiziere aber glaubten keinen Trost nöthig zu haben

---

1) Arch. d. Gnlstbs. C. 74. I.

und sein Adjutant, Graf Nostitz, sagte zu Toll: „Ehe Sie noch dem Kaiser Alexander über die verlorne Schlacht berichten können, werden wir eine zweite Schlacht geschlagen haben; verlieren wir die, dann müssen wir über den Rhein zurückgehen und die Engländer gehen nach Antwerpen, gewinnen wir sie aber, dann brauchen wir die große Armee nicht mehr."[1]

5. Wie es mit der zweiten Schlacht gemeint war, das hatten schon die um Mitternacht erlassenen Anordnungen bewiesen, doch Blücher dachte, es möchte nicht genug sein. Am Morgen des 18. um ½10 Uhr, als die Truppen schon im Marsch waren, ließ er an Müffling schreiben: „Ich ersuche Sie, dem Herzog von Wellington zu sagen, daß so krank ich auch bin, ich mich dennoch an die Spitze meiner Truppen stellen werde, um den rechten Flügel des Feindes sogleich anzugreifen, wenn Napoleon etwas gegen den Herzog unternimmt; sollte der heutige Tag aber ohne einen feindlichen Angriff hingehn, so ist es meine Meinung, daß wir morgen vereint die französische Armee angreifen. Ich trage Ihnen auf, dies als das Resultat meiner innigen Ueberzeugung dem Herzog mitzutheilen und ihm vorzustellen, daß ich diesen Vorschlag für den besten und zweckmäßigsten in unsrer gegenwärtigen Stellung halte." Gneisenau, dem der Brief von Nostitz mitgetheilt wurde, trug diesem auf, darunter noch zu bemerken, der General von Müffling möge genau erforschen, ob der Herzog auch wirklich den festen Vorsatz zur Schlacht habe, oder ob es vielleicht bloße Demonstration sei, welche dann zum großen Nachtheil des preußischen Heeres ausschlagen könne. Gneisenau zweifelte noch von den ersten Verabredungen zum Feldzug her, an dem Verbündeten, und der Tag von Ligny hatte sein Vertrauen nicht vermehrt. Es war darum auch für den unglücklichen Fall der Rückzug nach Löwen vorgesehen und die angeführten Schreiben an Kleist und Dobschütz gehören auch unter die vorsorgenden Maßregeln. Doch ließen über den Ernst des Herzogs schon Müfflings Mittheilungen bald keinen Zweifel. Auch waren in der Frühe des Morgens Offiziere des Generalstabs mit einer Reiterabtheilung des 4. Corps gegen Lasne und Maransart entsendet worden,[2] um den Zustand der Wege zu untersuchen und die Stellung der beiden Armeen zu beobachten. Ihre Meldungen bestätigten, daß es von beiden Seiten der Schlacht gelte, auch, daß der Bewegung des preußischen Heeres in dieser Richtung kein Hinderniß entgegenstehe.

---

1) Bernhardi, a. a. O. I. 308.
2) Arch. d. Gnlstbs. C. 54.

Schon war Bülow auf dem Marsch gegen Chapelle St. Lambert, Pirch II. in Bereitschaft, zu folgen; auch für Zieten und Thielmann wurde jetzt, gegen Mittag, die nähere Bestimmung festgestellt. Der erstere sollte über Fromont auf Mont St. Jean gehen, um, nach dem Wunsche Wellingtons, unmittelbar dessen linken Flügel zu unterstützen; der andere sollte zuletzt aufbrechen und vorerst auf Coultüre St. Germain marschiren; seine Aufgabe war, einem feindlichen Angriff zu begegnen, der vielleicht von Mont St. Guibert oder Genappe her die Bewegung des preußischen Heeres in der Flanke treffen könne. Bei diesen Anordnungen, die sonst die möglichen Fälle mit so viel Umsicht berücksichtigten, fällt doch das Eine auf, daß ein mehrfaches zeitraubendes Kreuzen der Colonnen dadurch entstehen mußte. Das 2. Corps hatte zuerst den Vorbeimarsch des 4., dann hatten das 1. und 3. denjenigen des 4. und 2., und endlich hatte noch das 3. den des 1. Corps abzuwarten. Die Hauptsache der verwickelten Bestimmung lag darin, daß man das noch unberührte 4. Corps als das vorderste in die entscheidende Richtung bringen wollte: es scheint aber, daß es selbst für diesen Fall besser gewesen wäre, wenn man das 1. Corps dem 4. folgen, das 3. auf Ohain, das 2. auf Coultüre St. Germain gehen ließ. Es fehlt in diesen ausführenden Anordnungen des preußischen Generalstabs die nöthige Rücksicht auf die Wirklichkeit, auf die mögliche Bedrängniß Wellingtons, auf die wahrscheinlichen Verzögerungen im Marsch. Dagegen war der Plan der preußischen Feldherrn weit kühner und großartiger im Wesen dieses Kriegs gedacht, als es Wellington oder selbst Napoleon im Sinne hatten. Bülow und Pirch mit 50,000 M. sollten gerade in die linke Flanke und den Rücken des Feindes gehen: das war gewagter, als wenn sie, wie Zieten, den Weg zum Anschluß an den Verbündeten einschlugen; aber wenn es gelang, konnte es den Krieg entscheiden, und es hat ihn entschieden.

6. Wie der Herzog von Wellington die Aufgabe des Tags verstand, haben wir schon aus dem Vorhergehenden gesehen; ihn drängte nicht, wie Blücher, die verlorne Schlacht, und der Feind ließ auch hier zu Entschluß und Ausführung reichliche Zeit. In der Frühe des Morgens zwar lief plötzlich auf der ganzen Linie, die am vorigen Tag den Anfang des Treffens gesehen hatte, ein heftiges anhaltendes Gewehrfeuer hin, es schien als sollte die Schlacht wieder beginnen. Es war aber nur wie der unvorhergesehene Ausbruch eines schlecht gelöschten Brandes: die Patrouillen waren aneinander gerathen, die Feldwachen hatten sich eingemischt, von den nächsten Unterstützungen hatten die Soldaten zu den Waffen gegriffen, und waren ihren Ge-

fährten zu Hilfe geeilt; die Commandanten hatten dann auf beiden
Seiten Mühe genug, das Gefecht, das nicht beabsichtigt war, wieder
zum Schweigen zu bringen. Der Herzog kam frühe von seinem Haupt=
quartier Genappe nach Quatrebras; er erkannte daß der Feind noch
nichts ernstliches vorhabe; doch fehlte ihm noch die Nachricht von den
Preußen. Er schickte seinen Adjutanten, den Oberstlieutnant Gordon,
mit einer Reiterabtheilung zur Erkundigung auf der Straße nach Som=
breffe ab, doch ehe dieser wieder erschien, war er der Ungewißheit ent=
hoben [1]. Um 7 Uhr kam sein Generalquartiermeister Delancy von
einer Recognoscirung, die er über Marbais nach Tilly ausgeführt
hatte, zurück, und brachte die schon erwähnte Nachricht vom Rückzuge
Blüchers auf Wavre, doch sagte er zugleich, daß Napoleon die Preu=
ßen nicht verfolgt habe; es schien also möglich, daß diese nach der
Vereinigung mit Bülow Stand hielten oder wieder umkehrten. Der
Herzog selbst hatte jetzt den größeren Theil seiner Armee in der Nähe,
er konnte bis zum Mittag 70,000 M. bei Quatrebras versammeln.
Mit der Festigkeit, welche schweren Geschicken gewachsen ist, faßte er
zuerst jenen Gedanken, daß er Stand halten wolle, wenn Blücher wie=
der vorgehen könne. Bald danach, noch ehe sein eigner Bote zurück
war, hatte er die Nachricht von Blücher, daß dieser nicht heute, aber
am folgenden Tage wieder mitwirken werde. Jetzt beschloß er den
Rückzug. Er kannte die Gegend von Mont St. Jean; sie gewährte
beides: eine gute Stellung zur Schlacht und die Möglichkeit, daß Blü=
cher rechtzeitig zu Hülfe komme. An diesen erging also durch Lieut=
nant Massow die schon erwähnte Antwort: der Herzog werde bei Mont
St. Jean Stand halten, wenn er auf Blücher rechnen dürfe. Die
Anordnungen für die Heertheile ergaben sich einfach aus ihrer jetzigen
Aufstellung und der neuen, welche sie erhalten sollten. Die Haupt=
masse, gegen 50,000 M., stand bei Quatrebras und zum Theil rück=
wärts nach Waterloo zu, sie sollte auf der graden Straße dahin zu=
rückgehen. Die 3. deutsch=belgische Division (Chassé), die 2. britische
Division (Clinton), die Brigade Mitchell von der 4. Division (Colville)
und 2 Brigaden der Reiterdivision Collaert, zusammen gegen 20,000
M., waren bei Nivelles, sie sollten unmittelbar von da nach Waterloo
marschiren. Die beiden andern Brigaden der Division Colville, gegen
6000 M., sollten an diesem Tage bei Braine=le=Comte stehen bleiben.

---

1) Siborne S. 173 berichtet nur von der Sendung Gordons, Müffling
(Aus meinem Leben. 2. Aufl. S. 207 und v. Hofmann S. 135) nur von der Nach=
richt, die Delancy brachte. Beide Lesarten lassen sich, wie oben geschehen, vereinigen.

Der Prinz Friedrich der Niederlande sollte sein Corps, die 1. deutsch-belgische Division (Stedmann), die Brigade Anthing und die hannö-versche Reiterbrigade Estorff, 11,000 M., bei Enghien sammeln, und am Abend in eine Stellung südlich von Hal führen. Die Bagage wurde nach Brüssel gewiesen.

Die Bewegung begann um 10 Uhr morgens; sie wurde auf der Seite von Nivelles gar nicht, auf der von Quatrebras nur sehr wenig gestört. Es zog von hier zuerst die Infanterie und die Artillerie ab; die Division Alten verdeckte die Bewegung durch die Vorpostenkette, welche sie am Grund von Gimioncourt aufgestellt hatte, es waren ihr noch 3 braunschweigische Bataillone und einige brittische leichte Trup-pen beigegeben. Um 11 Uhr räumte auch sie die Stellung und ging östlich der Hauptstraße nach Ways zurück; hier blieb sie bis 4 Uhr stehen, um den Uebergang der Reiterei über den Bach bei Genappe zu decken. Die letztere, unter Lord Uxbridge, war bis gegen 2 Uhr bei Quatrebras stehen geblieben, der Herzog selbst war bei ihr, um den Feind zu beobachten. Als er ihn, von Frasnes und Sombreffe her, in größern Massen anrücken sah, befahl er den Rückmarsch. Er geschah in guter Ordnung in 3 Colonnen: die 1. und 2. Brigade auf der Hauptstraße, die 3. westlich, die 5. und 6. östlich derselben. Die mittlere Colonne hatte nördlich von Genappe ein kurzes Gefecht; die französische Reiterei drängte beim Durchgang durch den Engweg leb-haft nach, ein erster Angriff auf sie mißglückte, dann, als sie den Ab-hang herauf verfolgte, wurde sie mit Nachdruck zurückgeworfen. Die Verfolgung hörte jetzt auf; es goß in dichten Strömen ein kalter Regen vom Himmel; die Division Alten und die Reiterei rückten auf durchweichten Wegen mühsam in die Stellung ein. Am Abend erschien die feindliche Vorhut und machte eine Bewegung gegen la Haye Sainte, Altens und Pictons Artillerie wies sie zurück; es war die Kanonade, welche Zietens Vortruppen gehört hatten.

8. Wellington war schon seit dem Morgen von Blüchers Absicht, mit ihm vereinigt den Kampf zu erneuern, unterrichtet. Nach Mitter-nacht erfuhr er durch Müffling mit Bestimmtheit, daß und wie er auf die Hülfe der Preußen rechnen dürfe. Der Entschluß zur Schlacht wurde damit vollkommen festgestellt, nicht aber der Entschluß, alle Kräfte zur Schlacht zu vereinigen; es fehlten dem Heere über 18,000 Mann die dabei hätten sein können. Zwei Reiterregimenter der kgl. deutschen Legion waren an der Grenze bei Ypern und Tournai, ein niederländisches Bataillon war in Audenaarde zurückgeblieben. Prinz Friedrich der Niederlande und General Colville mit fast 17,000

standen bei Hal und Braine le Comte. Noch am Abend erließ Welling=
ton an den Prinzen die Ordre, daß er seine Stellung zwischen Hal
und Enghien so lange als möglich behaupten solle; im nämlichen Be=
fehl wurde General Colville angewiesen, am 18. frühe von Braine le
Comte nach Hal zu marschiren, und sich unter den Befehl des Prinzen
zu stellen, zugleich schickte der Herzog den Oberstlieutnant Torrens
dorthin, um über seine Absichten nähere Aufklärung zu geben. Wa=
rum er diese Anordnungen traf, ergibt sich aus einem Schreiben,
welches er in der Nacht zum 18. Juni an den Herzog von Berry,
der sich in Aloft mit den Haustruppen Ludwigs XVIII. beschäftigte,
ergehen ließ. Der Herzog wurde darin von der Möglichkeit einer
feindlichen Umgehung über Hal und den Maßregeln, die Wellington
dagegen getroffen, in Kenntniß gesetzt. Der Fall sei wegen dieser
Maßregeln und wegen des abscheulichen Wetters nicht wahrscheinlich,
doch möge sich der Hof darauf einrichten, und falls er bestimmte Nach=
richt von einer solchen Umgehung erhalte, sich mit den Haustruppen
auf dem linken Ufer der Schelde nach Antwerpen begeben. Die frühere
Sorge Wellingtons vor einer Umgehung von Mons oder Valenciennes
her, hatte sich also jetzt in die Sorge verwandelt, die Bewegung möchte
von Nivelles oder Genappe her über Hal geschehen. Aus diesem
Grunde begab sich der englische Feldherr der Mitwirkung des fünften
Theils seiner Armee für die bevorstehende Hauptschlacht; er that es
aus bleibendem Entschluß, denn noch am Morgen des 18. war es
möglich die 17000 herbeizurufen, da ein solches Corps den Weg von
Hal nach Mont St. Jean wohl in 5 bis 8 Stunden zurücklegen kann.
Die Schlacht stand nachher eine Zeit lang auf dem Punkte, mit einer
schweren Niederlage des Herzogs zu enden; und wenn er auch dieses
nicht voraussah, so konnte er doch wissen, daß es aller seiner Kräfte
bedürfen werde, um den Kampf mit Napoleon zu bestehen. Er hat
uns aber in einer Schrift, die er 1842 zu seiner Rechtfertigung
schrieb,[1] selbst gesagt, wie er zu einer so großen Versäumniß kam.
In seinem Geiste herrschte der Eindruck vor, den es in den Nieder=
landen und in England machen müsse, wenn der Feind plötzlich in
Brüssel und Gent einrücke, wenn Ludwig XVIII. mit seinem Hofe,
wenn auch der König der Niederlande die Flucht ergreifen müßten.
Es schien ihm das Allerwichtigste, daß dies vermieden werde; unter
dieser Bedingung dachte er mit den Preußen zu schlagen, sie sollten

---

1) Die Schrift (Supplementary dispatches X, S. 513—531) ist gegen die
Kritik von Clausewitz geschrieben. Bernhardi S. 536.

zu ihm herübermarschiren, nicht er zu ihnen hinüber. Auch hatte er nicht blos der eignen Regierung und dem eignen Volke, sondern selbst dem Feinde gegenüber soweit Recht, daß Napoleon wirklich einen großen Werth auf den Einzug in Brüssel legte. Allein soweit war dieser doch noch der alte, daß es ihm, sowie er vor der Entscheidung stand, zuerst auf den Gewinn der Schlacht ankam. Wellington verstand ihn darin nicht, und hat ihn auch nachher, als er jene Schrift schrieb, nicht verstehen gelernt. Er hatte keine Erfahrungen von einer solchen Kriegführung, die Alles auf einen Wurf setzt; darum war er zuerst auf den Schutz von Brüssel und Gent bedacht, während die preußischen Feldherrn die Vernichtung des Gegners im Auge hatten.

9. Wellington soll die Stellung von Mont St. Jean schon lange vor der Schlacht ausersehen, und förmlich studirt haben; jedenfalls war sie gut gewählt, wenn er sich auch nicht in diesem Grade vorher an ganz ungewisse, kommende Dinge gebunden hat. Bei dem genannten Dorfe vereinigen sich die Straßen von Charleroi und von Nivelles nach Brüssel; nach letzterem sind 4 Stunden Wegs auf gepflasterter Straße, fast eben so weit ist es östlich nach Wavre und westlich nach Hal, doch führen nur Landwege dorthin. Auf 1000 Schritte südlich von Mont St. Jean zieht in der Richtung von Westen nach Osten eine mäßige, nach Norden wie nach Süden sanft sich absenkende Erhöhung hin. Auf der Westseite fällt sie etwas steiler nach einem Grunde ab, der in das Thal des nach Westen zur Senne abfließenden Hainbachs übergeht, so daß hier für den rechten Flügel der Stellung eine ziemlich gute Anlehnung gegeben war; Braine-l'Alleud liegt jenseits dieses Grundes am Hainbach. An der Ostseite der Erhöhung entspringt bei dem Dorfe Smohain der Ohainbach, welcher nach Osten zur Dyle fließt, und mit seinem nassen Wiesengrund ebenfalls eine ziemlich günstige Anlehnung abgibt. Nach Süden, woher der Angriff kommen mußte, gewährte die Höhe eine ziemlich freie Uebersicht, der Abfall gegen Norden erlaubte eine geschützte und verdeckte Aufstellung der Reserven. Die Frontlinie, welcher die Stellung folgen mußte, war durch einen Querweg bezeichnet, der von Braine-l'Alleud nach Ohain führte und theils mit lebendigen Hecken eingefaßt, theils als Hohlweg in den Boden eingeschnitten war. Auf 2 bis 800 Schritte vor diesem Wege lagen: an der Westseite der Erhöhung das Schloß Goumont, in der Mitte la Haye Sainte, an der Ostseite Friche mont, an der letzteren außerdem die Dörfer und Höfe Papelotte, la Haye und Smohain; das erstgenannte Schloß war in besonders vorspringender Lage. Sie alle waren durch feste Gebäude und ausgedehnte

Gärten zu einer Vertheidigung vor der Hauptlinie wohl geeignet. Die Länge der letztern betrug nicht mehr als 4500 Schritte. Die freie Bewegung in der Stellung fand kein Hinderniß. Auf 2 bis 3000 Schritte im Rücken derselben dehnte sich der Wald von Soigne aus, der gangbar und in der Richtung des Rückzugs von vielen Wegen durchschnitten war. Die Annäherung des Feindes war übrigens durch die Bodengestaltung durchaus nicht bedeutend erschwert, auch war eine Umgehung der Stellung auf beiden Seiten wohl möglich; der Hauptvortheil waren die geringe Ausdehnung bei ziemlich bestimmter Abgrenzung, die Möglichkeit freier Bewegung und verdeckter Aufstellung für die Reserven und die festen Oertlichkeiten. Ein Nachtheil war es, daß die Annäherung von Westen, woher die Preußen zu erwarten waren, grade in der Nähe der Stellung durch den Ohain=, und 2000 Schritte weiter südlich durch den Lasnebach, mit ihren schwer zu überschreitenden Gründen, gehemmt war. Die ganze Gestalt des Schlachtfeldes ist heute sehr verändert, am meisten bei jenem Querweg, wo die Einschnitte, die damals so wichtig wurden, fast ganz verschwunden sind; unfern der Stelle, wo er die Brüsseler Straße durchschneidet, ist heute aus der umgebenden Erde ein Hügel aufgerichtet, der einen Löwen von Marmor trägt, mit der einfachen Inschrift: 18. Juni 1815.

Das englisch=deutsche Heer war weniger durch Märsche angestrengt worden, als das preußische, auch hatte es am 17. in aller Ruhe abkochen können; im Biwak aber, während der Nacht, erging es ihm nicht besser. Der kalte Regen, der mit kurzen Unterbrechungen fiel, hatte den schweren Boden in Schlamm verwandelt, es fehlte den meisten Truppentheilen an jedem Obdach, und selbst an Stroh für das Lager. Als der Morgen kam, wurden die vorhandenen Lebensmittel vertheilt; sie fielen, so sehr der Herzog sonst für seine Soldaten zu sorgen gewohnt war, für die meisten Regimenter spärlich aus. Der Regen hatte noch nicht aufgehört, doch ließ er nach, und das Licht des Tages erfrischte die Gemüther. Der Anblick des Heeres erhob den Muth und ergriff das Herz mit dem schweren Ernst der kommenden Stunden. Soweit das Auge sehen konnte, war das Feld vom Geräusch der Waffen bewegt; die Infanterie, die Reiterei, die Geschütze zogen in ihre Stellungen. Der Herzog war aus seinem Hauptquartier in Waterloo frühe zur Stelle gekommen; er ordnete sein Heer zur Schlacht.

Die Hauptmasse war von Merbe=Braine bis über Smohain hinaus aufgestellt. Es war eine einzige Linie, unmittelbar dem Befehl des Feldherrn unterworfen, nach der Art, wie der Herzog und seine Engländer zu fechten gewohnt waren; und so zeigte sich's auch nachher beim Gang der Schlacht. Doch waren dem Namen nach die gebräuchlichen Glieder in der Schlachtordnung: über die Mitte sollte der Prinz von Oranien, über den rechten Flügel Lord Hill, über den linken General Picton den Befehl führen. Die Mitte stand zwischen den Straßen von Charleroi und Nivelles. Rechts von der ersteren war die Division Alten, zuerst die Brigade Ompteda von der kgl. deutschen Legion, zu ihrer Rechten Kielmansegge mit der 1. hannöverschen, dann Colin Halkett mit der 5. englischen Brigade. Hierauf, unter General Cooke, die Brigaden Maitland und Byng der englischen Garden. Vor der Linie war das Schloß la Haye Sainte durch das leichte Bataillon Baring von der deutschen Legion, das Schloß Goumont von 4 englischen Compagnien, dem 1. Bataillon des 2. nassauischen Regiments und 1 Compagnie Hannoveraner besetzt; hinter der Linie standen 3 Bataillone Nassauer. — Der linke Flügel dehnte sich von der Straße von Charleroi bis zum Hofe la Haye aus. Zunächst der Brigade Ompteda schlossen sich die beiden englischen Brigaden Kempt und Pack von Pictons Division an; beide durch einen Zwischenraum getrennt, vor welchem 4 Bataillone Niederländer der Brigade Bylandt von der Division Perponcher vorgeschoben waren. Auf Pack folgten zur Linken die hannöverschen Brigaden Best von Cole's und Vincke von Pictons Division; dann, ziemlich vereinzelt auf der äußersten Linken, 4 Batl. der nassauischen Brigade des Prinzen Bernhard von Weimar; die letztere hatte zugleich die Höfe Papelotte und la Haye besetzt. — Auf dem rechten Flügel schloß sich an die englischen Garden zunächst die Brigade Mitchell von Colville's Division an; rechts rückwärts davon bei Merbe-Braine stand Clinton mit seinen 3 Brigaden, der 3. englischen unter Adam, der 1. der deutschen Legion unter du Plat und der 3. hannöverschen unter Halkett. — Auf 600 Schritte rückwärts der Frontlinie, am Abhang nach Mont St. Jean hin, und daher vor dem Feinde verdeckt, stand die Reiterei: in der Mitte, rechts und links von der Straße nach Brüssel, die schweren Brigaden Somerset und Ponsonby; zur Rechten von Somerset, nach der Straße von Nivelles hinüber, die Brigaden Arentsschild, Dörnberg und Grant. In zweiter Linie hielt die niederländische Reiterdivision Collaert mit den Brigaden Ghigny und Trip beim Pachthof Mont St. Jean, mit der Brigade van Merle an der Straße von Nivelles. Bei Merbe-Braine waren 7 Bataillone und 5 Schwadronen Braunschweiger mit 16 Geschützen aufmarschirt. Beim Pachthof Mont St. Jean, hinter der Reiterei, stand die englische Brigade Lambert von Cole's Division, die, aus dem amerikanischen Krieg herübergekommen, erst am Morgen von Gent eingetroffen war. Hinter den linken Flügel waren die Reiterbrigaden Vandeleur und Vivian beordert. — Auf der äußersten Rechten bei Braine=l'Alleud, durch einen Raum von 2000 Schritten von der eigentlichen Stellung getrennt, stand die niederländische Division Chassé. Die versammelte Armee zählte 67,700 M. mit 150 Geschützen, und zwar 49,600 M. Infanterie, 12,400 Reiter und 5,700 M. Artillerie. Darunter waren 24,000 Engländer und Schotten, 14,000 Niederländer, 5,800 M. der kgl. deutschen Legion, 11,200 Hannoveraner, 6000 Braunschweiger, 6700 Nassauer, also 29,700 Deutsche, welche 46 Geschütze führten.[1]

Die Stellung hatte bei der geringen Frontlänge eine ziemlich bedeutende Tiefe; sie erlaubte also die in der ersten Linie fechtenden Truppen durch immer neuen Nachschub kräftig zu unterstützen, und dabei waren die zurückgestellten Massen dem feindlichen Geschützfeuer ziemlich entzogen. Auch die drei Waffen waren so geordnet, daß sie zweckmäßig zusammen wirken konnten. Die Infanterie hatte die vorliegenden Schlösser und Höfe besetzt, ihre Plänkler breiteten sich längs der Hecken und Einschnitte des Querwegs aus, welcher an der Frontlinie herzog; dahinter standen die geschlossenen Bataillone, meistens in Colonne auf Entwickelungsabstand, in zwei bis drei Treffen. Die Reiterei hielt sich in Schwadronscolonnen zum Vorbrechen bereit. Die Artillerie war auf der ganzen Linie unter die Divisionen vertheilt; hinter der Mitte stand eine schwache Reserve dieser Waffe, welche während des Kampfes an verschiedene Stellen nach und nach vorgeschickt wurde. — Wellington hatte sich in seinen Anordnungen auf die strengste Vertheidigung beschränkt, einen Gegenangriff von irgend einem Punkte seiner Stellung aus hatte er nicht im Sinne; und das war auch gerechtfertigt, da er erwarten durfte, daß der Angriff, welcher das Ende einer rechten Vertheidigung sein muß, von Blücher übernommen werde. Er versammelte aber die Hauptmasse seiner Truppen auf dem rechten Flügel und schob zur Sicherung desselben überdies noch die Division Chassé, über 6000 M. mit 16 Geschützen, in eine vom Heere fast völlig getrennte Stellung. Sie würde besser auf dem linken Flügel gestanden haben, wo zwischen Picton und den Nassauern ein Raum von fast 1500 Schritten war; bei Braine=l'Alleud war sie für eine ernstliche Vertheidigung zu schwach, für eine bloße Beobachtung zu stark. Die

---

1) Siborne S. 251, der übrigens die Nassauer in niederländischen Diensten unter den Truppen dieses Landes mitzählt.

Gedanken des Herzogs scheinen sich auch hier wieder zwischen jener immer wiederkehrenden Sorge wegen einer Umgehung auf Brüssel und zwischen seiner eigentlichen Aufgabe, der gemeinsamen Schlacht, getheilt zu haben. So trefflich er die letztere ordnete und dann auch leitete; er brachte sich selbst in Gefahr, den ganzen Preis davon zu ver= lieren.

10. Während auf diese Weise der preußische und der englische Feldherr die gemeinsame Schlacht vorbereiteten, war es bei Napo= leon, als hätte er keine Ahnung, daß das Schicksal seines Reichs an Stunden hing. Der Tag war längst angebrochen, und noch stand seine siegreiche Armee in ihrem Biwak auf dem eroberten Schlachtfeld. Die Generale, die von früher seine Weise kannten, den geschlagenen Feind unablässig zu drängen, wunderten sich, daß keine Befehle kom= men wollten; Gérard klagte über die unbegreifliche Zögerung, Van= damme sagte gradezu seinen Offizieren: „Es ist nicht mehr der Napo= leon, den wir sonst gekannt haben, unser Erfolg von gestern wird fruchtlos bleiben." Der Soldat hielt den Kaiser für unfehlbar; ihm war, als sei ein schwarzer Verrath im Werke, der seine Anstrengungen zu nichte machen werde. Gegen 8 Uhr endlich kam ein Befehl; aber nicht zum Marsche, sondern zur Heerschau. Der Kaiser hatte bis da= hin nichts weiter angeordnet, als daß Pajol mit der Division Soult von seinem eignen, und der Brigade Berton von Exelmans Reiter= corps, unterstützt durch die Infanteriedivision Teste von Lobau's Heer= theil, zusammen kaum 6000 M., die Preußen auf der Straße nach Namür verfolgen solle. Er dachte sich diese, wie er es wünschte, in unaufhaltsamer Flucht gegen die Maas; und in dieser Meinung wurde er noch bestärkt, als Pajol melden ließ, es seien von seinen Reitern bei Mazy 6 preußische Geschütze genommen worden. Es waren die Kanonen der reitenden Batterie Fritze vom 2. Corps, die sich in der Unordnung des Rückzugs verirrt hatte, die 2 Haubitzen retteten sich zu Thielmanns Corps;[1) der Zufall, so ungünstig er schien, wurde durch den Eindruck, den er auf Napoleon machte, ein glücklicher. Ge= neral Berton hatte diesem zwar gemeldet, es habe sich ein großer Theil der Preußen auf Gemblour zurückgezogen, allein Gemblour lag auch auf dem Wege nach der Maas. Wie sehr sich der Kaiser in sei= ner Täuschung gefiel, zeigte ein Befehl, den er jetzt an Ney erließ. Dieser hatte über den Ausgang des gestrigen Tages keine Nachricht von Napoleon erhalten, und seinerseits, in gleicher Versäumniß, keine

---

1) Arch. d. Gnlstbs. E. 16 vgl. S. 281. Z. 3 v. o.

gegeben. Erst um 8 Uhr kam des Kaisers Adjutant Flahaut von
Quatrebras zu diesem nach Fleurüs und berichtete von dem mißlunge=
nen Angriff des Marschalls; es war um dieselbe Zeit, als auch Pajols
und Bertons Meldungen einliefen. Soult mußte hiernach an Ney
schreiben: das preußische Heer sei in die Flucht geschlagen, Pajol verfolge
es auf den Straßen nach Namür und Lüttich; Ney solle die Stellung
bei Quatrebras nehmen, im Nothfall werde ihn der Kaiser dabei un=
terstützen; der heutige Tag sei nöthig, um diese Bewegung auszufüh=
ren und das Heer herzustellen. Blücher, der geschlagen war, stellte
sein Heer auf dem Marsche her; Napoleon hatte zuerst nichts als einen
Ruhetag im Sinn. Ney, der eine Armee vor sich hatte, wollte auf
einen so wenig drängenden Befehl nicht angreifen; sondern erst von
der Stärke des Feindes berichten. Pajol ging über Mazy vor, und
wendete sich dann gegen St. Denis; Berton marschirte gegen Gem=
bloux. Beide waren zu schwach, um etwas auszurichten; der Morgen
ging verloren.

11. Nach 8 Uhr begab sich der Kaiser zur befohlenen Heerschau
zu Wagen nach St. Amand. Dort stieg er zu Pferde und durchritt
langsam die Reihen seiner Truppen, die da aufgestellt waren, wo sie
gelagert und gefochten hatten. Rings umher waren noch die Schrecken
der Schlacht verbreitet; auf dem Felde und mehr noch in den Dör=
fern lagen menschliche Leichname und zerrissene Gliedmaßen in Haufen,
aller Orten standen Lachen oder rieselten Bäche von Blut. Die Sol=
daten empfingen den Kaiser mit begeistertem Zuruf; er sprach zu
ihnen, wie er oft gethan hatte, Worte der Theilnahme, des Lobes und
der Anfeuerung. Gegen 10 Uhr ließ er Lobau mit den 2 Divisionen,
die er noch hatte, sowie die Reiterei von Sübervie und Domon nach
Marbais rücken, um 11 Uhr mußten die Garde und Milhauds Kü=
rassiere dahin folgen. Die Truppenschau nahm inzwischen ihren Fort=
gang; des Kaisers Gedanken schienen nicht bei seinem Krieg zu sein,
er sprach mit Grouchy und Gérard von der öffentlichen Meinung in
Paris und von den Jakobinern. Jetzt kam die Meldung von Quatre=
bras, daß die Engländer dort noch unbeweglich ständen; Napoleon
sah, daß es einen Entschluß gelte. Es war gegen Mittag. Er ließ
an Ney schreiben, er solle den Feind sofort aus seiner Stellung ver=
treiben, der Kaiser werde ihn dabei von Marbais her unterstützen.
Zugleich wurde das Heer in 2 Theile getheilt. Den ersten, aus den
Truppen, die Ney hatte und die bei Marbais standen, bestehend, zu=
sammen 72,500 M. mit 240 Geschützen, wollte Napoleon unter seinen
eignen Befehl nehmen; der zweite, die Corps von Vandamme (mit

Ausnahme seiner Reiterdivision unter Domon, und Gérard, die Infanteriedivision Teste, sodann das Reitercorps Exelmans und die Division Soult, zusammen 33,300 M. mit 96 Geschützen, wurden unter Grouchy gestellt. Die Division Girard blieb in St. Amand: wie die Denkwürdigkeiten von St. Helena sagen, mit Absicht, um sich zu erholen und den Verwundeten Hülfe zu leisten; wie einige Schriftsteller meinen, weil sie vergessen wurde.

12. Napoleon ertheilte dem Marschall Grouchy mündlich seine Weisung: er solle die Preußen verfolgen, ihre Niederlage vervollständigen, sie nicht aus den Augen lassen; er selbst gehe, um die Engländer zu schlagen, wenn sie diesseits des Waldes von Soigne Stand halten würden. Grouchy erschrak über den Auftrag; er wandte ein: die Preußen seien seit 10 Uhr des vorigen Abends auf dem Rückzug, die ihm zugetheilten Truppen nicht marschbereit, er werde lange Zeit brauchen, um jene einzuholen; seien sie, wie man annehmen müsse, über Namür zurückgegangen, so entferne ihn dies völlig aus dem Operationskreise des Kaisers. Napoleon wurde ungeduldig, er wiederholte seinen Befehl; den Weg Blüchers aufzufinden, sei des Marschalls Sache. Dieser ging, um sein Heer in Bewegung zu setzen. Gleich darauf kam von Berton die Meldung, daß ein starker feindlicher Heertheil bei Gemblour stehe, es war Thielmanns Corps. Jetzt dictirte der Kaiser dem General Bertrand den Befehl an Grouchy: er solle auf Gemblour gehen, die Straßen nach Namür und Mastricht aufklären, den Kaiser von den Bewegungen des Feindes unterrichten; es sei wichtig zu wissen, ob derselbe sich von den Engländern trenne, oder sich mit ihnen, um Brüssel und Lüttich zu decken, zu einer neuen Schlacht vereinigen wolle; er selbst nehme sein Hauptquartier in Quatrebras, dorthin solle der Marschall seine Meldungen schicken. Napoleon dachte also jetzt an die Möglichkeit, daß Blücher in der Bewegung zu Wellington sei; dennoch gab er keinerlei Weisung, daß in der für diesen Fall wichtigsten Richtung, nach Mont St. Guibert, eine Erkundigung geschehen sollte. Grouchy seinerseits dachte um so weniger daran, als er am vorigen Tage während der Schlacht den Feind nur in der Richtung auf Gemblour und Lüttich vor sich gesehen hatte.

Der Aufbruch des Marschalls verzögerte sich bis um 2 Uhr. Nach einem mühseligen Marsche in durchweichtem Boden unter strömendem Regen erreichten Vandamme und Gérard um 9 Uhr Abends Gemblour; sie hatten 7 Stunden gebraucht, um wenig mehr als 3 zurückzulegen. Grouchy fragte bei den Einwohnern nach, ließ Exelmans

Reiter gegen Sauvenière vorgehen; es war vergebens, niemand wußte ihm bestimmte Nachricht zu geben, wohin sich die Preußen gewendet hätten; Pajol war den Abend nach Mazy zurückgekommen, auch er hatte nichts erfahren. Um 10 Uhr schrieb der Marschall dem Kaiser: es scheine, der Feind habe sich in zwei Colonnen zurückgezogen, die eine über Sart-lez-Walhain, die andre über Perwez; vielleicht sei die letztere der Haupttheil unter Blücher, der nach Lüttich gehe; je nach den weitern Nachrichten werde er die Preußen in der Richtung nach Wavre verfolgen, um sie von Wellington zu trennen, oder über Per- wez. An Vandamme gab er den Befehl, um 6 Uhr des andern Mor- gens nach Sart-lez-Walhain aufzubrechen, Gérard sollte ihm um 8 Uhr folgen, Pajol erhielt seine Richtung auf Grand-Leez. Am Abend lag ein Raum von 5 Stunden zwischen Grouchy und den Preußen.

13. Napoleon selbst sollte nicht, wie er geglaubt hatte, in Quatre- bras bleiben. Ney hatte dort den Angriff aufgeschoben, bis er jene zweite Ordre von Ligny her erhielt, es war zur nämlichen Zeit, als er den Rückzug Wellingtons erkannte. Er setzte seine Reiterei in Bewe- gung; zugleich hatte d'Erlon, der jetzt in der vorderen Linie stand, von Napoleon unmittelbar den Befehl zum Vorgehen empfangen, er traf gegen 2 Uhr bei Quatrebras mit den Truppen zusammen, die von Ligny kamen. Der Kaiser beschleunigte jetzt den Marsch, die Reiterei von Subervie, Domon und Milhaud mußte die englische ver- folgen, es kam zu dem schon erwähnten Gefecht bei Genappe, dann waren die Engländer nicht mehr einzuholen. Napoleon erreichte um $^1/_2$7 Uhr mit der Reiterei den Pachthof Belle-Alliance, 3500 Schritte südlich von Mont St. Jean. Der Regen warf einen Schleier über die Gegend; der Kaiser ließ Milhaud unter dem Schutz von 4 Batte- rien wie zum Angriff aufmarschiren, 50 bis 60 Geschütze antworteten, er erkannte, daß die englische Armee vor ihm stehe. Es wurde 8 Uhr, bis die Spitze der Infanterie herankam; ihr Marsch war sehr lang- sam und nicht ohne Unordnung geschehen, sie hatte viele Nachzügler. D'Erlon und Lobau nahmen ihre Stellung in der vorderen Linie von Plancenoit bis Mon-Plaisir, die andern Truppen hinter ihnen, Reille blieb bei Genappe, er sollte den nächsten Morgen heranrücken. Na- poleon nahm sein Quartier in dem Pachthofe Caillou bei Maison dü Roi.

Es scheint, daß der Kaiser fürchtete, die Engländer möchten ihm nicht Stand halten. Um 1 Uhr nachts stieg er zu Pferde und begab sich mit General Bertrand vorwärts nach dem Pachthof von Rosomme, von wo sich die Gegend überblicken ließ. Durch den Regen hindurch

zeichnete sich am schwarzen Himmel die Linie der feindlichen Wacht=
feuer ab; auch die Meldungen der Kundschafter und Vorposten bestä=
tigten, daß die englische Armee unverändert in ihrer Stellung stehe.
Napoleon begab sich in sein Quartier zurück; er hatte jetzt Wellington
vor sich, von dem er einst im Moniteur gesagt hatte, er sei ein be=
schränkter und unwissender Kopf, ein Verwegner, der noch große Nie=
derlagen erfahren werde; jetzt soll er zu seinen Generalen geäußert
haben: unsere Sache steht wie neun zu eins. Der Morgen sollte ihn
aufs neue überzeugen, daß sein Gegner nicht daran denke, der Schlacht
auszuweichen. Der Regen hatte seit 6 Uhr aufgehört, um 8 Uhr
melden die Artillerieoffiziere, in einer Stunde werde der Boden
wohl die Bewegung des Geschützes erlauben. Napoleon begab sich zu
Pferde nach dem Pachthof Belle=Alliance; der Ingenieur=General Haxo
melden ihm, daß eine Befestigung auf der feindlichen Linie nicht zu
entdecken sei. Nach kurzer Beobachtung derselben dictirte er den Befehl
zur Schlacht, den die versammelten Adjutanten sofort an die Heer=
theile überbrachten. Die Armee hatte sich zum Kampfe bereitet; die
Nacht war schlimmer für sie gewesen, als für ihre Gegner, denn die
Truppentheile waren erst mit einbrechender Dunkelheit in die Biwaks
gerückt, und nur wenige fanden die Gelegenheit sich an einem Feuer
zu wärmen und zu trocknen. Jetzt war der sehnlich erwartete Morgen
da, er brachte den Ruf zur Schlacht.

14. Napoleon ordnete die Entwickelung des Heeres zum Angriff
in 11 Colonnen; 4 davon sollten die erste Linie bilden, 4 die zweite,
3 die dritte. Die erste Linie sollten die Corps von d'Erlon und
Reille bilden: die Infanterie in 2 Colonnen in der Mitte, die Reiterei
in eben so vielen auf den Flügeln. Für die zweite Linie waren die
4 Colonnen von der Linken zur Rechten: Kellermanns Kürassiere,
Lobau's Infanterie, die leichte Reiterei von Domon und Subervie,
Milhaud's Kürassiere. Die dritte Linie bestand aus der Garde: in
der Mitte die Infanterie, links die schwere Reiterei unter Guyot,
rechts die leichte unter Lefebvre Desnoëttes. Zur Schlacht mußten
sich die Colonnen aus der Tiefe entwickeln; es ergab sich dann die
Aufstellung der ersten Linie wie folgt. Die Infanterie von Reille
lehnte den rechten Flügel an die Brüsseler Straße beim Hause Belle=
Alliance und reichte bis zur Straße von Nivelles hinüber, eine Aus=
dehnung von 2000 Schritten, die 3 Divisionen in der Ordnung: Ba=
chelü, Foy, Guilleminot; an die letztere schloß sich jenseits der Niveller
Straße die Reiterei von Piré. In ähnlicher Ordnung dehnte sich
d'Erlon zur Rechten von Belle=Alliance bis gegenüber von la Haye

2500 Schritte weit aus, die Divisionen in der Ordnung: Allix (in
der Schlacht von General Quiot geführt), Donzelot, Marcognet,
Dürütte; rechts bei Frichemont die Reiterei von Jacquinot. Jede
Infanteriedivision war in zwei Linien aufgestellt, die zweite 80 Schritte
rückwärts der ersten; die Artillerie war vor der Front, oder in den
Zwischenräumen. Die ganze erste Schlachtlinie war unter den Befehl
von Ney gestellt. Die zweite stellte sich in etwas gedrängterer Ord-
· nung 260 Schritte rückwärts der ersten auf; ihre Truppentheile wurden
nachher zum Theil nicht an dieser Stelle, sondern auf dem rechten
Flügel gegen die Preußen verwendet. Die dritte Linie ordnete sich
auf 260 Schritte hinter der zweiten, auch sie gab nachher einen Theil
ihrer Truppen nach der Rechten ab. Die Straßen von Nivelles und
Charleroi waren für die Bewegung der Reserve=Artillerie freigelassen.
Die Armee zählte 72,500 M. mit 240 Geschützen, darunter 49,500 M.
Infanterie, 15,000 Reiter, 8000 M. Artillerie. In den beiden letzten
Waffen war also Napoleon etwas stärker als Wellington, in der Ge-
schützzahl sogar um die Hälfte; auch hatte schon die Schlacht bei Quatrebras gezeigt, daß nur ein Theil der Infanterie des verbündeten
Heeres der französischen völlig gewachsen war. Diese Verschiedenheit
in den Streitkräften mußte den Vortheil der Stellung auf Wellingtons
Seite, obwohl er noch durch das den Angriff erschwerende Erdreich
erhöht wurde, mehr als ausgleichen.

Napoleon erkannte immer noch nicht, wie ihm nur wenige Stunden
blieben, um den Feind gegenüber allein zu bekämpfen, er hatte noch
keine Ahnung von der Annäherung der Preußen. Von Grouchy hatte
er die obenerwähnte Botschaft um 2 Uhr morgens erhalten, eine
zweite, die um 6 Uhr ankam, gab keine größere Aufklärung, wohin
sich Blücher gewendet habe. Um 10 Uhr ließ Napoleon durch Soult
dem Marschall schreiben: er sei im Begriff die englische Armee, welche
bei Waterloo vor ihm stehe, anzugreifen; Grouchy solle seine Bewegung
auf Wavre richten, und sich mit dem Kaiser in Verbindung setzen;
was von den Preußen gegen Osten zurückgegangen sei, solle er durch
leichte Truppen verfolgen lassen, was die Richtung auf Wavre genommen habe, solle er vor sich her treiben, den Ort selbst so bald als
möglich erreichen und für regelmäßige Mittheilungen sorgen. Gegen
11 Uhr dictirte er dann einen ersten kurzen Plan zum Angriff. Der
Marschall Ney solle, von der Mitte aus, auf Mont St. Jean rücken,
24 Geschütze müßten die Bewegung unterstützen, sie hätte von d'Erlons linkem Flügel her, längs der Straße nach Brüssel, in Staffeln
zu geschehen, Reille auf der Westseite der Straße solle in gleicher Höhe

vorgehen. Es war also ein Durchbrechen der feindlichen Mitte ge=
meint; doch mußte in dem Maße, wie die Staffeln vorschritten, das
Gefecht sich nach und nach auf der ganzen Linie entwickeln.

Was war aber inzwischen aus Grouchy geworden? Wie eben er=
wähnt, hatte er in der Nacht eine zweite Nachricht an Napoleon ge=
schickt; sie war um 2 Uhr abgegangen und enthielt nur die Mitthei=
lung von der bereits angeordneten Marschrichtung auf Sart=lez=Wal=
hain. Von dort aus konnte sich der Marschall immer noch entweder
gegen Wavre oder gegen Lüttich wenden. Er war langsam, von Zwei=
feln bewegt; er besorgte, Blücher möchte, wenn er die Berührung mit
ihm verlöre, zum Angriff gegen die französische Operationslinie zurück=
kehren; er blieb zu lange in Gembloux, immer in Furcht, eine falsche
Richtung einzuschlagen. Noch langsamer waren seine Generale, sie
brachen später auf, als ihnen befohlen war, und hatten große Mühe
auf den engen grundlosen Wegen vorwärts zu kommen, jeden Augen=
blick stockte in der langen Colonne der Marsch, es war wohl 10 Uhr
bis Exelmans und Vandamme, die an der Spitze waren, Sart=lez=
Walhain erreichten. Um dieselbe Zeit erst war Grouchy dort ange=
kommen. Hier endlich hatte er erfahren, daß sich die preußische Armee
schon am Abend vorher bei Wavre vereinigt hatte. Jetzt beschloß er
mit seinen gesammten Streitkräften dorthin zu marschiren, die vordern
Truppentheile mußten sofort nach Nil St. Vincent ausbiegen; an den
Kaiser richtete er ein ausführliches Schreiben, er werde den Abend
bei Wavre sein und erwarte dort weitere Befehle. Es war halb 12
Uhr, als Oberstlieutnant Lafresnaye mit diesem Schreiben abging;
zur nämlichen Stunde begann bei Belle=Alliance die Schlacht. Grou=
chy's vordere Truppen waren 6½ Stunden davon entfernt.

15. Wie hatte sich seit dem Anfang des Feldzugs das Geschick
Napoleons verwandelt! Was er bedurfte waren große Siege über
getrennte Gegner. Zu Anfang schien dies Ziel fast erreicht; jetzt waren
die Gegner der Vereinigung nahe, und er stand getheilt. Er hatte
72,000 zur Hauptschlacht versammelt, und die 33,000 unter Grouchy,
die 2500 bei St. Amand konnte keine Eile des Befehls und des Ge=
horsams zur rechten Stunde herbeiführen. Vor ihm stand Wellington
mit 68,000 M. Blücher hatte 90,000 bei Wavre; schon waren 40,000
auf dem Marsche, dem Verbündeten Hülfe zu bringen und die Zeit
war noch frühe genug, daß sie das Schlachtfeld erreichten. Es war
von allen Versäumnissen seit dem Abend vor Ligny besonders eine,
durch die es dahin gekommen war. Wenn Napoleon mit dem ersten
Tagesgrauen durch Exelmans und Pajols Reiter, die noch wenig ge=

fochten hatten, nach den beiden möglichen Hauptrichtungen den Weg
Blüchers aufsuchen ließ, so mußte er bald genug wissen, daß sich dieser
auf Mont St. Guibert und auf Gemblour gewendet habe. Dann
blieb ihm die Wahl: er konnte sich sofort mit der Hauptmacht gegen
Wellington wenden, oder er konnte Blücher mit Nachdruck verfolgen.
Das letztere hätte am meisten der Art entsprochen, wie er sonst
seine Siege zu benutzen gewohnt war, und hätte auch ohne Zweifel
den größten Erfolg gegeben, der noch möglich war. Wir wissen, wie
erst am späten Abend Bülow und Thielmann bei Wavre einrückten;
der letztere namentlich hatte sich unvorsichtig bei Gemblour verweilt.
Wenn Napoleon also am Morgen mit seiner Hauptmacht schnell gegen
Wavre oder Gemblour nachdrang; so hätte er die beiden preußischen
Generale vielleicht noch ereilt, vielleicht von Blücher abgedrängt, wahr=
scheinlich wenigstens in empfindlichen Verlust verwickelt. Es wäre
freilich für einen anderen Feldherrn ein unerhörtes Wagniß gewesen,
einen Wellington, der noch am Abend vorher gesiegt hatte, in der
Flanke stehen zu lassen; aber ein Napoleon durfte es wagen, ja seine
Lage war fast so, daß er es wagen mußte. Auch ist Wellington
wirklich zurückgegangen, als er erfuhr, daß Blücher für diesen Tag
nichts thun könne; Ney mit 30,000 würde also vorerst genügt haben,
ihn zu beobachten und ihm zu folgen. Die unmittelbare Verfolgung
gegen Blücher hätte inzwischen alle die Trophäen eingetragen, die
immer am meisten in der Richtung des einmal gewonnenen Sieges
liegen; und die Hauptschlacht des folgenden Tages wäre unter weit
besseren Bedingungen gegen Blücher geschlagen worden, als gegen
Wellington, denn nach allem, was wirklich geschehen ist, muß es als
sehr zweifelhaft gelten, daß der letztere dem ersteren so schnelle zu
Hülfe geeilt wäre, als es umgekehrt geschah. Aber auch, wenn Na=
poleon die andere Wahl traf und sich frühzeitig mit der Hauptmacht
gegen Wellington wendete, lag ein besseres Geschick vor ihm. Er
konnte diesem auf dem Rückzug noch empfindlichen Schaden zufügen,
und am folgenden Tag seine Schlacht nach der wirklichen Lage ein=
richten; Grouchy würde ihm nicht so gefehlt, Blücher würde ihn nicht
so überrascht haben. Wie er aber wirklich die Aufgabe dieses Tags
verfehlt, wie seine Gegner sie ergriffen hatten; so stand er vor einem
Abgrund und wußte es nicht.

Fünftes Kapitel.

Belle=Alliance.

1. Als Blücher in Wavre den kühnen Entschluß vollendete, sein Heer zur Vernichtung des Feindes zu führen, dachte er nicht, daß er ihn durch die widerstrebende Wirklichkeit nur zur größten Noth hinaus= führen werde. Als Wellington mit vollkommenem Gleichmuth sich bereitete, mit getheilter Macht den furchtbaren Feind zu bestehen, dachte er nicht, daß sein standhaftes Ausharren bis zur letzten Erschöpfung erfordert würde. Als Napoleon in täuschungsvoller Zuversicht über allen versäumten Stunden seinen Angriff ordnete, dachte er nicht, wie stark der eine, wie nahe der andere Gegner sei, an deren vereinter Kraft er zerschellen sollte. Der Gang der gewaltigen Schlacht aber, welche über das Schicksal des erneuten Kaiserreichs entschied, war dieser. Zuerst rückten die Vordertruppen der Franzosen gegen die Außenposten und die erste Linie der englisch=deutschen Stellung vor, zwei Stunden lang wogte das Treffen ohne sichtbaren Erfolg hin und her. Napoleon, plötzlich durch das Herannahen der Preußen zu seiner Rechten überrascht und von Zweifeln bewegt, befiehlt gegen 2 Uhr den geschlossenen Angriff. Die französischen Massen rücken an, es entsteht auf der Höhe von Mont St. Jean ein blutiges Ringen, hin und her über eine Stunde lang schwankt der Kampf, zuletzt müssen die Angreifer weichen. Jetzt erscheinen die ersten Brigaden der Preußen an der Grenze des Schlachtfeldes; Napoleon sendet gegen sie die Reserven, die er für einen zweiten Angriff bestimmt hatte; der Kampf in der Fronte brennt in einer Reihe einzelner Gefechte fort, kein Theil vermag ihn sogleich wieder kräftig zu erneuern. Doch die Preußen dringen näher heran; die Gefahr ist groß für Napoleon, wenn er jetzt nicht Wellingtons Widerstand bricht. Er versucht es mit der Reiterei: Ney führt sie in der Fronte in einem großen Angriff gegen Wellingtons Stellung zur nämlichen Stunde, als die preußischen Kanonen das Treffen zur Rechten beginnen; er muß weichen, nach kurzer Rast erneuert er den Angriff, durch die letzten Regimenter ver= stärkt; doch wieder kehren die tapfern Reiter aus langem heißem Ge= tümmel der Schwerter und der Bajonette erfolglos zurück. Und schon ist fast die Hälfte von Napoleons letztem Rückhalt, den Garden, gegen die Preußen im Gefecht, sie stehen dem Andrang, sie treiben ihn zurück, doch ihre Kraft erschöpft sich an der wachsenden Zahl der unerwarteten

Gegner. Da greift Napoleon zum letzten verzweifelten Mittel; die letzten Bataillone der Garden sollen die englische Stellung durchbrechen. Sie nehmen das Gewehr auf, sie ersteigen die Höhe, sie setzen den Muth an, der in hundert Schlachten erprobt ist: umsonst, nach kurzem Ringen schwanken ihre Reihen, sie weichen. Im nämlichen Augenblick überwältigt Blücher zur Rechten den letzten Widerstand, Wellington ruft den letzten Muth seines erschöpften Heeres zum Angriff; der Schrecken bricht in die französischen Reihen ein, in wenig Minuten sind sie in eine einzige verworrene fliehende Masse verwandelt. Napoleons letzte Hoffnung liegt auf dem Schlachtfelde in Trümmern; in unablässiger Verfolgung vollenden die Preußen die Zerstörung seines Heeres.

2. Der 18. Juni war ein Sonntag. Aus einer kalten regenschweren Nacht schien sich mühevoller und später als sonst im hohen Sommer der Morgen loszuringen; es war, als ob der Tag verziehe, dem blutigen Schauspiel, das sich begeben sollte, sein Licht zu leihen. Ich erzählte schon, wie es gegen 7 Uhr rings im Felde von Waffen lebendig ward; wie im englisch-deutschen Heer die Bataillone, Schwadronen und Batterien die Stelle einnahmen, die ihnen zum Kampfe angewiesen war; meist dem Orte nahe, wo sie die Nacht gelagert hatten. Länger währte es bei den Franzosen; es war 9 Uhr als das Heer von den Höhen bei Rosomme herabrückte, um seine Schlachtordnung zu bilden. Die ganze Masse in 11 Colonnen, wie es Napoleon bestimmt hatte, war auf einmal in Bewegung. Die Spitzen der vier vorderen Säulen erreichten die Stelle, wo sie sich entwickeln sollten, die geschlossenen Reihen des Fußvolks und der Reiterei, die Züge der Geschütze kamen aus der Tiefe hervor; zugleich wogten gleich dunklen Strömen die Säulen der zweiten und dritten Linie heran; die Trompeten und die Trommeln fielen im Takte des Marsches ein; die Musik spielte die Weisen, welche die Soldaten in 20 siegreichen Feldzügen begleitet hatten. Die Erde, sagte Napoleon nachher, schien stolz, so viele Tapferen zu tragen; es war ein prächtiges Schauspiel, der Feind übersah es bis zum letzten Manne, er mußte erschüttert sein. Auch hat der Feind die Größe des Anblicks bezeugt, doch hat er nicht bezeugt, daß er ihm Furcht machte; für diesen Zweck war die Zeit, die der Aufmarsch gekostet, verschwendet. Sowie er vollendet war, durchritt Napoleon die Reihen, sie empfingen ihn mit begeistertem weithin hallendem Zuruf. Wellington gegenüber that ebenso; doch war bei ihm nach der Gewohnheit des Heeres der Zuruf nur sparsam, es dachte doch seine Pflicht zu thun. Nach 11 Uhr hatte Napoleon

seine Vorbereitung vollendet; beim Pachthof von Rosomme, wo der weiteste Ueberblick war, ließ er Tisch und Stuhl aufstellen und die Karte der Gegend vor sich ausbreiten. Er stieg vom Pferde, die Offiziere seines Stabs waren um ihn, ein Bauer, mit Namen de Coster, von Plancenoit herbeigeführt, mußte ihm die Beschaffenheit der Wege und des Landes erklären. Sein Plan hatte sich jetzt näher fest- gestellt: zuerst sollte Reille das Schloß Goumont angreifen, um den Feind zu täuschen, dann sollte sich der Angriff mit Macht gegen die Mitte und den linken Flügel der feindlichen Stellung entwickeln; Ney war bestimmt ihn zu führen, sobald der Kampf der Vortruppen ihn vorbereitet habe. Zum letzteren gab Napoleon jetzt den Befehl; Offi- ziere aus Wellingtons Stab sahen nach der Uhr, als der erste Ka- nonenschuß fiel, es war 35 Minuten nach elf.

3. Vom linken Flügel der Franzosen her begann das Feuer der Geschütze, und schnell mischte sich unaufhörlich fortrollend, das Knattern des kleinen Gewehrs ein. Es war Reille, der dort durch die Division Guilleminot das Schloß Goumont angreifen ließ. Es war eine Gruppe von Häusern von starker Bauart, die umgebenden Gärten und Höfe mit dichten Hecken oder Mauern eingefaßt, auf der Südseite, woher der Angriff kam, von einem kleinen Wald begrenzt. Die Nassauer und Hannoveraner, welche hier standen, hatten die äußeren Zugänge, die vier Compagnien englischer Garden hatten die Gebäude und die angrenzenden Gärten besetzt. Von der Artillerie der Vertheidiger er- öffnete die deutsche Batterie des Capitän Cleeves das Feuer, [1] und sofort fielen die übrigen Batterien von Altens und die von Cookes Divisionen ein. Eine Brigade von Guilleminot dringt muthig gegen das Holz vor, dichte Plänklerschwärme gehen voran, doch das feindliche Feuer ist zu mächtig, der General fällt, der Angriff stockt; Guilleminot führt eine andere Brigade ins Gefecht, Napoleon sendet aus der zweiten Schlachtlinie zwei reitende Batterien von Kellermann vor. Jetzt wird der Angriff überlegen, die französischen Bataillone erreichen den Wald, sie dringen ein, sie werfen die Nassauer bis an den nördlichen Rand zurück, sie hoffen schon in einem Anlauf die Gärten und das Schloß zu nehmen. Doch hier empfängt sie aus nächster Nähe das wohlge- zielte Feuer der englischen Garden, sie sehen sich vor Hecken und Mau- ern, ohne die Mittel sie zu öffnen, oder sie zu übersteigen, ihr Feuer vermag nichts gegen einen Feind, der kaum sichtbar ist, sie müssen ins Holz zurück. Guilleminot versucht von seinem linken Flügel her ein-

---

1) Beamish. Geschichte d. königl. deutschen Legion, Hannover 1807. II. 375.

zudringen, die eine Brigade umgeht den Hof auf der Westseite, es ist
derselbe Kampf mit demselben Erfolg; einige Compagnien dringen an
der Umgrenzung bis zum nördlichen Eingang vor, Einzelne gelangen
sogar in den Hof, sie finden dort den Tod, die andern treibt das
Feuer von der nahen Höhe schnelle zurück. Wellington, der den An=
griff gesehen hat, läßt eben jetzt ein Bataillon Braunschweiger und
4 frische Compagnien englische Garden vorrücken; Guilleminots Sol=
daten, durch den Kampf erschüttert, werden aus der Umgebung des
Schlosses schnelle vertrieben, sie weichen bis zur Mitte des Holzes
zurück. Unterdessen hat sich das Feuer der Plänkler längs der ganzen
Linie der beiden Heere von Goumont bis Papelotte verbreitet, und
mit zunehmender Gewalt dröhnt das Geschützfeuer dazwischen. Wel=
lington nimmt auf dem rechten Flügel die Infanterie, damit sie we=
niger ausgesetzt sei, ein paar hundert Schritte zurück; doch will es
eben jetzt scheinen, als entwickele sich gegen die Mitte und den linken
Flügel ein größerer Angriff; die französische Artillerie vermehrt schnell
die Zahl ihrer Stücke und ihr Feuer, bei d' Erlons Infanterie zeigt
sich Bewegung. Es ist wirklich der Zeitpunkt, den Napoleon zuerst
für den Hauptangriff bestimmt hatte, Ney erwartet jeden Augenblick
den Befehl dazu.

4. Aber Napoleons Gedanken waren eben jetzt von einer uner=
warteten Erscheinung gefesselt. In seiner rechten Flanke bei Chapelle
St. Lambert, nicht 2 Stunden von seinem Standpunkt entfernt, hatte
er durch's Fernrohr eine Truppenabtheilung wahrgenommen. Sie
schien in Bewegung nach der französischen Stellung begriffen; vom
rechten Flügel derselben trennte sie noch der schwierige Grund des
Lasnebaches. Wer sollte es sein? Grouchy? Es war kaum möglich;
nach seiner letzten Meldung mußte er am Morgen noch über 5 Stunden
von da gestanden haben. Napoleon will es dennoch zuerst geglaubt
haben; jedenfalls wurde er bald enttäuscht. Er hatte seinen Adjutanten
Bernard mit einer Reiterabtheilung nach der Gegend entsendet, der
brachte die Meldung zurück, daß es Preußen seien. Gleich danach
wurde sie bestätigt, und in viel schlimmerer Gestalt. Eine Streif=
wache brachte einen gefangenen preußischen Husaren ein, der ein
Schreiben Bülows an Müffling oder Wellington bei sich trug. Dies
Schreiben und die Aussagen des Gefangenen, die vollkommen klar
und unterrichtet waren, gaben die doppelte Aufklärung: zuerst, daß es
die Spitze der 30,000 M. von Bülow war, welche Napoleon gesehen
hatte; sodann, daß die ganze preußische Armee in der vergangenen
Nacht bei Wavre gelagert hatte, ohne irgend etwas von französischen

Truppen zu bemerken. Auf einmal erhob sich die ganze Wahrheit
furchtbar vor Napoleons Augen: die preußische Armee konnte bis zum
Abend auf dem Schlachtfeld sein und auf Grouchy's Erscheinen war
keine Hoffnung. Er wollte sie nicht glauben; er nahm nur an, was
er vor Augen sah. Domon und Sübervie vom rechten Flügel der
zweiten Schlachtlinie mußten mit ihren Reitern aufbrechen, um die
Annäherung des neuen Feindes zu beobachten und aufzuhalten, Lobau
in derselben Schlachtlinie erhielt den Befehl, seine Division von der
Brüsseler Straße in der Richtung auf Chapelle St. Lambert rechts
hinüber zu führen und eine Stellung zu suchen, wo er im Nothfall
jenen 30,000 M. mit 10,000 widerstehen könne; die Garden nahmen
seine bisherige Stelle in der Mitte ein. Zugleich mußte der Marschall
Soult an Grouchy schreiben: seine Bewegung auf Wavre entspreche
der Absicht des Kaisers; indessen solle er immer in der Richtung auf
die Hauptarmee manövriren und immer bereit sein, alle feindlichen
Truppentheile anzufallen, welche die rechte Flanke der letztern beun-
ruhigen wollten; in diesem Augenblick sei die Schlacht im Gange, die
feindliche Mitte stehe bei Mont St. Jean, er möge sich also mit der
französischen Rechten zu verbinden suchen. Dann folgte eine Nach-
schrift: ein aufgefangener Brief sage, daß Bülow die Flanke des Kaisers bedrohe, man glaube sein Corps bei St. Lambert zu sehen,
Grouchy solle also keinen Augenblick verlieren, heranrücken und Bülow,
den er auf der That ergreifen werde, vernichten. Dieses Schreiben
wurde um 1 Uhr ausgefertigt; sein Inhalt war der wirklichen Lage
und selbst der Wahrscheinlichkeit, wie sie Napoleon übersehen konnte,
völlig zuwider. Grouchy stand zu der Zeit bei Sart-lez-Walhain,
6 Stunden von Mont St. Jean, er hörte den Donner der Schlacht,
seine Generale wollten, daß er dahin aufbreche, er verwarf es, weil
er verzweifelte das Schlachtfeld vor 10 Uhr abends erreichen zu
können. Blücher dagegen war schon seit dem vorigen Abend nicht 3
Stunden von da entfernt, und bereits mit dem größten Theil seines
Heeres im Anmarsch. Napoleon aber täuschte sich, die Aussage des
gefangenen Husaren verwerfend, mit dem bisherigen Wahn, als sei
Blücher weit weg; noch mehr, er nahm als gewiß an, daß Grouchy
in der Nähe sei, und wußte nicht einmal, ob dieser sich überhaupt
nach Wavre gewendet habe. Vor seinem Blicke verwandelte sich das
Unwahrscheinliche, das kaum Denkbare sofort in die gewünschte Wirklichkeit, selbst die Zeit, die im günstigsten Falle sein Bote zu Grouchy
und dieser zum Heranmarsch brauchen mußte, war für ihn nicht vorhanden. War das Schreiben an den Marschall vom Geist der Lüge

selbst eingegeben worden: in der doppelten Berechnung, daß Napoleon im günstigen Falle allein das Verdienst haben, daß er im ungünstigen Falle gerechtfertigt dastehen solle? Es ist wahrscheinlicher, daß sich unter dem drängenden Entschluß, den die Schlacht verlangte, die ein= fachen Verhältnisse vor seinem Blick verwirrten, und daß die Täu= schung eines unerhörten Glücksfalles, womit er andere zu betrügen dachte, ihn selbst gefangen nahm: genug, er warf die Zerstreuung und die Zweifel ab und griff nach der Hoffnung, die ihm die Stunde bot. Ney erhielt den Befehl zum Angriff.

5. Es war 1 Uhr mittags, als die französische Artillerie die Macht ihres Feuers versammelte, um die Mitte der englischen Stel= lung zu erschüttern. 78 Geschütze waren am Abhang von Belle=Alli= ance, östlich der Hauptstraße, aufgefahren; ihr Ziel waren die Pacht= höfe la Haye Sainte und Mont St. Jean, die Brigaden von Alten und Picton zu beiden Seiten der Straßen und die Reiterreserven hinter ihnen. Die englische Artillerie, an Zahl geringer, hielt standhaft aus, sie wurde hart mitgenommen, doch nicht zum Schweigen gebracht. Die Luft erklang unter dem eisernen Rauschen der Todesboten; doch auf beiden Seiten standen die Linien unerschüttert, die alten Soldaten kannten diese Schrecken, und der Muth der jungen belebte sich an ihrem Anblick. Um halb 2 Uhr gab Napoleon Befehl, daß die In= fanterie vorrücke. Es waren d'Erlons 4 Divisionen: sie sollten in Staffeln vom linken Flügel aus antreten. Ein Mißverständniß, das noch heute nicht völlig aufgeklärt ist, gab ihnen die unglücklichste Form, die erdacht werden konnte. In „Colonne mit Divisionen" soll der Befehl gelautet haben; „Division" aber war der Name für den großen Körper von 8 oder 9 Bataillonen und zugleich bei taktischen Bewe= gungen der Name für die Compagnie. Der Befehl also war, daß jedes Bataillon mit seinen Compagnien für sich die Colonne bilden sollte; er wurde aber verstanden, als solle jede Division aus einer einzigen Colonne bestehen. Wäre es nicht von Theilnehmern verbürgt, es würde unglaublich scheinen, wie kriegserprobte Generale zu einer solchen Auffassung kommen konnten; ein einziger Bataillons=Comman= dant bei Dürüttes Division soll die andere Form gewählt haben, sein General hätte ihn zurecht gewiesen. [1] Genug, das Corps setzte sich wirklich in nur 4 Colonnen in Bewegung, in jeder Colonne die sämmtlichen Bataillone der Division, auf 5 Schritte Abstand hinter= einander, jedes Bataillon in Linie auf 3 Gliedern. Die erste Staffel

---

1) Charras 272.

unmittelbar zur Rechten der Straße von Brüssel bildete die Division
Quiot mit einer Brigade, während die andere gegen la Haye Sainte
vorging, diese Staffel zählte also nur 4 Bataillone oder 12 Glieder
in der Colonne; ihr folgten zur Rechten Donzelot mit 27, Marcognet
mit 24, Dürütte mit 18 Gliedern, der letztere nämlich ließ 2 Bataillone
in der Stellung zurück. Die Frontlänge jeder Colonne betrug je nach
der Stärke der Bataillone 120 bis 140 Schritte, die Entfernung von
einer zur andern 400 Schritte. Die Bewegung durch das schwere
Erdreich unter dem feindlichen Feuer mußte in einer so unbehülflichen
Form äußerst unsicher sein, jede Unordnung mußte sich schnell zu un=
heilbarer Verwirrung steigern. An Reiterei sollten auf der Rechten
Jacquinots leichte Division, hinter der Infanterie Milhauds Kürassiere
zur Unterstützung bereit sein. Gegenüber standen, wie wir wissen,
von der Straße bis nach Papelotte und Frichemont hinüber die eng=
lischen Brigaden Kempt und Pack, sowie die hannöverschen Best und
Vincke, vor den erstern die niederländische Brigade Bylandt; Kempt
hatte einige Sandgruben in der Nähe der Brüsseler Straße, unfern
von Haye Sainte, mit dem 95. Regiment besetzt; die ganze Linie war
unter Pictons Befehl; auf der äußersten Linken stand Prinz Bernhard
von Weimar mit 4 Bataillonen Nassauern.

Ney, zu Pferde auf der Straße haltend, gibt das Zeichen zum
Angriff. Unter dem Rufe: „es lebe der Kaiser," steigen d'Erlons
Bataillone nach der Bodensenkung hinab, die sie von der feindlichen
Stellung trennt; sie wollen heute nachholen, was sie bei Ligny und
Quatrebras versäumen mußten. Das Feuer der Geschütze scheint
kurze Zeit an Heftigkeit noch zuzunehmen, dann als die Infanterie
am Abhang jenseits hinaufsteigt, muß auf beiden Seiten ein Theil
der Batterien verstummen, um nicht die eignen Reihen zu treffen.
Dafür empfängt das Feuer des kleinen Gewehrs, hinter den Hecken
und Vertiefungen des Querwegs hervor, die anrückenden Colonnen:
ihre Plänkler in dichten Schwärmen antworten; die Massen schreiten
durch das hohe Korn langsam vor. Zuerst stößt bei Haye Sainte die
Brigade Quiot des linken Flügels auf kräftigen Widerstand; die nächste
Brigade Bourgeois, als sie am Hofe vorüber gegen die feindliche
Stellung rückt, erhält von der Linken her aus den Sandgruben an
der Straße ein heftiges Feuer, sie drängt nach rechts, und bildet bald
mit Donzelot's Division nur eine einzige Colonne. Das Feuer von
Pictons Linie scheint sich jetzt zu verdoppeln, d'Erlon läßt Sturm=
marsch schlagen, seine Soldaten gewinnen den Querweg, Bylandt's
Bataillone wanken, der größere Theil räumt fliehend das Feld, der

kleinere, von Kempts und Packs Veteranen gestützt, hält mit diesen
Stand. [1] Hier bricht sich der Angriff. Die französische Colonne stutzt
vor dem nahen Feuer ihrer Gegner, sie will sich entwickeln, es ist un=
möglich, die langen Linien der Bataillone finden nicht Raum noch
Ordnung, die Masse verwirrt sich, die vordern Glieder erwiedern ohne
Regel das feindliche Feuer. Jetzt ist der Augenblick für die Engländer
da; Picton selbst führt die Seinen zum Angriff, er fällt an ihrer
Spitze, doch sieht er ihren Sieg. Quiots sammt Donzelots Colonne
werden unaufhaltsam den Abhang hinabgetrieben, Marcognets Division
zu ihrer Rechten erleidet durch die übrigen Bataillone von Pack und
durch die von Best dasselbe Schicksal. In diesem Augenblick trifft die
Reiterei ein, den Sieg der Infanterie vollkommen zu machen; es sind
3 schwere Dragonerregimenter, die englischen, schottischen und irischen
Garden Ponsonby's, von Wellington gesendet, die hier einhauen. Der
Angriff ist des alten Namens der Reiter würdig, sie brechen in die
französischen Colonnen ein, sie sprengen zwei Regimenter auseinander
und nehmen ihre Fahnen, sie reiten zwei Batterien nieder, die der In=
fanterie gefolgt sind. Aber der wilde Muth führt sie ins Verderben:
taub für die Stimme der Führer, braust der Reitersturm durch das
Thal fort, den Abhang hinan, wo die große französische Batterie steht,
schon fallen dort die Kanoniere unter ihren Säbeln, doch jetzt ist die
Brigade Travers von Milhauds Kürassieren und ein Uhlanenregiment
von Jacquinot zur Stelle; die Dragoner erschöpft und aufgelöst, er=
liegen dem geschlossenen Angriff; Ponsonby selbst und viele seiner
Offiziere fallen. Fast um die Hälfte ihrer Zahl vermindert, fliehen
die eben noch siegreichen Reiter durch das Thal zurück, die Feinde
auf ihren Fersen. Zu ihrer Hülfe erscheint eben jetzt vom linken
Flügel her die Brigade Vandeleur, von der Mitte her ein belgisches
Husarenregiment; an ihnen bricht sich die Verfolgung der Franzosen.

Während dieses Reiterkampfs hat die Infanterie von einander
abgelassen: die englisch=deutsche hat in ihrer Stellung die Reihen wie=
der geordnet; die französische ist unter dem späten Schutz der Küras=
siere und Lanzenreiter über das Thal zurückgewichen. Dürüttes Di=

---

1) Nach Siborne wäre die ganze Brigade Byland vom Schlachtfeld ver=
schwunden und nicht wieder erschienen, und allerdings war, wie auch aus Müfflings
Bericht an den König vom 19. Juni hervorgeht, die Meinung nach der Schlacht
den niederländischen Truppen nicht günstig; doch muß nach belgischen Berichten
(réponses aux allégations anglaises etc. p. 50 bis 53) angenommen werden, daß
wenigstens ein Theil im Gefechte ausgedauert hat.

vision auf der Rechten war besser weggekommen als die anderen. Sie war später angetreten, hatte die Höfe Papelotte und la Haye durch einige Compagnien angegriffen und war dann auf die Hannoveraner unter Best und Vincke gestoßen. Vandeleurs Reiterei eilte herbei: zugleich sahen die Angreifer das Mißgeschick der andern Colonnen, sie wichen zurück und gewannen in guter Ordnung ihre Stellung wieder.

Inzwischen hatte der Angriff d'Erlons auch dort geendet, wo er begonnen hatte. Die Brigade Quiot war, wie erwähnt, den anderen voraus gegen Haye Sainte vorgegangen. Einen dichten Schwarm von Plänklern vor sich, hatten ihre Colonnen außerhalb des Hofs den Widerstand der Vertheidiger schnell überwältigt und die umgebenden Gärten genommen; doch an den Gebäuden und dem ummauerten Hofe scheitern ihre Anstrengungen. Aus der Linie der Verbündeten rücken zuerst 2 Compagnien des 1. leichten Bataillons der deutschen Legion, dann das Feldbataillon Lüneburg von der Brigade Kielmansegge nach dem Hof; mit ihrer Hülfe werden die Franzosen auch aus den Gärten an der Nord- und Südseite des Hofs wieder hinausgeworfen. Doch gleich danach gehen sie an beiden Stellen aufs neue zum Angriff vor, während an der Westseite des Hofs plötzlich die Brigade Dübois von Milhauds Kürassieren heraufkommt; Napoleon hatte sie gesandt, die Einsenkung des Bodens hatte ihr Herannahen verborgen. Jetzt gehen die Gärten schnell wieder verloren, die Vertheidiger drängen sich in die ummauerten Räume, das Bataillon Lüneburg muß aufs Feld zurückweichen, dort wird es von den Kürassieren auseinandergesprengt [1]. Der Kampf um die Gebäude entbrennt aufs neue; die Reiter, fortgerissen vom Erfolg, greifen die Hauptstellung an. Die Brigade Kielmansegge weist sie ab, sie erneuern den Anfall; da erscheint, von Wellington gesendet, die Gardereiterei unter Somerset. Die Kürassiere sind in einem Augenblick ins Thal zurückgetrieben hier finden sie Schutz bei der Infanterie, Uxbridge führt die englischen Reiter nach der Höhe zurück; einzelne Schwärme sind bei der Verfolgung weit auseinander und bis in Ponsonbys Angriff hineingerathen. Wellington hat inzwischen die Vertheidiger von Haye Sainte wieder mit einigen Compagnien der deutschen Legion unterstützt, Quiots Infanterie wird aufs neue zurückgetrieben, ihr Kampf um den Hof ist umsonst, mit Mühe behauptet sie sich im südlichen Theil des Obstgar-

---

1) Hülsemann. Gesch. d. 4. hannoverschen Infanterieregimentes 83. Es wird dort auch gesagt, daß das Batl. keine Fahne hatte, also auch keine verlieren konnte, wie Charras 281 behauptet.

tens. So wenig wie anfangs bei Goumont, dachten die französischen
Generale daran, die überlegne Artillerie zu brauchen, um die Mauern
einzuschießen oder die Gebäude in Brand zu stecken.

Zur nämlichen Zeit hatte auch der französische linke Flügel mit
verstärkter Macht, doch ohne besseren Erfolg gegen den englischen rech=
ten gefochten. Goumont blieb hier fast ausschließlich der Gegenstand
des Kampfs. Die Division Foy rückte zur Rechten von Guilleminot
ins Treffen; die Gärten um das Schloß fielen auf einen Augenblick
in die Hände der Angreifer, da kamen frische Bataillone von Cooke
und Alten den Abhang herab und entrissen ihnen schnell den gewon=
nenen Vortheil. So wogte der Kampf ohne Erfolg hin und her. Na=
poleon, der die unfruchtbaren Anstrengungen seiner Infanterie sah,
schickte endlich 8 Haubitzen, ihre Geschosse steckten die Gebäude alsbald
in Brand, über 100 Verwundete kamen in den Flammen um; aber
der Angriff gewann keinen Boden; Schloß und Gärten blieben in
den Händen der Vertheidiger, die Franzosen behaupteten sich im Holz.
Sie hatten hier fast 10,000 M. Infanterie im Gefecht, General Foy
war verwundet vom Schlachtfeld getragen, die Verluste mehrten sich
mit jeder Minute, doch Wellington hatte befohlen, den Posten aufs
äußerste zu halten, und seine Engländer und Deutsche hielten ihn. —
Die Reiterei vermochte an dieser Stelle nichts auszurichten, Piré machte
Scheinbewegungen gegen Braine = l'Alleud, Wellington schickte ihm die
Brigade Grant entgegen.

6. Es war 3 Uhr vorüber. Fast 4 Stunden waren seit dem Be=
ginn der Schlacht, 2 Stunden seit dem Hauptangriff verflossen, und
noch war nichts entschieden. Die Franzosen hielten sich mit Mühe
an der Südseite von Goumont und Haye Sainte, sonst waren sie auf
allen Punkten zurückgewiesen. D'Erlons Corps hatte schwer gelitten,
5000 M., ein Drittel seiner Infanterie, darunter 2000 Gefangene,
waren aus seinen Reihen verschwunden, mindestens 15 Geschütze wa=
ren durch jenen Angriff der englischen Reiter außer Gefecht gesetzt.
D'Erlon suchte seine erschöpften Bataillone wieder zu sammeln, nur
Dürütte und Quiot waren für den Augenblick fähig, den Kampf fort=
zusetzen. Die Infanterie von Napoleons erster Schlachtlinie hatte den
größten Theil ihrer Kraft im Gefecht verbraucht, nur die Division
Bachelü, seit Quatrebras nur noch 3000 M., hatte keinen bedeutenden
Antheil genommen, sie stand noch in der ersten Stellung, westlich der
Brüsseler Straße. Aber auch in der zweiten Schlachtlinie hatte Na=
poleon keine Infanterie mehr zu verwenden; das Corps von Lobau
war gegen die Preußen entsendet. So wirkten diese schon durch ihr

Herannahen, noch ehe sie auf dem Schlachtfelde selbst erschienen, Na=
poleon hatte schon 10,000 M. gegen sie in Bewegung, der Vortheil
der Zahl war bereits auf Wellingtons Seite. Es blieb dem erstern,
wenn er nicht jetzt schon die Garden daran setzen wollte, zur Erneue=
rung der Angriffe, nur Reiterei und Artillerie übrig; und doch war
die Infanterie diejenige Waffe, von der allein die Ueberwältigung der
feindlichen Stellung mit Sicherheit zu erwarten war.

Aber auch Wellingtons Heer hatte schwer gelitten. Aus dem lin=
ken Flügel war die Brigade Byland zum größten Theil verschwun=
den, die gelichteten Reihen der andern Brigaden hatten die Lücken
schließen müssen, zu ihrer Unterstützung rückte die Brigade Lambert von
Mont St. Jean herbei. Nach Haye Sainte mußte aufs neue Verstär=
kung vorgesendet werden; es waren durch den Kampf um diesen Punkt
die Brigaden Ompteda und Kielmansegge merkbar verdünnt; rechts
von ihnen war fast die ganze Brigade Byng und der größte Theil der
Nassauer bei Goumont verwendet, es mußten die Braunschweiger und
ein Theil von Mitchells Brigade an ihre Stelle in die Linie rücken.
Zugleich rief Wellington eine Brigade von Chassé's Division aus
Braine=l'Alleud herbei. Diese und die drei Brigaden Clintons wa=
ren die einzige Infanterie, die er noch in Reserve hatte. Auch die
Artillerie hatte Noth gelitten; und die Reiterei war fast zur Hälfte im
verlustvollen Kampfe verbraucht. Wellington erwartete mit Ungeduld
die Ankunft Blüchers; Offiziere gingen ab, sie zu beschleunigen.

Der Kampf nahm in der nächsten Stunde einen schwächeren Ver=
lauf, seine Leidenschaft hatte sich auf beiden Seiten erschöpft; gleich
zwei müden Ringern mußten die Heere erst wieder Athem gewinnen.
Das Feuer der Geschütze hatte, sowie Reiterei und Infanterie von
einander abließen, auf der ganzen Linie wieder begonnen, doch klang
es an vielen Stellen fast nicht mehr wie der erste donnernde Ton,
die Plänkler mischten unablässig ihr Gewehrfeuer ein, doch war es
nicht mehr wie das rollende Getöse des ersten Eifers. Um Goumont
und la Haye wurde fortgestritten, doch hatte der Angriff keinen neuen
Nachdruck, beide Theile beschossen sich aus gedeckter Stellung. Auf
der Rechten des französischen Heeres führte Dürütte seine Infanterie
gegen Papelotte, la Haye und Smohain vor: die Vertheidiger waren
nicht zahlreich, Prinz Bernhard von Weimar hatte nur 4 Bataillone
und wenig Geschütz; aber Dürütte setzte keine große Kraft ein, auch
war ihm ein Theil seines Geschützes entzogen.

7. Napoleon mußte indessen erkennen, daß auf diese Weise, wo sich
die Kräfte des Feindes nur sehr langsam verzehrten, nichts zu erreichen

sei. Er stand vor der Wahl: die Schlacht abzubrechen und den Rückzug anzutreten, oder eine schnellere Entscheidung zu suchen. Zum ersteren konnte ihn wohl nächst dem Mißlingen des ersten Angriffs und
dem Herannahen der Preußen eine andere Nachricht auffordern, die
er eben erhalten hatte: gegen 3 Uhr war der Oberstlieutnant Dela-
fresnaye, Grouchys Adjutant, eingetroffen und hatte jenes um ½12
Uhr aus Sart-lez-Walhain erlassene Schreiben überbracht, wonach der
Marschall gegen Abend in Wavre eintreffen wollte. Seine Mitwirkung
zur Schlacht war also nicht mehr möglich; selbst wenn Grouchy durch
eine unerwartete Eingebung die Richtung seines Marsches änderte,
konnte er vor Nacht nicht mehr erscheinen. Der Rückzug unter dem
Schutze seiner Garden, seiner überlegenen Reiterei und Artillerie
konnte für Napoleon keine besondere Schwierigkeit haben; Wellington
hatte nicht die Kraft, ernstlich zu verfolgen und Bülow war noch zu
entfernt: allein dies frühe Verzagen entsprach nicht der Art, wie er
sonst seine Kriege geführt hatte, und es war am wenigsten nach seiner
jetzigen Lage, sich mit einem Versuch zum Siege zu begnügen. Es
blieb also das zweite, und es mußte bald geschehen, ehe die Preußen
eingreifen konnten. Napoleon will einen Augenblick daran gedacht
haben, seinen Angriff ihrer Einwirkung völlig zu entziehen, seine
Schlachtordnung zu ändern, den rechten Flügel zurückzunehmen und
den Hauptstoß über Braine-l'Alleud gegen Wellingtons rechten Flügel
zu führen. Allein dort gerade war nach Stellung und Truppenzahl
des letzteren Hauptstärke, und die Bewegung hätte eine lange Zeit
erfordert, die nicht zu entbehren war. Weit eher war Aussicht, daß
der linke Flügel des verbündeten Heeres einem kräftigen Stoße schnell
erliegen werde; allein es war damit auch wenig gewonnen, während
im Mißlingen die große Gefahr lag, zwischen die beiden feindlichen
Heere zu gerathen. Jedenfalls kehrte Napoleon bald zu seinem ersten
Plane zurück, und er that Recht daran; denn der Gang einer großen
Schlacht mit ihren gewaltigen Kräften ist noch weit mehr, als alles
andre menschliche Handeln an den einmal eingeschlagenen Weg gebunden. Jetzt eben konnte es sogar scheinen, als denke der Feind an
den Rückzug; Wellington nahm, wie er schon am Mittag gethan hatte,
vor dem Feuer der französischen Artillerie, das wieder heftiger zu
werden anfing, seine Infanterie von der Höhe zurück und ließ sie,
wo sie nicht hinreichend gedeckt war, sich niederlegen; die Artillerie
mußte bleiben und der feindlichen antworten, ebenso die Plänkler.
Napoleon ließ vom rechten Flügel zwei schwere Batterien nach der
Mitte kommen, und verstärkte die Artillerie hier, wie auf dem lin-

ken Flügel, auch aus der Reserve. Die gesammte Reiterei mußte sich zum Angriff bereiten: es waren in der Mitte: Kellermanns und Milhauds Kürassiere, die schwere Gardereiterei unter Guyot und die leichte unter Lefebvre; von der Linken her sollte Piré mitwirken, Jacquinot blieb zur Unterstützung Dürüttes auf der Rechten. Domon und Subervie standen mit Lobau gegen die Preußen, das Gefecht begann sich dort gerade zu entwickeln. Die Infanterie der Garde wollte Napoleon als eine letzte Reserve noch zurückbehalten. Der Hauptangriff sollte diesmal westlich der Brüsseler Straße geschehen; Ney erhielt den Befehl, die Reitermassen zu leiten; die Infanterie sollte die festen Punkte vor der feindlichen Stellung, Goumont und Haye Sainte, endlich zu gewinnen suchen.

8. Es war 4 Uhr vorüber. Ney ordnete die Kürassiere von Milhaud und die leichte Gardereiterei von Lefebvre, zusammen 5000 Pferde, zum ersten Angriff. Der Reitergeneral der Republik ist wieder in ihm erwacht, er führt die Masse gegen die Mitte des Feindes. Sie reitet zwischen Goumont und Haye Sainte heran, dort wo die Bodensenkungen, die nach beiden Höfen hinabziehen, ihren Ursprung haben. Wellingtons Artillerie hat den Befehl bis zum letzten Augenblick zu feuern, dann die Geschütze stehen zu lassen und sich in die Vierecke der Infanterie zu retten. Die Kürassiere nahen, sie ersteigen den Abhang, nicht Kugeln noch Kartätschen vermögen ihren steten Lauf zu hemmen. Während Lefebvres Schwadronen Halt machen, um für jeden Fall bereit zu sein, entwickeln sich jene zum Anfall auf Wellingtons Infanterie. Der volle Lauf der Pferde trägt sie fast zugleich mit den fliehenden Artilleristen vor die Reihen. Aber die englischen, hannöverschen und braunschweigischen Bataillone stehen fest. Zwei Reihen von Vierecken, in Schachbrettform gestellt, senden den Reitern ihr Feuer entgegen. Der Strom bricht sich, er umfluthet die Vierecke beider Linien, ohne eins zu brechen, er ermattet. Wellington sieht es, er schickt die leichten Dragoner Dörnbergs vor; zur Unterstützung folgen die niederländische Brigade von Trip und die englischen Garden von Somerset, etwa 4000 Pferde. Die englischen und die deutschen Schwadronen werfen sich muthig auf die schweren Reiter, es entsteht zwischen den Vierecken der Infanterie ein kurzes Getümmel, die erschöpften Kürassiere weichen nach dem Abhange zurück. Links und rechts verfolgen die Dragoner bis gegen Haye Sainte und Goumont hin. Doch Lefebvre steht bereit, die Kürassiere aufzunehmen und den Angriff zu erneuern. Die Schwadronen Wellingtons, wie sie in wildem Durcheinander mit den Kürassieren am Abhang erscheinen, werden

zurückgeworfen, die französische Reitermasse bricht aufs neue gegen die Linien der Infanterie vor, wieder theilt sich der Strom an den Vierecken, die letzten Regimenter von Somerset und Trip sind zur Stelle, fast 9000 Pferde tummeln sich zwischen der Infanterie. Nach schweren Verlusten auf beiden Seiten muß Ney endlich ablassen; er führt seine Reiterei nach dem Grund zurück, um sie zu sammeln, die Sieger sind zu erschöpft, um zu verfolgen.

9. Während des Kampfs der Reiter war auch der der Infanterie wieder heftiger entbrannt, er führte ebensowenig zu irgend einem Erfolge. Guilleminot und Foy hatten den Angriff auf Goumont erneuert, Bachelü begann sie zu unterstützen, es war umsonst. Ein glücklicher Anfall gab den Franzosen die Gärten in die Hände, ihre Plänkler drangen gegen die Straße von Nivelles vor, da warf sie ein geschlossener Gegenangriff von dem kaum gewonnenen Boden wieder zurück, die Gebäude blieben unverändert im Besitz der Vertheidiger. — Nicht minder heiß wurde um Haye Sainte gestritten. Quiot ging wieder vor, unterstützt von Bataillonen Donzelots. Den tapfern Vertheidigern war ebenfalls Hülfe geworden, zu dem 2. leichten Bataillon der deutschen Legion waren nach und nach 2 Compagnien des 1., die Schützencompagnien des 5. Linienbataillons der Legion und 200 Nassauer hinzugekommen, aber es fehlte an Munition. Der Angriff geschah mit Erbitterung, die Gärten gingen zum größten Theil verloren, doch den Hof selbst hielt Major Baring mit unerschütterlicher Ausdauer. Die Franzosen warfen Feuer in die Scheune, es wurde mitten im Kampf aus den Feldkesseln der Nassauer gelöscht, die Angreifer suchten die Mauern zu ersteigen, sie griffen nach den Büchsen, die aus den Oeffnungen feuerten, sie suchten an den Eingängen einzudringen, an einem häuften sich 17 Leichen; es war umsonst, der Angriff mußte ablassen, auch der nördliche Garten fiel wieder in die Hände der Vertheidiger. — Weiter nach der Rechten hatten Donzelot und Marcognet ihre Bataillone wieder geordnet und theilweise über den Grund vorgeführt, doch Pack, Kempt und Best mit den Resten von Bylandt und einem Theil von Lamberts Brigade wiesen den Angriff ab. Zu ihrer Linken behauptete der Prinz von Weimar mit den Nassauern, von Winckes Hannoveranern unterstützt, gegen Dürüttes Angriffe noch immer die Höfe.

Mit dem Zurückwerfen des ersten großen Reiterangriffs trat eine kurze Pause ein. Wellington sah die Erschütterung seiner Linie und rief jetzt die letzte Brigade Chassés von Braine-l'Alleud herbei; zugleich ordnete er die Mitte und den rechten Flügel so, daß die letzten Re-

serven, Clintons 3 Brigaden und das noch übrige Regiment von
Mitchell, in das Gefecht eingreifen konnten; am linken Flügel wurde
Lamberts Brigade vollständig ins erste Treffen vorgeschoben, und diejenige Vinckes zurückgenommen; im Uebrigen blieb dieser Flügel auf
die Preußen angewiesen. Als diese so lange verzogen, waren in des
Feldherrn Umgebung Besorgniß und Verdächtigung laut geworden,
er hatte sie ruhig zurückgewiesen. Jetzt, schon seit einer halben Stunde,
vernahm man in der linken Flanke den Donner ihrer Geschütze. Napoleon seinerseits sah den Angriff mit steigender Besorgniß näher
rücken; noch hoffte er, Lobau werde ihn aufhalten. Während dessen galt
es, daß Ney endlich den Widerstand der Engländer breche; was noch
von Reiterei vorhanden war, wurde ihm zur Verfügung gestellt; die
Infanterie der Garde blieb noch zurück.

10. Es war 5 Uhr vorüber, als Ney den zweiten großen Reiterangriff begann. Er führte jetzt neben Milhauds und Lefebvres
Schwadronen noch Kellermanns Küraffiere und Guyots Gardedragoner,
zusammen vielleicht noch 8000 Pferde. Der Angriff breitete sich über
den ganzen Raum zwischen den Straßen von Brüssel und Nivelles
aus, er traf dort auf die Hauptmassen des englisch-deutschen Heeres.
Das Feuer der Artillerie hatte die Pause ausgefüllt, es bereitete jetzt
den Reitern den Weg, es ließ nach, wo sie an der feindlichen Stellung waren, es sprach wieder, wo sie zurückwichen. Was noch von
Infanterie gefechtsfähig war, schloß sich längs der ganzen Schlachtlinie
der großen Bewegung an. Es war nicht ein einziger Angriff, es war
eine Reihe von Angriffen, die sich unablässig über eine Stunde lang wiederholten. Ueber das Schlachtfeld rollte in schweren Schlägen der Donner der Kanonen, rollte, zu stets sich erneuenden Schlägen vereinigt, das
Feuer des kleinen Gewehrs, dröhnte, die Erde bewegend, der Huftritt der
Reiterschaaren. Dort, wo diese erschienen, im Westen der Brüsseler
Straße, wogte am gewaltigsten das Getöse; die drei Waffen, bald sich
ablösend, bald vereinigt, maßen sich aneinander, hin und her wogte
der wechselnde Erfolg. Kein menschliches Auge und kein menschlicher
Geist vermag ein solches Bild nach der ganzen Wirklichkeit zu überschauen und festzuhalten, auch die besten Erzählungen der Theilnehmer
geben nur einzelne Ereignisse, für die Ordnung und die Reihenfolge
des Ganzen kann keine bürgen; Wellington aber nennt diese 10 oder
12 Reiterangriffe der Franzosen das großartigste Schauspiel, das er
im Kriege erlebt habe.

Mit großer Hoffnung sahen Napoleon und seine Soldaten die
Reiterschaaren die verhängnißvolle Höhe hinaureiten; auch die englischen

Linien sahen nicht leichten Muthes den großen Anblick, doch standen sie fest wie vorher zum Empfange bereit. Wieder müssen die Geschütze schweigen, wieder schließt sich die Infanterie in Vierecke zusammen, wieder wogt zwischen diesen das Getümmel der Rosse, wieder weichen die Angreifer nach hartem Strauße gegen den Grund zurück. Aber ihr Angriff, selbst von Erfolg begleitet, hat einem andern Erfolge den Weg gebahnt. Quiots und Donzelots Infanterie ist neben den Reitern aufs neue gegen Haye Sainte vorgegangen.; von der andern Seite ist das 5. und 8. Linien-Bataillon der Brigade Ompteda den bedrängten Vertheidigern zu Hülfe geeilt; die französischen Reiter haben sie im Anmarsch überrascht, das 8. Bataillon ist niedergeritten, das 5. mit Noth durch Somersets Schwadronen gerettet worden. Gegen Haye Sainte führt jetzt der Angriff zum Ziel; Major Baring, ohne Munition und ohne Aussicht auf Hülfe, führt sein zusammengeschmolzenes Häuflein nach der Höhe zurück[1]), die Angreifer, vom langen Widerstand erbittert, geben selbst Verwundeten kein Quartier. Angefeuert durch diesen Erfolg dringen jetzt die französischen Bataillone über den Hof hinaus nach der Höhe vor; die Sandgruben an der Straße, im Anfang der Schlacht dem Angriffe d'Erlons so gefährlich, sind bald in ihren Händen; sie rücken weiter, von der Höhe empfängt sie ein heftiges Feuer, ein verworrener Kampf entsteht, das 5. hannöversche Bataillon, eben erst einem Reiterangriff entgangen, kommt heran, und drängt die Angreifer bis zu den Sandgruben zurück, um gleich danach feindlichen Küraffieren zu erliegen. Die Reiterei Neys, durch Kellermanns Regimenter verstärkt, die als Reserve zurückgeblieben waren, ist wieder vorgegangen, sie ersteigt aufs neue die Höhe. Somersets schon gelichtete Schwadronen, die Brigade Trip, das hannöversche Regiment Cumberland-Husaren gehen ihr entgegen. Die letztern, erst vor kurzem errichtet, kehren vor dem Anblick des Kampfes um, ihren Oberst an der Spitze, fliehen sie gegen Brüssel und verbreiten das Gerücht von der Niederlage ihres Heeres. Die andern Reiterregimenter und die Infanterie halten Stand, das 3. Husarenregiment der deutschen Legion kommt heran, und löst die eben von den

---

1) Der Augenblick, wo der Hof genommen wurde, ist zweifelhaft; Wellington gibt 2, Napoleon 3, Charras 4, andere geben 5 oder 6 Uhr an. Nach dem ganzen Zusammenhang der Ereignisse und namentlich nach Barings eigener Darstellung (Hannoversches Militärisches Journal, 2. Heft, S. 69 bis 90) scheint mir der oben angedeutete Augenblick, also bald nach 5 Uhr, der wahrscheinlichste, nächst ihm paßt nur noch die Annahme in den Zusammenhang, daß der Hof bei Neys erstem Angriff, bald nach 4 Uhr aufgegeben worden sei.

Waffenbrüdern verletzte Ehre wieder ein. Lange schwankt ohne Entscheidung der Kampf, die Infanterie behauptet ihren Platz, die Reiterschaaren treffen auf einander, vermischen sich in wildem Getümmel und trennen sich ohne Entscheidung. So haben sich die deutschen Husaren mit Kürassieren gemessen; wie sie aus einander sind, treffen sich noch zwei Unteroffiziere im Zweikampf, und der Franzose fällt von dem Deutschen[1]; so ruft ein französischer Kürassiercapitän den Gegner heraus, der sich mit ihm messen wolle, ein belgischer Offizier,[2] einst bei den französischen Jägern, reitet hervor, sie kämpfen, jeder kehrt verwundet zurück. Endlich sind Männer und Pferde erschöpft; Ney's Reiter weichen langsam nach dem Grunde zurück, seine Infanterie behauptet den Hof und die Sandgruben, auf der Höhe hat sie sich nicht zu halten vermocht.

Nicht anders war die Gestalt des Kampfes, der um Goumont tobte; nur daß hier Infanterie und Artillerie überwog. Die Division Bachelü verstärkte den Angriff allmählig mit ihrem letzten Bataillon: sie bringt wiederholt am Schloß vorbei, bis zur Straße von Nivelles; aber die Brigade Dü Plat von der deutschen Legion und die englische Brigade Adam treiben die Angreifer wiederholt zurück; auch Halketts hannöversche Landwehrbataillone, die Nassauer und Mitchell's englische Brigade nehmen ehrenvollen Antheil; im Schlosse selbst behaupten sich trotz Kugeln und Brand die englischen Garden. Die französischen Reiterangriffe, die während dieses Kampfes wiederholt gegen die Höhen angehen, werden abgewiesen. — Drüben auf der Rechten ist es der einen Brigade von Dürütte gelungen Papelotte zu nehmen; die andre kämpft vergebens um la Haye, Smohain und Frichemont, am letzteren Ort stehen bereits die Preußen mit im Gefecht. Auch Marcognet richtet gegen seine alten Gegner Pack, Kempt, Best und Lambert nichts aus. Es war das Ende des großen Angriffs, daß Ney auch die letzte Schwadron, bis zum letzten Athem der Pferde verbraucht hatte, und daß seine Reiterei erschöpft und ohne allgemeinen Befehl zum Rückzug allmählig aller Orten aus dem Kampfe zurückkehrte.

11. Es war 6 Uhr vorüber. Zum zweitenmale hatten sich die beiden Armeen gemessen, zum zweitenmal hatten sie ohne Entscheidung von einander ablassen müssen; auch die frischen Kräfte, die beide in den Kampf gebracht, waren erschöpft; unberührt standen auf beiden Seiten nur noch sehr wenige Truppen. Das Schlachtfeld war in

---

1) Hannoversches milit. Journal 2. Heft 1831 S. 56.
2) Réponse aux allégations anglaises etc. p. 61.

seiner ganzen Ausdehnung mit unzähligen Trümmern des gewaltigen
Kampfes bedeckt. Die Wahrscheinlichkeit der Niederlage mußte sich
nach den eben noch gehegten Hoffnungen dem französischen Heerführer
um so furchtbarer aufdrängen. Ney hatte ein Drittel seiner Reiter
todt, verwundet oder gefangen auf der Höhe zurückgelassen, 3 Divi=
sions= und 3 Brigadegenerale waren verwundet, mehrere Obersten
waren gefallen; manches Regiment bildete nur noch eine Schwadron.
Was zurückgekommen war, konnte für die nächste Zeit nicht wieder
ins Gefecht geführt werden. Die Infanterie setzte dicht vor der feind=
lichen Linie ein fruchtloses Schießen fort, der Kampf um Goumont,
um die Höhen bei Haye Sainte, um die Stellung östlich der Brüsseler
Straße begann in sich zusammenzusinken; es war klar, daß diese
Infanterie den letzten Widerstand des Feindes nicht brechen werde.
Napoleon hat nach seiner Gewohnheit die Schuld des Mißlingens auf
Ney geworfen; noch mitten unter dem Schrecken der Niederlage, als
er am 21. Juni früh in Paris im Elysée=Bourbon eintraf, sollen
seine ersten Worte zu Caulincourt die Anklage gewesen sein: Grouchy
sei ausgeblieben, Ney habe die Reiterei, als wäre er von einem
Fiebertaumel befallen, ins Verderben geführt. Und wohl mag bei
Ney der innere Zwiespalt, der ihn bewegte, mit der Gefahr der Nie=
derlage gewachsen sein, wohl mag ihm die Ruhe gefehlt haben, das
Zusammenwirken des großen Angriffs, wie es sein sollte, zu ordnen:
allein die Hauptschuld lag in der unerbittlichen Wendung, welche die
Schlacht unter Napoleons Versäumnissen genommen hatte. Es lag in
Napoleons eigenthümlicher Schlachtenführung mit großen Reitermassen
große Erfolge zu suchen; allein, wo es ihm vordem, immer unter un=
verhältnißmäßigen Opfern, gelungen war, da war es unter der kräftigen
Mitwirkung einer sieggewohnten Infanterie geschehen: hier sollte die
Reiterei allein ein Heer, das noch feststand, überwältigen. Ney
fühlte mitten im Kampfe, was ihm fehle; er sandte seinen General=
stabschef den Obersten Heymès mit der Bitte um Infanterie an
Napoleon: „Infanterie, rief dieser aus, woher soll ich sie nehmen,
kann ich sie machen?" Er sprach damit selbst das Gefühl der Ohn=
macht aus, das über ihn kam, als jenes verzweifelte Mittel der Reiter=
stürme zu versagen begann, auch hatte er in jener Stunde kaum noch
die Hälfte seiner Garden in der Hand; der wachsende Andrang Bü=
lows forderte ihm grade jetzt einen Theil davon ab. Der Augenblick
war nahe, wo es den letzten Entschluß für ihn galt.

Aber auch Wellington sah sein Heer auf der Neige der Kraft.
Der englische Oberst Siborne, dessen Darstellung in England selbst

am meisten Beifall und Anerkennung gefunden hat, schildert den Zu=
stand der Armee zu dieser Stunde mit diesen Worten: „Die Reiterei,
die Infanterie, die Artillerie hatten furchtbare Verluste erlitten. Manche
Bataillone waren auf eine Handvoll Leute zusammengeschmolzen und
wurden nur noch von Hauptleuten oder von Subaltern=Offizieren ge=
führt. Eine große Zahl von Geschützen längs der ganzen Schlacht=
linie war zerstört. Die englischen und deutschen Reiterbrigaden waren,
mit Ausnahme der Brigaden Vivian und Vandeleur auf dem linken
Flügel, auf weniger als die Zahlen eines gewöhnlichen Regiments
zusammengeschmolzen; die Brigaden Somerset und Ponsonby zusammen
bildeten nicht mehr zwei Schwadronen." Wir können hinzufügen, daß
auch ein Theil der niederländischen Reiterei, z. B. das 8. belgische
Husaren= und das 2. Karabinierregiment,[1] fast die Hälfte ihrer Mann=
schaft im Gefecht verloren hatte. Wie es um den Theil der Infanterie
stand, der von Anfang im Gefecht gewesen war, ist durch mehr als
einen Augenzeugen überliefert. Von der Division Alten zählte die
Brigade Ompteda nur noch 2 geschlossene Compagnien, der Rest der
4 Bataillone bestand aus verworrenen Trümmern; die Brigade Kiel=
mansegge, ursprünglich 5½ Bataillone, stellte noch 2 bunt gemischte
Massen dar; diese beiden deutschen Brigaden hatten freilich den härtesten
Anfall der feindlichen Reiterei aushalten müssen, doch hat es um die
andern Bataillone der ersten Linie nicht viel besser ausgesehen, die
meisten zählten in diesem Augenblick kaum die Hälfte der Mannschaft
unter den Waffen, die andere Hälfte war todt, verwundet, versprengt.
Von höhern Führern waren im letzten Kampfe Ompteda, van Merlen,
Delancy geblieben, die meisten Offiziere im Stabe Wellingtons waren
verwundet. An Reserven konnte der Herzog nur über die 6000 M.
neugebildeter Infanterie von Chassé und über die geprüften 2400
Pferde von Vandeleur und Vivian verfügen, und von dieser Reiterei
hatte nur die letztere Brigade noch gar nicht gefochten[2]. Die ganze
Stärke, welche die englisch=deutsche Armee noch geordnet unter den
Waffen hatte, ist von Augenzeugen auf höchstens 34,000 M. geschätzt
worden; 10,000 lagen todt oder verwundet, über 20,000 wären nach
allen Richtungen über das Feld zerstreut, ein Theil auf der Flucht
nach Brüssel gewesen; von 150 Geschützen konnten kaum 70 noch
feuern, die andern waren zerstört, oder es fehlte ihnen die Mann=
schaft. Die östreichischen und spanischen Bevollmächtigten, die Generale

---

1) Réponse aux Allégations Anglaises etc. p. 56 u. 62.
2) Geschichte des engl. hannoverschen Garde-Husaren-Regiments. So

Vincent und Alava, welche die Schlacht im Stabe des Herzogs mit=
machten, ſagen in ihren Berichten gleichmäßig, daß um 7 Uhr die
Lage desſelben ſehr kritiſch war; er fühlte das Gewicht des Rieſen,
dem zu widerſtehen er unternommen hatte. Doch behielt er unver=
ändert die Faſſung. „Unſer Plan iſt jetzt ganz einfach, Blücher oder
die Nacht,‟ ſagte er zu Lord Hill. Kempt, der an Pictons Stelle
den linken Flügel commandirte, ſchickte um Hülfe: „er kann keine
haben, aber er ſoll ſich halten,‟ ſagte der Herzog. Lord Hill, der
nächſte im Commando, verlangte Inſtruktion: „Sie können fallen,
was iſt dann Ihr Plan, was tragen Sie mir auf?‟ „Hier zu ſtehen,
bis zum letzten Mann,‟ war Wellingtons Antwort.

12. Der Herzog hatte, wie oben erwähnt, ſchon nach jenem erſten
Angriff d'Erlons an Blücher um Beſchleunigung ſeines Anmarſches
geſchickt, er hatte die Bitte dringender wiederholt, als die Angriffe
Neys gekommen waren. Sein Vertrauen ſtand auf dieſe Hülfe, wie
lange ſie auch verzog. Und es ſollte nicht getäuſcht werden. Wir
wiſſen, daß ſchon bald nach 4 Uhr die Vortruppen Bülows ins Ge=
fecht eingegriffen hatten, daß der General mit wachſender Kraft vor=
geſchritten war, daß er nach und nach den vierten Theil von Napo=
leons Streitkräften nach ſich herübergezogen hatte. Jetzt endlich nahten
die Preußen mit dem Nachdruck der ganzen Macht, welche die Schlacht
entſcheiden ſollte. Ehe ich zu dieſer letzten Wendung übergehe, muß
ich erzählen, wie Blücher herankam, was ſeinen Anmarſch verzögerte,
wie ſich ſein Angriff entwickelte.

Welche Anordnungen Blücher bis zum Mittag des 18. für ſeinen
Marſch getroffen hatte, und wie dieſe Anordnungen auf die größte
Entſcheidung angelegt waren, habe ich im vorigen Kapitel erzählt. An
Blüchers Willen lag es nicht, wenn ſich ſein Plan ſo ſpät verwirk=
lichte, daß die Gefahr des gänzlichen Scheiterns entſtand; wohl aber
hatte die Kühnheit des Entwurfs bei ihm und auch bei Gneiſenau
und Grolman, auf welche die Verantwortung für die näheren Anord=
nungen fällt, die Schwierigkeit der Ausführung überflogen. Bülow
ſollte die Bewegung beginnen. Von Dion=le=Mont, ſeiner Lagerſtelle,
bis Wavre iſt eine, von da nach Chapelle St. Lambert ſind 2 Stun=
den; das Corps hatte Befehl, mit Tagesanbruch aufzubrechen; man
wird angenommen haben, daß es um 10 Uhr an ſeinem Beſtimmungs=
ort ſein könne. Pirch I. ſollte unmittelbar folgen, er hatte ſein Corps
ſüdlich von Wavre zu verſammeln, und ebenfalls durch das Städtchen
zu führen; man dachte alſo, er werde gegen Mittag bei St. Lambert
ſein. Gelang dies, ſo konnte der Marſch Zietens von Biérges über

Fromont gegen Ohain keine Schwierigkeit haben, es sind 2½ Stunden, sie konnten wohl bis 3 Uhr mittags zurückgelegt sein; und auch Thiel= mann mochte dann zu rechter Zeit nach Coultüre St. Germain auf= brechen können. Allein die Truppen waren in den vorhergehenden Tagen übermäßig ermüdet, ihre Sammlung aus den Bivaks mußte eine bedeutende Zeit in Anspruch nehmen, der Regen hatte die Wege schlüpfrig oder grundlos gemacht; dazu kam, daß gleich zu Anfang der Durchmarsch des 4. Corps durch Wavre ganz unerwartet durch einen Brand und durch Gepäckzüge, die nach Löwen wollten, aufge= halten wurde. Genug, es wurde halb 12 Uhr bis die 15. und 16. Brigade bei St. Lambert versammelt waren [1]), die beiden andern Bri= gaden waren noch rückwärts im Marsch; Artillerie war noch gar keine eingetroffen, sie wand sich mühsam durch die schwierigen Wege, der Bespannung versagte mehr als einmal die Kraft, die Mannschaft, auch von der Infanterie, mußte an den Rädern nachhelfen. Das 2. Corps, welches das 4. erst vorbeilassen mußte, ging mit der Reserve= reiterei, der die 5. und 6. Brigade folgten, erst gegen Mittag durch Wavre; die 8. Brigade wurde am rechten Ufer der Dyle durch die Annäherung des Feindes, Grouchy's Vortruppen, zurückgehalten, die 7. blieb bis 3 Uhr in ihrer Nähe, ging dann bei Bierges über die Dyle und erreichte so das Corps auf kürzerem Wege [1]). Das 1. und 3. Corps standen von Mittag an marschbereit. Wie man im Haupt= quartier die Verzögerung im Marsch des 4. Corps sah, hätte sich wohl noch eine Aenderung treffen lassen; man konnte Thielmann mit dem 3. Corps auf Ohain, Zieten mit dem 1. auf Coultüre in Bewegung setzen, dann wäre wenigstens die wiederholte Kreuzung der Colonnen vermieden worden. Es scheint indessen, daß die Bedeutung der Ver= zögerung im Hauptquartier, welches gerade zu dieser Zeit von der Correspondenz mit Wellington und den Vorbereitungen zum Aufbruch in Anspruch genommen war, nicht hinreichend gewürdigt worden ist; außerdem erschien die Bewegung auf Coultüre, d. h. die Deckung der linken Flanke, als die schwierigere Aufgabe, und man mochte Thiel= mann mit seinem Corps, das vor 2 Tagen weniger gelitten hatte, für geeigneter dazu halten.

Blücher war mit seinem Stabe um 11 Uhr von Wavre aufge= brochen, um sich über Limal nach St. Lambert zu begeben; unterwegs

---

[1]) Diese Angaben theils nach dem Militär-Wochenblatt von 1845 S. 132, theils nach Stawitzky Geschichte des 25. Inf.-Regts. S. 90. Die Angaben bei Hofmann S. 97 und 115 müssen hiernach zum Theil berichtigt werden.

ermunterte ſein Wort hier und da die mühſam fortſchreitenden Trup=
pen. Gegen 1 Uhr, wie es ſcheint, gab er an Zieten, etwas ſpäter
an Thielmann den Befehl zum Aufbruch; der erſtere erhielt ihn gegen
2, der letztere gegen 3 Uhr. Bei St. Lambert fand man die Mel=
dungen, welche ſchon am Morgen von den Offizieren des Generalſtabs
und den Vortruppen des 4. Corps eingegangen waren, beſtätigt, der
Feind hatte glücklicher Weiſe den ſchwierigen Uebergang über den Bach
von Laône nicht beſetzt. Auch der jenſeits gelegene Wald von Paris
war, wie die vorgeſendeten Huſarenpatrouillen meldeten, noch frei.
Blücher, Gneiſenau, Grolman wollten nicht glauben, daß der Feind
ſo ſehr die Sicherung ſeiner rechten Flanke verſäumt habe. Oberſt v.
Pfuel und Major von Noſtitz wurden vorgeſandt um die Sache aufzu=
klären. Der letztere kam zurück und beſtätigte die Meldung; Oberſt
Pfuel war jenſeits des Waldes geblieben, um den Stand der Schlacht
zu zeichnen. Die Vortruppen wurden ſofort über den Bach in Bewe=
gung geſetzt, Blüchers Zuruf belebte die Ermüdeten. Während man
ſo den Angriff vorbereitete, dachte man zugleich daran, für den mög=
lichen Fall, daß Thielmann zu ſpät nach Coulture kommen möchte,
die linke Flanke zu ſichern: die 7. Brigade (Brauſe) erhielt den Befehl
aus der Marſchcolonne des 2. Corps auszubrechen und nach Maranſart
zu gehen. Gneiſenau richtete an Noſtitz die Frage, wie er denke, daß
ſich Napoleon gegen den neuen Angriff verhalten werde. Noſtitz
meinte, dieſer werde die Engländer nur im Schach halten und ſich mit
Macht auf die Preußen werfen um für alle Fälle den Rückzug zu be=
halten. „Da kennen Sie Napoleon nicht,‟ erwiederte Gneiſenau: „er
wird grade umgekehrt uns nur im Schach zu halten ſuchen und Alles
aufbieten, um die Engländer zu ſchlagen, ehe wir vollſtändig heran
ſein können.‟ [1])

Um 3 Uhr traf die Spitze des Geſchützzuges ein; von den meiſten
Regimentern war vorher auf dem Marſche ein Theil der Mannſchaft
aus Erſchöpfung, an der auch der Hunger ſeinen Theil hatte, zurück=
geblieben; ſie alle waren jetzt, da es vorwärts ging, wieder einge=
troffen, es gab keine Nachzügler mehr. [2]) Bald war alles in ununter=
brochener Bewegung über den Bach, um zunächſt jenſeits hinter dem
Wald verdeckte Aufſtellung zu nehmen. Blücher dachte zuerſt ſeine
Macht zu verſammeln, um dann mit Nachdruck vorzugehen. Aber von
Wellington waren wiederholt Offiziere mit immer dringenderer Bitte

---

1) Bernhardi. I. 323.
2) Militärwochenblatt von 1845 S. 135.

um Hülfe eingetroffen, auch erkannte man die Bewegung zum ersten Reiterangriff Ney's. Blücher vermochte nicht mehr an sich zu halten; er gab Befehl zum Vorgehen und zum Feuern. Die Wirkung konnte noch nicht groß sein, doch war es für Freund und Feind ein Zeichen, das Eindruck machen mußte. Um halb 5 Uhr fiel der erste Kanonenschuß. Um dieselbe Zeit aber ließ sich Kanonendonner im Rücken Blüchers vernehmen; nicht lange danach lief von Thielmann die Meldung ein, er sei bei Wavre von überlegenen Streitkräften angegriffen. Das war jener Flankenangriff, gegen den man in der Richtung auf Coultüre und Maransart vorgekehrt hatte; daß er bei Wavre erfolgen könne, hatte man nicht gedacht. Wohl zeigte sich darin, daß die Macht des Feindes getheilt war; doch sprach sich auch die Gefahr darin aus, daß bei einem ungünstigen Ausgang der Hauptschlacht, durch den Verlust von Wavre, der Rückzug aufs höchste gefährdet werden konnte. Indessen Blücher und Gneisenau wurden keinen Augenblick irre; Thielmann erhielt die Weisung sich zu halten, so gut er könne, die andern wurden vorwärts geführt nach dem Felde, wo die Entscheidung lag.

13. Bülows Angriff entwickelte sich im Anfang langsam. Unter dem Schutz zweier Reiterregimenter gingen zwei Batterien aus dem Holze von Paris vor, nahmen auf einer Höhe östlich von Frichemont Stellung und eröffneten das Feuer auf weite Entfernung. Gegenüber stand Lobau im Haken zum rechten französischen Flügel zurückgebogen, vor der Front die Reiterei von Domon und Sübervie. Die preußischen Reiter gingen vor und wurden zurückgeworfen; inzwischen kam die Infanterie aus dem Walde hervor. Es entwickelten sich 16 Bataillone; zur Rechten Losthin mit der 15., zur Linken Hiller mit der 16. Brigade, hinter der Infanterie Prinz Wilhelm von Preußen mit der Reservereiterei. Mehr und mehr verstärkte sich Bülow; Lobau wich vor der Uebermacht allmählig zurück; 3 preußische Bataillone waren von Frichemont gegen Smohain vorgedrungen, doch von Dürütte wieder zurückgewiesen worden. Gegen 6 Uhr trafen auch die 13. (Hake) und 14. (Ryssel) Brigade ein; Bülow hatte seine gesammte Infanterie, 2000 Pferde und 48 Geschütze im Gefecht. Lobau war bis gegen Plancenoit zurückgewichen, er lehnte den rechten Flügel an das Dorf, seine Stellung war 1200 Schritte westlich der Straße von Brüssel, schon schlugen preußische Kugeln in der Nähe von Napoleon und seinen Garden ein.

Es war um die Zeit, als sich Ney's zweiter Reiterangriff an Wellingtons Linie zu erschöpfen begann: um so größer erschien die Gefahr, daß die Rückzugstraße Napoleons so nahe bedroht war. Er

sendete die junge Garde unter Dühesme, 8 Bataillone mit 24 Ge=
schützen, nach Plancenoit. Sie besetzte das Dorf, zur Linken stand
Lobau, seine Linie lief in der Richtung auf Papelotte; dort hielt die
Reiterei die Verbindung mit Dürütte, der theilweise Front nach Osten
gemacht hatte. Gegenüber von Plancenoit bis Frichemont dehnte sich
die Linie Bülows aus. Blücher befahl den Angriff. Hiller bildete 3
Colonnen, jede von 2 Bataillonen, rechts das 15. Regiment, in der
Mitte das 1., links das 2. schlesische Landwehrregiment; Ryssel ließ
2 Bataillone der 14. Brigade als Reserve folgen. Die Colonnen vom
rechten Flügel und der Mitte nehmen die Eingänge des Dorfs und
bringen bis zum Kirchhof; hier steht der Feind fest, auch gegen den
Angriff der Colonne links behauptet er sich; wenige Minuten lang
läuft durch das Dorf und die Gärten ein heftiges Gewehrfeuer, die
Franzosen gehen zum Angriff über, und werfen die Preußen aus dem
Dorf zurück; ihre Reiterei verfolgt sie, und muß jenseits vor dem
Feuer der Artillerie umkehren. Schnell ordnet Hiller seine Bataillone
wieder; Ryssel sendet zwei weitere zur Unterstützung, es sind die Mus=
ketiere vom 11. Regiment und vom 1. pommerschen Landwehrregi=
ment, die jetzt am Angriff theilnehmen. Hiller führt die 10 Bataillone
zum Sturm, nach kurzem heißen Kampf ist das ganze Dorf in seinen
Händen. Napoleon sieht die Gefahr, kaum tausend Schritte von seiner
Rückzugsstraße fahren die preußischen Batterien auf; der Kampf in
ihrem Rücken droht die Linie, welche gegen die Engländer steht, voll=
ends zu erschüttern. Morand mit 3 Bataillonen der alten Garde und
16 Geschützen erhält Befehl Plancenoit wieder zu nehmen, 2 Bataillone
und 1 Batterie müssen als Reserve bei der Höhe von Rosomme Stel=
lung nehmen, 1 Bataillon wird südlich vom Lasnebach gegen Chantelet
vorgeschickt, wo sich preußische Reiterei gezeigt hat. Sowie Morand
vorrückt, schließt sich ihm die junge Garde wieder an, die Preußen,
vom Kampfe erschöpft, vermögen dem Stoß der frischen Truppen nicht
zu widerstehen, in wenig Minuten ist das heiß erstrittene Dorf wieder
verloren; die Garden dringen festen Schrittes nach, ihre Artillerie
fährt jenseits des Dorfs auf, die preußische Linie muß ein paar hun=
dert Schritte zurückweichen, um sich zu sammeln und zu ordnen; auch
Lobau gewinnt wieder Boden. Das Gefecht kommt auf kurze Zeit
hier zum Stehen. Bülows Linie ist über einen Raum von fast 3000
Schritten ausgedehnt; zur Rechten bei Frichemont stehen die 15. und
die 13. Brigade gegen Lobau und Dürütte, zur Linken die 16. und
14. gegen die Garden. Blücher will den doppelten Zweck: dort die
Verbindung mit den Engländern behaupten, hier auf Napoleons Rück=

zugslinie vorgehen; das macht für den Augenblick den Nachdruck des Angriffs unmöglich. Inzwischen hält die Reservereiterei unter Prinz Wilhelm mit rühmlicher Ausdauer den offenen Raum, der zwischen den beiden Flügeln Bülows entstanden ist. Es gehen Angriffe der Schwadronen hinüber und herüber bis in die Plänklerschwärme der Infanterie; der Verlust ist bedeutend, das feindliche Feuer raubt beiden Brigaden die Führer; doch die Preußen behaupten ihre Stellung, und schon ist Pirch I. mit der Spitze seines Corps im Anmarsch.

14. Während dieses wechselnden Kampfes auf der rechten Flanke und im Rücken des französischen Heeres rückte endlich auf der Nordseite des Ohainbachs auch Zieten heran, um dem bedrängten linken Flügel Wellingtons unmittelbar Hülfe zu bringen. Der General hatte auf den schlechten Wegen fast 5 Stunden gebraucht, um sein Corps die 2½ Stunden bis in die Nähe von Ohain zu führen. Um 6 Uhr etwa zog die 1. Brigade nördlich bei diesem Dorfe vorüber. Der Chef des Generalstabs, Oberstlieutnant von Reiche, war vorausgeeilt und mit dem General v. Müffling zusammengetroffen: das Corps kommt wie gerufen, hatte dieser geäußert, es ist der letzte Augenblick, wo die Schlacht noch gehalten werden kann. Beide verabredeten, daß Zieten sofort die Richtung auf Smohain und Papelotte nehmen solle; die Reiterbrigaden Vivian und Vandeleur sollten dann, wie Wellington für diesen Fall verlangt hatte, nach der Mitte ihres Heeres gehen. Reiche reitet zurück, um die Ausführung zu veranlassen; Müffling gibt an die beiden Reiterbrigaden den Befehl zum Abmarsch; er sieht schon die Spitzen des 1. Corps herannahen, auf einmal verschwinden sie wieder. Er eilt sofort selbst nach der Stelle. Die Ursache war ein Befehl Blüchers, durch Major Scharnhorst überbracht, wonach das 1. Corps den Ohainbach überschreiten und auf Frichemont rücken solle. Reiche, im Zweifel was zu thun sei, hatte die Vorhut angehalten, und die Spitze nach dem in der neuen Richtung abgehenden Wege zurückgenommen. Ueberdies soll Zieten selbst von einem gegen Mont St. Jean vorausgesendeten Offizier die Meldung empfangen haben, die Schlacht sei verloren. Müffling trifft bei dem General in dem Augenblick ein, wo alles im Stocken ist; Zieten wird von seinen Vorstellungen schnell überzeugt, begibt sich zur Spitze, wo er Reiche findet, und ertheilt dort sofort den Befehl, der, Blüchers Weisung entgegen, die Vorhut wieder gegen Smohain in Bewegung setzt.[1]

---

1) Die abweichenden Angaben von Müffling und Hofmann (Hofm. „Gesch. d. Feldzugs 1815" S. 120 und 139; Müffling, „Aus meinem Leben" 2. Auflage

Eben wurden dieses Dorf und la Haye vom Feinde genommen; als
die Preußen heranrücken, räumt er beide Orte fast ohne Widerstand.
Die Bewegung geht weiter auf Papelotte; auch General v. Grolman
ist herbeigekommen und hat zum Vorgehen aufgefordert. Der Angriff
an dieser Stelle, von Zieten auf eigne Verantwortung unternommen,
traf den Feind gerade im entscheidenden Augenblick.

15. Es war 7 Uhr.   Die letzte Entscheidung drängte mächtig
heran. Wenn Napoleons Auge seine Schlacht überflog, so mußte er
wohl sehen, um wie viel furchtbarer jetzt die Wahl vor ihm stand,
die noch vor 3 Stunden sein freier Entschluß war. Konnten die 5000
Garden, über die er noch zu gebieten hatte, wohl dem müden Heere,
das auf der ersten Angriffslinie mit dem Feinde rang, neue Kraft
verleihen? War der Feind, der in seiner rechten Flanke und fast schon
in seinem Rücken stand, in der Kraft seines Angriffs auch zweifellos
gebrochen? Napoleon konnte vielleicht den Angriff Zietens, der dort
auf seiner äußersten Rechten herandrang, zu dieser Stunde nicht er=
kennen; er glaubte nicht, so hat er selbst nachher versichert, daß Bülow
noch auf Verstärkung rechnen dürfe, er hielt dessen Angriff für er=
schöpft. Er vernahm auch Kanonendonner, der aus der Gegend von
Wavre kam; vielleicht also war es Grouchy doch gelungen dort festzu=
halten, was außer Bülow vom preußischen Heere dahin zurückgegangen
war. Aber waren das Gedanken, die noch einmal zum Angriff her=
ausfordern konnten? Noch war es möglich, daß Napoleon einen ehren=
vollen Rückzug gewann. Ohne großen Verlust und viele Trümmer
wäre es nicht geschehen; allein Wellington war zu erschöpft, und
Blücher noch nicht genug zur Stelle; der Kaiser hätte wohl mit den
Resten seines Heeres an der Spitze seiner Garden tapfer fechtend vom
Schlachtfelde weichen können. Dann war noch Grouchy da; in den
nächsten Tagen hätte er wieder eine Armee gehabt. Dieser Feldzug
freilich war verloren; aber er konnte noch kämpfen: zuerst für seine
eigne Herrschaft, und wenn diese nicht zu retten war, doch für Frank=
reich, das mit den Waffen in der Hand anders vor seinen Feinden
gestanden hätte. Wer weiß, ob auch solche Gedanken in dieser Stunde
durch Napoleons Seele gingen. Es ist nur das gewiß, daß sie keine
Macht bei ihm hatten. Er sah seine Lage viel günstiger, als sie war;
denn er wollte sie so sehen. Er glaubte nicht, wie drohend Blüchers

Berlin 1855 S. 215) auf der einen, und Reiche („Bemerkungen" u. s. w. S. 22
bis 24) auf der anderen Seite lassen sich nur in der oben angegebenen Weise ver=
einigen.

rachedurstiges Schwert in seiner Seite stand, er glaubte nicht, wie fest
der Schild war, den ihm Wellington entgegenhielt; er glaubte die
eignen Waffen noch stark genug, das Schwert abzuweisen und den
Schild zu zertrümmern. Er wählte, dem verwegenen Spiel seines
Lebens getreu: er holte zum letzten Streiche aus.

Seine Gegner waren darauf gerüstet. Wellington dachte das
Wort zu halten von der Schlacht, die er Blücher versprochen hatte:
noch standen die Reste seiner Schaaren, wie in einem Meer von Verwüstung, mit ihnen wollte er den Strauß bestehen. Blücher war gesonnen, das Wort zu halten von der Hülfe, die er Wellington bringen
werde; noch rückten seine frischen Schaaren heran von der Lust zum
Kampfe getrieben. Wenn jener widerstand, so war dieser des Sieges
gewiß.

Der Kampf, den die letzte Stunde des scheidenden Tages sah,
war des großen Streites würdig, der vorangegangen war, aber Keiner, der die gewaltige Entscheidung erlebte, hat sie im klaren Bilde zu
überliefern vermocht. Napoleon warf alles in den Angriff, was noch
zum Angriff fähig war: das Fußvolk von d'Erlon und Reille, die
Reste der Reiter unter Ney, die unter dem feindlichen Feuer mit Noth
die Reihen wieder geordnet hatten; die 10 Bataillone alte Garde, die
bei Belle-Alliance des Befehls harrten, der sie zur Entscheidung rief.
Er selbst führte die Garden bis zum Fuß der Höhe von Haye Sainte.
Vier Bataillone bleiben als letzter Rückhalt stehen, die 6 andern sollen
unter Neys Befehl die Höhe ersteigen, zwei reitende Batterien folgen
ihnen. Was die Artillerie noch mit der letzten Munition zu leisten
vermag, kündigt den Angriff an. Er wird dorthin gerichtet, wohin
vorher die Reiterangriffe den Lauf genommen hatten, auf Wellingtons
Stellung zwischen den beiden Straßen. In der Mitte zwischen Haye
Sainte und Goumont führt Ney die Garden vor; zu seiner Rechten
durchmessen Quiots und Donzelots, zu seiner Linken Reilles Bataillone
den oft umstrittenen Raum; von der Brüsseler Straße rechts hinüber
soll d'Erlon, was hier von den gelichteten Bataillonen Marcognets
und Dürüttes noch zum Kampfe fähig ist, unter der allgemeinen Bewegung zu einer letzten Anstrengung vorwärts führen. Lobau und die
Garden sollen von Frichemont bis Plancenoit hinüber das Feld halten
und dem Angriff die Flanke decken.

Wellington soll durch einen Offizier [1]), der gerade jetzt zu ihm
übertrat, Nachricht von der Absicht der großen Bewegung gehabt haben;

---

1) Siborne. 355.

besser hatte ihn jedenfalls sein eigner Blick schon belehrt. Er hatte
ungefähr in der Mitte des Raums zwischen den 2 Straßen noch die
Garden von Maitland, die wenig gelitten hatten, Chassé muß mit der
Brigade Ditmers neben, mit der Brigade Aubremé hinter ihnen Stellung
nehmen. Links von Maitland sind schon die Nassauer an die Stelle ge=
rückt, die Kielmansegge und Ompteda so lange rühmlich behauptet hatten,
die Braunschweiger müssen sie jetzt verstärken, von Alten's Division
hat hier nur die Brigade Colin Halkett und ein Theil von Kielmans=
egge noch etwas mehr als Trümmer aufzuweisen. Weiter rechts von
Maitland waren die englische Brigade Adam und die hannöversche
Halkett von Clintons Division. Die wenigen Batterien, die noch schuß=
fertig waren, wurden in die vordere Linie gezogen. Die Trümmer der
Reiterei wurden hinter der Infanterie noch einmal geordnet; noch wis=
sen sie nicht, daß Vivian und Vandeleur zu ihrer Hülfe nahe sind.
Ueber den weiten Raum zur Linken der Brüsseler Straße sind Pack,
Kempt, Lambert, Best, Vincke, wie vereinzelte Bataillone zerstreut; sie
sollen ihre Stellung behaupten, denn auch ihre Gegner sind gelichtet
wie sie. Wie es weiter links hinüber steht, ist für Wellington noch
nicht gewiß; er hat Blüchers Kanonen gehört, doch kann er den Erfolg
seines Angriffs noch nicht sehen, aber Blüchers Kraft ist aufs neue
gewachsen: die 30,000 unter Bülow hatten die Schlacht ins Gleichge=
wicht gestellt; eben jetzt rückt zu seiner Rechten die 1. Brigade von
Zieten, von rückwärts die 5. Brigade von Pirch I. ins Treffen;
die 10,000 M. genügen den Sieg und die Zertrümmerung des Fein=
des zu entscheiden.

16. Napoleon hatte durch Ordonnanzoffiziere und Gensdarmen
auf der ganzen Linie die Nachricht verbreiten lassen, Grouchy sei da,
er hatte seine Garden an die alten Schlachten erinnert, die sie jetzt
mit einem letzten Siege krönen sollen; es lief ein Zug der Hoffnung,
ein Feuer des letzten Muthes durch die französischen Reihen. Was
fechten konnte, machte sich auf, und schloß sich dem Angriff an, selbst
Verwundete und Entmuthigte gehen in die Reihen zurück; einige Hun=
dert Küraffiere, Dragoner, Uhlanen wie sie sich grade zusammenfinden,
folgen der Infanterie von Ney. Festen Schrittes führt dieser die alte
schlachtgewohnte Bande die Höhe hinan; er selbst zu Pferde voran, an
der Spitze eines jeden Bataillons ein General, die Reste von Quiots
Division verstärken zur Rechten den Andrang. Wo die Kugeln Lücken
reißen, da schließen sich die Reihen nur fester zusammen, Gewehr im
Arm rücken sie unaufhaltsam gegen den Feind. Jetzt sind sie ihm
nahe, die Trommeln schlagen Sturm, mit dem wilden Ruf „es lebe der

Kaiser" werfen sie sich auf die vordere Linie. Die Nassauer sind dem Stoße nicht gewachsen, der Prinz von Oranien will sie zum Stehen bringen, eine Kugel trifft ihn, seine Truppen stürzen verwirrt zurück, bis sie an den Reihen der Reiter einen Halt finden. Auch die Braunschweiger wanken und weichen, Wellingtons Zuruf stellt die Ordnung her; Alten, Colin Halkett, Kielmansegge sind mit ihren englischen und hannöverschen Bataillonen zur Stelle, im heftigen Feuer fällt die Mehrzahl der höhern Führer, doch ist das Gefecht hier zum Stehen gebracht. Inzwischen dringt in der Mitte die Masse der Garden auf Maitland vor, fast ohne seine Linie zu sehen, denn die Engländer haben sich niedergelegt. Wellington ist schnell herbeigeeilt: „Haltet fest, meine Jungen," ruft er seinen Soldaten zu, „was würden sie in England sagen, wenn wir hier weichen wollten"; dann, als der furchtbare Gegner ganz nahe ist: „Auf Garden, und zielt gut." Plötzlich erhebt sich's wie eine rothe Mauer vor den Augen der Anstürmenden; ein verheerendes Feuer trifft in ihre Reihen, Ney stürzt mit dem Pferde, zwei Generale fallen; der Angriff steht, unwillkührlich versuchen sich die französischen Reihen zu entwickeln um das Feuer zu erwiedern. Mitten in dieser Bewegung faßt sie von der Rechten Colin Halkett, von der Linken Chassé, in der Mitte Maitland mit dem Bajonnet: Ney, zu Fuß wieder an der Spitze, will dem Andrang Halt gebieten, es ist umsonst, die Garden weichen, in Ordnung doch unaufhaltsam, gegen Belle-Alliance zurück. Maitland verfolgt, seine Reihen kommen auseinander, auf einmal trifft sie von der Rechten her ein Angriff, sie weichen in Unordnung nach der Höhe zurück; die niederländische Brigade Aubremé wird beinahe durch den bloßen Anblick zur Flucht fortgerissen. Es waren die letzten Bataillone Reilles, von denen der unerwartete Stoß ausging. Sie sind dem Angriff Neys verspätet gefolgt; die Vergeltung, die sie an dem Ueberwinder ihrer Waffenbrüder nehmen, ist ihr letzter Erfolg; gleich danach erliegen sie selbst der Brigade Adam, welche ihre linke Flanke faßt. Eben jetzt, wo auf allen Punkten der französische Angriff zurückzuweichen beginnt, treffen auch die Reiter von Vivian und Vandeleur ein; neu ermuthigt durch den Anblick der zahlreichen Schaaren, schließen sich die Reste der Schwadronen, die vordem hier gefochten haben, an sie an. Erschüttert von der Verwüstung ringsum fragt Vivian den Lord Somerset: wo ist Ihre Brigade? Dieser deutet auf ein Häuflein Lebender und auf das leichenbedeckte Feld. Die frischen Regimenter werfen ohne Mühe die französischen Reiter, die noch zu fechten versuchen, über den Haufen, auch die Infanterie weicht bei ihrer Ankunft schneller zurück. Noch halten zwar die Reihen zusammen, an den 4 Gardebataillonen, die im Grunde bei Haye Sainte stehen, brechen sich die feindlichen Reiteran= griffe; es ist die letzte Hoffnung Napoleons, daß die Weichenden an ihnen Halt finden und wieder vorwärts gehen; unerwartet wird sie vernichtet.

17. Zur nämlichen Stunde, wo der letzte Angriff unter Ney be= ginnt, neigt sich der Kampf auf der Rechten des französischen Heeres zur Entscheidung. Sowie die 5. Brigade in Bülow's Stellung ein= rückt, wird ein neuer Angriff auf Plancenoit angeordnet. Prinz Wil= helm läßt dem General Tippelskirch sagen, daß vom Besitz des Dorfes der Ausgang der Schlacht abhänge; [1] 16 Geschütze verstärken das Feuer der Batterien des 4. Corps; das 25. Regiment überschreitet den Lasnebach, nimmt den Wald von Chantelet, und umgeht so den Feind auf seiner Rechten; die andern Bataillone der Brigade nebst denen der 16. und 14. führt Oberst Hiller aufs neue gegen das Dorf. Zum drittenmal entbrennt ein heißer Kampf um dessen Besitz, in Gärten, Straßen, Häusern wird mit Kugel und Bajonnet gestritten, langsam dringen die Preußen bis zum Kirchhof; hier und dort wirbelt Rauch aus den Häusern auf, aus den Fenstern und Thürmen der Kirche schlagen die rothen Feuersäulen hervor. Mit verzweifeltem Muth suchen Morand, Dühesme, Pelet sich zu behaupten, es ist ein Kampf wie bei Ligny, doch mit anderm Ausgang. Die Garden müssen der Ueber= macht erliegen; die Generale Dühesme und Barrois fallen schwer ver= wundet, Morand und Pelet führen die geschlagnen Bataillone gegen Maison du roi zurück. Noch sind ihre Reihen geordnet, noch bieten sie dem nachdrängenden Feinde Trotz; sie denken die Adler zu retten, die sie mit schwarzem Flor umwunden in der Mitte führen. Aber die Preußen dringen siegreich nach, das Gefecht rückt näher und näher nach der Straße, die für die französische Armee der einzige Rückzug ist, und jetzt bringt das Geräusch einer großen Flucht zu den Kämp= fenden herüber.

18. Es ist der Angriff Zietens, der in die weichende, erschütterte Armee den Schrecken und die Auflösung getragen hat; kaum 5000 M. [2]

---

1) Archiv d. Gnlstbs. in Berlin. E. 15.

2) Es kamen der größere Theil des 12. und 24. Infrgts., die 1. und 3. schle= sische Schützencompagnie, das 1. schlesische Husarenregiment u. 2 Batterien wirklich ins Gefecht; vom 1. westphäl. Landwehrregiment nahmen einzelne Abtheilungen Theil. Das 24. Regiment zählte noch 1800 Mann; hieraus ergibt sich annähernd die obige Stärke. — Vergl. Zychlinski Gesch des 24. Infrgts. I. 281 bis 288. — Auch Harkort d. Zeiten d. 1. westph. Landwehrrgts. 190. 191.

waren es, die diesen gewaltigen Ausschlag gaben, so sehr war auf
beiden Seiten die letzte Kraft aufgewendet. Einen Augenblick lang
war bei Dürüttes und Lobaus Truppen, die dort auf der äußersten
Rechten kämpften, die Hoffnung erwacht, daß Grouchy komme; nicht
ferne von ihnen schien es, als wären die neu anrückenden Colonnen
mit den Nassauern im Kampf, und in der That hatte eine Abtheilung
der Preußen aus Irrthum auf diese gefeuert. Aber der Irrthum
war schnell zerstreut. Fast ohne Kampf wichen die Franzosen aus
Smohain, la Haye und Papelotte. Wie die Preußen ihnen folgen,
stoßen sie noch einmal auf Widerstand; Steinmetz und Hofmann mit
dem größten Theil der ersten Brigade führen diesen Angriff; eine
Zeit lang steht das Gefecht, die vordern Bataillone der Preußen sind
zur Hälfte in Plänkler aufgelöst. Unterdessen hat Oberstlieutnant
Reiche 2 Batterien herangebracht; er findet auf einer Anhöhe eine
günstige Stelle: nach der einen Seite geht sein Feuer in die rechte
Flanke von Marcognets und Donzelots Bataillonen, nach der andern
in die linke Flanke von Lobaus Stellung. Zugleich drängt die Infanterie unten wieder mit Nachdruck vor; dies und das unerwartete
Feuer der Geschütze, das sie nicht erwiedern können, bricht den letzten
Widerstand der Franzosen; sie weichen, sie wanken, sie fliehen. Mit
den räthselhaften Schwingen des Schreckens läuft die Kunde der Niederlage nach der Mitte und dem linken Flügel des Heeres; man sieht
von den preußischen Batterien aus, wie bis nach Haye Sainte hinüber die Infanterie, die eben noch muthig zu fechten schien, allenthalben in Unordnung von den Höhen herabkommt, die zerstreuten Häuflein der deutschen Legion [1] an der Brüsseler Straße, die Braunschweiger
weiter jenseits können zuerst kaum die Verwandlung verstehen, wie
der Feind, der ihnen noch eben keinen leichten Stand bereitete, plötzlich
vor ihnen verschwindet. Jetzt lösen sich schnell die Bande der Ordnung,
der Muth und die Kraft zum Kampfe brechen zusammen, von allen
Punkten der lang umstrittenen Linie des rechten Flügels wälzen sich
verworrene Haufen zurück. Napoleon, noch eben in der Hoffnung
mit jenen vier Bataillonen seiner Garden die Schlacht zu wenden, stellt sie jetzt nur dem Strom der Fliehenden entgegen, ob er
Halt an ihnen finden werde. Es ist umsonst, er fluthet weiter. Ney
hat aus seiner Angriffscolonne 2 Bataillone gesammelt und im Viereck
aufgestellt. Mit brennendem Auge, Schaum vor dem Munde, die Kleider

---

1) Vergl. die angeführte Erzählung von Baring im hann. mil. Journal 1831.
Seite 68.

voll Blut und von Kugeln zerrissen, ruft er den Soldaten zu, daß sie für die Unabhängigkeit Frankreichs kämpfen sollen. Noch ist hier, von der Brüsseler Straße bis Goumont, in den Garden und in Reille's Bataillonen der Schein der Ordnung und des Widerstandes; der Marschall eilt nach der andern Seite. Er trifft auf d'Erlon: „Du und ich", ruft er ihm zu, „wir sind verloren, wenn uns die englischen Kugeln verschonen." Er sammelt eine Schaar, er führt sie gegen den Feind: „Ihr sollt sehen, wie ein Marschall von Frankreich auf dem Schlachtfelde stirbt." Es ist vergebens; zum fünftenmal an diesem Tage reißt eine Kugel das Pferd unter ihm zusammen, ihn selbst verschont der Tod; seine Soldaten stäuben vor den anrückenden Preußen und Engländern auseinander.

19. Es war 8 Uhr; die Strahlen der untergehenden Sonne brachen durch die Wolkenschichten, von denen sie bis dahin verhüllt waren, und leuchteten über einem großen Bild von Sieg und Niederlage. Zietens Bataillone drängten unaufhaltsam dem weichenden Feinde nach; die Reservereiterei des Corps rückte eben jetzt in die Schlachtlinie und beschleunigte die Flucht; die nächsten Brigaden Wellingtons schlossen sich dem Vorgehen der Preußen an. Der Anblick und die Kunde des Siegs flogen hinüber zu der Stelle, wo der Herzog noch eben im schwankenden Kampfe gestanden. Seine Generale erkannten noch die Größe des Erfolgs nicht; der Wechsel war zu schnell und der Feind schien hier noch die Kraft des Widerstands zu haben. Wellington aber ergriff den Augenblick. Sollten er und sein Heer nicht ihren Antheil an der großen Entscheidung nehmen, die ihre muthige Ausdauer so wesentlich vorbereitet hatte? Er gab seinem Heer den Befehl zum allgemeinen Vormarsch. Ein Adjutant eilte hinüber, wo Zietens Batterien standen: sie möchte ihr Feuer einstellen, um die beabsichtigte Bewegung nicht zu hindern. Dann trat die englische Linie an, ein Siegesgeschrei, mit dem Klang der Hörner und Trommeln vermischt, drang über das Schlachtfeld. Es waren nur schwache Haufen von Infanterie, welche jetzt die Höhe herabstiegen; diese Linie sah nicht aus, als ob sie ein so weites Feld so lange behauptet hätte, kaum die frische Reiterei gab ihr den Anschein der Stärke. Aber schnell bricht auch hier zusammen, was vom Feinde noch eben zum Widerstand fähig schien. Die Infanterie von Reille räumt das Holz von Goumont, Vandeleurs Reiter brechen in ihre Reihen, 3 Bataillone werden auseinander gesprengt, die andern weichen in schwankender Ordnung immer schneller gegen Belle-Alliance zurück. An der Straße hat Napoleon den Husaren Vivian's vergebens die vier

Schwadronen seiner persönlichen Bedeckung entgegengeworfen, Guyot an ihrer Spitze wird schwer verwundet, seine Reiter fliehen. Die 4 Bataillone der Garde weisen die feindlichen Schwadronen ab, doch der Strom der Fliehenden reißt sie unwiderstehlich mit fort, mit Noth erhalten sie noch die geordneten Glieder. Napoleon ist nach der Höhe von Rosomme zurückgesprengt; dort stehen noch 2 Bataillone Garde, an ihnen hofft er noch einmal die fliehende Masse zum Stehen zu bringen. Es ist umsonst: von der Rechten drängen Bülows, von vorne Zietens und Wellingtons Schaaren immer näher heran; die Worte seiner Offiziere, seine eignen Worte verhallen ungehört; mit wachsender Gewalt wälzt sich der verworrene Strom der Flucht vor= über. Napoleon erkennt den Untergang seiner Sache; mit den Wor= ten: „Jetzt ist's vorüber, wir müssen Rettung suchen," [1] wendet er sein Pferd zur Flucht. Wenige Bataillone der Garde stehen noch mit geschlossenen Reihen in der allgemeinen Verwirrung. Die Sieger kommen heran, sie fordern die Garde auf sich zu ergeben; ein derbes Wort weist sie zurück; die Sage hat davon den schönern Ausdruck ge= dichtet: „Die Garde stirbt, aber sie ergiebt sich nicht."[2] Da entsteht ein letzter Kampf, er ist kurz; die Glieder der Garde werden von der Ueber= macht gebrochen, die Hälfte vielleicht liegt verwundet oder todt, ein kleiner Theil wird gefangen, die andern folgen der allgemeinen Flucht. Kein Bataillon, keine Schwadron im französischen Heere war mehr zu= sammen; es war die vollkommenste Zerstörung, die eine Armee auf dem Schlachtfelde erleiden kann.

20. Napoleon nahm die Flucht nach Genappe, zuerst, aus Furcht vor der preußischen Reiterei, in weitem Bogen westlich von der Straße ausbiegend. Der Weg beträgt $1\frac{1}{2}$ Stunden; Infanterie, Artil= lerie, Reiter schoben sich in wilder Verwirrung fort; wenige versuchten zur Seite zu entkommen, der Schrecken drängte die ganze Masse nach der Straße zusammen. Der Versuch in Genappe einige Ordnung her= zustellen, war völlig vergebens, nicht hundert nicht fünfzig Mann wa= ren zusammenzubringen; der Kaiser, von wenigen Offizieren begleitet, mußte weiter fliehen, es dauerte eine volle Stunde, bis er durch die verfahrenen Gassen des Dorfs hinausgelangte. Er kam nach Quatrebras, vor ihm, um ihn der Lärm der verworrenen Flucht.

---

1) A présent c'est fini, sauvons nous: so erzählt Napoleons Führer, de Coster. Seine Aussagen sind zu Waterloo am 8. Januar 1816 beglaubigt aufgenommen und in einem Flugblatt, Brüssel den 12. Januar 1816, gedruckt.

2) Gnl Cambronne, dem man lange Zeit die Worte zugeschrieben, ergab sich dem hannoverschen Gnl. Hallett.

General Nègre mit dem großen Artilleriepark war dort, er erhielt den
Befehl, ihn schleunig nach der Grenze zu bringen, und wurde in der
Ausführung von den Preußen überrascht; zugleich erging an Grouchy
die Nachricht von der verlorenen Schlacht und die Weisung zum Rück=
zug; der Ort wohin er ihn nehmen solle, wurde vergessen. Unaufhalt=
sam ging die Flucht weiter gegen Charleroi, Napoleon war in beständ=
diger Furcht, daß die Preußen ihm zuvorkommen möchten; in Gosselies
angelangt, vermochte er nicht mehr zu Pferde zu bleiben, er legte den
Weg nach Charleroi zu Fuße zurück; gegen 3 Uhr morgens gönnte
er sich in einem kleinen Hause südlich der Stadt eine kurze Ruhe,
hier erst fand sich ein schlechter Wagen, der ihn nach Philippeville
brachte. So rasch konnte das aufgelöste Heer nicht davoneilen, doch
floh es nicht weniger rastlos als der Feldherr. Wohl war auch diese
Flucht nicht ohne manchen schönen Zug von Treue und Ehre. Dem
Marschall Ney, der an Leib und Seele gänzlich erschöpft, zu Fuß im
Getümmel mit fortgenommen wurde, lieh ein unbekannter Soldat seine
Hülfe und verließ ihn nicht, bis bei Genappe ein Stabsoffizier von
Lefebvres Reitern dem tapfern General das eigne Pferd gab, um selbst
zu Fuße seine Rettung zu suchen. Den General Dürütte, dem ein
Säbelhieb die Stirne getroffen, und der nun vom herabfließenden
Blute geblendet umherirrte, führte ein Kürassierunteroffizier mit auf=
opfernder Sorge unter den Fliehenden fort und blieb bei ihm, bis
er ihn über die Grenze in Sicherheit gebracht hatte. Die Fahnen wur=
den mit Ausnahme der wenigen, die in der Schlacht selbst verloren
waren, fast alle gerettet; es fand sich in jedem Regiment eine kleine
Zahl von Offizieren und Soldaten, welche sie in die Mitte nahmen,
und selbst bei der stumpfen Masse fand der Ruf „Platz für die Fahne"
noch Achtung und Folge. [1]) Doch blieb auch nach Napoleons ersten
Versuchen alle folgende Bemühung, auch nur einen kleinen Theil der
fliehenden Masse zum Stehen zu bringen, völlig umsonst, das Heer
schob sich unaufhaltsam weiter; die geweihte Ordnung des Dienstes,
die sonst die eigne Furcht zu bändigen und das Schwert des Feindes
zu hemmen pflegt, war völlig zerstört.

21. Napoleon hatte Grund zur Furcht, daß ihn die Preußen ein=
holen möchten; sie hatten die Verfolgung übernommen, und führten
sie so rastlos durch, wie sie unermüdlich zur Schlacht herbeigeeilt
waren. Sie hatten seit dem 15. Juni nicht weniger geschlagen und
größere Märsche gemacht, als ihre Verbündeten; dennoch war es nur

---

1) Charras 319 und 320.

wie ein Wiederhall aus dem Heere als von Blücher und Gneisenau das Wort ausging, daß der letzte Hauch von Mann und Pferd an die Verfolgung gesetzt werden müsse. Sie dachten wohl an den Tag von Jena und Auerstädt vor 9 Jahren; heute war der Tag der Vergeltung. Bülow's Corps war durch die Richtung seines Angriffs das erste auf der französischen Rückzugsstraße; die Füsilierbataillone des 15. und 25. Regiments, die letzteren zum Theil erprobte Männer aus dem Lützow'schen Freicorps, sowie 3 Schwadronen Branden= burg'sche Uhlanen waren voran, das 1. pommersche Regiment vom 2. Corps schloß sich an. Die Truppentheile drängten aus eignem An= trieb dem Feinde nach; ein kurzer Halt auf der Straße und der Cho= ral „Nun danket alle Gott" von tausend Stimmen gesungen, von der Musik begleitet, unterbrach den Marsch, dann wurde das Gewehr wieder aufgenommen. Jetzt war Gneisenau selbst an der Spitze, bei ihm Prinz Wilhelm von Preußen. Als die Reiter nach 10 Uhr bei Genappe eintrafen, verwehrte eine Abtheilung französischer Grenadiere das Eindringen; gegen 11 Uhr kam die Infanterie[1]. Sowie ihre Hörner und Trommeln das Zeichen zum Angriff gaben, verschwand der Widerstand. General Lobau mit vielen Offizieren, im Ganzen 2000 Gefangene und 80 Geschütze fielen den Preußen hier in die Hände. Neben den Kriegsfuhrwerken wurden viele Kassen= und Lu= xuswagen erbeutet, unter ihnen auch Napoleons eigner Wagen, derselbe, den er aus Rußland gerettet hatte. Beim Wagen[2] fanden sich neben dem bekannten dreieckigen Hut und einem Degen des Kaisers bedeu= tende Vorräthe von Goldstücken und mehr noch von gefaßten und ungefaßten Edelsteinen. Viele Füsiliere ahnten nicht, welche Schätze ihnen das Glück in die Hände gespielt hatte, mancher warf einen kostbaren Stein um einen Spottpreis weg und machte den Käufer zum reichen Manne; ein Musketier, der einen solchen erstanden hatte, erhielt in Paris 7000 Franken dafür und erwarb sich damit in seiner Heimath ein Bauergut[3]. Auch den großen kaiserlichen Küchenwagen entdeckten die Füsiliere in der Nacht; und am anderen Morgen gab es ein buntes Bild, wie sich die Soldaten für die viertägigen Entbeh= rungen an edlen Weinen und ausgesuchten Speisen entschädigten. Das

---

1) Stawitzky. Geschichte des 25. Infrgts. 98 bis 104.

2) Die vielfach (z. B. auch bei Perz IV. 460 u. Bernhardi I. 337) geäußerte Vermuthung, als habe Napoleon den Wagen erst kurz vor dem Eindringen der Preußen verlassen, ist nach der Aussage de Costers nicht richtig, er ist vielmehr hienach ununterbrochen zu Pferde bis Gosselies geflohen.

3) Conrady. Geschichte des 6. Infrgts. Glogau 1857. S. 250.

reiche Silbergeschirr wurde von den meisten für Zinn gehalten, das
Offiziercorps des 25. Regiments stellte davon ein Tafelservice für
die Prinzessin Charlotte, nachmalige Kaiserin v. Rußland, zusammen;
und es blieb doch noch genug übrig, daß viele ein reiches Andenken
behielten. [1]) So mochten die byzantinischen Kaiser oder die französischen
Könige der letzten Jahrhunderte ins Feld gezogen sein. Auch fanden
die Sieger zu ihrer Ueberraschung in einem Karren in vielen Exem-
plaren die Proclamation, womit Napoleon nach dem gehofften Siege,
vom Palast Lacken bei Brüssel aus, die Belgier und die Rheinländer
zur Erhebung aufzurufen dachte. [2])

Gneisenau setzte die Verfolgung unmittelbar fort, das klare Licht
des Mondes, der hell am Himmel stand, leuchtete dazu. Es war ein
ununterbrochenes Jagen, tausende, die sich an der Straße oder in den
Dörfern der Ruhe überlassen wollten, wurden durch den Ton der
preußischen Hörner oder Trommeln immer aufs neue aufgeschreckt; wer
erreicht wurde, warf die Waffen weg und gab sich gefangen; als die
Infanterie nicht mehr weiter konnte, setzte man einen Tambour zu
Pferde und der Ton seiner Trommel genügte, um tausende zu neuer
Flucht aufzuscheuchen. Erst jenseits Frasnes, beim Gasthaus zum
„Kaiser“, fast 5 Stunden vom Schlachtfeld fand die rastlose Jagd ihr
Ende. Der Tag war angebrochen, Gneisenau und Prinz Wilhelm
hatten nur noch 50 Uhlanen und eine kleine Zahl von Füsilieren bei
sich, und auch diese konnten vor Müdigkeit nicht weiter. Vielen Fran-
zosen gereichte diese Erschöpfung zur Rettung; doch hatte das unab-
lässige Nachdringen, welches auf die heiße Schlacht die ganze Nacht
hindurch gefolgt war, die Zerstörung des feindlichen Heeres vollendet.
In Charleroi, wo Napoleon keinerlei Anordnung zurückgelassen hatte,
bezeichnete es sein Dasein noch durch eine wilde Verwirrung und
Plünderung: die Kasse der Armee von 6 Millionen und zahlreiche
Wagen mit Lebensmitteln fielen in die Hände der Soldaten, um beides stritten sie sich mit Säbel, Bajonnet und Kugel; „es war Wilna
an den Thoren von Frankreich“, sagt ein französischer Geschichtschreiber.
Auch die Division Girard, die am 17. bei St. Amand zurückgelassen
war, verschwand in dem Strome dieser Flucht; die Soldaten von Reille
und d'Erlon wandten sich über Marchienne nach Beaumont, die anderen über Charleroi nach Philippeville; erst in Frankreich konnte ein
kleiner Theil dieses Heeres wieder zusammengebracht werden. Es war
in dieser Nacht zur Wahrheit geworden, was beim Anbruch des Befrei-

---

1) Siehe Note 1 Seite 339.
2) Vergl. S. 213.

ungskampfes vor 2 Jahren der Dichter ahnend gesungen hatte: „das war Lützows wilde verwegene Jagd."

22. Auf dem Schlachtfelde selbst war unterdessen mitten zwischen den Trümmern des furchtbaren Kampfs, zwischen Bildern der Noth und des Jammers der Dank und die Freude des Siegs. Eine günstige Fügung führte Blücher und Wellington, nachdem alles entschieden war, um halb 10 Uhr abends bei Belle-Alliance zusammen. Der dritte Tag war noch nicht vollendet, seit sie zusammen bei der Mühle von Brye den ernsten, zweifelvollen Aufgang dieser Schlachtenreihe gesehen hatten. Ueber die Feldherren kam das Gefühl des Kampfes, den sie gekämpft, der Entschlüsse, in denen sie bestanden hatten, der schwankenden Stunden voll großer Gefahr und des wunderbaren Ausgangs voll großen Glückes; sie begrüßten sich in tiefer Bewegung. Ihre nächsten Gedanken waren die Anordnungen, welche die Stunde verlangte: die Preußen waren schon auf dem Wege, den Sieg zu vollenden; es blieb dabei, der Herzog sagte, daß seine Armee dazu unfähig sei. Blücher sprach schon von dem Marsch nach Paris und fand keinen Widerspruch. Daß den Heeren die Stellung und die Marschlinien bleiben sollten, die sie hatten, war leicht ausgemacht. Blücher wollte darnach über Charleroi, Wellington über Nivelles und Binche in Frankreich eindringen. Die Heere hatten sich indessen schon neben einander eingerichtet. Bülows Corps hatte die vordere Linie, wo in der vergangnen Nacht die Franzosen lagerten; Zietens Truppen nahmen ihr Biwak mit dem englisch-deutschen Heer an der Stelle, die sie im siegreichen Vorrücken erreicht hatten; es war der Raum, wo am Morgen die Schlachtlinie der Franzosen stand. Unter dem gemeinsamen Kampf und Sieg war schnell die Waffenbrüderschaft geschlossen. Von den preußischen Regimentern her trugen Musik und Gesang die alte fromme Weise „Nun danket alle Gott" über das heißerstrittene Feld, dann klang das „Heil dir im Siegerkranz" in hundertfachem Widerhall durch die Nacht. Wie die englischen und schottischen Soldaten die bekannte Melodie vernahmen, fielen ihrer viele mit Thränen in den Augen den preußischen Waffenbrüdern um den Hals und stimmten mit den Worten ihres Nationalgesangs ein: hier und dort ging dann die Musik zu lustigen Stücken über, und mitten auf dem Schlachtfeld sah man Schotten und Preußen im Tanze zusammen bis tief in die Nacht.[1] Mitten darunter hatten die Zer-

---

1) Zychlinski. Gesch. d. 24. Infrgts. I. 286. — Von dem Dank- und Siegesgesang berichten alle Regimentsgeschichten.

rüttung der Schlacht, die Noth, der Jammer ihren Ort. Im eng=
lisch=deutschen Heere waren Regimenter, die nur den zehnten Theil
ihrer Mannschaft unter den Waffen hatten; von dem zweiten leichten
Bataillon der deutschen Legion brachte Major Baring am Abend noch
42 M. von fast 400 zusammen, vom Feldbataillon Lüneburg hatte
nach jenem französischen Reiterangriff Hauptmann Jacobi [1]) wieder
50 M. vereinigt, die tapfer auf dem Felde der Ehre auszuharren dach=
ten, sie wurden von ihrem General nach Brüssel zurückgeschickt, um
den Stamm zu retten; da vermochte auch der Sieg die Gemüther
nicht zur Lust zu stimmen.   Bei den meisten Truppentheilen waren
die Erschöpfung und der Hunger, und die erstere überwog, so daß
Hunderte froh waren auf dünnem Stroh oder auf der feuchten Erde
zwischen Blut und Leichen den Schlaf zu finden.   Den Verwundeten,
deren Stöhnen lauter wurde, wie das Geräusch des Tages verstummte,
vermochte niemand zu helfen; kaum, daß hier und dort einem ein
Trunk Wasser gereicht werden konnte.   Ueber alledem leuchtete der
Brand von Plancenoit und von vielen Höfen durch die Dunkelheit
und hoch am klaren Himmel gingen tausend funkelnde Sterne über
dem Felde der Niederlage und des Siegs dahin.

23. Wellington nahm sein Hauptquartier wieder in Waterloo. [2])
Er dachte, nach der Gewohnheit seiner spanischen Feldzüge der Schlacht
davon den Namen zu geben; Müffling theilte ihm den Wunsch Blüchers
mit, die Schlacht nach der Stelle zu nennen, wo die beiden Feldherrn sich
begrüßt hatten, jener schwieg darauf.   Hier in seinem Hauptquartier
entstand auch sogleich der erste Bericht von der Schlacht, worin der
Herzog mit großer Klugheit, ohne der Preußen zu vergessen, doch die
Wendung der Schlacht am meisten seiner letzten Angriffsbewegung
zuschreibt; zugleich erfüllten ihn Gedanken und Plane, wie er den gro=
ßen Sieg am besten für seine staatsmännischen Zwecke benutzen könne,
und er begab sich darum frühzeitig am andern Morgen von Waterloo
nach Brüssel.   Für sein Heer hatte Wellington zunächst wenig zu ver=
fügen; es sollte den nächsten Tag erst hergestellt werden. Anders war
es bei Blücher.   Er nahm sein Hauptquartier vorwärts in Genappe, wo
er bald nach 11 Uhr eintraf.   In dem Hause, wo er abstieg, lag der
französische General Dühesme auf den Tod verwundet; er sendete ihm
seinen eignen Arzt und ließ ihn mit aller Achtung und Sorgfalt be=
handeln, die seinem Range und seinem Muthe gebührten.   An die
Generale ergingen sogleich die ersten Befehle für den folgenden Tag:

---

1) Lebt noch als General in Hannover.
2) Siborne. 413.

Bülow mit dem 4. Corps sollte dem Feind auf der Straße nach Charleroi folgen, Zieten mit dem 1. Corps sich unmittelbar an ihn anschließen; Pirch I. mit dem 2. Corps war auf Gneisenaus Weisung
bereits im Marsche auf Sombreffe, um „das bei Wavre stehende feindliche Corps abzuschneiden." Der Befehl muß schon beim Beginn der
Verfolgung ertheilt worden sein, denn bereits um 11 Uhr abends
war Pirch 1. mit dem größten Theil der 6. und 8. Brigade im Marsch
über Maransart, wo sich die 7. Brigade anschloß, auf Mellery; Gneisenau sowohl, wie Pirch und sein Generalstabschef Oberst Aster vermutheten nicht, daß bei Wavre eine so starke Macht stehe. Blücher gönnte sich
nur kurze Ruhe. Gegen Morgen liefen die Meldungen von Gneisenau ein, um halb 6 Uhr ging durch den Obersten von Thiele der
erste einfache Bericht an den König ab. Er hatte fast den nämlichen
Inhalt wie das Schreiben, das Blücher zu gleicher Zeit eigenhändig
an Knesebeck richtete: „Mein Freund. Die schönste Schlacht ist geschlagen, der herrlichste Sieg ist erfochten. Das Detail wird erfolgen.
Ich denke, die Bonapartistische Geschichte ist nun wohl ziemlich zu
Ende. La Belle-Alliance [1], den 19. früh, ich kann nicht mehr schreiben, denn ich zittere an allen Gliedern. Die Anstrengung war zu
groß."

24. Das war die Schlacht von Belle-Alliance; Blücher hat
ihr im Tagesbefehl an die Armee mit gutem Grunde diesen Namen
gegeben und uns Deutschen geziemt es, daß wir ihn beibehalten: das
weiße Haus, das diesen Namen führte, beiden Armeen weithin sichtbar, bezeichnete die Stelle, wo der Sieg sich vollendete. Vollständiger
ist in unserm Zeitalter keine Schlacht ausgeschlagen und kein Sieg
erfochten worden. Mit Recht nimmt man die Größe der Opfer und der
Zerstörung zum Maß der Schlachten; Belle-Alliance steht in den erstern
den schwersten Schlachten gleich; in der letztern übertrifft es sie fast
alle. Die Engländer, einschließlich der deutschen Legion, verloren
8358, die Niederländer 3178, die Hannoveraner 2228, die Braunschweiger 687, die Nassauer 643, das englisch-deutsche Heer also zusammen
über 15,000 M. an Todten und Verwundeten, darunter 12 Generale
und beinahe 700 Offiziere; es war über ein Fünftel der Mannschaft,
die in der Schlacht gefochten hatte. Viel größer noch erschienen, wie
ich schon sagte, die Opfer am Abend des blutigen Tags: es standen

---

1) Es müßte „Genappe" heißen, wie im Bericht an den König, aber Blücher
hat den Brief vielleicht wirklich noch in Belle-Alliance unmittelbar nach der Schlacht
geschrieben, wonach nur das Datum irrig wäre.

da kaum mehr die Hälfte der Männer in Reihe und Glied, die am
Morgen sich zum Kampf geordnet hatten, manche Truppentheile waren
bis auf ein Zehntel zusammengeschmolzen, manche ganz verschwunden.
Die Preußen hatten einen Gesammtverlust von 7000 M., worunter
188 Offiziere; davon kamen auf das 1. und 2. Corps, die nur im
Augenblick der Entscheidung mitgefochten, nicht viel mehr als je 300;
auf das 4. Corps 6353 M.;[1] dieses letztere hatte also auch über ein
Fünftel, d. h. im Verhältniß zu seiner Streiterzahl denselben Verlust
erlitten, wie Wellingtons Heer, obwohl es erst 4 Stunden später zum
Gefecht kam, ein Beweis, wie hartnäckig der Kampf um Plancenoit
war. Der Verlust der Franzosen konnte wegen der mit der Nieder=
lage einreißenden Verwirrung niemals zusammengestellt, sondern nur
im Ganzen geschätzt werden. Die wahrscheinlichste Annahme ist, daß
er an Todten und Verwundeten 24,000, an Gefangenen 7000 M.
betragen hat, von den ersteren also ein Drittel und im Ganzen fast
die Hälfte der Armee, die Napoleon in die Schlacht führte; von den
Generalen des letzteren waren 4 todt, 17 verwundet, 2 gefangen.[2]
An Geschützen rettete Napoleons Heer kaum 30, über 200 gingen
verloren. Doch drückt sich die Zerstörung dieses Heeres in diesen
Zahlen nur unvollkommen aus; der weitere Verlauf des Feldzugs
zeigte, daß es überhaupt zu einem kräftigen Widerstand nicht mehr
fähig war. Als Napoleon seine Garden zum letzten Angriff führte,
da verstanden die Gefährten seiner Siege die Erinnerung an den
Ruhm und die Herrschaft, die in 20 Jahren aufgerichtet waren; aber
auch in den Gegnern war die Erinnerung an die lange Zeit der Nie=
derlagen und der Knechtschaft. Als der Angriff zu Ende ging, lag
für die schlachtergrauten Veteranen des Kaisers der Abgott und das
Reich im Staube, woran sie geglaubt hatten. Niemals hat sich ein
größeres Geschick in den schwankenden Verlauf kurzer Stunden ge=
drängt; niemals hat sich schneller und gewaltiger erfüllt.

---

1) Der preußische Verlust nach dem Archiv d. Gulstbs. in Berlin.
2) Charras 323. 324.

Sechstes Kapitel.

Die nächsten Folgen des Siegs, seine Opfer und seine Bedeutung.

1. Wie es in der Bewegung der Staaten und des Kriegs eine immer wiederkehrende Erscheinung ist, daß die kleineren Ereignisse von den größeren beherrscht und in ihrem Strome mit fortgetragen werden, so war's auch 1815 bei der großen Entscheidung in Belgien. Während die Hauptheere bei Belle=Alliance schlugen, trafen bei Wavre die Nebenheere aufeinander. Ihr Kampf entspann sich am nämlichen Tage, setzte sich über den folgenden fort und führte dann in den gro= ßen Strom der Verfolgung hinein, der von der Hauptschlacht ausging. Dabei ist er noch besonders merkwürdig durch die Bedeutung, die in ihn gelegt wurde und lange Zeit in der Geschichte statt der Wahrheit vorgeherrscht hat. Napoleon nämlich hat in diesen Bewegungen und Gefechten bei Wavre den willkommnen Anlaß gefunden, in seinen Denkwürdigkeiten die Verantwortung für den verlornen Feldzug am meisten auf die Schultern Grouchys zu laden. Die große Mehrzahl der französischen Schriftsteller ist ihm darin gefolgt und die große Nation hat und glaubt darin die Ueberlieferung, welche das ihr sonst unbegreifliche Mißgeschick der französischen Waffen einigermaßen erklärt. Nach der andern Seite dagegen sind diese Tage bei Wavre ein merk= würdiges Beispiel, wie schwer sich im Kriege zusammengesetzte Bewe= gungen beherrschen lassen und wie das Gewicht der Wirklichkeit die kühnsten Entwürfe herabzieht. So schließt sich mit diesen Tagen die große Schlacht in ihren unmittelbaren Folgen ab.

2. Wir haben Grouchy verlassen, wie er sich am Vormittag des 18. etwa um 10 Uhr in Sart=lez=Walhain zum Marsch auf Wavre entschlossen und dies an Napoleon gemeldet hatte. Nicht lange danach sollte sein Entschluß noch einmal auf die Probe gestellt werden. Man vernahm Kanonendonner; ein nahes Gartenhaus lag günstig, um den Schall zu hören, er wuchs schnell und mächtig an; es blieb kein Zweifel, in der Richtung auf den Wald von Soignes war eine Schlacht im Gange. Von Napoleon war noch keine Nachricht da, doch konnte es nur Wellington sein, mit welchem er im Kampfe war; denn land= kundige Leute hatten Mont St. Jean als den Ort bezeichnet, woher der Kanonendonner komme. Von den Preußen wußte man, daß sie in der vergangenen Nacht bei Wavre standen, sie konnten also entwe= der noch dort, oder auf dem Marsche zur Unterstützung Wellingtons

sein. General Gérard, dessen Corps gerade eintraf, machte den Vorschlag, mit der Hauptmacht sofort nach Mousty und Ottignies sich zu
wenden, und dort die Dyle zu überschreiten. Man könne dann die
Preußen, falls sie noch bei Wavre stünden, am linken Ufer des Flusses her angreifen; oder man könne zur Vereinigung mit Napoleon
marschiren, falls die Preußen bereits auf dem Wege zu Wellington
wären; Pajol mit seiner Reiterei möge auf dem rechten Ufer der
Dyle zurückbleiben, um hier die Gegend bis Wavre aufzuklären. Grouchy
war von dem Rathe betroffen; dann fand er, daß er nach der Entfernung und der Beschaffenheit der Wege bei Mont St. Jean vor
10 Uhr abends nicht eintreffen, also zur Schlacht jedenfalls zu spät
kommen werde. Napoleon aber habe ihm bestimmt befohlen, die Preußen
aufzusuchen, und nicht aus den Augen zu lassen, diese könnten auch
von Wavre auf Löwen zurückgegangen sein, ihnen also müsse er folgen; er dürfe sich nicht wie d'Erlon vor 2 Tagen in fruchtloses Hin-
und Herziehen verlieren, er dürfe sich nicht wie Ney dem scharfen Tadel des Kaisers aussetzen, daß er seinen Weisungen nicht pünktlich
gefolgt sei. Gérard blieb bei seiner Meinung; die Befehlshaber der
Artillerie und der Ingenieurtruppen bei Grouchy bestätigten die Ansicht des letzteren, daß der Marsch sehr schwierig und langsam sein
werde; der Streit führte zu keiner Uebereinstimmung. Endlich entschied der Marschall, daß er die Richtung auf Wavre beibehalten
wolle, und gab an seine Truppen die Befehle.

3. Ohne Zweifel hätte Grouchy mehr im Geiste seiner Aufgabe
gehandelt, wenn er der Meinung Gérards gefolgt wäre; denn er
konnte von Blücher wissen, daß dieser nicht bei Wavre bleiben oder
gar auf Löwen zurückgehen werde, wenn sein Verbündeter keine 3
Stunden von ihm in eine Hauptschlacht verwickelt war. Allein das
ist nach den gründlichen Erörterungen, welche die Sache gefunden hat,
keinem Zweifel mehr unterworfen, daß sein Marsch in der Richtung
über Mousty an der großen Entscheidung nicht das Geringste geändert hätte. Der Befehl zu einem solchen Marsche konnte erst gegen
1 Uhr an die Heertheile abgehen und sie zum Theil erst gegen 2 Uhr
erreichen. Vandamme stand zu der Zeit von Nil-St.-Vincent bis gegen la Baraque, Gérard bei Sart-lez-Walhain, seine Reiterei unter
General Vallin bei Mont St. Guibert, Exelmans mit der Vorhut
bei la Baraque, Pajol mit der Infanteriedivision Teste bei Tourinnes.
Nun braucht ein Fußgänger, der allein im mittlern Schritt die Fahr-
wege der Gegend geht, von Nil-St.-Vincent nach Maransart 3½
Stunden, und nach Plancenoit 4 Stunden 12 Minuten; von Sart-

lez-Walhain an den erstern Ort 4³/₄ Stunden, an den letztern 5 Stunden 27 Minuten.¹) Bülow und Zieten hatten an diesem Tage mit ihren Corps im Durchschnitt 2 Zeitstunden für 1 Wegstunde gebraucht, Grouchy hatte keine besseren Wege und war überhaupt nicht in der Verfassung schneller zu marschiren. Vandamme würde also, selbst wenn ihm kein Feind in den Weg trat, erst um 8 Uhr bei Maransart, um 9 Uhr 24 Minuten bei Plancenoit eingetroffen sein, die anderen Heertheile noch viel später; und um 8 Uhr entschied sich bei Belle-Alliance die Schlacht. Aber nicht einmal Maransart, geschweige Plancenoit würde Vandamme, ohne ernsten Widerstand zu finden, erreicht haben; denn Thielmann wäre, wie wir wissen, ohne den Angriff Grouchys bei Wavre, am Nachmittag auf Coultüre marschirt, und General Brause mit der 7. Brigade stand schon vor 7 Uhr bei Maransart. Es ist daher auch die Vermuthung ganz ungegründet, als könnte schon die bloße Erscheinung eines französischen Corps auf der Höhe zwischen Ottignies und Maransart Blücher in seinem Marsche zu Wellington gehemmt oder durchkreuzt haben. Die preußischen Vortruppen würden einen solchen Feind zeitig angemeldet, das 3. und ein Theil des 2. Corps würden sich ihm entgegengestellt haben; kurz es war eine solche Möglichkeit im preußischen Hauptquartier vollkommen vorausgesehen und vorbereitet;²) und Blücher hat an diesem Tage hinreichend bewiesen, daß ihn auch unerwartete Ereignisse in dem entscheidenden Entschluß nicht irre machen konnten. Die Dichtungen der Denkwürdigkeiten von St. Helena freilich wollen Grouchy von Sartlez-Walhain in 2 Stunden auf das Schlachtfeld versetzen; die Wahrheit dagegen drückt sich ganz einfach schon in einem Verhältniß aus, auf das von französischer Seite nur Charras aufmerksam gemacht hat. Blücher hatte 90,000 M.; das war genug, um die 33,000 von Grouchy aufzuhalten, und zugleich bei Belle-Alliance die Entscheidung zu geben; in Wirklichkeit hat er für den letzteren Zweck nur 40,000 verwendet.

4. Ich komme zum Zusammentreffen von Grouchy und Thielmann. Des ersteren Vortruppen waren während des eben erzählten Vorgangs im Garten von Sart-lez-Walhain bereits im Gefecht bei

---

1) Quinet. Gesch. d. Feldzugs 1815. Aus dem Franz. Cassel 1862. S. 168. Es liegen dabei wirklich ausgeführte Proben zu Grunde.

2) Im Militärwochenblatt von 1845 S. 130 bis 138 ist die Möglichkeit, wann und wie Grouchy mit den Preußen zusammentreffen konnte, nach allen Seiten überzeugend erörtert.

la Baraque. Es war Exelmans mit seinen Reitern und einem Theil
von Vandammes Infanterie, der hier angriff; von preußischer Seite
standen hier zwei Vorposten=Abtheilungen, die das 2. und 4. Corps
zurückgelassen, sowie die 7. u. 8. Brigade vom 2. Corps. Die beiden
letzteren hatten Befehl, sich ihrem Corps auf dem Marsche nach St.
Lambert anzuschließen, sowie dessen Artillerie durch Wavre gegangen sei;
sie traten also nach einem leichten Gefecht, durch den Wald begünstigt,
den Rückmarsch an, die erstere ging wie wir wissen über Bierges, die
letztere über Wavre. Auch Thielmann, auf dessen Vortruppen nun
Exelmans traf, hielt den Angriff zuerst für unbedeutend und wollte
sich dadurch in der vorgeschriebenen Bewegung auf Coultüre, die er
nach dem gegen 3 Uhr empfangenen Befehl gerade angetreten hatte,
nicht stören lassen. Er ließ durch den General Borcke, der mit der
9. Brigade an der Spitze war, mit 3 Bataillonen und 2 Schwadronen
Wavre besetzen; der übrige Theil der Brigade mußte den Marsch auf
Coultüre fortsetzen, die andern Brigaden sollten folgen. Der franzö=
sische Angriff entwickelte aber bald einen größeren Nachdruck, denn
es kam nach und nach Vandammes ganze Infanterie an; die Besatzung
von Wavre mußte verstärkt werden und Thielmann sah sich in seiner
Bewegung gehemmt. Um 4 Uhr war Vandammes Corps versammelt;
zugleich erhielt Grouchy jenen ersten Befehl Napoleons von 10 Uhr
morgens, der ihn ausdrücklich in die Richtung auf Wavre wies, dem
Ueberbringer war der Weg über Quatrebras vorgeschrieben worden,
darum hatte er so lange Zeit gebraucht. Der Marschall war jetzt
über die Richtigkeit seines Entschlusses vollkommen beruhigt und schritt
um so entschiedener in seinem Angriff vor. Thielmann mußte erken=
nen, daß der Feind hier keine Scheinbewegung mache; er ließ also an
Blücher jene Meldung abgehen, daß er durch überlegene Macht fest=
gehalten sei, und richtete sich zur Vertheidigung ein.

In Wavre stand ein Theil der 9. Brigade (Borcke), dahinter an
der Straße nach Brüssel die 11. (Luck); den rechten Flügel bei Bierges
hatte die 12. (Stülpnagel); die 10. (Kemphen) nebst der Reiterei und
Artillerie der Reserve nahm Stellung auf der Höhe hinter Wavre.
Die so versammelten Streitkräfte zählten 16,000 M. mit 35 Geschützen;
General Borcke mit 6 Bataillons und 1 Batterie seiner (9.) Brigade
blieb im Marsch, kreuzte die Colonne des 1. Corps und kam den
Abend nach St. Lambert, wo er die Nacht biwakirte; warum er den
Befehl zur Rückkehr nicht erhielt, ist unaufgeklärt. Dagegen traf ge=
gen Abend das 19. Infanterieregiment von der 4. Brig. (Henkel) des
1. Corps unter Major Stengel oberhalb Bierges ein. Es war seinem

Corps in der Richtung auf Fromont gefolgt, als ein Offizier eintraf, und Unterstützung für den rechten Flügel des 3. Corps verlangte, der von großer Uebermacht bedrängt sei.   Zieten hatte sich in seinem Marsch nicht irre machen lassen, den General Henkel aber beauftragt, das 19. Reg. mit 1 (oder 3?) Schwadronen des 6. Uhlanenregiments zurückzuschicken; jener Offizier wollte es selbst nach Limal führen, scheint aber den Weg verfehlt zu haben. [1] Grouchy führte, wie wir wissen, 33,000 M. mit 96 Geschützen heran; sie trafen aber am 18. zum Theil erst sehr spät ein, und am 19. konnte er nur kurze Zeit von der Uebermacht Gebrauch machen. Vandamme griff um 4 Uhr mit der Division Habert Wavre und Basse=Wavre, mit der Div. Lefol die Mühle von Bierges an. Es entspann sich längs der Dyle ein hart= näckiges Plänklergefecht, dazwischen dröhnte Geschützfeuer; dann ver= suchten die Franzosen wiederholt mit größern Massen durchzubringen. Die Angriffe wurden nach einander abgewiesen; gegen 7 Uhr traf Gérard ein und führte die Division Hülot gegen Bierges, es war umsonst, der General selbst wurde schwer verwundet. Eben jetzt er= hielt Grouchy jenes Schreiben Napoleons von 1 Uhr mittags, wonach er sich in der Richtung auf Mont St. Jean bewegen und Bülow bei St. Lambert vernichten solle; es waren 6 St. seit dem Abgang des Befehls verflossen. Der Marschall erschrak über die neue Weisung, die nicht mehr auszuführen war, er nahm endlich die Maßregel, die er schon lange hätte ergreifen sollen; er wählte den Uebergang über die Dyle bei Limal und Limelette, um Thielmann in der rechten Flanke zu umgehen. Vandamme mußte den Kampf auf der bisherigen Linie fortführen; Gérard's Corps nebst Pajols Abtheilung sollten die Umge= hung ausführen.

Die genannten beiden Uebergänge waren auch von den Preußen bisher außer Acht gelassen worden, wahrscheinlich weil der Angriff bei Wavre überraschend kam. Als die französische Bewegung begann, hatte das Füsilierbataillon des 19. Regiments [1] seine Plänkler längs dem linken Ufer der Dyle bis gegen Limal aufgestellt; ihr Feuer be= lästigte die jenseits heraufziehende Division Vichery, konnte aber den Uebergang nicht verhindern. Vichery brach dann aus Limal vor, zu seiner Linken Gérards Reiterei unter Vallin, hinter ihm Pajol und Teste; etwas später zu seiner Rechten auch Hülot. Auf der an=

---

1) Die Betheiligung des 19. Rgts. am Treffen ist noch wenig aufgeklärt; Graf Henkel in den „Erinnerungen" S. 359 ist darüber ungenau, ebenso das von ihm mitgetheilte Tagebuch d. Rgts. S. 642; ich folge einem Aktenstück im Archiv des Gnstbs. in Berlin E. 9, das aber auch keine vollständige Auskunft gibt.

dern Seite waren die beiden Musketierbat. des 19. Regts. herbeige=
kommen; der überlegne Angriff warf sie zurück. Thielmann versuchte
durch 6 Batl. von Stülpnagel, unterstützt durch die Reservereiterei
von Hobe, Limal wieder zu nehmen; der Angriff wurde nachdrücklich
zurückgewiesen. Das Plänklerfeuer nahm hier, wie auf der ganzen
Linie, bis gegen Basse=Wavre hinab, erst gegen 11 Uhr ein Ende;
die Vorposten beider Theile blieben auf Flintenschußweite einander
gegenüber. Die Truppentheile biwakirten da, wo sie gefochten hatten;
Vandamme hatte die auf dem rechten Dyleufer gelegene Vorstadt von
Wavre genommen. Von Belle Alliance hatte keiner von beiden Thei=
len Nachricht; der Kanonendonner, den der Wind von da deutlich her=
über trug, hatte gegen 9 Uhr aufgehört.

Grouchy ließ bis gegen Morgen auch den größern Theil der
Truppen von Vandamme und Exelmans, bei Limal über die Dyle
gehen; er hoffte, wie er an Vandamme schrieb, den Feind durch eine
versammelte Anstrengung zu werfen und sich dann nach Napoleons
Befehl mit diesem zu vereinigen. Thielmann empfing gegen Morgen
durch Reiterpatrouillen die erste Nachricht von der gewonnenen Schlacht,
doch war sie noch unbestimmt. Er beschloß zunächst des Feindes
Stärke und Absicht zu erkunden und ordnete zu dem Zweck am frühen
Morgen ein Vorbrechen gegen die linke Flanke desselben an. Seine
Stellung hatte er wegen der Umgehung Grouchy's verändert; die Front
lief jetzt von Bierges in der Richtung auf Fromont bis zum Gehölz
von Rixensart und war nach Süden gerichtet; Wavre und Basse=
Wavre hinter dem linken Flügel waren noch besetzt. Nach den Ver=
lusten des vorigen Tags hatte er nur noch 15,000 M. und 35 Gesch.,
Major v. Stengel mit seiner Abtheilung nahm noch, wie es scheint, an
der Recognoscirung Theil, um dann so unerwartet zu verschwinden,
wie er gekommen war; er folgte dem Wege Zietens, auf welche Wei=
sung ist unbekannt. Dagegen theilte er beim Marsch durch St. Lam=
bert dem General Borcke die Lage der Dinge bei Wavre mit, dieser
brach darnach zu seinem Corps auf und kam während des Gefechts
am 19. dem rechten Flügel desselben bis auf ½ Stunde nahe; doch
stellte er die vollständige Verbindung mit ihm erst am 20. her. Grouchy
hatte 32,000 M. und 88 Geschütze zur Stelle. Zu der angedeuteten
Recognoscirung ließ Thielmann bald nach Tagesanbruch 12 Schwadr.
mit 16 Geschützen aus dem Gehölz von Rixensart vorgehen. Grouchy
wurde anfangs überrascht, bald indessen entwickelte er seine Ueber=
macht. Die Preußen wurden in hartnäckigem Kampfe zurückgedrängt.
Jetzt empfing Thielmann die gewisse Nachricht des großen Siegs, zu=

gleich erfuhr er, daß Pirch I. die Weisung habe, das feindliche Corps bei Wavre abzuschneiden. Thielmann glaubte hiernach, den Feind möglichst lange festhalten zu müssen; er verbreitete unter seinen Soldaten die Siegesnachricht und versuchte noch einmal zum Angriff über= zugehen. Er nahm das verlorne Gehölz von Mixensart wieder; doch Grouchy ließ es ihm aufs neue entreißen und drängte ihn jetzt auch über Bierges bis nach Wavre zurück. Der Marschall war, wie es scheint, fortwährend der Meinung, er hätte es mit einer Uebermacht zu thun, sonst mußte er größere Vortheile davontragen. Thielmann erkannte, daß seine Stellung nicht mehr zu halten war, trat den Rück= zug nach Ottenburg an und setzte ihn, obgleich fast gar nicht verfolgt, beinahe 3 St. weit, bis Achtenrhode fort. Es stimmte dies wenig mit seinem bisherigen entschlossenen Verhalten, denn gerade jetzt war es wichtig, die Fühlung mit dem Feinde nicht zu verlieren; der Ge= neral behauptete nachher, sein Generalstabschef, der Oberst von Clause= witz, der sehr schwarz gesehen, habe die Hauptschuld. Jeder Theil hatte in dem zweitägigen Treffen 2500 M. verloren.

5. Grouchy empfing um 11 Uhr, kurze Zeit nachdem sein Gegner den Rückzug angetreten hatte, die Nachricht von der furchtbaren Nie= derlage seines Kaisers; der Offizier, welcher sie brachte, hatte 12 St. gebraucht, um die 12 Wegstunden von Quatrebras zurückzulegen, so müde waren Mann und Pferd. Er brachte keine Nachricht, wohin sich der Marschall zu wenden habe; dieser berief Vandamme und einige an= dere Generale zum Kriegsrath, er soll Thränen vergossen haben, als er ihnen die Kunde mittheilte. Vandamme machte den abentheuerlichen Vorschlag, man solle Thielmann mit Nachdruck auf Löwen zurückwer= fen, sich dann auf Brüssel wenden, und von dort den Rückweg durch Westflandern suchen; Grouchy wählte besonnen den einzigen Weg, auf welchem die Rettung aus seiner schlimmen Lage noch Wahrscheinlich= keit hatte. Er ließ ohne Zögern Exelmans mit 7 Dragonerregimen= tern nach Namür aufbrechen, um die Stadt womöglich noch vor dem Feinde zu besetzen; er selbst folgte mit dem Corps von Gérard; Van= damme mit Pajol und Teste sollte zur Täuschung des Feindes noch kurze Zeit stehen bleiben und sich dann dem Rückzug anschließen. Die Bewegung wurde vom Glück begünstigt: am 19. Juni um Mitter= nacht waren Exelmans in Namür, Grouchy in Sombreffe, Vandamme in Gembloux eingetroffen, ohne von einem verfolgenden Feind etwas gesehen zu haben. Thielmann sowohl wie Pirch I. hatten ihre Auf= gabe verfehlt. Der erstere erfuhr erst in der Nacht zum 20. durch eine Meldung des Generals Borcke den Rückzug Grouchy's; er brach um

5 Uhr Morgens von Achtenrhode auf; Hobe mit der Reiterei, welche
eben durch 7 neu angekommene zum Theil ehemals sächsische Schwadr.
verstärkt war, mußte im Trab gegen Gemblour vorausgehen; Borcke
bei Limal erhielt Befehl, in derselben Richtung zu folgen. Allein die
große Versäumniß, daß Thielmann auf seinem Rückzug viel weiter
gegangen war, als nöthig, ließ sich nicht wieder einbringen. Pirch I.
seinerseits hatte vom Schlachtfelde v. Belle-Alliance aus, über Maransart und Bousval schon am 19. um 11 Uhr vormittags Mellery erreicht. Hier ließ er seine Truppen ruhen und abkochen, die Mannschaft war aufs äußerste erschöpft, viele waren bei jedem Halt an dem
Wege in Schlaf versunken und konnten nur mit großer Mühe vorwärts gebracht werden. Der General dehnte indessen die Ruhe länger
aus, als in seiner Lage erlaubt war und versäumte sogar die nächsten
Straßen, von Wavre nach Namür, auf denen doch das Corps, welches
er abschneiden sollte, zurückgehen mußte, gehörig aufklären zu lassen;
der Oberstlt. v. Sohr mit der Vorhut stieß bei Mont St. Guibert auf
den Feind, doch wurde dem Zusammentreffen nicht die rechte Beachtung
geschenkt. So kam es, daß der Vorsprung von 4 Stunden, den Pirch
in dem Augenblick, wo er Mellery erreichte, vor Grouchy voraus hatte,
unbenutzt blieb; der letztere konnte in der Nacht in 3 Colonnen auf
2 bis 3 Stunden Entfernung unbemerkt an dem erstern vorüberziehen.
Erst um 5 Uhr morgens brachte Pirch den Marsch Grouchy's auf
Namür in Erfahrung und ließ sein Corps sogleich antreten. Er zählte
3 Brig. Infanterie und 24 Schwadr., etwa 20,000 M., General
Tippelskirch mit der 5. Brigade war noch beim 4. Corps; die Vorhut
bildete Oberstlt. v. Sohr mit seinen beiden Husarenregimentern, 3 Fü-
silierbataillonen und 1 reitenden Batterie.

Thielmann's und Pirch's Vortruppen stießen ziemlich gleichzeitig
auf den Feind; der erstere bei Rhisnes auf die Nachhut Vandammes,
der andere bei le Boquet auf die Nachhut von Gérards Corps. Es
kam an beiden Orten zum Gefecht, die Preußen nahmen einige Kanonen und Gefangene; doch erreichten die Franzosen nach 4 Uhr abends
Namür. Die Stadt war mit Mauern versehen; Grouchy gab an Vandamme den Auftrag, sie mit 3 Div. zu vertheidigen, während er mit
den übrigen Heertheilen den Rückzug nach Dinant antrat; Exelmans
mit seinen Reitern, den Verwundeten und dem Fuhrwesen war schon
am Morgen dahin aufgebrochen. Pirch I. ließ die Stadt angreifen,
sowie ein hinreichender Theil seiner Infanterie angekommen war; die
Vorstädte wurden nach einem lebhaften Gefecht genommen, dagegen
wurden wiederholte Stürme auf die Stadtthore zurückgewiesen; erst

kurz vor Einbruch der Dunkelheit gelang es den Preußen einzubringen. Vandamme hatte bereits den Rückzug angetreten und Teste, welcher die Stadt eben mit der Nachhut verließ, wußte die Verfolgung dadurch aufzuhalten, daß er am jenseitigen Ende der Sambrebrücke einen großen Scheiterhaufen anzündete; eine Verrammelung der Brücke, welche die Preußen erst wegräumen mußten, gab die Zeit dazu. Das Gefecht hätte, wie es scheint auf Seiten der Preußen mit mehr Umsicht geleitet werden können, eine Umgehung über die Sambre oberhalb der Stadt, für welche nur ein einzelner unglücklicher Versuch geschah, [1]) hätte wahrscheinlich einen größeren und weniger blutigen Erfolg gegeben; die Truppen aber, welche an diesem Tage eine Wegstrecke von 8 Stunden zurückgelegt hatten, schlugen sich sehr brav. Der Verlust der Preußen betrug 1676 M. darunter 64 Offiziere, die Franzosen verloren 700 M. Grouchy war glücklich entkommen.

6. Mit größerer Wirkung war inzwischen die Verfolgung von Napoleons Hauptmacht fortgesetzt worden. Bülow mit dem 4. Corps und der 5. Brigade des zweiten erreichte am Abend des 19. Fontaine-l'Evéque; Zieten mit dem 1. kam nach Charleroi, er hatte unterwegs noch viel verlassenes Fuhrwesen und Geschütz gefunden, auch fielen in der Stadt noch 9 Kanonen in seine Hände; von der Menge der Nachzügler, an denen man vorüber kam, entgingen viele unbeachtet der Gefangenschaft und fanden den Weg nach Laon. Blücher nahm an diesem Tage sein Hauptquartier in Gosselies; Wellington mit seiner Armee kam nur bis Nivelles. Von der französischen Hauptarmee hatten sich die Trümmer nach Beaumont und Philippeville gewendet; Soult suchte hier, d'Erlon und Reille suchten dort einige Ordnung in die Massen zu bringen, doch ohne vielen Erfolg. Am 20. marschirte Zieten nach Beaumont, über 6 Stunden von Charleroi; Bülow verlor viele Zeit mit Vorbereitungen zum Uebergang über die Sambre und kam nur in die Nähe von Maubeuge, zur Einschließung dieser Festung wurde Gen. Tippelskirch mit seiner Brigade bestimmt. Pirch mit dem 2. Corps blieb die Nacht bei Namür, Thielmann mit dem 3. war zwischen Namür und Gembloux. Blücher nahm sein Hauptquartier in Mierbe-le-Château an der Sambre. Wellington führte sein Heer in die Gegend zwischen Mons, Binche und Roeulx, sein Hauptquartier nahm er in Binche. Die französische Hauptarmee setzte ihre Flucht nach Laon fort, Grouchy war, wie wir wissen, auf dem Marsche nach Dinant.

So stand das preußische Heer zum Theil auf derselben Linie, von welcher vor 5 Tagen Napoleon den Feldzug eröffnet hatte, gegen

---

[1]) Busse. Geschichte des 23. Infgts. 187.

Wellingtons Armee war es bereits um fast einen Tagemarsch voraus. Die Absicht, Grouchy, oder doch einen Theil seines Corps abzuschneiden war freilich mißlungen. Neben den Versäumnissen der Generale Thielmann und Pirch hatte auch der Umstand seinen Theil daran, daß Blücher und Gneisenau nicht die wirkliche Macht Grouchy's, sondern nur ein feindliches Corps von etwa 15,000 M. bei Wavre vermutheten und daß ihnen seit dem Abend des 18. von Thielmann sogar noch am 21. alle Nachrichten fehlten. [1] Im Ganzen aber weist die Kriegsgeschichte nur sehr wenige Beispiele einer so großartig durchgeführten Benutzung des Sieges nach, und der preußische Feldherr begann auch bereits die Frucht davon zu ernten: der größere Theil der feindlichen Macht war zerstört und er mit seinem Verbündeten hatte den Marsch nach Paris angetreten. Wir haben jetzt die Heere auf diesem zu begleiten, vorher jedoch wollen wir den Feldzug der sechs Tage noch einmal überblicken, und zwar zuerst nach den Anstrengungen und Opfern, die er gekostet, und dann nach seinem Erfolg und seiner Bedeutung.

7. Es ist ein verbreiteter Gebrauch in militärischen Geschichten, daß neben den Vorzügen die Schäden der Heere, neben ihren großen Thaten die zerrüttenden inneren Folgen, die fast immer damit verknüpft sind, verschwiegen werden. Dies ist ein doppeltes Unrecht: zuerst gegen die Heere selbst, weil niemand die Thaten recht würdigen kann, der nicht den Preis kennt, um den sie erkauft werden; dann gegen die Staatsordnung überhaupt, weil es von Wichtigkeit ist, daß die Bedeutung der festen Ordnungen des Dienstes allgemein erkannt werde. Auch ein Heer, das von solchem Geiste beseelt ist, wie das preußische Heer von 1815, bedarf dieser zusammenhaltenden Macht der überlieferten Ordnungen. Wie die Zustände unter den Kämpfen und Märschen jener 6 Tage geworden waren; das spricht sich am kürzesten in einer Weisung aus, welche Blücher am 20. Juni an die commandirenden Generale der Armeecorps ergehen ließ; sie lautet folgendermaßen: [2] „Die Armee ist größtentheils durch die letzte Schlacht in Unordnung gekommen. Zerstreuung, Plünderung u. s. w. sind die nächsten Folgen davon, denen durchaus abgeholfen werden muß. Es

---

1) Gneisenau an Müffling, Noyelles f. Sambre 21. Juni. Arch. d. Gnrlstbs. in Berlin. E. 62.

2) Archiv des Generalstabs C. 74. I. — Zychlinski, in der Geschichte des 24. Infrgts. S. 180, theilt den Befehl irrthümlich im Zusammenhang mit jenem am 18. Juni in Wavre erlassenen mit.

ist daher wichtig und ich bestimme daß 1) ein jeder Brigadechef und Commandeur sowie Regiments= und Bataillonscommandeur, Compagnie= und Escadronchef, der nicht seine Brigade, Regiment oder Escadron in Ordnung und zusammen halten kann, sogleich seiner Stelle ent= setzt und seiner Majestät dem König gemeldet wird. 2) Unteroffiziere und Soldaten, die sich eigenmächtig von ihren Regimentern entfernen, ohne blessirt, commandirt oder krank zu sein, werden: a) Unteroffiziere degradirt, und ihnen die Ehrenmedaille abgenommen; b) Soldaten, die die Medaille haben, wird solche abgenommen und sie in die 2. Klasse gesetzt; c) Soldaten, die nicht die Medaille besitzen, werden ohne wei= teres in die 2. Klasse erklärt und erhalten 40 Hiebe; d) auf schänd= liche Entweichung vor dem Feind erfolgt das Todtschießen; e) Ein jeder Soldat, der gesund zu seinem Regiment kommt, ohne sein Gewehr mitzubringen, gehört von selbst in die 2. Klasse und erhält 40 Hiebe. Von Offizieren ist dies nicht zu erwarten, geschieht es dennoch, so wer= den dieselben sogleich arretirt, zur Untersuchung gezogen, und ihr Ver= gehen nach der Strenge des Gesetzes bestraft. Die Herren commandirenden Generale wollen dieses den Truppen bekannt machen lassen, ohne daß es jedoch zur Kenntniß des Publikums käme, auf die Befolgung dieses Befehls strenge wachen, sonach vorkommenden Falls verfahren und mir zu seiner Zeit Anzeige davon machen. Dieselben werden zugleich die Anführer der Kavallerie instruiren darauf zu halten, daß diese Waffe mehr Ausdauer bezeige, geschlossen bleibe, die Signale genau befolge, sich nicht vor der Zeit in Galopp setze und sich stets geschlos= sene Reserven bereit halte. Bei jeder Gelegenheit müssen die Tamboure und Hornisten schlagen und blasen." — Neben diesem umfassenden Befehl ergingen ähnliche Weisungen während dieser Tage noch bei vie= len besonderen Veranlassungen. Es war das einzelne Schießen der Soldaten nach den Schlachttagen in Quartieren und in den Biwaks zu einem argen Mißbrauch geworden, es begann „Indisciplin, nament= lich Widersetzlichkeit gegen Offiziere fremder Corps und Regimenter" einzureißen; es kamen auch mit den folgenden anstrengenden Märschen täglich neue Klagen über „Unordnungen und Plünderungen durch ein= zelne Leute im Rücken der Armee"; es kam in den sonst nicht feindlich gesinnten Landstrichen so weit, daß die Soldaten und die Bauern auf einander schossen. Die Zahl der Nachzügler wuchs so sehr, daß Blücher ein paar Tage später anordnete, es sollten dieselben für jede Brigade gesammelt und zunächst als Besatzungstruppen an den Haupt= orten der Straßen zurückgelassen werden. Dabei machte er den Ge= neralen zur Pflicht, für eine geordnete Verpflegung durch Uebereinkunft

mit den Landesbehörden zu forgen, sowie die alte Noth der Infan=
terie, die Fußbegleitung im Auge zu haben, die gewaltig abgerif=
sen war. — Wellington seinerseits schrieb am 25. Juni an den Mi=
nister Bathurst in England unter anderem:[1] „ich glaube in Wahrheit,
daß ich mit Ausnahme meiner alten in Spanien erprobten Infanterie,
nicht bloß die schlechteste Armee, sondern auch die am schlechtesten
ausgerüstete und den unbrauchbarsten Generalstab habe, der je zu=
sammen war." Der Herzog drückte sich so für die Auffassungsweise
eines englischen Ministers aus, von dem er Geld und Kriegsmittel
begehrte; es bleibt aber doch genug übrig, um zu erkennen, daß es
hier nicht besser stand, als beim preußischen Heer.

8. Die Verpflegung machte ganz besondere Schwierigkeiten. Ich
habe schon im 4. Kapitel erzählt, wie es vor der Schlacht bei Belle=
Alliance bei der preußischen Armee damit aussah; in den raschen Be=
wegungen, die zur Schlacht führten, und darauf folgten; in der Ver=
wirrung aller Plane, in der Störung jeder Vorsorge, welche diese in
ihrem schwankenden Verlaufe mit sich brachte, geschah es, daß auch
nach dem Siege die Sache nicht unmittelbar besser wurde. Der
Staatsrath von Ribbentrop, der in hohem Grade Blüchers persönliches
Vertrauen hatte und verdiente, stand an der Seite dieser Angelegen=
heiten. Er hatte vor dem Feldzug reichlich versehene Magazine in
der Nähe des Kriegsschauplatzes eingerichtet und sagte später in einem
Bericht aus Paris vom 19. Juli, daß der Mangel, den die Armee
gelitten, um so mehr hätte verhütet werden können, als sie gleich
beim Eindringen in Frankreich, namentlich in Avesnes, sehr bedeutende
Vorräthe fand. Seine Meinung ist, daß das Zusammenwirken der
commandirenden Generale und der Verwaltungsbehörden viel zu wün=
schen übrig ließ; und es ist bei der eben geschilderten Unordnung in
der Armee wahrscheinlich genug, daß es sowohl an der nöthigen Für=
sorge, als an den rechten Männern gefehlt hat. Man erkennt in
jenen Tagen einen Fehler in der preußischen Heereseinrichtung, der sich
in ganz Deutschland auch heute noch findet: es fehlt den Verwaltungs=
beamten an der rechten dienstlichen Stellung, am nöthigen Ansehen
und an der Möglichkeit, sich in ihrer Laufbahn hervorzuthun: über die
Gewissenhaftigkeit und den Diensteifer der Einzelnen kann man im
Durchschnitt nicht klagen, aber außerordentliche Ereignisse verlangen
außerordentliche Männer, und es liegt in der ganzen Art der deutschen
Heereseinrichtungen, daß diese zu wenig hervorgezogen werden. Ribben=

---

1) The dispatches XII.

trop selbst mußte erfahren, wie weit sich so gewaltige Kämpfe in ihrer zerrüttenden Wirkung erstrecken und wie sie den kräftigsten Willen lähmen. Er war am 18. Juni frühe auf Gneisenaus Befehl von Wavre selbst nach Brüssel geeilt, um Vorsorge für die Verpflegung zu treffen; er fand dort alles in Verwirrung und Auflösung; kein Maire, kein Intendant, keiner der dort aufgestellten preußischen Offiziere war am Ort. Dennoch gelang es ihm einen Anfang für seine Maßregeln zu gewinnen; da kam plötzlich das Gerücht, die Franzosen seien vor den Thoren, in einem Augenblick war die ganze Stadt in einem voll= ständigen Durcheinander, Fuhrwesen und Truppen aller Art drängten sich in verworrener Flucht auf der Straße nach Antwerpen. Erst nach mehreren Stunden gelang es ihm, seine Anordnungen wieder aufzu= nehmen und namentlich eine große Anzahl von Bäckern zum Backen für die preußische Armee zu gewinnen; am anderen Morgen früh waren bedeutende Wagenzüge unterwegs. Inzwischen war auch der Intendant des 4. Armeecorps, Vogdahn, in Löwen zu gleichem Zweck thätig gewesen, war von dort am 18. um 9 Uhr abends mit einem großen Fuhrwesen aufgebrochen, hatte unterwegs noch eine Menge flüchtiger Fuhren, namentlich 60 bis 70 Wagen Zwieback, mitgenom= men und meldete, daß er den 19. abends in Genappe zu sein denke. Aber das Alles konnte bei Blüchers schnellem Vormarsch dem größten Theil der Armee nur spät zu gute kommen, denn dieser war den Lebens= mittelzügen am 19. um 6 bis 10 Stunden voraus. So mußten die Truppentheile zunächst von dem leben, was sie an Ort und Stelle fanden, und das führte denn zu Unordnungen und Gewaltsamkeiten und war dazu höchst ungleich. Nicht viele fanden es so gut, wie jene Füsiliere in Genappe bei Napoleons Küchenwagen; bei den meisten war es zwar so schlimm nicht, wie der Dichter der „Schwabenstreiche" von jenem Zug ins heilige Land gesungen hat; aber das blieb doch für jene 6 Tage und selbst für die folgenden noch eine unfreundliche Erfahrung nach so heißem Streite, was er in den Worten ausdrückt: „und mancher deutsche Reitersmann hat da dem Trunk sich abge= than."

9. Bei alledem waren diejenigen, welche gesund und heil am Sie= geszuge Theil nehmen konnten, viel besser daran, als die anderen, die verwundet in Spitälern und Häusern lagen, oder auf elendem Fuhr= werk dahin gebracht wurden, oder von jeder Hülfe verlassen auf den Schlachtfeldern verkamen. Die Zahl der Verwundeten aus den Schlach= ten und Treffen dieser Tage belief sich bei der preußischen Armee auf 15,400, bei der englisch=deutschen wird sie 13,000, bei der französischen

32,000 betragen haben. Es waren also über 50,000 Menschen, denen Hülfe gebracht werden sollte, und dabei drängte sich fast die ganze Noth in drei Tage und auf einen Raum zusammen, der wenig über 4 Stunden in der Länge und 2 in der Breite maß. Das erreichte freilich bei weitem den Grad des Elends nicht, wie es 1½ Jahr früher durch die große Leipziger Schlacht entstanden war; denn diesmal war keine Kriegführung von 2 Monaten in erschöpften Ländern vorausgegangen, es waren kleinere Massen über einen weitern Raum verbreitet, und was am günstigsten wirkte, der Krieg bewegte sich weit schneller von der Stelle. Dennoch waren auch diesmal die Anstalten, sowie die Zahl und die Kräfte des ärztlichen und Hülfspersonals der großen Aufgabe bei weitem nicht gewachsen. Nach der Schlacht von Ligny war trotz der Verwirrung des Rückzugs der größere Theil der Verwundeten mit der Armee zurückgegangen, viele hatten sich selbst fortgeschleppt, für andre hatte man Wagen herbeigeschafft, bei deren eilfertiger Herrichtung die Verwundeten auf der stundenlangen Fahrt bittere Schmerzen leiden mußten. Ein Theil kam nach Lüttich, bei weitem die Mehrzahl, wie es scheint, nach Löwen. In Brüssel sollen von Belle-Alliance her zu Anfang 27,000 Verwundete von allen Heeren zusammengeströmt sein. Es gelang dort durch die Hülfe der großen Stadt dem Professor Brugmans, der an der Spitze des niederländischen Gesundheitsdienstes stand, sehr bald einen Theil weiter zurück nach Antwerpen, Gent und andern Orten zu schaffen, die Zurückgebliebenen dagegen in Baraken auseinander zu legen; so daß wenigstens dem Ausbruch einer Seuche vorgebeugt wurde. Schlimmer waren die Preußen in Löwen daron, und zwar hauptsächlich durch die Schuld der niederländischen Behörden. Es war dort die Errichtung eines Hauptlazareths dringend nöthig geworden; allein die Bemühungen der preußischen Aerzte blieben völlig umsonst. Der Oberstabschirurgus Weber fand ein Militärlazareth und eine Kaserne mit preußischen Verwundeten belegt; die letztere, welche gegen 2000 M. fassen konnte, wurde gleich danach für niederländische Truppen in Anspruch genommen und statt ihrer ein Raum angeboten, der nur 250 M. fassen konnte. Vergebens war die Vorstellung, daß man die gesunden Soldaten doch eher bei den Bürgern einquartieren könne, vergebens blieben wiederholte Gesuche, die Weber persönlich in Brüssel bei Professor Brugmans, bei dem englischen General Adam und beim niederländischen Kriegsminister anbrachte; er erreichte nur soviel, daß ihm die Abtei Floerbeck, 1 Stunde von Löwen, angewiesen wurde, und diese mußte erst mit preußischen Aerzten versehen, mit 1 Apotheke, mit Betten und der ganzen Kran

kenausrüstung neu eingerichtet werden; die holländische Militärapotheke
in Löwen hatte anfangs nicht einmal die Anweisung für die preußi=
schen Verwundeten und Kranken die nöthigen Arzneien zu verabreichen.
Wie auch die auffallende Erscheinung erklärt und entschuldigt werden
mag; der General=Chirurgus Voeltzke hatte damals sicherlich Grund
zu der bittern Klage über Undankbarkeit und zu der Bitte um Maß=
regeln, daß „der sündlichen Behandlung der Blessirten" abgeholfen
werde. [1]

Besser war es an andern Orten, es wird die Behandlung der
Verwundeten in Tirlemont und St. Tron gerühmt; es zeigten auch
in Löwen die Einwohner viel guten Willen, namentlich fand in einem
Nonnenkloster eine große Zahl Blessirter vorzügliche Aufnahme und
Pflege. [2] Es gelang unter den günstigen Bedingungen, welche das
wohlhabende Land mit seinen großen Städten und seiner theilnehmen=
den Bevölkerung, sowie die Jahreszeit und der schnelle Weitermarsch
der Armeen darboten, allmählig Ordnung und geregelte Pflege zu
schaffen. Die 31 Lazarethe, welche die preußische Armee zählte, kamen
zum größten Theil zur Einrichtung, einige folgten den Heeren, andere
blieben in den Städten bis zum Rhein hinüber; die Kranken konnten
nach und nach über weitere Landstrecken vertheilt werden, und das
Hospitalfieber, wie jede andere ansteckende Krankheit wurde ferne ge=
halten, obwohl die Zeitungen damals viel Lärm davon machten. Doch
war die Noth der ersten Tage sehr groß gewesen. Selbst bei den
trefflichen englischen Feldlazarethen war es geschehen, daß Verwundete
2 bis 3 Tage auf dem Schlachtfelde liegen blieben; bei den Preußen
war nicht allein die nothwendige ärztliche Hülfe auf dem Schlachtfelde
sehr beschränkt, sondern es blieben auch nachher viele Schwerverwun=
dete 6 bis 8 Tage ohne den ersten Verband. Solcher gab es in allen
bei den Schlachtfeldern gelegenen Lazarethen, wie zu Brüssel, Löwen,
Namür, Lüttich, eine große Zahl; sie verfielen nicht nur selbst unrett=
bar dem Tode, sondern verdarben durch verzehrende Eiterungen auch
die Luft der Krankensäle, so daß selbst die leichtern Wunden eine
schlimmere Art annahmen. [3] So hefteten sich das Elend und der
Jammer in vielen Gestalten an die Fersen des großen Siegs.

10. Aber wie hoch auch der Preis war, zu theuer war der Sieg
doch nicht erkauft; das sollte sich in dem schnellen Ende des Feldzugs

1) Arch. d. Gulsbs. D. 3. II. Die Berichte sind vom 26. Juni u. 5. Juli.
2) Stawitzky. Geschichte des 25. Infgts. S. 87.
3) Richter, k. pr. Generalarzt. Geschichte d. Medizinal=Wesens der pr. Armee
Erlangen 1860. S. 368 bis 375.

erweisen, und erwies sich schon jetzt an der feindlichen Armee. Ich habe der ersten Verfolgung und der beginnenden Zerstörung im vorigen Kapitel gedacht; sie zeigte sich jetzt in ihrer ganzen Gestalt, als bei Laon die erste Sammlung nach der athemlosen Flucht versucht wurde, während Grouchy sein gerettetes Heer über Dinant gegen Soissons zurückführte. Nach den Proben, welche dieses Heer gleich danach im Felde ablegte, bedürfte es kaum noch der besonderen Zeugnisse über seine Zerrüttung, doch fehlt es auch an solchen Zeugnissen nicht. [1]) Der Oberst Büssy, Adjutant des Kaisers, schrieb diesem, daß die Soldaten in großer Zahl, durch die Posten der Nationalgarde nicht aufgehalten, die Fahnen verließen, daß sie sich aufs Land zerstreuten, die Bewohner in Schrecken setzten, querfeldein den Weg nach der Heimath suchten, für den Spottpreis von 10 oder 15 Franken die eignen oder auch die kurz zuvor gestohlenen Pferde verkauften, und was solchen Unfugs mehr sei. Die Obrigkeit sei nicht mehr im Stande, auch nur den fünften Theil der ausgeschriebenen Lieferungen aufzubringen, weil der Bauer aus Furcht vor Beraubung seine Pferde und seine Wagen verberge. Soult, der die Armee sammeln sollte, gab keine bessere Nachricht, seine Briefe bezeugen vielmehr, daß auch die höhern Offiziere den zerstörten Muth der Armee theilten und noch vermehrten; jetzt in der That schien sich etwas von dem Verrath zu erfüllen, den der Soldat immer geargwohnt hatte. Die Generale Piré, Rogniat, Tromelin, Sabatier und noch andere hatten nichts eiligeres zu thun, als ihre Person in Sicherheit zu bringen, sei es in Paris, sei es in ihrer Heimath. Ney sogar, so sehr er auf dem Schlachtfelde dem Hereinbrechen der Niederlage Trotz geboten hatte, war jetzt der Verzweiflung verfallen; er eilte nach Paris, er erschien in der Kammer der Pairs und sprach es dort schon am fünften Tage nach der Schlacht auf der Rednerbühne aus, es gebe keine Armee mehr, es sei kein Heil als in schleuniger Unterhandlung mit dem Feinde. Das Bild dieser Armee, wie sie einst und wie sie jetzt war, faßt Clausewitz in diese beredten Worte zusammen: „Ein Heer, wie das französische, durch eine mehr als zwanzigjährige Folge von Siegen veredelt, welches in seiner ursprünglichen Ordnung das dichte Gefüge, die Unzerstörbarkeit, man möchte sagen auch den Glanz, eines Edelsteins zeigt; dessen Muth und Ordnung in der zerstörendsten Gluth der Schlacht durch die bloße Gefahr sich nicht löst — ein solches Heer flieht, wenn die edlen Kräfte gebrochen sind, welche ihm sein krystallinisches Gefüge gegeben haben:

---

[1]) Charras 443. 444.

das Vertrauen zu seinen Heerführern, das Vertrauen zu sich selbst, und die heilige Ordnung des Dienstes, — ein solches Heer flieht in athemlosem Schrecken vor dem Schall einer Trommel, vor den fast an Scherz streifenden Drohungen seines Gegners."

Und wo war der Feldherr dieses Heeres? Wir haben Napoleon vom Schlachtfeld unaufhaltsam nach Charleroi fliehen sehen; und nach kurzer Ruhe von da nach Philippeville. Kaum dort angelangt, erließ er an Rapp im Elsaß, an Lamarque in der Vendée den Befehl, ihre Heere in Eilmärschen nach Paris zu führen, Lecourbe solle nach Lyon gehen, die Commandanten der Grenzfestungen sollten schleunig die Vertheidigung einrichten. Seinem Bruder Joseph, den er an der Spitze der Regierung in Paris zurückgelassen, meldete er die Niederlage und dann in gewaltsamer Selbsttäuschung die Hoffnungen, die ihm noch blieben: 150,000 M. der Armee, 50,000 aus den Depots, 100,000 Nationalgarden und Federirte, 300,000 Conscribirte, die Waffenerhebung des Volks in den östlichen Provinzen; wenn Grouchy komme, den er freilich gefangen fürchte, werde er in drei Tagen 50,000 M. haben; damit könne er den Feind aufhalten, dann habe Frankreich Zeit seine Pflicht zu thun; „Muth, Festigkeit", fügte er dann dem Brief mit eigner Hand hinzu. Nach wenig Stunden der Ruhe ging es weiter nach Laon. Am Abend war er dort, in der Frühe des nächsten Morgens hielt er mit den Offizieren seines Gefolges und seinem Staatssekretär Maret einen Rath. Er selbst wollte bei der Armee bleiben; die anderen sagten fast alle, er müsse nach Paris gehen, es gebe keine Armee mehr, Grouchy sei ohne Zweifel verloren, Frankreich stehe dem Feinde offen, das Volk müsse die Waffen nehmen, nur in Paris werde er die Seele der Erhebung sein, werde er seine Feinde zum Schweigen bringen. Napoleon, sonst allein der Herr seiner Entschlüsse, war von diesen Gründen ergriffen, er schwankte, er warf seinen Vertrauten ein, sein wahrer Platz sei bei der Armee; zuletzt gab er dennoch nach: man wußte noch immer nichts von Grouchy, hier also schien nichts für den Kaiser zu thun; so kam er, noch innerlich getheilt, zu einer Wahl. Er dictirte das Bülletin über die Schlacht: er bat seine Vertrauten ihn zu berichtigen, denn Frankreich müsse die ganze Wahrheit wissen; dennoch sagt sein Bericht, er habe bei Ligny nur 3000 M. verloren; in der andern Schlacht sei Mont St. Jean bereits genommen gewesen, nur 15000 Preußen hätten die Engländer unterstützt, ein unerklärlicher panischer Schrecken habe auf einmal alles verschuldet. Er gab dann die nöthigen Weisungen, übertrug an Soult den Befehl über die Armee und reiste tief erschöpft, noch am Abend des 20. Juni nach Paris ab. Er hatte, indem er an seiner Armee verzweifelte, den Quell seiner Macht aufgegeben, mit seinem Schwert war auch sein Scepter zerbrochen.

11. Die verbündeten Feldherrn und Heere durften wahrlich stolz darauf sein, in einem Feldzug von 6 Tagen die Macht ihres gewaltigen Gegners bis zu diesem Grade zertrümmert zu haben. Blücher, wie er nicht unterließ sein Heer um seine Mängel und Ausschreitungen zu strafen, mußte dafür auch dem Gefühl des Siegs den rechten Ausdruck zu geben. Seinem Befehl gebührt als Gegensatz zu jenem andern, den ich vorhin angeführt habe, hier seine Stelle; er ist für beide verbündeten Heere, und am meisten für das preußische, ein bleibendes Zeugniß für die Bewegung, welche in jenen ersten großen Stunden durch die Herzen ging. Es war der Tag nach der Schlacht, der 19. Juni, als der greise Held so zu seinem Heere sprach: „Brave Offiziere und Soldaten des Heeres vom Niederrhein! Ihr habt große Dinge gethan, tapfere Waffengefährten! Zwei Schlachten habt ihr in drei Tagen geliefert; die erste war unglücklich und dennoch war Euer Muth nicht gebeugt. Mit Mangel hattet Ihr zu kämpfen und Ihr trugt ihn mit Ergebung. Ungebeugt durch ein widriges Geschick, tratet Ihr in 24 Stunden nach einer verlornen blutigen Schlacht den Marsch zu einer neuen an, mit Zuversicht zu dem Herrn der Heerschaaren, mit Vertrauen auf Eure Führer, mit Trotz gegen Eure siegestrunkenen, übermüthigen Feinde, zu Hülfe den tapfern Britten, die mit unübertroffener Tapferkeit einen schweren Kampf fochten." Dann folgte eine kurze Erinnerung an den Verlauf der Schlacht und an die Entscheidung welche die Preußen brachten; zuletzt schließt die Ansprache mit diesen Worten: „Noch weniger Tage Anstrengung wird sie vollends vernichten, jene meineidige Armee, die ausgezogen war, um die Welt zu beherrschen und zu plündern. Alle großen Feldherrn haben von jeher gemeint, man könne mit einem geschlagenen Heere nicht sogleich wieder eine Schlacht liefern. Ihr habt den Ungrund dieser Meinung dargethan und gezeigt, daß tapfere geprüfte Krieger wohl überwunden, aber ihr Muth nicht gebeugt werden kann. Empfangt hiermit meinen Dank, Ihr unübertrefflichen Soldaten, Ihr meine hochachtbaren Waffengefährten! Ihr habt Euch einen großen Namen gemacht. So lange es Geschichte gibt, wird sie Eurer gedenken. Auf Euch, Ihr unerschütterlichen Säulen der preußischen Monarchie, ruht mit Sicherheit das Glück Eures Königs und seines Hauses. Nie wird Preußen untergehen, wenn Eure Söhne und Enkel Euch gleichen."

12. Die Entscheidung wie sie sich in die drei Tage vom 16.

bis 18. Juni zufammendrängte, hatte diefen Verlauf und diefe Bedeutung: Napoleon hatte 128,000 zum Angriff geführt, Blücher und
Wellington konnten über 210,000 zur Abwehr verfügen. Beim erften
großen Zufammentreffen am Tage von Ligny und Quatrebras fiegte
Napoleon mit 78,000 M. über Blüchers 82,000; Ney mit 21,000
mußte vor Wellingtons 34,000 zurückweichen; das Ergebniß war für
den franzöfifchen Feldherrn ein unvollkommener Sieg, und doch hatte
er mit 99,000 M. vier Fünftel feiner Macht verwendet, feine Gegner
mit 116,000 wenig über die Hälfte von der ihrigen. Beim zweiten
Zufammentreffen führte der Kaifer 72,000 M. gegen Wellingtons
68,000, er würde vollftändig gefiegt haben, allein Blücher mit feinen
40,000 verwandelte den Sieg in eine vollftändige Niederlage; gegen
Grouchys 33,000 erlitt Thielmann mit 18,000 nur geringen Verluft.
Diesmal alfo führte der franzöfifche Feldherr faft feine ganze noch
übrige Macht ins Treffen, er unterlag mit 105,000 gegen 126,000;
er unterlag vollftändig in der Hauptfchlacht, wo feine Macht wie zwei
zu drei gegen die feiner Gegner war, dabei hatten die letzteren noch
50,000 M., die nicht mitfochten. Der Gefammtverluft in den Schlachten und Treffen betrug bei Napoleon über 50,000, bei den Verbündeten 43,000; aber die 7 oder 8000 M. Unterfchied zeigen nicht das
Ergebniß an, es war durch die Niederlage, die Flucht und die raftlofe
Verfolgung, welche über das franzöfifche Heer kamen, ein ganz anderes. Nach den Zahlen hätte Napoleon 78,000 M. nach Frankreich
zurückführen müffen, er felbft aber führte gar nichts, Grouchy führte
kaum 30,000 zurück; danach fammelten fich allmälig gegen 30,000
von der Hauptarmee, wovon aber nur 20,000 Waffen trugen. Etwa
50,000 M. alfo waren von der fchönen Armee, die Napoleon nach
Belgien geführt hatte, zur Vertheidigung von Frankreich noch übrig;
und diefe 50,000 waren in Wirklichkeit nicht mehr der Theil jener
128,000, welche ihre Zahl darftellte. Das Heer, auf welchem des erneuten Kaiferthums Hoffnung geftanden, war in Wahrheit zerftört,
und mit ihm war das Vertrauen auf feinen Meifter in diefem felbft
und in den Grenzen feiner Herrfchaft vernichtet. Blücher aber
ftand mit 80,000, Wellington mit 60,000 M. an den Thoren von
Frankreich.

Zahlen haben eine unerbittliche Beweiskraft; doch nicht in dem
Sinne, als wäre der Menfch ihrem Gefetz und Verhältniß machtlos
unterworfen, fondern in dem Sinne, daß in ihnen deutlich zum Ausdruck kommt, was der Menfch gethan, was er verfäumt und verfchul-
det hat. So fprechen auch die Zahlen diefes Kampfes, wie ich fie

hier zusammengedrängt habe, in beredter Sprache von der Ursache des Ausgangs; und es sind besonders zwei vollkommen zuverlässige Verhältnisse, woran sich diese Ursache erkennen läßt. Was Napoleon für den Kampf in allem aufzubringen vermochte, stand zur Macht seiner Gegner etwa wie 4 zu 7; und als er im Verhältniß von 4 zu 6 seine Hauptschlacht focht, erlitt er eine vollkommene Niederlage. Vor dieser Thatsache fällt nicht blos die ganze Reihe der kühnen Träume dahin, womit Napoleon ins Feld ging; es sinkt auch die ganze Reihe Möglichkeiten zusammen, welche französische Schriftsteller von einem siegreichen Ausgang des Kampfes gedichtet haben. Es treten in Wahrheit im Laufe des Feldzugs nur drei Augenblicke hervor, an welche die Frage wegen einer andern Wendung anknüpfen kann. Der erste ist der Anmarsch Napoleons am 15. Juni, der zweite ist die Entscheidung der Schlacht von Ligny, der dritte ist die Benutzung dieses ersten Siegs. Alle drei Augenblicke sind im Vorhergehenden hinreichend erörtert; ich wiederhole hier nur, wie der erste und der zweite allerdings die Möglichkeit enthielt, daß Blücher mit empfindlichem Verlust in der Richtung nach Namür und Lüttich zurückgeworfen, also fürs erste von Wellington getrennt wurde; im dritten Augenblick dagegen war für diese Trennung keine große Wahrscheinlichkeit, es blieb nur die Aussicht, daß Blücher von Wellington nicht rechtzeitig unterstützt wurde, und eine zweite Schlacht verlor. Diese drei Möglichkeiten sind aber auch die günstigsten, welche unter den gegebenen Verhältnissen überhaupt für Napoleon eintreten konnten; und wenn er wirklich eine oder die andre erreichte, was war zuletzt damit gewonnen? War Blücher der Mann, der nach einer verlornen Schlacht ohne sich umzusehen bis zum Rhein geflohen wäre? War Wellington der Mann, der furchtsam seine Schiffe gesucht hätte, weil er auf kurze Zeit von seinem Verbündeten getrennt war? Napoleon freilich glaubte so, allein das grade war ein wesentliches Stück in seiner Selbsttäuschung. Nach allem was die beiden verbündeten Feldherrn in diesen Tagen gethan haben, ist allein die Annahme berechtigt, daß im Fall eines ersten größeren Mißgeschicks Blücher gegen den Feind umgekehrt wäre, sobald dessen Hauptmacht ihn nicht mehr drängte, und daß Wellington, wenn nicht früher, doch bei Antwerpen die Linie für eine bleibende Vertheidigung gefunden hätte. Das Ende war dann unfehlbar, daß Napoleon schon vor diesen beiden Gegnern, von allen andern abgesehen, zurückweichen mußte, wenn auch nicht in einer so großen Niederlage, wie es geschehen ist. Allein diese Niederlage, die auf einmal alles entschied, konnte er auch vermeiden, wenn er bei Belle-Alliance die

Schlacht früher abbrach. Die Größe dieser Niederlage, dieser Sturz, der sein Reich auf einen Schlag zusammenwarf, war das, was Napoleon zu den gegebenen Verhältnissen, allerdings im Geiste der Laufbahn seines Lebens, selbst noch hinzutrug; sein endliches Geschick dagegen würde nach menschlichem Ermessen auch ohne sie kein andres gewesen sein. Damit ist aber nicht gesagt, daß allein das bestehende Verhältniß der Heereszahlen im belgischen Feldzug diesen Ausgang unabwendbar herbeiführen mußte; es ist nur gesagt, daß dieser Ausgang gegeben war, da sich in dem angedeuteten Zahlenverhältniß zugleich die Summe der innern Tüchtigkeit der Heere und vor allem der höhern Führung ausdrückte. In der letztern namentlich muß die wichtigste Ursache der großen Entscheidung gesucht werden, und sie hebt die ganze Frage über die bloße Zahlenrechnung weit hinaus. Außer der menschlichen Macht lag es nicht, die Bedeutung der Heereszahlen zu verwandeln; Napoleon hätte sie wohl verwandeln können, wenn er selbst mehr Napoleon gewesen wäre, und vor allen Dingen, wenn ihm nicht ein Blücher und ein Wellington gegenüber gestanden hätten. Auch darin, daß diese beiden an der Spitze ihrer Heere standen, liegt noch etwas, was sich zum Theil aus dem Zusammenhang der geschichtlichen Bewegung jener Zeit erklären läßt; denn es erscheint wohl natürlich, daß das niedergeworfene Preußen, als es sich in gewaltsamer Bewegung erhob, einen Blücher an der Spitze haben mußte; es erscheint auch natürlich, daß die überlieferte Staatsordnung Englands, als sie sich im verzweifelten Kampfe erneuerte, einen Wellington zur Lenkung des Kriegs ersehen mußte. Aber der größere Theil dieser Erscheinung gehört nicht in jene Nothwendigkeit, deren Ursprung und Folge der menschliche Blick zu durchdringen vermag, er gehört in die göttliche Führung.

Siebentes Kapitel.

Die Abdankung Napoleons und die Unterwerfung von Paris.

1. Wir haben den großen Sieg der verbündeten Waffen und die große Niederlage ihres Gegners gesehen; es bleibt noch die Erzählung übrig, wie die Feldherrn mit dem Sturz Napoleons und der Einnahme von Paris ihrem Siege den letzten Schluß gaben. Es wäre für andre Feldherrn ein großes Unternehmen gewesen; für diese Feldherrn

nach diesem Siege war es nichts Außerordentliches. Sie sahen die Zerstörung des feindlichen Heeres vor Augen; es schien schon die Ehre ihrer Waffen zu fordern, daß der Sieg mit dem höchsten Preise gekrönt werde; und dazu kamen noch besondere Beweggründe. Es mußte beiden Feldherrn als ein großer Vortheil für die Stellung ihrer Staaten erscheinen, wenn sie allein Frankreich unterwarfen, ehe noch die andern Heere mitwirken konnten; es trat bei Wellington diese Aussicht sogleich in Verbindung mit seiner Absicht zur Zurückführung des vertriebenen Königshauses; es nahm bei Blücher der Plan mehr die Gestalt der vollen Vergeltung und Genugthuung an, die er endlich von Napoleon und Frankreich davonzutragen hoffte. In wie verschiedner Art und Absicht aber auch die beiden Feldherrn zum Ziel drangen; sie blieben einig, bis es erreicht war.

2. Nach jenem ersten Worte, welches Blücher und Wellington auf dem Felde von Belle-Alliance über die Bewegung auf Paris ausgetauscht hatten, wurden in den folgenden Tagen durch schriftliche Verhandlung zwischen Gneisenau und Müffling die ersten Maßregeln und Märsche festgestellt. Blücher blieb hiernach auf der Linken der beiden Heere, es fiel ihm wie die erste Verfolgung, so auch deren Fortsetzung zu, Wellington folgte zur Rechten als Unterstützung. Der erstere sollte die Festungen Maubeuge, Landrecy, Avesnes und Rocroi, der letztere Valenciennes, le Quesnoy, Cambrai einschließen; er sagte zugleich das schon früher versprochene schwere Wurfgeschütz und die Munitionsvorräthe zu, woran es bei den Preußen fehlte.[1] Blücher bestimmte für den Belagerungskrieg zunächst das 2. Corps, Wellington den Heertheil des Prinzen Friedrich der Niederlande. Die Heere blieben indessen im Vorrücken. Zieten schloß am 21. Juni Avesnes ein, Bülow zu seiner Rechten kam mit dem Vortrab bis Landrecy. Avesnes wurde mit Granaten beworfen, eine traf zufällig in ein Pulvermagazin, es flog in die Luft, beschädigte einen Theil der Werke und richtete im Städtchen große Verwüstung an; am nächsten Morgen übergab der Commandant die Festung. Große Vorräthe an Munition und Lebensmitteln, 47 Geschütze und über 1500 Gefangene fielen hier den Preußen in die Hände; der größere Theil der Besatzung, 3 Bataillone Nationalgarden, wurden in ihre Heimath entlassen, 200 Veteranen blieben kriegsgefangen; die Austheilung der Vorräthe half dem Mangel ab, der bei den Heertheilen herrschte, der Platz wurde als Hauptdepot für die Armee eingerichtet. Zieten marschirte am 22.

---

1) Arch. d. G.ilstbs. E. 62.

auf der Straße von Laon noch 2 Meilen weiter bis la Chapelle, Bü=
low auf der Straße von la Fère kam bis Jenappe in der Nähe von
Guise. Hier hatten die beiden Corps am 23. Rasttag, den ersten nach
8 Tagen ununterbrochener Märsche und Gesechte, das erste hatte
etwa 34 Stunden zurückgelegt und vom 15. bis 18. Juni gefochten,
das vierte war 40 Stunden marschirt und hatte die Schlacht am 18.
mitgekämpft; die Berichte der Generale und die Tagebücher schildern
freilich auch wie erschöpft und abgerissen die Truppen waren;[1] nur
das Gefühl des Siegs hatte eine so große Leistung möglich gemacht.
Blücher ließ das 3. Corps, das von Gemblour über Charleroi und
Beaumont herangekommen war, an diesem Tage bis Avesnes rücken,
die Brigaden des 2. Corps waren bereits in verschiedener Richtung
auf dem Marsch nach den Festungen, welche sie einschließen sollten.
Wellington kam am 21. von Binche nach Malplaquet, am 22. nach
Chateau=Cambresis, einen kleinen Marsch rechts rückwärts von Bülow;
in der Nacht zum 24. nahmen seine Truppen unter General Colville
Cambrai durch Leiterersteigung mit dem geringen Verlust von 4 Offi=
zieren und 33 Mann. Blücher hatte sein Hauptquartier am 23. zu
Catillon für Sambre, Wellington kam zu ihm herüber, und die beiden
Feldherrn verabredeten, wie der Marsch auf Paris fortzusetzen sei.
Sie wußten, daß Grouchy entkommen und auf dem Marsch nach
Soissons war, und daß die geschlagene Hauptarmee sich bei Laon
sammle. Zieten stand auf dem geraden Weg dorthin, Thielmann 2
Meilen hinter ihm; die beiden Corps zählten zusammen etwa 38,000
Mann. Wären sie unmittelbar auf Laon und Soissons vorgegangen,
so fanden sie am sichersten alle die Erfolge, die sich aus der kräftigen
Benutzung eines großen Siegs ergeben. Sie würden die Trümmer
der französischen Hauptarmee noch in der ersten Sammlung überrascht
und auseinandergesprengt haben, sie konnten vielleicht Soissons vor
Grouchy erreichen, diesen dann von Paris abschneiden und so die
Hauptstadt in völliger Wehrlosigkeit überraschen. Das Corps von
Bülow, etwa 23,000 Mann, würde ihnen dabei zur Rechten auf dem
Weg über Compiegne, immer auf 3 bis 4 Stunden Entfernung, ge=
folgt sein. Es konnte wichtig werden, daß alle diese Vortheile so
rasch als möglich und ohne die Hülfe von Wellingtons Armee er=
sochten wurden. Allein Gneisenau zog es vor, diesmal von der ge=
raden Straße zur Verfolgung des Siegs abzulenken; er wollte, daß
die beiden verbündeten Armeen auf der Westseite der Oise vorgehen

---

1) Arch. b. Gnstbs. C. 3. II. E. 26. und 27.

und den Fluß bei Compiegne oder weiter unterhalb überschreiten
sollten; seine Meinung war, daß durch diesen Seitenmarsch am sichersten
ein Theil des feindlichen Heeres abgeschnitten werden könne, und daß
jedenfalls in diesem, vom Feinde noch nicht berührten Landstrich die
Verpflegung eine bessere sein werde. [1]) Das erstere erwies sich als
eine unrichtige Berechnung, das letztere dagegen kam allerdings sehr
in Betracht; doch hat sich's nachher wirklich gezeigt, daß Zieten und
Thielmann ohne Schwierigkeit Soissons vor Grouchy, dessen Truppen
erst am 26. Juni abends in der Nähe der Stadt ankamen, erreicht
haben würden. Indessen, es wurde nach Gneisenaus Rath entschieden,
und die beiden Armeen mußten sich demgemäß in den nächsten Tagen
rechts schieben. Im Uebrigen blieb ihre Ordnung wie bisher: Blücher
zur Linken und der nächste am Feind hatte in der vorderen Linie
links das 1., rechts das 2., in zweiter Linie das 3. Corps; Wellington
war zur Rechten und etwas zurück; für die Flußübergänge sollte er
den nöthigen Brückenzug liefern, da die Preußen nur 10 Pontons
bei sich hatten. Bezüglich der Festungen blieb die Bestimmung, daß
Blücher diejenigen im Osten, Wellington die im Westen der Sambre
gewinnen solle. Der erstere bestimmte dazu, außer dem 2. Corps von
24,000 Mann, noch das norddeutsche Bundescorps unter Kleist, von
25,000 M., das namentlich die Maasfestungen oberhalb Givet belagern
sollte. Die Division Stedtmann und die Brigaden Anthing und
b'Estorff, welche Wellington unter dem Prinzen Friedrich zu diesem
Zwecke zurückließ, betrugen etwa 12,000 M. Was hiernach Blücher
zum Marsch auf Paris noch behielt, waren 61,000 M., Wellington
führte 60,000.

3. Blücher hatte am Schluß seines ersten Berichts über Belle-
Alliance das Wort gesprochen, daß es jetzt wohl mit Bonaparte zu
Ende sei. Nach diesem Worte waren die Bewegungen und Pläne für
den Marsch auf Paris angelegt, und es gebührt dem preußischen Feldherrn in vollem Maße der Ruhm, daß er jetzt den Krieg in einem
Zuge völlig zu Ende bringen, und dazu die nöthigen Anstrengungen
und Opfer einsetzen wollte, um sie künftig zu sparen. Ganz anders
aber stand es um den letzten Zweck des Krieges, um die Einleitung
zum Frieden. Hier fehlte bei den Preußen die Staatskunst, welche
ergänzend, den Gewinn sichernd, den großen Thaten der Heere
zur Seite gegangen wäre. Blücher hatte, wie es scheint, die Weisung von seiner Regierung, sich mit der größten Zurückhaltung gegen alle Ansprüche Ludwigs XVIII. zu benehmen; allein damit war nur

---

1) Clausewitz. Der Feldzug v. 1815. 2. Aufl. Band VIII. 170 bis 173.

bestimmt, was nicht geschehen solle, der Weg dagegen, auf welchem die Sicherung von Preußens und Deutschlands Ansprüchen gesucht werden müsse, war völlig unbestimmt gelassen. Blücher und Gneisenau hatten nicht die Stellung das Versäumte aus eigenem Antrieb gut zu machen; sie standen nur an der Spitze des Heeres und hatten keine Vollmacht zu Staatsgeschäften. Auch waren sie nicht die Männer, die Gelegenheit, die sich ihnen etwa bot, zu benutzen; sie vergaßen zu sehr, daß sie den Sieg nicht allein erfochten hatten und nicht unbedingt gebieten konnten; jede Anknüpfung aber mit irgend einer französischen Partei zur Verstärkung ihres Einflusses wäre ihnen verhaßt gewesen. Wellington dagegen stand durchaus anders zu der Frage. Er hatte als Gesandter in Paris und in Wien an der neuen Ordnung der Dinge in Europa mitgewirkt, er war mit den Ministern in England in Uebereinstimmung über die letzten Zwecke des Kriegs, er handelte in ihrem Sinn und Auftrag, wenn er diesen Zwecken den Weg bahnte. Dabei war er in der ganzen Auffassung der Frage den preußischen Feldherrn überlegen; er war von kälterem Wesen und hatte auch weder für sich noch für sein Land die Veranlassung ausschließlich an Vergeltung zu denken, ihn bestimmte nicht das Gefühl, sondern der Vortheil seines Staates. So legte er gleich in diesen ersten Tagen nach dem gemeinsamen Sieg mit großer Klugheit den Grund, ihn nach seinen Zwecken zu benutzen; während seine Verbündeten nur vorwärts stürmten, um mit den Waffen die Niederwerfung und Demüthigung des Feindes zu vollenden.

4. Ich habe schon zu Ende des 5. Kapitels erwähnt, wie Wellington, während sein Verbündeter fast ausschließlich mit der Vollendung des großen Siegs beschäftigt war, gleich in seinem ersten Schlachtbericht dafür sorgte, daß die Welt vorzugsweise ihm das Verdienst und den Ruhm des großen Siegs zuschreibe. Es kam auch seine Nachricht zuerst unter das Volk und bestimmte die allgemeine Meinung. Der Kurier wurde am 19. Juni mittags 12 Uhr in Brüssel abgefertigt und traf am 21. nachmittags im großen Hauptquartier zu Heidelberg ein: um 6 Uhr abends wurde auf einem Flugblatt der gedruckte Bericht ausgegeben. [1] Er enthielt nur eine sehr kurze Schilderung, an der, wie dies in solchen Fällen gewöhnlich ist, außer der Hauptsache, dem Siege selbst, nichts weder klar noch richtig war; doch that es seine Wirkung, daß am Schlusse die Wendung der Schlacht mit den Worten erzählt wurde: „Der brittische Feldherr wußte diesen entscheidenden Moment zu ergreifen und rückte mit unerwartetem Nach-

---

1) Nachlaß des Gnls. v. d. Knesebeck. Archiv d. Gnlstbs. D. 118.

druck vor; hierauf theilte sich eine plötzliche Bestürzung durch alle
Reihen des Bonaparteschen Heeres mit." Mit größerer Sorgfalt
führte dann der Herzog denselben Standpunkt in dem ausführlicheren
Bericht durch, den er an seine Regierung erstattete. Es ist darin die
Schlacht so dargestellt, als ob sie der Herzog allein bis zum späten
Abend gehalten hätte; dann, als der letzte verzweifelte Angriff des
Feindes zurückgeschlagen war, als der Herzog sah, daß Bülows Marsch
auf Plancenoit und Belle-Alliance anfing wirksam zu werden, daß sich
Blücher mit einem Corps in Person an den linken Flügel anschloß:
da ließ er seine ganze Schlachtlinie zum Angriff vorrücken, der vollständig gelang. Zuletzt wird noch des „rechtzeitigen und redlichen Bei-
stands" der Preußen gedacht; doch bleibt es dabei, daß der Herzog
selbst in der Lage war die Entscheidung zu geben: von dem heißen
Kampfe, den jene bei Plancenoit gefochten und der Napoleon zur
Stunde, wo er sie am nöthigsten hatte, 12,000 M. Infanterie nahm,
von der schweren Niederlage, welche Wellington ohne sie erlitten hätte,
ist keine Rede. Bei diesem Bemühen kam dem Herzog natürlich auch
der Hof Ludwigs XVIII. zu Gent sehr bereitwillig zu Hülfe, und
der Vertreter Rußlands an diesem Hofe, Pozzo di Borgo, sowie der
östreichische General Vincent und der Lord Cathcart erhoben in ihren
Berichten das Verdienst des Herzogs bis zu den Wolken.[1] Dieser seinerseits war weit entfernt, sich über alledem der Eitelkeit zu überlassen;
er mußte aber den Eindruck zu benutzen. So ließ er auch die Gefangenen, von denen mindestens die Hälfte durch die Preußen eingebracht
war, baldmöglichst alle nach England hinüberschaffen, um die Größe des
Siegs zu zeigen. So wählte er auch am 21. Juni zum ersten Hauptquartier auf Frankreichs Boden den Ort Malplaquet, wo vor mehr als
hundert Jahren, im spanischen Erbfolgekrieg, der Prinz Eugen und der
Herzog von Marlborough in einer großen Schlacht die Franzosen geschlagen hatten. Von hier aus erließ er eine Ankündigung an sein Heer
und an das französische Volk. Das erstere erinnerte er, daß es fortwährend nicht in Feindes, sondern in Freundes Land sei, denn die
Fürsten aller seiner Heertheile seien Verbündete des Königs von Frankreich; dem letzteren sagte er, er komme als Sieger, um ihm zu helfen,
daß es sein eisernes Joch abschüttele, „der Usurpator, der Feind des
Menschengeschlechts" sei der einzige Feind der Verbündeten.

Der Herzog sollte indessen vorerst noch Mühe genug haben, dem
König Ludwig XVIII. den Weg zu bahnen. Er hatte ihn gleich nach
dem Siege eingeladen, seinem Heere zu folgen und zunächst nach Mons

---

1) Gagern. Mein Antheil an der Politik. Leipzig 1845. V. 61.

zu kommen. Am 23. Juni traf der König mit seinen Ministern, seinem Hofe, seinen Haustruppen und den fremden Gesandten wirklich dort ein. Inzwischen war das alte Spiel der Parteien und ihrer kleinen Künste an diesem Hofe um so lebhafter im Fortgang, je mehr sich die Aussicht eröffnete, daß sich's wirklich wieder um Macht, Geld und Einfluß handeln werde. Der König mußte sich nach langem Widerstreben endlich in Mons dazu verstehen, seinen Günstling Blacas zu entlassen; er nahm unter Thränen Abschied von ihm und gab ihm den Herzogstitel und die Gesandtenstelle in Neapel; Blacas dagegen meinte, der Herr werde ihn wohl in einigen Tagen vergessen haben, und hielt es für sicherer, den König noch zu einem Geschenk von einigen Millionen Franken zu bewegen. [1] Damit war indessen der Einfluß des Grafen Artois und seines Anhangs keineswegs gebrochen; vielmehr wurde, als eine neue Einladung von Wellington zur Fortsetzung der Reise nach Frankreich ankam, gerade jetzt in einem Rathe, der ausschließlich aus jenen Männern bestand, beim König beschlossen, den nächsten Tag nach Chateau-Cambresis zu gehen. Der Feldherr und die Bevollmächtigten Englands, so willkommen ihnen der Schritt selbst war, erschraken über die Partei, die ihn beschlossen hatte; sie hofften mit Sehnsucht, daß ihr Verbündeter von Wien her, auf den sie hauptsächlich ihr Vertrauen setzten, daß Talleyrand endlich kommen und der gemäßigten Partei das Uebergewicht beim König verschaffen werde. Auch war Talleyrand am 19. Juni in Brüssel eingetroffen; allein er hielt sich absichtlich fortwährend vom Hofe fern und sprach laut seine Unzufriedenheit mit dessen Maßregeln aus: nicht im Gefolge fremder Heere dürfe der König in Frankreich einziehen, sagte er, sondern von seinem Volke gerufen; daher hätte er sich sofort durch die Schweiz nach dem Süden von Frankreich begeben und dort seinen Anhang um sich sammeln müssen. Doch ließ sich Talleyrand am Ende nicht ungern bewegen, nach Mons zu gehen und dort kurz vor der Weiterreise des Königs die Unterredung zu suchen, zu der er gehofft hatte, gerufen zu werden. Durch sie aber schienen erst recht die Hoffnungen zerstört zu werden, die man auf ihn setzte. Er sagte dem König, daß der Beschluß, dem englischen Heere nach Frankreich zu folgen, nur in dem versammelten Rath eines verantwortlichen Ministeriums hätte gefaßt werden dürfen, und bat um seine Entlassung; er wolle zur Herstellung seiner Gesundheit nach Wiesbaden gehen. Der König erwiederte, daß ihm die dortigen Bäder gewiß recht heilsam sein würden, und reiste ab. Er kam am 24. nach

---

1) Bernhardi. 355. Gervinus. 152.

Chateau-Cambresis und wurde dort mit Hochrufen, Glockengeläute und
sonstigen Beifallsbezeugungen der wandelbaren Menge empfangen.
Der Herzog von Wellington hatte das Seinige dazu gethan, war ihm
auch entgegengeritten und hatte den preußischen General v. Müffling
verleitet, ihn zu begleiten, worauf dann die Geschichte am nächsten
Tag in den Zeitungen stand.   Danach verschaffte er ihm einen Vortheil von größerer Bedeutung.   Es hielt sich nämlich nach der Einnahme der Stadt noch die Citadelle von Cambrai; sie wurde auf den
Vorschlag des Herzogs durch einen Offizier des Königs zur Uebergabe
aufgefordert, und es sollte in gleicher Weise mit den anderen Festungen
im Rücken der verbündeten Heere verfahren werden.   Die Sache blieb
freilich auf die Festungen im Rücken von Wellingtons Heer beschränkt;
denn die Offiziere, die Ludwig XVIII. deshalb so feierlich als möglich
an Blücher schickte, kamen mit einer kurzen mündlichen Ablehnung
zurück; man wollte dort zur Sicherstellung der eignen Sache die preußischen Fahnen auf den Wällen sehen, nicht die des Königs.   Das
machte zwar, wie der preußische Gesandte berichtete, einen schmerzlichen
Eindruck am Hoflager; indessen mit Cambrai zunächst gelang der Plan.
Der Commandant übergab die Citadelle, die Festung erhielt eine Besatzung, ausschließlich aus Haustruppen des Königs und Nationalgarden des Orts bestehend, Wellington übergab sie vollständig den
bourbonischen Behörden, und Ludwig XVIII. zog am 26. dort ein.
Hier wurde dann auch der Einfluß Talleyrands wieder hergestellt. Es
war den wiederholten schriftlichen und mündlichen Bemühungen Wellingtons und des englischen Gesandten Sir Stuart gelungen, den König
wie den Minister zur Wiederannäherung zu stimmen; alle erkannten, daß
sie für ihre Pläne und Absichten einander unentbehrlich wären.   Talleyrand traf am 27. Juni in Cambrai ein; er hatte über seinen
Standpunkt an Sir Stuart geschrieben: „ich bin sehr leicht zufrieden
zu stellen, denn ich verlange nur die Einheit der Regierungsthätigkeit,
die uns allein die Mittel und die Macht verschaffen kann, der Sache
des Königs einen vollständigen Erfolg zu sichern."   Es war auch
wirklich hohe Zeit eine solche Einheit, d. h. ein in sich übereinstim-
mendes und verantwortliches Ministerium, einzurichten, das den immer
erneuten verderblichen Einfluß der Prinzen und der Emigrirten zurückdrängen könne; denn schon seit dem 24. Juni war Napoleons Abdankung bekannt, und es galt, daß der König mit klarem bestimmtem
Entschluß in die drängenden Ereignisse eintrete.   Ein Anfang dazu
war bereits vor Talleyrands Ankunft geschehen, allein er war höchst
unglücklich ausgefallen.   Der König hatte am 25. Juni eine Ansprache

erlassen und bereits in Cambrai verkündigt, worin er dem französischen Volke seine Rückkehr anzeigte; zugleich aber dessen Stolz beleidigte, indem er sich auf die Siege der fremden Waffen berief, und dessen Furcht und Widerstreben herausforderte, indem er die Vergeltungs= gedanken der Emigrirten merken ließ. Talleyrand hatte große Noth, den falschen Schritt wieder gut zu machen; in zwei stürmischen Ver= sammlungen, wo es zwischen ihm und den Prinzen unter den Augen des Königs fast zu persönlichen Beleidigungen kam, setzte er es durch, daß die Ansprache nicht weiter verkündigt werden durfte, und daß an ihre Stelle am 28. Juni eine andere trat, die dem französischen Volke mit Klugheit und Mäßigung entgegenkam. Zugleich suchte Talleyrand die fremden Gesandten in die Sache des Königs hineinzuziehen, indem er für die neue Ankündigung ihren Rath und ihre Billigung einholte. So schien Wellingtons Absicht aufs beste gesichert: ohne seine Verbündeten zu fragen und gleichsam hinter ihrem Rücken her hatte er die Frage, was nach dem Kriege werden solle, bereits im Sinne seiner Regierung zur Entscheidung vorbereitet; und die Ereignisse in Paris sollten ihm da= bei noch ebenso unerwartet zu Hilfe kommen, wie sie die anderen verbün= deten Mächte in ihrer Planlosigkeit vollkommen überraschten. Der Erfolg, zusammt den Vortheilen, die er England versprach, sah indessen glän= zender aus als er war; denn mit Ludwig dem XVIII. zog der ganze verderbliche Anhang wieder ein, der vordem seinen Sturz herbeigeführt hatte, und in Talleyrand, zu dem sich bald auch Fouché gesellte, sollte die Hauptgewähr einer besseren und weiseren Regierung gefunden werden.

5. Inzwischen hatte in Paris, wie ich eben angedeutet habe, das Kaiserreich ein schnelles Ende gefunden, und an seine Stelle war eine Regierung getreten, die nicht minder schnell den Zustand der gänzlichen Ohnmacht und Auflösung erfuhr und offenbarte, welcher in dem all= gemeinen Verfall des öffentlichen Wesens nur der Selbstsucht und dem Verrath noch die Wege offen zu lassen schien. Wir haben Napo= leon im vorigen Kapitel verlassen, wie er auf den Rath seiner Umge= bung gegen sein eignes Gefühl, von Anstrengung erschöpft, von Zwei= feln gequält, von Laon nach Paris eilte. In der Frühe des Morgens am 21. Juni, kaum 9 Tage, nachdem er aus der Stadt ins Feld= lager gegangen war, traf er dort ein; er mied die Tuilerien und stieg in dem einsamer gelegenen Palast Elysée Bourbon ab. Das Gerücht der Niederlage ging schon seit dem vorigen Abend um; es war, wie erzählt wird, bei Carnot ausgekommen; [1] jetzt lief schnelle die Nachricht

---

1) E. Quinet. Geschichte des Feldzugs v. 1815. S. 183.

von der Ankunft des Kaisers durch die große Stadt. Das Geräusch
der Parteien erhob sich, es wurden viele Stimmen laut, „dieser
Mensch" kehre jetzt zum drittenmal zurück, nachdem er ein schönes und
stolzes Heer vernichtet habe. In der Masse des Volks, namentlich
bei den Föderirten der Vorstädte war noch ein zahlreicher Anhang
Napoleons, allein er war ohne Ordnung und Leitung; in der Regierung
des Staates und der Stadt wie unter den Abgeordneten des Volks
fehlte es nicht an Männern, die sich um ihn zum letzten Widerstand
geschaart hätten, allein sie gehörten eher zu den ehemaligen Wider=
sachern, als zu den Vertrauten des Kaisers und hatten draußen wenig
Ansehen und Einfluß. Nachdem er mit seinen Vertrauten die ersten
hoffnungslosen Begrüßungen ausgetauscht hatte, suchte Napoleon we=
nige Stunden Ruhe, um die zerstörte Natur wieder herzustellen; dann
beschied er seine Brüder Lucian und Joseph und seine Minister zu
sich, um Rath zu halten. In denselben Stunden hatten sich zu gleichem
Zwecke auch die Kammern versammelt; die Furcht vor den fremden
Heeren war in den Gemüthern mächtig, die Fürsten hatten Napoleon
als den einzigen Feind bezeichnet, den sie bekämpften, der Gedanke
begann die Geister zu beherrschen, daß nur sein Thron das Hinderniß
sei, daß Frankreich gerettet werde. Napoleon fand nicht die Kraft
der verzweifelten Lage Trotz zu bieten, auf die seine Vertrauten in
Laon gehofft hatten. Er schilderte dem versammelten Rath die Nieder=
lage, die er schon kannte; er sagte, daß Frankreich in dieser äußersten
Noth alle Gewalt in die Hand eines Mannes legen müsse; er könne
die Dictatur nehmen, aber es sei größer und schöner, wenn sie ihm
die Kammern übertragen würden. Seine Minister verhehlten ihm
nicht, daß er von den Kammern weit eher den äußersten Widerstand
zu erwarten habe; Lucian Bonaparte und Carnot riethen ihm, daß er
sie auflöse, Davoust, daß er sie wenigstens vertage. Napoleon fand
dazu den Muth nicht, die Versammlung erging sich ohne Ende im
fruchtlosen Reden um einen Ausweg. Unterdessen schritt die Kammer
zu Beschlüssen; sie sah, daß ihr die Auflösung drohe, Fouché und sein
Anhang waren im Geheimen thätig, Lafayette und seine Gesinnungs=
genossen waren eilfertig, die Stunde der Freiheit zu ergreifen, die sie
gekommen wähnten. Lafayette bestieg die Rednerbühne, forderte die
Abgeordneten auf, sich um das Banner von 1789 zu schaaren und
schlug 5 Artikel vor, wonach die Kammer sich für permanent und
jeden für einen Hochverräther erklärte, der sie antaste, alle Gewalt an
sich nahm und die Minister sofort vor ihre Schranken lud. Der Vor=
schlag, der dem Kaiser alle Macht nahm und nichts anderes als ein

Umsturz der bestehenden Ordnung war, wurde mit rauschendem Beifall einstimmig angenommen. Die Kammer der Pairs, vor kaum 14
Tagen von Napoleon selbst zusammengesetzt, trat dem Beschluß ohne
den geringsten Widerstand bei. Als die Botschaft durch den Minister
Regnaud zum Kaiser kam, erwachte einen Augenblick der alte Löwe
in ihm; er sprach voll Zorn und Verachtung von einer Kammer, die
im Angesicht von einer halben Million Feinden an Frankreichs Thoren
den Arm lähmen wolle, der allein retten könne. Dann, als ihm die
Zustimmung der Pairskammer bekannt wurde, traf ihn die furchtbare
Größe des Abfalls; er sprach selbst zuerst das Wort „Abdankung"
aus, das noch niemand gewagt hatte: um Frankreichs willen werde er
sich dazu verstehen, wenn sie nöthig sei. Das Wort, seinen Feinden
willkommen, flog von Mund zu Munde; er selbst dagegen verbot
seinen Ministern, vor der Kammer zu erscheinen, er drohte, er werde
diese an die Spitze einiger Compagnien Veteranen in die Seine werfen, wenn sie ihn zum Aeußersten treibe. Seine Vertrauten schwankten,
sein Bruder Lucian rieth noch einmal zur Gewalt; der Kaiser begab
sich mit ihm nach dem Garten des Elysée, zweifelnd gingen sie dort
auf und nieder, während die Stunden vorüberflogen. Lucian erinnerte
an den 18. Brümaire; ein Haufe Föderirter, worunter viele alte
Soldaten hatte Napoleon von außen erkannt, ihr wilder Ruf: „es
lebe der Kaiser," schien dem Rathschlag der Gewalt Recht zu geben.
Doch dieser erwiederte die Grüße mit einer matten Handbewegung:
„ich habe in meinem Leben schon zu viel gewagt," sagte er zu Lucian:
„Frankreich müßte einig unter mir sein, um gegen die Macht seiner
Feinde zu bestehen; ein Kaiser der Jakobiner zu sein, gegen das Widerstreben aller rechtlichen Leute, kann nur zum Verderben führen." Gegen
Abend kam er zu einem Vermittelungsweg; Lucian mußte eine kaiserliche Botschaft an die Abgeordneten bringen, wonach jede Kammer
sofort 5 Mitglieder ernennen solle, mit denen der Kaiser die Mittel
zur Rettung des Staats berathen wolle. Die Antwort war, daß ein
Abgeordneter Jay, ein Vertrauter Fouchés, geradezu vorschlug, Napoleon möge um Frankreichs willen dem Thron entsagen. Es entstand
eine große Bewegung; Lucian erinnerte vergeblich an die Gefahr, an
die Würde Frankreichs, das den nicht verlassen könne, den es vor 3
Monaten auf den Thron erhoben und vor 3 Wochen auf dem Mars-
felde feierlich bestätigt habe; Lafayette rief ihm zu, Frankreich werde
nicht um dieses Verlassens, sondern um der langen Folge willen verurtheilt werden, die es Napoleon geleistet habe, über eine halbe Million seiner Söhne habe es ihm zum Opfer gebracht. Endlich ging

die Kammer auf die kaiserliche Botschaft ein, sie wählte die Commission, doch nur in der Hoffnung, daß sie die Abdankung durchsetzen werde. Die Pairskammer, jeder selbständigen Haltung unfähig und ein bloßes Werkzeug dessen, der die Gewalt hatte, schloß sich an; die beiden Commissionen hielten mit den Ministern den größeren Theil der Nacht hindurch Sitzung; die letzteren mußten zugeben, daß die Kammern neben dem Kaiser her besondere Friedensunterhändler an die Verbündeten schicken sollten. Bei Napoleon hatten unterdessen bis tief in die Nacht und wieder vom frühen Morgen an die schwankenden hoffnungslosen Rathschläge ihren Fortgang; es wuchs der Andrang der Stimmen, welche zur Entsagung riethen, Lucian stand fast allein mit der Mahnung zur Gewalt. Napoleon schien auf Augenblicke diesem Weg geneigt, dann wieder sah er das schreckenvolle Bild des bösen Endes, zu dem er zuletzt führen müsse, dann ergoß er sich in bitterem Zorn über die Kammern, dann sprach er wie mit Sehnsucht von der Ruhe, die er in Malmaison suchen wolle, nur von wenigen Getreuen umgeben: der mächtige Wille, der einst einer Welt geboten, war gebrochen.

Am Morgen des 22. kam die Nachricht, daß Grouchy gerettet sei, es war Aussicht, wieder ein Heer zusammenzubringen; Napoleon schickte Davoust zu den Abgeordneten, in der Hoffnung, ihre Stimmung würde sich ändern. Es trat das Gegentheil ein. Die Versammlung, seit 9 Uhr vereinigt, war in gewaltiger Aufregung, Fouchés Vertraute hatten ihr die nämliche Nachricht von Grouchys Annäherung als ein Schreckbild vorgehalten: es seien nur wenige Stunden übrig, sonst werde man den Kaiser wieder an der Spitze der Soldaten sehen und die Kammer sei verloren. Wie Davoust kam, steigerte sich der Sturm, es war auf dem Punkte, daß die Kammer die Thronentsetzung aussprach; zuletzt gewährte sie dem Kaiser noch eine Stunde, um selbst zu wählen. Er fand nicht die Kraft zu widerstehen; derselbe Mann, der vor 16 Jahren die Fünfhundert auseinandergesprengt hatte, beugte sich jetzt vor dem Willen von Fünfhunderten, deren viele das Loos jenes früheren Tags getheilt hatten. Als Napoleon die Worte der Entsagung niederschrieb, erinnerten ihn seine Brüder und der Minister Regnaud, daß er ausdrücklich das Recht seines Sohnes vorbehalten müsse: „mein Sohn,“ rief er dreimal, „nicht ihm, sondern den Bourbons wird meine Entsagung zu gute kommen, sie sind nicht gefangen in Wien.“[1] Dann vollzog er die Schrift, worin er, ohne Hoffnung,

---

[1] Thiers. Histoire du Consulat etc. XX. 322.

doch Napoleon II. zu seinem Nachfolger ernannte und die Einsetzung
einer Regentschaft für ihn verlangte. Es war am 22. Juni um ½1
Uhr mittags, 3 Monate nach dem Einzug in Paris. Es ward einsam
in den weiten Räumen des Palastes, die Höflinge verloren sich, die
Minister und Räthe suchten Amt und Vortheil bei der neuen Regierung, die Brüder des Kaisers verschwanden bald aus Paris. Eine
Schildwache aus dem Corps seiner alten Grenadiere war die einzige
Ehrenbezeugung, die dem einstigen Gebieter noch blieb. Nach wenigen
Tagen aber, da die Lage der Dinge sehr schwierig blieb und da auch
die Federirten durch oft erneute Zurufe Napoleon begrüßten, ward es
Fouché bange, es möchte ihn die Abdankung reuen und er könne sich
wieder der Gewalt bemächtigen. Er sendete Davoust, daß er Napoleon
rathe, er möge sich nach Malmaison zurückziehen, und Napoleon folgte
dem Wink seiner abgefallenen ehemaligen Diener und Werkzeuge, am
25. Juni verließ er Paris; er sollte es nicht wiedersehen.

6. Die Kammer der Abgeordneten gefiel sich einige Tage in dem
Traum, daß die Macht, die sie dem Kaiser entrissen hatte, nun wirklich
auf sie übergegangen sei, die Pairskammer in ihrer Nichtigkeit folgte
wie bisher den Wegen der andern. Beide wählten statt der von Napoleon geforderten „Regentschaft" eine „Regierungscommission" von
5 Mitgliedern; die erstere ernannte dazu Fouché, Carnot und den
General Grenier, die letztere Caulaincourt und Quinette. Vergeblich
versuchten Lucian und einige andere Bonapartisten die Anerkennung
Napoleons II. durchzusetzen; in der Abgeordnetenkammer, wo die Neigung dafür vorhanden war, wußte Fouché durch Manuel, einen seiner
Anhänger, auf geschickte Weise den Uebergang zur Tagesordnung
herbeizuführen: die Anerkennung, sagte dieser, verstehe sich nach der
Verfassung, die sich Frankreich durch die „Zusatzakte" gegeben, von
selbst, sie noch einmal besonders auszusprechen, sei unnöthig und gefährlich, da es den Frieden mit den fremden Mächten erschweren
werde. Die Versammlung, froh einer schlimmen Wahl überhoben zu
sein, trennte sich mit dem Rufe: „es lebe der Kaiser". Die Regierungscommission hatte inzwischen ihre Thätigkeit angetreten und Fouché,
der sich dabei selbst die Stimme gab, zum Präsidenten ernannt. Er
hatte von jetzt an die wirkliche Gewalt in der Hand, und sie blieb
ihm um so sicherer, als er sie nur für die Zurückführung der Bourbons zu verwenden dachte, die er für das allein mögliche hielt. Ein
sehr thätiger Anhänger derselben, Herr v. Vitrolles, saß wegen Theilnahme an einem royalistischen Aufstand im Gefängniß; er ließ ihn
frei und benutzte ihn, um mit der Partei in Paris geheime Verab-

rebungen anzuknüpfen; einen andern, namens Gaillard, schickte er an
Ludwig XVIII., um diesem seine Dienste anzubieten; zugleich soll er
seine Verbindungen mit Wellington und Metternich wieder aufgenom=
men haben. Es bedurfte indessen um so mehr der Vorsicht als die
Anhänger der Bourbons gleich mit vorzeitigen Planen und Anzette=
lungen fertig waren. In der Regierungscommission saßen neben Fouché
noch zwei der Blutrichter Ludwigs XVI., Carnot und Quinette, in
den Kammern war die vorherrschende Stimmung voll Haß und Lei=
denschaft gegen die Bourbons; gleich in der ersten Sitzung nach Napo=
leons Abdankung hatte der Art. 67 der Zusatzakte verlesen werden
müssen,[1] welcher jeden Vorschlag zu ihrer Rückkehr selbst für den
Fall, daß das Kaiserhaus aussterbe, untersagte. Inzwischen wurde
Davoust zum Commandanten von Paris und der Armee, die sich hier
sammeln sollte, d. h. zum Generalissimus ernannt; und Davoust hatte
Einsicht genug, die Unmöglichkeit eines dauernden Widerstandes gegen
die Verbündeten zu erkennen. Marschall Massena, der ganz gestimmt
war, hoffnungslos den Strom der Ereignisse gehen zu lassen, wurde
Commandant der Nationalgarde von Paris. So ebnete sich vor
Fouché der Weg; er brachte es auch bei der Regierungscommission
am 26. Juni dahin, daß alle Beschlüsse und Anordnungen nicht im
Namen Napoleons II., sondern in dem der Nation verkündigt werden
sollten.

        7. Die Kammer faßte unterdessen auf Vorschlag der Regierungs=
commission Beschlüsse voll Kriegseifer, als solle sofort ganz Frankreich
unter die Waffen treten; dann entschied sie sich, daß sie alsbald in
die Berathung einer Verfassung eintreten wolle. Es machte sie in
diesem thörichten Beginnen nicht irre, daß der Feind sich bereits den
Thoren der Hauptstadt näherte; viele hofften, es könne jetzt nach Na=
poleons Abdankung wirklich einer Gesandtschaft der Kammern gelin=
gen, noch bevor jener die Hauptstadt erreiche einen Frieden zu erhalten,
wie ihn diese wünschten; und es war in der nämlichen Sitzung, wo
die Wahl der Regierungscommission geschah, auch diese Gesandtschaft
beschlossen worden. Fouché war um so eiliger, sie abzufertigen, als
auch er hoffte, daß sie vielleicht einigen Zeitgewinn bringen werde,
und als er daneben um so ungestörter seine besondern Plane zu ver=
folgen dachte. Es wurden Lafayette, General Sebastiani, d'Argenson,
Graf Pontécoulant und v. Laforest für die Gesandtschaft bestimmt,
Benjamin Constant ging als Sekretär mit. Bignon, der an Caulin=

---

[1] Thiers. XX. 327.

courts Stelle Minister des Aeußern geworden war, gab den Abge=
sandten ihre Weisung dahin, daß sie von den verbündeten Mächten
das Recht der Nation, sich selbst ein Oberhaupt zu geben, sowie die
ungeschmälerte Erhaltung des französischen Gebiets zu gewinnen suchen
sollten. Dabei war ausdrücklich das Recht Napoleons II. auf die
Herrschaft genannt, allein nur dem Scheine nach; denn die Ausfertigung
selbst war wie alle öffentlichen Aktenstücke nicht im Namen des zweiten
Kaisers, sondern im Namen der Nation ausgestellt, und unter den
Abgesandten war kein einziger Bonapartist. Die geheime Weisung
lautete auch nur dahin, daß die Gesandtschaft das Erreichbare erstreben
und die Punkte fallen lassen solle, die den Frieden unmöglich machen
würden. Fouché soll gegen Lafayette besonders den Herzog v. Orle=
ans, den dieser und die Mehrheit der Kammern wünschten, als das
den Verbündeten vorzuschlagende Oberhaupt empfohlen haben; in
Wirklichkeit hielt er von der Gesandtschaft gar nichts, da sie keine Macht
hinter sich hatte. Lafayette dagegen trat die Reise voll großer Erwar=
tung an. Er hatte schon während des Streits zwischen Napoleon und
der Kammer auf die Furcht wegen einer Rückkehr der Bourbons mit
Zuversicht geäußert, habe nur erst Napoleon abgedankt, so werde sich
alles von selbst machen; jetzt dachte er beim Kaiser Alexander, der
ihm zur Zeit der ersten Einnahme von Paris persönliches Wohlwollen
bewiesen hatte, nicht wenig zu erreichen; dabei bedauerte er nur, daß
er nicht zugleich an der neuen Verfassung in Paris mitarbeiten könne.
Ebenso wenig dachten die übrigen Mitglieder der Gesandtschaft daran,
für welches Oberhaupt und mit welchen Zugeständnissen sie etwa
Rußland oder Oestreich oder Preußen wirklich gewinnen könnten, sie
scheinen ihre eigne und der Kammern Abneigung gegen das vertriebene
Königshaus für eine genügende Unterlage der Verhandlung gehalten
zu haben. So traten sie am 25. Juni ihre Reise an, ihr erstes Ziel
war Laon; dort sollten sie von Blücher und Wellington einen Waffen=
stillstand erwirken, und sich dann zur Verhandlung des Friedens ins
Hauptquartier der verbündeten Fürsten begeben.

S. Was war aber inzwischen mit der Armee geworden? Auf sie
kam es doch hauptsächlich an, ob und welche Zeit sich noch für einen
Waffenstillstand und für Friedensverhandlungen gewinnen lassen werde.
Wir haben die Trümmer der Hauptarmee bei Laon verlassen, als
Soult die ersten Versuche machte, sie zu sammeln, wir haben Grouchy
zuletzt auf dem Wege nach Dinant gesehen. Soult verlegte am 23.
Juni sein Hauptquartier nach Soissons und ließ bis zum 26. die eini=
germaßen geordneten Truppentheile dahin folgen; er hatte erwartet,

daß der Feind auf der nämlichen Straße hinter ihm erscheinen werde, nach
der Oise hin hatte er keine Vorsichtsmaßregeln getroffen, wahrscheinlich
fehlten ihm auch die Mittel dazu. Am 23. erhielt er die Nachricht
von der Abdankung des Kaisers und die Weisung der Regierungs=
commission, sogleich einen Waffenstillstand zu suchen, weshalb er den
General Morand, der den Nachtrab führte, zur Unterhandlung mit
Blücher beauftragte. Ein zweites Schreiben rief Soult, der wegen
royalistischer Gesinnung bei der Armee verdächtig war, vom Oberbefehl
ab und übertrug ihn an Grouchy. Dieser war in Gewaltmärschen
über Givet, Mezières, Rethel und Reims herangezogen; am letzteren
Ort erreichte ihn am 25. Juni die Nachricht, daß er den Befehl über=
nehmen und die Armee nach Paris führen solle; am 26. morgens
traf er in Soissons ein, seine Truppen unter Vandamme kamen bis
zum Abend, wie es scheint, größtentheils nur bis in die Nähe der
Stadt. Er hatte jetzt gegen 60,000 M. unter seinem Befehl. Seine
eignen Heertheile, nahe an 30,000 M. mit 100 Geschützen, die in
Mezières ergänzt und mit Munition versehen waren, bewahrten noch
Ordnung und Haltung, doch waren die Soldaten durch den äthemlo=
sen Rückzug erschöpft und voll Mißtrauen. Von der andern Hälfte
der Armee waren höchstens 20,000 bewaffnet, 10,000 hatten die Waf=
fen weggeworfen, an Artillerie fehlte es fast gänzlich; die Heertheile
führten zwar noch die vorigen Namen, doch waren die Offiziere und
Soldaten aus den verschiedensten Regimentern bunt durcheinander ge=
worfen. Die Abdankung des Kaisers hatte beim Heere nicht die ge=
fürchtete Wirkung hervorgebracht; nur in der Garde kamen Versuche
der Auflehnung vor und einige 100 M. verließen die Fahnen. Grouchy
ließ noch am Abend des 26. d'Erlon mit Kellermanns Reiterei gegen
Compiègne aufbrechen; das Corps des ersteren zählte noch 4600, die
letztere 1450 M., 6 Geschütze waren dem Heertheil neu beigegeben
worden. Am Morgen des 27. erhielt der Marschall die Nachricht,
d'Erlon sei bei Compiègne auf die preußische Armee gestoßen und habe
sich ausweichend über Verberie auf Senlis gewendet. Sofort brach
Grouchy mit den bei Soissons versammelten Truppen nach Villers
Coterets auf und beauftragte zugleich Vandamme, daß er seine Divi=
sionen von den Punkten, wo sie gerade stünden, über Ferté Milon
auf Dammartin marschiren lasse; es galt wo möglich auf der graden
Straße vor dem Feinde Paris zu erreichen. Diese Bewegungen führ=
ten zu einer Reihe von Gefechten mit den Preußen, die der wieder
gesammelten Armee nicht eben zum Ruhm gereichten und damit ende=
ten, daß diese schleunig nach Paris auswich, während ihre Gegner

zuerst bis zur Hauptstadt folgten, um sie dann südwestwärts zu um=
gehen. Dazwischen fielen eigenthümliche Verhandlungen um einen Waf=
fenstillstand. Es traf am 25. Juni jene erste Gesandtschaft der Re=
gierungscommission in Laon ein; es folgte ihr am 28. eine zweite nach
Chénevières, und es knüpfte daneben Grouchy selbst durch seinen Ge=
neralstabschef General Sénégal in seinem eignen Namen noch eine
besondere Verhandlung an.

9. Nach den Verabredungen, welche Blücher und Wellington am
23. Juni zu Catillon getroffen hatten, setzten die beiden Armeen ihren
Marsch auf Paris wieder fort, und die Bewegung wurde von Seiten
Blüchers, sowie man in der Nacht zum 26. den Rückzug Soults auf
Soissons erfuhr, noch beschleunigt: Zieten zur Linken sollte Compiègne,
Bülow auf der Rechten sollte Pont St. Maxence womöglich noch vor
dem Feinde erreichen, Thielmann sollte folgen. Vor dem ersteren hatte
am 24. Guise capitulirt; am 25. kam er nach Cerisy und ließ durch
seinen Vortrab la Fère auffordern; da die Uebergabe verweigert wurde,
so blieb ein Bataillon zur Beobachtung zurück. Am 26. erreichte
der Heertheil Noyon; General Jagow, der den Vortrab führte, mar=
schirte die Nacht hindurch und traf am 27. früh in Compiègne ein.
Bülow, vor dem am 25. St. Quentin die Thore geöffnet hatte, kam
am 26. nach Nesout, sein Vortrab nach Gournay, noch 4½ Stunde
von Maxence. Jagow war kaum in Compiègne eingerückt, so erschien
d'Erlon und rückte zum Angriff vor; das Feuer von 4 Geschützen
trieb ihn zurück, die Aussage fliehender Landleute vom Herannahen
der ganzen preußischen Armee genügte, daß er seine Aufgabe sofort
fallen ließ und sich schleunig nach Senlis wandte, um vielleicht dort
die Straße von Valenciennes auf Paris noch vor dem Feinde zu er=
reichen. Jagows Truppen waren zu müde zur Verfolgung; am
Nachmittag trafen 2 Regimenter von Zietens Reservereiterei ein, er=
eilten d'Erlons Nachtrab bei Crespy und warfen ihn über den Haufen.
Der französische General ließ sich dadurch nicht aufhalten, sein Vortrab
erreichte bei einbrechender Dunkelheit Senlis. Es waren 4 oder 5
Regimenter von Kellermanns Kürassieren, etwa 700 M.; als sie in
die Stadt einrückten, sahen sie zu ihrer Ueberraschung den Feind vor sich.
Bülow hatte nämlich bei Tagesanbruch 4 Bataillone und 8 Schwa=
dronen vorausgeschickt, um sich der Oisebrücke bei Creil zu bemächtigen;
es war gelungen, Major von Blankenburg mit dem 1. pommerschen
Landwehruhlanenregiment und 30 Husaren, zusammen etwa 300 M.,
war von da weiter gegen Senlis vorgegangen und kurz vor dem Ein=
treffen der Franzosen dort angekommen. Seine fliehende Feldwache

hatte ihm noch rechtzeitig Nachricht gegeben; ein Karabinerfeuer der abgesessenen Husaren machte die anrückenden Franzosen glauben, es sei Infanterie im Ort; sie stutzten, dann trieb sie ein Angriff der Land= wehrreiter bis vor die Thore zurück; das Gefecht hatte den Preußen nur 3 Verwundete und 2 Vermißte gekostet [1]). Vor dem jetzt zahl= reicher anrückenden Feinde räumten sie dann den Ort, um ihn 1 Stunde später, durch Infanterie verstärkt, wieder zu besetzen; das Gefecht er= neuerte sich nur kurze Zeit, d'Erlon ging gegen Mont l'Evêque zurück. Grouchy selbst kam spät am Abend des 27. nach Villers Coterets; Vandamme war über Soissons ebendahin im Marsch, andere Truppen= theile seines Corps zogen südlich an Soissons vorüber nach Ferté Mi= lon. Von der anderen Seite her waren bei den Preußen, ihrem Vor= trab folgend, auch die Massen der verschiedenen Heertheile gegen die Straße von Soissons auf Paris im Anzug. Blücher hatte angeordnet, daß Zieten und Bülow diese Straße sobald wie möglich erreichen sollten, um vielleicht einen Theil des Feindes abzuschneiden. Zieten kam bis Gilicourt, jenseits des Waldes von Compiègne; Pirch II. mit seiner Brigade rückte bis auf 1 Stunde von Villers Coterets, Jagow folgte den beiden Regimentern der Reservereiterei in der Richtung auf Crespy. Bülow wurde bei Maxence durch die Herstellung der Oisebrücke aufgehalten. Thielmann mit dem 3. Corps erreichte Compiègne.

Es hatte hiernach die Umgehungsbewegung Gneisenaus am rech= ten Ufer der Oise hin ihren Zweck verfehlt; die Hauptmassen der Preu= ßen waren zu weit zurück, um noch namhafte Theile des französischen Heeres von der Hauptstadt abschneiden zu können; vom letzteren zogen am Morgen des 28. Juni wohl 20,000 M. auf der Straße von Soissons nach Paris fort, was ihnen von den Preußen in den Weg treten konnte, betrug vielleicht 5000 M., dennoch wichen die Franzosen überall aus und ließen noch Trophäen in den Händen ihrer Gegner. Grouchy brach nach kurzer Ruhe mit anbrechendem Tage von Villers Coterets gegen Levignon, Nanteuil, Dammartin auf, Reille und Milhauds Kürassiere waren voraus, Lobau und die Garden folgten. Plötzlich wurde der Nachtrab bei Villers Coterets überfallen und aus= einandergesprengt; es war Pirch II., der hier angriff, seinen Vortrup= pen fiel dabei ein Zug von 18 Geschützen, von der Bedeckung verlas= sen, in die Hände. Grouchy kehrte mit den beiden letztgenannten Heer= theilen um und nahm südlich von Villers Stellung gegen die Preußen, ohne einen Angriff zu wagen. Es entstand eine Kanonade; Pirch II.

---

1) Tagebuch d. 1. pomm. Landwehrcavallerieregts. Arch. b. Gnlstbs. E. 45.

seinerseits war zu schwach, um vorgehen zu können, und als eine feindliche Colonne zu seiner Linken von Soissons heranrückte, trat er den Rückzug nach Crespy an, wohin 12 von den genommenen Kanonen schon vorangegangen waren. Jene Colonne war von Vandamme geführt. In einem
Theil derselben erhob sich plötzlich der Ruf, man sei abgeschnitten, und die
Soldaten wendeten sich ohne höheren Befehl gegen Ferté-Milon; mit
einem anderen Theil jedoch, etwa 2000 M., rückte Vandamme auf
Villers; die 2 Compagnien der preußischen Nachhut räumten die Stadt,
ohne von der zahlreichen feindlichen Reiterei Schaden zu leiden.[1] Danach befahl Grouchy an Vandamme, daß er den Umweg über Meaur
nehmen solle, um nicht weiter mit dem Feinde zusammenzutreffen; er selbst
setzte den Marsch auf Levignon fort. Dort aber war von Crespy her
bereits General Röder mit einem Theil seiner Reiterei eingetroffen,
unmittelbar nachdem Reille und Milhaud das Dorf durchzogen hatten; ein Reiterangriff und einige Kanonenschüsse hatten den Marsch
der letzteren sehr beschleunigt, auch 2 Geschütze und viele Gefangene
eingebracht. Grouchy wagte nicht, sich den Weg zu seinen Generalen
mit Gewalt zu öffnen, er wandte sich auf Nebenwegen nach Claye.
Reille und Milhaud zogen ohne Rast weiter und vereinigten sich bei
Gonesse mit d'Erlon, der von Senlis herankam, verfolgt von Bülows
Reservereiterei unter Prinz Wilhelm von Preußen. Die französischen
Generale bivakirten bei Bourget und rückten am Morgen des 29. Juni
in die Vertheidigungslinie auf der Nordseite von Paris; Grouchy mit
den Garden und Lobau traf am Mittag dort ein; Vandamme nahm
am Abend Stellung auf der Südseite der Hauptstadt. Von den Preußen war Zieten am 28. abends bei Nanteuil; Thielmann hinter ihm
bei Crespy; Bülow bei Louvres, sein Vortrab bei Gonesse. Ihr Verlust an den zwei letzten Tagen betrug 2 Offiziere und etwa 100 M.,
worunter nur 5 Todte; dagegen hatten sie 14 Geschütze und 200 Gefangene gewonnen. Blücher säumte nach den Erfahrungen dieser Tage
keinen Augenblick, auf Paris zu rücken, obwohl Wellington noch um
2 Märsche zurück war. Am 29. marschirte Bülow nach Bourget, sein
Vortrab in die Nähe von St. Denis, Zieten nahm hinter ihm bei
Aulnay, Thielmann bei Dammartin Stellung. Wellington hatte am
26. Peronne durch Leiterersteigung genommen, mit nur 10 M. Verlust;
am 29. erreichte er mit dem Vortrab Senlis, die anderen Heertheile
waren noch bei Pont St. Maxence und weiter zurück; auf 8 bis 14
Stunden von Paris. Die beiden Feldherrn aber verständigten sich

---

1) Conrady. Gesch. d. 6. Infrgts. Glogau 1857. S. 253.

rasch über ihren Angriff auf die Hauptstadt; auch die Verhandlungen der letzten Tage trugen dazu bei, jeden in dieser Absicht zu bestärken.

10. Es ist nicht wahrscheinlich, daß Blücher und Wellington schon bei jener Verabredung, die sie am 23. Juni zu Catillon trafen, etwas von Napoleons Abdankung wußten. Am 24. aber lief im preußischen Hauptquartier in Henappe ein Schreiben von General Morand ein, worin dieser die neue Wendung anzeigte und um einen Waffenstill= stand bat. Wie Blücher über den Antrag und den ganzen Regierungs= wechsel dachte, geht am besten aus zwei Briefen hervor, die er noch am nämlichen Tage unter Beilegung von Morands Zuschrift an den König und den General Knesebeck richtete. Im letzteren heißt es: „Ich werde durchaus keinen dergleichen verfänglichen Vorschlägen Ge= hör geben, sondern grade auf Paris losgehn, wenn nicht durch den Tod oder die Auslieferung Bonapartes, die Uebergabe aller Festungen an der Sambre, Maas, Mosel und Saar, und die Einräumung der Provinzen bis zur Marne ich mit Sicherheit mit diesem verrätherischen Volke unterhandeln kann. Ew. Excellenz wollen dies bestimmt an alle Alliirten erklären und durchaus gegen jede diplomatische Schlech= tigkeit sich setzen; die Armee erwartet dies von Ihnen als dem vom König gesetzten Repräsentanten bei diesem militärischen Congreß, und ich bin es auch von Ew. Exc. Denkungsart überzeugt." An den König meldet Blücher dieselbe Ansicht; dann fährt er fort: „Ich hoffe, daß ich hierbei ganz Ew. Majestät Willen gemäß handle und bitte nur alleruntertthänigst, die Diplomatiker dahin anzuweisen, daß sie nicht wieder das verlieren, was der Soldat mit seinem Blut errungen hat. Dieser Augenblick ist der einzige und letzte, um Deutschland gegen Frankreich zu sichern. — Ew. K. Majestät werden als Gründer von Deutschlands Sicherheit verehrt werden, und auch wir werden die Früchte unserer Anstrengungen genießen, wenn wir nicht mehr nöthig haben, mit immer gezücktem Schwerte dazustehen." [1]) In einem Briefe, den Gneisenau gleichzeitig für Lord Wellington an Müffling richtete, drückt sich das Mißtrauen in die französischen Anträge und der Ent= schluß auf dem Marsch nach Paris zu beharren, mit gleicher Schärfe aus.[2]) Für solche Bedingungen, wie sie hier ausgesprochen waren, hatte natürlich General Morand keine Vollmacht. Zwei Tage danach indessen erneuerte sich der Antrag mit größerem Gewicht. Die Ge= sandtschaft der neuen Regierung in Paris war, wie vorhin erwähnt, am 25. in Laon eingetroffen; sie hatte von dort Schreiben an Blü=

---

1) Nachlaß des Gnls v. d. Knesebeck. Arch. d. Gnlstbs. D. 118.
2) Arch. d. Gnlstbs. C. 3. III.

cher und Wellington gerichtet, wonach der Krieg mit Napoleons Thron-
entsagung von selbst beendigt sein sollte; es möge daher ein Waffen-
stillstand gewährt werden, damit die Gesandtschaft die Friedensverhandlungen führen könne. Zugleich erwarteten sie in Laon ihre
Pässe zur Reise ins Hauptquartier der Monarchen; den Herzog von
Wellington hatten sie überdies um eine persönliche Zusammenkunft
ersucht. Der letztere gab eine trockene ablehnende schriftliche Antwort.
Blücher schickte seinen Adjutanten, den Major von Nostitz nach Laon;
Oberst Fürst Schönburg begleitete ihn, um die Gesandtschaft ins
Hauptquartier der Monarchen zu bringen, Graf Flemming ging noch
für das diplomatische Geschäft mit. Nostitz hatte unbedingte Vollmacht
abzuschließen, aber nur auf folgende Bedingungen: 1. Auslieferung
Napoleons; 2. Uebergabe von Paris; 3. Uebergabe sämmtlicher Fe-
stungen an Maas, Mosel und Sambre nebst Laon, la Fère und
Soissons.

Die Bevollmächtigten Blüchers trafen, wie Graf Nostitz selbst erzählt [1]), am 26. Juni nachmittags 3 Uhr in Laon ein. Das Volk
empfing sie mit Jubel; man hörte den Zuruf, daß sie den Frieden
brächten. Die Verhandlungen, in einem Zimmer des Präfecturgebäu-
des geführt, wurden gleich über den ersten Punkt sehr warm. Die
französischen Gesandten'bestanden darauf, daß es gegen die Ehre der Nation
sei, den Kaiser, der aus Liebe zu Frankreich entsagt habe, seinen Feinden zu überliefern; dabei sprach sich ihr Haß gegen die Bourbons sehr
scharf aus: diese hätten alles verschuldet; es hätten sie Menschen be-
fehligt, sagte General Sebastiani, die nicht so viel Jahre gezählt, als
sie Schlachten gefochten hätten; eher könne ein Kosacke vom Don den
Thron von Frankreich besteigen, als Ludwig XVIII. Als Nostitz auf
seiner Bedingung bestand, erwiederte endlich Lafayette: „Das wird
keine Schwierigkeit machen", führte seine Gefährten in ein Nebenzim-
mer und kehrte bald wieder befriedigt mit ihnen zurück; Nostitz meint,
er habe die Auskunft wohl in einer Entweichung Napoleons nach
Amerika gesehen. Sofort kam man zum zweiten Punkt, die Verhandlungen waren nicht weniger lebhaft und zerschlugen sich endlich. Gegen
10 Uhr abends ging man zu Tisch, die französischen Gesandten sprachen viel von der früheren Großmuth des Kaisers Alexander, auf die
sie auch jetzt ihre Hoffnung setzten; Nostitz äußerte, er werde wohl

---

1) Die Denkschrift ist im Archiv des Generalstabs in Berlin. E. 1. Sie
stimmt mit der Darstellung bei Bernhardi I. 377 bis 379 überein; nur bezüglich
der Verhandlung über Napoleons Auslieferung enthält sie die hier gegebene abweichende Mittheilung.

eher mit der Armee in Paris sein, als sie zurück wären, Sebastiani wollte die höchste Wette dagegen wagen. Als Nostitz aufbrechen wollte, lud man ihn ein, bis zum Morgen in Laon zu bleiben, die Nachtreise sei wegen der aufständischen Bauern gefährlich; er aber antwortete: „sein Feldherr gestatte nicht, solche persönliche Rücksichten zu nehmen". Am 27. nachmittags traf er wieder im Hauptquartier in Compiègne ein. Die Pariser Gesandtschaft setzte ihre Reise zu den Monarchen fort.

Sie hatte indessen trotz ihres Mißlingens, sich selbst und ihre Regierung täuschend, einen günstigen Bericht nach Paris erstattet; ihre Sendung erschien ihr immer noch hoffnungsvoll, da von keiner Seite die Rückkehr der Bourbons zur Bedingung gesetzt war; nur das eine hatte sie verlangt, daß schleunig eine zweite Gesandtschaft von Paris abgehe, um Waffenstillstand bei Blücher und Wellington zu erwirken. Schon am 28. war diese Gesandtschaft unterwegs, es waren der General Graf Valence, General Andréossy, Graf Boissy d'Anglas, Staatsrath Labesnadière, auf dem Wiener Congreß als Talleyrands Secretär thätig, und der Abgeordnete Flagerques. Blücher erhielt in Senlis die Anmeldung und sandte Nostitz wieder mit den nämlichen Bedingungen. Auf dem Wege nach Chénévières, wo die Gesandten verweilten, dicht vor Louvres, traf er auf den General Sénégal, Chef von Grouchy's Generalstab, der wegen eines Waffenstillstands zu Blücher wollte. Nostitz, obwohl für diesen Fall ohne Auftrag, erkannte die Wichtigkeit des Augenblicks, und schloß im nächsten Hause sogleich mit dem französischen Offizier auf 6 Punkte vorläufig ab; die Hauptsache dabei war, daß Waffenstillstand zwischen Blücher und Grouchys Armee sein solle, daß dieser seine Truppen auf weitem Umweg an Paris vorbei hinter die Loire führen, daß er die festen Plätze la Fère, Laon und Soissons übergeben werde. Hierauf begaben sich beide nach Louvres zum General Bülow, wo gerade viele Franzosen mit weißer Cocarde eingetroffen waren; unter ihnen auch ein Neffe Talleyrands, der, jedoch unter scharfem Widerspruch Sénégals, viel von der Begeisterung des Volks und der Armee für die Bourbons sprach; er hatte, wie seine eigne Schwägerin später dem Grafen Nostitz erzählte, nach Napoleons Rückkehr von Elba mit seinem Oheim in Wien für alle Fälle die Rollen verabredet: dieser wolle dort, der Neffe solle in Paris beim Kaiser bleiben. In Chénévières waren die Verhandlungen sehr kurz; die Gesandten wagten, als Nostitz die Bedingungen mitgetheilt hatte, kein Gegengebot und begehrten zu Wellington gebracht zu werden. Als sie nachts in Senlis anlangten, baten sie zunächst um eine

Unterredung mit Blücher; er lehnte sie auf den Bericht von Nostitz als zwecklos ab, General Andréossy erkannte darin die Art, wie sie es selbst früher in Preußen gemacht hätten. Am anderen Morgen reisten sie, von Graf Flemming begleitet, zu Wellington. Die Verabredung dagegen, welche Nostitz mit Sénégal getroffen, wurde genehmigt; Gneisenau sendete den Major Brünneck mit dem französischen General zu Grouchy ab, um den Waffenstillstand zu vollziehen. Inzwischen hatte der Marschall durch die Gefechte der beiden letzten Tage die Macht über seine Soldaten völlig verloren; diese schrieen über Verrath von oben, zogen ohne Befehl auf der Straße nach Paris dahin und folgten nur mit Noth dem Wort einiger Lieblinge unter den höheren Offizieren. Brünneck und Sénégal geriethen unter die Colonne, wurden aus dem Wagen gerissen, als Verräther bedroht und nur mit Mühe vom General Exelmans gerettet. Major Brünneck wurde vom Marschall Davoust als Kriegsgefangener zurückgehalten; Grouchy mußte, sowie das Heer bei Paris war, den Oberbefehl an den genannten Marschall abgeben; die Ausführung jenes Waffenstillstandes war unmöglich geworden.

11. Die zweite Pariser Gesandtschaft hatte inzwischen beim Herzog v. Wellington nicht mehr ausgerichtet, als vorher bei Blücher; nur daß sie dort bestimmter erfuhr, welches Oberhaupt Frankreich zu erwarten habe. Sie fand den Herzog am 29. noch jenseits der Oise in Estrée[1]. Er setzte den Anträgen auf Waffenstillstand ruhig und kalt die Versicherung entgegen, daß daran auch nach Napoleons Abbankung nicht zu denken sei; auch dessen Anhänger seien Feinde der Verbündeten, diese müßten erst eine Regierung in Frankreich sehen, die vollkommene Bürgschaft des Friedens gewähre, ehe an eine Einstellung der Feindseligkeiten zu denken sei. Auf die Frage der Gesandten, welche Regierung das sei, erwiederte der Herzog, er habe in diesem Stück keinerlei Vollmacht, sein ganzer Einfluß aber werde auf die Wiedereinsetzung Ludwigs XVIII. gerichtet sein; die Regierung und die Kammern in Paris könnten nichts besseres thun, als ihn ohne Zeitverlust zurückrufen, denn jetzt sei dieser Entschluß noch frei, wenn er erzwungen scheine, würde er ihnen theurer zu stehen kommen. Als die Gesandten das auch ihren Wunsch nannten und nur Besorgnisse wegen der Verfassung und wegen der Drohungen in jener ersten, eben

1) Ich gebe das ganze Gespräch nach Bernhardi 391 bis 393, dessen klare kritische Darstellung den Zusammenhang der Ereignisse in diesem Zeitraum überhaupt erst ins rechte Licht gestellt hat.

25*

bekannt gewordenen Proclamation des Königs vom 25. Juni äußer=
ten, suchte sie Wellington darüber zu beruhigen. Als sie aber wegen
der Möglichkeit eines anderen Oberhauptes fragten und zuerst Napo=
leon II. nannten, dann vom Herzog v. Orleans eine Andeutung
gaben, den sie eigentlich wünschten, da wurde ihnen wegen des erste=
ren ein bestimmtes Nein und wegen des letzteren eine nicht minder
deutliche Abweisung zur Antwort. Wellington suchte sie sogar noch
am Abend besonders in Louvres auf, wohin sie nach der Verhandlung
zurückgekehrt waren. Dort setzte er ihnen auseinander, daß nach sei=
ner Meinung jedes Oberhaupt in Frankreich außer Ludwig XVIII.
ein Usurpator sei, der die starke Grundlage des Rechts nicht für sich
habe, daß also die Verbündeten gegen jede Regierung der Art noch
besondere Bürgschaften des Friedens, d. h. bedeutende Gebietsabtre=
tungen, suchen müßten. Am anderen Tag erhielten dann die Ge=
sandten noch einen Brief des Herzogs, wonach, so lange Napoleon in
der Nähe sei, nur dessen Auslieferung die Einstellung der Feindselig=
keiten herbeiführen könne.

12. Viele hatten in Paris auf diese zweite Gesandtschaft eine
neue Hoffnung gesetzt; jetzt brachte sie gerade die Aussicht auf einen
Ausgang als unvermeidlich zurück, wie ihn die Kalten und Klugen
schon lange vorausgesehen und vorbereitet hatten, während die ande=
ren nur von ihren Gefühlen und Hoffnungen bewegt waren. Noch
kurz vor Absendung der Gesandtschaft waren die verschiedenen Stand=
punkte schärfer widereinander hervorgetreten. In dem Frankreich jener
Tage, welchem für jedes denkbare Oberhaupt die geweihten Ueber=
lieferungen der Treue und der geordneten Entwickelung fehlten, war
unter der wunderlichen Verwirrung der Wünsche und Bestrebungen
nur so viel klar, daß das Volk im Ganzen gleichgültig zu jeder Re=
gierung sah, und daß jede mögliche Regierung nur eine Minderheit
für sich, die Mehrheit gegen sich hatte. Das Kaiserreich beruhte nur
auf dem Heer und den niederen Volksklassen, die Bourbons hatten
nur in der Vendée und in den südlichen Provinzen wirkliche Macht,
der Herzog von Orleans durfte nur auf die zweite Kammer und auf
eine Anzahl von höheren Offizieren und Staatsbeamten zählen; und
der allgemeine, wie der besondere Anhang von je zweien dieser Rich=
tungen war sicherlich gegen die dritte. Unter diesen Umständen konnte
es so leicht geschehen, wie wir gesehen haben, daß Fouché, nachdem
mit Napoleons Abdankung der Glaube an dessen Macht zerbrochen
war, auch das Recht Napoleons II. in den Kammern, bei der Regie=
rungscommission und bei der ersten Gesandtschaft beseitigte. In die

offene Lücke einzutreten war die Partei des Herzogs von Orleans nicht gefaßt. Es kam wohl in der Kammer zu lebhaften Kund-gebungen für ihn, es hatte auch Grouchy schon am 22. Juni an Na-poleon, den er noch als Kaiser anerkannte, geschrieben, der Name des Herzogs sei im Mund aller Generale, es soll auch derselbe Marschall noch kurz vor seinem Eintreffen in Paris sich bereit erklärt haben, den Herzog mit der dreifarbigen Cocarde bei der Armee auszurufen; allein es war keine Leitung und kein Zusammenwirken bei der Par-tei vorbereitet, und vor allen Dingen, es fehlte an der Macht, wor-auf sie sich stützen konnte. Eben die Macht dagegen, wie sie sich in dem Willen Englands ausdrückte, war es, was jetzt den Bourbons das entschiedene Uebergewicht gab. Neben Fouché und seinem An-hang erkannten das auch andere Männer, die eine mögliche Regierung auch um des Landes willen suchten: gemäßigte Anhänger der Verfas-sung, wie Royer Collard und Molé, Marschälle, wie Gouvion St. Cyr, Macdonald, Oudinot. Durch den letzteren soll Davoust, der ohnedem schon um seiner eigenen Stellung willen dazu geneigt war, überzeugt worden sein, daß nur die Wiedereinsetzung Ludwigs XVIII. einen annehmbaren Frieden mit den Verbündeten bringen könne. Nur mußte der König durch den Volkswillen und nicht durch den Zwang der fremden Waffen zurückgebracht werden; es war also Eile Noth. Fouché berief auf den 27. Juni einen großen Rath, dem die Mitglie-der der Regierung, die Minister, die Präsidenten der Kammern bei-wohnten. Davoust setzte hier die Unmöglichkeit des ferneren Wider-standes auseinander und drang auf die Zurückberufung des Königs, von dem man verlangen möge, daß er ohne die Fremden einziehe, die drei Farben annehme, allgemeine Amnestie gewähre, die bestehenden Kammern und Behörden beibehalte. Die Versammlung neigte zur Zustimmung und berieth schon über die nöthigen Schritte, als jener leichtfertige Bericht der ersten Gesandtschaft einlief, der für eine zweite Abordnung die Aussicht auf einen Waffenstillstand eröffnete. Das gab den Geistern eine andere Richtung; denn die Mehrzahl wäre von der bitteren Nothwendigkeit der Unterwerfung unter Ludwig XVIII. gern befreit gewesen. Es wurde also die zweite Gesandtschaft abge-schickt, und dazu mit Anerbietungen, die dem heranziehenden Blücher und Wellington kaum so viel boten, als sie schon in Händen hatten. Die Rückkehr der Gesandtschaft klärte dann die selbstgefällige Täu-schung schnell auf; aber die fremden Heere standen jetzt schon vor den Mauern der Hauptstadt.

13. Das Nahen des Feindes hatte noch einmal den gefallenen

Kaiser mit einem Schimmer von Hoffnung erfüllt und der Regierung eine kurze Sorge bereitet. Malmaison war Napoleons Lieblings= aufenthalt aus den Zeiten seines ersten Ruhmes, dort hatte er als erster Consul an der Seite seiner ersten Gemahlin Josephine die Tage seines aufsteigenden Glücks verlebt; jetzt war er dort nur von weni= gen Getreuen umgeben; ein General Becker hatte den Auftrag, für seine Sicherheit zu sorgen, zugleich aber auch, seine Schritte zu über= wachen. Noch konnte sein Geist den Sturz nicht als unabwendbare Wirklichkeit fassen; als die Kunde vom Vorrücken der Preußen kam, sandte er nach Paris: die Regierung möge ihn als einfachen General an die Spitze des Heeres stellen, er wolle den Feind schlagen und dann wieder zurücktreten. Napoleons Vertrauen in sich und das Heer war völlig zerstört, sonst hätte er eher einen kühnen Gewaltstreich ver= sucht, als diese Bitte an diejenigen, welche ihn eben erst der Macht beraubt hatten. Die Antwort war abweisend und Davoust soll dabei selbst verletzende Ausdrücke gebraucht haben. Danach drang die Re= gierung darauf, daß Napoleon Frankreich verlasse, und ihn selbst trieb die Furcht vor den verbündeten Waffen. Er reiste am 28. Juni nach Rochefort ab, von dort hoffte er zur See nach Amerika zu ent= kommen. Aber er schwankte und ließ die günstige Gelegenheit vorbei= gehen, immer noch in der Hoffnung, es könne ihn vielleicht ein un= erwartetes Ereigniß nach Paris zurückrufen. Zuletzt blieb ihm nichts übrig, als sich den Engländern zu übergeben. Er verlangte, frei zu leben unter dem Schutz ihrer Gesetze; der übereinstimmende Wille der Sieger war, daß er als Gefangener in Sicherheit gehalten werde; er wurde nach St. Helena gebracht.

14. Die Regierung in Paris hatte Napoleons Anerbieten nicht deshalb abgelehnt, weil sie die Vertheidigung für unnöthig gehalten hätte. Gerade Fouché und Davoust waren überzeugt, daß die Haupt= stadt zunächst gehalten werden müsse, wenn die Rückberufung des Kö= nigs nicht einer willenlosen Unterwerfung gleich sein solle. Aber die Mittel zum Widerstand beschränkten sich auf das zurückkehrende Heer und die vorhandenen Befestigungen; an eine einmüthige begeisterte Erhebung des Volks zur Vertheidigung seiner Stadt war nicht zu den= ken, und die Männer der Regierung hatten weder den Willen noch den Glauben, daß sie eine solche aufzurufen, auch nur versucht hätten. Schon Napoleon hatte richtig erkannt, wie hoffnungslos ein Kaiser= thum der Massen gegen die überwiegende Stimmung der rechtlichen Leute sei; diese Stimmung der besitzenden Klassen sprach sich sehr deut= lich in der Stufenleiter aus, welche der Geldwerth der Rente, d. h.

der Schuldverschreibung der französischen Regierung durchlief. Er be=
trug zuerst beim Ausbruch des Kriegs nur 53 Franken für 100 Fran=
ken Rente, er hob sich nach der Niederlage von Belle=Alliance auf 55,
bei der Abdankung Napoleons auf 60 Franken; er stieg endlich bei
der Erscheinung der Verbündeten vor den Thoren auf 67, bei der
Uebergabe von Paris auf 68 Franken. Dieser Stimmung entsprach
es, wenn Fouché noch am 28. Juni in der Regierung den Beschluß
veranlaßte: die Vertheidigung von Paris solle sich auf die Zugänge
der Stadt beschränken, sie solle nur durch die Linientruppen geschehen,
welche außerhalb der Mauern gelagert bleiben müßten; die National=
garde würde die Ruhe im Innern erhalten, nur diejenigen Bataillone,
welche sich freiwillig dazu erbieten würden, sollten die Vertheidigung
an den nächstgelegenen Werken unterstützen. Wohl war die große
Stadt nicht ohne Bewegung: das Wort „Verrath" lief im Innern
und in den Vorstädten um, die Jugend der Schulen, des Handels=
standes, der Gewerbe schloß sich in Compagnien zusammen, die „Fede=
rirten" rotteten sich drohend zu Haufen, die „Tirailleure der National=
garde", die alten Soldaten erhoben großes Geschrei um Waffen. Aber
es war nur ein ohnmächtiges Aufleuchten der Geister, die gut und
böse in der großen Menge schlummern; es erhob sich aus der Ver=
wirrung dieser Leidenschaft weder die dauernde Begeisterung noch die
verzweifelte Wuth, die alles an einen letzten Kampf setzt. Der Geist,
der Paris wirklich beherrschte, sprach sich in der Verkündigung aus,
welche in Uebereinstimmung mit den Anordnungen der Regierung der
Seinepräfekt Bondy an die Bewohner erließ. Die Sicherheit der Per=
sonen, der Familie, des Eigenthums war der Inhalt; die Mäßigung,
die Klugheit, die Ruhe war die Ermahnung an die Bürger; es lautete
fast wie die Worte, die vor 9 Jahren der Gouverneur von Berlin
beim Einzug der Franzosen gesprochen hatte.

Waren in dieser Lage das Heer und die Befestigungen genügend,
daß die Stadt gehalten werden konnte? Grouchy brachte etwa 52,000
Mann unter die Mauern der Stadt zurück; über 50,000 hatte Napo=
leon in Belgien verloren, über 2000 waren auf dem weiteren Rückzug
dem Feind in die Hände gefallen, gegen 24,000 hatten sich in die
Heimath zerstreut. Von jenen 52,000 gehörten etwa 27,000 der Ar=
mee, die Grouchy gerettet hatte, die anderen der Hauptarmee an; wie
völlig zerrüttet, namentlich in der letzteren, der Geist und die Ord=
nung waren, hatten noch eben die Gefechte an der Straße von
Soissons nach Paris gezeigt. Es kamen dann vor der Stadt noch
etwa 6000 M. aus den Depots zum Heer, so daß es sich auf 58,000

M. hob; 13,000 M., auf 7 verschiedenen Punkten zerstreut, blieben in den Depots zurück, doch scheint es nicht, daß sie im offenen Felde gegen den Feind zu brauchen waren. Außerdem konnte man noch 6000 M. der oben genannten „Tirailleurs der Nationalgarde" verwenden; sie waren der republikanischen Verbrüderung der Vorstädte, den „Federirten" entnommen, zählten viele alte Soldaten in ihren Reihen und hatten fast durchgängig gediente Offiziere zu Befehlshabern. Dagegen waren sie bei den übrigen Nationalgarden der Hauptstadt, die aus den selbständigen Bürgern hervorgingen, nicht gerne gesehen; die Pariser wurden durch den Anblick dieser Schaaren an die Schreckenszeit erinnert; die große Masse der Nationalgarde dachte, wie es die Regierung angeordnet hatte, nur an den Sicherheitsdienst im Inneren der Stadt, es werden von ihr nur 3 Bataillone, zusammen 800 M. unter den im Felde verwendbaren Truppen aufgeführt. Was also zur Vertheidigung der Stadt vorhanden war, betrug nach dem höchsten Anschlag zusammen gegen 78,000 M.[1]); doch konnten davon in offener Schlacht höchstens 64,000 M. mit 70 oder 80 Geschützen gegen den Feind geführt werden. Und um eine Schlacht im offenen Felde handelte sichs; denn die Befestigung von Paris war höchst mangelhaft. Auf der Nordseite der Seine dehnte sich zwar über einen Raum von 3 Stunden eine Reihe von Verschanzungen aus, die mit 300 alten unbespannten Geschützen versehen und durch den Ourcq-Kanal noch verstärkt waren, so daß hier ein gewaltsamer Angriff jedenfalls große Opfer gekostet hätte. Dagegen war die Südseite auf einem Raum von mehr als 2 Stunden fast ohne alle Befestigung und bot dem Angreifer dieselben Vortheile, wie dem Vertheidiger. Das waren die Werke und das war das Heer, womit eine Stadt von mehr als 5 Stunden Umfang mit 700,000 Einwohnern gegen zwei siegreiche Heere von fast doppelter Stärke vertheidigt werden sollte. Nachdem Davoust am 29. Juni den Oberbefehl übernommen, nachdem er das Heer, seinen Zustand und seinen Geist gesehen hatte, schrieb er in der Nacht aus seinem Hauptquartier la Vilette, auf der Nordseite von Paris, amtlich an Fouché: „Es ist keine Zeit zu verlieren, um meinen Vorschlag von gestern anzunehmen: wir müssen Ludwig XVIII. ausrufen, wir müssen ihn bitten, ohne die fremden Truppen in der Hauptstadt einzuziehen; ich habe meine Voreingenommenheit, meine Pläne zurückgedrängt, die unwiderstehlichste

---

[1]) Charras 679 bis 682.

Nothwendigkeit, die stärkste innere Ueberzeugung sagen mir, daß es kein anderes Mittel gibt, unser Vaterland zu retten."

15. Die verbündeten Feldherrn nahmen inzwischen ihre Maßregeln für die letzte Entscheidung: der eine, wie bisher, immer sein staats= männisches Ziel, der andere die Demüthigung des Feindes im Auge. Wellington hatte Ludwig XVIII. über seine Verhandlungen mit der zweiten Pariser Gesandtschaft unterrichtet; es kamen Abgesandte von Fouché und von Davoust nach dem Hofe und berichteten über den zu Gunsten des Königs bevorstehenden Umschwung in Paris, es kamen noch etwas früher auch Briefe vom Fürsten Metternich, worin Oest= reich ankündigte, daß die Verbündeten die Sache des Königs unter= stützen würden. Ueber so viele glückliche Nachrichten hätte der Ein= fluß des Grafen Artois und der Emigrirten beinahe wieder die Ober= hand über Talleyrand und die gemäßigte Partei erhalten; übrigens war es natürlich, daß der König sich lieber durch den Stadtrath von Paris, als durch die Kammern zurückgerufen sehen wollte, denn er wünschte die Anerkennung der letzteren, die auf der von Napoleon gegebenen Verfassung beruhten, zu umgehen. Daß die Rückberufung selbst nahe bevorstehe, zeigten alle Nachrichten an; der König hielt sich mit seinem Hofe zum Aufbruch von Cambrai bereit; er war be= sonders erfreut, daß der englische Feldherr seiner Hauptstadt die Ero= berung durch fremde Waffen ersparen wollte. Das sollte indessen nicht gelingen, denn Blücher bestand auf der Einnahme von Paris, sowohl um der Vergeltung als um der Sicherheit willen, die er für die For= derungen Preußens suchte. Eben damals erhielt er die Nachricht, daß Oestreich und Baiern mit den Franzosen einen Waffenstillstand abge= schlossen hätten; Briefe an den König und an den Kaiser von Ruß= land aus Gonesse vom 1. Juli [1] drückten große Entrüstung darüber aus. Die Nachricht war falsch und mit dem Verhalten der beiden genannten Staaten seit Anfang dieses Kriegs nicht im Einklang; wie sie zu Blücher kam, ist nicht aufgeklärt; daß er aber daran auch nur vorübergehend glauben konnte, mag beweisen, wie tief noch vom Con= greß her das Mißtrauen war. Der Schluß der Briefe meldete, daß die beiden Feldherren nichts destoweniger Paris zu nehmen suchen würden, und Blücher hatte in der That, noch ehe Wellington heran= kam, schon den ersten Schritt gethan, um die Stadt, von der Südseite her, wo er sie offen wußte, angreifen zu können. Er schickte am

1) Nachlaß d. Generals v. d. Knesebeck. Archiv des Gnlstbs. D. 118, sodann C. 3. III.

29. Juni den Major v. Colomb mit dem 8. Husarenregiment aus, um sich der Brücke zu bemächtigen, die bei St. Germain über die Seine führt; zugleich hatte der Major den Auftrag, in dem nahe gelegenen Malmaison wo möglich Napoleon aufzuheben. Das erstere gelang; das letztere nicht; Napoleon war schon nach Rochefort abgereist. Blücher hatte zuerst die Absicht, den gefallenen Kaiser auf derselben Stelle erschießen zu lassen, wo einst von den Kugeln der Soldaten desselben der Herzog v. Enghien gefallen war. Auf die Abmahnung Wellingtons entsagte er dem Gedanken, der namentlich von Gneisenau mit Nachdruck vertreten worden war. Man erkennt aus den Briefen, die der letztere darüber an Müffling schrieb, die ganze Gewalt des Gefühls, das nach einer vollgültigen Sühne für die jahrelange schwere Mißhandlung verlangt; aber es blieb doch wahr, was der Herzog sagte, daß die Verbündeten durch ihren Sieg zu groß für eine solche That geworden waren; die Mitwelt wie die Nachwelt würde sie verurtheilt haben.

16. Ueber die Fortsetzung des Angriffs, nachdem die Preußen am 29. Juni auf der Nordseite von Paris eingetroffen waren, einigten sich die beiden Feldherrn, wie bemerkt, ohne Schwierigkeit. Die Stadt war von dieser Seite gar nicht, oder nur mit großen Opfern zu nehmen; Wellington willigte also ein, daß er in die Stellung der Preußen rücke, während Blücher seine ganze Armee über die Seine führe. Bülow mit dem 4. Corps war bei der Verfolgung den anderen zuletzt vorangekommen; er stand, wie wir wissen am 29. Juni bei Bourget, Zieten mit dem 1. war bei Aulnay, Thielmann mit dem 3. bei Dammartin. Der letztere sollte die Bewegung beginnen, indem er hinter den beiden anderen Corps her auf St. Germain zu gehen hatte; ein Angriff, den Bülow auf der Fronte unternehmen würde, sollte den Feind täuschen; während dessen hatte Zieten aufzubrechen, zuletzt Bülow. Wellington konnte nicht vor dem 1. Juli in des letzteren Stellung einrücken, danach mußte die Bewegung eingerichtet werden. Sie wäre einfacher und gesicherter gewesen, wenn der Herzog aus der Gegend von Louvres und Pont St. Maxence, die er am 30. erreichte, unmittelbar die Richtung auf St. Germain genommen hätte, um in der Nähe der Preußen ebenfalls über die Seine zu gehen. Bülow konnte auf der Nordseite der Seine zur Beobachtung zurückbleiben; während dann auf der Südseite gegen 90,000 M. versammelt standen, eine Macht, welche hinreichte, um auch unter den ungünstigsten denkbaren Voraussetzungen die Eroberung von Paris durchzusetzen. Aber dem Herzog war es um diese Eroberung gar nicht zu thun: er

wollte mehr drohen als zuschlagen; es galt ihm darum, einen solchen
Druck auf die Regierung und die Kammern in Paris zu üben, daß
sie den König schleunig zum friedlichen Einzug in die Hauptstadt herbeirufen würden, und daß auf diese Weise alles beendigt wäre, ehe
die anderen verbündeten Heere herbeikämen. Auch wurde wirklich
alles vorher beendigt, nur geschah es auf gewaltsamere Weise.

17. Blücher ließ zunächst in der Nacht zum 30. Juni das Dorf
Aubervilliers auf der Nordseite des Ourcqkanals angreifen, das die
Franzosen noch besetzt hatten. Es wurde nach kurzem Kampf genommen; der Uebergang über den Kanal aber zeigte sich zu schwierig;
man hatte gedacht jenseits in der Ebene von St. Denis vielleicht die
Reiterei mit Vortheil brauchen zu können, das war unausführbar.
Bülow mußte sich auf einen Scheinangriff gegen St. Denis beschränken; er entwickelte 6 Bataillone und 4 Schwadronen, der Feind machte
einen Ausfall und wurde zurückgeschlagen; der ganze Verlust des
Corps in diesen Gefechten betrug 9 Offiziere, 205 Soldaten. Unterdessen brach Thielmann um 5 Uhr früh aus seinen Biwaks auf und
traf über Gonesse und Montmorency am Morgen des 1. Juli bei St.
Germain ein, wo er nachmittags den Uebergang ausführte. Zieten
erreichte in 16stündigem Marsch, von ½11 Uhr nachts bis 4 Uhr des
anderen Nachmittags die Gegend unterhalb St. Germain, wo er dann
ebenfalls über die Seine ging. So standen am Abend des 1. Juli
das 3. und 1. Corps, nebst Sohrs Husarenbrigade vom 2. Corps,
zusammen 37,000 M., auf dem Südufer des Flusses. Bülow brach
am Morgen des 1. Juli auf, ein Angriff den die Franzosen gegen
Aubervilliers versuchten, wurde ohne Mühe abgewiesen; am Abend
erreichte der General die Gegend von St. Germain und am anderen
Tag hatte Blücher seine ganze Macht, gegen 60,000 M., auf dem
linken Ufer der Seine versammelt. Von Wellingtons Heer rückten
am 1. die Divisionen Clinton und Colville nebst 5 Bataillonen Nassauer und 12. Schwadronen Hannoveraner in Bülows Stellung bei
Bourget ein, die anderen Heertheile standen rückwärts bis Louvres, es
waren nach den zurückgelassenen Besatzungen noch etwa 50,000 M.

18. Der Oberstlieutnant v. Sohr mit dem 3. Brandenburgischen
und 5. Pommerschen Husarenregiment, etwa 800 Pferden, war auf
dem Zug nach Paris zum Sicherungs- und Kundschaftsdienst verwendet worden. Am 29. Juni erhielt er aus dem Hauptquartier
Gonesse den Auftrag, bei St. Germain über die Seine zu gehn, dort
zur Erhaltung der Brücke und Herbeischaffung von Kähnen das Nöthige vorzukehren und über Versailles auf die Straße von Paris nach

Orleans vorzudringen, um die Verbindungen der Hauptstadt nach dem Inneren zu unterbrechen. Er erreichte Versailles gegen 10 Uhr morgens am 1. Juli; dort ließ er absitzen und ruhen. Es waren zur Sicherung nach allen Richtungen Patrouillen abgesendet, ihre Meldungen ergaben, daß der Feind zahlreich in der Gegend stand, und bald liefen auch Gerüchte um, daß er es auf einen Ueberfall gegen die Brigade abgesehen habe. Oberstlieutnant v. Sohr sah sich dadurch veranlaßt, den Halt länger auszudehnen, als er zuerst beabsichtigte; in der Hoffnung, daß inzwischen die Vortruppen des 3. Corps herankommen und seine Verbindung mit der Armee sicherstellen würden. Endlich gegen 5 Uhr nachmittags glaubte er die weitere Verfolgung seines Auftrags nicht länger hinausschieben zu dürfen; er schickte also noch ein letztes Gesuch um beschleunigtes Nachrücken an den General Thielmann nach St. Germain ab und brach nach der Straße von Orleans auf. Inzwischen hatte General Exelmans, der bei der Vorstadt Montrouge bei Paris lagerte, Sohrs Vorgehen auf Versailles erfahren und die Erlaubniß erhalten, daß er ihn abzuschneiden versuche. Er setzte sich mit dem größeren Theil seiner eignen Dragoner und dem 6. Chasseurregiment von Pirés Division über Plessis=Piquet auf Versailles in Bewegung; Piré, der aus der Flucht von Belle=Alliance wieder zu seinen Reitern zurückgekehrt war, mußte mit dem 1. Chasseur= und dem 33. Infanterieregiment [1]) bei Rocquencourt zwischen St. Germain und Versailles Stellung nehmen, um den Preußen den Rückzug abzuschneiden; die ganze Macht betrug wohl 2000 Pferde und 4 bis 500 M. Infanterie. Die Absicht gelang; die Möglichkeit des Unglücks, das den Oberstlieutnant v. Sohr traf, lag wohl in der Natur seines Auftrags; doch wurde ihm gerade der lange Aufenthalt in einem Orte, wie Versailles verderblicher, als ihm wahrscheinlich ein gewagtes Vorgehen geworden wäre. Er hatte über eine Stunde Wegs von Versailles bis zum Dorfe Velizy zurückgelegt, als er auf 2 feindliche Reiterregimenter traf. Ein rascher Angriff warf sie zurück, doch gleich danach sahen sich die Preußen in der Flanke angegriffen; sie mußten zurückgehen, dicht hinter ihnen folgte der Feind. Sie erreichten Versailles, die verfolgenden Franzosen drängten fast gleichzeitig mit den letzten Haufen ins Thor; es war nur kurze

---

1) So gibt die Erzählung eines französischen Offiziers im Archiv des Gnlstbs. in Berlin E. 19 an; Charras und die preuß. Berichte nehmen an dieser Stelle 2 feindliche Reiterregimenter an. Besonders treu und ausführlich ist die Schilderung in Schönings Gesch des 5. pommerschen Husarenrgts. S. 494 bis 519.

Zeit übrig, um Ordnung und Sammlung herzustellen, dann mußte der Rückzug weiter nach St. Germain fortgesetzt werden. Schon war das Gerücht verbreitet, man sei abgeschnitten, doch bestand noch die Hoffnung auf das 3. Armeecorps. Sie wurde grausam getäuscht; schon an der Barriere der Stadt trafen die Husaren auf feindliche Chasseurs, die ihnen den Weg verlegen wollten; es entstanden Reiterangriffe, kurzes Getümmel, die Franzosen wurden zurückgeworfen, der Weg schien frei. Da bei der nächsten Wendung der Straße empfing die Husaren Infanteriefeuer aus Häusern, hinter Hecken und Gräben hervor. Es war kein Raum, sich zum geordneten Angriff zu entwickeln, vom Rücken nahte der Feind, vorn und zur Seite wehrte er den Ausweg. Aber die Husaren und ihr tapfrer Führer waren nicht gesonnen, die Waffen zu strecken, es waren erprobte Regimenter, die sich schon mehr als einmal mit diesem Gegner siegreich gemessen hatten; mitten im Unglück machten sie dem Namen der preußischen Reiterei noch Ehre. Wo sich ein Ausweg zu bieten schien, drangen sie schnell zusammengeschlossen auf den Feind, ob ihnen Pferd und Säbel hindurchhelfen würden; auf der Straße und zu beiden Seiten weit über das Feld hin war von vielen Haufen ein wildes Getöse des Kampfs. Doch bald mußte es ersterben, die Waffen waren zu ungleich; die Husaren wurden völlig auseinandergesprengt, nur wenige entkamen. Exelmans rückte, vom Gefühl seines Siegs gehoben, gegen St. Germain vor; bei Marly aber stieß er auf die Vorhut des 3. Corps, sein Angriff wurde abgeschlagen, er mußte mit Verlust zurückgehen. Die Preußen verloren in dem unglücklichen Kampfe über 700 M., 72 davon waren geblieben, 124 waren verwundet entkommen, über 500 gefangen, wenige ohne Wunden; auch der tapfre Führer fiel schwer verwundet in die Gewalt des Feindes. Unter den Opfern des Tags wurde ein Jüngling besonders beklagt; er hatte, aus zwei Wunden blutend, den Pardon nicht angenommen, eine dritte und vierte Wunde stürzte ihn vom Pferde, wenige Tage danach starb er in Versailles; die Feldherrn waren an seinem Schmerzenslager, die Kameraden schmückten ihm den letzten Gang mit jeder schönen Ehre, der König sandte dem trauernden Vater mit Worten edler Theilnahme das eiserne Kreuz für den Gefallenen. Es war Heinrich v. York, der älteste Sohn des Mannes, der 2½ Jahr vorher durch eine große That das Zeichen der Erhebung gegen die Fremdherrschaft gegeben hatte.

19. Das war der letzte Erfolg, den die französischen Waffen davontrugen. Blücher rückte am 2. Juli mit versammelter Macht gegen die feindliche Stellung im Süden von Paris. Thielmann auf der

Rechten ging gegen Plessis-Piquet und Chatillon. Zieten auf der Linken nahm nach lebhaftem aber kurzem Kampfe Sevres und rückte über Meudon auf Issy; dort griffen seine Truppen aus eignem Antrieb noch im Abenddunkel an und warfen den Feind in vollständiger Verwirrung aus dem Dorfe und der Stellung hinaus. Bülow war als Rückhalt über Versailles bis gegen Montreuil vorgegangen. Es war inzwischen am 1. Juli von Davoust an Wellington ein Antrag auf Waffenstillstand eingegangen, der auch an Blücher mitgetheilt wurde. Der französische Marschall wollte die Hauptstadt retten, damit die Regierung an der Spitze der Armee frei mit Ludwig XVIII. unterhandeln könne; Wellington war geneigt zu unterhandeln, er wollte ebenfalls Paris vor dem Einzug der Preußen bewahren, damit Ludwig XVIII. frei einziehen könne, die französische Armee sollte Paris räumen. Blücher seinerseits antwortete kurz und herb, er verlange die Uebergabe der Hauptstadt und werde sie nöthigenfalls mit Gewalt nehmen; er überlasse es dem Marschall, ob er zum Fluch von Hamburg auch den von Paris auf sich laden wolle. Auch Wellington mußte hienach ablehnen. Am 2. Juli erhielt er die Nachricht, Napoleon sei nach der Küste abgereist, nun schien ihm ein Waffenstillstand noch sicherer als vorher, er schrieb deshalb an Blücher und mahnte ihn vom Angriff auf Paris ab. Doch Blücher blieb fest und der Herzog war zu klug und zu groß, um seine Pflicht als Verbündeter zu versäumen; er ließ sofort eine Brücke über die Seine schlagen, und die Verbindung mit dem preußischen Heer herstellen. Dieses hatte noch einen kurzen heftigen Kampf zu bestehen. Davoust ließ am Abend des 2. Juli durch General Revest bei Zieten noch einmal um Waffenstillstand anhalten, während desselben könne man wegen der Uebergabe von Paris unterhandeln. Zieten erwiederte, daß er den Vorschlag seinem Feldherrn gar nicht melden dürfe, die Uebergabe der Hauptstadt müsse zuerst zugestanden werden. Davoust, darüber erbittert, dachte die Preußen mit den Waffen zur Vernunft zu bringen. Vandamme mußte am 3. Juli mit Tagesanbruch die Wiedereroberung der Dörfer Issy und Vanvres versuchen. Der Angriff wurde aber von den Brigaden Steinmetz und Pirch 11. vollständig abgeschlagen und schon um 7 Uhr erschien General Revest aufs neue und bot die Unterhandlung wegen der Uebergabe von Paris an. Jetzt trat Waffenruhe ein; die Preußen hatten in den letzten Gefechten noch gegen 1400 M. verloren.

20. Die französischen Geschichtschreiber machen viel Wesen daraus, welche Thaten noch in diesen letzten Tagen des Kriegs gegen die verbündeten Heere hätten geschehen können; selbst Oberst Charras, dessen

gewissenhafter Darstellung wir von dieser Seite die wirkliche Geschichte vom letzten Feldzug Napoleons verdanken, ist da, wo sich die Geschicke dieses Feldzugs auch an Frankreich erfüllten, auf einmal in der Eitel= keit seines Volks befangen, die den zweiten Fall der Hauptstadt dem Verrath einiger Böswilligen und der Schwäche einiger Muthlosen zuschreibt; als ob es nicht das schlimmste Zeichen für ein großes Volk wäre, wenn wirklich Verrath und Schwäche über seine Geschicke entscheiden können. Charras meint wie die anderen vor ihm: es hätte Davoust mit der versammelten Macht seines Heeres hervorbre= chen, zuerst Bülow, dann Wellington vereinzelt schlagen und sofort Zieten und Thielmann vernichten sollen; oder er hätte am Nachmittag des 1. Juli über Thielmanns Heertheil herfallen müssen, als dieser bei St. Germain über die Seine ging; zu dem letzteren sollen sogar schon die Befehle gegeben gewesen sein, deren Ausführung dann Fouché's Einwirkung verhindert hätte. Auf dem einen oder dem andern Weg lag nach dieser Ansicht ein großer Sieg, der die beiden Heere von Paris zurückgeworfen und trotz der vom Oberrhein heranrückenden Massen der Verbündeten noch die Möglichkeit eines Umschwungs ge= geben hätte. Charras verfällt hier in dieselbe Täuschung, in welcher Napoleon bei seinem Feldzug befangen war; er will die Natur der Dinge nicht sehen, er läßt um seiner Wünsche willen die ganze Wir= lichkeit von Kraft, Zeit und Raum völlig außer Acht, er vergißt, daß es eine Frucht von Belle=Alliance war, wenn 60 oder 70,000 Fran= zosen in einer zur Hälfte offenen Stadt gegen 110,000 Verbündete unter Blücher und Wellington erliegen mußten. Vielleicht konnte gegen die Preußen, die in ihrer Siegesgewißheit auf Augenblicke die nöthige Vorsicht versäumten, noch ein Vortheil erfochten werden, viel= leicht auch konnte die Vertheidigung der Zugänge auf der Südseite hartnäckiger sein, der Fall der Stadt aber war nicht abzuwenden; Paris selbst, wie es in diesen Tagen war, giebt den klaren Beweis dafür. Wir wissen, wie Davoust gleich am 29. Juni, nachdem er die Armee gesehen und den Befehl übernommen hatte, aus seinem Haupt= quartier la Villette in einem Brief an Fouché den schleunigen Frieden mit den Bourbons als die einzige Rettung bezeichnete: der General hatte keine Neigung für die Königsfamilie und durfte wenig von ihr hoffen, er hätte wohl einen andern Weg gesucht, wenn er noch einen gesehen hätte. Er empfing am 30. frühe als Antwort von Fouché die Vollmacht, einen Waffenstillstand zu schließen. Sie führte zu eben jenem Antrag, den Blücher so verletzend abwies. Inzwischen hatte die zweite Kammer eine Adresse an die Armee erlassen; sie wurde in

den Biwaks von Paris mit großem Beifall aufgenommen, einige Ge=
nerale beschlossen eine Antwort; schnell war ein vom General Freissinet
aufgesetzter Entwurf, der den ganzen Haß gegen die Bourbons aus=
sprach, mit Unterschriften bedeckt, selbst Davoust, um dem Verdacht
und der persönlichen Gefahr zu entgehen, setzte die seine darunter.
Auch die Soldaten in den Biwaks waren in großer Aufregung; ein
General Dejean machte den Vorschlag, mit zwei Bataillonen nach den
Tuilerien zu ziehen, Fouché gefangen zu nehmen und zu erschießen.
Niemand widersprach, aber Niemand begann auch die Ausführung;
mitten in der Leidenschaft waren die Geister wider einander, das Ge=
fühl der Rathlosigkeit und der Ohnmacht überwog.   Inzwischen rückte
Blücher auf dem linken Ufer der Seine heran; Fouché berief einen
Kriegsrath nach den Tuilerien. Es war am 1. Juli gegen Mittag;
die Mitglieder der Regierung, die Minister, die Vorstände der beiden
Kammern, die Marschälle: Massena, Soult, Lefebvre, Grouchy und
3 Generäle wohnten bei; eben dieser Kriegsrath soll Davoust ein
willkommener Abhaltungsgrund gewesen sein, den beabsichtigten An=
griff gegen die Preußen oder die Engländer auszuführen. Wie da=
gegen die Sachen wirklich standen, zeigt der Bericht Carnots, den
Niemand des Verraths zu beschuldigen wagt. Er hatte mit General
Grenier die Stellungen um Paris untersucht, seine Meinung war,
man könne wohl die Preußen zurücktreiben, allein sie würden sich auf
den Höhen von Sevres, Meudon und St. Cloud behaupten, es wür=
den die übrigen Heere der Verbündeten heranrücken und Paris mit
der französischen Armee würde sich auf Gnade und Ungnade ergeben
müssen. Die überwiegende Mehrzahl im Kriegsrath war derselben
Meinung, Lefebvre und 3 andere Mitglieder widersprachen, es kam zu
keiner Entscheidung. Am Abend desselben Tags um 9 Uhr versammelte
Davoust in seinem Hauptquartier einen ausschließlich militärischen
Rath, dem sechs Fragen über die Möglichkeit eines längern Wider=
standes vorgelegt wurden. Es waren alle Marschälle und eine große
Zahl von Generalen dabei zugegen; die Verhandlungen dauerten fast
6 Stunden und waren sehr stürmisch. Zuletzt gaben 47 der Anwe=
senden, worunter sämmtliche Marschälle, ihre Meinung dahin ab, daß die
Aussicht auf die Vertheidigung eine sehr ungünstige sei, und daß sich
namentlich die Armee nicht der Gefahr aussetzen dürfe, des Unterhalts
und des Rückzugs beraubt zu werden; nur 14 Generale, worunter d'Erlon
und Vandamme waren andrer Meinung, sie hatten meist von den
Bourbons alles zu fürchten. Davoust schickte noch um 3 Uhr morgens
die Fragen mit den Antworten des Kriegsraths an Fouché und erhielt

darauf von sämmtlichen Mitgliedern der Regierung Auftrag und Voll=
macht, mit dem Feinde eine, jedoch ausschließlich militärische, Ueber=
einkunft abzuschließen. Er sandte, wie wir wissen, zweimal den Ge=
neral Revest darum ab; die zweite Sendung führte zum Ziel.

21. Am Nachmittag des 3. Juli, nicht lange nach Einstellung
der Feindseligkeiten, versammelten sich die Bevollmächtigten auf dem
Schlosse zu St. Cloud; es war dasselbe Schloß, welches einst den
Staatsstreich des 18. Brümaire, den Anfang von Napoleons Allein=
herrschaft gesehen hatte. Von französischer Seite kamen Bignon, Mi=
nister des Aeußern, General Guilleminot, Chef des Generalstabs und
Bondy, der Präfect der Seine; von Seiten der Verbündeten erschienen
General Müffling und der englische Oberst Hervey, zugleich aber waren
Wellington, Blücher und Gneisenau gegenwärtig. Die Grundlage der
Verhandlungen war die Uebergabe von Paris und der Rückzug der
französischen Armee hinter die Loire. In mehrstündiger Besprechung
suchten die französischen Bevollmächtigten günstigere Bedingungen zu
erreichen; es gelang nicht. Die Uebereinkunft setzte fest, daß am 4. und
5. Juli die äußern Stellungen geräumt, am 6. die Thore der Stadt den
Verbündeten übergeben werden sollten; die Befreiung der Hauptstadt von
militärischer Einquartierung hatte Blücher zurückgewiesen, auch die Zu=
rücknahme der geraubten Kunstschätze behielt er sich diesmal ausdrücklich
vor; sonst war Sicherheit der Person und des Eigenthums zugesagt; der
Polizeidienst im Innern blieb der Nationalgarde und Gendarmerie über=
lassen. Die Uebereinkunft sollte sich nur auf „die französische Armee
unter den Mauern von Paris" erstrecken, nicht einmal der Name von
Frankreich war darin genannt; die Preußen konnten die Belagerung
der Festungen in ihrem Rücken fortsetzen. Der Vertrag wurde noch
in der Nacht in geheimer Sitzung den Kammern mitgetheilt; Fouché
sorgte dafür, daß sie gleichzeitig die milde Proklamation erfuhren,
welche Ludwig XVIII. am 28. Juni in Cambrai erlassen hatte; die
große Mehrzahl gab hiernach ihre Zustimmung, die wenigen, welchen
durch die Rückkehr des Königs Tod oder Verbannung drohte, blieben
unbeachtet. Am nächsten Morgen wurde die Uebereinkunft in öffent=
licher Sitzung verkündigt; die zweite Kammer beschloß noch eine Adresse
an die Armee und wendete sich dann wieder zur Berathung über die
Paragraphen ihrer Verfassung. Bei der Armee dagegen gab es, sowie
die Räumung der Stellungen begann, gewaltige Aufregung: an vielen
Orten ertönte das Geschrei über Verrath, die Soldaten rotteten sich
zusammen, die Offiziere beriethen, ob kein beliebter General da sei,
den man an die Spitze berufen könne. Die Kunde der Unruhen

durchflog die Vorstädte; Haufen von Föderirten, von Tirailleurs der
Nationalgarde, von Soldaten drangen nach dem Mittelpunkt der
Stadt, der Ruf „nieder mit den Verräthern" lief durch die Straßen,
Flintenschüsse fielen, die Läden wurden schnell geschlossen. Aber die
Masse war ohne Führer und ohne Ordnung; die Nationalgarde,
welche gegen den äußern Feind wenig Lust zum Kampfe gezeigt hatte,
sammelte sich schnell und wurde der tobenden Menge bald Meister;
es hatte sich in denselben Stunden die Rente der Staatsschuld um 3
Procent gehoben. Auch die Armee wurde zur Ruhe gebracht; die
Soldaten hatten ihren rückständigen Sold verlangt, auch daß die Of-
fiziere ihre Grade behielten. Der Banquier Lafitte schoß 2 Millionen
Franken vor, die Truppen wurden befriedigt und ließen sich jetzt durch
ihre Generale bewegen, den Marsch hinter die Loire anzutreten; auf
dem Marsch durch die Vorstädte erscholl noch der Ruf „es lebe der
Kaiser," es war wie eine letzte Erinnerung an die ehemaligen Siege.
Am 7. Juli besetzten Blücher und Wellington Paris.

22. Das war der Ausgang des Feldzugs von Belle-Alliance. Am
achten Tage nach der Eröffnung und am fünften nach der Entscheidungsschlacht war zum zweitenmal das Kaiserreich umgestürzt, am
neunzehnten Tage nach der Eröffnung und am sechszehnten nach der
Entscheidungsschlacht hatte sich zum zweitenmal die Hauptstadt von
Frankreich unterworfen. Der besiegte Kaiser mußte auf der fernen
Felseninsel den Untergang seines Reichs noch um sechs Jahre über-
leben: im Urtheil der Menschen ist seitdem über allem, was nachher
geschah, seine Größe wieder aufgestiegen; ihm selbst aber galt der Glanz
und der Schein vor der Welt bis an sein Ende mehr als die Wahrheit. Die siegreichen Feldherrn dagegen trugen in sich die besonderen
Zwecke und in ihrer Gemeinschaft den Zwiespalt, welche den Sieg
unvollkommen machten. Aber wie auch der nachfolgende Friede den
Erfolg verändern mußte, den Ruhm des Siegs konnte er nicht verändern; das Andenken an die Männer, die ihn erstritten und bezahlt
haben, lebt fort, und auch seine Wirkung lebt noch fort für Alle, die
sie erfahren wollen.

Drittes Buch.

———

Der zweite Pariser Friede.

Erstes Kapitel.

Die Monarchen mit ihren Heeren in Frankreich, und die Rückkehr der Bourbons.

1. Nach so heißem Kampf und großem Siege, wie sie die Juni-
tage von 1815 gesehen hatten, durften die Feldherrn und die Heere
hoffen, daß ein Friede folgen werde, der den Ansprüchen Deutschlands
und Preußens die Erfüllung bringe, die ihnen ein Jahr vorher versagt geblieben war. Als aber Blücher über den ersten französischen
Anträgen auf Waffenstillstand jenen Brief an den König schrieb: er
möge nicht zugeben, daß die Diplomatiker wieder verspielten, was der
Soldat mit seinem Blute erstritten habe, es sei der letzte Augenblick,
um Deutschland gegen Frankreich sicher zu stellen; da war die gerechte Forderung Deutschlands in Wahrheit schon lange halb verloren.
Sie war es nicht erst in jenen Tagen, sie war es schon von der Zeit
des Congresses her. Das Werk der Diplomaten war schwerer, als
es der Soldat ansah. Deutschland ging in sich getheilt in diesen
Krieg und hatte unter seinen mächtigen Kampfesgenossen keinen, der
für seine Sache war. Diese Erbschaft geschehener Dinge zu verändern,
war Denen nicht gegeben, die Deutschlands Sache in dieser Zeit zu
führen hatten, obwohl es nicht an Männern von Einsicht und Willen
unter ihnen fehlte. Es ist kein erfreulicher Theil der Geschichte von
1815, der danach noch vor uns liegt, es ist aber ein ernster und lehr-
reicher Theil, der nicht vergessen werden darf. Ich beschränke mich
dabei, so viel es angeht, auf den Verlauf der deutschen Angelegenheit. Auch die Waffen haben noch einen Antheil an der Geschichte
dieser Tage; doch waren, was auch Ehrenvolles geschah, ihre Thaten
nicht groß genug, um noch vielen Einfluß auf den Verlauf der Dinge
zu üben.

2. Als nach der ersten Unglückspost die Nachricht von Belle-
Alliance ins große Hauptquartier nach Heidelberg kam; da war es
bei den Staatsmännern, bei den Heeren und bald danach auch weit

umher im deutschen Lande, wie der Dichter der „Siegesbotschaft"
singt:

> „Da schwingt sich's über'm Rhein empor
> Und bricht den düstern Wolkenflor:
> Ist's stolzer Adler Sonnenflug?
> Ist's tönereicher Schwäne Zug?
>
> Es rauscht und singt im goldnen Licht:
> Der Herr verläßt die Seinen nicht,
> Er macht so Heil'ges nicht zum Spott,
> Viktoria! mit uns ist Gott!"

Viele Briefe, welche die Glückwünsche nach Blüchers Heer hinüber
sendeten, bezeugen den Jubel, der kein Ende nehmen wollte.[1]) Er-
staunt fragten Generale und Soldaten, wie es möglich gewesen sei,
daß ein geschlagenes Heer schon nach zwei Tagen einen solchen Sieg
habe mit erstreiten können. Und als erst die ganze Wahrheit bekannt
wurde, da zweifelte Metternich, ob ein östreichisches Heer das nach
Wochen vermocht hätte; Stein aber antwortete ihm, er möge daran
erkennen, was die sittliche Kraft bedeute.[2])

Der Zug der Dinge, der bisher im Rath der Monarchen und
der Diplomaten ein überaus langsamer gewesen war, nahm jetzt einen
raschen Verlauf. Die Heere, welche in müßiger Waffenruhe an der
Grenze standen, waren begierig, den Befehl zu hören, der auch sie zu
einem Antheil an der Ehre dieses Krieges rufen sollte, und die Fürsten
ließen sie nicht warten. Es galt zugleich, daß den Feldherrn in den
Niederlanden nicht allein die ganze Entscheidung des Krieges bleibe,
daß außer England und Preußen auch die andern Bundesgenossen
noch in den Gang der Dinge eingriffen, dessen Ende sie mit zu bestimmen dachten. Der Kaiser Alexander von Rußland empfand das
vor den andern; ihm war sogar der Sieg viel zu groß, er erkannte,
daß ihm diesmal die erste Ehre schon von andern genommen sei, er
vermochte seine Verstimmung darüber nicht zu verbergen.[3]) Es war
ihm um so unwillkommener, als er so wenig, wie die andern über
die Hauptfrage, was nach dem Kriege werden solle, sich klar geworden
war. Man hatte in Heidelberg nur darüber hin und her gesprochen,
ohne zu einem Plane oder Ziel zu kommen; der niederländische Gesandte von Gagern berichtete noch am 27. Juni an seinen Hof, daß

---

1) Archiv d. Gnlftbs. in Berlin. C. 3. II.
2) Pertz. Das Leben Steins IV. 460.
3) Bernhardi I. 422.

die Meinung von Europa auf's äußerste getheilt sei.[1] Jetzt indessen waren die lange verhandelten, mühsam vereinigten Kriegspläne vergessen, die östreichischen Generale dachten nicht mehr an das Hochland von Langres und an den wissenschaftlichen Zusammenhang des Kriegs: man suchte nur die bisherige Zögerung auszugleichen. Aber der vielköpfige Heerbefehl brachte es weit schwerfälliger zur wirklichen Bewegung, als es im ersten Eifer den Anschein hatte; und ehe das Ziel erreicht werden konnte, waren zwei wichtige Ereignisse geschehen: die Uebergabe von Paris und die Rückkehr Ludwigs XVIII. in seine Hauptstadt.

3. Wir wissen aus dem 6. Kapitel des 1. Buchs, daß sich am Oberrhein zu Anfang Juni die Heere von Oestreich und Süddeutschland versammelten und daß das russische Heer gegen Mannheim und Mainz heranahte. Der Vormarsch über den Rhein begann, sowie die ersten Nachrichten vom Ausbruch der Feindseligkeiten in Belgien hierher gelangt waren. Fürst Wrede, der mit seinen 57,000 Baiern das 4. Corps der Oberrheinarmee bildete, war zuerst in Bewegung; es wurde ihm noch ein russisches Corps von 10,000 M. unter General Lambert zugetheilt, um die Verbindung zur Rechten nach dem norddeutschen Bundescorps unter Kleist zu vermitteln; das russische Hauptheer unter Barclay de Tolly sollte den Baiern folgen. Wrede überschritt am 19. Juni den Rhein bei Mannheim und Oppenheim und erreichte über Landau und Saarbrücken bis zum 28. Juni die Gegend von Nancy und Lüneville; bei Landau und Dahn am 20. Juni, sowie bei Saarbrücken und Saargemünd am 23. waren Vorpostengefechte, in welchen die Baiern gegen 100 M. verloren, und einige hundert Gefangene machten. Wrede mußte nun 4 Tage stehen bleiben, um die nachrückende Hauptarmee zu erwarten. Inzwischen brach der russische General Tschernitscheff mit seinem Streifcorps gegen Chalons sür Marne auf, ließ, als er dort Widerstand fand, seine Reiter absitzen, gewann die Stadt mit Gewalt, nahm ein paar hundert Gefangene mit 6 Kanonen (3. Juli) und rückte weiter gegen die Seine vor. Fürst Wrede setzte seinen Marsch am 2. Juli fort und kam über Chalons und Chateau-Thierry am 10. nach Ferté sous Jouarre.

Zur Linken Wredes überschritt der Kronprinz von Würtemberg mit dem 3. Corps der Oberrheinarmee, dem noch die Division des Generals v. Walmoden zugetheilt war, am 23. Juni den Rhein bei Germersheim und trieb die Franzosen über Weißenburg und Hagenau

---

[1] H. C. v. Gagern. Mein Antheil an d. Politik. V. 64.

vor sich her; es kam dabei am 26. Juni bei Surburg und Selz zu lebhaften
Gefechten, am 28. Juni in der Nähe von Straßburg zu einem größern
Treffen General Rapp mit 19,000 M. Linie und einigen tausend Nationalgarden hatte die Stellung an der Suffelbach besetzt: in der Mitte lagen
die Dörfer Lampertheim und Mundolsheim, zur Linken Pfulgriesheim,
zur Rechten Reichsstatt und Suffelweyersheim; die Stellung hatte längs
der ganzen Fronte durch die Suffelbach und zwei kleinere Zuflüsse derselben, sowie durch ausgedehnte schwer zugängliche Weinberge viele Festigkeit. Der Kronprinz von Würtemberg war, wie es scheint, nicht gefaßt,
noch vor Straßburg auf bedeutenden Widerstand zu stoßen. Er ließ
erst um Mittag sein Corps von Brumath aus antreten; Prinz Emil
von Hessen-Darmstadt mit seiner Division war an der Spitze und
marschirte auf der Hauptstraße gegen die Festung. Sowie man auf
den Feind stieß, eröffnete er nach kurzer Recognoscirung den Angriff
gegen dessen Mitte. In dem Maße, wie man die Stärke der feindlichen Stellung erkannte, entwickelten sich dann die anderen Truppen
aus der Tiefe der Marschcolonne [1]): die östreichische Brigade Czollich
folgte den Hessen, die sich zum Angriff rechts gezogen hatten, auf der
Straße; 3 Brigaden würtembergischer Infanterie rückten zur Linken
in der Ebene vor, zwischen ihnen und der Mitte bewegte sich die
würtembergische Reiterei; zur Rechten sollte Fldmschllt. Kinsky mit
der östreichischen Brigade Luxem und 12 Schwadronen Husaren die
feindliche Stellung umgehen. Es waren in runder Zahl 18,000 Oestreicher, 14,000 Würtemberger, 8000 Hessen, zusammen 41,000 M.; 3000
Würtemb. waren in Hagenau beim Park zurückgeblieben. Die Hessen eröffneten den Kampf um 3 Uhr nachmittags, nahmen nach einem lebhaften
Feuer das Dorf Lampertheim, drangen jenseits durch die Weinberge
und gewannen einen Theil von Mundolsheim; da verstärkten sich die
Franzosen und warfen die Angreifer bis Lampertheim zurück, das Gefecht zog sich in mehrstündigem Feuer ohne Entscheidung fort. Inzwischen griffen die Würtemberger an; sie gewannen Reichsstatt ohne
Widerstand, gegen Suffelweyersheim aber blieben ihre Anstrengungen
vergebens; die Artillerie konnte nicht über den Bach vorgebracht werden und die Infanterie hatte Mühe, sich im heftigen Feuer zu behaupten. Zur Rechten stieß die Umgehung des Fldmschllt. Kinsky auf

---

1) So erklärt sich, nach den im Gr. Hess. Kriegsarchiv vorliegenden Berichten,
der Verlauf am natürlichsten; Plotho (Krieg des verbündeten Europa, Berlin 1818,
IV. 219) und Damitz (Gesch. d. Feldzugs v. 1815. II. 209) geben den, hiernach
unrichtigen, Eindruck, als habe der Kronprinz nach einem vollständig disponirten
Plan angegriffen.

große Schwierigkeiten. Endlich gegen Abend gelang die Entscheidung.
Die württembergische Reiterei nahm in tapferem Anlauf an der Suffel-
brücke auf der Hauptstraße eine Batterie von 6 Kanonen, der Kronprinz ließ die Stelle durch eine schwere Batterie besetzen, welche die
feindliche Linie mit Erfolg beschoß; zugleich zeigte sich die Umgehung
der Oestreicher auf der Rechten wirksam, und die Hessen nahmen die
Weinberge und Mundolsheim. Die Franzosen gingen auf allen Punkten
unter die Kanonen von Straßburg zurück, ihr Verlust soll 2 oder
3000 M. betragen haben; die Verbündeten verloren 1296 M., darunter 49 Offiziere. Der Kronprinz schloß am 29. Juni Straßburg
ein. Der General Rapp hatte ihm schon am 26. die Abdankung Napoleons angezeigt und daraus auf eine Aenderung in den feindlichen
Absichten der Verbündeten geschlossen; [1] er erhielt aber keine Antwort. Am 4. Juli wurde der Kronprinz von den Oestreichern abge-
löst und erreichte über Luneville am 10. Juli Mirecourt.

Die östreichische Hauptarmee, 102,000 M. stark, war am 26. Juni
bei Basel und Rheinfelden über den Rhein gegangen, um sich danach
dreifach zu theilen. Zur Linken wendete sich Graf Colloredo mit dem
1. Corps, 24,000 M., gegen Gnl. Lecourbe und trieb ihn durch eine
Reihe von Gefechten (27. Juni bis 2. Juli), die den Oestreichern im
Ganzen 1100 M. kosteten, nach Belfort zurück. Lecourbe, der nur 5000
M. Linientruppen und vielleicht ebensoviel Nationalgarden hatte, bat um
Waffenstillstand, Colloredo wollte ihn gegen die Uebergabe der Festung
gewähren; sie wurde verweigert, die Oestreicher nahmen in einem lebhaften Treffen, das ihnen über 1000 M. kostete, die umliegenden Dörfer
(8. Juli) und hielten Belfort von da an eng eingeschlossen. — In der
Mitte ging der Erzherzog Ferdinand mit dem Reservecorps 44,000 M.
über Colmar und Lüneville auf Doulevant, wo er am 10. Juli eintraf.
Zur Rechten zog Fürst Hohenzollern mit dem 2. Corps 31,000 M. rhein-
abwärts nach Straßburg und löste dort den Kronprinzen von Würtemberg ab.

Die russische Hauptarmee, 150,000 M., erreichte bis zum 10. Juli
die Gegend von Chalons und Nancy, ein Theil der Reservereiterei
war noch zurück bei Saarburg, der Feldmarschall Barclay-de-Tolly
hatte am 8. Juli sein Hauptquartier in Bar le Düc.

Am 7. Juli kam die Nachricht der Uebergabe von Paris. Von
nun an lag kein Ziel für einen Kriegszug mehr vor den verbündeten
Heeren; ihre weitere Bewegung war nur eine Vertheilung über die
nordöstlichen Provinzen Frankreichs. Auch der Vormarsch bis hierher

---

[1] v. Gagern. Mein Antheil V. 57.

hat im Vergleich zum Feldzug von Belle=Alliance kaum das Aussehen
eines ernstlichen Kriegs. Rasch waren nur die Baiern und die Russen
vorgegangen, die ersteren namentlich hatten in 20 Tagen 70 Stunden
zurückgelegt. Bei der unverhältnißmäßigen Uebermacht der Verbün=
deten und dem wiederholten gewagten Widerstand der Franzosen
im offenen Feld hätten die Erfolge größer sein müssen. Indessen
ist damit nicht gesagt, daß der Krieg diese bequeme Art auch dann
angenommen hätte, wenn Napoleon selbst mit seinem Heer am Ober=
rhein erschienen wäre: es wächst der Mensch, wenn die Nothwendigkeit
eines größeren Zieles vor ihn hintritt, und wo es zum Schlagen kam,
haben die Truppen gezeigt, daß auch Größeres mit ihnen zu erreichen war.

4. Im Uebrigen ist es auffallend, daß die Verbündeten bei ihrer
großen Zahl und der damit gegebenen Möglichkeit sich weit über das
Land zu verbreiten, der Volkserhebung, die ihnen in den Weg trat,
nicht schneller Herr wurden. Diese konnte am Verlauf des Kriegs
natürlich nichts ändern; allein sie war auch diesmal, wie 1814, nicht
unbedeutend und gab einen merkwürdigen Beweis, wie gerade in die=
sen, zum Theil einst deutschen Provinzen die Bewohner von kriege=
rischem Sinn erfüllt und für das Kaiserreich wie für die ganze Ord=
nung von 1789 zu den Waffen zu greifen bereit waren. Es bildeten
sich im Elsaß, in Lothringen, in Burgund, in der Franche Comté
eine Menge von Streifschaaren unter dem Befehl von gedienten Offi=
zieren, die, von der Natur des Landes und der Menge der festen
Plätze begünstigt, einzelne Soldaten und kleinere Trupps überfielen
und niedermachten, Ordonnanzen und Eilboten aufhoben, Wagenzüge
ausplünderten und sich sogar daran wagten, aus gesichertem Versteck
unter die marschirenden Colonnen zu schießen. Es wurden Streifzüge
dagegen ausgeschickt, es wurden Aufständische, die man auf der That
ergriffen hatte, standrechtlich erschossen; doch verfuhr man nicht mit
der nöthigen Entschiedenheit und Thätigkeit, namentlich zeigte man zu
wenig Ernst gegen die Festungen, die immer bereite Zufluchtsstätten
für diese Banden blieben. In der Nacht zum 4. Juli wäre sogar
beinahe das Hauptquartier der Monarchen in Saarburg überfallen
worden; der Escadronschef Bricce hatte 1500 M. dazu gesammelt,
als die Absicht durch einen verfrühten Ueberfall seiner Leute gegen
die Quartiermacher verrathen wurde. [1] Wahrscheinlich von der näm=
lichen Schaar wurden am 5. Juli zwei Adjutanten des preußischen
Kriegsministers v. Boyen mit dem Wagen, der seine Papiere enthielt,
angefallen und weggeführt; ein paar Tage danach fielen ein hessischer

---

1) Damitz. II. 225.

und ein öftreichifcher Soldat in ihre Hände, der erftere wurde nieder=
gemacht, der andere kam verwundet und gänzlich ausgezogen in die
nächfte Station. [1] Am 26. und 27. Juli überfiel eine Bande von
100 M. zu Pferde die Stadt Merzig an der Saar, nahm eine Anzahl
vornehmer Einwohner in Gewahrfam, plünderte ihre Häufer und er=
preßte eine Contribution von 1200 Franken. Als fie nach einigen
Tagen wiederkam, wurde fie durch die bewaffneten Bewohner ver=
jagt; man vermuthete, daß die Befatzung von Saarlouis bei dem
Unternehmen betheiligt war. [2] So dauerte in vielen ähnlichen Vor=
fällen diefer kleine Krieg bis tief in den Sommer fort; ein Zeichen
zugleich vom Haß gegen die fremde Eroberung und von der Verwil=
derung und Auflöfung, die in Heer und Volk eingeriffen waren.

5. Das Hauptquartier der Monarchen war inzwifchen, unter Be=
deckung eines ruffifchen Heertheils unter Rajewski, am 27. Juni von
Mannheim aufgebrochen und hatte am 30. Hagenau erreicht. Noch
am Tage des Aufbruchs hatten Metternich und Neffelrode eine Zu=
fchrift an den Herzog v. Wellington wegen der franzöfifchen Waffen=
ftillftandsanträge erlaffen. Sie erklärten darin die Abdankung Napo=
leons für wirkungslos, da er kein Recht auf die Krone gehabt, fie
verwahrten fich gegen jede Anerkennung der aus Jakobinern zufam=
mengefetzten proviforifchen Regierung, fie fagten, daß der Vormarfch
der Heere ohne allen Aufenthalt fortgefetzt werden müffe. [3] Das
waren die Anfichten im Hauptquartier, als jene erfte Parifer Gefandt=
fchaft, von der ich zu Ende des zweiten Buchs berichtet habe, am 30.
Juni von Laon her in Hagenau eintraf. Sie wurde weder von den
drei Monarchen noch von den leitenden Miniftern amtlich empfangen:
alles, was fie erlangen konnte, waren einige Befprechungen mit be=
fonderen Bevollmächtigten von Rußland, Oeftreich, England und Preu=
ßen. Es zeigte fich dabei aufs neue die Abneigung gegen die Bour=
bons und d'Argenfon äußerte: wenn die Verbündeten diefe zurück=
führen wollten, könnten fie gleich felbft da bleiben, um fie auf dem
Throne zu erhalten; dafür wurden auch hier der Herzog v. Or=
leans, der König v. Sachfen, der König der Niederlande als Beherr=
fcher genannt, die Frankreich annehmen würde. Lord Stewart, der
Vertreter Englands, aber, welcher die anderen Bevollmächtigten faft
gar nicht zum Worte kommen ließ, machte die Kammern und die
Regierung in Paris mit derben Worten herunter, fprach mit Nach-

---

1) Boyen an Knefebeck. Archiv d. Gnlftbs. D. 118.
2) Tagebuch des 6. Armeecorps. Archiv d. Gnlftbs. E. 50.
3) Gagern. Mein Antheil V. 63.

druck vom legitimen König, den Frankreich habe, und erklärte zuletzt, es fehle ihm die Vollmacht, mit den Franzosen zu unterhandeln. Die Gesandtschaft trat am 2. Juli über Basel den Rückweg an; sie hatte keinerlei Erfolg davon getragen, namentlich keinen Stillstand der feind= lichen Heere erlangt; doch Lafayette meinte, es sei ein Anfang ge= wonnen, die verbündeten Mächte würden die Wünsche der Kammern nicht abweisen. Die Monarchen ihrerseits setzten ihren Weg über Saarburg und Nancy fort. Als Rittmeister Fröhlich, ein Adjutant Zietens, die Nachricht der Uebergabe von Paris brachte, nahm sie Kaiser Alexander sehr unfreundlich auf. Er hatte sein Heer nicht um= sonst Gewaltmärsche machen lassen; er hätte gerne selbst die Unter= werfung der feindlichen Hauptstadt herbeigeführt; auch hatte ihn jener Brief Blüchers aus Gonesse vom 1. Juli, worin vom östreichisch=bai= rischen Waffenstillstand mit Frankreich die Rede war, um ununter= brochenen Vormarsch ersucht. Darum ließ er den Abgesandten jetzt heftig an: [1] „Wenn Blücher mich nicht nöthig hatte, warum schreibt er? ihm zu willfahren bin ich Tag und Nacht marschirt, sehen Sie, wie meine Soldaten aussehen, die Zunge hängt ihnen aus dem Munde, ist das recht?" Indessen die Sache war geschehen, und die Mo= narchen erkannten, daß es vor allem darauf ankomme, bald in Paris zu sein. Am 9. Juli verließen sie die Truppen und reisten mit Post= pferden über Chalons und Meaux, unterwegs von bairischer Reiterei und von Kosacken beschützt. Am 10. abends trafen sie in der Haupt= stadt ein; aber schon hatten sich dort die Dinge wieder bedeutend verändert.

6. Ludwig XVIII. war, der Einladung Wellingtons folgend, von Cambrai aufgebrochen und am 5. Juli auf dem Schlosse Arnou= ville bei St. Denis eingetroffen. Am nämlichen Tage fanden sich im Hauptquartier Wellingtons in Neuilly Talleyrand und Fouché mit einigen Begleitern zu einer Unterredung zusammen, der auch noch der englische Gesandte Sir Stuart und der preußische, Graf v. d. Goltz, beiwohnten. Fouché, der die Sache am Tage vorher durch einen Unterhändler beim Herzog eingeleitet hatte, sprach viel von der Noth= wendigkeit einer allgemeinen Amnestie und der Annahme der drei= farbigen Cocarde; vor allem aber wußte er die Furcht zu erwecken, er könne mit der Regierung und den Kammern der Armee nach der Loire folgen. Geschah das, so stand es schlimm um die Sache Lud= wigs XVIII. Es half ihm dann wenig, daß er vielleicht schon in

1) Bernhardi 1. 427.

Paris war, wenn die Monarchen dort ankamen; denn es gab dann neben der seinigen noch eine andere Regierung in Frankreich, die über einen weit größeren Theil französischer Macht und Meinung zu gebieten hatte, als er selbst; und diese Regierung mußte denjenigen unter den Verbündeten, die ihn nicht wollten, einen mächtigen Grund und Anlaß geben, gegen ihn aufzutreten. Das also durfte nicht geschehen. Es kam vielmehr alles darauf an, daß die Regierung und die Kammern sich auflösten, daß der König im ungetheilten Besitz der Herrschaft war, ehe die verbündeten Fürsten in Paris eintreffen konnten. Fouché allein schien das ausführen zu können; er wurde den Engländern und der königlichen Partei ein nothwendiger Mann; Wellington, Talleyrand und viele andere waren für ihn thätig, daß ihn der König zum Minister mache, und selbst Graf Artois soll dafür gesprochen haben. In Wirklichkeit aber war eine ernstliche Gefahr, daß die Regierung und die Kammer der Armee folgen könnten, gar nicht vorhanden: denn ob auch in der ersteren Carnot, Quinette, Grenier dafür waren; so kam es doch vor allem auf die letztere an, und sie hatte bereits einen Vorschlag, der dahin ging, abgelehnt; sie wollte in Paris bleiben und ihre Verfassung vollenden. Das wurde natürlich auch nicht anders, als am 5. Juli die Gesandtschaft von Hagenau zurückkehrte. Lafayette erklärte in der Kammer, die Verhandlungen seien dort nur abgebrochen worden, weil der Vertreter Englands keine Vollmacht gehabt habe, sie würden in Paris fortgesetzt werden, die verbündeten Monarchen hätten nach wie vor die liberale Absicht, Frankreich in der Wahl seiner Regierungsform völlig freie Hand zu lassen. Eine ähnliche Erklärung ließ die Regierungscommission im Moniteur einrücken. Dazwischen war großer Rath unter der Regierung, den Ministern und den Mitgliedern der Gesandtschaft: Fouché legte darin die Nothwendigkeit von Verhandlungen mit dem Herzog v. Wellington in Neuilly dar; Lafayette hatte die Genugthuung unter allgemeiner Zustimmung zu erklären, daß die dort zu machenden Zugeständnisse nur gemeinsam berathen und beschlossen werden dürften, daß sie den Kammern mitgetheilt werden müßten, daß jede Verhandlung auf eigne Hand eine Infamie sei. Dann ging Fouché am 6. Juli wieder nach Neuilly, wo er bei Wellington zur Tafel geladen war und wurde vom Herzog selbst zu Ludwig XVIII. geleitet, der den „Königsmörder" als seinen Minister sehr gnädig empfing.

Die Beseitigung der Regierung und der Kammern, die sich im Grunde schon selbst aufgegeben hatten, wurde nun ohne Schwierigkeit vollendet. Als am 7. Juli die verbündeten Truppen in Paris ein-

rückten, gab Fouché gegen die übrigen Mitglieder der Regierung mit
kecker Stirne vor, die Mächte hätten einstimmig und unbedingt die
Wiedereinsetzung Ludwigs XVIII. verlangt. Als dann eine preu=
ßische Wache vor den Tuilerien aufzog und die Räumung des Pa=
lastes verlangte, gab dies den willkommenen Vorwand, den Kammern
die Auflösung der Regierung anzuzeigen. Fouché schrieb mit Zustim=
mung seiner Collegen an die beiden Präsidenten: „Bis hierher mußten
wir glauben, daß die verbündeten Souveräne in Beziehung auf den
Fürsten, der in Frankreich herrschen soll, nicht einstimmig seien, unsre
Bevollmächtigten haben uns bei ihrer Rückkehr dasselbe versichert.
Die Minister und Generale der verbündeten Mächte haben aber ge=
stern in der Conferenz, die sie mit dem Präsidenten der Regierung
hatten, erklärt, daß alle Souveräne sich verpflichtet haben, Ludwig
XVIII. auf den Thron zurückzuführen, und daß er heute Abend oder
morgen seinen Einzug in der Hauptstadt halten wird. Soeben haben
fremde Truppen die Tuilerien besetzt, wo der Sitz der Regierung ist.
Bei dieser Lage der Dinge können wir nur noch Wünsche für das
Vaterland hegen, und da unsre Berathungen nicht mehr frei sind,
glauben wir uns trennen zu müssen." Für die Kammer der Abge=
ordneten blieb hiernach im Grunde nur die Wahl, sich aufzulösen,
oder der Armee zu folgen und eine neue Regierung aus ihrer Mitte
zu ernennen. Statt dessen beschloß sie, in der Verfassungsberathung
fortzufahren, bis sie mit Gewalt getrennt würde, und begrüßte die
Verkündigung dieses Beschlusses mit rauschendem Beifall. Die Pairs=
kammer löste sich schweigend auf. Das Schreiben Fouchés aber er=
schien den nächsten Tag gedruckt im Moniteur und überraschte nie=
manden mehr, als die Verbündeten. Noch von Wien aus hatten
diese feierlich erklärt, daß sie den Krieg nicht führen wollten, um
Frankreich eine Regierung aufzunöthigen, England vor allen hatte
diese Erklärung veranlaßt; und jetzt sollten sie unter der Gewalt ihrer
Waffen einstimmig die Zurückführung des vertriebenen Königs ver=
langt haben! Wenn schon Oestreich und Preußen darüber beleidigt
waren, die nichts von dem ganzen Handel wußten; so waren die
englischen Staatsmänner noch mehr verletzt, denn diesen Anschein
wollten sie nicht haben, es sollte vielmehr nach ihrer Absicht der Kö=
nig gerade nicht durch das Machtwort der Sieger, sondern durch das
französische Volk zurückgeführt scheinen. Fouché aber war gegen die
Vorwürfe, die ihn darüber trafen, abgehärtet; denn öffentlich konnten
ihn jetzt, nachdem die Bourbons zurückgekehrt waren, die Verbündeten
nicht Lügen strafen.

Am 8. Juli hielt Ludwig XVIII. seinen Einzug in Paris. Fouché hatte dies durch einen Artikel im Moniteur angezeigt, der zugleich die Auflösung der Kammern ankündigte. Als die Abgeordneten zu ihrem Sitzungssaal kamen, wurden sie durch Nationalgarden abgewiesen; hierauf begaben sich ihrer dreiundfünfzig, mit Lafayette an der Spitze, in die Wohnung des Präsidenten Lanjuinais und unterzeichneten dort einen Protest. Des Königs Einzug aber war nicht wie ein Jahr vorher. Er kam, von den ihm treu gebliebenen Marschällen und Generalen umgeben, seine Haustruppen folgten ihm, die Nationalgarden riefen ihm ihr „Hoch der König" zu; das Volk aber war ohne Theilnahme, es hatte nach den Erfahrungen des letzten Jahres keine Begeisterung mehr für eine neue Regierung, am wenigsten für diese. Dabei mußte es der König mit ansehen, daß die preußischen Bataillone, die auf dem Carousselplatz unter den Fenstern der Tuilerien ihren Biwak hielten, sich in ihrem Leben und Treiben durch den Einzug nicht im geringsten stören ließen.

7. Ludwig XVIII. und selbst Wellington, der ihn hauptsächlich zurückgeführt hatte, mochten in der That, ob sie nun ihren Blick auf die Hauptstadt oder auf das Land richteten, wenig Ursache finden, sich jetzt schon ihres Erfolgs zu freuen. In Paris hatte Blücher den Generallieutnant v. Zieten zum Gouverneur bestellen wollen und gab dann dem Wunsche des Herzogs nach, daß Müffling zu der Stelle berufen werde; sonst aber war er durchaus nicht gemeint, dem Verbündeten zu willfahren und die Stadt zu behandeln, wie es vor 15 Monaten geschehen war. Er selbst wollte weder einen feierlichen Einzug, noch ein Quartier in der Stadt, er blieb zu St. Cloud. Dagegen legte er trotz der Warnungen Wellingtons vor der gereizten Stimmung, die er dadurch hervorrufen werde, und trotz der entgegenstehenden Wünsche des Königs, die ihm Graf Bournonville überbracht hatte, seine Soldaten zu den Bürgern ins Quartier; sodann ließ er alsbald mit der Zurücknahme der geraubten Kunstschätze beginnen: er gab den Befehl, daß die Brücke von Jena gesprengt werden sollte; er legte endlich der Stadt eine Kriegssteuer von 2 Millionen Franken, sowie die Ausrüstung und Bekleidung für 110,000 M. und die Auszahlung eines zweimonatlichen Soldes für die Armee auf.[1] Wellington, der eben erst auf eigne Hand und gegen die Meinung seiner Verbündeten Frankreich einen König gegeben hatte, bestritt das Recht zu solcher

---

1) So gibt Gneisenau in 2 Briefen an Knesebeck die auferlegte Leistung an. Archiv des Gnlstbs. D. 118.

Forderung, die nur im Rath der versammelten Monarchen beschlossen werden könne. Blücher seinerseits ließ sich nicht irre machen. Gneisenau schreibt, er habe es gegen Wellington und Lord Castlereagh durchgefochten, daß der Armee diese Entschädigung für ihre Siege gebühre, und der Herzog in der That durfte, wenn er an Spanien dachte, am wenigsten etwas dagegen einwenden. Auch hätten, sagt Gneisenau, selbst des Königs Minister nicht die Gerechtigkeit, sondern nur die Höhe der Forderungen bestritten; Paris aber könne sie ohne Zweifel leisten, denn es habe in einem Jahre 144 Millionen Franken Einkünfte. Die Sache wurde später, wie wir sehen werden, unter Zustimmung des Königs von Preußen, zum Theil in anderer Weise geschlichtet. Auch gegen die Sprengung der Brücke von Jena that Wellington vergeblich Einsprache; er berief sich auf die Uebereinkunft von St. Cloud, welche das „öffentliche Eigenthum" sicherstellte, Blücher verwies auf den Artikel, der „öffentliches Eigenthum, das sich auf den Krieg beziehe", davon ausnehme. Noch am 10. Juli erging der erneute Befehl an Zieten, dieses „zu unsrer Beschimpfung errichtete Denkmal" baldigst zu vernichten; er solle sich darin durch keinerlei Einwendungen, selbst nicht von englischer Seite, irre machen lassen [1]). Die Brücke wurde nur dadurch gerettet, daß der erste Versuch der Sprengung, mit zu geringen Mitteln unternommen, nur wenige Quadern beschädigte. Ehe der Versuch wiederholt werden konnte, waren die Monarchen angekommen; und König Friedrich Wilhelm befahl die Erhaltung der Brücke unter anderem Namen; es war größer gedacht als die Sprengung, nach dem Worte, das Kaiser Alexander gesagt hatte: ihm sei es genug, als Sieger über die Brücke von Austerlitz gezogen zu sein. Was dagegen die geraubten Schätze der Kunst und der Wissenschaft anging, so fand auch Wellington, daß die Verbündeten die Zurücknahme derselben ihren Völkern schuldig seien, und wies die Bitte der Franzosen um seine Verwendung mit der Bemerkung zurück, sie möchten sich die Lehre der Sittlichkeit, die darin liege, zu Herzen nehmen. Auch folgten die anderen Mächte darin sehr bald dem Beispiel Blüchers; und Deutschland verdankt es den Bemühungen preußischer Staatsmänner, besonders Humboldts und Eichhorns, daß bei dieser Gelegenheit unter anderem ein kostbarer Theil der Pfälzischen Bibliothek, der einst durch Tilly und Maximilian v. Baiern nach Rom gekommen war, der Universität Heidelberg zurückgegeben wurde. [2])

1) Archiv des Gnlstbs. in Berlin. D. 17.
2) Pertz. Das Leben Steins. IV. 473.

Die Franzosen aber hatten in diesem Raube aus allen Ländern gerade ein besonderes Zeichen ihrer Größe gesehen; sie vergaßen es ihrem König nicht, daß er sie nicht davor bewahren konnte und dem Fürsten Talleyrand nicht, daß der graue Diplomat, wo Sein und Nichtsein auf dem Spiele stand, die Quälereien wegen der Rettung der Kunst= schätze mit den Worten abwies: „Das ist nicht der Rede werth".[1]

Und doch war die Last, die auf dem Lande lag, fast noch größer, als die seiner Hauptstadt. Zur Zeit, als der König in diese einzog, waren von allen Grenzen her die feindlichen Heeresmassen eingebro= chen und hatten die Provinzen überschwemmt. Wir wissen es schon von der preußischen und englischen Armee und von den Hauptheeren am Oberrhein. Zu gleicher Zeit ungefähr wie die letzteren hatte Ge= neral Frimont in Piemont seinen Vormarsch angetreten. Die Streit= kräfte waren sehr ungleich: Frimont führte 50,000 Oestreicher und 10,000 Sardinier, Marschall Suchet verfügte an regelmäßigen Truppen nur über 9000 M.; doch hatte der letztere den Vortheil, daß er die Alpenpässe, namentlich in Savoyen, vor seinem Gegner besetzte. Fri= mont theilte sein Heer: den stärkeren Theil führte er selbst durch Wallis auf Genf und Lyon; mit den anderen rückte General Bubna durch Savoyen vor. In einem beschwerlichen Feldzug durch eine Reihe von Gefechten, wo es meist die Wegnahme starker Stellungen galt, dräng= ten Frimont und Bubna ihre Gegner nach Lyon zurück; am 9. Juli ergaben sich die Festung Grenoble und das Fort l'Ecluse an der Rhone; am 12. wurde mit Marschall Suchet ein Waffenstillstand abgeschlossen, wonach dieser hinter die Loire zurückging und die Oestreicher am 14. in Lyon einrückten. Frimont ging hierauf mit einem Theil seiner Truppen gegen Chalons s. Saone und Besançon, trieb die schwachen französischen Abtheilungen überall zurück und vollzog bei Dijon die Verbindung mit dem Heere vom Oberrhein. — So war der nordöst= liche Theil von Frankreich, vom Canal bis zum Genfer See, von einer feindlichen Heeresmasse besetzt, die schon jetzt über 600,000 M. betrug und sich noch durch neuen Zuzug verstärken sollte.

Wie sich diese Heere über die Provinzen vertheilten, und wie sie während der Friedensverhandlungen in Paris zum Theil noch den Krieg um die Festungen fortsetzten, werde ich unten noch in Kürze berichten; gewiß ist, daß in diesen Landstrichen der König kaum dem Namen nach etwas galt und daß das Land von der Masse der Feinde, die es ernähren mußte, schwer gedrückt war. Dazu kam, daß auch

---

1) „Ah ce n'est pas une affaire." Schaumann. Geschichte des 2. Pariser Friedens. S. 225.

im andern größern Theil von Frankreich die Herrschaft des Königs
noch sehr unsicher war. Hinter der Loire stand die Hauptarmee von
50,000 M.; sie war voll Abneigung gegen das königliche Haus und
es bedurfte großer Vorsicht, um sie ohne fremde Hülfe theils zu gewinnen, theils aufzulösen und umzugestalten. In ähnlichem Verhältniß, wenn auch innerlich weniger zerrüttet, waren die Heertheile unter
Rapp, Lecourbe, Süchet, Brüne, Clauzel, Lamarque, zusammen etwa
50,000 M.; Rapp war in Straßburg, Lecourbe in Belfort, Süchet
hinter der Loire, Brüne in der Provence; Lamarque hatte noch vor
Napoleons Sturz den Aufstand in der Vendée besiegt und Friede gemacht. Einen Widerstand hatte Ludwig XVIII. von diesen allen nicht
zu besorgen, aber sie waren doch, wie außer ihnen noch eine große
Zahl von Festungen, eine Erbschaft Napoleons, die nicht leicht anzutreten war. Und über alledem die tiefe Spaltung und Auflösung im
Volk, die Gleichgültigkeit und Ermüdung der Masse; der alte Haß
der Parteien, der wilde Uebermuth der Königlichen, der Trotz und
innere Grimm der Bonapartisten und Republikaner. Schon war an
einer Stelle ·der innere Krieg zu blutigem Ausbruch gekommen. In
Marseille hatte sich auf die Nachricht der Niederlage von Belle-Alliance
das Volk erhoben, die Garnison und die kaiserlichen Beamten verjagt,
die weiße Fahne aufgepflanzt und das Zeichen der neuen Herrschaft
mit Plünderung und Mord besudelt. Und schon regte sichs an vielen
Orten im Süden gegen die Protestanten; der Geist der Verfolgung
war erwacht, er rüstete sich zu einem Rachezug für die fünfundzwan-
zigjährige Herrschaft der Republik und des Kaiserreichs, es war als
sollte ihre ganze Erinnerung getilgt, als sollten mit ihrer Gewalt und
Unterdrückung auch die Wohlthaten von Befreiung und Bildung, die
sie gebracht, auf einmal vernichtet werden.

8. Das waren die Zeichen, unter denen das neue Königthum,
das Werk der englischen Staatsweisheit, seine Herrschaft antrat. Seine
Gründer sahen sie nicht oder täuschten sich über ihre Größe, denn der
Mensch will niemals Gefahr und Verderben, die vor ihm liegen, ganz
erkennen. Beim König selbst überwand der Glaube an die Erbschaft
des heiligen Ludwig die Furcht; bei seinem Hofe und seiner Partei
kam das Gefühl des Siegs und der Vergeltung hinzu; bei seinen
Staatsmännern war das Vertrauen in ihre kluge, selbstsüchtige, weltge-
wandte Staatskunst. Bei dem Feldherrn und den Gesandten Englands
war der Blick kalt und nüchtern auf die Befestigung des Friedens und
der Ordnung gerichtet; wie aus der Verwirrung aller gestaltenden
Kräfte in Frankreich eine Zukunft werden sollte, das konnten und

wollten sie nicht sehen. So ergriff man die nächste Aufgabe. Es galt vor allen Dingen Friede mit den Siegern zu machen, das Land von der Last der Heeresmassen, den Thron des Königs von der Umgebung der fremden Waffen zu befreien. Dazu war Englands Freundschaft allein nicht genügend; die deutschen Mächte, Preußen voran, standen als Sieger mit drohenden Forderungen im Lande; es bedurfte einer zweiten mächtigen Freundschaft. Was lag näher als die Hülfe Rußlands zu suchen? Der König wußte den Gedanken zurückzudrängen, wie wenig das Haus Romanow dem Hause Bourbon ebenbürtig sei, er überwand den Hochmuth vom vorigen Jahr. Die Monarchen waren am Abend des 10. Juli angekommen; der Kaiser Alexander war im Elysée Bourbon abgestiegen, demselben Palast, den Napoleon zuletzt bewohnt hatte. Ludwig XVIII. machte ihm noch zur nämlichen Stunde seinen Besuch und überreichte ihm den Orden des heiligen Geistes, den Alexander nach den Statuten gar nicht haben durfte, da er nicht der römisch-katholischen Kirche angehörte. Auch zwei Stellen im neuen Ministerium des Königs sollten mit besonderer Rücksicht auf den russischen Kaiser besetzt werden. Die Schritte blieben nicht ohne Wirkung, doch waren sie für sich zu klein, um den Gang der Dinge zu bestimmen. Es mußten zu der besonderen Stellung Englands der Vortheil und die Wünsche des russischen Kaisers und seines Staates, es mußte der getheilte Wille Deutschlands hinzukommen. Aus diesen Ursachen ist es geschehen, daß jenem ersten Jubel, der von der großen Siegesnachricht aus durch die deutschen Lande ging, schon nach wenig Monaten die Enttäuschung um die verlorne Frucht folgen mußte.

Zweites Kapitel.

Die Friedensverhandlungen bis zur Einigung der verbündeten Mächte.

(19. September.)

1. Friedensverhandlungen pflegen sonst zwischen den beiden Theilen ausgetragen zu werden, welche die Waffen gegeneinander getragen haben; nach dem Kriege von 1815 war es anders. Frankreich, schon durch Blücher und Wellington allein besiegt, war von mehr als einer halben Million fremder Soldaten überschwemmt, es mußte sich einfach den Bedingungen der Sieger unterwerfen. Alles was von der Möglichkeit eines Widerstandes nachher noch gesagt wurde, beruhte auf Absicht oder Gespensterfurcht. Es kam nur darauf an, daß die Sieger unter sich über ihre Forderungen einig wurden; das war der

wahre Inhalt aber auch die Schwierigkeit der Friedensverhandlungen. Napoleon gegenüber waren die verbündeten Mächte einig gewesen, Frankreich und seiner neuen Regierung gegenüber waren sie nicht einig. Es dauerte fast einen Monat, ehe der Zwiespalt nur recht offenbar wurde; es dauerte dann noch zwei Monate, bis durch allen Widerstreit der Standpunkte, der Hoffnungen, der Täuschungen hindurch die unerbittliche Wirklichkeit zur Erscheinung kam.

2. Die Behandlung der großen Frage schlug gleich von Anfang dieselben Wege ein, welche die ähnlichen Fragen auf dem Wiener Congreß genommen hatten. Die vier großen Mächte bildeten unter sich einen Ministerrath, der sich über die Friedensbedingungen verständigen sollte, ehe sie der französischen Regierung vorgelegt würden. Jede der Mächte war in diesem Rath durch drei Bevollmächtigte vertreten; es führten die Stimme für Rußland: Nesselrode, Capodistria und Pozzo di Borgo; für England: Castlereagh, Wellington und Sir Charles Stuart; für Oestreich: Metternich, Wessenberg und Schwarzenberg; für Preußen: Hardenberg, Wilhelm v. Humboldt und Gneisenau. Metternich hatte wieder den Vorsitz; daneben bildete er mit Nesselrode, Castlereagh und Hardenberg noch einen engeren Rath. Es war also, wie natürlich, die Sache wieder in die Hände Derjenigen gelegt, welche die Macht hatten; und es geschah dann auch, wie in Wien, das andere wieder, daß die Dinge nicht eigentlich im vollen Ministerrath die entscheidende Richtung bekamen, sondern durch Verhandlungen zwischen den mächtigen Fürsten und ihren Rathgebern, die ihre besonderen Wege nahmen. Die Mittleren und die Kleinen fanden auch diesmal keinen Zutritt zu den Verhandlungen und blieben von jedem Einfluß fast noch mehr ausgeschlossen als zu Wien. Spanien, Schweden und Portugal, die dort noch dem Namen nach mitgesprochen hatten, waren im Grunde von selbst zurückgetreten, da sie keinen Theil am Kriege genommen, der auch ihre besonderen Interessen wenig oder gar nicht berührte. Die deutschen Staaten dagegen hatten große Opfer für diesen Krieg gebracht, der Friede betraf bei vielen unmittelbar Dasein und Bestand; und es war ihnen auch beim Beitritt zum großen Bunde vertragsmäßig zugesichert worden, daß sie, soweit es ihre Sache betreffe, bei den Verhandlungen mitwirken sollten [1]. Allein es war diesmal kein Talleyrand da, der ihre Sache führen wollte; die vier Mächte blieben auch darin bei dem früheren Verfahren. Ihre Stellung aber untereinander und zu ihrer

---

[1] Z. B. im Art. 4. der Verträge mit Baden und Hessen-Darmstadt. Klüber. Acten des Wiener Congresses. IV. 430 437.

Aufgabe war keineswegs mehr dieselbe, die sie, namentlich zu Anfang, in Wien gewesen war. Im Oktober 1814 waren noch große Gedanken und Worte für ein neues Zeitalter des Friedens unter den Verbündeten, die soeben Napoleons Weltherrschaft gestürzt hatten: nicht bloß das Gleichgewicht, die gerechtere Machtvertheilung, auch die wahre Freiheit glaubten sie Europa schuldig zu sein. Im Juli 1815 hatten die edlen Plane, die damals den Kaiser von Rußland bewegten, eine andere Gestalt angenommen, und die Staatsmänner Englands suchten die Bürgschaft des Friedens auf ganz anderen Wegen, als in der Aufrichtung einer wirklichen Mittelmacht in Europa. Der Congreß mit seinen Bündnissen und Gegenbündnissen, mit seinen Schwankungen und seinem Ausgang, der überall nur der Selbstsucht Recht zu geben schien, hatte seine Frucht getragen. Dann war der große Krieg gekommen und hatte die letzte Kraft der Völker in Anspruch genommen und hatte die letzten Gedanken an freie Staatsordnungen mit den Schreckbildern von Bonapartismus und Revolution überfluthet. Trotz des ruhmvollen Siegs war ein neuer Schritt zu der kommenden großen Vorherrschaft von Stillstand und Unterdrückung in der Bewegung Europas geschehen.

3. Wie indessen selbst die größten Staatsmänner bei kommenden Entscheidungen zwischen Furcht und Hoffnung getheilt bleiben, weil sich mitten im Strome der Ereignisse die Richtung desselben nie mit Gewißheit voraussehen läßt; so harrte auch die Regierung Ludwigs XVIII. mit Sorge der Forderungen, die aus dem Rath der vier Mächte hervorgehen würden. Sie konnte, so wenig noch amtlich ausgesprochen war, deutlich sehen, daß Preußen diesmal eine wirkliche Sicherheit gegen Frankreichs Uebermacht und Uebergriffe verlangen, daß es die Rückgabe des alten Raubs, die natürliche Grenze verlangen würde; sie mußte auch von Metternich und selbst von Kaiser Franz Aeußerungen, die auf dieselbe Absicht deuteten. Dazu kam die verzweifelte Lage im Innern, aus der die Abenteuerlichkeiten hervorgehen konnten, daß sich am Hofe eine Partei bildete, die Frankreich südlich der Loire als Königreich Gascogne dem Grafen Artois geben wollte; daß Lyon, die zweite Stadt des Staates, durch eine besondere Gesandtschaft beim Kaiser Franz um Erklärung zur freien Reichsstadt nachsuchte. [1] In solcher Lage brachte fast jeder Tag aufs neue die Nothwendigkeit, die mächtigen Freunde festzuhalten. Wie mit England schon lange, mit Rußland gleich bei der Ankunft des Kaisers angeknüpft war, wissen wir.

1) Pertz. Das Leben Steins. IV. 475—477.

Der König hatte auch sein Ministerium danach gebildet. Talleyrand hatte die auswärtigen Angelegenheiten, Fouché die Polizei, Abbé Louis die Finanzen, Pasquier die Justiz, Gouvion St. Cyr den Krieg, Jaucourt die Marine; der Herzog v. Richelieu sollte die Vertretung des königlichen Hauses, Pozzo di Borgo das Innere erhalten. Durch die zwei erstgenannten war die Verbindung mit den englischen Staatsmännern gesichert, durch die zwei letzten hoffte man den Kaiser Alexander zu gewinnen. Beide waren russische Generale und galten viel beim Kaiser: Pozzo als Diplomat; Richelieu, der einst als Emigrirter in Rußland aufgenommen war, durch die hohen Verdienste, die er sich um das Aufblühen Odessas erworben hatte. An England folgten bald zwei weitere Zugeständnisse. Es wurde die Theilnahme der Prinzen in Staatssachen ausschließlich in den nur außerordentlich zu berufenden geheimen Rath verwiesen, während das Ministerium die eigentlichen Geschäfte besorgen sollte; und es erfolgte am 30. Juli durch Talleyrand an Castlereagh die Mittheilung, daß der König das Aufhören des Negerhandels verfügt habe. [1]) Bei Rußland freilich blieb jenes erste Mittel ohne Erfolg; Pozzo und Richelieu nahmen nicht an; der erstere war dem Kaiser wohl zu tief in die russische Politik eingeweiht, und der zweite gab zu verstehen, er werde Frankreich später bessere Dienste leisten können. Alexander wollte seinen Einfluß im Ministerium an wichtigerer Stelle vertreten und Talleyrand, dem er von Wien her zürnte, beseitigt sehen. Dagegen war das zuvorkommende Benehmen des Königs nicht ohne Einfluß auf ihn geblieben, und man wußte am französischen Hofe auch noch andere Wege, von denen unten näher die Rede sein wird. Genug, die persönliche Stimmung des Kaisers, wie der Vortheil seines Staates stellten sich gleich von Anfang als eine Hoffnung und Stütze dar, welche die französische Regierung in ihrer Noth und Ungewißheit wohl aufrichten konnte.

4. Es war zu Anfang im Ministerrath der Verbündeten, als ob jeder vor den anderen Scheu trage, mit seiner Meinung und Absicht wegen des Friedens zuerst hervorzutreten. Die Verhandlungen nahmen am 12. Juli ihren Anfang; die Protokolle sind bis heute geheim geblieben, doch ist der Hauptinhalt bekannt geworden. [2]) In den ersten 18 Sitzungen, bis zum 28. Juli, war vorzugsweise von der Vertheilung der verbündeten Armeen über die nördlichen und östlichen Provinzen, von der Unterhaltung derselben, und der Einrichtung der Ver-

1) Le congrès de Vienne et les traités de 1815, par d'Angeberg. Paris 1863. II, 1476.

2) Ebendas. II. 1465.

waltung in diesen Landstrichen die Rede. Es hatte nämlich von allen Heerführern allein der Herzog von Wellington seinen Truppen alle Forderungen an das Land untersagt, sie standen zum größten Theil in Lagern und mußten alle ihre Bedürfnisse baar bezahlen. Die anderen Heere dagegen lebten auf Kosten des Landes, wie es einst die Franzosen in ihrer Heimath gethan hatten; nur mit dem Unterschied, daß die Generale dabei nicht noch persönlich raubten und sich bereicherten. Sie erhoben dabei zum Theil die Steuern, legten Contributionen auf und griffen selbst in die Verwaltung ein. Darüber kam es natürlich zu vielen Störungen der öffentlichen Ordnung; die Heere schoben sich in manchen Bezirken in einander und machten sich die Quartiere und den Unterhalt streitig; die Einwohner schrieen über unerträglichen Druck, die Regierung erhob bittere Klage, daß ihr Ansehen zerstört und das Land zu Grunde gerichtet werde. Der König drohte, er werde sich zum Heer hinter die Loire begeben, wenn man ihn zum Aeußersten treibe, das Landvolk werde sich in Verzweiflung gegen seine Dränger erheben; die Franzosen erfuhren jetzt etwas von dem Joch, das sie mit viel ärgerem Druck so lange den anderen Völkern auferlegt hatten. Die Verbündeten indessen waren zur Abhülfe bereit. Es wurde zunächst (13. Juli) Frankreich in zwei Theile getheilt, wonach das Land nördlich und östlich von Loire, Allier und Rhone den verbündeten, das andere den französischen Heeren zufiel. In jener Hälfte, die den ersteren zugewiesen war, erhielt jedes der Heere seinen bestimmt abgegrenzten Bezirk; darin sollte die Steuererhebung und Verwaltung im Namen und von den Behörden des Königs geschehen, doch unter Aufsicht besonderer Commissionen der Verbündeten. Auch war als Grundsatz das Recht der Steuereinziehung von Seiten der letzteren aufrecht erhalten; es sollte daraus Sold, Bekleidung und Ausrüstung der Heere bestritten werden, während die Verpflegung unmittelbar von den Einwohnern geleistet würde; die Contributionen von Seiten der Heerführer sollten aufhören. Die meisten dieser Punkte wurden zwischen den verbündeten Ministern am 24. Juli festgestellt, dann kam am 6. August in der 26. Sitzung eine Uebereinkunft zu Stande, wonach Frankreich die Steuern in den besetzten Landestheilen für sich verwenden, dagegen für die laufenden Bedürfnisse der Heere 50 Millionen Franken bezahlen solle, 40 Millionen für jede der vier großen Mächte, 10 Millionen für die anderen zusammen [1].

1) Am 6. Novbr. wurde die Summe näher so vertheilt, daß Rußland nur etwas über 7 Mill., jeder der anderen Theile gegen 10¾ Mill. Franken erhielt. Le congrès de Vienne. II. 1587.

5. Die Verhandlungen über die Friedensfrage wurden von Ruß=
land durch die Forderung eingeleitet, daß der König das Heer an
der Loire auflösen möge. Die Zuschrift war von Nesselrode ohne
vorherige Rücksprache mit den anderen Mächten erlassen; sie schien
darauf angelegt, dem König die letzte eigne Macht zu entreißen, in
Wahrheit war sie zu seinen Gunsten erdacht. Das Heer zählte näm=
lich nach der Angabe des französischen Kriegsministers noch etwa
80,000 M.; es konnte also für einen Widerstand gegen die Verbün=
deten nicht ernstlich in Betracht kommen. Dagegen hatte gerade dieses
Heer den Krieg wider die Verbündeten geführt und noch herrschte
in ihm neben der inneren Zerrüttung auch die Feindseligkeit gegen
den König und sein Haus. Die Auflösung dieses Heeres fordern, hieß
also nur dem König eine Maßregel erleichtern, zu der er doch schreiten
mußte; es hieß zugleich die deutschen Mächte des Vorwandes berau=
ben, als bestände noch irgend eine dem Königthum und den Waffen
der Verbündeten feindliche Macht in Frankreich. In diesem Sinne
war denn auch die Regierung des Königs gleich bereit, dem Ver=
langen zu entsprechen; nur mußte die Sache zunächst noch einige Wo=
chen geheim gehalten werden, weil Marschall Davoust der Armee, um
sie zur Annahme der weißen Cocarde zu bewegen, eben erst verspro=
chen hatte, daß die Offiziere ihre Grade und Stellen behalten sollten.

6. Endlich am 28. Juli geschah der Schritt, der die Hauptfrage
im Ministerrath auf die Tagesordnung brachte. Graf Capodistria
legte im Namen des Kaisers Alexander eine Denkschrift vor, worin
er den Standpunkt Rußlands entwickelt hatte; sie war mit sorgfältiger
Berechnung ausgearbeitet, der Kaiser hatte sie durchgesehen und eigen=
händig an vielen Stellen verändert. Als entscheidender Gesichtspunkt
war darin vorangestellt: der Zweck des Kriegs sei zuerst die Befreiung
Frankreichs von der Herrschaft Bonapartes und der Revolution, seine
Zurückführung in den Zustand gewesen, den ihm der erste Pariser
Friede gegeben; sodann die Aufrichtung von Bürgschaften, daß die
Bestimmungen dieses Friedens und des Wiener Congresses künftig
aufrecht erhalten würden. Der erste Zweck sei erreicht, Napoleon sei
besiegt und gefangen, Ludwig XVIII. herrsche in Frankreich; es bleibe
noch der zweite zu erfüllen, die Bürgschaft, daß Frankreich die Ruhe
Europas nicht wieder störe, daß es selbst zu einem geordneten, dau=
ernden Zustand gelange. Diese Bürgschaft könne eine moralische und
eine reale sein. Die erstere werde durch eine Verfassung gewährt,
„welche die Macht der königlichen Regierung auf diejenige einer Na=
tionalvertretung gründe und die Interessen, welche fünf und zwanzig

Revolutionsjahre geschaffen, mit denen des Königthums zur Einheit verbinde." Die reale Bürgschaft könne auf verschiedene Weise in einer Verminderung der französischen Macht gesucht werden; nur dürfe sie nicht in der Abtretung von Land und in der Wegnahme oder Schleifung der französischen Grenzfestungen bestehen. Denn nur gegen Bonaparte und seine Anhänger, nicht gegen Frankreich hätten die Verbündeten die Waffen ergriffen; die Gebietsvertheilung der Wiener Verträge habe eben erst das Gleichgewicht Europas hergestellt, sie dürfe nicht wieder verändert werden. Die Mächte hätten Ludwig XVIII. ununterbrochen als König anerkannt, sie hätten ihn durch ihre Waffen auf den Thron zurückgeführt, sie dürften der legitimen Regierung jetzt keine Leistung auferlegen, welche sie in den Augen des Volks als ein Unglück für Frankreich erscheinen ließe. Es ergebe sich hiernach ein gemischtes System von moralischen und realen Bürgschaften. Die Hauptsache bleibe die Verfassung, welche die Interessen aller Parteien in einem Interesse, „dem der Regierung und der Nationalvertretung", verschmelze; man müsse die Parteien überzeugen, daß der Umsturz dieser Verfassung nicht zum zweitenmal geschehen könne, ohne zum zweitenmal die Heere Europas nach Frankreich zu führen. Es müsse zu diesem Zweck Bonaparte und sein ganzes Geschlecht für immer von der höchsten Gewalt in Frankreich ausgeschlossen, es müsse das Bündniß von Chaumont erneuert werden. Es könne sodann auch, unter freier Zustimmung der französischen Regierung, von einem Theil der verbündeten Heere eine militärische Stellung in Frankreich eingenommen werden, um sich der Befestigung der legitimen Herrschaft zu versichern und den Nachbarstaaten Zeit zum Aufbau der nöthigen Grenzfestungen zu verschaffen. Das letztere war also die reale Bürgschaft; und es war ihr noch hinzugefügt, daß man auch eine Contribution von Frankreich fordern könne, theils zur Bestreitung von Kriegskosten, theils als Beitrag zu Festungsbauten für die Nachbarländer. Statt also einfach die Herstellung der starken natürlichen Grenze zu verlangen, welche Frankreich durch seine jahrhundertelangen Eroberungszüge zerstört hatte, sollten die Verbündeten gerüstet stehen, um im Nothfall einen neuen Heereszug im Dienst der Bourbons zu unternehmen; statt dem Lande selbst zu überlassen, wie es im Inneren mit sich fertig werde, sollten sie ihm mit den Waffen in der Hand die freie Verfassung und die legitime Regierung schützen. Dabei war angedeutet, daß Rußland, um die freie Zustimmung der französischen Regierung zu erlangen, bereit sei, gegen diese die Gewähr zu übernehmen, daß sich die Besatzung des Landes nicht übermäßig

ausdehne; mit anderen Worten, daß es großmüthig das Schiedsrich=
teramt übernehmen wolle. Am Schluß mahnte die Note zur Eile;
denn das Uebergewicht der fremden Heere im Lande führe zu Ueber=
griffen und unabsehbaren Störungen, und das Stillschweigen der Cabi=
nette beunruhige ein Volk, welches, von Stolz und Selbstgefühl be=
rauscht, immer noch großer Energie fähig sei, und könne es wohl zur
Verzweiflung treiben. Die Verbündeten sollten sich also ohne Verzug
über die Bürgschaften, welche sie verlangen wollten, vereinigen, sich
in freundschaftlicher Verhandlung mit der französischen Regierung dar=
über verständigen und alles zuletzt in die Form des Vertrags bringen.

7. Mit dieser Staatsschrift schien auf einmal der Bann des
Schweigens gelöst, der bisher über der Friedensfrage gelegen hatte.
Die entgegengesetzten Standpunkte und Meinungen, die bisher wie in
Furcht und Sorge vor einem großen Streit zurückgehalten hatten,
wurden schnell nach einander laut und schienen zuerst eher einen
neuen Krieg, als den Anfang eines Friedenswerkes anzukündigen.
Zunächst trat es in unzweideutigen Zeichen hervor, daß die russischen
Vorschläge nicht etwa nur eine erste, vertrauliche Mittheilung an die
Verbündeten, sondern daß sie in der Hauptsache in geheimen Verhand=
lungen mit der französischen Regierung verabredet waren. Labes=
nadière, Talleyrands vertrauter Secretär, der zu rechter Zeit seinen
zweiten Uebergang von Napoleon zu den Bourbons vollzogen, hatte
sich bereits im Kreise der Diplomaten ganz im Sinne der Note aus=
gesprochen [1]). Im Journal des Débats, dessen sich die französische
Regierung damals für die Verbreitung ihrer Ansichten bediente, er=
schien fast gleichzeitig ein Aufsatz, der den Beweis unternahm, daß
die Verbündeten den Krieg für die Rechte Ludwigs XVIII. geführt
hätten, und daß die Sittlichkeit, auf welche sich eine weise Politik
stets gründen müsse, gebiete, bei den Wiener Verträgen festzuhalten.
Gleich danach übergab Talleyrand dem Ministerrath eine vertrauliche
Denkschrift, worin er die Grundsätze der neuen Verfassung entwickelte,
die in Frankreich regieren solle. Erbliche Pairskammer; Abgeordneten=
kammer, die in Uebereinstimmung mit den beiden anderen Zweigen
der gesetzgebenden Gewalt ist, so daß ein Gesetz nicht aus dem Willen
eines Mannes oder einer Körperschaft, sondern nur aus der Ueber=
einstimmung der drei Willen hervorgehen kann; einheitliches und ver=
antwortliches Ministerium; Unabhängigkeit der Gerichte; Geschwornen=
gerichte; Aufhebung der Gütereinziehungen; Herstellung der Preßfrei=

---

1) Bernhardi. I. 455.

heit: das seien die Einrichtungen, welche Frankreich in der rechten
Mitte zwischen Willkühr von oben und Zügellosigkeit von unten erhalten, welche zugleich den unruhigen Geist der Eroberung zurückdrängen würden, der bisher durch die inneren Zustände genährt worden sei. Keine Herrschaft der Tyrannei oder der Revolution werde
mehr in Frankreich aufkommen. Napoleon sei unschädlich, die Urheber
und Werkzeuge des Umsturzes seien entfernt; der Eroberungsdrang
sei nicht Frankreich eigenthümlich, er habe nur in der Armee ge-
herrscht; dem einigen Europa gegenüber ohne Hoffnung, werde er um
so mehr mit dem letzten Feldzug ersterben, als das Heer eine andere
Zusammensetzung erhalten werde. Das sei die Meinung des Königs
und seines Ministeriums; die Bevollmächtigten der Verbündeten möchten davon Kenntniß nehmen und die Verbesserungen bezeichnen, welche
an diesen Einrichtungen noch nöthig erscheinen könnten.¹) Es sah
Alles wie die glücklichste Ausführung der großen moralischen Bürgschaft aus, in welcher Graf Capodistria die vollkommene Sicherstellung
eines neuen Zustandes für Frankreich und Europa zu finden hoffte.

8. Was war es aber, das der russischen Staatskunst auf einmal
diese unerwartete Wendung zu Gunsten des bourbonischen Hauses gegeben hatte? War doch der Kaiser nicht lange vor dem Krieg mit
seiner Abneigung gegen dieses Haus unzweideutig hervorgetreten, hatte
er doch mit seinen Verbündeten öffentlich erklärt (9. Mai), der große
Heereszug solle Frankreich keineswegs eine bestimmte Regierung auf-
nöthigen, hatte er doch damals schon zum voraus seinen mächtigen
Einfluß nachdrücklich für den Herzog von Orleans geltend gemacht.
War er von so unstetem Sinn, daß seine Meinung von einem Tag
zum anderen sich verändern konnte? Vermochte die Laune eines einzigen Mannes den Staatszwecken des großen Rußland allein die Richtung zu geben? Beides wäre nicht richtig geurtheilt. Der Kaiser war
allerdings wandelbarer Natur; sein im Grund edler Wille war nicht
hart genug für die große Wirklichkeit der Welt; Ehrgeiz, Eitelkeit,
Eifersucht hatten Antheil an seiner inneren Bewegung. So mag die
Verstimmung über die schnellen Erfolge in Belgien, die seine Bedeutung zurückdrängten, so mag die zuvorkommende Aufmerksamkeit des
Königs den Entschluß in ihm bestärkt haben, als großmüthiger Sieger
zum zweitenmal die Bewunderung zu verdienen, die er mit den Waffen
nicht mehr erwerben konnte. Aber die Verwandlung, die diesmal in

1) Schaumann. Gesch. d. zweiten Pariser Friedens f. Deutschland. Göttingen
1844. XIII bis XVI.

ihm vorging, war zugleich eine bleibende; es unterlagen ihr eben da=
mals, wenn auch in verfchiednem Grade, die meiften Männer jener
Zeit. So fehr auch in der Denkfchrift Capodiftrias die moralifche
Gewähr einer freien Verfaffung hervorgehoben war; fo läßt doch das
ganze Reden und Thun Alexanders erkennen, daß ihm die Befefti=
gung der Freiheit lange nicht mehr die Herzensfache war, wie zu An=
fang des Wiener Congreffes. Die Ermüdung nach fo großen Kämpfen
machte fich geltend, die Erfahrungen feit jener Zeit waren danach,
den Glauben an die Macht der freien Völkerbewegung zu trüben; es
war die Zeit im Anzug, wo die Herzen wieder allein für die Macht
und Gewalt von oben geftimmt waren.

Beim Kaifer Alexander nahm diefe Richtung alsbald noch eine
befondere Geftalt an. Die furchtbaren Ereigniffe, die ihn im Lauf
dreier Jahre an die Spitze der Welt getragen hatten, waren zu mäch=
tig für feinen Geift; er fah daneben die Welt und die Menfchen in
ihrem Treiben, er fuchte nach einer feften Stütze außerhalb des Men=
fchengeiftes, er glaubte, es fei ihm ein befonderer Beruf im Weltplan
Gottes beftimmt. Schon in Wien war ein Zug religiöfer Schwärme=
rei in ihm hervorgetreten, jetzt in Paris kam er fchnell zur Entwicke=
lung. Er fand dort einen Kreis von Männern und Frauen, die in
der Abwendung von der Welt ein befonderes Chriftenthum fuchten,
das den Tag der Weltumgeftaltung bald herbeiführen follte; es waren
Frau v. Krüdener, Frau v. Lezay=Marnefia, ein Herr Bergaß und
andere, dem Kaifer zum Theil fchon von früher bekannt. Ich komme
fpäter noch näher darauf zurück; hier fei nur erwähnt, daß auch der
Herzog v. Richelieu, den Ludwig XVIII. zu feinem Minifter auser=
fehen, in diefem Kreife verkehrte, und daß fich darin die Anfchauung
ausbildete, als feien Frankreich und Rußland im Bunde beftimmt,
einem neuen Triumph des Chriftenthums die Bahn zu brechen. Das
war befonders geeignet, den Kaifer Alexander zu feffeln, denn es traf
mit einem alten Lieblingsgedanken von ihm zufammen. Er dachte noch
das Kreuz zum Sieg über den Halbmond zu führen, und die Gräuel
in Serbien zu Anfang diefes Jahres hatten ihn fchmerzlich fühlen
laffen, daß er dafür ohne Bundesgenoffe fei. Jetzt bot fich ihm die
Ausficht auf das franzöfifche Bündniß dar, denn Frankreich hatte im
Orient die nämlichen Intereffen mit Rußland; denjenigen von Oeftreich
und England entgegengefetzt. So mifchten fich in die Ideen eines
chriftlichen Kreuzzugs die Gedanken an Macht, Ruhm und Ehre; dem
Kaifer wie den franzöfifchen Mitgliedern jenes Kreifes vollkommen
natürlich. Und das war zugleich der Punkt, wo mit der perfönlichen

Stimmung des Herrschers die alte Ueberlieferung des russischen Staats-vortheils zusammenfiel. Der erstere hätte die letztere nicht nach seinem Willen zu bestimmen vermocht, sie war vielmehr in der polnischen Sache bereits im Zuge, diesen Willen nach ihren Eingebungen umzu-gestalten. Allein die Machterweiterung gegen die Türken, und mehr als das, ein bleibendes Uebergewicht in Europa, zumal in Deutschland: das war ein Preis, um den Rußland gegen Frankreich wohl groß-müthig sein durfte, zumal es für sich von diesem Frankreich nichts zu nehmen hatte. Kurz, es war des Kaisers Stimmung für die Bourbons, es war Rußlands Vortheil für die Erhaltung der französischen Macht; beides ging sehr natürlich zu und war eben darum von desto größe-rem Gewicht.

9. Es schien sich sogar jetzt anzukündigen, was nicht lange nach-her geschah, daß nämlich der neue Freund des bourbonischen Hauses in seinem Einfluß das Uebergewicht über den älteren davontragen werde. Die englischen Staatsmänner, Wellington und Castlereagh, ließen zwar in ihrem Eifer für ihr Werk nicht nach; allein sie fühlten sich eben jetzt von zu Hause her gehemmt. Die öffentliche Meinung in England war durch den großen Sieg mächtig gehoben; sie verstand nicht die feinen Unterschiede zwischen Napoleon und Frankreich zu ma-chen, wie die Vertreter des Landes in Paris, sie verlangte ganz im Geiste des 22jährigen Kampfes, den England geführt hatte, zwei Dinge: die Bestrafung Napoleons und seiner Mitschuldigen und die Beschränkung der französischen Macht. Beiden Forderungen gaben die Depeschen und Briefe, welche aus London nach Paris kamen, sehr deutlichen Ausdruck, und der Ministerpräsident Lord Liverpool sagte geradezu: Frankreich werde die erlittene Demüthigung nie verzeihen, es sei die Meinung in London, man müsse die Eroberungen Lud-wigs XIV. zurücknehmen, um die Macht und Gelegenheit zur Rache einzuschränken. Auch war der Prinz Regent selbst mit seinen Gesand-ten in Paris durchaus nicht einverstanden; er trat sogar um diese Zeit mit der Opposition in Unterhandlung, um ein neues Ministerium zu bilden. Das Alles nöthigte Wellington und Castlereagh zur Zu-rückhaltung, zum Abwarten, zu Umwegen. Gleichwohl stellten sie sich in zwei Denkschriften,[1]) welche sie ihrerseits sehr bald nach Capodistria dem Ministerrath übergaben, im wesentlichen auf die Seite der russi-schen Forderungen. Der Minister rief das Schreckbild der Gefahr auf, die Europa von dem Geist des Heeres und der Parteien in Frank-

---

1) Schaumann. Gesch. d. zweiten Pariser Friedens. XXXIX u. XLVII.

reich zu fürchten habe; die Herstellung der königlichen Gewalt sei das
wirksamste Mittel dagegen; sodann Besetzung des Landes auf 7 bis
10 Jahre; Zahlung einer ansehnlichen Kriegssteuer, wovon ein Drittel
zur Erbauung von Festungen zum Schutze Deutschlands und der Niederlande verwendet werden müsse. In demselben Sinne hatte sich
Wellington in einem Brief an den König der Niederlande vom 1. August ausgesprochen; jetzt in seiner Denkschrift machte er verschiedene
Vorschläge, wie die 100,000 M. Besatzung, die zur Sicherung des
Königs wie der Verbündeten bis zur Neubildung des Heeres in Frankreich stehen bleiben müßten, zu verwenden wären. Castlereagh wies
noch ausdrücklich die Abtretung von Lille und Straßburg zurück, weil
sie für den König und Frankreich herabwürdigend sei. Dann mahnte er
zur Eile; denn der Kaiser von Rußland müsse sein Heer, um nicht
mit dem Rückmarsch in den Winter zu gerathen, spätestens um die
Mitte September aufbrechen lassen, und Ludwig XVIII. gedenke auf
den 15. dieses Monats die neuen Kammern einzuberufen. So wett-
eiferten Rußland und England in ausnehmender Fürsorge für die
Befestigung des zurückgeführten Königshauses und für den Vortheil
und die Ehre des besiegten Frankreich.

10. Ganz anders gestalteten sich die Friedensbedingungen, welche
Preußen stellte. Wir wissen schon, wie seine Staatsmänner gegen
die bourbonischen Bestrebungen die strengste Zurückhaltung beschlossen
hatten; wir wissen, wie seine Feldherrn wegen Frankreichs nicht von
Gedanken der Schonung und der Furcht, sondern der Entschädigung
und der Vergeltung bewegt waren. Nach der Uebergabe von Paris,
noch im ersten Gefühl des Siegs, legte Gneisenau dem König seine
Auffassung über den Frieden vor. [1] Die Stimmung der Gemüther
sei ein völlig andere, als vor 15 Monaten und im größten Theil von
Frankreich voll tiefer Erbitterung gegen die Bourbons; nur „alte
Frauen, abgelebte Männer, Höflinge ohne Charakter und Muth" seien
königlich, die übrigen Jakobiner und Bonapartisten. Wellington be-
treibe durch geheime Machination die Rückkehr der Bourbons, im
preußischen Hauptquartier halte man sich ferne von solcher Einmischung
in die innern Angelegenheiten. „Es würde auch gegen die Meinung
von Ew. Majestät Armee verstoßen, Blut für die Wiedereinsetzung
eines Hauses zu vergießen, das Ew. K. Majestät kein Wort des Dan-
kes für den wiedereroberten Thron gesagt hat, das gegen das gegebene Versprechen die preußischen Kunstschätze widerrechtlich zurückhielt

---

1) Arch. b. Gnsfbs. D. 118. Der Brief scheint vom 10 Juli zu sein.

und zuletzt, alle Gesinnungen der Ehre und Dankbarkeit vergessend,
ein Bündniß gegen Ew. Majestät schloß." Zur Sicherung Deutschlands
müsse Frankreich auf die Grenzen unter Ludwig XIII. zurückgeführt
werden, es müsse alle Festungen und Landstriche abtreten, deren
Flüsse sich in die Mosel, Maas, Schelde und Lys ergießen. Preußen
müsse Mainz, Luxemburg, Thionville und Longwy für sich fordern;
von Baiern könne man vielleicht die alten Stammlande Anspach und
Bayreuth wieder erwerben, wenn man sorge, daß dieses in Elsaß und
Lothringen dafür entschädigt werde. In ähnlichem Sinn sprachen
sich auch andere Generale aus; und Knesebeck machte in einer sehr
gründlich gearbeiteten Denkschrift die Vorschläge Gneisenau's zu den
seinigen.[1] Es war in der That nach solchem Kampf und Sieg nur
gerecht und natürlich, daß das Heer und seine Führer so dachten.

Zu Anfang August war es freilich selbst ohne die Denkschrift
Capodistria's schon deutlich geworden, wie wenig Preußen auf seine
Verbündeten zählen durfte. Die Forderungen und Hoffnungen muß=
ten herabgestimmt werden; doch hielten die Staatsmänner noch an
den Punkten fest, welche die Gerechtigkeit der Sache und die Natur
der Dinge verlangten. Wilhelm v. Humboldt legte dem Ministerrath
eine schlagende Widerlegung der künstlichen Ausführungen Capodistria's
vor.[2] Er erinnerte, wie die Wiener Erklärungen vom 13. und 25.
März[3]), mit der Ächtserklärung gegen Bonaparte, die Aufrechthaltung
des Pariser Friedens und die Unterstützung der bourbonischen Regie=
rung aussprechen mußten, weil diese damals noch als bestehend galt;
wie aber die Verbündeten selbst die ganze Veränderung, die mit dem
Sturz derselben eingetreten sei, durch die allgemeine Erklärung aner=
kannt hätten, daß sie Frankreich keine bestimmte Regierung auferlegen
wollten. Man habe allerdings nur gegen Napoleon Krieg führen
wollen, allein Frankreich habe seine Sache erwählt; es würde die
Frucht seiner Siege angenommen haben, es müsse auch die Folgen
seiner Niederlage mittragen. Die Verbündeten hätten keinen Erobe=
rungskrieg gewollt, aber sie hätten sich nirgends verpflichtet, das fran=
zösische Gebiet unberührt zu lassen. Das Recht, Abtretungen zu ver
langen, sei unzweifelhaft; die Pflicht dazu den eignen Völkern gegen=
über, sei es nicht minder. Eine furchtbare Erfahrung hätte bewiesen,
daß weder die Legitimität noch die Milde der königlichen Regierung

1) Ebenda.
2) Schaumann. Gesch. b. 2. Par. Friedens XVII. bis XXXI.
3) Vergl. 1. Buch. S. 118 bis 123.

ſie vor dem Umſturz hätte bewahren können; ſeine Sicherheit dürfe
ein Staat überhaupt nicht auf die Zuſtände eines andern, ſondern
nur auf diejenigen Elemente gründen, die er ſelbſt in der Hand habe.
Die ruſſiſchen Vorſchläge in dieſer Richtung, die militäriſche Beſetzung,
der halbe Kriegszuſtand Europa's auf unbeſtimmbare Zeit, wären in
Wirklichkeit viel mehr geeignet, Laſt und Unruhe ſtatt Sicherheit her=
vorzurufen und Frankreich zu erbittern, ſtatt zu beruhigen. Eine ver=
änderte Vertheilung der Macht zwiſchen dieſem und den angrenzenden
Staaten ſei das einzige Mittel, das zu einem wirklichen Frieden füh=
ren könne. Es würde ſich dabei zugleich die noch rückſtändige Aus=
einanderſetzung zwiſchen Baiern und Oeſtreich erreichen laſſen; Preußen
werde nur wenig Plätze zur Vervollſtändigung ſeines Vertheidigungs=
ſyſtems verlangen. Hardenberg entwickelte dann in einer beſondern
Denkſchrift vom 4. Auguſt die Forderungen näher, die ſich daraus
ergaben.[1]) Rußland und England könnten mit Geld für die aufgewen=
deten Kriegskoſten entſchädigt werden; für die Nachbarſtaaten ſei eine
neue Grenze nöthig; Belgien müſſe die vordere Linie des dreifachen
Feſtungsgürtels, den Frankreich unter Ludwig XIV. gewonnen habe,
über Dünkirchen, Lille Givet laufend, zurücknehmen; Deutſchland müßte
das nordöſtliche Lothringen und den Elſaß mit ihren Feſtungen, na=
mentlich Metz und Straßburg fordern; für die Schweiz waren das
Dappenthal und Fort l'Ecluſe, für Italien war Savoyen verlangt.
Hardenberg erinnerte, es ſei jetzt der Augenblick, einen feſten, dauer=
haften Frieden zu ſchließen; laſſe man ihn vorüber gehen, ſo würden
noch Ströme von Blut darum fließen, und einſt für dieſe verlorne
Stunde Rechenſchaft fordern.

11. Die preußiſchen Forderungen ergaben ſich einfach aus der
Natur der Sache, ſie waren allein geeignet, die große Frage wirklich
zu ſchlichten. Allein es kam neben der Gerechtigkeit und Zweckmäßig=
keit auch auf die Macht an; es hätte gegen Rußland und England
noch Oeſtreichs bedurft, und Oeſtreich war von der erſten Stunde an
nur mit halbem Herzen bei der Sache. Der Kaiſer Franz ſowohl
wie Metternich hatten zwar den öffentlichen Geiſt in Frankreich zu
ihrem Schrecken verändert gefunden, überall ſahen ſie den wilden
Haß der Parteien, das zügelloſe Treiben der Leidenſchaft und der
Selbſtſucht, das jeder öffentlichen Ordnung Feind iſt; ſie ſahen, wie
ſtatt des Jubels vor 15 Monaten die herrſchende Stimmung durchaus
wider die Bourbons war; ſie ſprachen das aus, ſie ſuchten nach

---

1) Gagern. Mein Antheil an der Politik. Leipzig 1845. V. 2. 65 bis 71.

Bürgschaften wider die Geister des Umsturzes; wie Metternich schon in Heidelberg gethan hatte, so sagte in Paris der Kaiser Franz zum niederländischen Gesandten v. Gagern: „Wir brauchen mehr Sicherheit, Sie müssen noch eine Reihe von Festungen haben." Auch hätte man denken sollen, daß ihnen die vorgeschlagene Erwerbung von Elsaß und Lothringen hätte zusagen müssen; sei es, um sie in der von Preußen angedeuteten Art zur Auseinandersetzung mit Baiern zu verwenden, sei es, daß man daraus einen östreichischen Nebenstaat unter dem Erzherzog Karl gründete. Allein beim Kaiser Franz bestand eine alte Eifersucht gegen den Erzherzog; er soll ihn noch von 1809 her im Verdacht gehabt haben, daß er, für den damals möglich scheinenden Fall, daß Oestreich zusammenstürze, König von Böhmen hätte werden wollen; [1]) und der Abrundung seines Gebiets gegen Baiern scheint Oestreich auch ohnedem sicher gewesen zu sein. Wie dem sei: Metternich blieb in seinem „Memorandum"[2]) über die Friedensbedingungen weit hinter Preußens Forderungen zurück. Er hob im Eingang mit Nachdruck hervor, daß die Verbündeten keinen Eroberungskrieg geführt, sondern nur den „bewaffneten Jakobinismus" bekämpft hätten. Er behauptete dann zwar das Recht jeder Maßregel, welche die Sicherheit nöthig mache; allein er schloß sich in seinen Forderungen an diejenigen Rußlands ziemlich an, und ging nur soweit darüber hinaus, daß er die Verwandlung der Angriffsstellung Frankreichs in eine Vertheidigungsstellung verlangte. Zu dem Ende war für Belgien eine Anzahl von Grenzfestungen verlangt, für Deutschland dagegen nur Landau; Straßburg sollte geschleift werden, ebenso Besançon; von einer Zurücknahme des Elsaß war keine Rede.

12. Weit besser stimmte diesmal die Haltung der deutschen Mittelstaaten zu den Forderungen Preußens. Baiern erklärte sich durch den Fürsten Wrede für die preußisch-östreichischen Anträge, auch wenn es keinen unmittelbaren Gewinn dabei haben sollte; noch entschiedener sprach sich der Kronprinz in einer Denkschrift aus, die er dem Kaiser Franz überreichte, der indessen nichts eiligeres zu thun hatte, als sie den Franzosen zu zeigen. [3]) Der Kronprinz von Würtemberg seinerseits arbeitete zu Anfang August eine ausführliche Staatsschrift [4]) aus, die er durch den Minister Winzingerode unterzeichnen und dem Rath

---

1) Bernhardi I. 459.
2) Schaumann. Gesch. d. 2. Pariser Friedens XXXI bis XXXIX.
3) Gagern. Mein Antheil u. s. w. V. 149.
4) Ebenda. V. 2. S. 11 bis 23.

der Mächte überreichen ließ. Es war darin neben der Widerlegung
des russisch-englischen Standpunktes ganz besonders die durch die bittere Erfahrung der Jahrhunderte erwiesene Abhängigkeit Südwestdeutsch-
lands gegen Frankreich mit Klarheit und Wärme dargelegt. Nicht blos
die Fürsten dieses Gebiets, auch das Volk hätte ein Recht, nach so viel
Leiden und Opfern endlich Sicherheit zu verlangen; es handele sich
dabei nicht um einzelne Festungen, sondern um das ganze linke Ufer
des Oberrheins, nur Das gebe die nöthige Bürgschaft, daß nicht von
dieser Stelle aus wieder das Gleichgewicht Europas umgestürzt werde.
Auch in Hannover war dieselbe Anschauung herrschend, das Land
hatte rühmlichen Antheil am Kriege genommen, Graf Münster sprach
in einem Bericht an den Prinz Regenten seine Ansicht dahin aus, daß
man Deutschland seine natürlichen Grenzen zurückgeben müsse; der
Jura, die Vogesen und Ardennen müßten ihm denselben Schutz gewähren, den Italien und Spanien in den Alpen und Pyrenäen fän-
den.[1] Endlich reichte auch der niederländische Gesandte von Gagern
am 10. August bei dem Ministerrath eine Denkschrift ein,[2] in welcher
die Forderung, daß Frankreich den Elsaß, Lothringen und Südflandern noch abtreten müsse, besonders durch die Berufung auf die Geschichte der letzten Jahrhunderte unterstützt war.

13. So war die Lage der Dinge zu Anfang August. Der Ausgang war darin schon völlig bestimmt, denn Neigung und Vortheil
der Mächtigen drängten gleichmäßig auf die Durchführung des eng-
lisch-russischen Standpunktes hin, welcher zugleich der französische war.
Dieser Standpunkt war für die englischen Staatsmänner ein Werk,
das seit Napoleons Rückkehr von Elba sorgfältig vorbereitet und ununterbrochen fortgeführt worden war; er hätte für England nur mit
dem Sturz dieser Staatsmänner sich ändern können. Dieser Standpunkt war beim Kaiser von Rußland in einer Verkettung von hoch-
fliegenden edlen Planen, von Ehrgeiz und Staatsvortheil gewurzelt, die
der inneren Eigenthümlichkeit dieses Herrschers besonders zusagten; es
gab keinen Preis und keine Einwirkung, die etwas darüber vermocht
hätten. Es blieb also nur ein Mittel, um diesen Standpunkt zurückzudrängen und einen anderen durchzusetzen: die deutschen Staaten
hätten sich vereinigen und Macht der Macht entgegensetzen müssen;
sie konnten dann erwarten, ob die anderen den Widerstand gegen
ihre gerechten Forderungen bis zum Krieg treiben würden. Allein

---

1) Gagern. Mein Antheil u. s. w. V. 187.
2) Ebenda. V. 2. S. 130 bis 142.

gerade zu solcher Einigung war in der Vergangenheit kein Grund ge= legt; die Vereinzelung wurde von den deutschen Staaten empfunden, doch es geschah von keiner Seite ein ernstlicher Schritt zum Zusam= menschluß; die Versuche, bei England oder Rußland eine Umwandlung herbeizuführen, waren viel häufiger und nachhaltiger, als diejenigen auf eine Annäherung innerhalb Deutschlands. Die Lage in ihrer unerbittlichen Wirklichkeit wurde natürlich nicht sogleich erkannt, die nächsten Wochen vergingen unter Verhandlungen voll widerstreitender Erscheinungen, voll spannender diplomatischer Schachzüge aller Art, voll Hoffnungen und Täuschungen; man lauschte gegenseitig Noten aus, die immer wieder auf dieselben Gründe zurückkamen, ohne daß man sich deshalb besser verstand oder verstehen wollte; endlich kam es in der Hauptsache so, wie die Staatsschriften von Rußland und Eng= land gefordert hatten.

14. Noch schien es kurze Zeit, als schwanke die Stellung der eng= lischen Staatsmänner. Lord Liverpool schrieb wiederholt im Sinne der deutschen Vorschläge; er behauptete, wie Humboldt, das Recht, von Frankreich Landabtretung zu fordern, er sagte, daß England mit Oest= reich und Preußen mehr Interessen gemeinsam habe, als mit Ruß= land. Auch Graf Münster war besonders von England herüber ge= kommen, um die Vertreter desselben zu andern Ansichten zu bringen, man meint, er habe den Auftrag dazu vom Prinz Regenten gehabt; der oben erwähnte Bericht, welchen er am 15. August an diesen ab= sandte, enthielt zugleich ein scharfes Urtheil über das Auftreten Cast= lereaghs und Wellingtons und war eine der Ursachen, daß der Prinz wegen Bildung eines neuen Ministeriums in Verhandlung mit der Opposition trat. Allein die Lage der Dinge in England war nicht ·danach, um eine neue Partei aus Ruder zu bringen, die Verhand= lungen zerschlugen sich; und es gelang Castlereagh zuerst durch seine Berichte, dann durch die Absendung seines Bruders Stewart, 24. Au= gust, mit der Politik, die in der großen Welt von Wien und Paris gewonnen war, gegen die gesündere Auffassung durchzudringen, die nach dem Siege zuerst daheim die Geister bewegte. Die Gründe, welche der englische Minister dabei vorbrachte, wichen theilweise weit von denen ab, die man den verbündeten Mächten gegenüber brauchte. Wellington hatte am 11. August in einer für den Ministerrath be= stimmten vertraulichen Denkschrift die bis dahin für die deutschen Forderungen eingelaufenen Ausführungen zu widerlegen gesucht. Er hatte dabei den Satz vorangestellt: niemand könne mehr, als er überzeugt sein, daß Frankreich für die Sicherheit Europas zu stark

28 *

ſei;[1]) er beſtätigte dieſe Anſicht nachher noch ausdrücklich in einem
Geſpräch mit Gagern (6. September), wo er ſagte, man müſſe von
den 30 Millionen, die Frankreich zähle, eigentlich den dritten Theil
oder die Hälfte nehmen.[2]) Dann aber kam der Herzog auf die ſchon
von Humbolbt widerlegte Behauptung zurück, durch die Wiener Erklärungen ſeien die Verbündeten gebunden, den Beſitzſtand des 1. Pariſer Friedens nicht weſentlich zu verändern; auch ſeien kleine Abtretungen nichts, während große Frankreich zur Verzweiflung treiben
und ſo den geſicherten Frieden, den man ſuche, erſt recht gefährden
würden. Von dieſen Gründen nun ſcheint Caſtlereagh der Berufung
auf die Wiener Verabredung keine beſondere Beweiskraft für ſeine
heimiſche Regierung zugetraut zu haben; dagegen führte er die nebel-
hafte Beſorgniß vor Frankreichs verzweifeltem Widerſtreben und einem
möglichen neuen Krieg in verſchiedner Geſtalt wiederholt ins Feld.
Zugleich boten nach ſeiner Schilderung Oeſtreich, Preußen und die
anderen deutſchen Staaten in ihrer gegenſeitigen Eiferſucht und ihrem
kleinen Eigennutz keinerlei Halt, ſie wären nur von der armſeligen
Habſucht geleitet, ihre Armeen möglichſt lange auf Koſten Frankreichs
zu erhalten. Rußland dagegen ſtehe im Begriffe alle Ehre und allen
Vortheil als Beſchützer Frankreichs allein davonzutragen, und doch ſei
Frankreich gerade gegen Rußlands anwachſende Macht in der Gemein-
ſchaft der europäiſchen Staaten nothwendig. Mit ſolchen und ähnlichen Gründen kam der Lord zum Ziel: ſchon zu Ende Auguſt hatte
er für ſich und Wellington von London die Zuſtimmung zu ihrer Politik; ein Brief, den Hardenberg zu Anfang September an den Prinz-
Regenten ſchrieb, ob er ihn durch Darlegung der wahren Beweggründe, namentlich der ruſſiſchen Politik, umzuſtimmen vermöge,[3])
blieb vergebens. Die Bevollmächtigten Englands in Paris konnten
wieder mit Rußland den Wettlauf beginnen, wer ſich um Frankreich
die meiſten Verdienſte erwerbe.

15. Zur nämlichen Zeit, als die engliſche Politik zu ſchwanken
ſchien, wurden auch wiederholte Bemühungen verſucht, auf den Kaiſer
Alexander zu wirken. Vor allen trat Stein ins Mittel. Er hatte
ſich ſeit dem Ausgang des Wiener Congreſſes von den Monarchen
und den großen Geſchäften zurückgezogen; als er gegen Ende Juni
wegen der deutſchen Bundesverfaſſung auf wenige Tage nach Heidel-

---

1) Pertz. Steins Leben. IV. 543.
2) Gagern. Mein Antheil V. 230.
3) Pertz. Steins Leben IV. 568.

berg gekommen war, hatte er nur im flüchtigen Gespräche andeuten
können, daß auch er Elsaß, Lothringen und Südflandern von Frank=
reich zurückgefordert wissen wollte. [1] Jetzt war er zugleich von Har=
denberg und von Capodistria gerufen. Er traf am 14. August in
Paris ein. Der Kaiser empfing ihn mit großer Wärme, gab aber
gleich im ersten Gespräch seine Stimmung deutlich zu erkennen. Er
war voll bitterer Klagen über die maßlosen Forderungen, die man
an Frankreich stelle, über das vermeintliche Betragen der deutschen Heere,
der preußischen Generale, des Kronprinzen von Würtemberg, die ihren
Soldaten alle Zügellosigkeiten und Gewaltsamkeiten hingehen ließen. Als
Stein, unter Mißbilligung solcher Erscheinungen, doch mit Ernst an
die nothwendige Sicherung Deutschlands und die Pflicht der Bundes=
genossen erinnerte, sprach der Kaiser von der Abneigung der Elsässer
gegen Deutschland, von der schöneren Sicherheit, die in der Großmuth
und Gerechtigkeit liege, und berief sich auf Capodistrias Denkschrift.
Diese und die anderen Staatsschriften erhielt Stein von dem Minister
vorgelegt; dabei mußte er den seltsamen Vorwurf hören: die über=
eilte Einnahme von Paris sei an allem Schuld; man hätte erst mit
Ludwig XVIII. unterhandeln sollen, ehe man ihn einsetzte. So ver=
deckte der Grieche seinen Aerger über die Engländer, die seinen Planen
wegen der Jonischen Inseln und Griechenlands im Wege standen,
unter dem Tadel gegen den ruhmvollen Siegeszug der verbündeten
Waffen. Stein hob mit Ernst die nächste große Verpflichtung Ruß=
lands für den europäischen Frieden hervor, er widerlegte mit einfachen
Gründen die gesuchte Auffassung des russischen Staatsmanns und be=
merkte namentlich, daß es ganz falsch sei, die Heere lange Zeit in
Frankreich stehen zu lassen, denn sie würden dadurch verwildert und
ihrem Vaterland entfremdet. Am 18. August reichte er dann dem
Kaiser eine ausführliche Denkschrift ein, welche die Gerechtigkeit und
die Nothwendigkeit der Gebietsabtretungen nachwies, ein bescheidenes
Maß derselben in Vorschlag brachte, die thörichte Furcht widerlegte,
als könne Frankreich im Ernste sich widersetzen, und zuletzt an die
große Aufgabe und Pflicht der Verbündeten mit Nachdruck erinnerte.
Zugleich suchte Stein in einer Unterredung mit Blücher und Grol=
man auf die Abstellung der Beschwerden zu wirken, die über das
preußische Heer geführt wurden, er konnte sich dabei überzeugen, wie
sehr man die Sache übertrieben hatte; unmittelbar danach sagte er zu
Gagern: „Es ist klar, die Russen wollen, daß wir verwundbar blei=

---

1) Vergl. S. 158.

ben; man muß ihnen beweisen, daß wir es bleiben werden selbst nach
diesen und jenen Abtretungen." [1]) Wie sehr er damit das Richtige
traf, zeigten ihm alle folgenden Unterredungen, die er mit Alexander,
mit Nesselrode, mit Capodistria noch hatte. Der Grieche gab wieder=
holt seine üble Laune über England zu erkennen, daneben aber ge=
stand er Stein geradezu, es sei Rußlands Vortheil, daß Frankreich
stark bleibe. [2]) Der Kaiser kehrte unter allen Vorstellungen immer
wieder zu seiner ersten Anschauung zurück und brachte zuletzt auch
seine religiöse Stimmung ins Spiel: er handle nach seinem Gewissen
und sei darum über den Erfolg, wie er auch ausfalle, vollkommen
beruhigt. [2]) Stein sah, daß seine Mühe verloren war, er reiste am
9. September von Paris ab.

16. Ebensowenig vermochten die Worte anderer über den Kaiser.
Der König der Niederlande schrieb an ihn und man hoffte etwas da=
von, denn sein Sohn, der Prinz von Oranien, sollte Alexanders
Schwester Anna zur Gemahlin bekommen. Der Kronprinz von Wür=
temberg, durch die Prinzessin Katharina ebenfalls mit dem Kaiser
verschwägert und vordem gut bei ihm angesehen, versuchte wiederholt,
ob er ihn anders überzeugen könne. Die Bemühungen des einen
wie des anderen wurden unfreundlich zurückgewiesen. Endlich suchte
auch der König von Preußen eine Unterredung mit seinem Freunde;
sie fand am 2. September in Gegenwart Hardenbergs statt, allein die
Freundschaft vermochte diesmal nichts über die Politik, wie am 6.
November 1814; die Fürsten trennten sich ohne Ergebniß. [3]) Die
Verbindungen mit dem französischen Hof dagegen wurden immer ver=
trauter; es eröffnete sich bereits die Aussicht, daß Ludwig XVIII. sein
Ministerium nach dem Wunsche Alexanders umgestalten werde. Die
Engländer sahen das voll Besorgniß und Eifersucht kommen, Harden=
berg fürchtete ein russisch=französisches Bündniß gegen Deutschland. [4])
Soweit ging nun weder des Kaisers persönliche Neigung noch sein
Staatsvortheil; doch gab er jetzt seine Absicht in einem großartigen
Schauspiele unzweideutig zu erkennen. Ludwig XVIII. hatte am
26. August gegen die Herrscher den Wunsch geäußert, sie möchten ihre
Heere aus Frankreich zurückziehen. Alexander war sogleich darauf
eingegangen; er versammelte am 10. September 150,000 M. bei dem

---

1) Perz. Steins Leben IV. 558.
2) Ebenda. 573.
3) Gagern. Mein Antheil V. 214.
4) Perz. IV. 562.

Städtchen Vertüs in der Champagne zu einer großen Heerschau, dann sollte der Rückmarsch beginnen. Es sah aus, wie eine letzte Ehrenbezeugung für die befreundeten Monarchen; Franz I. und Friedrich Wilhelm III. fanden sich ein, Alexander ritt ihnen entgegen und überreichte den Rapport, die Reihen präsentirten, die Musik spielte, die stolze Heeresmasse glänzte prächtig im Waffenschmuck. Der Kaiser hatte gezeigt, über welche Macht er zu gebieten habe, gleich danach ließ er das Heer wirklich den Rückmarsch antreten, seine Verbündeten konnten sehen, daß er nicht an ihrer Seite zu bleiben denke.

17. Was wollte es unter diesen Umständen heißen, daß die preußischen Minister und Generale nicht müde wurden, in wiederholten Denkschriften die russisch-englischen Anschauungen zu widerlegen und von der politischen wie militärischen Seite die Gerechtigkeit und Nothwendigkeit ihrer Forderungen zu beweisen? Gneisenau sprach es am 17. August in einem Brief an Arndt besser aus, worauf es ankam.[1] Er sagt darin, daß wieder ein Frieden von Utrecht drohe, er findet Rußlands Haltung ganz natürlich in seiner selbstsüchtigen Politik begründet, er urtheilt bitter über die Thorheit Englands und die Undankbarkeit Wellingtons; dann sagt er von den deutschen Staaten: „Oestreich oder vielmehr Metternich ist schwankend, unzuverlässig, auf Verbindungen mit Frankreich sinnend; Baiern und Würtemberg schließen sich an uns an; wäre jenes zuverlässiger und fähig, nach einer höhern Politik zu handeln, so könnten wir wohl im Verein mit den Kleinern das Gesetz geben und die andern müßten dulden und schweigen." Man wußte in der That und weiß noch heute nicht, ob und welchen bestimmten Plan Oestreich damals hatte; es ist nur wenig darüber bekannt geworden, wie z. B. die Mißbilligung Metternichs über die schnelle Wiedereinsetzung Ludwigs XVIII. Der König, meinte er, hätte zuerst nach Südfrankreich zu seinen Anhängern gehen müssen, inzwischen hätten die verbündeten Heere Paris genommen und es wäre ein allseitiges billiges Abkommen möglich gewesen. Es war dieselbe Ansicht, die früher Talleyrand geäußert hatte und der östreichische Minister scheint dabei an den größern Einfluß gedacht zu haben, den dort im Süden Oestreich durch seine Heeresmacht hätte üben können. Gewiß ist, daß Oestreich sich gegen die deutschen Forderungen fortwährend sehr lau bewies und nur für die niederländischen einige Theilnahme bezeigte. Auch Gneisenau's Klage über Baiern mag begründet gewesen sein; allein es geschah auch von Preußen nichts, um

1) Pertz IV. 550.

der günstigen Stimmung der deutschen Mittelstaaten gemäß, den glück=
lichen Augenblick zu verwerthen, wo es als ihr natürlicher Vertreter
erscheinen konnte. Der Kronprinz von Würtemberg hatte wegen der
obenerwähnten Ausschließung der Höfe zweiten Rangs von den Ver=
handlungen eine Eingabe an den Ministerrath veranlaßt, worin die
Staaten, die dem Bündniß vom 25. März beigetreten waren, die ihnen
dort bezüglich ihrer Interessen versprochene Zulassung zu den Verhand=
lungen in Anspruch nahmen. Auch Graf Münster hatte für Hanno=
ver, das bei Belle=Alliance so große Opfer gebracht, mit unterzeichnet.[1]
Der Ministerrath der Großmächte hatte am 10. August ablehnend
darauf geantwortet, daß jetzt nur Vorverhandlungen im Werke seien;
wäre der Entwurf verabredet, so würden sie zugezogen werden. Ebenso
wurde am 24. August Spanien beschieden; es wollte mit 80,000 M.
in Südfrankreich einrücken, der Ministerrath erwiederte, es werde das
dann auf eigne Gefahr thun. Allein die deutschen Staaten hatten
in diesem Krieg ganz andre Opfer gebracht, wie Spanien, und er=
hoben keine Ansprüche der Eroberung, sondern nur der Sicherheit. Sie
schlossen sich von selbst an Preußen an, und es hätte diesem in jedem
Sinne wohl angestanden, wenn es sich ihrer kräftiger annahm. Die
unmittelbare Zulassung zu den Verhandlungen war zwar der Natur
der Dinge nach nicht zu erlangen; dagegen konnte Fürst Hardenberg
allerdings fordern, daß die Stimme dieser Staaten gehört werde, ehe
sich der Ministerrath über seine Vorschläge an Frankreich einige. Der
Fürst würde damit den klaren Wortlaut des Vertrags vom 25. März
für sich gehabt und die Stellung Preußens wesentlich verstärkt haben.
Statt dessen begnügte er sich am 9. September, als er seinen letzten,
in allen Hauptpunkten nachgebenden Vergleichsvorschlag einreichte, da=
ran zu erinnern, daß die Höfe von Sardinien, Niederland, Baiern
und Würtemberg ein Recht hätten, von dem Gang der Unterhand=
lungen unterrichtet zu werden, und daß man sich über die Art und
Weise einigen müsse, sobald man erst selbst einig sei. Damit war von
diesen Höfen weder Dank noch Vortheil zu gewinnen; und Stein
mußte auch, als er am 12. September in Brüssel den König der Nie=
derlande auf das natürliche Bündniß mit Oestreich und Preußen hin=
wies, die Erfahrung machen, daß dort die frühere Spannung gegen
Preußen trotz des neuern gemeinsamen Interesses noch nicht aufge=
hört hatte. Die deutschen Mittelstaaten aber, auf sich allein angewie=
sen, machten noch einen Versuch, durch ein Bündniß untereinander
ihre Stellung zu verstärken; es wurde namentlich zwischen Baiern,

[1] Gagern. Mein Antheil u. f. w. V. 162 bis 165.

Würtemberg und Baden längere Zeit über ein solches verhandelt.[1] Der allmählig sich vollziehenden Einigung der Großmächte gegenüber mußte es natürlich völlig fruchtlos bleiben; der Kronprinz von Würtemberg aber, der sich am 31. August wegen der süddeutschen Forderungen noch einmal an Stein wandte, bezeichnete zugleich ein altes und neues deutsches Unheil, als er dabei in die bittere Klage über die „vierfache Despotie" ausbrach, welche sich seit dem ersten Frieden von Paris anmaße, „über die theuersten Interessen aller europäischen Völker in letzter Instanz abzusprechen."

18. Weit besser als die deutschen Mächte verstanden die Franzosen die Zeit zu benutzen, wo die Unterhandlungen im Schwanken waren. Während der Hof eifrig besorgt war, die Einwirkungen jenes schwärmerischen religiösen Kreises auf den Kaiser Alexander von seiner Seite möglichst zu fördern, ließ es die Regierung auch an weltlichen Mitteln, um den Kaiser zu gewinnen, nicht fehlen. Es durfte keinerlei Beschwerde über das russische Heer laut werden, dagegen wurden die übertriebensten Berichte von den Ausschreitungen der andern Heere und von dem Druck, den das Land unter ihnen leide, verbreitet. Aus allen Provinzen brachte man Klagen über die Leiden auf, welche das Volk fast zur Verzweiflung trieben; man gab ihnen die Form, als wären sie aus Berichten von Fouché an den König entnommen, und veröffentlichte sie durch englische Zeitungen. Zu einer Zeit, wo die Regierung ohne alle Macht und in innerer Auflösung war, wo die royalistische Partei und das Ministerium wider einander waren, und im Süden die Königlichen in offner Nichtachtung aller gesetzlichen Ordnung mit blutiger Verfolgung gegen Protestanten und Bonapartisten ihre Sache auf eigene Hand betrieben; zu einer solchen Zeit wagte man die alten Drohungen zu wiederholen, der König werde sich zu seiner Armee nach der Loire begeben, und mit seinem Heer und Volk im Bunde einen Verzweiflungskrieg führen. Zugleich gingen, da durch die Wahlen die Stellung des Ministeriums erschüttert wurde, zwischen Ludwig XVIII. und Alexander geheime Unterhandlungen über die Bildung einer neuen Regierung im Sinne des letzteren hin und her.[2] Die englischen Staatsmänner waren wenig erbaut von diesem Treiben. Wellington schrieb an Talleyrand unterm 24. August: „ich klage den Präfekten der Seine an, daß er, statt seine Pflicht zu erfüllen, im Lande umhergeht, die Leute drängt, sich zu beklagen,

---

1) Die Verhandlungen dauerten bis in den Oktober. Interessante neue Aktenstücke darüber sind in den Grenzboten Nr. 50 von 1864 mitgetheilt.
2) Bernhardi I. 471.

die Uebel, welche sie unzweifelhaft erdulden, zu übertreiben, und daß
er sodann die Klagen, die er so von ihnen herausgebracht hat, ver=
fälscht und übertreibt; diese Beschuldigung werde ich dem Könige zu
seiner Ueberzeugung beweisen, sobald es ihm gefällt." [1]   Der Unwille
half indessen dem Herzog nichts, er konnte darum die Sache des Kö=
nigs, die er hauptsächlich bis hierher geführt hatte, nicht auf einmal
verlassen, er mußte zusehen, daß Rußland die nächsten Früchte davon
zu erndten begann.

19. Es ist unnöthig in den Inhalt der Denkschriften näher ein=
zugehen, welche in dieser Zeit noch gewechselt wurden; denn nicht die
Vorschläge und Gründe, welche diese entwickelten, waren es, was den
Gang der Dinge am meisten bestimmte. Am 18. August reichte Ca=
podistria eine zweite Denkschrift beim Ministerrath ein, welche die
Möglichkeit der Abtretung einiger Festungen von Seiten Frankreichs
zugab, und im übrigen besonders durch die Wendung merkwürdig war,
es könne England dieses Opfer für Frankreich vielleicht dadurch er=
leichtern, daß es ihm einige der eroberten Colonien zurückgäbe, wo=
für es seinerseits die Jonischen Inseln als Entschädigung behalten
möge. England indessen war zwar sehr bereit das Zugeständniß an=
zunehmen, den Wink über das Opfer dagegen schienen seine Staats=
männer zu überhören. Am 29. August bezeichnete Nesselrode die
neuen russischen Vorschläge näher: die Besetzung des Landes, die Cast=
lereagh auf 7 bis 10 Jahre festgestellt, wurde auf 5 Jahre herabge=
setzt; sonst waren es dieselben Punkte, die nachher im Friedensvertrag
vorkamen. An demselben Tage reichte auch Hardenberg eine neue
Denkschrift ein. Sie drückte bereits ein bedeutendes Zurückweichen
von Preußens ursprünglichen Forderungen aus; Humboldt und Gnei=
senau hatten entschieden widersprochen und auch der König hatte dem
Staatskanzler gesagt, es sei keine Kunst Minister zu sein, wenn man
immer wieder alle Ansprüche aufgäbe. Bezüglich der Landforderungen
war jetzt die von England vorgeschlagene Grenze von 1790 zugestan=
den; nur müsse Frankreich an dieser Grenzlinie noch entsprechende
Abtretungen für die fremdherrlichen Gebiete in seinem Innern, wie
Mümpelgardt und Avignon, machen, die es, über den Besitzstand jener
Zeit hinaus, behalten habe. Von der früher geforderten Festungsreihe
sollten jetzt gerade die Hauptplätze, Lille, Metz und Straßburg bei
Frankreich bleiben, das letztere freilich sollte geschleift werden. Damit
war also die Zurücknahme des Elsaß und des nordöstlichen Lothringen,

---

1) Pertz. IV. 569.

worauf der Kronprinz von Würtemberg mit Recht das Hauptgewicht gelegt hatte, fallen gelassen. Statt dessen nahm der Kanzler die russisch-englischen Vorschläge der Kriegssteuer und des Besatzungsheeres an; nur verlangte er 1200 Millionen Franken statt der 600, die Nesselrode gefordert, und wollte 240,000 M. in Frankreich haben, statt der 100 oder 150,000, die Wellington als genügend bezeichnet hatte. Es lag ohne Zweifel gerade in diesen beiden Punkten der größte Fehler: denn Hardenberg gab damit die eigenthümliche Stärke und Gerechtigkeit seines Standpunktes, welche in der Gebietsforderung lag, vollständig auf, er trat auf den Standpunkt seiner Gegner hinüber und rief doch wieder wegen der übermäßigen Höhe, namentlich des Besatzungsheeres, deren Vorwurf und Argwohn hervor; mit weit richtigerem Blick hatte Stein grade diesen Punkt nachdrücklich bekämpft. Die Denkschrift Hardenbergs wurde von Wellington am 31. August, von Castlereagh am 2. September beantwortet; es waren die alten Gründe; nur das war neu dabei, daß der englische Minister diesmal ausdrücklich im Namen des Prinz Regenten sprach, und daß er andeutete, es könne sich England der Theilnahme an einem neuen Krieg, der über die Forderungen der deutschen Staaten ausbrechen möchte, wohl enthalten. Auf Wellingtons Note entgegneten wieder Gneisenau und Boyen, und so wurden noch manche Schriftstücke gewechselt. Hardenberg versuchte noch einmal, ob er wenigstens den Unterelsaß für Deutschland retten könne, wenn er die Ansprüche Preußens auf Saarlouis beschränke. Es war indessen zu spät, auch Oestreich leistete keinerlei Unterstützung. So trat der Staatskanzler am 9. September seinen Gegnern abermals um einen Schritt näher, indem er die Forderung an Land und Festungen aufs neue beschränkte, und über das Besatzungsheer die englischen Vorschläge annahm; nur an den 1200 Millionen Kriegssteuer hielt er fest, als an einer Entschädigung, die der König seinen Unterthanen zu erwirken schuldig sei.

20. Dieser Vorschlag wurde die Grundlage der Verständigung; Oestreich trat sogleich bei, die andern beiden Mächte, nachdem sie in wiederholter Verhandlung an der Kriegssteuer noch einige Millionen abgemarktet hatten. Am 19. September kam der Entwurf zu Stande, welchen die vier verbündeten Mächte Frankreich vorlegen wollten. Er umfaßte in 6 Artikeln der Hauptsache nach die folgenden Bestimmungen[1]: 1. Bestätigung des ersten Pariser Friedens. 2. Eine Grenzberichtigung, wodurch Condé, Philippeville, Marienburg und Givet an die

---

[1] Schaumann. Gesch. d. 2. Par. Fried. CXI bis CXVII.

Niederlande, Saarlouis an Preußen, Landau mit dem Landſtrich bis
zur Lauter an Oeſtreich (das dieſen Antheil dann an Baiern über=
läßt), Fort Jour und l'Ecluſe an die Schweiz, Savoyen und Monaco
an Sardinien abgetreten werden, und die Neutralität der Schweiz
auf einen Theil Savoyens ausgedehnt wird. 3. Schleifung der Fe=
ſtungswerke von Hüningen. 4. Zahlung von 600 Millionen Franken
Kriegskoſten. 5. Zahlung von 200 Millionen zum Aufbau von Fe=
ſtungen gegen Frankreich. 6. Beſetzung Frankreichs auf mindeſtens
3, höchſtens 7 Jahre durch 150,000 M., wozu Feſtungen von Valen=
ciennes bis Fort Louis eingeräumt werden.

Aus dieſer Uebereinkunft ging der zweite Pariſer Friede her=
vor; ſie gelangte ſchon am 20. September an das franzöſiſche Mini=
ſterium. Dieſes war jedoch im nämlichen Augenblick in der Auflöſung
begriffen, die ihm ſchon ſeit den letzten Wochen gedroht hatte. Sowie
nämlich die königliche Partei ſich wieder ſtark zu fühlen begann,
hatten auch die Umtriebe zum Sturze Fouché's begonnen. Der Her=
zog und die Herzogin von Angoulême, welche die Zeit der letzten
Verbannung in England zugebracht hatten, ſprachen ſich bei ihrer Rück=
kehr laut und heftig gegen den „Königsmörder“ aus, die Herzogin
namentlich weigerte ſich entſchieden den verhaßten Mann zu ſehen, der
mit zum Tode ihres Vaters und ihrer Mutter geſtimmt hatte. Die
andern Emigranten führten bald dieſelbe Sprache; und auch Graf
Artois, der ſich vor dem Einzug in Paris Fouché hatte gefallen laſſen,
meinte jetzt mit den andern, es müſſe dem Scandal ein Ende gemacht
werden. Dann kamen die Wahlen und fielen unter der wilden Herr=
ſchaft der königlichen Partei, der ſtumpfen Gleichgültigkeit der Maſſe
und dem finſtern Haß der andern Parteien ſo überwiegend auf fana=
tiſche Emigrirte, daß auch der König erſtaunt und faſt erſchrocken da=
über war. Vor dieſer Kammer konnte Fouché als Miniſter nicht auf=
treten; er wurde am 18. September entlaſſen und ging als Geſandter
nach Dresden; ſpäter vermochte auch Englands Schutz ihn nicht mehr
zu halten, er ſtarb in der Verbannung. Aber auch Talleyrand durfte
vor dieſer Kammer nicht erſcheinen, überdies war er beim Kaiſer Ale=
xander in Ungunſt. Er nahm noch die Friedensbedingungen der
Verbündeten entgegen, und ertheilte die erſte Antwort darauf, um
kurz danach ſeine Stelle zu verlieren. Wie damit Rußland über Eng=
lang vollſtändig den Sieg davontrug, und wie aus dieſen Verhand=
lungen der Friede hervorging, erzähle ich im letzten Kapitel.

21. Für Deutſchland war das Loos des Friedens bereits durch
die Uebereinkunft entſchieden. Es iſt nicht richtig, was ein Theilneh=

mer an den Verhandlungen jener Tage sagt,[1] daß nämlich auch durch
ein stärkeres Auftreten Oestreichs der Widerwille Englands und Rußlands nicht hätte besiegt werden können. Wenn Oestreich, Preußen
und das übrige Deutschland auf die gerechten und gemäßigten Forderungen der natürlichen Grenze, so ungefähr, wie sie die preußische
Denkschrift vom 4. August enthielt, sich vereinigt und fest darauf bestanden hätten, selbst bis zu dem Punkt, daß ihnen England und
Rußland den Austrag des Handels allein überließen; so bleibt kaum
ein Zweifel, daß sie durchgedrungen wären. Aber das war das Schwierige, das kaum Denkbare, daß sie sich vereinigten, und darin lag die
Stärke des Standpunkts von England und Rußland. In der Auffassung Wellingtons und Castlereaghs, in jener Schilderung voll Hohn
und Mißachtung, die der letztere von der Politik der deutschen Staaten
seiner Regierung in London entwarf, sprach sich wohl die Unkenntniß
und der Uebermuth von Staatsmännern aus, die es vergaßen, daß
nur der immer erneute Widerstand Deutschlands ihren Staat vor
dem unmittelbaren Angriff des mächtigen französischen Kaiserreichs bewahrt hatte. In der Haltung und den Aeußerungen Alexanders und
seiner Staatsmänner ward die Selbstsucht und der ungemessene Ehrgeiz eines Staatswesens offenbar, das nur über den Trümmern
Deutschlands und mit Hülfe der deutschen Waffen so mächtig aufstei-
gen konnte. Aber hier wie dort mochten in solchem Auftreten und in
solcher Sprache die deutschen Staaten auch ein Bild von dem wirklichen Eindruck erkennen, den sie auf dem Congreß zu Wien und vor
dem Congreß auf die fremden Mächte gemacht hatten. Was diese
vorher von der Zwietracht, der Eifersucht und der kleinen Politik
Deutschlands mit Augen gesehen hatten, das wurde jetzt ein Haupt-
grund für ihre besonderen Friedenspläne; und Dasselbe, d. h. die
vorangegangene Geschichte, war es auch, was eine gemeinsame Politik
von Deutschland bei diesem Frieden nicht aufkommen ließ. Selbst die
besondern Fehler und Versäumnisse der Staatsmänner müssen hierin zum
Theil ihre Erklärung finden. Daß nicht schon während der Verhandlungen
in Wien, und nicht nachher die Sache Deutschlands vorschauend gewahrt wurde,[2] daß die deutschen Mächte ohne Vorbereitung und
Plan über die Benutzung des großen Siegs nach Paris kamen, daß
sich Oestreich dort so gänzlich unfähig bewies, den großen Augenblick
zu ergreifen, daß Preußen nicht mit schnellem Entschluß das Zusammen-

---

1) G a g e r n. Mein Antheil u. s. w. V. 227.
2) Vgl. S. 121, 122, 158.

wirken mit den deutschen Mittel= und Kleinstaaten suchte: dafür sind
wohl zuerst die leitenden Staatsmänner, wie Hardenberg und Metter=
nich, verantwortlich; es würde aber nach der Wirklichkeit des alten
Widerstandes, den es dabei zu überwinden galt, auch für größere
Staatsmänner eine schwere Sache gewesen sein.

Drittes Kapitel.
Die Heere und der Festungskrieg.

1. Wir kehren noch einmal zu den Heeren zurück. Sie spielten,
wie wir gesehen haben, schon durch ihre Anwesenheit in dem erober=
ten Lande bei den Friedensverhandlungen mächtig mit. Daneben be=
stand das eigenthümliche Verhältniß, daß, während in Paris über den
Frieden Rath gehalten wurde, an den Grenzen der Ernst des Kriegs
noch seinen Fortgang hatte. Wie das eine und das andere sich be=
gab, bedarf noch einer kurzen Darstellung.

2. Es ist im vorigen Kapitel erzählt, daß gegen Ende Juli den
verbündeten Heeren bestimmte Bezirke für ihre Quartiere in Frank=
reich angewiesen wurden. Der Eintheilung wurde natürlich die Stel=
lung der Armeen, wie sie gerade war, zu Grunde gelegt. Es blieb
dabei die Stadt Paris, mit der nächsten Umgebung auf dem rechten
Seineufer, von preußischen, östreichischen und englisch=deutschen Trup=
pen gemeinsam besetzt. Das preußische Heer erhielt das Land zwi=
schen Seine und Loire, westlich der Straße von Paris nach Orleans,
bis zum Meer; Blücher nahm sein Hauptquartier in Rambouillet,
später in Caen. Wellington blieb in Paris; sein Heer breitete sich
im Lande zwischen dem Kanal, der Seine und der Belgischen Grenze
und gegen Osten über die Oise bis zur Aisne und Marne aus. Hier
schlossen sich die Russen an, die ihre Cantonnirungen auf beiden Sei=
ten der Marne und Aube, nach Süden bis zur Seine, nach Norden
bis zu den Ardennen und der oberen Maas und Mosel nahmen;
Barclay de Tolly hatte sein Quartier in Melün an der Seine. Der
Bezirk der Baiern war westlich von dem der Preußen, nördlich von
dem der Russen begrenzt und dehnte sich von der Loire über die
Yonne, obere Seine, Marne, Aube, Mosel bis zu den Vogesen aus;
Wrede mit seinem Stabe war zuerst in Montargis, dann in Auxerre.

Der Kronprinz von Würtemberg, persönlich meist in Paris, nahm sein Hauptquartier in Nevers an der Loire; seine Oestreicher, Würtemberger und Hessen hatten ihre Cantonnements zwischen Allier und Loire bis zur Gegend von Lyon. Die verschiedenen östreichischen Heertheile standen längs der Ostgrenze Frankreichs vom Oberrhein bis zur Rhonemündung; Fürst Schwarzenberg war in Fontainebleau. Der Erzherzog Johann, an der Spitze der Belagerungsarmee, hatte sein Hauptquartier in Basel; seine Heertheile hielten die Festungen der Gegend eingeschlossen; die königl. sächsischen und die badischen Truppen waren im Elsaß; das 2. östreichische Armeecorps stand um Straßburg. Die östreichische Reservearmee und das 1. Armeecorps hatten ihre Quartiere auf beiden Seiten der Saone, Erzherzog Ferdinand war in Dijon. Die italienische Armee stand zwischen Rhone und Alpen, General Frimont mit dem Hauptquartier war in Lyon. Die neapolitanische Armee unter Bianchi rückte im August in die Provence ein, das Hauptquartier kam nach Toulon. Auch die Preußen waren noch bedeutend verstärkt worden; und es betrug hiernach die Heeresmasse, welche über das nördliche und östliche Frankreich verbreitet war, über 700,000 Mann.

3. Blücher war im Anfang sehr unzufrieden mit der Vertheilung der Bezirke; er fand, daß die Armee, zwischen den beiden Strömen, von der Heimath abgeschnitten, mit feindlichen Festungen im Rücken, wenn der Krieg wieder ausbreche, in eine bedenkliche Lage gerathen könne. Dem wurde indessen ziemlich abgeholfen, als noch einige Heertheile aus Preußen eintrafen. Das 6. Armeecorps unter Tauentzien überschritt zu Ende August die Seine und rückte im September in die Normandie ein; Blücher hatte nunmehr über 100,000 M. zwischen Seine und Loire. Die preußischen Garden trafen zu Ende Juli in Paris ein und lösten dort die 1. und 2. Brigade von Zietens Armeecorps ab. Diese Truppentheile gingen auf Blüchers Verlangen zur Einschließung von Laon und la Fère ab; der erstere Platz ergab sich am 10. August; die 2. Brigade marschirte dann zu ihrem Corps nach der Normandie, die erste blieb bei la Fère. Zu ihrer Unterstützung rückten in die Gegend von St. Quentin 20,000 M. rheinischer Landwehren ein. So war eine Verbindung mit den Niederlanden für das vorgeschobene preußische Heer hergestellt. Blücher hätte gern auch noch das Schloß Vincennes unmittelbar bei Paris gehabt. Es waren bedeutende Waffenvorräthe dort, und die Franzosen hatten nach der Uebergabe der Hauptstadt, gegen die Uebereinkunft vom 3. Juli, noch viele Geschütze und Gewehre aus Paris dahin in Sicherheit gebracht.

Blücher wollte das Schloß nehmen, es fehlte ihm aber schweres Geschütz. Wellington versprach einige 18pfünder und schickte sie nicht; dann kamen die Monarchen, die Belagerung mußte aufgegeben werden und die Preußen erhielten nur eine mäßige Anzahl Geschütze und Gewehre aus dem Zeughaus des Schlosses. Blücher war voll Aerger über Wellington, der jetzt mehr „den französischen als den englischen General spiele"; zugleich war er um die Sicherheit der Monarchen besorgt. Er schrieb an den König am 8. August aus Rambouillet, bei den Unruhen, die in Paris stattfänden, dürfe man das Schloß von Vincennes um so weniger in französischen Händen lassen, als es grade an die Vorstadt St. Antoine, den Sitz aller Empörung, anstoße; „überhaupt", sagt er zum Schluß, „muß ich Eure Majestät beschwören, entweder mehr Kraft gegen diese schändliche Stadt zu zeigen, und sie in Furcht und Zaum zu halten, oder diesen Ort zu verlassen und in einer ehrlichen deutschen Stadt diese Welthändel zu entscheiden und zu Ende zu bringen." [1]

4. Die verbündeten Heere wurden, wie wir wissen, unmittelbar vom Lande verpflegt; auch nahmen sie während der Friedensverhandlungen sämmtlich ihre Vorsichtsmaßregeln wie in Feindesland. Die Klagen der französischen Regierung dagegen über Gewaltthaten und unerhörten Druck ließen schon darin die Absicht und die Uebertreibung erkennen, daß sie vorzugsweise auf die deutschen Heere gehäuft wurden. Daß es bei solchen Truppenmassen, die nach einem blutigen Krieg als Sieger in einem Lande standen, dessen Heere für das ihrige lange Jahre eine Geißel waren, nicht wie im Frieden hergehen konnte, daß Ausschreitungen und Gewaltsamkeiten vorkamen, ist natürlich. Auch trug der seltsame Zwischenzustand zwischen Krieg und Frieden, welcher während der Verhandlungen dauerte, vieles bei, die Lage zu erschweren und zu verwirren. Man weiß aber, wenigstens vom preußischen Heer, daß von Seiten der Befehlshaber nichts versäumt wurde, um ein geordnetes Verhältniß zu den Behörden und zum Volke herzustellen; und es ist wahrscheinlich, daß dieselben Maßregeln von Seiten der übrigen Heere genommen wurden. Der König erließ an seinen Feldherrn unterm 15. Juli zwei schöne Schreiben, worin er von den unaufhörlichen Klagen redet, womit man ihn bestürme; er erkennt, daß sie meist aus unlauterer Quelle fließen, er weiß, was seine Truppen geleistet haben, doch verlangt er, daß sie jetzt in Thätigkeit und Uebung erhalten werden: „Sie haben die Armee zum Siege geführt,

---

1) Arch. d. Gnlstbs. E. I.

in Ihre Hände lege ich daher auch mit vollem Vertrauen diesen wichtigen Gegenstand, indem ich mich überzeugt halte, daß Sie mit Ihrer
gewohnten Kraft und Umsicht da, wo es nöthig wird, die zweckmäßigsten Anordnungen treffen werden, und daß unter Ihrer Leitung mein
Heer in den bevorstehenden Cantonnirungen sich ebenso durch seine
Mannszucht, wie durch seinen kriegerischen Werth auszeichnen wird" [1].
Blücher schärfte hierauf die Tagsbefehle ein, die er während des Feldzugs erlassen hatte, machte die Generale und Obersten für die Ausführung streng verantwortlich, und ordnete an, daß die Namen aller
Leute, welche mit Stockschlägen bestraft und in die zweite Klasse versetzt worden seien, der Armee bekannt gemacht würden; auch sollten
die Abtheilungen der verschiedenen Waffengattungen wenigstens zweimal in der Woche für sich, und die vereinigten Waffen in der Brigade
wenigstens einmal wöchentlich Uebung haben.

Wie verworren übrigens, namentlich anfangs die Zustände noch
waren, und wohin sie führten, erkennt man aus manchen Vorfällen,
die sich bei der Einschließung von la Fère begaben. Es sollten dort
keine Feindseligkeiten angefangen werden, während man doch gegen die
Festung wie im Kriege stand. Die Soldaten, die das nicht verstanden,
geriethen darüber auf Gewaltthätigkeiten; es wurde auf Bauern im
Walde Jagd gemacht, um den Verkehr mit der Festung zu unterdrücken;
dann kam wieder der Befehl, daß man Landleute, die aus fernen Ge-
genden zur Einbringung der Ernte herbeikämen, überall ungehindert
durchlassen solle. Dazwischen fingen die Offiziere der einander gegenüberstehenden Feldwachen an, sich gegenseitig friedlich zu besuchen, und
nun hieß es wieder, es dürfe mit la Fère keinerlei Verkehr stattfinden
und niemand durch die Postenkette kommen. Daneben fehlte es nicht
an allerlei unverantwortlichem Unfug, der namentlich mit den Pferden
und Wagen der Einwohner getrieben wurde, während diese zur Ernte-
arbeit unentbehrlich waren, und die freiwilligen Jäger sollen dabei
nicht die letzten gewesen sein [2]. Blücher erließ endlich, um „den noch
so häufig vorfallenden Excessen der Soldaten gegen Einwohner und
der Einwohner gegen Militärs" vorzubeugen, am 9. August einen Befehl, wonach „Militärcommissionen" aus je 1 Stabsoffizier, 4 Offizieren, 1 Auditeur und 1 französischen Beamten bei jedem Armeecorps
gebildet werden sollten. „Mobile Colonnen" sollten das Land durch-
streifen und jeden, der über Excessen betroffen werde, zu kurzem Straf-

---

1) Arch. b. Gnstbs. D. 3. II.
2) Zychlinski. Geschichte des 24. Infrgts. I. 308.

verfahren an die Commissionen abliefern. Diese Maßregeln scheinen
allmählig gewirkt zu haben; es wird nur noch von einem größern Ex-
cesse, der vorwiegend militärischer Art war, berichtet; am 11. Oktober
nämlich wurde ein Landwehrmann wegen Meuterei erschossen, eine
Anzahl andrer zu 10jähriger harter Festungsstrafe verurtheilt[1]).

Mehr noch, als diese Sicherheitsmaßregeln, scheint das Aufhören
der Contributionen und Steuererhebungen zur Beruhigung des Landes
beigetragen zu haben. Blücher hatte diese, in Erinnerung an Alles,
was Preußen früher hatte leisten müssen, allerdings in großem Maßstab ausgeschrieben und ließ sie mit Härte eintreiben, es sollte selbst
mit Zwangsmaßregeln gegen die Obrigkeit und die Einwohner vorgeschritten werden[2]). Allein die andern scheinen darin hinter den
Preußen nicht zurückgeblieben zu sein; namentlich forderten die Russen,
die doch keinen mühevollen und siegreichen Feldzug hinter sich hatten,
gleich bei ihrem Einmarsch in Frankreich bedeutende Lieferungen an
Tuch, Schuhen, Pferden; und General Hake, an der Spitze des norddeutschen Bundesheers, in dessen Bezirk sie hereindrängten, hatte große
Mühe, sich ihrer zu erwehren[3]). Es waren die heillosen Folgen eines
mehr als 20jährigen Kriegs, unter dem alle Länder Europas beraubt
und verarmt waren, welche hier auf Frankreich zurückfielen. Sowie
in Paris die Leistungen des Staats an die Verbündeten geordnet
waren, hörten auch im Lande Verwirrung und Gewalt allmählig auf;
es trat ein gesetzlich geregelter Zustand ein und es stellte sich an den
meisten Orten zwischen Soldaten und Einwohnern ein freundliches
Vernehmen her. An einzelnen Orten, wie z. B. im Städtchen Laval
an der Grenze der Bretagne, wurden die Truppen sogar als Befreier
empfangen[4]).

5. Wie groß durch die vorhergegangenen Kriege und Beraubungen
die Geldarmuth in Preußen, wie sehr also das Heer darauf angewiesen
war, sich das Nothwendige auf Kosten des eroberten Landes zu verschaffen, mag man daraus erkennen, daß während der ersten Zeit der
Besetzung bei Blücher von allen Heertheilen fortwährend Klagen über
Mangel an Bekleidung und Verpflegung einliefen, und daß der Sold
zu Ende Juli noch nicht für den Mai vollständig ausbezahlt war.
Um den Rückstand zu berichtigen, hatte es der Finanzminister Bülow

---

1) Arch. d. Gnlstbs. C. 33.
2) Ebenda. E. 50.
3) Ebenda. D. 3. II.
4) Ebenda. E. 27.

durch Vermittelung von Berliner Bankiers endlich dahin gebracht, daß
die Zahlung der nöthigen Summen in Paris erfolgen könne. Blücher
lehnte die Annahme ab, und die Art, wie er es that, zeigt, welche
Gesinnung ihn und sein Heer beseelte. Er schrieb dem König: die
Armee habe nur Ehre gesucht und dem schwer heimgesuchten Vaterland
helfen wollen, sie verlange jetzt nur das Unentbehrliche, namentlich
für die Verwundeten und Kranken; sie wolle sich lieber aufs äußerste
einschränken, als das mühsam zusammengebrachte Einkommen ihres
Landes nach Frankreich ziehen und so dieses Land noch bereichern;
auch den 2monatlichen außerordentlichen Sold, den der König bewilligt, könne das Heer nur von Frankreich annehmen. Dem Minister
meldet Blücher am 12. August diesen Entschluß mit folgenden Worten: „Ew. Exc. übersende ich in der Anlage das Schreiben, was ich
so eben an S. Maj. gerichtet habe, worin ich bitte, durchaus nicht
die Armee aus Geldern zu bezahlen, die von unsrem Lande erst bezogen werden müssen. Die Armee ist kein Söldnerheer, was um jeden
Preis abgelohnt werden muß, sondern sie ist mit der Nation eins,
und wenn es nöthig ist Opfer zu bringen, so ist sie von jeher entschlossen gewesen es zu thun, wenn nur dadurch dem Vaterlande
Nutzen erwachsen kann" [1]).

6. Ich komme zum Festungskrieg. Die eigenthümliche Erscheinung, daß, mitten unter den Friedensverhandlungen in der Hauptstadt
und unter dem befreundeten Verkehr der Monarchen mit Ludwig XVIII.,
der Krieg um die Festungen an der Grenze fortdauerte, erklärt sich
vorzugsweise aus dem tiefen Mißtrauen, welches durch den vorangegangenen plötzlichen Umsturz in Frankreich hervorgerufen war.
Blücher hatte es nach dem Siege in Belgien um so nothwendiger
erachtet, sich an der Grenze eine feste Grundlage für seine Bewegungen
zu schaffen, je schneller er auf Paris vordrang. Als nachher das
preußische Heer seine Quartiere zwischen Seine und Loire bezog, erschien die feste Stellung an der Grenze um so wichtiger; zugleich
hatten die Festungen, welche von den preußischen Waffen gewonnen
wurden, noch den besondern Werth, daß sie ebenso viele Pfänder waren, womit Preußen seine Forderungen bei den Verhandlungen unterstützen konnte. Aehnliche Erwägungen scheinen auch die andern Mächte
bestimmt zu haben, obwohl sich für die meisten ihre Stellung zu Frankreich und zum Frieden günstiger gestaltete als für Preußen. Die
Belagerungen, welche auf diese Weise zur Ausführung kamen, fielen

---

2) Arch. des Gnstbs. D. 3. III.

im Gebiete von 4 verschiedenen Heeren vor: des preußischen, des englisch=
deutschen, des russischen und des östreichischen. Sie haben für die
Kriegsart, der sie angehören, ihre Bedeutung, auch fiel dabei noch
manche rühmliche Waffenthat vor; in einer Schrift von dem allge=
meinen Zwecke wie diese, können sie nur flüchtige Erwähnung finden.

Der Festungsgürtel, dessen Einnahme dem preußischen Heer und
dem norddeutschen Bundescorps zufiel, liegt zwischen der Sambre und
den Ardennen. Es war, wie wir wissen, neben dem letztern Heer=
theil, das 2. preußische Armeecorps unter General Pirch dazu be=
stimmt, zusammen etwa 50,000 M.; Prinz August von Preußen hatte
die Oberleitung dieses Belagerungskriegs; unter ihm führte Oberst v.
Ploosen den Befehl über die Ingenieurarbeiten. Der Prinz wählte
zuerst Maubeuge zum Angriff aus. Am 20. Juni war General
Tippelskirch mit der 5. Brigade vor der Festung eingetroffen. Am
22. wurde sie, auf eine Weisung Blüchers, zur Uebergabe aufgefor=
dert; die Bedingungen waren: Freier Abzug der Linientruppen zu
Ludwig XVIII., falls sie dessen Fahne wählen würden, Entlassung
der Nationalgarde in ihre Heimath, Ueberlieferung des Platzes mit
allen Vorräthen. Der Commandant General Latour wies die Auf=
forderung ab. Am 23. Juni traf die 7. Brigade ein, und am 24.
wurde die Einschließung vollendet. Das Belagerungscorps zählte
gegen 12,000 M. mit 50 Feldgeschützen; die Besatzung 3000 Mann,
meist Nationalgarden und ausgediente Soldaten, auf den Wällen stan=
den 80 Geschütze. Bis zum 28. Juni waren 26 Belagerungsgeschütze
eingetroffen, es begann an diesem Tage die erste Beschließung. Bis
zum 8. Juli wurde der Belagerungspark, durch die Unterstützung der
Engländer, auf 80 Geschütze gebracht, in 8 Tagen waren noch 22
weitere zu erwarten. Die Eröffnung der Laufgräben begann am 9.
Juli; das Feuer der Belagerer entwickelte rasch eine solche Ueber=
legenheit, daß sich die Festung am 12. ergab; es fielen mit ihr große
Waffen= und Munitionsvorräthe den Preußen in die Hände. — Die
7. Brigade und das Belagerungsgeschütz mußten sogleich nach Land=
recy abrücken, welches seit dem 25. Juni von Gnl. Krafft mit der
6. Brigade eingeschlossen war. Den 19. Juli wurden die Laufgräben
eröffnet, den 21. waren die Batterien vollendet; nach einer mehr=
stündigen Beschießung zwang eine Bewegung der Bürger in der Stadt
den Commandanten zur Uebergabe. — Am 28. Juli fiel die kleine
Festung Marienburg nach kurzer Beschießung, sie hatte nur 400
M. Besatzung. — Etwas schwieriger erwies sich die Einnahme von
Philippeville mit 1700 M. Besatzung und 51 Geschützen. Der

Platz war seit Ende Juli durch die 5. und einen Theil der 6. Brigade eingeschlossen; in der Nacht zum 8. August begann die Eröffnung
der Laufgräben, die Beschießung währte mit kurzer Unterbrechung bis
zum 9., dann ergab sich der Platz. — Vor Rocroy begannen die
Belagerungsarbeiten in der Nacht zum 16. August; die Besatzung,
aus 2000 M. bestehend, schien zu entschiedenem Widerstand geneigt,
sie feierte noch am 15. den Geburtstag Napoleons mit Feuerwerk
und andern Freudenbezeugungen, obwohl sie vom Umschwung der
Dinge längst unterrichtet war. Das Belagerungscorps bestand aus
der 7. und einem Theil der 5. Brigade; zwei englische Ingenieur-
offiziere, Capitain Meinecke und Lieutnant Unger, leisteten tüchtige
Hülfe. Das Feuer begann am 16. und wurde von beiden Seiten
2 Tage mit Heftigkeit fortgesetzt; am 18. übergab der Commandant
den Platz; die Besatzung widerstrebte, nur das Einrücken der Preußen
verhinderte einen Aufruhr. — Umfassendere Anstalten, als gegen die
bis dahin eroberten Plätze, schienen bei Givet erforderlich. Die Festung, auf beiden Ufern der Maas gelegen, war damals für 11,000
M. eingerichtet, hatte jedoch nur gegen 5000 M. Besatzung. Der
Commandant, Gnl. Bourke, hatte sich für Ludwig XVIII. erklärt,
aber die von den Preußen verlangte Mitbesetzung verweigert. Bis
zum 5. September wurde das Einschließungscorps auf 14,000 M. gebracht; es bestand aus der 6. und 7. Brigade und aus 2 kurhessischen
Brigaden unter Gnl. v. Müller und dem Prinzen Solms-Braunfels,
welche vom norddeutschen Bundescorps herangezogen waren. Der
Bau der Batterie begann in der Nacht zum 9. September; der Commandant indessen erkannte, daß er zu der Vertheidigung des weitläufigen Platzes zu schwach war, und übergab am 10. September den
größern Theil desselben. Die völlig abgesonderte Bergfeste Charle-
mont dachte er zu behaupten; auch kam, ehe die eigentliche Belagerung
beginnen konnte, am 24. September von Paris der Befehl zur Einstellung der Feindseligkeiten. — Die Einnahme der genannten 6 Festungen hatte 132 M. an Todten und Verwundeten gekostet.

Das norddeutsche Bundescorps von 25,000 M. hatte bis zum
20. Juni die Gegend von Arlon erreicht; für den General Kleist, der
wegen Krankheit hatte zurückgehen müssen, führte zuerst der kurhes-
sische Generallieutnant v. Engelhardt, dann vom 29. Juni an der
preußische Generallieutnant v. Hacke den Befehl. Am 21. Juni kam
mit der Nachricht des Siegs von Belle-Alliance der Befehl Blüchers
zum Einmarsch in Frankreich. Am 26. Juni wurde nach kurzer Beschießung die Stadt Sedan genommen; am 28. schloß das Corps die

Festung Mezieres ein; am 29. gewann eine Abtheilung Kurhessen in glücklichem Sturm das vor der Festung gelegene Charleville. Mezieres hatte 3000 M. Besatzung unter General Lemoine und 60 Geschütze. Zur Beschießung wurden in der Nacht vom 24. Juli die ersten Batterien erbaut. Die Belagerten suchten in wiederholten Ausfällen die Arbeiten des Angriffs zu stören, wurden aber jedesmal von den kurhessischen Truppen zurückgetrieben. Nachdem mehrere Außenwerke genommen waren, wurde in der Nacht zum 9. August die erste Parallele erbaut, am Morgen begann das Feuer aus derselben, am Abend verlangte der Feind Unterhandlung; am 10. August wurde die Stadt, am 3. September die Festung übergeben. Der Gesammtverlust der Kurhessen während des Feldzugs betrug 18 Todte und 154 Verwundete. — Am 15. September wurde nach vorher abgeschlossener Uebereinkunft die Citadelle von Sedan überliefert. — Die Festung Montmedy war seit dem 30. Juni beobachtet; bis zum 8. September versammelte sich das Belagerungscorps aus Truppentheilen von Preußen, Kurhessen, Oldenburg, Mecklenburg, Weimar und Waldeck bestehend. In der Nacht zum 15. September wurde Medybas mit Sturm genommen, wobei die Belagerer einen Verlust von 10 Todten und 98 Verwundeten hatten; am 22. September übergab Generallieutnant Laurent die Festung. — Noch fiel am 14. September die Festung Longwy. Blücher hatte die Einnahme dem Prinzen Ludwig von Hessen-Homburg mit einem Theil der Besatzungstruppen von Luxemburg übertragen; am Schluß seines Briefes hieß es: „jetzt muß man kühn sein, und sich nicht an Theorie und Bücher halten." Der Prinz vermochte indessen im Anfang nichts auszurichten, da es ihm an allem fehlte; erst in der Nacht zum 11. August konnte die vollständige Einschließung erfolgen. Vom 9. September an begann die regelmäßige Beschießung, in der Nacht zum 14. wurde von einer Abtheilung des 23. Infanterieregiments mit Artillerie und Pionieren nach heißem, blutigem Kampf ein Außenwerk mit zugehörigem festen Blockhaus genommen,[1] der Verlust der Angreifer betrug 47 Todte und 197 Verwundete. — So waren durch die Preußen und das norddeutsche Bundescorps im Ganzen 10 Festungen mit fast 500 Geschützen und bedeutendem Kriegsgeräthe genommen; der französische Grenzgürtel war auf dieser Strecke vollständig durchbrochen.

Jn den Gebieten der übrigen Armeen wurden die Belagerungen nicht mit der nämlichen Entschiedenheit betrieben, da sich die andre

---

[1] v. Busse. Gesch. d. 23. Jnfrgts. S. 198 bis 202.

politische Stellung einmischte. Der Prinz Friedrich der Niederlande
nahm nach mehrfach wiederholter Beschießung am 12. August Valen
ciennes, etwas später le Quesnoy und Condé durch Uebereinkunft.
— Die Russen hielten Metz, Saarlouis, Thionville, Verdün
und Soissons eingeschlossen; eine Belagerung erfolgte nicht; vor
den beiden ersten Plätzen wurden am 21. Juli durch Uebereinkunft die
Feindseligkeiten eingestellt, in Soissons rückten die Russen am 14. August ein, vor den andern beiden Plätzen blieb es bei der Beobachtung.

Von Mainz aus ließ der Erzherzog Karl durch einen Theil der
Besatzung unter dem preußischen General Krausenek die Plätze Landau und Bitsch einschließen; nach kurzer Beschießung des ersteren wurden um die Mitte August durch Uebereinkunft die Feindseligkeiten
eingestellt. — Straßburg war, wie im ersten Kapitel erzählt ist,
seit dem 4. Juli durch das 2. österreichische Armeecorps unter Fürst
Hohenzollern eingeschlossen. Am 9. Juli machte General Rapp einen
Ausfall, der zu einem ziemlich lebhaften Gefecht führte; am 22. Juli
wurde Waffenstillstand geschlossen. Zu Anfang September wurde die
Einschließung auf kurze Zeit erneuert, weil die Linientruppen in der
Festung die von Ludwig XVIII. befohlene Entlassung verweigert und
ihre Generale und Offiziere arretirt hatten; erst als die Einwohner
der Stadt den rückständigen Sold der Besatzung bezahlt hatten, zog diese
am 6. Sept. ab. — Die Plätze Neu-Breisach, Schlettstadt, Lichtenberg,
Petit Pierre, Pfalzburg und Belfort wurden meist nur beobachtet, bei einigen kam es zu unbedeutenden Gefechten. Auxonne nahmen die Oestreicher am 27. August nach lebhafter Beschießung. — Eine eigentliche
Belagerung fand in diesem Gebiet nur gegen Hüningen statt. Sie
ist auch dadurch merkwürdig, daß die Franzosen davon die Sage aufgebracht haben, General Barbanègre habe die Festung mit nur 135
M. mehrere Wochen lang gehalten, und ein Außenwerk sei sogar durch
nur 3 Kanoniere vertheidigt worden. In Wirklichkeit gebot der genannte General über 3000 M., der Platz war in gutem Zustand und
mit 101 Geschützen versehen, die Bürger und ein Theil der Besatzung
waren zur Vertheidigung entschlossen; die Nationalgarden der Umge-
gend aber suchten jede Gelegenheit zum Entlaufen zu benutzen. Der
Platz konnte zuerst nur eingeschlossen werden, da es an schwerem Geschütz fehlte; während dieser Zeit ließ der Commandant von einem
Außenwerk aus wiederholt die Stadt Basel beschießen, um von dieser
300,000 Franken nebst einer bedeutenden Lieferung an Tuch und
Schuhen zu erhalten. Am 15. August war endlich das Belagerungscorps zusammen; es zählte 12,000 M. österreichischer, würtembergischer

und hessen-darmstädtischer Truppen mit 99 östreichischen und 9 Schwei-
zergeschützen. In der Nacht zum 18. wurden die Laufgräben eröffnet,
am 22. begann aus 11 Batterien mit 40 Geschützen das Feuer gegen
die Festung und dauerte bis zum 24. mit kurzen Unterbrechungen kräftig
fort. Der Commandant nahm jetzt einen Waffenstillstand an und
übergab den Platz am 28.; die Garnison zählte noch 1917 M., die
andern waren meist desertirt. Der Verlust der Belagerer betrug 15
Todte, 88 Verwundete. Am 2. September begann die Schleifung
der Werke von Hüningen, die dann im Frieden bestätigt wurde; es war
das Zugeständniß, das Deutschland oder vielmehr die Schweiz in Bezug
auf den Elsaß davontrug.

7. Noch muß ich mit einigen Worten der Opfer und des Lohnes
gedenken, die der Krieg den Heeren eintrug. Die ersteren sind schon
bei den Schlachten und Treffen angegeben; nur für die preußische
Armee ist eine Zusammenstellung für den ganzen Krieg nöthig, weil
sie mit ihren Kämpfen und Verlusten am ganzen Verlauf desselben
und nicht blos an einer einzelnen Entscheidung betheiligt war. Sie
hat unter den Waffen an Todten 112 Offiziere, 392 Unteroffiziere,
5444 Soldaten, zusammen 5948 M., an Verwundeten 630 Offiziere,
1238 Unteroffiziere, 15,082 Soldaten, zusammen 16,950 M., an Gefangenen und Vermißten 60 Offiziere, 609 Unteroffiziere, 10,870 Soldaten, zusammen 11,539 M. verloren. Pferde waren 1294 todt, 965
verwundet, 1335 vermißt, zusammen 3594.[1]) Der Gesammtverlust
an Menschen in dem siegreichen Feldzug betrug also 34,437 M., d. h.
weit über ein Viertel der Stärke von 116,000 M., womit das Heer
ins Feld rückte; und Blücher war sehr berechtigt, einen „Extraersatz"
an allen Waffen vom Kriegsminister zu verlangen, nur wäre er bei
den 250,000 Mann, die das Land aufbrachte, kaum anders als aus
den andern Heertheilen zu bestreiten gewesen. Es gingen übrigens
der Armee bis zum Ende des Feldzugs der größte Theil der Gefangenen und Vermißten, sowie viele von Wunden und Krankheit Herge-
stellte wieder zu; während sich bei einem unglücklichen Krieg gerade
diese Verluste bedeutend gesteigert haben würden. Wieviele an ihren
Wunden noch gestorben sind, läßt sich nicht genau sagen; die Listen
der sämmtlichen preußischen Militärlazarethe geben für die drei Som-
mermonate Juni, Juli und August 626 invalid Gewordene und 948
Gestorbene an[2]), bei weitem die Mehrzahl davon kommt natürlich auf

---

1) Arch. d. Gnlstbs. E. 2.
2) Richter, r. pr. Generalarzt. Geschichte d. Medizinal-Wesens d. k. pr. Armee.
Erlangen 1860. S. 373.

die im Krieg begriffene Armee; außerdem ist jedenfalls noch eine nicht kleine Zahl außerhalb der Lazarethe oder später gestorben. Es wird also das preußische Heer an Todten durch den Krieg im Ganzen 8000 M. oder den zwanzigsten Theil seiner Zahl verloren haben.

Von der Pflege der Verwundeten, von der ersten Noth, die dabei war und der Hülfe, die dann eintrat, habe ich schon im 6. Kapitel des 2. Buchs berichtet. Vor Paris wiederholte sich die Noth noch einmal auf kurze Zeit. Als der Generalchirurgus Rust am 29. Juni in le Bourget, dem Hauptquartier Bülows eintraf, fand er viele Verwundete und Kranke, doch weder Aerzte noch Arzneimittel; die zum Corps gehörigen Lazarethe waren bei den schnellen Märschen der Armee zurückgeblieben und kein Mensch konnte über sie Auskunft geben. Dr. Rust brachte schnell 3 Aerzte und 8 Wundärzte zusammen und richtete ein fliegendes Hospital ein, das auch für die nächsten Tage die einzige Stätte der Hülfe blieb. Es strömten aus den Gefechten von Versailles und Paris über 1100 Verwundete dort zusammen, endlich kamen die fliegenden Lazarethe der Corps an und brachten Erleichterung. Es wurden dann in St. Germain, Versailles und Paris stehende Spitäler errichtet, während auch der Grenze näher, in St. Quentin ein solches bestand; die Anstalten waren bald in gutem Zustand, und die Kranken konnten beim Abmarsch der Armee unter Aufsicht preußischer Aerzte und Verwaltungsbeamten mit Zuversicht dort zurückgelassen werden. [1]) Viel trug zur Hülfe auch die freiwillige Thätigkeit bei; mehrere deutsche Städte schickten Geldsummen; Frauenvereine traten in Deutschland und zum Theil auch in Belgien zusammen, lieferten Verbandstücke und Charpie, übernahmen die Verwaltung der Spitäler, leisteten bei der Pflege hülfreiche Hand und steuerten außerdem die Summe von 64,624 Thalern [2]); es war für jene Zeit, nach allen Leistungen, Opfern und Leiden der vielen Kriegsjahre ohne Zweifel mehr, als wenn heute das Zehnfache aufgebracht würde.

An Belohnungen ließen es die Herrscher für diesen letzten Streit, den ihre Heere gestritten, nicht fehlen. Sie aufzuzählen würde zu weit führen. Von allen Ehrenzeichen war doch das besondere Zeichen der schweren Zeit und der Hülfe von oben, das eiserne Kreuz, der schönste Schmuck der Tapfern; es war nur für die Jahre der Befreiung, die wenigen, die es noch tragen, werden bald dahin gehn, sein Andenken wird nicht verschwinden. — Im Oktober und November versammelte

---

1) Arch. d. Gnlstbs. D. 3. II und III.
2) Richter. S. 374.

eine erhebende Feier viele preußische Regimenter, die neu errichteten
waren ohne Fahnen ins Feld gezogen; der König verlieh ihnen jetzt
nach dem Siege die Zeichen der Treue und Ehre, die den Söhnen
und Enkeln befohlen werden sollten, damit sie einst durch Thaten geschmückt würden, wie sie die Väter gethan hatten. Sechs Reiterregimenter und die beiden Musketierbataillone des 25. Infanterieregiments,
die bei Ligny jenes Mißgeschick gehabt hatten, blieben zuerst davon
ausgeschlossen[1]); aber die beiden Bataillone hatten nachher in den
Laufgräben vor Philippeville jene Flucht ehrenvoll wieder gut gemacht;
und die Berichte der Generale hoben mit Recht vom Tag von Ligny
die Verluste und die große Anzahl ganz junger unzuverlässiger Ersatzmannschaften hervor. Blücher selbst, so streng er den Vorfall nahm,
sprach nachher für die Bataillone und fand auch für die Reiterei in
ihrer neuen Zusammensetzung eine Milderung; auch diese Truppentheile
erhielten nachher ihre Fahnen. — Der zweimonatliche Sold, den der
König bewilligt, konnte nach Blüchers Wunsch aus der französischen
Kriegssteuer bezahlt werden. Auch der zurückgebliebenen Frauen und
Kinder hatte der Staat sich, wie im vorigen Kriege, angenommen[2]);
viel vermochte er freilich bei seiner Armuth nicht zu thun; auch hier
wie für die Invaliden, Wittwen und Waisen, trat nachher die freiwillige
Thätigkeit helfend ein; England weiß darin bekanntlich durch den Staat,
wie durch die Vereine von langer Zeit her besser zu helfen, als Deutschland. Es blieb auch damals nicht zurück; die politische Zerwürfniß,
welche die Staaten trennte, sollten die Heere nicht entgelten. Die
„Waterloo-Gesellschaft" brachte bedeutende Summen zusammen und
vertheilte sie nach der Bedeutung der Verwundungen unter die
Lebenden, sowie unter die Angehörigen der Todten; ein einziges preu-
ßisches Regiment erhielt die Summe von 3376 Thalern[3]), so daß
hiernach auf die preußische Armee weit über 100,000 Thaler gekommen
sein müssen. Das Parlament aber sprach dieser Armee am 23. Juni
feierlich seinen Dank aus, und die Stadt London schenkte Blücher
einen kostbaren Ehrendegen, den ihm Wellington am 19. Oktober mit
einem verbindlichen Schreiben übersandte.[4])

8. Der greise Feldherr hatte die Armee zum letztenmal zum
Siege geführt; er sprach zu ihr am 31. Oktober diese Worte des Abschieds: „Ich kann die Armee, die jetzt auf dem Rückmarsch in ihre

---

1) Arch. d. Gulstbs. E. II.
2) Ebenda. D. 3. III.
3) Zychlinsky. Gesch. d. 24. Infrgts. I. 302.
4) Gagern. Mein Antheil. V. 80.

Heimath begriffen ist, nicht verlassen, ohne Euch braven Soldaten mein Lebewohl und meinen Dank zu sagen. Als Se. Majestät der König mir das Commando der Armee auf's Neue anvertraute, so folgte ich diesem ehrenvollen Rufe mit Vertrauen auf Eure so oft geprüfte Tapferkeit. Ihr habt diese bewährt, Soldaten! und das Zutrauen gerechtfertigt, das der König, das Vaterland, Europa in Euch setzte. Eingedenk Eurer hohen Bestimmung habt Ihr den alterrungenen Ruhm zu verherrlichen gewußt und einen schweren Kampf in so wenig Tagen beendigt, daß kaum die Nachricht vom Beginn desselben Eure Heimath erreicht hatte. Ihr seid des Namens Preußen, Deutsche, werth. Nehmt meinen Dank Kameraden für den Muth, für die Ausdauer und die Tapferkeit, die Ihr bewiesen, und womit Ihr so herrliche und große Erfolge in kurzer Zeit erkämpft habt. Der Dank Eurer Mitbürger wird Euch bei der Rückkehr empfangen, und indem Ihr die verdiente Ruhe genießt, wird Euch das Vaterland zu neuen Thaten bereit finden, sobald es wieder Eures Armes bedarf."

Die meisten Armeen hatten noch in der letzten Zeit ihres Aufenthalts in Frankreich große Heerschau; so versammelten sich am 4. Oktober 25,000 Baiern bei Chaumont, am 5. und 6. Oktober 80,000 Oestreicher bei Dijon; der Kaiser von Rußland, der vorher seine 150,000 gezeigt hatte, war dabei; es war klar, daß es nicht an den deutschen Waffen lag, wenn seine Ansichten beim Frieden so vollständig durchdrangen. Nachher, zum Theil schon zu Ende September und meistens im Laufe des Oktober, traten die Heere den Rückmarsch in ihre Heimath an; nur das Besatzungsheer blieb zurück, wie es beim Frieden verabredet wurde. Wie dieser Friede war, den die heimkehrenden Krieger zurückbrachten, wissen wir schon; das letzte Kapitel soll noch näher davon reden und von der Ursache, warum Deutschland von den Thaten seiner Söhne einen so kleinen Preis davontrug. Was damals nicht geschehen konnte, ist den Nachkommen jener Kämpfer als Erbe hinterlassen, das sie einst einlösen sollen.

Viertes Kapitel.
Der Friede, der heilige und der wirkliche Bund.

1. Nachdem sich die vier verbündeten Großmächte am 19. September 1815 über den Frieden geeinigt hatten, vergingen noch 2 Monate bis er zum Abschluß kam. Doch sind aus dieser Zeit nur die

erften Wochen noch von Bedeutung, die bis zur Verständigung mit
Frankreich verfloffen (2. Oktober), sie führen noch einige Aenderungen
zu Gunften des letzteren am Inhalt des Vertrags herbei und sind
befonders durch die Umwandlung merkwürdig, die sich in der gegen=
seitigen Stellung von Rußland, England und Frankreich vollzieht.
Neben den Verhandlungen über den Frieden aber gehen noch andere
Verhandlungen her und führen zu zwei Verträgen, die mit zum Ab=
schluß der großen Bewegung dieses Jahres gehören: der eine als
ein Zeichen der Zeit, das kommt und geht wie ein Traum; der an=
dere als eine Erscheinung voll wirklicher Bedeutung, die lange Zeit
den Gang der Dinge in Europa beherrscht.

2. Ich habe im zweiten Kapitel erwähnt, daß die vier Verbündeten
am 20. September ihre Beschlüffe der französischen Regierung mittheil=
ten. Die Antwort, die darauf erfolgte, hat in der Geschichte der Di=
plomatie sicherlich nicht viele ihres Gleichen. Ludwig XVIII. hatte
Talleyrand, Dalberg und den Finanzminister Louis zu Bevollmächtig=
ten ernannt. Die Note, natürlich vom ersteren eingegeben, wurde,
wie die meisten Schriftstücke der Bevollmächtigten, von la Besnadière
verfaßt und am 21. September dem Ministerrath der Verbündeten
übergeben. [1]) Es war darin weder von der Sprache des Besiegten
noch von einem Eingehen auf die Bedingungen der Sieger etwas zu
erkennen. Der König, hieß es vielmehr, habe die Unterzeichner der
Note beauftragt, den Verbündeten die Grundsätze mitzutheilen, welchen
nach seiner Ansicht die Verhandlungen über jede der vorgeschlagenen
Grundlagen folgen müßten. Die erste diefer Grundlagen, die Land=
abtretung, führe sofort zu einer Betrachtung, welche eben so sehr von
der Gerechtigkeit, als vom Nutzen eingegeben sei. Nach der Gerech=
tigkeit dürften die Verbündeten eine Gebietsabtretung nicht fordern;
denn sie seien Frankreich gegenüber nicht im Recht der Eroberung, sie
hätten keinen Krieg gegen dieses Land geführt, da sie mit dessen Sou=
verän die nämliche Sache verfochten hätten. Mit einem Lande Krieg
führen sei nur ein bildlicher Ausdruck für den Krieg mit dem recht=
mäßigen Besitzer desselben; wo man diesen nicht bekämpfe, da sei man
nur mit einer größeren oder geringeren Anzahl der Bewohner des=
selben im Krieg, in deren Rechte man nicht eintreten könne, weil sie
keine hätten. Die Verbündeten hätten den König von Frankreich un=
unterbrochen anerkannt, sie hätten ihn mit zu den Bündnissen vom
13. und 25. März eingeladen; er habe ihnen durch 60 oder 70,000

---

1) Gagern. Mein Antheil an d. Politik. V. 2. 157 bis 167.

M. Franzosen, die im Westen und Süden für ihn die Waffen ergriffen, sehr wirksame Hülfe geleistet. Auch sei es gerade zu dieser
Zeit besonders wichtig, daß das Wort der Könige heilig gehalten
werde, und die Verbündeten hätten zugesagt, daß sie die Bestimmungen
des ersten Pariser Friedens aufrecht erhalten wollten. Ueberdies seien
Gebietsabtretungen mit der Stellung des Königs in Frankreich un-
vereinbar, sie würden ihm vom Volke als Verbrechen angerechnet
werden, und die Ruhe von Europa, soweit sie von derjenigen in
Frankreich abhänge, wäre damit zerstört. Gleichwohl sei der König
geneigt, eine Landabtretung, welche sich nicht über das alte Frankreich erstrecke, die Zahlung einer Kriegssteuer und die vorübergehende
Besetzung im Grundsatz zuzugestehen. Der König schmeichele sich, daß
seine hohen Verbündeten auf diese drei Grundsätze in die Verhandlung eintreten würden; sollten sie zurückgewiesen werden, so wären
die Unterzeichner nicht bevollmächtigt andere anzuhören, oder vor-
zulegen.

So hatte Talleyrand noch einmal die kühnsten Folgerungen seiner
vom Wiener Congreß her bekannten Legitimitätslehre und seines
Selbstbewußtseins als Franzose gezogen. Er erwähnte die Vorschläge
der Verbündeten, die doch als eine endgültige Forderung sehr bestimmt
bezeichnet waren, nur beiläufig im Eingang; er stellte ihnen die drei
Grundsätze des Königs als eine ganz freiwillige Entschließung des
letzteren gegenüber; er wollte mit den Gegnern auf gleichem Fuß, in
demselben Augenblick unterhandeln, wo Frankreich völlig wehrlos war;
denn selbst das Heer der Loire war inzwischen aufgelöst worden.
Man möchte glauben, er habe seine Stellung bereits als unhaltbar
erkannt, und absichtlich diese Sprache geführt, um seinem Fall einen
stolzeren Schein zu geben. Er erfolgte in der That unmittelbar. Die
Minister der Verbündeten antworteten schon am 22. September in
einer scharfen Note, [1]) worin sie die Abhandlung über das Recht der
Eroberung kurz abwiesen, auf dem Verlangen der Entschädigungen
und der Bürgschaften für die Zukunft bestanden und bezüglich des
Schlußsatzes erklärten, sie würden sich darüber demnächst in einer
Conferenz mit vollem Ernst aussprechen. Nach dieser Zurechtweisung
konnte Talleyrand nicht mehr bleiben; waren doch schon vordem der
Kaiser Alexander und die Kammern gegen ihn, war er doch selbst
dem König wegen seiner Ansprüche, die Dinge allein zu leiten, nicht
angenehm. Indessen fiel es Ludwig XVIII. nicht leicht, ein neues

---

1) Schaumann. Gesch. d. 2. Par. Friedens. CXXXII.

Miniſterium zu bilden, denn Talleyrand hatte ſeine ſämmtlichen Col=
legen bewogen, mit ihm auszutreten. Es gelang zwar nach ein paar
Tagen, doch bot die Zuſammenſetzung wenig Gewähr der Einheit.
Der Herzog von Richelieu trat noch am 23. September als Präſident
und Miniſter des Aeußern an Talleyrands Stelle; Clarke, Herzog von
Feltre, ward für St. Cyr wieder Kriegsminiſter, der neue Polizei=
miniſter Decazes hatte bereits Ausſicht des Königs Günſtling zu wer=
den; die andern Namen haben weniger Bedeutung. Vor allem war
Rußlands Einfluß im Miniſterium vertreten, daneben hatten auch die
Emigrirten, der eben beſeitigte Talleyrand und ſelbſt die gemäßigten
Liberalen ihre Anhänger darin; nur Englands Einfluß war faſt ganz
beſeitigt.

3. So ſahen ſich der Herzog von Wellington und Caſtlereagh,
noch ehe der Friede geſchloſſen war, um die nächſte Frucht ihres ſo
ſorgfältig eingeleiteten und durchgeführten Werkes betrogen. Der
Herzog mußte ſich dazu noch wegen ſeiner Verbindung mit Fouché die
üblen Nachreden der Hofpartei, und, weil er die Zurücknahme der
geraubten Kunſtſchätze begünſtigt hatte, den Haß des Pariſer Volks
gefallen laſſen; das letztere zwang ihn ſogar eines Tags im Theater
die königliche Loge zu verlaſſen. [1]) Er war über alledem ſehr erbit=
tert, und ſoll ſich ſogar bis zu ſtarken Aeußerungen gegen die Bour=
bons haben fortreißen laſſen. Sein College ſuchte ſich beſſer in die
Lage zu ſchicken, und meinte, man müſſe vom neuen Miniſterium das
Beſte hoffen. Unbefangene Männer dagegen ſahen die Dinge mit an=
dern Augen an und urtheilten jetzt mehr als je, daß das zurückge=
führte Königshaus den Thron nicht behaupten würde. Das Land
war in ſich bis in die Tiefe zerwühlt und geſpalten, die Regierung
ohne Einheit und Kraft; die Emigrantenpartei, trunken von dem Sieg
bei den Wahlen, trat mit ihren Rachegedanken immer offener hervor.
Es begann der Prozeß gegen die Generale Ney und Labedoyère; es
fand ſich der Gerichtshof, der ſie verurtheilte; nicht die Thaten, die
der erſtere für Frankreich gethan, nicht die Fürſprache, die der letztere
fand, vermochten ſie zu retten; ſie fielen von den Kugeln der Soldaten
mit dem Muthe, womit ſie ihnen hundertmal in der Schlacht getrotzt
hatten. Es war ſchlimm, daß das wiedereingeſetzte Königshaus einen
ſolchen Abfall mit ſolcher Vergeltung ſtrafen mußte; es war ſchlimm,
daß ſeine Anhänger an vielen Orten auf eigne Hand noch ärgere
Rachethaten vollbrachten. Die deutſchen Staatsmänner und Generale,

---

1) Perg. Leben Steins. IV. S. 569. 582.

die ihm den Sturz verkündigt hatten, trotz aller Gunst der Russen und Engländer, sollten Recht behalten, ob auch der Ausgang noch verzog.

Die Friedensverhandlungen kamen nach der Einsetzung des neuen Ministeriums schnell zum Ende. Der König war weit entfernt, auf dem unsinnigen Standpunkt der ersten Note zu beharren; er mußte den Frieden wollen und war gesonnen sich in das Unvermeidliche zu fügen; doch durfte er nach allem, was vorangegangen war, mit Recht erwarten, daß ihm der Kaiser noch einige Erleichterungen verschaffen werde. Und Alexander, der sich am Ziel und seine Wünsche durch die französische Regierung erfüllt sah, säumte nicht, für seinen Schützling einzutreten; obgleich nach dem Sinne der Uebereinkunft vom 19. September die Verpflichtung bestand, unabänderlich daran festzuhalten. Er gab zuerst nach, daß von den für die Niederlande bestimmten Festungen noch Condé und Givet, von den für die Schweiz bestimmten Fort Joux und l'Eclüse bei Frankreich bleiben sollten. Er gab weiter nach, daß die zwei Posten der Kriegssteuer in einen zusammengeworfen würden, denn Richelieu erklärte es für verletzend, daß die Franzosen ausdrücklich 200 Millionen für Festungsbauten zahlen sollten, die gegen sie bestimmt seien; auch wurde dabei eine Herabsetzung um 100 Millionen zugestanden, so daß die Gesammtsumme der Steuer nur noch 700 Millionen betragen sollte. Endlich gab der Kaiser noch nach, daß die Besetzung des Landes nicht über 5 Jahre dauern dürfe, und nach Umständen schon in 3 Jahren aufhören solle. Er soll hiernach, als er von Paris abreiste, seinem Gesandten Pozzo di Borgo die Weisung hinterlassen haben, daß für den Fall, wo seine Verbündeten diese billigen Stücke nicht zugeständen und daraus ein neuer Krieg mit Frankreich entstünde, die russischen Truppen keinen Theil nehmen würden, und der Gesandte auf seinem Posten zu bleiben habe. Es sah indessen nicht nach einem neuen Kriege aus; denn die Engländer, obwohl sie Ursache zur Eifersucht hatten, zeigten sich nicht weniger nachgiebig als die Russen, sie konnten ihr eignes Werk jetzt nicht im Stich lassen; wie auch Castlereagh äußerte, die Hauptsache sei doch die Bourbons auf dem Throne zu erhalten. Zwar wurde von deutscher Seite noch der Versuch gemacht, die eben genannten Festungen für die Niederlande zu retten, allein die russischen Staatsmänner erklärten, daß sie diese Forderung nicht unterstützen könnten. So wurde am 2. Oktober der vorläufige Friedensvertrag unterzeichnet. Richelieu soll nur auf wiederholtes dringendes Bitten des Königs die Verhandlung mit durchgeführt haben; später, als er am 19. November den

vollzogenen Vertrag unterschrieb, sagte er, daß er dies mehr todt als
lebend gethan habe. [1]) Man hat dies, bei den unerhört günstigen
Bedingungen, die Frankreich davontrug, häufig als eine hochtönende
Redensart bezeichnet; wir in Deutschland hätten viel mehr Ursache,
uns an dem Nationalstolz und dem Gefühl der Verantwortung gegen
die Nation zu spiegeln, welche sich in diesen Worten Richelieus aussprechen.

4. Noch ehe der vorläufige Vertrag zu Stande kam, war zu Paris ohne viele Verhandlungen ein Bund von seltsamer Art geschlossen
worden. Ich habe schon im zweiten Kapitel angedeutet, in welcher
religiösen Schwärmerei der Kaiser Alexander sich dort bewegte, und
in welchem Kreise er gerne verkehrte. Diese Stimmung des Kaisers
und diese Verbindungen reichten bis in die Zeit des Wiener Congresses
zurück; schon zu Neujahr 1815 hatte er dort eine Zuschrift an seine
beiden Verbündeten gerichtet, worin er sie aufforderte, die Grundsätze
der christlichen Religion in allen Staatssachen zur Richtschnur ihres
Handelns zu nehmen. Damals blieb der Gedanke ohne Folge, denn
es war die Zeit, wo sich die Mächte feindlich gegenüber standen, und
diese Spannung nur allmählig geschlichtet wurde. Der Kaiser dagegen
fand sich durch die nachfolgenden Ereignisse und bald ganz besonders
durch den persönlichen Verkehr mit Frau von Krüdener in dieser
Richtung noch bestärkt. Diese Frau war die Witwe eines russischen
Diplomaten und stand damals im 50. Lebensjahre. Sie hatte früher
durch ihre Schönheit, ihren Geist und ihr ungewöhnliches Auftreten
in den Kreisen der höhern Gesellschaft lange Zeit Aufsehen erregt;
dann war sehr plötzlich eine Verwandlung mit ihr vorgegangen, sie
trat von nun an als christliche Prophetin auf, und erregte bald auch
in dieser Eigenschaft die Theilnahme und Bewunderung jener großen
Welt, die mehr von den wunderbaren als von den einfachen und
natürlichen Erscheinungen angezogen zu werden pflegt. Im Sommer
1814 hatte sie in Karlsruhe die Freundschaft der Fürstin Stourdza, einer
Hofdame der Kaiserin gewonnen. An diese schrieb sie während des
Congresses häufig Briefe, in denen gewöhnlich der Kaiser als der gute
Engel Europas bezeichnet war, dem sie die wichtigsten Dinge zu sagen
habe, und mit dem sie Gott trotz des Widerstrebens des Fürsten der
Finsterniß noch zusammenführen werde. Wie Alexander auf der Reise
nach Heidelberg war, fand dann in Heilbronn wirklich auf eine Weise,
die das zur Schwärmerei geneigte Gemüth des Kaisers ergreifen

---

1) Schaumann. Gesch. des 2. Par. Friedens. 222.

konnte, die erste Begegnung statt. Von da an blieben sie in Heidelberg im täglichen Verkehr, der sich in Paris wieder fortsetzte. Ein Freund der Frau von Krüdener, namens Bergasse, der sich viel mit dem magnetischen Schlaf und seinen Erscheinungen zu thun machte, war bei diesem Verkehr betheiligt. Ein großer Schwarm von wirklichen Anhängern und noch mehr von Neugierigen ging im Hause der Frau von Krüdener in Paris aus und ein. Wie sie dazu beitrug, den Kaiser zur Großmuth und endlich zur Freundschaft für Frankreich zu stimmen, ist schon früher erwähnt. Als in dem Verkehr mit ihr wieder jene Gedanken von einem christlichen Staatswesen und einer christlichen Staatskunst sich im Kaiser erneuerten, erwies sich dabei auch noch ein andrer Einfluß wirksam. Es war der Münchner Philosoph Franz Baader, der diese nämlichen Gedanken in ein vollständig durchdachtes System gebracht und in einer Reihe von Briefen dem Kaiser, als er noch zu Wien war, mitgetheilt hatte. Dieser Mann, voll geistreicher Gedanken, die aber nie ernstlich an der Wirklichkeit geprüft waren, verwarf gleichmäßig die Reformation wie das Papstthum, und entwickelte aus den Erscheinungen der französischen Revolution die Nothwendigkeit eines ganz neuen, des eigentlich christlichen Staates, der jetzt in die Welt treten müsse, wenn diese noch gerettet werden sollte. Dem Kaiser sagte neben dem wunderbaren und schwärmerischen Inhalt auch die Richtung gegen das Papstthum zu, und es wuchs in ihm allmählig der Gedanke auf, die Herstellung der einen gemeinsamen Kirche in ursprünglicher Reinheit möge die Hauptaufgabe seines Lebens sein. Dieser Gedanke fand in Paris unter dem Einfluß solcher Umgebungen und der Einwirkung der letzten Erfahrungen in der „heiligen Allianz" den Versuch der Verwirklichung.

Die Urkunde, vom Kaiser selbst verfaßt, wurde zuerst an Frau von Krüdener und Bergasse mitgetheilt. Sie enthält im Eingang die Erklärung, wie die großen Ereignisse der drei letzten Jahre die Nothwendigkeit dargethan hätten, die Beziehungen der Mächte untereinander auf die erhabenen Wahrheiten der ewigen Religion des Erlösers zu gründen. Der Kaiser von Rußland, der Kaiser von Oestreich und der König von Preußen hätten sich daher verbunden, im Angesicht der ganzen Welt den unerschütterlichen Entschluß zu bezeugen, daß sie die Lehren dieser heiligen Religion zur alleinigen Richtschnur ihrer Handlungen, sowohl in der Verwaltung ihrer Staaten, als in ihren Beziehungen zu den andern Regierungen nehmen wollten. Sie hätten sich daher verpflichtet, durch die Bande einer unauflöslichen Brüderlichkeit verbunden zu bleiben, und in gleichem Sinne ihre Unterthanen und ihre

Heere zu leiten. Sie betrachten sich als Mitglieder einer und der=
selben christlichen Nation, als die Beauftragten der Vorsehung, um
drei Zweige einer und derselben Familie zu regieren; sie bekennen,
daß die christliche Nation keinen andern Souverän hat, als Gott, den
göttlichen Erlöser Jesus Christus und das Wort des Lebens; sie em=
pfehlen ihren Völkern als einziges Mittel, der reinen Glückseligkeit
theilhaftig zu werden, die tägliche Uebung der Pflichten, welche der
göttliche Erlöser den Menschen gelehrt hat. Sie erklären sich endlich
bereit, alle Mächte, welche diese geheiligten Grundsätze anerkennen
wollen, in den Bund aufzunehmen.

Diese Urkunde wurde am 26. Sept. von dem König von Preußen
und dem Kaiser von Oestreich unterschrieben. Alexander wollte an=
fangs, daß sie auch vor den Ministern geheim gehalten werde.
Friedrich Wilhelm unterschrieb, ohne viel Gewicht auf die Sache zu
legen, in der einfachen Meinung, daß dadurch das gegenseitige Band
der Fürsten noch mehr befestigt werden möchte. Kaiser Franz dagegen
meinte, als ihm Alexander ein wichtiges Geheimniß ankündigte, um
wichtig zu sein, müsse die Sache entweder der Religion oder der Poli=
tik angehören, und da müsse er entweder mit seinem Beichtvater oder
mit seinem Minister sprechen. Metternich erklärte dann die Sache für
bloße Redensarten, und Kaiser Franz unterschrieb, um dem Bundes=
genossen den unschädlichen Gefallen zu thun. Auch Ludwig XVIII.
mußte sich zur Unterschrift verstehen, obwohl ihm alle Religion ein
Spott war. Der Prinz Regent von England durfte nach der Verfas=
sung seines Landes nicht unterschreiben, er gab aber in einem Briefe
seine Zustimmung zu den Grundsätzen des Vertrags kund.

Es ist damals und nachher von diesem Bündniß viel mehr Wesen
gemacht worden, als es verdient. Bei den Zeitgenossen regte sich die
Besorgniß, es möchten ganz besondere Zwecke dabei mitspielen; in
England wurden die Minister im Parlament gefragt, ob der Vertrag
keine geheimen Artikel habe. Später hat man die Quelle der auf
Unterdrückung gerichteten großen Politik, welche über ein Jahrzehnt
lang Europa beherrschte, in der heiligen Allianz suchen wollen. In
Wahrheit war diese nichts als eine aus edler Absicht entsprungene
Täuschung, eine Krankheitserscheinung, wie die erschütternde Zeit deren
viele hervorbrachte, die nur darum größere Bedeutung annahm, weil
sie von dem mächtigen Kaiser von Rußland ausging. Die Quelle der
nachfolgenden europäischen Politik lag in einem andern Bunde, von
dem ich nachher reden werde. In diesem heiligen Bunde lag schon
nach seinem Ursprung und seinen unbestimmten Zielen nicht die Ge=

fahr einer geistlichen Gewaltherrschaft, wie sie sonst oft in der Vermischung göttlicher und menschlicher Gedanken der Fluch ganzer Geschlechter geworden ist. Der Kaiser Alexander selbst wandte sich schon nach einigen Jahren wieder von dem Gedanken ab, um unter anderer Gestalt dieselben Absichten mit demselben Erfolge zu suchen. So gehört die heilige Allianz in die immer wiederkehrenden Erscheinungen, daß die Menschen das vollkommene Reich auf dieser Erde verwirklicht sehen möchten; während das Wort und die Erscheinung des Erlösers selbst, des einzig Vollkommenen, bezeugen, daß die Verwirklichung des Vollkommenen jenseits der Arbeit der irdischen Geschlechter liegt.

5. Der Kaiser Alexander verließ schon am 28. September Paris; die andern Monarchen folgten ihm bald, nachdem der Friede vorläufig beschlossen war. Den Vertrag im Einzelnen festzustellen, blieb Sache der Minister; die Ausarbeitung der Urkunde wurde an La Besnadière und Gentz übertragen, die schon in Wien eine ähnliche Arbeit gethan hatten. Es blieb noch eine Menge von Punkten zu verabreden. Zunächst mit Frankreich die Art und Weise der Zahlungen, welche es zu leisten hatte, die Besetzung des Landes durch einen Theil der verbündeten Heere und dessen Räumung durch die übrigen Heeresmassen. Die letztere wurde am 22. Oktober gleichzeitig mit der Ernennung des Herzogs von Wellington zum Befehlshaber der Besatzungsarmee beschlossen. Auch die Verbündeten unter einander hatten noch manche Punkte zu schlichten: so die Vertheilung der französischen Kriegssteuer; die Ansprüche auf die abgetretenen Festungen oder auf die Besatzung in denselben; so auch eine Reihe von Gebietsauseinandersetzungen, die meist noch vom Wiener Congreß her rückständig waren, darunter namentlich die Bestimmung der Entschädigung, welche Oestreich noch an Baiern schuldete. Die letztere Frage besonders gab noch Anlaß zu vielem Streit; die Mächte zweiten Rangs versuchten noch einmal eine Einigung unter einander, um mehr Gewicht und Ansehen für ihre Wünsche zu erlangen. Es war umsonst, das Machtwort der Großen war zu stark für alle diese Versuche; am 3. November[1]) kam die Entscheidung zu Stande. Der Kaiser Franz, der sonst den Schein sehr gut wahrte, daß die Minister die Staatssachen zu schlichten hätten, nahm diesmal namentlich Salzburg persönlich mit Heftigkeit in Anspruch[2]) und die Diplomatie mußte wohl die Mittel finden. Metter-

1) Le Congrès de Vienne et les traités de 1815, par d'Angeberg. Paris 1863. II. 1567—1574.

2) Schaumann. Gesch. d. 2. Par. Fried. 220. Pertz. Steins Leben IV. 586.

30 *

nich, der einst das Bündniß Baierns gesucht hatte, erklärte jetzt: „man
könne die Möglichkeit einer Weigerung dieses Staates, in die vorge-
geschlagenen Veränderungen einzugehen, nicht zulassen, da sie durch
die ersten Mächte Europas unterstützt würden." Es war keine freund-
schaftliche und gewissenhafte Erfüllung des Nieder Vertrags; die Zeiten hatten sich geändert, es kündigte sich die Politik der fünf Mächte
an. — Am 5. November wurden auch in einem Vertrag zwischen
Oestreich, England, Preußen und Rußland die Oberherrlichkeit der
Jonischen Inseln an England [1]) überlassen; Frankreich trat am 7.
September 1816 bei.

6. Am 20. November kam der Friedensvertrag zum Abschluß.
Die Bestimmungen waren in 12 Artikeln und einer Reihe von Beilagen zusammengefaßt [2]). Der Art. 1 und 2 setzten die Grenze von
1790, übrigens mit einer Reihe von Ausnahmen, fest. Es ist gegen
Deutschland und die Schweiz im wesentlichen dieselbe, wie sie noch
heute besteht. Die Niederlande erhielten die Festungen Philippeville
und Marienburg nebst einem Landstrich zurück, der 1814 bei Frankreich geblieben war; das letztere behielt Südflandern mit dem ganzen
zugehörigen Festungsgürtel. An Preußen kam nur das Besatzungs-
recht in Luxemburg und das unbedeutende Saarlouis; an Baiern, mit
Rücksicht auf die Entschädigung, welche ihm Oestreich noch schuldig
war, Landau mit dem umliegenden Gebiet bis zur Lauter; Lothringen,
Elsaß und die ganze zugehörige Festungsreihe blieben bei Frankreich.
Von der Lauter aufwärts bis Basel sollte der „Thalweg" des Rheins
die Grenze zwischen Frankreich und Deutschland bilden, die Brücke bei
Kehl sollte zur Hälfte zu Frankreich, zur Hälfte zu Baden gehören.
Das Land Gex wurde an Genf abgetreten zur Herstellung einer unmittelbaren Verbindung mit der Schweiz. Auf der Linie von Genf
bis zum Mittelmeer wurden Savoyen und Nizza an Sardinien gegeben; sie sind bekanntlich jetzt wieder mit Frankreich vereinigt. Alle
durch die bezeichnete Grenze im Gebiete Frankreichs eingeschlossenen,
1790 noch fremdherrlichen, Landstriche sollten bei Frankreich bleiben.
— Der Art. 3 verfügte die Schleifung von Hüningen ausdrücklich zu
Gunsten der Stadt Basel und dehnte die schweizerische Neutralität noch
etwas weiter über den Norden von Savoyen aus, als es der Art.
92 der Wiener Congreßakte gethan hatte. Die Neutralität der Schweiz
wurde noch durch einen besondern Akt der 5 Großmächte auf ewige

1) Le Congrès. II. 1580.
2) Ebenda. II. 1595 bis 1636.

Zeiten festgestellt,[1] was bekanntlich nicht verhindert hat, daß sie be
züglich der nordsavoyischen Gebiete in unsern Tagen unbeachtet blieb.
— Art. 4 setzte die von Frankreich zu zahlende Kriegssteuer auf 700
Millionen fest. Die Verbündeten waren darüber am 6. November[2]
unter sich übereingekommen, daß jede der vier großen Mächte 100
Millionen, die kleinen deutschen Staaten nebst Niederland und Sar
dinien zusammen ebenfalls 100 erhalten sollten, wobei jedoch die bei
den letztgenannten Staaten wegen der erhaltenen Gebietsvergrößerungen
auf ihren Antheil zu Gunsten von Oestreich und Preußen verzichten
mußten; 12½ Millionen kamen an Spanien, Portugal, Dänemark
und die Schweiz. Je 25 Millionen wurden für das preußische und
englisch-deutsche Heer bestimmt. Der Rest von 137½ Millionen sollte
für Festungsbauten verwendet werden; Deutschland erhielt 60 Millionen,
wovon 20 für den Niederrhein an Preußen kamen, 20 Millionen für
die Befestigung des Oberrheins, 15 für die Grenze der bairischen
Rheinpfalz, 5 für die Vollendung von Mainz bestimmt wurden. —
Art. 5 bestimmte die Besatzung, welche zur Sicherheit gegen revolutio
näre Bewegungen in Frankreich zurückbleiben sollte, auf 150,000 M.,
es war ihnen eine Reihe von Festungen von Condé bis Fort Louis
zugewiesen; jede der vier Großmächte stellte dazu 30,000, Baiern
10,000, Würtemberg, Sachsen, Hannover und Dänemark je 5000 M.
Die Besatzung sollte höchstens 5 Jahre bleiben; sie wurde schon nach
3 Jahren durch den Congreß von Aachen zurückgezogen. — Art. 6 ver
fügte die bereits begonnene Räumung Frankreichs durch die übrigen
fremden Truppen. — Art. 7 bis 10 bezogen sich vorwiegend auf die
nöthigen Uebergangsbestimmungen, darunter auch die Freilassung der
Kriegsgefangenen. — Art. 11 bestätigte den ersten Pariser Frieden vom
30. Mai 1815 und die Wiener Congreßakte v. 9. Juni 1815. — Art. 12
bestimmte die Auswechslung der Unterschriften innerhalb 2 Monaten.

7. Der Friede wurde fast aller Orten mit Gleichgültigkeit, mit
Kälte und selbst mit Bitterkeit aufgenommen.[3] In London war
amtliche Beleuchtung, das Volk nahm keinen Theil daran. Die Re
gierung versuchte in ihrer Zeitung nur eine schwache Vertheidigung,

---

1) D'Angeberg. Le congrès de Vienne etc. II. 1640. Auch Portugal
hat mit unterzeichnet.

2) Ebenda. 1583 bis 1588.

3) Schaumann. Gesch. d. 2. Par. Friedens. Göttingen 1844. 226 bis 231.
Das Werk ist in seinem thatsächlichen Theil durch gewissenhafte Forschung und
besonnenes Urtheil noch heute von Werth, obwohl wir über viele Punkte näher
unterrichtet sind und zum Theil auch anders urtheilen müssen.

die anderen Blätter sagten geradezu, daß sei ein schöner Friede, der nur durch 150,000 Soldaten aufrecht erhalten werden könne. Von Wien meldeten zwar nicht die Zeitungen, doch Privatbriefe von dem allgemeinen Gefühl, daß der Muth und die Aufopferung, womit man in diesen Krieg gezogen, nicht belohnt worden sei und daß nie wieder eine ähnliche Gelegenheit kommen werde, den alten Feind unschädlich zu machen. In Preußen war an vielen Orten Begeisterung und Jubel, aber er galt dem zurückkehrenden tapferen Heer und nicht dem Frieden. Es war heimgekehrt im Gefühl des Siegs, aber auch mit dem gekränkten Stolz, daß der Sieg ohne Frucht geblieben war, und es fand darin im Volke, aus dem es hervorgegangen war, seinen Wiederhall. Die öffentlichen Blätter verglichen die Opfer und die ge= rechten Ansprüche Deutschlands mit dem, was erreicht worden war, vor allen trat der Rheinische Merkur mit einer Reihe von Aufsätzen in schwungvoller Sprache voll Begeisterung und überströmender Phan= tasie gegen den Vertrag auf. Gentz schrieb eine Widerlegung voll Spitzfindigkeit und Schärfe, Görres brauste noch heftiger auf und trieb seine Darstellung auf die Spitze der schärfsten Gegensätze, wo alle Dinge ihr natürliches Ansehen verändern. Es wurde Gentz nicht schwer in einer zweiten Schrift gegen diese Uebertreibungen aufzu= kommen; aber die Schamlosigkeit, womit er den Frieden geradezu als das hohe Ziel der einmüthigen Bestrebungen aller Kabinette dar= stellte, konnte die öffentliche Meinung nicht gewinnen. So wenig auch damals noch vom wirklichen Gang der Verhandlungen bekannt ge= worden war, so sprachen doch die Thatsachen zu klar. Ein deutsches Blatt hob mit Recht hervor, daß die sogenannte Gebietsabtretung von Seiten Frankreichs Deutschland gegenüber gar keine Bedeutung habe, daß sogar vom Winkel zwischen Queich und Lauter noch Weißenburg mit seinen Linien ausdrücklich bei jenem Lande geblieben sei. Frank= reich hatte vielmehr, wie dasselbe Blatt berechnete, gegen den Besitz= stand von 1790, der im Art. 1 als Grundlage des Friedens be= zeichnet war, an Gebieten fremder Herren, die damals in den franzö= sischen Grenzen eingeschlossen waren, noch 168 Quadratmeilen mit ½ Million Seelen gewonnen, und darunter waren an ehemals deutschen Besitzungen im Elsaß und in Lothringen 123 Quadratmeilen mit 300,000 Seelen. Für diese hätten die deutschen Staatsmänner, selbst nachdem sie auf den Standpunkt ihrer Gegner hinübergetreten waren, doch die entsprechende Entschädigung auswirken müssen, und Fürst Hardenberg machte auch wirklich wiederholt den Versuch dazu, [1] aber

---

1) Bernhardi I. 468.

er blieb nicht fest dabei. Er führte die trostlose Lage als Entschuldigung an. Ein Dr. Butte in Berlin hatte eine Schrift geschrieben, und an den Staatskanzler eingesendet, worin er als berechtigte Forderung der öffentlichen Meinung unter anderem die Herstellung der Sprachgrenze gegen Frankreich bezeichnete. Hardenberg hatte ihm am 9. Oktober geantwortet,[1]) es hätten sich fast alle Sätze der Schrift auch in seinen Vorschlägen gefunden, aber Preußen, erschöpft an Menschen und Geld, hätte die Sache nicht allein gegen ganz Europa durchfechten können; es hätte der höheren Rücksicht der Einigkeit mit seinen Verbündeten, der Ruhe seiner Völker, sei sie auch weniger dauernd, die bessere Ueberzeugung aufopfern müssen. Wie und warum nur zu viele Wahrheit darin lag, haben wir im Zusammenhang oben gesehen; aber man fühlt doch bei solchen Aeußerungen, daß, trotz aller unwilligen Bewegung in Deutschland, die Kraft eines überlieferten Nationalstolzes nicht hinter den deutschen Staatsmännern stand, wie sie der Minister Richelieu noch im niedergeworfenen Frankreich empfand.

8. Während auf diese Weise die Bewegung in Deutschland sich in einer letzten vergeblichen Aufwallung gegen den Friedensvertrag erhob; hatte in Paris diejenige Politik, welche in den nächsten Jahren weit über alle Ahnungen der öffentlichen Meinung und selbst über die ersten Plane ihrer eignen Urheber hinaus in Wirklichkeit die großen Geschicke Europas bestimmen sollte, eine neue festere Grundlage erhalten. Hardenberg hatte in der eben erwähnten Zuschrift „die Einigkeit der Kabinette" mit Recht als eine alle anderen überwiegende Rücksicht genannt. Am nämlichen 20. November, wo der Friede seinen Abschluß erhielt, vereinigten sich die Bevollmächtigten von Oestreich, Großbritannien, Preußen und Rußland zu einem Bündniß für die Ordnung der Dinge, die sie so eben in Europa gegründet hatten.[2]) Was die Bündnisse von Chaumont (1. März 1814) und von Wien (25. März 1815) gewollt hätten, hieß es in der Einleitung, sei glücklich erreicht, Napoleon sei gestürzt, die Ruhe in Europa sei hergestellt; jetzt gelte es, daß sie im gemeinsamen Interesse ihrer Völker erhalten und befestigt werde. Darum verpflichten sich die 4 Mächte, den eben mit Frankreich geschlossenen Frieden in allen Punkten streng und treu aufrechtzuhalten und auszuführen. Sie werden darüber wachen, daß Napoleon Bonaparte und seine Familie, dem Vertrag vom 11. April 1814 gemäß, auf ewige

---

1) Gagern. Mein Antheil. V. 227.
2) Le congrès de Vienne. II. 1636.

Zeiten von der höchsten Gewalt in Frankreich ausgeschlossen bleibe; sie werden, wenn die revolutionären Grundsätze, die so eben den verbrecherischen Umsturz in Frankreich bewirkt, sich noch einmal unter anderen Formen erheben sollten, aufs neue unter sich und mit dem König von Frankreich die Maßregeln ergreifen, um die Sicherheit ihrer Staaten und die Ruhe Europas dagegen aufrechtzuhalten. Sie verpflichten sich demgemäß eine jede, im Fall der Noth den Heertheil, den sie in Frankreich haben, sofort mit 60,000 M., und, sowie es erfordert wird, mit noch mehr, bis zur Aufbietung aller ihrer Kräfte zu verstärken. Sie bleiben bei diesen Vereinigungen auch über die Dauer der gegenwärtigen Besetzung von Frankreich hinaus. Sie verabreden sich endlich dahin, daß sie in bestimmten Zeiträumen, sei es in unmittelbaren Zusammenkünften der Monarchen, sei es in solchen ihrer Bevollmächtigten, sich wieder vereinigen werden, um die Maßregeln zu nehmen, welche die Ruhe und das Glück der Völker, wie die Erhaltung des Friedens in Europa sicherstellen können.

Damit also war das Zeitalter der Congresse förmlich angekündigt; es war die „vierfache Despotie", gegen die der Kronprinz von Württemberg vergeblich gekämpft hatte, neu befestigt, es war das unwiderstehliche Machtgebot, das Baiern eben jetzt so bitter empfunden hatte, zur bleibenden Regel in Europa erhoben. Auch wurde in Frankreich selbst voller Ernst damit gemacht, denn es wurde beschlossen, daß die Gesandten der 4 Mächte in Paris eine beständige Conferenz bilden sollten, die einmal wöchentlich zusammenkomme, den Herzog von Wellington als den Oberbefehlshaber des verbündeten Heeres, in vollständiger Kenntniß der Zustände erhalte und mit ihm wie mit der französischen Regierung jederzeit die nöthigen Maßregeln und Rathschläge verabrede. Es waren bereits die unglücklichen Folgen der russisch-englischen Weisheit in voller Entwickelung begriffen. Die Eifersucht und der Eigennutz dieser Mächte hatte das einzig gerechte und natürliche Mittel einer neuen Grenzgestaltung aus Sorge für die Ehre und Ruhe Frankreichs abgewiesen; es entsprach dieser Ehre und Ruhe, es entsprach der Würde des zurückgeführten Königshauses wohl mehr, daß auf dem Lande der unerhörte Druck einer fortwährenden Ueberwachung seiner inneren Entwickelung, einer beständigen Einmischung in seine Angelegenheiten lasten sollte!

Also ist Alles aus weitsehender Berechnung hervorgegangen? also ist schon hier in Paris im voraus verabredet worden, was nachher in Aachen, Karlsbad, Troppau, Laibach, Verona geschah, um alles Streben und alle Bewegung in Europa unter die Zuchtruthe

einer unerbittlichen Gewalt zu nehmen, die nur von Stillstand und
Unterdrückung wußte? Die Note, womit die vier Mächte ihr neues
Bündniß dem Herzog von Richelieu mittheilten, [1], mag die Antwort
darauf geben. Der französische Minister empfing darin eine förmliche
Vorlesung über die Regierungsweise, welche zur Sicherung der neu
gewonnenen Ordnung erfordert werde; eine Vorlesung, womit ganz
andere Leute gemeint waren, als der Minister und sein Herr. Die
Tugenden des Königs, hieß es, seien die erste Gewähr des neuen
Zustandes; er erkenne mit den Verbündeten ohne Zweifel, daß nach
den furchtbaren Erschütterungen so vieler Jahre nicht die Gewalt
allein Ruhe in die Geister, Vertrauen in die Gemüther zurückführen
könne, daß sich mit der Festigkeit auch die Klugheit und die Mäßi
gung verbünden müßten. Weit entfernt von der Furcht, daß der
König unklugen und leidenschaftlichen Rathschlägen jemals sein Ohr
leihen könne, hätten die verbündeten Kabinette vielmehr das vollkom=
mene Vertrauen, daß er durchaus im Sinne der weisen und groß=
müthigen Entschlüsse verfahren werde, die er zu allen Zeiten seines
Regiments und noch unmittelbar nach dem letzten verbrecherischen
Umsturz verkündigt habe. Sie wüßten es, daß Se. Maj. allen Fein
den des öffentlichen Wohls seine Anhänglichkeit an die constitutionellen
Gesetze und seinen Willen entgegensetzen würde, der Vater aller seiner
Unterthanen ohne Unterschied des Standes und der Religion zu sein,
und daß er bedacht sein werde, die Uebel und Leiden der vergan
genen Zeiten auszulöschen und nur das Gute zu erhalten, welches
die Vorsehung selbst aus dem öffentlichen Unglück habe hervorgehen
lassen. Die Erhaltung der „constitutionellen Autorität" des Königs,
das Glück seines Landes, der Friede der Welt, die Herstellung Frank
reichs in seinem alten Ansehen: das sei der Wunsch der verbündeten
Kabinette. — Das war klar gesprochen: die wohlwollenden Rath
schläge galten der Regierungsweise des Königs und die Feinde, auf
welche dabei hingedeutet war, konnten keine anderen sein, als die
Thörichten und Uebermüthigen, die unter dem Namen der „König
lichen" schon darauf aus waren, das Königthum zu untergraben.
Niemand anders als sie bedrohte damals die eben geschaffene Ord
nung der Dinge; es waren der Mißbrauch und die Frevel der neuen
Gewalt, welche die verbündeten Minister fürchteten. Es war kein
Zeichen eines weit reichenden staatsmännischen Blicks, daß sie sich in
die Lage gesetzt hatten, von einer bloßen Verfassung, die gemacht war

1) Le congrès etc. II. 1639.

wie alle anderen französischen Verfassungen, so viel hoffen zu müssen; es ist auch kein Zweifel, daß die meisten dieser Staatsmänner an diese von Talleyrand eingegebene Lehre von der conſtitutionellen Autorität im Herzen keinen aufrichtigen Glauben hatten: es ist aber ebenſo gewiß, daß es damals wirklich ihr Wunſch war, sie möge in Frankreich erhalten werden. Es war keine geheime Verschwörung der Staatsmänner gegen die Freiheit der Völker, die am 20. November 1815 in Paris beschlossen wurde; es war nur ein Bund und ein Rath von allgemeinen Planen und Wünschen, an dem das einzig Wirkliche und Beſtimmte die Sorge vor neuen Erschütterungen war, die alle beſonderen Wünſche und Vortheile der vier Mächte damals überwog. Der Inhalt und die unglückliche Richtung dieses Bundes entwickelten sich unter dieser fortherrschenden Sorge und Furcht erst in der Bewegung der kommenden Zeit. Sie waren freilich weit gekommen, diese Staatsmänner: zuerst waren unter dem Aufschwung des Volks ihrer viele von der Hoffnung getragen, daß mit dem Sturze Napoleons eine neue Zeit der Völkerfreiheit anbrechen werde; dann brachten sie den Willen ein solches Werk zu gründen nach Wien mit; sie endeten dort mit einer mühsamen Ausgleichung der Wünſche und Beſtrebungen, um welche sich der Vortheil der Mächtigen ſtritt; sie endeten hier in Paris mit einem Werke, dessen Beſtand sie nur unter der fortdauernden ſorgenvollen Hut eines künſtlichen Bundes geſichert glaubten. So pflegen sich auch unter großen Veränderungen der Zeit große Staatsmänner nicht zu verwandeln.

9. Aber Deutschland? Hat es nicht diesen Krieg mit dem letzten Aufgebot seiner Kraft und mit dem theuren Blut ſeiner Söhne bezahlt? Hat es nicht allein weit über die Hälfte der Streiter geſtellt, die auf den Ruf der verbündeten Fürſten gegen das erneute Kaiſerreich auszogen? Waren nicht über Dreiviertheile der Krieger, welche die Schlachten auf den Feldern Belgiens schlugen, waren nicht Dreiviertheile der Opfer, welche der Sieg koſtete, deutſche Männer? Wie kam es denn, daß Deutschland allein faſt ohne alle Frucht, daß es ohne jede Erfüllung ſeiner gerechten Hoffnungen aus diesem Kriege hervorging? Haben es die Fremden gethan? Haben es seine Staatsmänner gethan? Beide ohne Zweifel haben ihren Antheil, ihre große Schuld daran. Es ist gut, wenn wir aus dem Krieg von 1815 aufs neue die Lehre lernen, daß Deutschland von den Fremden niemals etwas zu erwarten hat. Es ist gut, wenn wir daraus die Lehre lernen, wie leicht in großen Stunden das Vertrauen auf die Einsicht, den Willen und die Kraft der Staatsmänner getäuscht werden kann. Aber der Krieg von 1815

enthält in seinem Ausgang noch eine andre Lehre. War noch in
Wien neben der Vertheilung an Macht und Land zu Anfang viel und
im Verlauf der Verhandlungen immer weniger die Rede von der Er=
richtung freier nationaler Staatsgemeinschaften für die Völker; so hörte
man in Paris kaum noch eine Erwähnung davon. Niemand wagte es
in den Verhandlungen, die Ansprüche Deutschlands auf seine natür=
liche Grenze anders als mit der größeren Kriegsstärke zu vertheidigen,
die diese Grenze erhalten müsse; niemand wagte, mit Nachdruck den
Grundsatz der alten nationalen Gemeinschaft des Stammes und der
Sprache geltend zu machen. Und es war nicht etwa die Kälte der
Staatsmänner allein, die das verschuldet hat. Wenn man in den
alten Grenzlanden damals selbst hätte Umfrage halten können, ob sie
wieder mit Deutschland vereinigt sein wollten; die Antwort wäre trotz
der Zerrüttung Frankreichs schwerlich ein zweifelloses Ja gewesen.
Das beweist nicht, daß Deutschland diese Lande nicht dennoch nehmen
durfte; es beweist aber, wie schwer es war, daß es sie nehmen konnte.
Mit einem Worte: die Macht der großen Bewegung im deutschen
Volke reichte nicht mehr aus, dieses Ziel zu erreichen; wie sie auch zu
Wien nicht ausgereicht hat, eine wirkliche deutsche Verfassung zu grün=
den. Es gibt Zeiten im Leben eines Volkes, wo der mächtige Wo=
gengang einer großen Erhebung auch die Widerstrebenden mit fort=
trägt, wo das gemeinsame Ziel, das Alle wollen, unwiderstehlich er=
reicht wird. Eine solche Zeit waren die Jahre 1813 bis 15; ein sol=
ches Ziel war der Sturz der Fremdherrschaft. Wäre es möglich ge=
wesen, daß mit gleicher Macht noch ein zweites Ziel, die Gründung
des neuen deutschen Staates, in der Bewegung gelegen hätte; es wäre
in Wien und Paris vollzogen worden, sei es von diesen, sei es
von anderen Staatsmännern. Damit ist keine Anklage und keine
Herabsetzung gegen die Thaten unsrer Väter ausgesprochen. Sie haben
das ihre gethan; es ist genug für ein Geschlecht, ein solches Joch abzuwer=
fen, wie es die Schuld so vieler Jahrhunderte über Deutschland gebracht
hatte. Es ist damit nur gesagt, was die wirkliche Bedeutung des klei=
nen Ausgangs ist, den der ruhmvolle Krieg in Paris erhalten hat.
Er ist niederbeugend dieser Ausgang; aber er ist nur niederbeugend,
wie eine menschliche Erscheinung, in die sich allezeit unerbittlich der
Zoll unsrer Thorheit und unsrer Sünde einmischt. Es bleiben mitten
unter dem Eindruck getäuschter Hoffnung die großen Thaten der deut=
schen Waffen erhebend und ermuthigend stehen. Für das andere ge=
nügt die Erfahrung, daß Großes auf Erden niemals zu dauerndem
Bestande erwachsen ist, wenn es nicht die Arbeit vieler Geschlechter war.

Leipzig,
Druck von C. P. Melzer.

Druckfehler.

S. 3. Z. 1 v. oben lies „19 Tagen" statt „14 Tagen."

» 71. » 20 v. unten lies „falls Rußland die Ansprüche" statt „falls
Oestreich die Ansprüche"

» 72. u. 120. Anmerkung lies „D'Angeberg" statt „D'Angerberg."

» 142. Z. 19 v. oben lies „Darmstadt, Fulda, Frankfurt und Reuß,
war" statt „Darmstadt, war"

» 303. » 14 v. unten lies „5½ Stunden" statt 6½ Stunden."

» 457. » 4 v. oben lies „fast den vierzehnten" statt „den zwanzigsten."

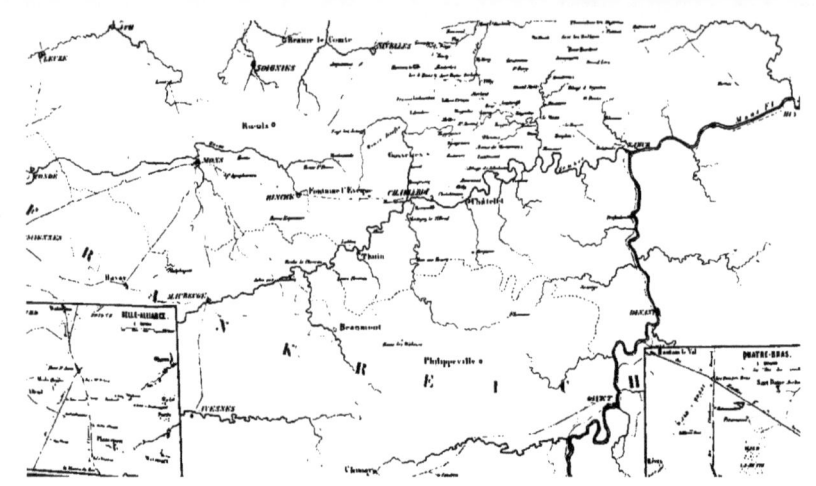